Vivenot, Alfred

Zur Geschichte des Baseler Friedens

Mai bis Dezember 1705

Vivenot, Alfred

Zur Geschichte des Baseler Friedens

Mai bis Dezember 1705

Inktank publishing, 2018

www.inktank-publishing.com

ISBN/EAN: 9783747769683

Zur Geschichte

des

Baseler Friedens.

Nach Original-Quellen bearbeitet

von

Alfred Edl. v. Vivenot.

2. Abtheilung.

Mai bis December 1795.

Mit einer Karte.

Wien, 1866.

Wilhelm Braumüller

k. k. Hof- und Universitätsbuchhändler.

Vorwort.

Mit diesem dritten und letzten Band (2. Band, 2. Abtheilung) schließen wir die Geschichte des „Herzogs Albrecht von Sachsen-Teschen als Reichs-Feld-Marschall“ und den hiemit von uns beabsichtigten Beitrag „Zur Geschichte des Baseler Friedens.“

Unsere Darstellung der Reichszustände in der sechzehnmonatlichen Periode vom Jänner 1794 bis zu Ende des Monats April 1795 kann als eine möglichst vollständige betrachtet werden. Die Regensburger Reichstags-Verhandlungen und die kriegerischen Ereignisse vom Mai bis December 1795, obgleich für den Forscher in ihrem Detail überaus lehrreich, vermochten wir aus mehrfachen Gründen, — hauptsächlich aber aus Rücksicht auf den übermäßigen Umfang des ohnehin weit über seinen ursprünglichen Entwurf ausgedehnten vorliegenden Urkundenwerkes, — im dritten Band nur in großen Zügen zu schildern, und wir behalten uns namentlich eine eingehende Beschreibung der Wirr- und Drangsale, welche an dem Reichstagskörper in Folge des Baseler Friedens einrissen, — und von der Berathung über die Reichs-Friedens-Deputation bis zur Verzichtleistung Kaiser

Franz II. auf die deutsche Kaiserkrone (d. i. vom Mai 1795 bis August 1806) ununterbrochen angedauert haben, für eine spätere geschichtliche Arbeit vor.

Die diesem Bande angefügte Karte der sogenannten „preußischen Demarcations-Linie" kann füglich mit der in unseren Tagen angestrebten Karte „Klein-Deutschlands" verglichen werden. Die Karte will jenen deutschen Staatsmännern, die es mit Deutschland gut und redlich meinen, reichhaltigen Stoff zum Nachdenken darüber geben, ob die gegenwärtig bestehende Diagonal-Linie „Königsberg-Trier" der deutschen Zukunft einen Ersatz bieten kann oder könnte für die vor kaum 70 Jahren noch von Deutschland aus vollständig beherrschte Linie „Ostende-Luxemburg-Triest", deren südlichster Punkt nach den unverhüllten Bestrebungen einer gewissen Partei unserer Gegenwart ebenso aufgegeben werden soll, wie vor 70 Jahren Ostende und Luxemburg durch den preußischen Baseler Vertrag aufgeopfert worden sind und seit jener Zeit von Deutschland getrennt blieben.

Von gegnerischer Seite wurde dem Verfasser vorgeworfen, durch böswillige und einseitige Darstellung Haß gegen Preußen zu erwecken. Wer gewillt ist, das Allernaivste, was in dieser Richtung vorgebracht wurde, selbst zu lesen, den verweisen wir auf Wolfgang Menzel's Literaturblatt, Jahrgang 1866, Nr. 5, 6 und 7. — Freilich, die preußische und die kleindeutsche Geschichtschreibung darf seit einem Jahrhundert Oesterreich systematisch in den Staub ziehen, dem Haß und der Verachtung preisgeben, — aber Oesterreich und die Oesterreicher — ja die sollen schweigen, — schweigend sich die Ehre abschneiden lassen! Wahrhaftig! es ist ein großer Frevel, daß wir uns erdreisten, zu eigener Abwehr unläugbare und durch keinerlei Sophistik wegzudisputirende Documente zu veröffentlichen, welche die ganze bisherige gefälschte Auffassung der für Deutschland und Oesterreich gleich unheilvollen Baseler-Friedens-Epoche in das richtige Licht zurückversetzen! Unser Panier ist die Wahrheit! Jedem, der sich die Mühe nehmen will, stehen die Original-Documente, welche die Grundlagen unseres Werkes bilden, zur Einsicht und Belehrung offen. Nur Wahrheit und Recht, die beide, so lange das Weltgebäude auf seinen Grundfesten ruht, jedwede Vergewaltigung siegreich überdauern werden, haben den Griffel des Geschichtschreibers geleitet.

Der schönste Lohn seines ehrlichen Strebens ist dem Verfasser bereits in den vielseitigen theilnehmenden Ermunterungen geworden, welche ihm aus fast allen deutschen Gauen zugekommen sind, und die sich nach der Herausgabe des zweiten Bandes so ansehnlich vermehrt haben, daß er sich gedrungen fühlt, allen Freunden, die mit wohlwollender Theilnahme dem Entstehen und der Beendigung dieser historischen Studie gefolgt sind, hiemit seinen wärmsten Dank auszusprechen.

Wien, im März 1866.

Der Verfasser.

Inhalt.

VI. Abschnitt.

Der Versuch einer Revision der Reichs-Executions-Ordnung.

(Jänner bis Ende März 1795.)

Zur Geschichte der angestrebten Revision. — Kaiserliche Decrete vom 9. und 20. October 1794. — Der Rufer in der Wüste. — Zergliederung der kaiserlichen Anträge. — Abneigung des Reichs-Directoriums. — Die Reichs-Versammlung will den kaiserlichen Concommissär abschaffen. — Diesbezügliche Rescripte der Staatskanzlei, — jene der Reichskanzlei. — Widerwille der Stände gegen Vornahme der Revision. — Getheilte Anschauung des kaiserlichen Ministeriums über die Ratification des Friedens-Gutachtens; — Thugut's Meinung über das österreichische Hausinteresse, — Colloredo's entgegengesetzte Ansicht. — Das kaiserliche Commissions-Decret. — Möllendorff's Busenfreund in Basel. — Der Banquier Ephraim. — Der preußische Minister Marval. — Der Coadjutor Dalberg. — Meyerink's Treiben in Basel. — Geheime Conferenzen mit Barthélémy. — Gresselberg's Bericht hierüber; — jene der österreichischen Generäle Jordis und Hotze. — 1794 und 1859. — Die österreichische Lombardie und die französische Idee. — Der venetianische Gesandte Duca San Fermo. — Gesinnung seiner Regierung. — Betrachtungen des Reichs-Feld-Marschalls. — Der König in Preußen als: chef de la ligue germanique. — Golz reist nach Basel ab. — Sein Empfang, Festessen und Trinkspruch. —

Die „mit patriotischem Schein übertünchte preußische Politik." — Der Prinz Heinrich v. Preußen. — Die Golzische Instruction. — Bischofswerder. — Görz wünscht die Queich als Deutschlands Grenze; — der Kurfürst von Mainz erklärt sich damit einverstanden. — Der plötzliche Todfall des Grafen Golz. — Thugut's Ansichten über den Prinzen Heinrich, — Bischofswerder, — Hardenberg und Lucchesini. — Er verlangt Lucchesini's Abberufung von Wien. — Uebergabe des Friedens-Reichsgutachtens in Berlin. — Preußische Antwort. — Der „leidentliche Friede"; — Colloredo's Entrüstung über denselben. — Es wimmelt von preußischen Versprechungen, Betheuerungen und Ehrenworten. — Ueber Basel weiß man in Berlin Nichts — desto mehr aber von Gährungen in Ungarn. — Der König trägt Oesterreich die Einrückung preußischer Truppen nach Böhmen als Liebesdienst an. — Preußisches Gaukelspiel mit dem österreichischen Gesandten zu Berlin. — Wirkung des kaiserlichen Commissions-Decretes in Regensburg. — Die Umstimmung Kur-Sachsens. — Gesinnung mehrerer Stände. — Preußische Umtriebe bei dem fränkischen Kreis. — Eröffnung des Protokolls. — Berathungen. — Toscana ein „Reichslehen." — Ueberraschende Mittheilungen des Fürstbischofs von Freisingen. — Die Thaten der Reichsstände bleiben ein „Opfer ihrer Bewunderung für Oesterreich." — Görz und seine Umtriebe. — Ende der Reichstagsberathung über die Revision der Executions-Ordnung. — Sie wird auf „ruhigere" Zeiten — auf „ewige" Zeiten verschoben! — Das trostlose Werk fünfmonatlicher Zeitverschwendung. — „Politisches Hauptsystem" der Stände; — hierüber der Bericht des kaiserlichen Concommissärs an den Kaiser.

Mit den Mißerfolgen am Kriegsschauplatz und mit dem zum Beschluß erhobenen kurmainzischen Friedens-Antrag hatte das Jahr 1794 ein für Deutschland verhängnißvolles Ende genommen, und es bedurfte keines besonderen Scharfblickes, um die traurige Aussicht wahrzunehmen, die sich im kommenden Jahr für das aus so vielen Wunden blutende deutsche Reich erschloß.

Was die deutsche Nation von ihrem Reichstage zu erwarten hatte, lag durch die so hochwichtigen und so nichtig ausgefallenen

Verhandlungen des vergangenen Jahres eben so klar vor Augen, wie die Bemühungen der kaiserlichen Regierung, welche Nichts versäumt hatte, um dem Reichstag einen Einfluß auf die Besserung der Reichszustände zu geben. Das Reichs-Oberhaupt hatte Nichts versäumt und Alles gethan, was im gesetzlichen Wege zu thun möglich war, um diesem schwerfälligen Körper im Interesse des Reiches Leben, Thätigkeit und Vaterlandsliebe einzuflößen, — alle Versuche aber mußten als gescheitert betrachtet werden.

Eine Besserung der Zustände war kaum mehr zu erwarten, und die deutsche Staatsmaschine, von Preußen in das Geleise trostloser, feiger Unthätigkeit gebracht, mußte unaufhaltsam dem Abgrunde und ihrem Untergange entgegen rollen.

Wäre es nicht, um die bewunderungswürdigen Anstrengungen der kaiserlichen Regierung zur Rettung des Reiches durch fortwährende Versuche zur Verbesserung der inneren Verhältnisse noch glänzender zu bekunden; — wäre es nicht, um die so trostlose und doch so lehrreiche Vergangenheit einer gerade solcher Lehren dringend bedürftigen Gegenwart vorzuhalten; wäre es endlich nicht, um all den in der Geschichte des Reichs-Zerfalles durch Unverstand, Lüge und Unkenntniß ausgestreuten Verläumdungen die Spitze abzubrechen, — wahrlich wir würden gerne diese überaus traurige Geschichte nicht mehr weiter führen, um jenen mit uns gleichgestimmten warmfühlenden deutschen Herzen die wahre Erkenntniß all der empörenden Schmach jener darniederdrückenden deutschen Vergangenheit zu ersparen. — So aber wollen wir mühsam fortfahren, den Schleier zu lüften, der das letzte Jahrzehend des vergangenen Jahrhunderts verhüllt — denn diese Zeit — sie ist die Quelle aller deutschen Uebel, — sie ist der Ursprung aller nachfolgenden

1*

Schmach, welche die Glieder des Reiches und die von diesem abgerissenen Bruchtheile der deutschen Nation Schlag auf Schlag getroffen hat.

Bekanntlich hatte die kaiserliche Regierung zu Anfang des dritten Feldzuges, noch ehe eine der deutschen Reichs-Provinzen neuerdings in feindliche Gewalt gerathen war, die „**Kreis-Association**“ und „**Volksbewaffnung**“ angerathen; Preußen jedoch an der Spitze der Mehrzahl der Stände hatte diese Volksbewaffnung mißbilligt. *)

Die Wirkungen dieser Versäumniß zeigten sich bald; denn Mitte October standen die siegreichen fränkischen Armeen an den Ufern des Rheines. In vielen Gegenden jubelte ihnen das bethörte Volk zu; die Bessergesinnten aber konnten sich aus Mangel an Waffen nicht zur Wehr setzen und mußten — zu einem thatkräftigen Entschlusse unfähig — rath- und muthlos das eigene Land dem kühneren Feind ohne Widerstand preisgeben. Nicht den Niederlagen der Alliirten allein hatten die französischen Waffen ihre Erfolge zu danken, sondern nicht minder den Kreisen und Ständen des Reiches, denn diese, unfähig, sich ihrer kleinlichen Sonderinteressen zu entäußern, unfähig, den wahren Begriff von Ehre und Vaterlandsliebe zu erfassen, verschlossen ihr Ohr den Mahnrufen ihres Kaisers, verwarfen die allgemeine Volksbewaffnung und trugen so nicht

---

*) Zu Anfang des **Krieges** schilderte der Reichs-Vicekanzler dem Freiherrn v. Hügel die Abneigung Preußens gegen die Volksbewaffnung in sehr bitterer Stimmung. „Ich habe“, so schrieb er damals, „E. E. wiederholt schon die Bemerkungen über den so unerwarteten als zudringlichen Tadel und Widerspruch des Berliner Hofes gegen die von Sr. kaiserlichen Majestät anempfohlene Bewaffnung der deutschen Reichs-Grenzbewohner mitzutheilen die Ehre gehabt.“ d. d. Wien 13. März 1794. (St. A.)

wenig zu den raschen Fortschritten des feindlichen Waffenglückes in Deutschland bei.

Eben so fruchtlos wie für die Volksbewaffnung hatte sich die kaiserliche Regierung im deutschen Reich seit Jahren für die Durchführung der Reichs-Executions-Ordnung verwendet. Insbesondere hatte Oesterreich seit dem Beginne des Krieges gegen Frankreich, um die Stände zu zwingen, ihre Pflicht in Stellung der Reichs-Contingente nicht blos mit Worten, sondern auch in der That zu erfüllen, — darauf gedrungen, daß endlich die seit nahezu drei Jahrhunderten schwebende Frage der Revision der Reichs-Executions-Ordnung am Reichstage beendigt werde. Durch die Reichs-Executions-Ordnung wünschte die kaiserliche Regierung der Reichs-Verfassung jene bei einem großen Staatskörper zu dessen Beherrschung unumgänglich nothwendige mäßige Centralisation und Festigkeit zu geben, deren Mangel seit dem westphälischen Frieden im deutschen Reiche überall fühlbar geblieben war.

Schon am 9. October hatte die kaiserliche Regierung neuerdings ein bezügliches Hof-Decret, — am 28. desselben Monats aber an die Reichs-Versammlung zu Regensburg ein zweites Commissions-Decret erlassen. Aber schon das erste dieser Decrete gelangte wegen der Weigerung des kurmainzischen Directorial-Gesandten, welcher „Formfehler" vorschützte, erst am 20. October zur Dictatur. *)

Die zwei Decrete vom 9. und 28. October enthielten Vorschläge zur Aenderung der veralteten deutschen Wehrver-

*) „Kaiserl. allergnädigstes Hofdecret an die hochlöbliche allgemeine Reichs-Versammlung zu Regensburg, d. d. Wien 9. October 1794, die noch rückständige Reichs-Kriegs-Prästation betreffend. Dictatum Ratisbonae die 28. Octobris 1794 per Moguntinum." (St. A.)

fassung. Sie entrollten eine Geschichte der zahllosen kaiserlichen Ermahnungen über diesen Gegenstand. — Nach den in den Decreten bekannt gegebenen Daten hatte das Reich schon am 23. November 1792 das Triplum nach dem Maßstabe des Reichsgutachtens vom 30. August 1681 beschlossen. Im December desselben Jahres erließ der Kaiser hierüber das Ratifications-Decret. „Allein der Erfolg von diesen reichsoberhauptlichen Bemühungen“, so hieß es in dem Hof-Decret, „von so manchen an einzelne Kreisausschreibämter erlassenen standhaften reichsväterlichen Ermahnungen und Exigatorien, so manchen an Allerhöchstihren und des Reichs Feld-Marschall ergangenen kaiserlichen Instructionen und dessen bei Kreisen und einzelnen Höfen in Allerhöchst ihrem Namen geschehenen thätigen Einschreitung; von so vielen an Ihren kaiserlichen Concommissarius bei der Reichs-Versammlung erlassenen Weisungen und so vielen anderen durch Ihre an Kreisen und reichsständischen Höfen accreditirte Minister bei den Kreisen und Höfen überreichten dringenden Aufforderungen, unzähligen, nachdrücklichen mündlichen Insinuationen war für Se. Majestät so wenig tröstlich und beruhigend, daß nach Ablauf eines Jahres noch nicht alle Kreise und Stände ihre Pflicht erfüllt hatten und die große Gefahr des Vaterlandes gar nicht begriffen.“

„Am 20. Juni 1793 hatte die kaiserliche Regierung zu ihrer Selbstberuhigung der Ihrer Seits vollkommen erfüllten theuersten Pflichten das offene Geständniß abgelegt, daß Allerhöchst Sie nach Ihrer Einsicht bei so vielfältigen Verfügungen und sonstigen Anordnungen die Einwirkung der Ihnen anvertrauten gesetzlichen Gewalt erschöpft hielten, daß jedoch dieser auffallende Zustand nicht fortwähren könne — wenn nicht selbsten Kurfürsten, Fürsten und Stände beim Falle der größten Intereſſen, die je in den Annalen Deutſchlands exiſtirt haben, gegen die eigenen Schlüße des Reichs zum nicht zu berechnenden Nachtheile der Einheit des deutſchen Staatskörpers eine angemaßte Willkühr und Geſetzloſigkeit begünſtigen wollen."

„Seine kaiſerliche Majeſtät, durch dieſe Verhältniße bewogen, legte der Reichs-Verſammlung damals zu einem eigenen Deliberations-Gegenſtande die Frage vor: durch welche Mittel das geſunkene Anſehen der Geſetze und der darauf ſich gründenden kaiſerlichen Autorität, gegen die in Stellung des reichsſchlußmäßigen Triplums ſäumigen oder ungehorſamen Stände am ſicherſten zu behaupten ſei! Aber die Reichs-Verſammlung hielt damals die wirklich vorhandenen Reichs-Geſetze noch für hinreichend, den angeregten Gegenſtand aber auch damals wegen „Formmängel" zur reichstäglichen Berathſchlagung nicht geeignet."

„Ferner iſt erinnerlich, daß die kaiſerliche Regierung ſchon am 23. März 1794, alſo kurze Zeit nach Errichtung der Reichs-Armee erklärt hatte: Bei veränderten Umſtänden keine Reluition der Contingente anzunehmen, demnach jeder Reichsſtand ohne Unterſchied ſeine Mannſchaft zur Reichs-Armee ſelbſt zu ſtellen habe. Aber nun floßen weder Gelder ein, — noch ſtellten die Stände ihre Soldaten!"

„Kurfürſten, Fürſten und Stände", alſo ſchloß mit ernſtem Mahnruf das Decret, „würden nun ihr Verdienſt um das deutſche Vaterland ungemein vermehren, wenn vorliegende Lage der Reichs-Armatur ſie überzeugte, wie höchſt nöthig es ſei, daß Einmal nach der Vorſchrift der Wahlcapitulation, Art. 12, §. 5 die letzte Hand an die Reviſion der Reichs-Executions-Ordnung gelegt werde, dadurch der Verfaſſung des Reiches im Endzwecke ſeiner inneren und äußeren Sicherheit eine ſolche Feſtigkeit und Vollkommenheit zu geben, die nach richtigen

Staatsgrundsätzen von keiner gesellschaftlichen Staatsverbindung ohne Gefahr einer drohenden Anarchie getrennt bleiben kann, und es würde Seiner kaiserlichen Majestät zur besonderen Zufriedenheit gereichen, wenn von nun an dieses ersprießliche Werk gedachter Maaßen die letzte Hand angelegt und solches zum großen Glücke des deutschen Staatskörpers unter Allerhöchst Ihrer kaiserlichen Regierung vollbracht würde."

Diesen Hofdecreten waren kaiserliche Erlässe an die Kreise und kreisausschreibenden Fürsten beigefügt, welche bekannt gaben, daß das Quintuplum so bald als möglich, spätestens aber bis 1. Februar 1795 bei der Reichs-Armee am Ober-Rhein einzutreffen habe; die Contingente der schon bewaffneten Stände jedoch unverzüglich dorthin in Marsch gesetzt werden müßten. Fürst Colloredo forderte die Reichsstände hiebei noch Einmal nachdrücklichst auf: „die traurige Lage des der kaiserlichen Regierung jederzeit lieben deutschen Vaterlandes zu beherzigen, ... und es möge kein Reichsstand, den alleinigen Fall der gesetzlichen Befreiung ausgenommen, etwa aus verborgenen Gründen eines getrennten individuellen Interesses von dem Interesse des Ganzen oder durch falsche Gründe einer verfassungswidrigen Politik durch andere, mancherlei gegen die klare Vorschrift der Gesetze erregte Zweifel und Discussionen, oder sonstige schon zum Voraus durch die bestehenden Reichssatzungen zernichtete und der Natur des Reichsverbandes geradezu widerstrebende Ausflüchte, sich eigenmächtig der verfassungsmäßigen Obliegenheit und der gewissenhaften Erfüllung der Eidespflichten entziehen, womit ein jedes Mitglied schon durch das erste Grundgesetz einer jeden Staatsverbindung und die ausdrückliche Norm der deutschen Fundamental-Gesetze, besonders den westphälischen Friedensschluß, die kaiserliche Wahlcapitulation und Reichs-

Executions-Ordnung, — Gott, — dem Kaiser und dem Reiche verbunden sei!" *)

Namentlich um das Unheil des kurmainzischen Friedens-Antrages theilweise zu paralysiren, und um dem Reichsgutachten in Betreff des Quintuplums, welchem schon am 28. October das Ratifications-Decret gefolgt war, Wirksamkeit zu verleihen, drang Hügel schon in den letzten Tagen des Octobers, „da sich jeder deutsche Patriot über den stets mehr und mehr zunehmenden Mangel an Gemeingeist den tiefsten Empfindungen des Schmerzes überlassen muß", — von Neuem auf diese oben angedeutete Revision der Executions-Ordnung, „damit endlich das Uebel sowohl für den gegenwärtigen als künftigen Reichskrieg von der Wurzel aus gehoben, die Reichs-Constitution eine neue Haltbarkeit bekomme, und die unzählig aufgeworfenen Hindernisse — in der Mannschaftsstellung bei Seite geschafft würden."

Aber die Reichs-Versammlung war unter dem Drucke der preußischen Gegenbemühungen nicht zu bewegen, über diesen so heilsamen, wichtigen Antrag einen „kurzen Verlaß" zur Berathung anzunehmen, und hegte den stillen Wunsch, daß das kaiserliche Decret bei bald eintretendem Frieden — in „ewige Vergessenheit" gerathen möge! **)

Auch wollte Hügel die Gesandten dazu bewegen, wenigstens der kaiserlichen Regierung die Reichs-Execution provisorisch zu übertragen; er überzeugte sich aber bald, daß bei dem Unwillen der Stände nicht die geringste Hoffnung dazu vorhanden sei,

---

*) Circular-Rescript der Reichs-Kanzlei, d. d. Wien 28. October 1794 an Kur-Rhein, Ober-Rhein, Franken, Schwaben, Kur-Pfalz, Salzburg, Ober-Sachsen, Nieder-Sachsen, Nieder-Rhein und den westphälischen Kreis. (St. A.)

**) Bericht des Freiherrn v. Hügel an die Reichskanzlei, d. d. Regensburg 29. October 1794. (St. A.)

denn, als die kaiserliche Regierung im December abermals nachdrückliche Ermahnungen über die Erfüllung der Reichsschlüsse, das Quintuplum und die Executions-Ordnung betreffend, an das Reich richtete, — erhielt der kaiserliche Concommissär die schnöde Antwort, daß die Reichs-Contingente vor Ende Februar 1795 kaum an Ort und Stelle sein würden. Das hieß nun ungefähr so viel, daß sie auch Ende 1795 noch nicht zur Reichs-Armee eingerückt sein würden. In Betreff der Executions-Ordnung hegten aber alle Gesandten noch immer einstimmig die Ueberzeugung, daß dabei Nichts herauskommen könne. Sie sagten dem kaiserlichen Concommissär unumwunden: „Es betreffe ja ohnehin nur Brandenburg und jene, welche den sogenannten Usualfuß, auf altes Herkommen sich berufend, vorschützen und hiedurch zwar mit Stellung ihrer Contingente theils namhaft, theils ganz zurück wären; — aber für sie spreche das deutsche Gesetz! Eben so ungegründet seien die anhaltenden Klagen des Allerhöchsten Hofes, als ob die Stände nichts gethan hätten, da doch in keinem Reichskrieg bei weitem nicht so viel als in dem jetzigen geschehen sei!" — „Ich begegne", berichtet Hügel nach Wien, „diesen Einstreuungen mit allen sich aus der Natur der Sache ergebenden Betrachtungen und lasse mich nicht ermüden; obwohl ich, (leider muß ich es tief betrübt bekennen) die Stimme des Rufenden in der Wüste bin." *)

Mit anerkennenswerther Beharrlichkeit drang „der Rufer in der Wüste" nun fort und fort in die Gesandten, von Reichswegen die Revision der Executions-Ordnung vorzunehmen, bis sie sich endlich entschlossen, den kaiserlichen Wünschen gerecht zu

*) Bericht des Freiherrn von Hügel an den Fürsten Colloredo, d. d. Regensburg 28. December 1794. (St. A.)

werden. Sie konnten sich nämlich doch auf die Dauer der Wahrnehmung nicht verschließen, daß der Fortschritt, den hiedurch die kaiserliche Regierung in der deutschen Wehrverfassung erzielen wollte, klar zu Tage liege, und daß auch der Zeitpunkt dieser angestrebten Revision in so ferne sehr günstig gewählt sei, da der Antrag, gegen säumige Stände im Wege der Executions-Ordnung vorzugehen, gewissermaßen als die eigentliche Antwort des Reichsoberhauptes auf den gewissenlosen kurmainzischen Friedensvorschlag zu betrachten war, und hiedurch den Ständen endlich der Anlaß verleidet würde, wegen des vorgekommenen Friedenantrages und denselben billigenden Reichsschlusses in ihren Pflichterfüllungen zurück zu bleiben.

Freilich waren aber die schlecht gesinnten Comitialen in Regensburg gar zu gerne bereit, gerade derartige kaiserliche Vorschläge so zu zerlegen und zu verdrehen, daß deren ursprüngliche Absicht ganz vereitelt wurde. Dieß erfüllte sich denn redlich auch bei diesen Anträgen, und sie wurden durch die reichstägliche Berathung, statt gefördert, offenbar verhindert.

Um dieses Ziel zu erreichen, hatten die Gesandten zu Regensburg die Methode erfunden, die wohlmeinendsten kaiserlichen Anträge, wenn sie auch noch so klar und deutlich gefaßt waren, nie zu verstehen. — Dieses Vorgeben veranlaßte natürlich dann stets Erörterungen, Zergliederungen und endlose Berathungen, durch welche man den Kern der Anträge immer mehr und mehr zu verhüllen bestrebt blieb, bis man schließlich vom eigentlichen Ziele so weit entfernt war, daß dessen Erreichung ganz unmöglich schien.

„Freilich“, meinte Hügel, „würde eine solche Zergliederung überflüssig seyn, wenn sämmtliche Reichsstände und ihre hiesigen Comitial-Gesandten sich alle reichsgesetzliche älteren und neueren

Verfügungen und die darauf sich gründende verfassungsmäßige Sprache Ihrer kaiserlichen Majestät in ihrem Zusammenhang, Inhalt und Geist lebhaftig gegenwärtig halten, oder auch nur die Wiedererinnerung mit Dank und Ueberzeugung annehmen wollten. Da aber so hell und klar zu sehen vielen nicht gegeben ist, da andere durch ihr besonderes Interesse, Dunkelheit und Zweifel auch bei der klarsten Entscheidung zu finden verleitet werden, so ist nicht zu verhindern, daß eine an sich auch noch so deutliche reichsoberhauptliche Proposition, wenn die Reichsstände, wie es jetzt der Fall ist, darauf bestehen, in mehreren ihren Begriffen nach nothwendigen Fragen oder Deliberazions-Punkte getheilet wird." *)

In diesem Sinne wirkte natürlich auch der kurmainzische Gesandte, der vorerst den Verlaß über die October-Hofdecrete auf den 23. Februar 1795 ansetzte, dann aber den kaiserlichen Anträgen nicht beipflichtete, sondern ganz eigene Vorschläge aufstellte, deren Weitläufigkeit und absichtliche Unklarheit mit den bündigen und klaren kaiserlichen Anträgen keinerlei Uebereinstimmung zuließ.

Hügel wollte die kurmainzischen Vorschläge nach Wien zur Begutachtung einsenden; dem widersetzte sich aber Strauß lebhaft und verlangte vom kaiserlichen Concommissär die einfache Berichterstattung des Vorfalles nach Wien.

Als nun bis zum 16. Jänner die Billigung einer Abänderung der kaiserlichen Entschließung nicht eingetroffen war, erklärte Strauß dem kaiserlichen Concommissär, er könne mit seinen Gegenanträgen nicht mehr länger zuwarten, da die Gesandten am 17. Jänner Rathtag hätten.

---

*) Hügel an die Reichskanzlei, d. d. Regensburg 11. Jänner 1795. (St. A.)

„Ich wiederholte“, berichtet Hügel an den Fürsten Colloredo, „daß mir die Sache nicht so dringend scheine, um nicht bis zum nächsten Rath zuzuwarten, und daß es zu viel gefordert seyn würde, wenn der Allerhöchste Hof gerade mit umgehender Post oder Tags nachher antworten sollte.“ *)

Strauß aber widersprach und erklärte: „daß man sich über die Art der Deliberation die Hände nicht binden lassen wolle, und daß es den Reichsständen frei stehe, aus jeder kaiserlichen Proposition selbst gefällige Deliberations-Punkte auszuziehen.“ Zwar lauteten die Gegenvorstellungen Hügel's dahin, daß dem kaiserlichen Hofe verfassungsmäßig ganz allein das Recht zustehe, unbeschränkte Propositionen an den Reichsrath gelangen zu lassen. Strauß aber entgegnete heftig: „Man dürfe am Reichstage kaiserlicher Seits mit so bestimmter Sprache nicht voranfahren, auch wäre er mit der Meynung des allerhöchsten Hofes wegen des Kriegsfußes von 1681 nicht einverstanden. Der kaiserliche Hof sei es, der durch so bestimmte und dürre Anfragen, wie jene über die Verhängung der Execution über säumige Reichsstände, Gelegenheit zu Spaltungen und Zwietracht gebe, und doch sei es Pflicht des Wiener Hofes, mit einträchtigem Benehmen eher Gelegenheit zu billigen Auswegen zu geben, um, wo nicht das Ganze, doch das Möglichste von den Reichsständen zu erreichen.“

Auf Hügel's Erinnerung, „daß Se. kaiserliche Majestät die Pflicht hätten, nach so langem geduldigen Zuwarten darauf zu dringen, daß endlich eine bestimmte Sprache geführet und mit Gewißheit festgesetzt werde, was man von der Beihilfe des Reiches und von seinen eigenen Schlüssen zu erwarten habe“,

*) Hügel an die Reichskanzlei, d. d. Regensburg 16. Jänner 1795. (St. A.)

lautete die Antwort des Freiherrn von Strauß dahin, „daß das Reich einmal erkläret habe, daß es Frieden und Waffenstillstand als das angemessenste für seinen Zustand erachte.“ *)

Diese kleinmüthigen Gründe blieben Alles, was der Gesandte des Erzkanzlers zu sagen wußte. Grollend entfernte er sich zu Rath, und das Resultat der dortigen Besprechungen mit den anderen Gesandten war, daß sie das kurmainzische Vorgehen vollkommen billigten und, sich einstimmig über die kaiserlichen Anträge hinaussetzend, die gegentheiligen annahmen.

Fast alle Gesandten erklärten nun einmüthig, Kurmainz stehe in allen Fällen die Befugniß zu, kaiserliche Propositionen in mehrere Fragen zu zergliedern und sie so umzugestalten, daß selbst die Absicht der Frage dadurch vereitelt werde, ohne hiedurch im Geringsten verpflichtet zu sein, sich bei dem Reichsoberhaupte zu erkundigen, ob eine solche Umgestaltung der kaiserlichen Anträge in Wien genehm wäre! — Zum Schluße gedachten diese Herren nun auch die der kaiserlichen Autorität er-

*) Vorerwähnter Bericht. (St. A.) — Das Benehmen dieses kurmainzischen Gesandten verdient wohl als Ausdruck der Gesinnung seines Hofes eine ganz besondere Beachtung. Die kleinlichen Nergeleien, deren er sich als Schriftführer des Reichsrathes gegen die kaiserliche Autorität und die kaiserlichen Minister herausnahm, bleiben noch weit unter jeder Schilderung zurück, da sein Einfluß als sogenannter Reichs-Directorial-Minister selbst im Kleinen fühlbar werden mußte. Wir wollen nur eine Thatsache erwähnen: In das XXI. Extract der Reichs-Operations-Cassa-Bücher, dessen Druck, wie aller auf Reichsgeschäfte bezughabenden Actenstücke Strauß zu besorgen hatte, ließ er die 30 Römer-Monate, welche England für Braunschweig und Hannover in der Höhe von 129.315 fl. auf Einmal bezahlt hatte, mit ganz kleinen Ziffern drucken, während alle kleinen und selbst die unbedeutendsten Beträge mit großen Ziffern gedruckt waren; hiedurch wollte er das Mißverhältniß in der Bezahlung der von vielen Ständen verweigerten Römer-Monate nicht so grell hervortreten, und den bedeutenden Beitrag Englands (für Hannover) unscheinbar machen.

sprießliche Wirksamkeit der österreichischen Minister Einmal zu brechen und deren energischer Sprache auf immer Schweigen zu gebieten, indem sie, da ihnen namentlich die unermüdliche Thätigkeit, Redlichkeit und Geschäftskenntniß des Freiherrn von Hügel ein Dorn im Auge war, nun plötzlich mit Berufung auf Pütter's Staatsrecht *) erklärten, „daß die Reichs-Versammlung eigentlich gar keinen kaiserlichen Concommissär anzuerkennen habe, und von ihm fürderhin nichts Schriftliches mehr annehmen könne.“ **)

Dieser Behauptung traten nun allerdings Hügel im Verein mit dem trefflichen Freiherrn v. Buol mit erfolgreicher Energie entgegen; — aber aus diesem in der Geschichte des deutschen Reichstages beispiellosen Zwischenfall, war schon jetzt zu ersehen, daß die gereizte Stimmung auf irgend eine Art einem gewaltsamen Ausbruche entgegen ging. — Nach langwierigen und heftigen Erörterungen gelang es dennoch wieder den österreichischen Ministern, den kaiserlichen Wünschen Geltung zu verschaffen und die hitzige Verhandlung zu Gunsten des allgemeinen Besten umzustimmen. Der kaiserliche Concommissär machte den Herren begreiflich, daß mit dem Augenblick, in welchem sie seine Wirksamkeit bestritten, die ihre gleichfalls aufhöre, da ihm dann nichts übrig bleiben würde, als durch den Principal-Commissär den Reichstag im Namen des Kaisers aufzulösen.

Mittlerweile war auch im Reiche von Hardenberg, Görz und Genossen das Gerücht, daß die Oesterreicher mit Frankreich in einen Waffenstillstand getreten wären und Mainz dem Reichsfeinde übergeben würden, emsig herumgetragen und von

*) Pütter, Instit. jur. publ. §. 143.

**) Hügel an die Reichskanzlei, d. d. Regensburg 16. Jänner 1795. (St. A.)

den Gesandten zu Regensburg natürlich auf's Wort geglaubt worden;*) dagegen verhallte wirkungs- und machtlos jede Ermahnung und jedes Wort der kaiserlichen Agenten, sobald es sich auf Ehre und Würde Deutschlands bezog.

Mitte Jänner hatte auch Thugut abermals einen seiner glänzenden Erlässe, mit Bezug auf die letzten Friedens-Beschlüsse des Reichsrathes, an die österreichischen Minister abgesandt.**) — Der Allerhöchste Hof, so hieß es in demselben, hat den traurigen Erfolg der Friedens-Sehnsucht vorhergesehen und vorhergesagt; all' sein offenes Betragen und seine beispiellosen Aufopferungen hätten nur zur Folge, daß man sie bewundere, höchstens sich dafür

---

*) Hierüber hatte Hügel dem Reichs-Feld-Marschall schon am 9. November 1794 geschrieben: „Allgemein sind die Gerüchte von einem Waffenstillstand, und da man so gerne glaubet, was man sehnlich wünschet, so lasset sich ein großer Theil der Reichstags-Gesandten ihren frommen Glauben, daß wirklich ein Waffenstillstand geschlossen worden, kaum mehr rauben. E. k. H. ermessen von selbst, mit welcher Ungeduld und Zudringlichkeit von allen Seiten die Anfragen an mich über den Grund oder Ungrund dieser Gerüchte ergehen. Noch zur Zeit glaube ich alle diese Ausstreuungen zu voreilig und vielleicht in der Absicht verbreitet, um thätige Maßregeln zur Fortsetzung der Bewaffnungs- und Vertheidigungs-Anstalten einzuschläfern und unwirksam zu machen, und ich versichere demnach allgemein, daß mir von E. k. H. keine derlei Nachricht zugekommen sei. Da gleichwohl ein Waffenstillstand oder eine wechselseitige Verabredung ruhiger Winterquartiere möglich wäre, deren beide Armeen gewiß bedürfen, so habe ich es meine Pflicht zu sein erachtet, E. k. H. nur dieses einzige Mal auf die Gerüchte des Tages und auf die Erwartungen des Reichstages aufmerksam zu machen, der sich von der Aufmerksamkeit des commandirenden Herrn Reichs-Feld-Marschalls zu versprechen scheint, daß er ihn von einem so interessanten Ereigniß durch mein Organ zu unterrichten die Güte haben werde." (St. A.)

**) Rescript der Staatskanzlei an sämmtliche Minister im Reich; ohne Datum, muthmaßlich von Anfangs Jänner. Nach einem Bericht des Freiherrn v. Hügel an die Reichskanzlei, d. d. Regensburg 16. Jänner 1795. (St. A.)

schüchtern bedanke, dieselben aber nie nachzuahmen sich bestrebe, während es jedoch im nämlichen Zeitpunkte einer anderen Macht geläuge, „durch mannigfaltige Insinuationen, durch leere Versprechungen und durch Erregung von Furcht und Hoffnung die Meinungen der Mehrzahl der Stände an sich zu ziehen und zu beeinflußen. — Des Kaisers Majestät würde sich gleichwohl durch dieses Benehmen von der Sorgfalt für das Reich nicht abhalten lassen, sondern wie es das Ratifications-Decret, welches nun nächstens erfolgen würde, auszuweisen im Stande sei, sich über das jüngste Reichsgutachten mit aller Unparteilichkeit äußern und auch alle übernommenen Pflichten des kaiserlichen Amtes auf's Redlichste beobachten. Dennoch erdreiste man sich im Reiche, dermalen die Meinung auszusprechen, als ob der kaiserliche Hof seinerzeit die Reichsstände zu der Kriegs-Erklärung an Frankreich verleitet habe; auch schäme man sich nicht, im Reiche auszustreuen, daß der Reichs-Feld-Marschall sogar die Reichsfestung Mainz übergeben wolle. Demgemäß sollten die kaiserlichen Minister öffentlich und überall nachdrücklichst erklären, daß es der ernste Wille des Kaisers wäre, nicht nur zur Unterstützung von Mainz, sondern auch zur Rettung des ganzen deutschen Reiches das Aeußerste zu unternehmen, und daß der Reichs-Feld-Marschall angewiesen sei, bei seiner eigenen Verantwortung alle von den Oesterreichern besetzten Reichsfestungen dem Kaiser und Reiche zu erhalten.

Diese Worte, so einleuchtend sie auch immer waren, blieben in den Wind gesprochen, und die Jammerwirthschaft zu Regensburg nahm von ihnen keinerlei Notiz. War ja dort nur alle Sehnsucht der Comitialen auf die bejahende Antwort des Kaisers über den Friedens-Antrag des Reiches an Frankreich gerichtet, und diese unselige Friedens-Sehn-

den Gesandten zu Regensburg natürlich auf's Wort geglaubt worden; *) dagegen verhallte wirkungs- und machtlos jede Ermahnung und jedes Wort der kaiserlichen Agenten, sobald es sich auf Ehre und Würde Deutschlands bezog.

Mitte Jänner hatte auch Thugut abermals einen seiner glänzenden Erlässe, mit Bezug auf die letzten Friedens-Beschlüsse des Reichsrathes, an die österreichischen Minister abgesandt. **) — Der Allerhöchste Hof, so hieß es in demselben, hat den traurigen Erfolg der Friedens-Sehnsucht vorhergesehen und vorhergesagt; all' sein offenes Betragen und seine beispiellosen Aufopferungen hätten nur zur Folge, daß man sie bewundere, höchstens sich dafür

*) Hierüber hatte Hügel dem Reichs-Feld-Marschall schon am 9. November 1794 geschrieben: „Allgemein sind die Gerüchte von einem Waffenstillstand, und da man so gerne glaubet, was man sehnlich wünschet, so lasset sich ein großer Theil der Reichstags-Gesandten ihren frommen Glauben, daß wirklich ein Waffenstillstand geschlossen worden, kaum mehr rauben. E. k. H. ermessen von selbst, mit welcher Ungeduld und Zudringlichkeit von allen Seiten die Anfragen an mich über den Grund oder Ungrund dieser Gerüchte ergehen. Noch zur Zeit glaube ich alle diese Ausstreuungen zu voreilig und vielleicht in der Absicht verbreitet, um thätige Maßregeln zur Fortsetzung der Bewaffnungs- und Vertheidigungs-Anstalten einzuschläfern und unwirksam zu machen, und ich versichere demnach allgemein, daß mir von E. k. H. keine derlei Nachricht zugekommen sei. Da gleichwohl ein Waffenstillstand oder eine wechselseitige Verabredung ruhiger Winterquartiere möglich wäre, deren beide Armeen gewiß bedürfen, so habe ich es meine Pflicht zu sein erachtet, E. k. H. nur dieses einzige Mal auf die Gerüchte des Tages und auf die Erwartungen des Reichstages aufmerksam zu machen, der sich von der Aufmerksamkeit des commandirenden Herrn Reichs-Feld-Marschalls zu versprechen scheint, daß er ihn von einem so interessanten Ereigniß durch mein Organ zu unterrichten die Güte haben werde." (St. A.)

**) Rescript der Staatskanzlei an sämmtliche Minister im Reich; ohne Datum, muthmaßlich von Anfangs Jänner. Nach einem Bericht des Freiherrn v. Hügel an die Reichskanzlei, d. d. Regensburg 16. Jänner 1795. (St. A.)

schüchtern bedanke, dieselben aber nie nachzuahmen sich bestrebe, während es jedoch im nämlichen Zeitpunkte einer anderen Macht gelänge, „durch mannigfaltige Insinuationen, durch leere Versprechungen und durch Erregung von Furcht und Hoffnung die Meinungen der Mehrzahl der Stände an sich zu ziehen und zu beeinflußen. — Des Kaisers Majestät würde sich gleichwohl durch dieses Benehmen von der Sorgfalt für das Reich nicht abhalten lassen, sondern wie es das Ratifications-Decret, welches nun nächstens erfolgen würde, auszuweisen im Stande sei, sich über das jüngste Reichsgutachten mit aller Unparteilichkeit äußern und auch alle übernommenen Pflichten des kaiserlichen Amtes auf's Redlichste beobachten. Dennoch erdreiste man sich im Reiche, dermalen die Meinung auszusprechen, als ob der kaiserliche Hof seinerzeit die Reichsstände zu der Kriegs-Erklärung an Frankreich verleitet habe; auch schäme man sich nicht, im Reiche auszustreuen, daß der Reichs-Feld-Marschall sogar die Reichsfestung Mainz übergeben wolle. Demgemäß sollten die kaiserlichen Minister öffentlich und überall nachdrücklichst erklären, daß es der ernste Wille des Kaisers wäre, nicht nur zur Unterstützung von Mainz, sondern auch zur Rettung des ganzen deutschen Reiches das Aeußerste zu unternehmen, und daß der Reichs-Feld-Marschall angewiesen sei, bei seiner eigenen Verantwortung alle von den Oesterreichern besetzten Reichsfestungen dem Kaiser und Reiche zu erhalten.

Diese Worte, so einleuchtend sie auch immer waren, blieben in den Wind gesprochen, und die Jammerwirthschaft zu Regensburg nahm von ihnen keinerlei Notiz. War ja dort nur alle Sehnsucht der Comitialen auf die bejahende Antwort des Kaisers über den Friedens-Antrag des Reiches an Frankreich gerichtet, und diese unselige Friedens-Sehnsucht allein verzehrte jeden Gedanken der Gesandten und ihrer Höfe!

„Die Geschäftsführung des Reichstages", so berichtet Hügel, „ist sich immer darinnen gleich, daß die an sie gebrachten wichtigsten vaterländischen Angelegenheiten, sie mögen noch so dringend seyn, mit gewohntem bedächtigen und langsamen Gang behandelt werden; daß aber, wenn kaum ein Reichsgutachten erstattet worden, des Wünschens und des Andringens kein Ende ist, damit doch die kaiserliche Ratification erfolge. — Nach diesem Geist geschieht nun täglich Nachfrage, ob das allerhöchste Ratifications-Decret wegen der Friedens-Materie nicht bald erfolgen werde." *)

Es lag auch in ihrem System, daß sich die Gesandten sogar erdreisteten, die Schuld der Langsamkeit in den reichstäglichen Berathschlagungen auf die kaiserliche Regierung zu schieben; auch wußten sie die Gebrechen der Verfassung ausgezeichnet grell zu beleuchten, ohne aber nur im Geringsten Oesterreich die Hand zu bieten zu der kaiserlicherseits so oft gewünschten und angeregten Verbesserung der verrotteten Reichszustände.

„Euer hochfürstlichen Gnaden", so berichtet Hügel an Colloredo, „sind gewiß ohne meine Versicherung darüber beruhigt, daß ich diesen — ich glaube von jeher mehr und minder bestandenen reichstäglichen Urtheilen und Aeußerungen auf gehörige Art und mit allem erforderlichen Nachdrucke widerspreche, und das unverkennbare Lichtvolle des Bildes der Reichsgeschäftsführung darzustellen nicht unterlasse, wovon man jetzt plötzlich nur

*) Hügel an die Reichskanzlei, d. d. Regensburg 16. Jänner 1795. (St. A.)

den Schatten herauszuheben und zusammenzudrängen sich bemühet." *)

Trotz aller seiner Bemühungen glaubte aber der kaiserliche Concommissär bei den bevorstehenden Berathungen über die Executions-Ordnung kaum etwas Gedeihliches zu Stande zu bringen, denn der Eigensinn und die Verblendung der Reichsstände schien ihm unbesiegbar, und „bei jedem ernstlichen Anbringen auf strengere Maßregeln verfehlen die reichsständischen Gesandten nicht, die Bemerkung zu machen, warum der allerhöchste Hof nicht vor Allem seinen Alliirten, den König in Preußen, zur Stellung seines Contingents zu vermögen trachte? Dieses einzige Contingent übersteige in Zahl, Kraft und Wirkung jener aller übrigen Reichsstände zusammen, die nicht gestellt seien." **)

Bei einer so allgemeinen Verblendung mußte denn auch die kaiserliche Regierung bald wahrnehmen, daß ihre auf das Beste des Reiches gerichteten Vorschläge dem gewöhnlichen Geschicke der Nichterfüllung anheimfallen würden. Der Fürst-Reichskanzler beschwichtigte sonach auch den über die Fruchtlosigkeit seiner Bemühungen sichtlich darniedergedrückten Concommissär.

„Sollte bey der künftigen Reichs-Deliberation", so lautet eines seiner an diesen gerichteten Rescripte, „abermals nicht viel gedeihliches herauskommen, so bleibt dem allerhöchsten Hofe wenigstens die traurige Beruhigung, nichts unterlassen zu haben, was zur Rettung des Reichs und zur Erhaltung seiner Verfassung gereichen könnte; und dasselbe mag es alsdann seiner

*) Vorerwähnter Bericht.

**) Hügel an Colloredo, d. d. Regensb. 13. Jänner 1795. (St. A.)

2*

eigenen Gleichgiltigkeit gegen sein höchstes Interesse zuschreiben, wenn es seinem Verderben und Untergange zueilet, welches Hochdieselben bey Gelegenheiten unbedenklich mit Freymüthigkeit erklären können!"

„E. E. erhalten hiedurch zugleich die schicklichste Veranlassung, mit dem Reichs-Directorium die freymüthigste Rücksprache über diese Angelegenheit zu pflegen, und demselben mit Ernst und Nachdruck zu Gemüthe zu führen, wie sehr bei der großen Ungewißheit des Erfolges der künftigen Friedens-Unterhandlungen die Vertheidigung und Sicherheit des Reichs erfordern, den darauf gerichteten Reichsschlüssen Kraft und Wirkung zu verschaffen; wie sehr selbst die Ehre und das Ansehen des Reichs vor den Augen der ganzen Welt darunter leiden müsse, wenn die Erfüllung der heilsamsten, allgemein verbindlichen Reichsschlüsse blos von der Willkür, der Eigenmacht und der eigennützigen Politik einzelner Reichsstände abhängen soll." *)

In einem anderen Rescript an Hügel urtheilt der Reichs-Vice-Kanzler dahin, daß es ihm, wie immer, so auch bei dieser Berathung hauptsächlich um die „Erhaltung der Gesetze" zu thun sei; „und es ist alle Sorge zu tragen, daß von dem geraden Wege, der wirklich mit vieler Einsicht und Mühe abgefaßten Gesetze nicht abgewichen werde." Sollte auch wirklich wenig Ausgiebiges zu Stande gebracht werden, so ist es dann wenigstens nicht die Schuld Oesterreichs oder jene der kaiserlichen Regierung, „sondern die Stände müßten sich alsdann selbst die Folgen ihres anarchischen Benehmens beimessen." — „Ich aber", so schloß der Kanzler, „habe meinen guten Grund, daß

*) Der Reichs-Vice-Kanzler an Hügel, d. d. Wien 7. Jänner 1795. (St. A.)

dieser Gegenstand (Reichs-Executions-Ordnung) bey der Reichsversammlung in's Protokoll komme, wenngleich dermalen hievon auch keine andere Wirkung zu erwarten wäre, als daß die Berathschlagungen darüber auf eine andere und ruhigere Zeit verlegt würden." *)

Aus diesen wenigen Worten ist zur Genüge ersichtlich, welchen Standpunkt die kaiserliche Regierung in dieser wichtigen Frage einnahm; auch ist deutlich die bittere Resignation wahrzunehmen, der sich diese Regierung überließ, nachdem sie den letzten Strohhalm sinken sah, den sie durch ihren Vorschlag ergriffen hatte, um ohne Gewaltmaßregeln und Verfassungsbruch die ihr von den Ständen thatsächlich bereits entrissene kaiserliche Autorität im Reiche wieder gesetzlich herzustellen.

Wie die gutgesinnten Reichsstände über die Executions-Ordnung und die betreffenden kaiserlichen Hofdecrete dachten, wie sie selbst das Bedürfniß einer Erhöhung des kaiserlichen Ansehens im Reich fühlten, erhellt wohl am besten aus mehreren Correspondenzen der kurfürstlich trierischen Regierung, die von ihrer Hinneigung zu Preußen durch den Verlust der trierischen Lande auf immer und gründlich geheilt war. — In einem der Schreiben des kurtrierischen Staatsministers Duminique heißt es: „Ich bin aus Gründen, welche die französische Revolution und die unglückliche Regierung weiland Kaiser Josef II. mir gar zu lebhaft eingeflößt haben, kein Liebhaber von Neuerungen, finde aber in dem Ganzen, daß der alte Schnitt unserer Reichs-Verfassung, die Vertheilung der Armeen und die Reichs-Executions-Ordnung selbst auf die heutige Lage nicht mehr passen. . . . Freilich wäre

*) Colloredo an Hügel, d. d. Wien 12. Hornung 1795. (St. A.)

das einzige Mittel, dem Allerhöchsten Reichsoberhaupte eine größere und executive Gewalt einzuräumen, welches aber wegen der bekannten Eifersucht und den verbreiteten Grundsätzen unserer deutschen Oppositions-Parthey nicht durchgehen wird; gleich wie Kur-Trier, welches nur auf eine temporelle Suspensirung von Sitz und Stimme gegen säumig befundene Reichsstände einst angetragen, keine einzige beifällige Stimme an den Reichstag erhalten hat. . . . Leider lassen die verschiedenen Abtheilungen des deutschen Reiches keinen Gemeingeist erwarten, da fast noch immer jede Meile ein anderes Territorium anzutreffen ist; gleichwie der Bürger und Negociant in Augsburg und Nördlingen gleichgültig zusehen würde, wenn alle auf dem linken Ufer des Rheines liegenden Reichsländer dem Feinde überlassen würden, in so ferne er nur von dem ruhigen Besitz des Seinigen gesichert seyn könnte. . . . Die mächtigen Reichsstände haben sich in ihren verderblichen Grundsätzen nicht geändert. Kur-Brandenburg bezieht Reluitions-Gelder von mehreren sächsischen Häusern, von denen fürstlichen Stiften Essen und Thorn*) und anderen westphälischen Ständen, und ich weiß den Zeitpunkt, wo man sich nicht einmal getrauen durfte, nach dem kurbrandenburgischen oder herzoglich Clevischen Contingent zu fragen." **)

---

*) Die Aebtissin war Schwester des R.-F.-M. u. des Kurf. v. Trier.

**) Dem Project des „Voti Trevirensis et Augustani" waren unter dem Datum vom 20. Februar 1795 folgende geheime Bemerkungen beigefügt: „Es war eine Zeit, wo man, ohne anzustoßen, den Namen eines kurbrandenburgischen Reichs-Contingents nicht einmal auszusprechen sich erkühnen durfte. Es war eine Zeit, wo der Chef der kursächsischen Truppen, General-Lieutenant v. Lindt, dem Reichs-General-Commando erklären durfte, daß er unter dessen Ordre nicht stehe, und es ist nicht unbekannt, daß das Kurhannover- und Landgraf Hessen-Kassel'sche Contingent in dem englischen Sold gestanden, und kein Mann davon bei der

„Bei dieser verwirrten traurigen Lage scheint mir für das allgemeine Beste und das Allerhöchste Ansehen kaiserlicher Majestät räthlich zu seyn, die rückständigen kaiserlichen Commissions-Decrete, welche ohnehin kaum in 6 Monaten erledigt werden dürften, langsam zu behandeln und das kaiserliche Ansehen nicht zu compromittiren ... um wenigstens indirect jenes zu erhalten, was durch einen Reichsschluß kaum zu erwarten ist oder wenigstens durch Verzögerung der Deliberationen vielleicht zu spät bestimmt werden dürfte."

„Diese Gedanken sind lediglich aus der Uebersicht der traurigen Lage unserer Reichs-Verfassung entstanden, ich aber leiste im Voraus die Bürgschaft, daß seine kurfürstliche Durchlaucht, mein gnädigster Herr, wenn es zum Besten der Sache gereichen kann, nach Höchst Dero bekannten Gesinnungen votando gerne Alles beitragen werden, was immer von einem echt patriotischen Reichsstand, welcher auf Ordnung und Gesetze haltet, und keine andere Politik als die Grundsätze der strengsten Rechtschaffenheit kennt, erwartet werden kann." *)

Auch Hannover äußerte sich vorläufig in ähnlich zustimmender Weise und war ganz damit einverstanden, „einen säumigen Reichsstand" durch Reichstags-Beschluß von Kurfürsten, Fürsten und Ständen aus, seiner Stimme und seines Sitzes am Reichstage verlustig erklären zu lassen."

Reichs-Armee befindlich war.... Der Herr Fürstbischof von Speier, welcher mehrere Compagnien in Bruchsal haltet und den Reichstag mit Druckschriften überladet, hat noch zur Zeit keinen Mann gestellet und suchet durch sein andauerndes Geschrei seine Unthätigkeit zu bedecken." (St. A.)

*) „Kurtrierisches Ministerial-Schreiben des Freiherrn v. Duminique an den hochfürstlich augsburgischen Reichstags-Gesandten Graf v. Oerle" d. d. Augsburg 10. Jänner 1795. (St. A.)

Das in diesem Sinne gehaltene Rescript*) an Ompteda lautete sehr entschieden, „aber“, so berichtet Hügel, „obschon Herr von Ompteda zwar erkennet, daß er nach dieser bestimmten Vorschrift seines Hofes auf so ernstliche Maßregeln antragen müsse, scheint er nicht überzeugt zu seyn, daß die bezielte Absicht dadurch ganz werde erreicht werden, auch wird von ihm schwerlich jene thätige feuerige Mitwirkung zu erwarten seyn, welche ihm so eigen ist, wenn ihm seine Privat-Ueberzeugung von der Nützlichkeit und Zweckmäßigkeit einer Maßregel zur Seite stehet.“ **)

Wie wenig Ompteda den scharf ausgesprochenen Willen seines Hofes, der noch mancherlei Umwandlungen erleiden sollte, zu unterstützen gewillt war, bezeugt die Thatsache, daß er diesem Rescripte zum Trotz öffentlich erklärte, „es würde trotz Allem nicht Ein Stand übrig bleiben, auf welchen die Suspension von Sitz und Stimme passe, da diese nur gegen ganz ungehorsame Stände verfügt werden solle, deren er jedoch nicht einen Einzigen kenne.“ ***)

Bei Ompteda machte sich schon damals derselbe Einfluß geltend, der die kurhannövrische Regierung später gegen den Willen Englands beherrschte, und der, durch die unermüdliche Anstrengung der preußischen Agenten unterstützt, Braunschweig und Hannover ganz von der englischen Politik und der Sache des Reiches zu trennen verstand, um im geeigneten Augenblicke diese zwei Länder, nach welchen schon lange Preußen begehrliche Gelüste hegte, zu verschlingen.

*) „Kurbraunschweigisches Rescript an den Freiherrn v. Ompteda“, d. d. Hannover 22. Jänner 1795. (St. A.)

**) Hügel an die Reichskanzlei, d. d. Regensburg 29. Jänner 1795 (St. A.)

***) Vorerwähnter Bericht.

Während solcher Art das kommende Reichsgutachten über die Reichs-Executions-Ordnung für und wider bearbeitet wurde, blieb sich die Klage, daß der kaiserliche Hof so lange mit der Beantwortung des Reichs-Friedens-Gutachtens zögere, immerfort gleich.

Diese fortwährend geäußerte Beschuldigung wies Thugut in einem zweiten Circular-Erlaß *) an die österreichischen Minister im Reiche folgendermaßen zurück: Es könne weder einem üblen Willen, noch einer besonderen Politik des Hauses Oesterreich zugeschrieben werden, wenn die Ratification des Reichsschlusses eine Verzögerung erleide; diese sei allein durch die Nothwendigkeit ernster und vorsichtiger Prüfung des gemachten Antrages entstanden. Was den Friedens-Antrag betrifft, so habe die kaiserliche Regierung aus guten Gründen keine Punktationen und Bedingnisse dem Reiche zur Deliberation vorgelegt, denn die kaiserliche Regierung kenne die Gesinnung des Feindes nicht, und stehe mit demselben in keinerlei, wie immer gearteten Verbindung. Auch wolle sich das Haus Oesterreich in jedem Falle, es mögen die Bedingungen zu hoch oder zu nieder gegriffen werden, für alle Zukunft Unannehmlichkeiten und Vorwürfe ersparen. Erstere würden entstehen, wenn die Vereitlung der Hoffnung des Friedens eintreten würde; letzteren aber wäre Oesterreich ausgesetzt, „wenn man dereinst in Deutschland zur Erkenntniß kommen würde, daß bei größerer Energie das Vaterland gerettet und alle gegenwärtige und unausbleiblich kommende Schmach vereitelt worden wäre.“ Noch wie zuvor halte die kaiserliche Regierung daran fest, daß ein Waffenstillstand in

*) „Circular-Erlaß der Staatskanzlei an die österreichischen Minister im Reich.“ Nach einem Bericht Hügel's an die Reichskanzlei, d. d. Regensburg 14. Februar 1795. (St. A.)

der gegenwärtigen Lage nachtheilig sei, da er nur dazu dienen könne, dem der Erschöpfung nahen Feind neue Kräfte zuzuführen und zu größerer Kraftentfaltung zu ermuntern. Das sprechende Beispiel hievon gebe Hollands Schicksal. Demnach werde Oesterreich auf eine Deliberation über das kaiserliche Commissions-Decret gar nicht dringen, sondern werde auf der Festsetzung der gewöhnlichen Verlaßzeit bestehen. Die österreichischen Minister ermahnte Thugut, sich stets „geschlossen zu halten" und vorläufig abzuwarten, wohin die Gesinnungen der übrigen Reichsstände gerichtet seien, „da die kaiserliche Regierung vor Allem vermeiden wolle, sich ohne Noth Gehässigkeiten auszusetzen, und stets als vornehmer Reichsstand alles mit einzugehen bereit sey, was das Beste des Reiches erfordert." *)

Unterdessen hatte den leitenden Staatsmännern in Wien die Ratification oder Nichtratification des Reichs-Friedens-Gutachtens schwere Sorge bereitet.

Es war zum ersten Mal seit dem Eintritt Thugut's in das Ministerium, daß sich eine Verschiedenheit zwischen seinen Anschauungen und jenen des Reichs-Vice-Kanzlers geltend machte. Nun erst nach dem schmachvollen, von Kur-Mainz herbeigeführten und von Preußen insgeheim unterstützten Friedens-Gebettel des Reiches trat die Frage mächtig in den Vordergrund, wohin — nicht Oesterreich das Reich — aber das Reich Oesterreich hinführe und dränge, mit anderen Worten, wie weit das Reichs-Oberhaupt den Reichs-Wünschen gerecht werden könne, ohne die Interessen der österreichischen Monarchie unheilbar zu schädigen und sie noch mehr zu gefährden, als dies ohnehin durch die jahre-

*) „Rescript der Staatskanzlei an die österreichischen Minister", d. d. Wien Februar 1795. Nach einem Bericht Hügel's an die Reichskanzlei, d. d. Regensburg 14. Februar 1795. (St. A.)

lang dargebrachten nutzlosen Opfer — bereits geschehen war. In die Beantwortung dieser Fragen ging Thugut in einem sehr merkwürdigen Vortrag an den Kaiser ausführlich ein, dessen wichtigste Stellen also lauten: *)

„Ich muß zur allerhöchsten Wissenschaft bemerken, daß ich sowohl dem Reichs-Vicekanzler, als dem Reichs-Referendär v. Frank mündlich und mit Anführung der aus der Lage der Umstände und dem politischen Interesse des Allerhöchsten Hofes hergenommenen Gründe vertraulich meine Meinung eröffnet habe, das Kaiserliche Ratificatorium auf die unpartheyischste Art und ohne alle Einmengung Eurer Majestät als Souvrainer Herr Ihrer Erblande, blos nach Beschaffenheit der Sache Reichsoberhauptlich zu ratifiziren, um von dem k. k. Hof den Vorwurf, daß man einen etwa möglichen Frieden dem Reich erschwert hätte, abzuwenden, dem König in Preußen keine Gelegenheit zu geben, sich aus der Schlinge zu ziehen und die Schuld des vereitelten Friedens auf den k. k. Hof zu werfen, endlich aber auch, um durch die Bemühungen, das Reich gegen seinen Willen und Wunsch in dem Krieg zu halten, dem k. k. Hof nicht die schwere unerträgliche Last und Responsabilität die Erwartungen des Reichs und die Forderungen so vieler einzelnen Reichsstände bei dem Frieden etwa gar mit Aufopferungen des eigentlichen wesentlichen Hausinteresses zu erfüllen und durchzusetzen, aufladen zu lassen; indem bey dem bestmöglichen Erfolg das Erzhaus Oesterreich an Vertrauen im Reich gewiß nichts gewinnen, sondern den einzelnen, in ihren Forderungen immer unmäßigen Reichsständen immer noch scheinbaren Stoff

*) Vortrag des Freiherrn von Thugut an den Kaiser, d. d. Wien 25. Jänner 1795. (St. A. Referate.)

zu Klagen und gehäßigen Vorwürfen erübrigen dürfte." . . . . „Es rathet die Klugheit, und es wäre auch aus vielen wichtigen Betrachtungen dem politischen Interesse der österreichischen Monarchie ganz angemessen, daß der Allerhöchste Hof die Reichsstände an der Hand desjenigen, der sie führen will, diesen Weg gehen lasse, als Reichsmitstand allenfalls cum reservatione seiner Rechte und Ansprüche mitwirke, und so ruhig und gelassen den Ausschlag der dem Reich als so leicht erreichbar und vortheilhaft vorgespiegelten Separat-Friedens-Unterhandlungen um so mehr abwarte, als bey einem guten Ausschlag eines solchen Friedens Oesterreich als Reichsmitstand hierin mitbegriffen seyn müßte, immer aber, von der Last, eine so enorme Strecke Reichslande zu vertheidigen, enthoben, seine Macht auf einen nach den Umständen gewählten Punkt konzentriren könnte, welche Konzentration den Abgang der Reichs-Armee, die ohnehin fast aus drey Viertel von Oesterreich freywillig gestellten oder im Wege der Reluition übernommenen Kontingenten bestehet, gar wohl ersetzen würde."

„So wie die Sachen dermal stehen", folgerte der österreichische Minister weiter, „scheint die Klugheit in solchen öffentlichen Aeußerungen gewißermaßen mehr Behutsamkeit, Vorsicht und etwas Mäßigung anzurathen, um nicht ohne Nutzen Gehäßigkeit und die politischen Verlegenheiten des k. k. Hofes zu vermehren, oder denselben für die Zukunft zu Hemmung seiner weiteren, noch nicht abzusehenden Maßnehmungen verfänglich zu machen. . . . Da Frieden zu machen, zuverläßig eine nicht so leichte Sache ist, hätte man Preußen mit diesem Geschäft ohne Bedenklichkeit sich beladen lassen können, indem, anstatt Vertrauen zu gewinnen, dieser Hof dadurch vermuthlich das Gegentheil würde erwirkt haben. — Durch die vom Reichs-

Vice-Kanzler vorgeschlagene Nichtratification erhielten die Reichsstände, die nun selbst schon einzusehen anfangen, daß ohne die engste Vereinigung mit dem k. k. Hof sie nur zu einem äußerst nachtheiligen Frieden gelangen können, . . . nicht nur Gelegenheit, auf ebenem Wege umzukehren, sondern auch noch auf diese dolose Rückkehr einen Preiß zu setzen, solche als eine Deférence für den k. k. Hof geltend zu machen, darauf aber die Forderung zu gründen, daß nun Oesterreich für Alles hafte und ein durchlöchertes Schiff sicher an das gewünschte Ufer bringen werde."

„Demnach stehet zu besorgen, daß der Preußische Anhang eine Scission im Reiche verursache, daß eben dieser Umstand der Entstehung des Fürstenbundes, nemlich der Vereinigung der mindern, aber mächtigern Reichsfürsten unter Preußischer Anführung, neuen Anlaß, Vorwand und Betrieb geben könnte, und am Ende Kaiserliche Majestät mit einer der Zahl nach größeren, aber unvermögenden schwachen, so schwer zu einem festen Endzweck zu vereinigenden, als in ihren intereßirten Forderungen zu befriedigenden Parthey allein stehen bleiben — und überdieß noch zu erwarten haben dürfte, daß auch diese Reichsstände, wenn deren so verschiedenes Interesse nicht hinlänglich besorgt wird, am Ende sich mit lauten Klagen, wie gar oft das Erzhaus die Erfahrung gemacht hat, sich als unglückliche Schlachtopfer der Anhänglichkeit an Oesterreich zum wahren Abbruch und Zernichtung des Vertrauens und Ansehens des k. k. Hofes darstellen werden."

„Eine Friedensbasis für das Reich zu entwerfen", so äußerte Thugut unverholen, „ist ein gar schweres Unternehmen, sowohl in Hinsicht auf seine unglückliche Lage gegen den Feind, als auf die so äußerst verschiedenen Interessen und die selbstsüchtige Politik der Reichsstände. Es ist aber dieß seine Sache, und können dieß zu leisten höchstens diejenigen verbunden seyn, welche die Friedensanträge veranlaßt, oder den Frieden zu bewerkstelligen übernommen oder sich dazu angetragen haben. Gleichwie die Reichsstände über die Quaestio an? ohne Zuthun des k. k. Hofes sich vereiniget haben, so mögen sie nun auch das Mittel finden, über die Frage Quomodo? etwas bestimmtes zu beschließen und über eine bestimmte Friedensbasis unter sich einig zu werden, nach welcher von Kaiserlicher Majestät als Reichs-Oberhaupt dann die weitern möglichen Einleitungen zum Frieden veranlaßt werden könnten. Warum soll der Kaiserliche Hof in ein Geschäft eingehen, wo derselbe, wie er die Sache abmißt, Gehäßigkeiten und Vorwürfen, oder wegen übel besorgten Reichsständischen Interessen, — oder wegen absichtlicher Vereitlung des Friedens, nicht entgehen kann?"

„Was nun die Annäherung an die Coalisirten Mächte betrifft", so folgerte Thugut weiter, „da würden Kaiserliche Majestät mit den in dem letzten Reichsgutachten wiederholt und deutlich ausgedrückten Gesinnungen der Reichsstände, welche öffentlich bekennen, nur ihrer eigenen Vertheidigung wegen unbekümmert um das ganze Französische Regierungssystem im Kriege zu seyn, in Widerspruch gerathen, wenn Allerhöchstdieselbe den Reichsständen einen entfernten Antrag zur näheren Vereinigung mit den coalisirten Mächten, bey denen sie ganz andere Absichten vermuthen, machen wollten, und es würde dadurch der Vorwurf bestärkt, daß man das Reich in den Krieg gezogen und zu seinem Nachtheil darin erhalten wolle."

„Wäre es aber auch möglich, die Reichsstände durch das Gefühl ihrer Unmacht und Verlegenheit zu einer solchen näheren

Verbindung geneigt zu machen, und wollten sie dann nun auch ihrer beßren Behaglichkeit wegen sich an die Coalition utiliter anhängen, so ist doch gar nicht abzusehen, was die gute Sache und die coalisirten Mächte anders dabey gewinnen könnten, als die stärkere Obliegenheit, zu ihrer (der Reichsstände) Vertheidigung noch mehr sich anzustrengen, bey dem Frieden mit ihrer Ungemächlichkeit ganz besonders für die Reichsstände zu sorgen, ohne daß man vernünftiger Weise zu erwarten hätte, daß die Reichsstände nun eine größere Unterstützung und noch in der erforderlichen Zeit mehr leisten würden, als sie bisher in den dringendsten Gefahren des deutschen Vaterlandes gethan haben."

Ist schon aus dem Vorhergegangenen ziemlich klar zu ersehen, welche dem Staats-Interesse Oesterreichs seiner Meinung nach zuträgliche Politik nun, bei den im Reich geänderten Verhältnissen der österreichische Minister zu befolgen wünschte, so treten seine Ansichten in einem zweiten Vortrag an den Kaiser noch deutlicher hervor. *)

In diesem wünschte Thugut wiederholt, daß der Kaiser, nachdem sich die Lage des Reiches als vollkommen ohnmächtig erweise, nun endlich auch die Eigenschaft des Reichs-Oberhauptes von jener des Beherrschers der österreichischen Monarchie trenne. Als Reichs-Oberhaupt möge der Kaiser das Reichs-Friedens-Gutachten vollkommen unparteiisch ratificiren, keinerlei Abneigung vor dem Frieden äußern, um einestheils später als souveräne Macht freien Spielraum zu haben, anderentheils um

*) „Vortrag des Freiherrn v. Thugut an den Kaiser, d. d. Wien 26. Jänner 1795, nebst beigefügten Bemerkungen über den Entwurf des kaiserlichen Ratifications-Decretes, die Friedens-Materie betreffend." (St. A. Referate.)

das kaiserliche Ansehen im Reich nicht noch mehr compromittiren zu lassen, als dies ohnehin von den Ständen aus schon geschehen wäre. Freimüthig stellte Thugut dem Kaiser vor, „daß das kaiserliche Ansehen im Reiche gänzlich verfallen sei", und daß ja endlich der Zeitpunkt kommen müsse und werde, „wo Oesterreich sich über alle Rücksichten gegen das Reich hinaussetzen müsse, — da ja Niemand im Reich auch nur die geringste Rücksicht mehr für Oesterreich empfinde."

Wer kann, wie uns jetzt die Verhältnisse vorliegen, diese erst nach namenlosen Opfern sich gebieterisch aufdrängende österreichische Staatsmaxime verdammen? — Wer kann diesem Gedanken seine Berechtigung absprechen? Wer kann nach all' dem Vorangegangenen dem österreichischen Minister daraus einen Vorwurf machen, daß er endlich das eigene „Hausinteresse" der österreichischen Monarchie zu wahren bedacht blieb — nachdem es im weiten deutschen Reich — welches dieser Minister gleichwohl noch immer „das deutsche Vaterland" nannte — keinen Reichsstand mehr gab, der die edle Aufopferung Oesterreichs für des Reiches Wohlfahrt zu verstehen fähig schien?

Den unter Preußens Führung vom Reich betretenen Weg, dasselbe ungestört fortwandeln zu lassen, hielt Thugut aber aus dem Grund für das Wohl der österreichischen Monarchie „vortheilhaft, räthlich und nothwendig", weil dem warnenden Rufe Oesterreichs bisher gar Niemand Folge geleistet habe, „die Gehässigkeit der Stände aber nicht auf das Reichs-Oberhaupt, sondern nur immer auf das berührbare Oesterreich zurückfällt, da doch alle Welt weiß, daß der Kaiser in dieser Eigenschaft keine selbstständige Macht, hiemit bei Krieg und Frieden kein besonderes Interesse haben kann, folglich in allen Fällen, wo er zu lebhaft, zu prononcirt oder gar leidenschaftlich Theil nimmt, man im Reich immer verborgene Absichten des Erzhauses vermuthet."

Der Krieg, den Oesterreich mit Frankreich fortführen müsse, also äußerte sich Thugut gegen den Kaiser, werde aber nicht darum fortgesetzt, um etwa gar Deutschland gegen die Einwirkung anarchischer Grundsätze zu bewahren, „weil dagegen weder Krieg noch Frieden schützen können, — sondern nur eine gerechte, weise und kluge Regierung"; vielmehr handle es sich um weit größere Dinge. Für Oesterreich könne es nicht, eben so wie es beim Reich den Anschein habe, gleichgiltig sein, ob es mit größerem oder geringerem Verlust aus diesem Kampfe hervortrete, denn die glückliche Beendigung des Krieges gegen Frankreich bleibe für Oesterreich eine Lebensfrage und setze für alle Zeiten dessen gegenwärtigen und zukünftigen Einfluß als leitende europäische Großmacht auf das Spiel.

Durch diese Denkart Thugut's und durch den Weg, welchen er zur Erreichung der politischen Absichten Oesterreichs zu betreten in Vorschlag brachte, machten sich in Wien zwei Einflüsse geltend, die allerdings beide in ihrem Endzweck und ihrer Endanschauung nämlich in „der Bekämpfung Frankreichs" Hand in Hand gingen. Während aber sowohl Thugut als der Reichs-Minister Fürst Colloredo die Wichtigkeit des Augenblickes vollkommen begriffen, — eines Augenblickes, der berufen war, das Geschick Europa's auf ein Jahrhundert hinaus zu entscheiden — waren sie doch in ihren Anschauungen über die Mittel der Fortsetzung des Krieges in so weit getrennt, daß Thugut, „im Interesse des erschöpften Oesterreichs", die fortwährend fruchtlos gebrachten Opfer nicht mehr blos „zum Nutzen des Reiches allein" weiter fortsetzen wollte; der Reichs-Vice-Kanzler Fürst Colloredo-Mannsfeld aber festen Willens blieb, entweder die

Kaiserwürde in Deutschland siegreich und für alle kommenden Zeiten wieder kräftig herzustellen, oder die österreichische Monarchie für Deutschland aufzuopfern und mit ihr die Krone Karl's des Großen mit Ehre und Würde zu Grabe zu tragen.

Thugut klärt diese getheilte Anschauung vollkommen durch die weitere Bemerkung auf: „Die Reichskanzlei hat gemerkt, daß die Staatskanzlei nur als ein Reichs-Mitstand in den Frieden eingehen will. Dieß und verschiedene Umstände und Vorgänge am Rhein und der Waal haben die Schwierigkeiten für das Reich, zu einem nur annehmlichen Frieden zu gelangen, einleuchtend gemacht; mithin will die Reichskanzlei ... den Reichsfrieden, der ohne nachdrückliche vorzügliche Unterstützung Oesterreichs als souveräne Macht, nothwendig nur zum größten Nachtheil des Reichs hätte ausfallen können, ... vor der Hand vereiteln, alle Last und Nachtheil und auch alle Responsabilität auf Oesterreich wälzen, um das Erzhaus zu zwingen, an diesem Reichsgeschäft entscheidenden unmittelbaren Antheil zu nehmen. — Preußen aber und die Reichsstände", so urtheilte der österreichische Minister mit unerbittlicher Logik, „sehen dermal wohl ein, daß ein leidentlicher Frieden schwer zu erreichen ist. Sie werden also froh sein und sich selbst sehr erleichtert sehen, wenn sie in dem kaiserlichen Ratificatorium das antreffen, was den Frieden des Reiches erschweren und vereiteln kann, hiemit ihnen nicht nur Gelegenheit gibt, auf ebenem Wege umzukehren, sondern auch die Schuld hievon auf den Kaiser, folglich auf das Erzhaus zu schieben, um in der Folge hierauf den Grund der unbilligen, nicht zu befriedigenden Forderung zu stützen, daß der k. k. Hof sich um die Stände nur noch nachdrücklicher annehmen und vorzüglich auf ihre Entschädigung bedacht sein müsse."

Als somit Thugut weise die kommenden Niederlagen Oesterreichs voraussah, falls dieser Staat nicht endlich sein „eigenes Haus-Interesse“ über jenes des Reiches setze — hatte er mit staatsmännischer Voraussicht nur die Wahrheit gesprochen — und die Geschichte kann ihn ebensowenig einer Unklugheit oder Unredlichkeit zeihen, als dem österreichischen Minister nach all' dem, was vorausgegangen war, über seine Denkart irgend ein Vorwurf gemacht werden kann. — Und doch war das Princip des Fürsten Colloredo-Mannsfeld auch ein großes, schönes und würdiges! — Das Interesse Oesterreichs jenem des Reiches unterzuordnen oder mit dem Reiche zu fallen, die große Idee des Reichs-Ministeriums: „mit dem Reiche siegen, oder für das Reich und mit demselben kämpfend untergehen“, war ein Gedanke, würdig eines alten Römerherzens und des letzten Trägers der deutschen Kaiserkrone.

Wir unserseits können keinen dieser verschiedenen Ansichten ihre Berechtigung versagen. Vielleicht liegt aber in der Anschauungsweise des letzten Reichs-Vice-Kanzlers der Schlüssel zu dem Geheimniß verborgen, wie es kam, daß Oesterreich trotz seiner tiefen Erschöpfung — fort und fort, noch viele Jahre nach dem Baseler Frieden, wiederholt sein eigenes Interesse hintansetzend, den Kampf gegen Frankreich bis zur gänzlichen eigenen Kampfunfähigkeit fortzusetzen bestrebt blieb.

Im vorliegenden Fall gewann aber in diesem momentanen und vorübergehenden Gegensatz der Reichs-Vice-Kanzler die Oberhand, und in seinem Sinne, den Anschauungen Thugut's entgegen, traf am 9. Februar die Antwort des Reichs-Oberhauptes auf das Friedens-Gutachten in der Gestalt eines „kaiserlichen Commissions-Decretes“ (also unratificirt, nicht als Ratifications-Decret) in Regensburg ein.

3*

Dieses Decret war, obgleich es den Wünschen des Reiches nicht entsprach, — in Worten ein leuchtendes Wahrzeichen der redlichen Denkart der kaiserlichen Regierung und trug, wie alle in jener Zeit kaiserlicherseits erlassenen Staatsschriften, das vollendete Gepräge einer echt deutsch-biederen, patriotischen und reichsväterlichen Gesinnung. — Das Decret begann damit, dem Reiche noch Einmal die Entwicklung und den Anfang des sogenannten französischen Revolutions-Krieges darzulegen. Es betonte, daß: „die Kränkungen, welche sich die französische National-Versammlung durch die im Monate August des Jahres 1789 erlassenen berüchtigten Decrete . . . gegen die deutschen Reichsstände und das deutsche Reich erlaubt hat, . . . den ersten Anlaß zu dem fortwährenden leidigen Reichs-Kriege gaben.“ — Im Verfolge erinnerte das Decret daran, wie im Jahre 1790 die französischen Gewaltthaten bei den zur Kaiserwahl in Frankfurt versammelten Kurfürsten einen so „tiefen Eindruck“ gemacht hatten, daß sie sich zur Pflicht aufgefordert erachteten, ein eigenes „Kur-Collegial-Schreiben“ an das neu erwählte Reichs-Oberhaupt zu erlassen, „mit dem dringendsten Anliegen, zur Erzielung einer vollständigen Abhilfe der vorliegenden Beschwerden den Allerhöchsten kaiserlichen Schutz und Beystand zum Besten des gesammten Reiches ehrerbietig anzurufen, wodurch der Kaiser „zum unausbleiblichen Glanze seiner Regierung und zu seinem eigenen unsterblichen Ruhme zugleich die angelegentlichsten Wünsche und Erwartungen des gesammten deutschen Vaterlandes erfüllen würde.“ In diesem Tone hatten damals alle Reichs-Angehörigen einstimmig den Schutz des Reichs-Oberhauptes angefleht!

Als nun alle Versuche einer friedlichen und gütlichen Verständigung mit Frankreich fruchtlos blieben, „und erst als der Reichsfeind in deutsches Reichs-Gebiet wie ein Räuber einfiel“, wurde von Reichswegen der Beschluß gefaßt, Gewalt durch Gewalt abzuwenden, und in diesem Sinne wurde das am 7. September 1792 zur öffentlichen Dictatur gelangte kaiserliche Hofdecret an die Reichs-Versammlung erlassen, und schon am 23. November ein am 22. December desselben Jahres kaiserlicherseits genehmigter Reichsschluß von Reichswegen zum Gesetz erhoben, der sich auf die Stellung des Triplums deutscher Wehrkraft bezog. „Das unter seinem Reichs-Oberhaupte versammelte deutsche Reich sah sich also endlich nach zweijährigen Zuwarten in die traurige Lage versetzt, zu den Waffen zu greifen, und den kaiserlichen Vorschlägen gemäß betonte das Reichsgutachten von damals, daß der allgemeine Reichs-Krieg gegen Frankreich geführt werde: „zur Behauptung der Ehre des deutschen Reiches, zum Schutze und zur künftigen Sicherheit seiner Rechte und Gränzen und zur Erlangung einer gebührenden selbstständigen Genugthuung.“ .... „Das war die würdevolle, klare und gerechte Sprache des deutschen Reiches zu Anbeginn des unseligen Krieges, von welcher die gegenwärtig vorwaltende kleinmüthige Gesinnung der Reichs-Stände so entsetzlich weit entfernt ist!“

Auf diese vergangene Zeit berief sich der Kaiser: auf den Inhalt des erwähnten Kur-Collegial-Schreibens, auf das kaiserliche Commissions-Decret vom 26. April 1791, auf das Reichsgutachten vom 6. August 1791, auf das kaiserliche Commissions-Ratifications-Decret vom 10. December 1791, auf das kaiserliche Hof-Decret vom 1. September 1792, auf das ratificirte Reichsgutachten vom 23. November 1792, auf das Reichsgutachten vom 18. Februar und 22. März 1793, auf das Hof-Decret vom 30. April 1793, auf alle im Jahre 1794 kaiserlicher Seits erlassenen Decrete und Erlässe; „welche Bezugnahme kaiserlicher Majestät um so sachdienlicher erscheint, als Seine römische kaiserliche Majestät manche Bemerkungen in den einzelnen Abstimmungen zum Reichstagsprotokolle und selbst in den neuesten Reichsgutachten einige Züge wahrgenommen haben, welche Allerhöchstsie mit dem den bisherigen öffentlichen Verhandlungen getreuen Hergange der Sache nicht wohl vereinigen können. Im Uebrigen so viele unverkennbare Beweise beinahe unglaublicher Tapferkeit... auch die Geschichte des gegenwärtigen Kriegs zum Ruhme der deutschen Heere aufzuweisen hat, so war dennoch das Kriegsglück in den letztern Monaten des vorigjährigen Feldzugs so ungünstig, daß dadurch die Sehnsucht nach Frieden lauter als jemalen ward und selbst Anträge auf einen, dem noch fortdauernden Reichskriege mit Frankreich ein Ende machenden Frieden bey der allgemeinen Reichs-Versammlung in die thätigste Bewegung, sodann in öffentlichen Vortrag gebracht wurde, daß hierüber sogar an kaiserliche Majestät ein Reichs-Gutachten eingereicht werde." — Nun die vier Punkte des bekannten Reichs-Gutachtens vom 22. December anführend, ging das Decret in die Beantwortung eines jeden einzelnen dieser Punkte ausführlich ein, berief sich auf die kaiserlicherseits wiederholt gegebenen Rathschläge und Ermahnungen, auf die Opferwilligkeit des österreichischen Volkes und der kaiserlichen Regierung, „welche mit größter Anstrengung Ihrer Hauskräfte an Mannschaften und Millionen Geldes... die unzweideutigste Uebereinstimmung Ihrer Gesinnungen und Handlungen zur Vertheidigung des deutschen Reiches unwiderleglich bewiesen hat..."

„Nachdem Kurfürsten, Fürsten und Stände trotz allen diesen Opfern es der Lage der Dinge, den Verhältnissen des deutschen Reichs und dem Wohle des Ganzen angemessen erachtet hätten, die Friedensmaterie durch den Gang der reichstäglichen Verhandlungen zur öffentlichen Sprache zu bringen, mithin diese Behandlungsart zugleich als die vorzüglichere bey dem in Anregung gebrachten Friedens-Geschäfte anzusehen wäre, so sei es auch an ihnen, die Punkte genau zu articuliren, aus welchen der künftige billige, gerechte, anständige und annehmliche Friede zu bestehen habe." Demnach sei aber auch kaiserliche Majestät weit entfernt, durch diese Betrachtung, so wichtig auch dieselbe nach Ihrem Ermessen ist, die so laut gewünschte Friedenseinleitung gegen die Absicht der allgemeinen Reichsversammlung zu erschweren, oder bis zu einer bestimmten Articulirung aufzuschieben," das Reichsoberhaupt werde sich im Gegentheile diesen Wunsch der Stände redlich zu Gemüthe führen; ja „es gereiche Sr. kais. Majestät noch zur besonders tröstlichen Erleichterung Ihres schwerbürdigen kaiserlichen Amtes, das offene Vertrauen der Reichsversammlung entgegen genommen zu haben"; aber eben deßhalb verspreche sich der Kaiser seinerseits vom Reiche wenigstens in der Zukunft einen um so wirksameren Beistand, „je theilnehmender und offenherziger in dieser schweren Angelegenheit Deutschlands jederzeit das reichsväterliche Benehmen seyn wird."

Endlich versprach das Reichsoberhaupt, die Reichs-Versammlung seiner Zeit über den Erfolg der zu treffenden Einleitung genau zu unterrichten und bemerkte, daß „der in Anregung gebrachte Waffenstillstand in mancherlei Rücksicht ... allerdings als eine Wohlthat für das deutsche Reich angesehen werden könnte, ... wenn sich nur dabei zugleich eine halbwegs wahrscheinliche Aussicht auf Erzielung eines billigen, gerechten, anständigen und annehmlichen Friedens hiedurch eröffnen würde." — „Ob aber nun", so betonte das Decret, „mitten im Laufe des dem Feinde günstigen Kriegsglücks dieser

Feind zur „„Ehre der Menschheit““ *) und „„in der Beherzigung““ des von ihm zu diesem leidigen Reichskriege „„gegebenen Anlasses““, in einen billigen, anständigen und annehmlichen Frieden auch eben so willig, als man vorauszusetzen und zu hoffen geneigt scheint, eingehen werde, bleibt — so sehr es auch aus „„Liebe zur leidenden Menschheit““ zu wünschen ist, und so sehr es in den menschenfreundlichen Wünschen Sr. kaiserl. Majestät selbst liegt — in vieler Rücksicht noch sehr zweifelhaft! — Desto dringender ist es daher, wo, gegen besseres Wünschen und Hoffen Frankreichs beharrliche Weigerung oder Ueberspannung und Unannehmlichkeit der Friedensbedingnisse die Möglichkeit der Aussöhnung so leicht vereiteln kann, daß die reichsschlußmäßige Rüstung zum nächsten Feldzuge mit dem thätigsten Eifer und ohne Unterlaß betrieben werde.“

„Se. römisch kaiserliche Majestät halten sich zu dieser reichsoberhauptlichen Aufforderung um so mehr berechtiget, . . . da es das gegründete Ansehen hat, daß die in Bewegung gesetzten Friedenswünsche selbst den Eifer mancher Reichs-Stände erkaltet haben, so wenig auch solches vielleicht in der Absicht des Kurhofes lag, welcher zuerst bey der Reichs-Versammlung diese Friedensanträge in öffentlichen Vortrag gebracht hat.“ — Das Decret schloß mit folgenden denkwürdigen Worten: „Se. kaiserliche Majestät beschwören daher noch einmal vor Gott und dem lieben Vaterlande alle und jede Reichs-Stände, sich nicht selbsten durch noch entfernte Hoffnungen einzuschläfern und diejenigen Pflichten in ihrem ganzen Umfange deutsch biedermännisch zu erfüllen, welche Reichsverband und Gesetze,

*) Die mit „ „ bezeichneten Stellen sind Worte des Reichsschlußes vom 22. December.

Vaterland und Selbsterhaltung erfordern; noch insbesondere aber patriotisch zu erwägen, wie nach dem ... am 14. Jänner 1794 erlassenen Hof-Decrete schon gemachten Antrage den in verschiedenen vorliegenden Landen und Kreisen vorgekehrten ruhmwürdigen Anstalten zur Bewaffnung der Unterthanen oder zur Aufstellung einer Landmiliz noch mehr Wirksamkeit, Consistenz und Zusammenhang auf die gezwungene Fortdauer des gegenwärtigen Krieges gegeben werden könne! ..."

„Ja Se. kaiserliche Majestät beschwören sämmtliche Reichs-Stände, — und unter Rückerinnerung des nicht zu bezweifelnden Grundsatzes: „„daß außerordentliche Umstände auch außerordentliche Maaßregeln erheischen, und daß ein Staat bey steigender Gefahr zu seiner Vertheidigung, Sicherheit und Erhaltung selbst das Aeußerste wagen müsse"" — schon zum voraus auf jeden widrigen Fall über diese außerordentlichen Rettungsmittel nachzudenken; da Deutschlands innere Kräfte noch lange nicht erschöpfet sind, auch gewißlich der Feind nicht durch einen sinkenden Muth bekämpft und zu billigen, gerechten, anständigen und annehmlichen Bedingnissen bewogen werden kann; — also auf jeden widrigen Fall eher alle Kräfte aufzubieten, als die Schande Deutschlands und den Umsturz der deutschen Verfassung in einem Friedensschluße zu unterzeichnen." *)

---

*) „Kaiserlich allergnädigstes Commissions-Decret an die hochlöbliche Reichsversammlung zu Regensburg, de dato Regensburg den 10. Hornung 1795. - Die Reichs-Kriegs-Materie, und besonders auch die Einleitung zu einem annehmlichen Frieden betreffend. Dictatum Ratisbonae die 14. Februarii 1794 per Moguntinum."(St. A.)

Es war Mitte Februar, als dieses kaiserliche Decret an die Reichs-Versammlung gelangte. Bevor wir die Wirkung desselben auf die Reichs-Stände ermessen und den Faden der reichstäglichen Berathschlagung über die Executions-Frage weiter verfolgen, haben wir die Begebenheiten nachzutragen, die sich seit November, d. i. seit Anbeginn der förmlichen preußisch-französischen Friedens-Unterhandlungen, in Basel und Berlin gleichzeitig zutrugen.

Es ist erinnerlich, daß Möllendorf am 4. November den Reichs-Feld-Marschall davon benachrichtigte, daß er von seinem Könige den Befehl erhalten habe, eine Auswechslung der Kriegsgefangenen zu bewirken, und daß dem zu Folge sein Adjutant, Major Meyerink, nach Basel abgegangen wäre. — „Der Major Meyerink", so schrieb Möllendorff „wird sich dieserhalb, zufolge dieses erhaltenen Auftrages, in einigen Tagen von hier weg und nach Basel begeben, und habe ich nicht unterlassen können, E. K. H. von der Veranlassung und dem Endzweck dieser Absendung hiemit vertraulich Eröffnung zu machen, um dadurch jedem unrichtigen Urtheil, welches über diese Reise gefällt werden könnte, möglichst zuvorzukommen!" *)

Die Absendung des Möllendorff'schen Busenfreundes nach Basel war aber — alle vorhergegangenen Umstände in Erwägung gezogen — eine zu bestimmte Andeutung über dort statthabende geheime Unterhandlungen, und gerade die wiederholten Betheuerungen des preußischen Heerführers, daß dieser Officier nur Auswechslungs-Geschäfte zu besorgen habe, ließen nach den gemachten Erfahrungen das Gegentheil des Betheuerten befürchten. Der Reichs-Feld-Marschall ließ sich nicht irreführen.

*) Möllendorff an den Reichs-Feld-Marschall, d. d. Hochheim 4. November 1794. (H. K. A.)

Hatte ja mittlerweile die kaiserliche Regierung bereits aus Basel selbst mancherlei auffällige Nachrichten erhalten. Eine namhafte Anzahl verdächtiger Individuen reiste in geheimnißvoller Weise und zu gewissen Zeiten von der Schweiz nach dem Reiche und von dort in die Schweiz zurück. — In Basel selbst erklärten sich ganz unwürdige Leute, darunter mehrere Juden und der bekannte „Schmerz", als Bevollmächtigte des preußischen Königs. Ein Kaufmann Namens Jordis reiste im Auftrage des Landgrafen von Hessen-Kassel wiederholt von Hanau nach Frankfurt und Basel. — Dieser im Vereine mit dem vorerwähnten Kreuznacher Kaufmann Schmerz scheint der erste Canal zu den geheimen Unterhandlungen gewesen zu sein. *)

Da die Republik Frankreich, als solche, vom Kaiser und Reich nicht anerkannt war, so wurde auch die Auswechslung der kriegsgefangenen kaiserlichen Soldaten damals auf neutralem Boden durch den Magistrat der Stadt Basel auf eine sehr schwierige und umständliche Art bewirkt. **) Zur Be-

*) Kornrumpf an den Reichs-Feld-Marschall, d. d. Frankfurt 7. November 1795. (St. A.)

**) Ein anderes Zeichen der preußisch-französischen Freundschaft bestand schon damals in dem Unterschied, mit welchem die Kriegsgefangenen in Frankreich behandelt wurden. Denn während die gefangenen kaiserlichen Soldaten in Frankreich im wahrsten Sinne des Wortes „elend" lebten, kaiserliche Generäle, Stabs- und Ober-Officiere die Löhnung der gemeinen Mannschaft erhielten, österreichische Kranke und Blessirte nicht gepflegt wurden, überhaupt die Rohheit der Republikaner gegen die österreichischen Gefangenen grenzenlos war: ja sogar mehrere Berichte und Aussagen selbstranzionirter und ausgewechselter Officiere und Soldaten meldeten, daß selbst verwundete österreichische Officiere von ihrer französischen Escorte mit Stock- und Säbelhieben auf die allerschmachvollste Weise mißhandelt wurden, ließ man es den gefangenen preußischen Soldaten und Officieren an Nichts fehlen, und die französische Regierung befahl überall durch eigene Erlässe, daß die Bewohner Frankreichs für die preußischen Gefangenen die größte Sorge zu tragen hätten.

förderung dieses Auswechslungs-Geschäftes war in jener Stadt schon seit Anfang der Feldzüge gegen Frankreich der österr. Rittmeister, Freiherr von Gresselsberg, ein junger thätiger Officier in erfolgreicher Weise verwendet.

An diesen schrieb der Reichs-Feld-Marschall: „Der Umstand, daß dieser Meyerink eine wichtige Rolle im preußischen Hauptquartier spielt, eben von Berlin zurückgekommen und nebstbei der Vertraute des Feld-Marschalls ist, machen es nothwendig, daß man auf seine Negociationen in Basel aufmerksam sei, und sollte er wirklich nur etwa die Auswechslung der Kriegsgefangenen zu Stande bringen, so werden der Herr Rittmeister besorgt sein, der k. k. Armee ein gleiches Benehmen zu verschaffen." *)

Dem preußischen Feld-Marschall dankte der Herzog für die gemachte Mittheilung höflich, aber dem Hofkriegsraths-Präsidenten berichtete er gleichzeitig: „Wenn ich die Umstände, daß Major Meyerink gestern von Berlin mit dem Befehl zum Abmarsch des Hohenlohe'schen Corps zurückgekommen ist, — daß er der Vertraute des Feld-Marschalls Möllendorff und im Hauptquartier, gleichwie in Berlin sehr angesehen ist betrachte, so däucht es Mir allerdings, daß wohl etwas anders, als die Auswechslung der Kriegsgefangenen im Werke sey. Ich bitte E. E. also, die Beilagen sowohl als Meine Bemerkungen der Reichs- und Staatskanzlei mitzutheilen und überhaupt derselben aus Meinen Berichten alles zu communiciren, was einen Bezug auf politische Angelegenheiten haben könnte." **)

---

*) Instruction für den Rittmeister von Gresselsberg, d. d. Schwetzingen 5. November 1794. (K. A.)

**) Bericht des Reichs-Feld-Marschall an den Hofkriegsraths-Präsidenten Grafen Wallis, d. d. Schwetzingen 5. November 1794. (K. A.)

Das „Andere", was der Reichs-Feld-Marschall vermuthete war eben der preußische Separatfriede, der schon im September im Reich überall als Gerücht verbreitet war. — Die Friedenssehnsucht, welche damals durch das Reich ging, war eine ganz unheimliche. „Die Gerüchte von einem Separatfrieden", so berichtete Reuß schon im September aus Berlin, „dauern noch fort; daß Ephraim*) dem König deswegen Mémoirs eingeschickt habe, aber abgewiesen worden, ist wahr. Wenn indessen das englische Geld ausbleibt, so werden auch die Truppen, welche über das Allianz-Quantum am Rhein stehen, zurück beordert werden. Die für diese Gräuel stimmende Parthey ist hier zu stark." **)

Diese Umtriebe dauerten den ganzen September und October fort. — Am 21. dieses letztgenannten Monats hatte der in Basel residirende kaiserliche Gesandte bei der Eidgenossenschaft von dem Baseler Oberzunftmeister Merian die bestimmte Nachricht über eine in Neufchatel von Preußen mit Frankreich eingeleitete und durch den preußischen Minister Marval betriebene Friedensunterhandlung erhalten. ***)

Gleichzeitig mit dem Mainzer Friedensantrage brachten einige französische Zeitungen die Enthüllung, daß sich Frankreich jedenfalls in Separat-Friedens-Unterhandlungen mit Preußen, Sardinien, Spanien und Holland einlassen werde: „Wir werden aber diesen Mächten den Frieden nicht vorschlagen; an ihnen ist es, denselben zu begehren, und den Besiegern Europa's kömmt es zu, daß er fest und ehrenvoll sey!" †)

*) Ein jüdischer Banquier aus dem Nachlaß Friedrich's II., der mit der königlichen Familie und andern maßgebenden Personen der preußischen Regierung Geldgeschäfte machte und in Berlin großen Einfluß besaß.

**) Reuß an Thugut, d. d. Berlin 13. September 1794. (St. A.)

***) Degelmann an Thugut, Basel d. d. 20. October 1794. (St. A.)

†) Nr. 27 der Straßburgischen Zeitung oder der Weltbote (20. Oc-

Bald wirkten, unzweifelhaft auf höhere Weisungen, alle französischen und preußischen Journale für den Frieden und fingen an, die öffentliche Meinung in diesem Sinne zu bearbeiten. — Daß Möllendorff mit Marval in lebhafter Correspondenz stand, ist durch die nach Neufchatel gesandten Couriere außer allem Zweifel. In den Berner Zeitungen wurden Marval und Möllendorff als Friedensstifter genannt; auch der Coadjutor Dalberg war von der Partie und hat einerseits mit Hardenberg, und anderseits mit Barthélémy damals vertraute Verbindungen unterhalten, deren Endziel der Frieden war, — vielleicht auch die ihm später von Napoleon geleistete Beantwortung der Frage: Wie man Fürst-Primas des deutschen Reiches wird?*)

tober 1794). Ferner: Das 28. Stück des „Straßburger Kourier" d. d. Primidi le 1. Brumaire, an 3 de la République. Beide Zeitungen erscheinen im Text zur Hälfte deutsch, zur Hälfte französisch.

*) Pelser berichtet aus dem Haag an den Fürsten Colloredo: „Das holländische Ministerium hat die officielle Nachricht erhalten, der Herr Kurfürst von Mainz wolle auf dem Reichstage auf eine Friedensunterhandlung mit Frankreich unter Vermittlung Schwedens und Dänemarks antragen. Der Herr Großpensionär versicherte mich, er wisse durch seine Correspondenten in der Schweiz, daß die Verbindungen, welche der Herr Coadjutor von Dalberg mit dem dortigen französischen Gesandten Barthelemy unterhält, die erste Veranlassung zu diesem Plane gewesen seien, unter welchem man Anfangs eine geheime Friedensabsicht unseres Hofes suchen wollte, und der hier um so außerordentlicher scheint, da erwähnter Gesandter erklärt haben soll, die Nationalconvention werde unter keiner anderen Bedingung einen Vertrag eingehen, als daß der Rhein für die Gränze Frankreichs angenommen werde." (d. d. Haag 4. November 1794.) — Ferner ein zweiter Bericht desselben an Thugut: Le Grand-Pensionaire sait positivement par ses correspondans en Suisse, que les rélations du Coadjuteur Dalberg avec M. Barthélémy ont fourni le premier motif secrét de cette démarche, qui paroît d'autant plus singulière, que ce Français a déclaré la ferme résolution de la convention, de ne se prêter à un accomodement, qu'à condition que le Rhin serve dorénavant de frontière à la France. — d. d. La Haye ce 31. Octobre 1794. (St. A.)

Meyerink kam am 12. November Früh in Basel an und machte schon am 14. mit dem französischen Gesandtschafts-Secretär Bacher Arm in Arm dem französischen Gesandtschaftspersonale Besuche. Jedermann, der es hören wollte, erzählte er frohlockend, daß er nur der Vorläufer einer großen bedeutenden Person sei, die nach ihrer Ankunft den Frieden mit Frankreich allsogleich unterzeichnen werde. — Ebenfalls am 14. November kam ein preußischer Feldjäger von Möllendorff an Marval und von diesem nach Basel gesandt, welcher äußerte: „er reise nach Frankfurt, von dort nach Berlin und von dort wieder zurück nach Neufchatel.“ *)

Das ehrlose Benehmen Meyerink's rechtfertigte alle Erwartungen, die man von diesem berüchtigten Schwätzer und Möllendorff'schen Busenfreund hegen konnte. Gegen den französischen Gesandtschafts-Secretär Bacher bedientenhaft unterthänig, affectirte er für Alles, was französisch war, eine schwärmerische Verehrung und kehrte Allem, was österreichisch oder deutsch-kaiserlich gesinnt war, den Rücken. **) Von dem Reiche, vom Kaiser, von den österreichischen Officieren und der österreichischen Armee wagte es dieser selbst so verächtliche Mensch mit Verachtung zu sprechen. Die Leistungen der Oesterreicher herabsetzend, erhob er um somehr jene der Franzosen und verhandelte ununterbrochen mit dem gleichgesinnten „Schmerz“. — Die Zusammenkünfte fanden stets in geheimnißvoller Weise Abends um 7 Uhr bei jenem statt, „und da ging es lustig her.“ ***)

---

*) Degelmann an Thugut und an den Reichs-Feld-Marschall, d. d. Basel am 14. und 15. November 1794. (St. A.)

**) Degelmann an Thugut, d. d. Bâsle le 12. Janvier 1795. „Les Prussiens affichent une intimité avec les agens ennemis qui révolte, et ils évitent la connaissance des Autrichiens qui se trouvent ici.“ (St. A.)

***) Nach der Aussage eines Dieners Meyerinks, den die Oesterreicher, als der Spionage verdächtig, in Mainz kriegsrechtlich aburtheilen ließen.

In dieser Weise benahm sich der Adjutant des preußischen Feld-Marschalls Möllendorff, der preußische Major Meyerink, dem die Juden Schmerz und Ephraim die Wege geebnet hatten, und der nun seiner Seits einem Golz und Hardenberg die Wege ebnen sollte. — Der Canal und die traurigen Menschengestalten, durch welche die ernsten und für unser deutsches Vaterland so folgenschweren Friedens-Uebereinkünfte Preußens mit Frankreich eingeleitet wurden, bezeugen wohl am besten den moralischen Werth der Baseler Friedensunterhandlungen, die von ihren Urhebern nicht ohne Grund in tiefes Dunkel gehüllt wurden.*)

Am 21. November hielt Meyerink eine Conferenz mit Bacher und zwei französischen Agenten (Bossé und Richard), die der National-Convent zu seinem Empfang nach Basel abgesandt hatte. An dieser Conferenz betheiligte sich auch ein zweibrückischer Kammerherr von Luxburg, und ein pfälzischer Major Potzheim aus Mannheim. Das Beschlossene wurde allsogleich durch einen Feldjäger an Möllendorff einberichtet, und Potzheim verfügte sich stracks zu Barthélémy, welcher damals, als französischer Gesandter bei der Schweizer Republik, zu Baden im Aargau wohnte.

„Noch bin ich außer Stand," so berichtet Gresselsberg an den Reichs-Feld-Marschall, „die wahren Absichten zu durchforschen, aber als ein geborner Oesterreicher sehe ich derlei Streiche als herabwürdigend an und besorge nicht ohne Grund,

---

(K. A.) Siehe auch Gardens: Histoire générale des traités de paix etc. B. V. S. 285.

*) v. Sybels Geschichte der Revolutionszeit blieb es vorbehalten, im III. B. S. 430, selbstgefällig herauszufinden, daß die preußischen Unterhandlungen: „nicht wie die Umtriebe Thuguts in Dunkel gehüllt waren," sondern „offenkundig vor den Augen Europa's lagen".

daß sie zum Nachtheil des Allerhöchsten Hauses gerichtet sind. ... Ich halte dafür, daß mit dem Auswechslungs-Geschäft des Major Meyerink wirklich Separat-Friedensunterhandlungen im Werke sind. Noch habe ich aber keinen Anlaß gehabt, mit dem Preußen zu sprechen, und der vertraute Umgang mit Bacher, den letzterer ohne Erlaubniß des Comité gewiß nicht so pflegen würde, gestatten mir nicht, mich einzudrängen." *)

In Baden fanden nun unausgesetzt Berathungen zwischen Barthélémy, Bacher und dem Möllendorff'schen Adjutanten statt. Dort wurde das Unheil, welches Preußen über das Reich bringen wollte, vorerst weiter ausgebrütet. Vorläufig aber machte der preußische Schwätzer auf Barthélémy einen sehr ungünstigen Eindruck. Der französische Gesandte erklärte ihm kurzweg, Preußen habe schon wiederholt seit Anbeginn des Krieges durch untergeordnete Persönlichkeiten Annäherungen an Frankreich versucht, die zu keinem Resultat geführt hätten. Demnach könne die französische Regierung von nun an nur mit einem mit allen üblichen Vollmachten versehenen preußischen Minister unterhandeln. Am liebsten wäre der Republik zu diesem Zwecke der Prinz Heinrich von Preußen. Da die Aufmerksamkeit von ganz Europa durch die öffentlichen Blätter auf diese Vorgänge gelenkt wurde, so war es sehr natürlich, daß man kaiserlicher Seits auf das, was in der Schweiz vorging, ein wachsames Auge behielt.

Nebst untergeordneten Agenten sandte der Reichs-Feld-Marschall auch zwei treffliche Schweizer, die österreichischen Generäle Jordis und Hotze, nach Basel und Lörrach, um an Ort und Stelle nähere Erkundigungen über die dortigen Umtriebe einzuziehen.

*) Bericht des Rittmeisters Gresselsberg an den Reichs-Feld-Marschall, d. d. Basel 22. November 1794. (K. A.)

„Vor ungefähr 10 oder 12 Tagen," so berichtet Jordis, „kam ein gewisser Banquier und sehr guter Freund von mir, Namens Jordis, mit der Post hierher zu mir, um weiters von hier nach Basel zu reisen. Dieser sagte mir, es käme Major Meyerink den folgenden Tag ihm nach, unter dem Vorwande, die Auswechselung der Kriegsgefangenen zu bewirken, dabei aber die schon angefangenen Friedens-Negociationen zu beschleunigen; dann auch, daß ihn (den Kaufmann Jordis) der Landgraf von Hessen-Kassel zu Bockenheim gesprochen und gebethen hätte, er mögte gleich nach Basel und dort das nehmliche in der Stille für ihn bewirken. Er zeigte mir auch die von dem Landgrafen eigenhändig unterschriebene Vollmacht, welche sich aber nur bloß auf die Auswechselung der Kriegsgefangenen erstrecket, versicherte mich aber, daß er in betreff des Friedens von denen Hessen die nehmlichen Aufträge wie Major Meyerink von den Preussen hätte."

„Zwei Tage darauf kam er wieder zu mir und sagte mir, daß der Kreuzenacher (von dem ich Euer königliche Hoheit schon schrieb, und der sich Schmerz nennt) dem preußischen Major Meyerink einen Feldjäger entgegen geschickt habe, um ihm zu sagen, daß er, weil es noch zu früh seye, noch nicht kommen solle; der Major aber, der schon zu nahe bei Basel war, ging doch dahin, und seit dieser Zeit sind Bacher, Meyerink und Jordis beständig beisammen. Unter dieser Zeit kam aber Jordis zweimal zu mir; das erstemal sagte er mir in einem Gespräch, das ich mit ihm hatte, eine mir gar zu unglaublich scheinende Sache, die ich aber E. K. H., so wie ich selbe erhielt, mitzutheilen [illegible] habe. Ich fragte ihn, ob er nicht merkte, [illegible] von unserem kaiserlichen Hof aus etwas wegen Frieden [illegible] wäre, worauf er mir kurz mit „nein" antwortete, und beisetzte: es scheine ihm, die Franzosen wollten mit uns keinen, wohl aber mit Preußen und dem Reich Frieden machen. Auf meine Frage: warum denn nicht? wollte er lange mit der Sprache nicht heraus, endlich aber sagte er: es schien ihm, als wäre das Projekt, keinen Frieden mit uns zu machen, bis sie nicht Meister von unserer Lombardie wären, welche sie alsdann um das Haus Oesterreich zu schwächen, dem König von Sardinien für Savoyen, welches sie absolute behalten wollen, zu geben Willens sind." *)

Gewiß ist es bemerkenswerth, welch' altes Datum dieser Plan Frankreichs trägt, ein Plan, welcher — durch preußisch-französische Umtriebe schon im Jahre 1794 angebahnt, — im Jahre 1859 in einem Kriege für eine sogenannte „Idee" eine vorläufige Lösung fand. Zwei Menschenalter hindurch ward er von Staatsmann zu Staatsmann consequent vererbt, und es bedurfte voller siebzig Jahre, um das vorgesetzte Ziel zu erreichen! Welch mächtiger Fingerzeig für die österreichischen Staatsmänner! und welch' glänzender Beweis dafür, daß Deutschland, falls es durchaus Nichts aus seiner Geschichte lernen will, bei passender Gelegenheit ebenso der unerschütterlichen Consequenz der französisch-preussischen Ideen geopfert werden wird, wie das alte Reichslehn, die „österreichische Lombardie", dieser Consequenz zum Opfer gefallen ist.

Wir überlassen es unseren Lesern, allen jenen greifbaren Betrachtungen nachzuhängen, welche sich uns bei der großen Aehnlichkeit gewisser Zeitverhältnisse der jüngsten Gegenwart mit jenen der von uns erzählten Vergangenheit gewaltsam aufdrängen,

*) Bericht des Feld-Marschall-Lieutenants Freih. v. Jordis an den Reichs-Feld-Marschall, d. d. Lörrach den 25. und 27. November 1794. (K. A.)

und denen Ausdruck zu geben wir uns enthalten, um in naheliegenden Vergleichen nicht allzu bitter werden zu müssen.

Nachdem sich der Kaufmann Jordis mit Barthélémy besprochen hatte, eilte er nach Paris. Jordis war ein Frankfurter und in dieser Reichsstadt als ein gehorsamer Agent der französischen Republik bekannt; seine Frau war aus Nantes, und dieser Umstand soll auch einer der Fäden gewesen sein, die ihn an das französische Interesse ketteten. Nach der Einnahme Frankfurts durch die Hessen brüstete er sich mit dem Vertrauen der Franzosen und wurde deßhalb von den Oesterreichern festgenommen, die ihn aber in Folge preußischer Verwendung wieder seiner Haft entließen. Seit jener Zeit war er Oesterreichs erklärter Feind und preußischer Agent. Im Jahre 1794 trieb er sein Unwesen im Reiche fort und soll auch der Hauptvermittler aller durch Basel nach Frankreich abgegangenen preußischen Contrebande-Waaren gewesen sein. — Der Landgraf von Hessen-Kassel aber bediente sich seiner, „weil dieser Partikulier, sofern man nicht reussiren sollte, leicht desavouirt werden könnte." *)

Kornrumpf gab ihm das Zeugniß, daß er „bey aller Intrigue, als der größte Poltron bekannt ist", und daß, wenn ihm „wegen seiner Frevelthaten bange gemacht werden sollte, solches gewiß von guten Folgen seyn würde." **)

Der österreichische General Jordis kam auch in nähere Berührung, mit dem Minister der venetianischen Republik, Duca San Fermo, der sich im Auftrage seiner Regierung seit dem Rückmarsche der Verbündeten aus der Champagne, in Basel befand.

*) Kornrumpf an den Reichs-Feld-Marschall, d. d. Frankfurt 25. November 1794. (St. A.)

**) Vorerwähnter Bericht.

San Fermo gestand dem österreichischen General offen, daß die Republik seit Anfang des Krieges Basel als den zur Beobachtung aller Verhältnisse wichtigsten Ort angesehen habe. „Er versicherte mich, daß er durch große Mühe und vieles Geld dahin gekommen sey, zu erfahren, daß Preußen völlig entschlossen ist, im Falle seine Negociationen zu Wien in Betreff Pohlens nicht den erwünschten Fortgang hätten, mit Aufopferung aller andern Interessen, den Partikulär-Frieden mit Frankreich zu machen; sollte aber der kaiserliche Hof den preussischen Wünschen in Betreff Pohlens entsprechen, so würden sie, so wie vorhin, bei den Operazionen der Coalition mitwirken.“ *)

Auch San Fermo bekräftigte die Absichten Frankreichs auf die österreichische Lombardie. Er behauptete, daß sich schon am 24. October bei ihm ein preußischer Agent, der mit den Jacobinern in vertrautem Verkehr stand, gemeldet und ihm zu verstehen gegeben habe, daß der Convent nicht abgeneigt wäre, den sardinischen Hof für den erlittenen Verlust zu entschädigen; und auch die Republik Venedig würde dann an Abrundung gewinnen, „sobald man nur dahin kommen könne, dem Hause Oesterreich seine Besitzungen in der Lombardie völlig abzunehmen.“ **)

Auf die bezügliche von San Fermo abgesandte Estafette erhielt der venetianische Minister die officielle Anwort: „die venetianische Republik wolle von dergleichen Sachen nichts wissen und wünschte nur zu behalten, was sie hätte.“ — Aus Turin lautete die Antwort des Premier-Ministers weniger ablehnend. ***)

*) Bericht des Feld-Marschall-Lieutenants von Jordis an den Reichs-Feld-Marschall, d. d. Lörrach den 27. November 1794. (St. A.)

**) Vorerwähnter Bericht.

***) Nach dem vorerwähnten Bericht sagte der piemontesische Minister: nous ne sommes pas les plus grands ennemis des François, mais nous ne voulons que ce qui est juste.

Soweit die Angaben des Duca San Fermo, denen wir beizusetzen nicht unterlassen können, daß die Republik Venedig nicht so ganz harmlos dachte, wie San Fermo den österreichischen General gern glauben gemacht hätte, sondern daß sie mit der französischen Republik in mehrfache geheime Unterhandlungen getreten war, sowie denn auch die kurze Zeit darauf erfolgte Ausweisung Ludwig's XVIII. aus Venedig für Frankreich nur als ein Beweis freundschaftlicher Gesinnungen, angesehen werden konnte.

Alle diese Anzeichen zusammenfassend, berichtete der Reichs-Feld-Marschall dem Fürsten Colloredo:*)

„Es ist offenbar, daß der Kaufmann Jorbis an den zu Basel geführt werdenden Unterhandlungen, und zwar als Abgeordneter des Herrn Landgrafen von Hessen-Kassel wesentlichen Antheil nimmt, . . . und es bestätiget sich leider nur zu sehr, daß es dem königlichen preußischen Hof immer mehr und mehr gelinget, andere Reichsständische Höfe mit in sein Interesse zu ziehen".

„Es wimmelt in Basel förmlich von Agenten der verschiedensten Reichsstände. All dieses gibt nicht undeutlich zu verstehen, daß diese Leute vielleicht Abgeordnete derjenigen Höfe sind, die bereits in die preußischen Verhältnisse verwebt, gemeinsam an dem geheimen Plane zu einem einseitigen Reichs-Frieden mitarbeiten."

Am 1. November hielten bei dem Schultheißen Steiger in Bern ein sardinischer, ein preußischer, ein dänischer und französischer Agent eine Zusammenkunft. Die geschäftigen preussischen Agenten sprengten sofort überall aus, daß auch ein

*) Der R.-F.-M. an den R.-V.-Kanzler, d. d. Heidelberg 29. Windmonat 1794. (St. A.)

englischer, ein österreichischer und ein kaiserlicher Bevollmächtigter dieser Vorberathung „zur allgemeinen Pacification" beigewohnt hätten. „Wenn man", so berichtet der Reichs-Feld-Marschall weiter, „diese so vielfachen und auf so mancherlei verschiedene Art wirkenden Umstände und Vorgänge mit Aufmerksamkeit verbindet und verfolgt, so sieht man sich deutlich überführt, daß alle Daten von dem nehmlichen Standpunkte ausgehen und eben so in dem nehmlichen Zwecke zusammentreffen ... Sowohl hieraus, als aus einem Mir zugekommenen Schreiben des Herrn Erbprinzen Reuß,*) der dermalen, wie Hochdemselben bekannt ist, die herzoglich sächsischen Höfe bereiset und Gelegenheit hat, deshalbige Betrachtungen zu sammeln, ist deutlich zu entnehmen, wie man preußischer Seits bey einzelnen Fürsten und Ständen auf die klügste, um nicht schändlichste Art, zu sagen, alle Mittel und Wege wählt, die relativisch am sichersten und schnellsten wirken. — Jedoch muß Ich Euer Liebden hiebey besonders bemerken, daß, nach der Mir von dem Herrn Erbprinzen Reuß gemachten Eröffnung, der Hof zu Gotha in den dießfälligen von preußischer Seite geschehenen Anwurf nicht eingegangen seye."

„Aus allen diesen ganz unzweideutigen Vorgängen werden Euer Liebden aber die volle Ueberzeugung schöpfen, wie man königlich-preußischer Seits mit völliger Zudringlichkeit einen parziellen Frieden dem deutschen Reiche zu verschaffen suchet, daß man das Hohenloh'sche Corps zurückrufet und die ganze königlich-preußische Armee hier stehen läßt, um dem Reiche zu zeigen, daß solches Schutz und Hülfe von der Armee bis zum erreichten Zwecke zu erwarten habe; daß man aber gleichsam die Reichs-Stände auffordert, sich gleich dermalen, wo es noch Zeit seye, dem preußischen Hofe in die Arme zu werfen und

*) Bruder des österreichischen Gesandten.

denselben um die Verschaffung eines Friedens anzuflehen, widrigenfalls man mit Wegziehung der Armee dieselben ihrem Schicksale überlassen würde." *)

Auch General von Hotze hatte zur selben Zeit merkwürdige Nachrichten gesammelt. Die von Seite Frankreichs und Preußens beschlossene Aufopferung Oesterreichs und Hollands wurde ihm als eine bereits ausgemachte Sache mitgetheilt.

„Ich kann nicht bergen," so schreibt er an Seckendorff, „und es bekümmert mich tief, diese Ueberzeugung zu haben, daß der gegenwärtige Augenblick der wichtigste und dem Interesse des durchlauchtigsten Hauses Oesterreich der gefährlichste werden kann, wenn nicht durch gute Maaßregeln und Entschlossenheit die dermalen zu Basel ausgebrüteten Pläne vereitelt werden." **)

Liegt es nun nach der hier chronologisch gegebenen Zusammenstellung aller dieser Thatsachen offen am Tag, daß die Einleitung zum Frieden ein von Preußen lange im Stillen vorbereiteter und in Berlin schon seit 1792 wohlüberlegter Schritt war, so ist nicht minder bemerkenswerth, wie alle öffentlichen Blätter, wie wir dies an geeigneter Stelle noch eingehender besprechen werden, stets den Kaiser als zum Frieden geneigt, und Oesterreich als den Frieden mit Frankreich suchend darzustellen bemüht waren. Diese Thatsache, welche im Allgemeinen von der heutigen Geschichtschreibung ***) unbeachtet bleibt, entging jedoch

*) Vorerwähnter Bericht.

**) Hotze an Seckendorff. (Das Schreiben ist ohne Datum, doch wahrscheinlich von Ende November 1794.) Ein diesem Berichte beigelegtes Schreiben, ohne Datum und Unterschrift, eines seiner Freunde aus Frankreich, enthält die bemerkenswerthen Worte: La paix est sur le tapis, et si l'Autriche ne cherche pas à faire son affaire, elle sera sacrifiée, sans que personne s'y oppose. (K. A.)

***) Selbst Schlosser hegt diesen grundlosen Verdacht; in seiner Weltgeschichte Band 17., Seite 365, heißt es: „Die Männer, denen Kaiser Franz

dem Scharfblicke des Herzogs von Sachsen-Teschen damals durchaus nicht. „Um den einseitigen preußischen Friedens-Unterhandlungen," so berichtet er dem Reichs-Vicekanzler, „auch die gehässige Betreibungsart zu benehmen, um solche in Rücksicht ihres anfänglichen geheimen Ganges völlig zu rechtfertigen und sie als Repressalie, oder so zu sagen — als gerechte Nothwehr geltend zu machen, suchet man nunmehr auch das falsche Gerücht auszubreiten, daß wir unter der Hand, und zwar als die Ersten, am Frieden arbeiten. Ferner will man preußischer Seits glauben machen, daß ein Bevollmächtigter vom Allerhöchsten Hofe deshalben in Basel bereits anwesend sey. Privatnachrichten von Basel enthalten, daß man dort fest glauben will, daß wir den Frieden haben wollen und den kurmainzischen Antrag veranlasset haben." *)

Die geheimen Verhandlungen zu Basel zogen sonach bereits Ende November 1794 die Aufmerksamkeit aller Politiker auf sich.

„Es muß sich in kurzem entwickeln," also schrieb damals Hügel dem Reichs-Feld-Marschall, „ob auch ein Bevollmächtigter von Turin und ein schwedischer Gesandter daselbst eintreffen werden und ob diese in jedem Fall besondere Erscheinung eine Negociation von Frieden oder Waffenstillstand einflößen wird. — Aus den rheinischen Gegenden schreibt man mir, daß die preußischen Agenten Hoffnung geben, daß Frankreich Waf-

---

das Ruder überlassen hatte, machten sogar, wiewohl vergebens, den Franzosen Friedensanträge," dann auf Seite 390 abermals: „Auch das österreichische Kabinet würde sich damals mit den Franzosen verständigt haben, wenn es nicht im Herbst 1794 durch sechs Millionen Pfund Sterling, welche England ihm unter dem Namen eines Darlehens auszahlte, auf andere Gedanken gebracht worden wäre."

*) Der Reichs-Feld-Marschall an den Fürsten Colloredo, d. d. Heidelberg am 1. Christmonat 1794. (St. A.)

fenstillstand und Frieden dem deutschen Reiche gewähren wolle, sobald der König in Preußen sich als „Chef de la ligue germanique" darstellen werde." *)

Mittlerweile hatte Meyerink seine Aufträge in Basel zur Zufriedenheit der preußischen Regierung besorgt, und es war der Augenblick gekommen, wo ein gewiegterer Diplomat dem Friedens-Abschluße die letzte Weihe ertheilen sollte. Die Wahl schwankte einige Zeit zwischen Hardenberg und Golz, und fiel auf Einrathen des Prinzen Heinrich von Preußen auf den letzteren, weil er seiner Zeit in Paris preußischer Gesandter gewesen war. **)

Golz erhielt in Magdeburg, allwo er in scheinbarer Zurückgezogenheit lebte, den Befehl seines Königs, sich ungesäumt nach Rheinsberg zum Prinzen Heinrich zu verfügen. Von dort eilte er nach Potsdam und Berlin, verließ jedoch diese Stadt schon am 15. December, um über Frankfurt und Aschaffenburg ***) nach Basel zu reisen.

Am 26. December, zwei Tage nach dem Fall der Rheinschanze, reiste Golz durch Heidelberg, ohne den Reichs-Feld-Marschall eines Besuches zu würdigen. Das allgemeine Gerücht bezeichnete ihn damals schon als denjenigen, der nach Paris abgehen werde, um die Friedensunterhandlungen zu betreiben. †)

*) Hügel an den Reichs-Feld-Marschall, d. d. Regensburg den 30. November 1794. (St. A.)

**) Bericht des Feld-Marschall-Lieutenants Jordis an den Reichs-Feld-Marschall, d. d. Lörrach 10. December 1794 . . . „Mein Vetter Jordis bittet mich aber das Geheimniß zu bewahren, umsomehr, da der Major Meyerink ihm den Vorwurf gemacht: es seyen einige Sachen bei den Oesterreichern kund geworden." (St. A.)

***) Residenz des Kurfürsten von Mainz während der Kriegsperiode.

†) Der Reichs-Feld-Marschall an Colloredo, d. d. Heidelberg 26. Christmonat 1794. (St. A.)

Am 28. December in Basel angekommen wurde dieser preußische Abgesandte von Bacher mit einem festlichen Gastmahl empfangen. Bei diesem Festessen, dem alle in Basel befindliche Preußen beiwohnten, trank der Gf. v. d. Golz zuerst auf den Ruhm und das Gedeihen der französischen Republik mit den Worten: „à la prosperité et à la gloire de la république française“; hierauf folgte der Gegentoast Bacher's: „à la prosperité et à la gloire du Royaume Prusse et de la nation Prussienne.“ *)

Schon am 15. Jänner 1795 wurde der preußische Gesandtschafts-Secretär Harnier nach Paris geschickt. — An der französischen Grenze angelangt steckte dieser die dreifarbige Cocarde auf den Hut mit dem Rufe: „Vive le roi de Prusse! Vive la république française!“ **)

---

*) Jordis an den Reichs-Feld-Marschall, d. d. Lörrach den 29. December 1794. (K. A.)

**) Degelmann an Thugut, d. d. Basel 15. Jänner 1795. (St. A.) — Ueber die Absendung Harnier's nach Paris bemerkte Haugwitz dem kurmainzischen Gesandten spöttisch und mit Betonung: „nous l'avons envoyé pour y finir au moins plus promptement l'affaire de l'échange des prisonniers.“ (Hatzfeld an den Kurfürsten von Mainz, d. d. Berlin 27. December 1794. M. A. im St. A.) — Diese Betonung findet die richtige Würdigung wenn man in Erwägung zieht, daß Haugwitz dem Kurfürsten von Mainz schon am 15. November durch seinen Gesandten berichten ließ: (Die eingeklammerten Worte sind in der Hatzfeld'schen Depesche Chiffern) „que le départ de Meyerink pour Bâle étoit principalement motivé sur les arrangemens à prendre pour faciliter l'échange réciproque des prisonniers. Les instructions secrettes portaient, que non seulement il ne se refuserait point à écouter et à prendre ad referendum (toutes les propositions) tendantes à faciliter un arrangement (de trêve ou de pacification quelconque avec la France). Mais qu' au défaut même de ces dernières on s'en remettoit à la pénétration et à l'adresse du Major de Meyerink pour l'autoriser à voir, si à cette occasion il trouvera peut-être lui-même quelque moyen ou voye convénable (pour amener une discussion sur) ces matières: — qu'au reste d'après les dernières notions ultérieures qu' on était parvenu à se procurer ici depuis le départ de

Während Harnier*) in Paris direkt unterhandelte, betrieb Golz zu Basel die Geschäfte in Saus und Braus; doch vergaß er nicht, wozu er die ausdrückliche Weisung erhalten hatte, von Allem, was er unternahm, seinen Vetter v. d. Golz, der preußischer Gesandter bei Kurmainz war, zu verständigen.**)

Man sieht, durch welches Gewebe von Intriguen die kaiserliche Regierung umsponnen wurde. Dieses an der Quelle selbst zu zerreissen und vollkommen zu durchschauen, dazu fehlte es aber dieser Regierung seit der Abreise des wackeren und energischen Grafen Lehrbach an einer geeigneten Persönlichkeit in Berlin.

Der österreichische Gesandte Fürst Heinrich XIV. von Reuß, eine durchaus schlichte und ehrliche Natur, war für den gerade damals so wichtigen Posten in Berlin eben dieser Eigenschaften wegen ganz ungeeignet. Da er in seiner Art und Weise sehr bescheiden und dem preußischen Interesse ursprünglich gar

---

Meyerink sur les intentions et dispositions des (commissaires françois à Bâle) à l' égard de tout ce qui pourrait avoir rapport à des négociations de pacification en général, lui Cte. de H. ne croyait pas encore (oser se promettre de cette mission le moindre succès) à l' égard de ce dernier objet. Hatzfeld an den Kurfürsten von Mainz, d. d. Berlin 15. November 1795. (M. A. im St. A.)

*) Von diesem mit der tricoloren Cocarde in Paris einziehenden preußischen Diplomaten erzählt L. Häussers Deutsche Geschichte Band II., Seite 589, wunderbare Dinge. Wir vernehmen dort, wie heftig sich Harnier für die Behauptung der „Reichs-Integrität" erklärte, wie er den großen Satz aufstellte: „daß Preußen seine Mission, die leitende Großmacht (!) im Reiche zu werden, nicht damit beginnen dürfe, daß es die schönsten Gebiete desselben dem Feinde zuwerfe", und dergleichen mehr. Es ist nur Schade, daß Harnier die preußische Großmachts-Mission mit der thatsächlichen Preisgabe des linken Rheinufers einleiten mußte.

**) Hatzfeld an den Kurfürsten von Mainz, d. d. Berlin 23. December 1794. „... à même de porter à la connaissance de V. A. S. les éclaircissements confidentiels plus précis sur l' objet de sa mission." — (M. A. im St. A.)

nicht abgeneigt war, so ist es um so bezeichnender für die Erbärmlichkeit der dortigen Regierungs-Männer, wenn selbst der Fürst von Reuß an Thugut zu berichten gezwungen wurde: „Was leider sich nur zu fühlbar zeigt, ist, daß Theils der Widerspruch zwischen den Aeußerungen der Herren Minister und zwischen den täglich vorfallenden Thatsachen, theils der Contrast der Antwort an den einen, gegen ihre Auskünfte an den andern der hier anwesenden Herrn Gesandten, — aller gefälligen Einkleidungen ohnerachtet, alles Zutrauen benehmen. Wie unsicher und gefährlich dahero die Führung der Geschäfte am hiesigen Hofe — bey dem Mangel an verläßlichen oder redlichen Männern und bey dem so schwankenden System wird, kann ich kaum beschreiben, da bald des Königs eigenthümliches, nur zu schwach unterstütztes oder durchgesetztes Pflichtgefühl, bald eine ränkevolle — mit patriotischem Schein übertünchte Politik, die Oberhand gewinnt." *)

Ganz dasselbe Spiel, das Möllendorff mit dem Reichs-Feld-Marschall spielte, versuchte Haugwitz erfolgreich mit dem Fürsten von Reuß zu Berlin. Als Golz nach Basel abzugehen im Begriffe stand, spiegelte Haugwitz dem österreichischen Gesandten vor, daß diese Absendung eine ganz und gar unverfängliche Sache wäre. Es sei, so betheuerte der preußische Minister, gewiß nur von Auswechslungs-Geschäften gefangener Soldaten die Rede. Jedoch sei der Graf von der Golz nebstbei allerdings beauftragt, „da der König so sehr vom Reich um Friedensvermittlung bestürmt würde", zu sondiren, ob man sich mit Frankreich überhaupt zur Herstellung der europäischen Ruhe in Unterhandlungen einlassen könne oder nicht. Haugwitz

*) Reuß an Thugut, d. d. Berlin 6. December 1794. (St. A.)

gab dem österreichischen Gesandten sein Ehrenwort, „daß der König, sobald sich etwa günstige Friedens-Aussichten zeigen würden nicht säumen werde, den k. k. Hof hievon mit der größten Offenherzigkeit zu benachrichtigen, um allerhöchst dessen Einvernehmen zu erwerben. — Der Minister," so schloß der Fürst Reuß seinen Bericht „ersuchte mich, im Falle mir gegentheilige Ausstreuungen zu Ohr kommen sollten, nicht den Argwohn in mir rege werden zu lassen, als dächte der König nur von Ferne daran, einen Separat-Frieden mit Frankreich zu schließen, oder was dergleichen noch ärgere Verläumdungen erfunden werden könnten. Ja er bath mich, ihm (dem Grafen Haugwitz) vertrauen zu wollen, daß der Ausgang der Dinge des Königs Rechtschaffenheit klar an den Tag bringen würde, so wie überhaupt Sr. Majestät alles, was zur Befestigung des glücklichen Einvernehmens zwischen beyden Höfen beytragen könne, jeder Zeit mit Eifer erfüllen werde." *)

Es wird gut sein, bei diesen Betheuerungen mit obligatem preußischen Ehrenwort, die verschiedenen Möllendorff'schen Ehrenworte und deren Wirkungen sich gegenwärtig zu halten; ferner ist aber dabei noch insbesondere zu erinnern, daß Golz mit einer schon vom 8. December 1794 datirten und vom preußischen Ministerium und dem Könige selbst unterfertigten, nahezu unbegrenzten Vollmacht zur Abschließung eines preußischen Separat-Friedens betraut war. **)

---

*) Reuß an Thugut, d. d. Berlin 23. December 1794. (St. A.)

**) Siehe Moniteur Nr. 204 Seite 831. (d. d. 23. Germinal d. i. 12. April 1795). In der Golz'schen Instruction hieß es: Le comte de Golz . . . trouvera l' occasion d' entretenir et d' affermir les sentimens que la façon de penser du roi, Son amour pour Ses peuples, Son désir de faire leur bonheur ont de tout tems inspiré pour lui à la nation Française et dont Elle a même quelque fois donné des marques pen-

In dieser Instruction klang der Passus über Oesterreich sehr erbaulich und charakteristisch. Die preußische Regierung, so hieß es in derselben, vermuthe, daß Oesterreich den Gedanken des bairisch-belgischen Tausches nicht aufgegeben, sondern Frankreich bereits darüber geheime Eröffnungen gemacht habe. Golz möge daher über diesen Gegenstand die französischen Ansichten erforschen. Sollte jedoch von einer Entschädigung Oesterreichs die Rede sein, so wüßte man preußischer Seits keinen besseren Vorschlag zu machen, als Salzburg an Oesterreich abzutreten.*)

Umsonst fragt man, auf welche Voraussetzungen sich derlei Anträge der preußischen Regierung gründeten? Umsonst fragt man: wer Preußen das Recht gab, bei Frankreich für Oesterreich Entschädigungen zu erbitten? Säcularisationen vorzuschlagen? über Reichslehen und Reichsgebiete aber — sogar nach Gutdünken und Ermessen des Königs in Preußen und des Kurfürsten von Brandenburg zu verfügen?

Es ist somit aus Allem klar ersichtlich, daß die Haugwitz'schen Betheuerungen auch nur darauf berechnet waren, den kaiserl. Hof irre zu führen und den österreichischen Gesandten einerseits in

dant le cours de cette guerre. Il saura leur faire sentir, qu' un prince doué d' une âme de cette trempe (!)... désirait sincèrement le retour de la paix, et qu' ambitionnant même ... le beau rôle de pacificateur (!) d' une grande partie de l'Europe, auquel Elle se croyait appelée par les sentiments d' équité et de justice impartiale qu' Elle trouvait au fond de son coeur; cette vue salutaire devrait seule être garante de la réalité de ses dispositons pacifiques.

*) Häusser D. G. hat uns im Band I., Seite 587 diese Stelle aus der Golz'schen Instruction, wir wissen nicht zu welchem Zweck, aufbewahrt. Jedenfalls bleibt der Passus eine werthvolle Ergänzung des ganzen preußischen Treibens und liefert zugleich eine Ergänzung zu den Carletti-bairisch-belgischen Friedens-Gerüchten und Säcularisations-Projekten, die fast ganz zur selben Zeit von Berlin ausgingen, und auf deren richtige Würdigung wir im Abschnitt VIII. noch eingehender zu sprechen kommen.

Sicherheit einzuschläfern, anderseits ihn in der vollsten Unkenntniß über die Tragweite der eingeleiteten und mittlerweile bereits weit fortgeschrittenen Unterhandlungen zu lassen. Und dieser Zweck wurde leider erreicht, da man trotz allem Vorangegangenen in Wien die ganze Größe der Treulosigkeit nicht zu fassen fähig schien, und selbst Thugut damals den preußischen Bücklingen und Betheuerungen, wenn sie ihm nur halbwegs redlich schienen, sogleich wieder auf das Zuvorkommendste entgegen ging.

Bald darauf kam der Prinz Heinrich, eine der namhaftesten Triebfedern des preußischen Friedens, einer der unversöhnlichsten und heftigsten Gegner Oesterreichs, nach Berlin. Seine Politik war mit jener des reichsfeindlich gesinnten ehemaligen preußischen Ministers Herzberg identisch. Dieser Prinz, — Haugwitz — und Maunstein bearbeiteten in Berlin unausgesetzt den schwachsinnigen und characterlosen König zum Frieden. — Der Prinz Heinrich hatte noch gegen Ende des Jahres 1794 mit dem österreichischen Gesandten eine Unterredung, in welcher er seine Ansicht für den Frieden in einem für Oesterreich ganz verbindlichen Tone darlegte. Alle damals im Wörterbuch der preußischen Diplomatie gebräuchlichen Gemeinplätze über Mangel an Einheit und Harmonie der Coalition, über den Geldmangel der preußischen Monarchie, über das der Allianz so schädlich gewordene Mißtrauen des Wiener Hofes gegen Preußen u. s. w. wurden von ihm wiederholt. Nur in Einem urtheilte der Prinz Heinrich wie Oesterreich, und zwar über die Möllendorff'sche Kriegführung, welche er, ob mit Wahrheit oder nur zum Schein, auf das Heftigste tadelte. Er verstieg sich sogar so weit, den preußischen Heerführer einen, was Kriegskunst anbelangt, unwürdigen Schüler seines großen Bruders zu nennen!

Der größte Fehler aber, den Möllendorff beging, war nach der Ansicht des Prinzen Heinrich's: „daß er, anstatt die

die französische Saararmee zu beobachten und den Hauptposten von Trier zu sichern, die unnütze Pointe gegen Lautern gemacht hat." *)

Mit scheinbarem Zutrauen betheuerte er dem österreichischen Gesandten: er wolle ganz offenherzig sprechen, wenn Reuß ihm sein Ehrenwort gebe, ihn bei keinem preußischen Minister zu verrathen. Nachdem Reuß ihm darauf die Hand gegeben hatte, sagte er: „Er (Prinz Heinrich) sey es, der, nachdem der König seine Meinung zu wissen verlangt hätte, nach reifer Ueberlegung zu eben genannten Maßregeln Gefangenenaustausch und Friedenssondirung gerathen habe. Er hoffe, es werde ihm mit der Zeit gedankt werden; es werde auch Seiner Majestät der Kaiser mit ihm zufrieden seyn, wenn man hier ferner seinen Grundsätzen Gehör gäbe, bei denen er sich weder Feindschaft noch Neid erlaube. Auch sprach er von billiger Entschädigung für das kaiserliche Haus, als von einem auf alle Weise erforderlichen Punkte — von nöthiger gänzlicher Offenheit gegen Allerhöchst Denselben und von dergleichen schönen Dingen mehr, im Falle es Preußen glücken sollte, einen General-Frieden zu erwirken und in den Unterhandlungen bei Freund und Feind Vertrauen zu erwerben." **)

In ähnlicher Weise sprach Bischofswerder. Immer wurden die heiligsten Betheuerungen ewig dauernder Anhänglichkeit an das System der Freundschaft mit Oesterreich und der über jeden Zweifel erhabenen Liebe und Ergebenheit des Kurfürsten von Brandenburg zum Kaiser vorausgeschickt.

„Dann ließ Bischofswerder", so berichtet Reuß weiter, „seine ganze Unzufriedenheit mit dem Benehmen des Ministers Luc-

*) Reuß an Thugut, d. d. Berlin 28. December 1794. (St. A.)

**) Reuß an Thugut, d. d. Berlin 1. Jänner 1795. (St. A.)

chesini aus und dabey merken, daß der König selbst anfinge — theils wegen des Tons seiner Berichte, theils wegen der immer eingestreuten adroiten Insinuationen gegen Bischofswerder, von seiner bisherigen Achtung für Lucchesini zurückzukommen." *)

Mit den Ansichten des Prinzen Heinrich erklärte sich Bischofswerder ganz einverstanden: Die Schritte in Basel bezweckten gewiß nur das Beste Preußens und Oesterreichs. Und gewiß würde auch binnen Kurzem mit dem kaiserlichen Hof Alles offen besprochen werden, um endlich das so nöthige Vertrauen und Einverständniß in den Operationen, welche aber nicht durch Preußens Schuld gestört worden wären, — neu zu gründen.

Zur Vervollständigung dieses Treibens verdient noch bemerkt zu werden, daß Haugwitz und alle maßgebenden Personen vorgaben, Hardenberg mache durch directe Vorschläge an den König einen Einfluß geltend, der sie in den wichtigsten Dingen paralysire und ihre besten Absichten stets vereitle.

Zu ganz anderen Betrachtungen, als jene freundschaftlichen Betheuerungen, gab aber das Benehmen aller preußischen Agenten und Minister im Reich Veranlassung. Gegen die österreichischen und kaiserlichen Minister äußerten sie sich zurückhaltend; Leuten, denen sie jedoch ihr Vertrauen schenkten, gaben sie schon damals nicht undeutlich zu verstehen, daß die Grundsätze der preußischen Politik jene wären: den Wiener Hof vorläufig durch einen Separat-Frieden in Verlegenheit zu setzen; den Einfall des Feindes in die westphälischen Provinzen zum Vorwand des raschen Friedens-Abschlusses zu benützen, um hiedurch einerseits dem kaiserlichen Ansehen und Oesterreich einen unheilbaren Schlag zu versetzen, anderseits sich endlich mit Frankreich auf

*) Vorerwähnter Bericht.

immer und auf das Vollständigste zu verbünden. In solchem Sinne äußerten sich diese Herren in fast übereinstimmender Weise gegen Vertrauenspersonen; in diesem Sinne äußerte sich auch zu Frankfurt ein nach Berlin abgesandter Eilbote des Grafen Golz gegen mehrere preußische Officiere, „bei der Vertraulichkeit der Weinflasche“, wie der kaiserliche Minister bei Kur-Mainz Graf Schlick berichtet, dazu bemerkend: „Ein holländischer Particulier, Namens Amerungen ... versicherte mich, diese Unterredung gehört zu haben, und bemerkte mir, daß selbe von denen anwesenden zwei preußischen Officieren (unter diesen befand sich auch Graf Dönhoff) mit vieler Freude wäre vernommen worden.“ *)

Fast zur selben Zeit äußerte sich in einer Anwandlung von Vertrauen der Graf Görz gegen Hügel dahin: „daß der König im Namen des Reiches bei der französischen Republik proponiren lasse, die Queich zur künftigen Grenze Deutschlands zu bestimmen. — Alles übrige solle jedoch Deutschland zurückerstattet, und die verlierenden deutschen Stände mit Geld entschädigt werden.“ **)

Görz bemerkte hiebei in ganz vergnügtem Tone, „das Reich könne mit diesen Anträgen höchst zufrieden sein“ und um diesen Preis ohne weiters Frieden schließen.

„Diese Eröffnung“, bemerkte Hügel, „war nicht in Gestalt einer officiellen Mittheilung, sondern als eine höchst vertrauliche Aeußerung gemacht. Ich bin daher nicht ganz gewiß, ob sie in dem Fall einer Anführung nicht wird zurückgenommen werden. — Nichts scheint aber verläßiger, als daß das Eröffnete

*) Bericht des Grafen Schlick an den Fürsten Colloredo, d. d. Frankfurt 15. Februar 1795. (St. A.)

**) Hügel an Colloredo, d. d. Regensburg 7. Hornung 1795. (St. A.)

5*

durchaus der Wahrheit gemäß sei, so wie es billig die höchste Verwunderung erregen muß, wenn Ihre Majestät der König, ohne noch von dem allerhöchsten Reichs-Oberhaupte darum angesprochen zu sein, einseitig diesen Antrag habe annehmen lassen."

Bei einem näheren Eingehen des kaiserlichen Concommissärs in die Sache versuchte Görz näheren Erörterungen auszuweichen. Officiell, so behauptete er, wisse er über diesen Gegenstand allerdings Nichts, aber der kurmainzische Gesandte hätte ihm die Mainzer Zeitung mitgetheilt, in welcher die erwähnte Uebereinkunft des Berliner Hofes mit Frankreich enthalten wäre. Von seiner Regierung habe er schon seit Langem keine Weisungen erhalten.

Dem entgegen äußerte Strauß auf Hügel's Befragen: er habe diese Nachricht von Görz mit dem Zusatze vernommen, daß sie in der Mainzer Zeitung eingerückt sei; gleichwohl habe er dieses Zeitungsblatt noch nicht zu Gesicht bekommen. Die Meinung seines Hofes über alle diese Gerüchte, so erklärte der kurmainzische Gesandte, gehe dahin, daß es nur billig wäre, wenn der kaiserliche Hof sich zum Besten des Reiches mit der Feststellung des status quo d. h. mit Ausschluß des burgundischen Kreises zufrieden geben würde.

„Es läßt sich nicht bezweifeln", so äußerte sich in Folge des Hügel'schen Berichtes Fürst Colloredo gegen diesen, „daß der kurmainzische Hof von dem preußischen zum Instrumente seiner Absichten gebraucht werde, und sich ersterer dazu gebrauchen lasse, wovon ich einen neuen Beweis darin zu finden glaube, daß der Freiherr von Strauß in der aus Auftrag seines Hofes an Sie gemachten Eröffnung von der Herstellung des Reiches in statum quo, die burgundisch-österreichischen Niederlande, den burgundischen Reichskreis auszuschließen scheint, der doch nicht minder wie das Kurfürstenthum Mainz und der kurrheinische Kreis einen integrirenden Theil des deutschen Reiches ausmacht.“ *)

Und so war es auch; Strauß war ein Görz’sches Instrument, und dieser Graf Görz hinwieder gab in seinem ganzen Verhalten das getreueste Bild der Heuchelei, der Unzuverlässigkeit, Doppelzüngigkeit und des lügenvollen Getriebes seiner eigenen Regierung.

„Die Friedensgerüchte,“ so berichtet Hügel nach Wien, „erhalten sich noch fort und fort; sie scheinen nur durch den Ausgang der in Paris und Basel angefangenen Negotiationen ihre volle Widerlegung erhalten zu können, wenn sie durchaus grundlos seyn sollen. Auch wird hievon die Wirksamkeit der Armatur-Anstalten und des zu stellenden Quintupli abhängen, da man noch immer auf ein politisches Wunder wartet, um der weiteren Kriegslasten und ferneren Anstrengung von Kräften ... enthoben zu seyn.“ **)

Also gewannen die Friedensgerüchte immer mehr und mehr an Bestand und Verbreitung, und das für die öffentliche Meinung berechnete Gerücht vom Abtreten deutscher Reichsländer bis an die Queich, war nur ein Uebergangspunkt auf dem Wege zum Aufgeben des ganzen linken Rheinufers von Seite des „für Deutschlands Wohlfahrt unablässig sich aufopfernden, großmüthigen“ preußisch-kurbrandenburgischen Staates!

Bevor wir nun die weiteren Ereignisse, welche dem Baseler-Frieden unmittelbar vorangingen, näher beleuchten, müssen wir noch einmal nach Basel zurückkehren und zweier Begebenheiten er-

*) Colloredo an Hügel, d. d. Wien 16. März 1795. (St. A.)

**) Hügel an den Fürsten Colloredo, d. d. Regensburg 11. Februar 1795. (St. A.)

wähnen, welche damals fast wie die Weissagung eines schlimmen Endes der französisch-preußischen Freundschaft betrachtet wurden, und die allerdings geeignet schienen, der preußischen Regierung ein ernster Mahnruf zu sein, falls nicht schon bei ihr jeder Boden des Rechtes und der Ehre fehlte.

Die erste Begebenheit war der mittlerweile eingetretene Verlust Hollands, welcher seine nähere Beleuchtung bereits in einem eigenen Abschnitt des vorliegenden Werkes gefunden hat.

Die zweite Begebenheit aber war — der Tod des Grafen Golz. — Dieser preußische Minister gab sich nämlich ganz umsonst die Mühe, auf die Gesundheit und das Gedeihen der französischen Republik zu trinken. Als Alles in der schönsten Ordnung zwischen ihm und Barthélémy stand, als gerade zwei Möllendorff'sche Feldjäger und ein Berliner Courier nach Basel kamen, starb Golz ganz unerwartet am 6. Februar um 1 Uhr Morgens. Bösgesinnte faselten davon, Oesterreich habe ihn vergiften lassen, und es nimmt uns wahrlich Wunder, daß man in der uns hinlänglich bekannten Literatur diesem Gedanken nicht eben so leichtfertig Ausdruck gegeben hat, wie jenem der durch Thugut in späteren Zeiten angeblich anbefohlenen Ermordung der französischen Rastädter Gesandten.

Eine weniger gehässige, minder romantische, aber glaubwürdigere Muthmaßung über das Ende des ersten preußischen Friedens-Unterhändlers war jene, daß er an den Folgen eines Diätfehlers gestorben. „Er und sein Anhang", also berichtet der gutunterrichtete Rittmeister Gresselsberg, „glaubten die Revolutionärs durch fette Tafeln und volle Gläser zu gewinnen, allein man fand sie im Gegentheil sehr frugal, einfach und mit Würde!"*)

*) Gresselsberg an den Reichs-Feld-Marschall, d. d. Basel am 19. Februar 1795. (K. A.)

Diese fetten Tafeln, vollen Gläser und der geheime Aerger über die Fortschritte der Franzosen in Holland können unserer Meinung nach als die natürlichen Ursachen seines raschen Todes betrachtet werden.

Während seiner Krankheit ließ Golz alle eingegangenen Depeschen unerbrochen liegen und gab seinem Kammerdiener den strengsten Auftrag, im Falle eines Deliriums Niemanden als seine vertrautesten Freunde in sein Zimmer einzulassen. „Durch einen Augenzeugen“, berichtet Gresselsberg weiter, „erfuhr ich, daß er die Invasion nach Holland als die größte Infamie gescholten, die Frankreich begehen konnte.“ *)

Was die Golz'schen Verhandlungen betrifft, so scheinen sie bei seinem Tod gerade im besten Zug gewesen zu sein. Der Inhalt seiner Instruction vom 8. December entsprach ohnedieß den späteren Resultaten des Friedens. So weit uns preußische Geschichtsforscher in dies Treiben einen Einblick gestatten, war Golz selbst keine Triebfeder, sondern wurde getrieben, und falls er wirklich über Holland die von Gresselsberg aufbewahrten Worte gesprochen haben soll, so hatte er wenigstens noch Ehrgefühl.

Mit der Hiobspost dieses durch die Zeit, in welche er fiel, bemerkenswerthen Todfalles, eilte Meyerink allsogleich nach Berlin, allwo es aber keiner gar zu langen Zeit bedurfte, um sich wieder von der ersten Bestürzung zu erholen und auf die Fortsetzung der angesponnenen Unterhandlungen trotz Holland und der Erbstatthalterin ernstlichen Bedacht zu nehmen.

Bevor wir aber in die Berliner Umtriebe näher eingehen, müssen wir die Antwort Thuguts vorausschicken, welche er dem Fürsten Reuß auf die von diesem so voreilig eingesandte Nach-

---

*) Vorerwähnter Bericht.

richt, daß Prinz Heinrich, Haugwitz und Bischofswerder eine freundschaftliche Annäherung an Oesterreich anzubahnen im Begriffe stünden, zukommen ließ.

„Mit besonderem Vergnügen", so schrieb Thugut Ende Jänner 1795 an Reuß, „haben Seine Majestät der Kaiser aus E. D. Bericht vom 10. dieses vernommen, daß des Prinzen Heinrichs K. H. und General Bischofswerder Einfluß in die dortigen politischen Geschäfte bekommen, und daß beide so gute und billige Gesinnungen für Unsern Hof äußern."

„Es ist wohl sehr zu wünschen, daß ihre Gesinnungen und Rathschläge in dem Gemüthe des Königs über die Bearbeitungen derjenigen siegen, die unabläßlich bemühet sind, diesen Monarchen in ihre widrigen Grundsätze und Pläne gegen uns einzuziehen. Ich kann E. D. nicht bergen, daß wir diejenigen Maßregeln, welche der Berliner-Hof in Ansehung einer geheimen Unterhandlung mit Frankreich eingeschlagen, den bisherigen Rathgebern Sr. preußischen Majestät beymessen, und daß wir in dieser Voraussetzung nicht viel bessere Absichten in Ansehung des Friedensgeschäftes erwarteten, als wir in Ansehung der Operationen und Vortheile des Krieges erfahren haben. Daß nun diese Maßregeln eigentlich von dem genannten Prinzen und dem General Bischofswerder herrühren, ist allerdings beruhigender. — Wenigstens haben wir Ursache, in den aufrichtigen Willen beyder Vertrauen zu setzen."

„Die Entfernung von den politischen Geschäften, in welcher Prinz Heinrich immer mit so großer Sorgfalt gehalten wurde, scheinet zu beweisen, daß seine Grundsätze von jenen der bisherigen Triebfedern der preußischen Politik ganz verschieden sind, und was Bischofswerdern betrifft, so hatte die Epoche eines wechselseitig aufrichtigen Verständnisses zwischen Preußen und

Oesterreich mit dem kurzen Zeitraum seines politischen Einflußes gleichen Anfang und gleiches Ende."

„Allein! werden sie auch ihre Gesinnungen dem König ganz und dauerhaft einflößen können? und wird es nicht den bisherigen Geschäftsleitern gelingen, ihre besten Absichten zu vereiteln, ja zu unserem Schaden ausfallen zu machen? welches Ihnen bei der vorerwähnten Unterhandlung mit Frankreich um so leichter gelingen könnte, als dabey von Seite der Franzosen wenig aufrichtiger Willen, sondern hauptsächlich nur die Absicht fürwalten dürfte: das im Reich überhandgenommene Découragement durch Illusionen zu bestärken, den Eifer der Zurüstung einzuschläfern, und mit einem Wort das nemliche Spiel von dieser Seite zu treiben, das sie mit den General-Staaten und dem Haus Oranien zu deren bedenklichsten Gefahr getrieben haben."

„Dem sei, wie ihm wolle, so bin ich überzeugt, daß Prinz Heinrich sowohl, als General Bischofswerder, einerseits denen gutmüthigen und aufrichtigen Dispositionen unseres von aller Ambition, Eifersucht und Verstellung entfernten Kaisers Gerechtigkeit leisten, andererseits aber das Heikliche unserer Lage und die billige Schüchternheit, worin wir durch alles Geschehene versetzt worden sind, einsehen und ermessen werden." *)

---

*) Thugut an Reuß, d. d. Wien den 28. Jänner 1796. In einer dieser Depesche beigelegten Note in Chiffern hieß es: „Obschon zu hoffen ist, daß wenn nicht Prinz Heinrich, doch General Bischofswerder es vielleicht aufrichtig meinen dürfte, so ist doch sehr zweifelhaft, ob ihr Einfluß entscheidend und dauerhaft sein möge; auch ist es nicht unmöglich, daß ihre Einmengung von dem Ministerio selbst den vorliegenden Umständen angemessen geachtet wurde. Es ist demnach Behutsamkeit nöthig, um bey der Sache alle mögliche Compromittirung zu vermeiden, gleich wie denn

Seinem gerechten Unmuth freien Lauf lassend, gab Thugut der Befürchtung Ausdruck, „daß jede Hoffnung auf bessere Aussicht zweifelhaft bleibe, so lange der König fortfahren wird, eben denjenigen zum Organ seiner hierortigen Aufträge zu gebrauchen, in dem wir die Haupttriebfeder alles dessen, was Widriges geschehen ist, erkennen müssen."

„Und doch," so sagte Thugut, „bleibt es ausgemacht, daß beyde Höfe Ursache hätten, jederzeit und zumal in so kritischen Zeitläuften ein gutes, auf beiderseitiges Wohl gegründetes Einverständniß zu pflegen. Es hat aber auch die Erfahrung die große Gefahr solcher Einverständnisse dargethan, wobei Ein Theil nur immer seinen Vortheil allein und ausschließig befördert, den wechselseitigen Vortheil des andern hingegen nicht nur außer Acht läßt, sondern vielmehr noch kreuzet."

Dem mattherzigen Trost, welchen Haugwitz dem Fürsten Reuß gab, daß die französische Nation, sich selbst überlassen, über kurz oder lang in sich gehen oder sich in innerlichen Unruhen selbst aufzehren werde, vermochte Thugut nicht beizupflichten, denn, so sagte er: „dieß könnte doch nur für eine entferntere Zukunft beruhigen, keineswegs aber verbürgen, daß nicht indessen in den übrigen Staaten hundertfältiges Unheil ausbreche daß nicht schnell und unverzüglich der Samen des Mißvergnügens, des Ungehorsams, des Unglaubens, des Freiheits-Schwindels überall sich verbreite und Wurzel fasse, in manchen

in keinem Fall irgend etwas Ministerielles anzubringen oder aus Handen zu geben wäre. Vor der Hand kömmt es darauf an, die freundschaftlichen Aeußerungen beider geziemend zu erwiedern, ihre guten Gesinnungen zu unterhalten und ihnen hauptsächlich begreifen zu machen, daß so lange wir nicht eine gegenseitige reelle Rücksicht für unsere Convenienz verspüren, unsre Zweifel an dem guten Willen des dortigen Hofes billig und nothwendig bestehen müssen." (St. A.)

Staaten zum wirklichen Aufruhr gedeihe, in allen aber die Grundfesten, auf welchen die Sicherheit und Macht der Fürsten beruht, innigst erschüttere und schwäche. Der größere oder mindere Grad dieser allgemeinen Gefahren wird von der Beschaffenheit des künftigen Friedens, und diese von dem Ausschlag der heurigen Campagne abhängen."

„Gelingt es denen Franzosen, sich nicht nur im Besitz aller ihrer Eroberungen bis an den Rhein zu erhalten, sondern noch weiters einzubringen; wird das französische Freiheits-System in Holland so consolidirt, daß beide Republiken nur für Eine mehr anzusehen sein werden; dringen die Feinde in das Herz von Italien ein und verschaffen daselbst sich neue Ressourcen und ihrem Revolutions-System neue Ausbrüche und Erweiterungen, so ist kein anderer, als ein solcher Friede und ein solcher künftiger Zustand zu erwarten, so die Zerstörung des allgemeinen europäischen Gleichgewichts nach sich ziehen, denen schwachen vorliegenden Reichs-Kreisen unabsehliche Zerrüttung vorbereiten und die gemeinsame Gefahr aller monarchischen Regierungsformen auf das Aeußerste treiben wird. Daß nun vor einem solchen Ausgang der bevorstehenden Campagne Nichts anderes bewahren kann, als einmüthige und aufrichtige Anstrengung und Zusammenwirken aller coalisirten Mächte, ist eben so einleuchtend, als es ist, daß eben ein solcher Ausgang unvermeidlich sein wird, wenn es in diesem Punkte so geht, wie in den zwey letzten Campagnen, und wenn der dortige Hof die Ausführung der Lucchesinischen Plane, — um unsere Verluste zu vermehren und uneinbringlich zu machen, — dem Bedürfniß der allgemeinen Rettung und der eigenen künftigen Sicherheit, Ruhe und politischen Unabhängigkeit — vorzieht."

„Die endliche Anerkennung dieser Wahrheiten und die hieraus fließende dem eigenen preußischen Interesse angemessene Verbesserung der preußischen Gesinnungen und Maßregeln, in Rücksicht auf den französischen Krieg, dieses ist allein, was bey einer Veränderung in denen zu Berlin Einfluß habenden Personen zu hoffen und zu wünschen wäre, weil sich daraus eine billigere Behandlung unseres Hofes, unter Umständen, wo Preußen und Oesterreich durch gemeinsame Gefahren bedroht werden, von sich selbst ergeben würde. Um zu einem solchen Ende beförderlich beyzuwirken, wäre es demnach erwünschlich, daß Lucchesini von dem Vertrauen des Königs (vor Allem aber von hier) entfernt werde; daß, was immer für andere Minister und Rathgeber an seinen Platz treten, wenn es nur Männer sind, welche Leidenschaft oder Intriguen-Geist nicht gegen das eigene ächte preußische Interesse blind macht, und daß es E. D. gelingen möchte, mit dem Prinzen Heinrich, mit General Bischofswerder und anderen den lucchesinischen Ränken abgeneigten Geschäftsmännern ein zweckmäßiges, zum wechselseitigen Wohl abzielendes, vertrauliches Verständniß nach Gelegenheit und Umständen einzuleiten und zu pflegen." *)

Reuß erhielt den ferneren Auftrag, dem Minister Hardenberg auf das Zuvorkommendste zu behandeln, „da er einer der wenigen preußischen Minister sei, die es mit Oesterreich gut meinen. Diese Voraussetzung, welche, wie aus unserer Darstellung leider nur zu sehr ersichtlich ist, eine ganz irrige war, gründete sich auf einen Bericht des österreichischen Gesandten Grafen von Schlick. **)

*) Thugut an den Fürsten Reuß, d. d. Wien 25. Februar 1795. (St.A.)

**) Der Bericht des Grafen Schlick an den Fürsten Colloredo (d. d. Frankfurt 12. Februar 1795) lautete: „Ich hatte Gelegenheit, mit dem

Was an den Hardenberg'schen Betheuerungen, Bücklingen und glatten Worten Wahres gewesen, darüber wird im Verfolg dieses öfters Gelegenheit zu urtheilen geboten werden. Der Zweck wurde jedoch vollkommen erreicht, und die kaiserliche Regierung blieb über die wahre Denkart dieses preußischen Staatsmannes, der nicht um ein Haar besser als seine Collegen war, sehr lange in Zweifel. „Hardenberg", so meinte Thugut gegen Reuß,*) „hat sich zu Frankfurt gegen den Grafen Schlick über die Lage der Dinge, über den Gang der Geschäfte und über das zweckmäßige Betragen der beiderseitigen Minister und Geschäftsmänner mit solcher Einsicht und Billigkeit geäußert, die allerdings unser Vertrauen verdient und uns in der guten Meinung von der vernünftigen Denkart und dem moralischen Charakter dieses Ministers nicht anders als bestärken konnte. Er schien aufrichtig die Lage der Dinge zu bedauern und nicht zu mißkennen, daß aus Abgang genauerer Zusammensicht die Sachen eine so über alle Erwartung mißliche Wendung genommen haben; woraus er den Schluß zog, daß mehr als jemals die k. k. und königl. preußischen Minister, um für das allgemeine gemeinsame Beste zu arbeiten, — ein gutes Einverständniß über zweckmäßige gemeinschaftliche Maaßnehmung zu befördern, sich müßten angelegen sein lassen."

---

preußischen Minister von Hardenberg zu sprechen. Ich fand ihn aber sehr traurig und über die Zeitumstände wahrhaft und aufrichtig betrübt. Von dem zur Erreichung des allgemeinen Endzweckes so wesentlich nöthigen Einverständnisse der coalirten Mächte, ihrer Minister und Subalternen sprach er sehr offenherzig und versicherte, daß die Darstellung dieses Grundsatzes einer der Hauptgegenstände seiner, binnen wenig Tagen nach Berlin zu unternehmenden Reise sei, indem ansonst die besten, nicht zu mißkennenden Gesinnungen unserer beiden Monarchen ohne gedeihliche Wirkung sein und bleiben würden." (St. A.)

*) In der vorerwähnten Depesche vom 25. Februar.

„ . . . E. D. belieben ihn in dieser Gesinnung und besonders darin zu bestärken, daß die persönlichen Gesinnungen der beiderseitigen Minister wesentlich nöthig seien, die so höchst nöthige Zusammensicht der Höfe zu bewirken. — E. D. belieben dem Herrn von Hardenberg sodann zu versichern, daß man unserer Seits aufrichtigst wünsche, mit dem königl preuß. Hof in wahrem redlichen Einverständniß in Allem zu Werke zu gehen, was nur immer im Allgemeinen dienlich und beyderseits nützlich kann erachtet werden, und daß wir zu diesem Ende uns gern Alles gefallen ließen, was man mit Billigkeit und vernünftiger Weise von uns fordern oder erwarten könnte; daß auch bei unbefangener Erwägung der Umstände und des beiderseitigen politischen höheren Interesses man unmöglich ein in der Sache liegendes Hinderniß finden dürfte, das der Realisirung eines solchen guten Einverständnisses über ein den Zeitumständen und dem wohlverstandenen beiderseitigen Interesse angemessenes Benehmen in den vorliegenden wichtigen Welthändeln in dem Wege stehen sollte." *)

---

*) Bei der ganz abträglichen Beurtheilung, welche L. Häusser's Deutsche Geschichte über Thugut Band 2, Seite 4, fällt, und die vollkommen mit den bekannten Sybel'schen Anschauungen, die wir im I. Band bereits mitgetheilt haben, übereinstimmt, heißt es: „Die Gährungen einer Weltepoche, aus denen die alten Staaten und Nationen Europa's neugestaltet hervorgingen, erschienen ihm (Thugut) höchstens wie tumultuarische Störungen von Ruhe und Ordnung, die mit mechanischen Mitteln zu bannen wären." Während uns jede Zeile, die Thugut schrieb, den Beweis liefert, daß er wahrlich die „wichtigen Welthändel" besser begriff, als Haugwitz und Hardenberg und Genossen, ist es auch eine stehende Phrase geworden, daß Thugut „in kleinen Künsten Meister, doch ohne Verständniß für die große Lage der Zeit" war. „So hat er", folgert die Deutsche Geschichte in ihrer unerbittlichen Logik weiter, „vom Anfang(!) an den ernsten Weltkampf mit seinen Intriguen um Baiern(?) und Polen(?) zur unglücklichsten Stunde durchkreuzt, (!?) leichtfertig (!) den überlieferten Gegensatz gegen Preußen

„Wenn Alles wohl erwogen wird, dürfte man sich leicht überzeugen, daß die Veranlassung der Mißverständnisse sich kreuzende oder gar entgegenstrebende Maaßregeln, und das Hinderniß der guten Eintracht hauptsächlich durch die falschen widrigen Bearbeitungen solcher Personen entstanden ist, die ihre Systeme und ihre Plane jenen ihres Hofes unterschieben wollen und daher den Zeitpunkt, wo die allianzmäßigen Verheißungen realisirt werden sollten, als Gelegenheit benutzen, um unter beiden vereinigten Höfen Entfernung und Erkaltung zu stiften und freimüthige Erklärungen über Absicht und Plan, worauf doch Alles wesentlich ankäme, zu verhindern. So lange nun bey den Verhandlungen über gemeinsame Angelegenheiten Minister gebraucht werden, die persönlich einer eigensinnigen atrabilärischen leidenschaftlichen Politik folgen, Alles unter dem gehässigsten Gesichtspunkt vorstellen, und wenn ein Gegenstand noch so unschuldig ist, eine gehässige Seite hinzuzudichten wissen, wenn ein solcher Minister ein Interprête der Gesinnung seines Hofes, der Ueberlieferer der unsrigen, der Beförderer gemeinschaftlicher Entwürfe sein soll, da wäre wohl nichts anderes

---

den er mildern sollte, geschärft;" [Wie das z. B. so ganz deutlich aus allen Rescripten an Reuß hervorgeht!] „überall viel geschäftig sein Intriguenspiel (!) angestellt, dann auch im Kriegslager mit Hilfe seiner Creaturen den Geist der Cabale hereingespielt und zuletzt in Belgien den Preis des Kampfes freiwillig (!?) hergegeben, um den Lieblingsprojekten seiner Selbstsucht nachzujagen." (!)

Wie schön und wie leicht ist das Alles gesagt und geschrieben! — nur Schade, daß kein Wort von Allem dem, was sich da auf Thugut beziehen soll, wahr ist! Nicht Thugut, sondern ganz andere Leute, u. z. die Baseler Friedensmänner waren es, die, „ohne Verständniß für die große Lage der Zeit" — alle Pläne „durchkreuzt," — Intriguen „vielgeschäftig angezettelt," — Gegensätze „geschärft," — Cabalen „in das Kriegslager gespielt," — Siegespreise „freiwillig hergegeben" und endlich „den Lieblingsprojekten ihrer Selbstsucht nachgejagt" haben!

als Mißverstand, falsche Deutung der Absichten und schiefer verzögerlicher Gang des einfachsten Geschäftes zu erwarten, wovon dann Verfehlung des gemeinsamen Endzweckes durch sich kreuzende Maßnehmungen zum Vortheil des gemeinsamen Feindes immer die ganz natürliche Folge sein müsse." *)

*) Es bedarf wohl keiner weiteren Erläuterung, daß alle diese Vergleiche auf den ränkevollsten und schändlichsten aller preußischen Diplomaten, auf den damals in Wien residirenden preußischen Gesandten Lucchesini gemünzt sind. — Einem Berichte des Grafen Dietrichstein an Thugut entnehmen wir noch andere Thatsachen, welche die von Thugut bezeichnete lucchesinische Geschäftsführung ergänzen. Dietrichstein sagt: „Mr. Crawford (englischer Geschäftsträger in Frankfurt a. M.), m' a raconté une anecdote singulièr de Lucchesini. Le chevalier Eden avait fait beaucoup de représentations à ce fourbe sur l' aigreur qu' il mettat dans les notes remises à notre cabinet, et avoit obtenu de lui, qu' il les lui montrerait toujours avant de les remettre. Un jour il en vit une très forte et lui demanda de rétrancher plusieurs passages; Lucchesini le promit. Eden vit ensuite la note remise et y retrouva les mêmes passages; il en fit des reproches à Lucchesini qui répondit: C' est vrai, j' aurais dû Vous en prévenir; mais je Vous avoue, qu' en réfléchissant en bon ser viteur du roi mon maître, j' ai trouvé que je ne devais pas laisser échapper cette occasion d' humilier la maison d' Autriche. — Francfort ce 22. Mai 1795. (St. A.)

Eine Depesche (in Chiffern) des Freiherrn v. Thugut an Reuß aus einer späteren Zeit, und zwar nach dem Baseler Friedensabschluß (20. Juni 1795) wollen wir schon deshalb gleichfalls hierher setzen, weil hierdurch ganz treffend und vollends unwiderlegbar der historische, urkundliche Werth der Lucchesinischen Berichte, welche von den „kleindeutschen Geschichtsbaumeistern" wie ein Evangelium geglaubt werden, eine entsprechende Beleuchtung findet. (Die eingeklammerten Worte sind im expedirten Concepte von Thugut eigenhändig hinzugesetzt.) „Die wiederholten königlich preußischen Versicherungen", also lautet das Rescript an den österreichischen Gesandten in Berlin, „mit unserem allerhöchsten Hof in gutem Einverständnisse und freundschaftlichen Verhältnissen zu bleiben, sind Sr. Majestät sehr angenehm, und nach Allerhöchst Dero ganz gleichen Absichten und redlichen Gesinnung werden wir alles mögliche aufrichtig beitragen, um gute Eintracht, der bestehenden engen Verbindung gemäß, sorgfältigst zu unterhalten, und

„Wer daher, wie Herr von Hardenberg, eine wahre Zusammensicht und Zusammenwirkung unter beyden alliirten Höfen her-

---

wenn auch die gerechte Vertheidigung unserer Gerechtsamen nun etwa besondere Maaßnehmungen erforderte, so kann doch bei billiger Denkungsart des königlich preußischen Hofes, und wenn unsere Absichten und unser Benehmen demselben nicht in einem falschen Licht dargestellt werden, das von uns gewünschte gute Einverständniß nicht gestört werden. So zuversichtlich wir nun bey dem königlich preußischen Hof eine billige Beurtheilung unserer Lage voraussetzen, so sind wir doch über die falsche Darstellung unseres immer offenen und geraden Benehmens nicht ohne Unruhe, so lang einem Minister von dem allgemein anerkannten zweydeutigen Charakter, wie Marquis Lucchesini, hier die Geschäfte des preussischen Hofes anvertraut sind; da derselbe bekanntlich dem bestehenden Allianzsystem (jeder Zeit) abgeneigt (gewesen ist), offenbar gegen uns (die gehässigste) Gesinnung (besitzet) und in seinem ganzen Benehmen (wie in der Hauptstadt selbst) den Endzweck verrathen hat, bei Allem, was wir unternehmen, Mißtrauen und Verbitterung (zwischen beyden Höfen) zu erregen. Daher wir dann allerdings, da in seiner fanatischen Abneigung gegen den k. k. Hof keine Aenderung zu hoffen ist, (während der Dauer dessen hierortigen Dienstleistung niemals ohne einige Beysorge seyn können). Euer Liebden belieben in vertraulicher Unterredung mit dem Graf Haugwitz und auch mit dem Freiherrn von Hardenberg auf eine schickliche Art diese unsere Gesinnung zu insinuiren, und es wäre auch gut, wenn Euer Liebden eine gute Gelegenheit finden könnten, solche Insinuationen auch dem General von Bischofswerder beibringen zu lassen, oder ihm unverfänglich selbst beizubringen." (St. A.)

Man beurtheile nun nach dieser Aufhellung die bitteren Auslassungen der „kleindeutschen Geschichtsbaumeister" namentlich jene der v. Sybel' und Häusser'schen Geschichtswerke, welche ihre Anschauungen über Oesterreich offenbar den Papieren dieses berüchtigten und bösartigen Intriguanten entnommen haben. — Warum schenkt aber die Deutsche Geschichte Häusser's Gesandtschaftsberichten eines so erbärmlichen Mannes, wie dieser Lucchesini wirklich war, einen wahrlich einer besseren Sache würdigen Glauben? Ist es nicht ganz wunderbar, daß die schändlichen Lügen eines Lucchesini einem streng-historischen Werke in weitester Ausdehnung zur Grundlage dienen! Muß sich uns nicht unwillkürlich die Frage aufdrängen: welchen Glauben andere anscheinend noch so wahr begründete Thatsachen jener Geschichte verdienen? Der unerschütterliche Glaube an die lauteren, auf Wahrheit fußenden Grundfesten eines historischen Baues ist unserer Meinung nach

zustellen, zum beiderseitigen Vortheil sich beeilen wollte, müßte die Aufmerksamkeit vorzüglich dahin richten, daß unlautere, böse Werkzeuge bey der Verhandlung beyder Höfe entfernt würden, und daß man sich über Alles, was man will und nicht will, durch die Verwendung eines solchen Ministers erkläre, der nicht nach den bösen Eingebungen seines feindseligen vorurtheilsvollen Geistes,

die wesentlichste Bedingung eines jeden historischen Werkes. — Wenn auch nur Einer unter diesen Herren, deren handschriftlichen Aufzeichnungen von kleindeutscher Seite so andächtiger Glaube beigemessen wird, unser Zutrauen verdienen könnte, so würden wir nur beklagen, daß sich zufällig so unlautere Quellen unter die lauteren gemengt hätten; so aber müssen wir fragen, Wer eigentlich von der ganzen Sippschaft: Haugwitz, Lucchesini, Caesar, Dönhoff, Meyerink, Kalkreuth, Mannstein, Möllendorff und Hardenberg Glauben verdient? — Lag es denn da nicht sehr nahe, um das Richtige zu erfassen, auch österreichische Quellen zu Rathe zu ziehen? Gibt es im Berliner-Staatsarchiv etwa keine Promemorien des Fürsten Reuß? keine Briefe des Herzogs Albrecht von Sachsen-Teschen an Möllendorff oder von Wurmser an Braunschweig? keine Promemorien des Grafen Lehrbach? keine Abschriften der Cicular-Erlässe an die kaiserlichen Minister im Reich? keine glaubwürdigen Comitial-Berichte irgend eines Hofes, wie z. B. von Kur-Trier? (da ja doch wenigstens Theile des kurtrierischen Archives unseres Erachtens jetzt in Berlin sein müßten). Das wäre doch gewiß sehr wunderbar! Oder ist es den genannten Geschichtswerken etwa nur darum zu thun, sich in zweifelhaften Fällen in den Correspondenzen der Herren Lucchesini, Haugwitz und im Möllendorff'schen „handschriftlichen Nachlaß" Raths zu erholen? — In einer Beziehung, gestehen wir aufrichtig, macht es sich zweifelsohne die von Sybel'sche Geschichte der Revolutionszeit viel bequemer, als Häusser's Deutsche Geschichte. Sie führt nämlich entweder gar keine, oder nur sehr spärliche Quellen an, und dann heißt es nur z. B. ganz oberflächlich „Berichte des holländischen Gesandten von Haeften in Wien", oder „aus Lucchesini's Depeschen an das Ministerium," oder „Berichte des Ministeriums"; oder „des Hauptquartiers!" Wie? was? wann? wo? kommt dann freilich nicht in Betracht. Wozu auch? Man hat einfach zu glauben! Die im Reich in München, Bonn und Heidelberg glauben es gewiß, und die Oesterreicher? Das ist ganz gleichgültig, was die glauben; denn sie gehören ohnehin nicht mehr zu Deutschland. — Schon die preußische Demarcations-Linie von 1795 hat sie daraus verdrängt!

sondern nach dem unverstellten Sinn seiner Vorschriften, nach dem wahren Bedürfniß der Zeiten und auf eine den Gesinnungen eines alliirten Hofes angemessene Art handelt, der sich gewissenhaft verbunden glaubt, getreu an seinen Hof zu bringen, was man ihm eröffnet, sich nicht berufen hält, in Allem, was er hört und sieht, die gute Harmonie zerstörendes Gift aufzusuchen, und nie seinen Hof bei einer vieldeutigen Sache auf die vorscheinende gute Seite, sondern immer nur auf das Böse aufmerksam macht, was hieraus nach gehäßig raffinirten Begriffen von Möglichkeiten entstehen könnte."

„Wohin E. D. mit Betrachtung dieser Art deuten, dürfte dem einsichtigen Herrn von Hardenberg nicht entgehen, und ich muß daher dem klugen Ermessen E. D. anheim stellen, in wie weit etwa durch diesen Minister und seine Bearbeitungen unsere billige Absicht wegen Entfernung des Ministers Lucchesini von hier, der wirklich beiden Höfen durch sein bisheriges Benehmen in allem, was auf das Allianzsystem und die Sache der Coalition Bezug hat, gleich böse Dienste geleistet und unendlich viel Gutes durch sein widriges Benehmen gehindert hat, zu befördern thunlich sein könnte." *)

---

*) Thugut an Reuß, d. d. Wien am 25. Februar 1795 (St. A.). — Ein ähnliches Schreiben Thugut's (Hardenberg betreffend) erhielt auch Degelmann nach Basel (unter dem Datum: Wien 21. März 1795. St. A.) Wie diese Sprache mit dem unversöhnlichen Preußenhaß Thugut's und den (nach Häusser, v. Sybel u. A.) von Thugut freventlich herbeigeführten Zerwürfnissen harmonirt, sei jedem Unbefangenen zur Beantwortung überlassen. Nur in der Person, an welche Thugut die Sprache des Vertrauens gerichtet wissen wollte, — in Hardenberg, täuschte sich Thugut damals gründlich; denn es ist wohl aus Allem wahrzunehmen, daß Hardenberg nicht um ein Haar besser war als die andern preußischen Minister, und daß auch er zu jener gehässigen Klasse von preußischen Diplomaten gehörte, welche die österreichisch-preußische Allianz seit ihrem Anbeginn ununterbrochen zu lockern am thätigsten und eifrigsten bemüht war.

6*

Und nun möge auch hier auf das Bestimmteste erklärt werden, daß sich die kaiserliche Politik gegen Preußen seit Anbeginn der Kriege in dieser vorerwähnten, durch Thugut selbst charakterisirten redlichen Gesinnung bewegt habe. Nur einer schamlos lügenhaften und absichtlichen Geschichts-Verdrehung ist es zu verdanken, daß dieser Grundzug österreichischer Ehrlichkeit bis zur Stunde in der Geschichte jener Zeit keine Anerkennung gefunden hat, ja sogar, um die einseitige Darstellung zu beschönigen, von gegnerischer Seite entweder einfach abgeläugnet oder absichtlich todtgeschwiegen wurde. — Reiflich erwogen wiederholen wir, daß der Mißerfolg und das Scheitern der österreichisch-preußischen Allianz durchaus nicht — einer beiderseitigen — sondern nur der einseitigen Unwillfährigkeit, und dem einseitigen bösen Willen der preußischen Regierung zur Last fällt. Und doch wie viel des Guten hätte noch in der zwölften Stunde gestiftet werden können, wenn sich Friedrich Wilhelm II. zu eben derselben aufrichtigen Gesinnung des von aller schädlichen Ambition, Eifersucht und Verstellung entfernten letzten deutschen Kaisers aufzuschwingen vermocht hätte! Doch dieser Wunsch Thuguts sollte eben auch zu den vielen piis desideriis gehören, deren Erfüllung dieser hervorragende geniale Staatsmann, welcher in der gefahrvollsten Zeit die Geschicke Oesterreichs mit starker und sicherer Hand lenkte, noch zu erleben hoffte.

Wir haben die Gesinnung Thuguts im Voraus gekennzeichnet, um im Nachfolgenden jene besser kennzeichnen zu können, welche die preußischen Regierungsmänner beseelte, die ganz unfähig blieben, so edle, von Uneigennützigkeit geleitete Gedanken zu verstehen.

Das genehmigte Reichs-Gutachten vom 22. December „in der Friedens Materie," in welchem die unselige Rücksprache mit dem preußischen Könige kaiserlicherseits stillschweigend genehmigt wurde, hieß nicht ganz ohne Grund nur kaiserliches Commissions-, und nicht Ratifications-Decret.

Es ist erinnerlich, daß in dem Gutachten die Reichs-Stände den Kaiser nachdrücklichst aufgefordert hatten, mit dem preussischen Könige in das Einvernehmen zu treten, um den Frieden herbeizuführen. Die kaiserliche Regierung fand es ihrer Würde am angemessensten, dem Berliner Hofe diesen Wunsch der Reichs-Versammlung im gewöhnlichen diplomatischen Geschäftsweg zuzustellen. — Die kaiserliche Note, welche dem Reichs-Gutachten als Begleitschreiben beigelegt war, wurde jedoch im Uebermaß von Rücksicht dem Marquis Lucchesini in Wien mitgetheilt, und dieser versicherte, daß er sie so vertraulich und freundschaftlich abgefaßt fände, daß er weder an einem Entgegenkommen seiner Regierung zweifle, noch weniger aber daran, daß die preußische Regierung dieß Zeichen des kaiserlichen Vertrauens auf das Freundschaftlichste beantworten und erwiedern werde. *)

Aber die Sonderpolitik, welche Preußen nun in das dritte Jahr befolgte, verhinderte begreiflicher Weise die kaiserliche Regierung von ihrem Standpunkte aus, den Wunsch des Reiches zu billigen und zu ratificiren. Deshalb betrachtete auch das Reichs-Ministerium das Reichs-Gutachten gewissermaßen als ein vom Reiche aus, ohne Zuthun des Reichs-Oberhauptes beschlossenes Gutachten, und bezeichnete das Decret, statt mit dem üblichen Worte Ratification, als „kaiserliches Commissions-Decret". **)

---

*) Nach zwei vertraulichen Schreiben des Fürsten Colloredo an den Erzbischof von Salzburg und an jenen von Würzburg, d. d. Wien 2. Mai 1795. (St. A.)

**) Dieser geringfügige Unterschied ist deshalb zu bemerken nicht unwichtig, weil später auch diese einfache Sache preußischerseits umgedreht

Reuß war beauftragt, statt jeder weiteren Erörterung das Decret in Berlin dem preußischen Ministerium zu überreichen und in officieller Weise den preußischen Hof von den Wünschen der Reichs-Versammlung in Kenntniß zu setzen. Mündlich sollte der österreichische Gesandte geltend machen, wie in der erfolgten freundschaftlichen Uebergabe des Decretes der Beweis der redlichen und vertrauensvollen Gesinnung Oesterreichs liege. Das sichtliche Bestreben, jedes Zerwürfniß mit Preußen fernzuhalten, sei in diesem Vorgange der kaiserlichen Regierung neuerdings zu suchen, da ja sonst nichts leichter gewesen wäre, als einem Reichs-Gutachten, in welchem ein Kurfürst des Reiches dem Reichs-Oberhaupte verfassungswidrig an die Seite gestellt werde, die kaiserliche Genehmigung zu versagen.

Für die Denkart der preußischen Regierungsmänner war aber diese Mittheilung nicht genügend. Diesen ganzen Geschäftsgang billigten sie schon aus dem Grunde durchaus nicht, weil man in Berlin österreichischerseits flehentlichst, ergebenst und demüthigst gebeten werden wollte, den Frieden mit Frankreich für das Reich und Oesterreich zu vermitteln. Dann wollte man sich in Berlin allerdings erst darüber noch besinnen, was im Interesse Preußens für das Reich und Oesterreich zu thun nützlich wäre. Man hielt also in Berlin die einfache Mittheilung des kaiserlichen Commissions-Decretes mit der Anfrage des Fürsten Reuß, was man preußischerseits für den Reichsfrieden gethan habe oder fernerhin thun werde, für keine der Würde des preußischen Staates geeignete Rücksprache.

---

und dem Reiche vorgespiegelt wurde: nicht die Mitverwendung des Königs sei nicht ratificirt, sondern der Friedenswunsch des Reiches wäre kaiserlicher Seits abgelehnt worden, weil — Oesterreich an England durch Subsidien-Gelder verkauft wäre.

Dem entgegen folgerte das Reichs-Ministerium, daß man die Wünsche des Reichs durch Ueberreichung des Reichs-Gutachtens buchstäblich erfüllt habe. — Es bleibt auch ganz zweifellos, daß ein freundschaftlich gesinnter Hof, dem es nur um Erreichung des Endzweckes zu thun gewesen wäre, diese Schlußfolgerung selbst gezogen haben würde. In seiner zweifachen Eigenschaft als Reichs-Oberhaupt und Alliirter war Oesterreich überdies berechtigt, von dem Berliner Hofe in der fraglichen Sache ein Entgegenkommen auf halbem Wege zu erwarten. Allein auf die Gewährung dieses Rechtes war nicht bei einem Hofe zu rechnen, der, wie der Fürst Colloredo später selbst bemerken mußte, „einen Theil seiner Politik auf Zweideutigkeiten zu bauen gewohnt ist, und von dem man immer eine Einredung besorgen muß, wenn nicht mit so klaren Worten gesprochen wird, daß eine andere Auslegung ganz unmöglich ist!" *)

Der Fürst Reuß übergab also am 18. Februar das vom 14. Februar datirte Document, welches die reichsoberhauptliche Bitte enthielt: da Preußen, wie allbekannt, durch die Angelegenheit der Auswechslung der Kriegsgefangenen in näheren Relationen mit Frankreich stünde, im Einvernehmen mit der kaiserlichen Regierung das zu einer allgemeinen Pacification Geeignete vorzunehmen und hiedurch dem Wunsche des unter seinem Oberhaupt gesetzlich versammelten Reiches nachzukommen.

Man muß sich diesen ganzen Vorgang genau einprägen, da, wie wir im Verfolg dieses sehen werden, auch noch eine, dem Reichstage officiell übermittelte preußische Begründung des Baseler Friedens den ungegründeten Vorwurf erhob, Oesterreich habe, um den Reichsfrieden zu hindern, gegen den Wunsch des

---

*) Fürst Colloredo an Hügel, d. d. Wien 19. März 1795. (St. A.)

Reiches mit Preußen keine Rücksprache gepflogen, und deshalb sei Preußen vornehmlich genöthigt gewesen, einseitig vorzugehen, um hiedurch den Kaiser gleichsam zu zwingen, daß er endlich dem Friedenswunsche des Reiches nachkomme.

Die Antwort der preußischen Regierung war eine in übermüthig verletzenden und gleißnerischen Worten eingehüllte Danksagung „über die Mittheilung des Ratifications-Decretes" und darüber, daß „Seine kaiserl. Majestät dem an Höchstsie gebrachten Ausdruck einer „„allgemeinen Sehnsucht"" der Reichs-Stände nach einem baldigen Waffenstillstand und „„leidentlichen"" Frieden Ihre Reichsoberhauptliche Zustimmung und Genehmigung ertheilen und sich allergnädigst bereit erklären, die Einleitung zu diesem heilsamen Endzweck zu treffen, der wirklich für das deutsche Vaterland nach dem Erfolg seines eben so gerechten, als mit ungleichen Kräften und völlig unglücklich geführten Krieges immer mehr das einzige und das sicherste Rettungsmittel wird." *)

Schon in diesen Worten lag eine ganz willkürliche und absichtliche Verdrehung des Sachverhaltes. Denn erstens hatte die kaiserliche Regierung am allerwenigsten eines „leidentlichen" Friedens erwähnt; zweitens hatte sie sich zu einer Friedens-Einleitung nicht anheischig gemacht, auch den Frieden als einziges Rettungsmittel durchaus nicht betrachtet, sondern sie hatte dem König in Preußen einfach den Wunsch der Reichs-Versammlung bekannt gegeben, im Einvernehmen mit des Kaisers Majestät Mittel und Wege zu suchen, durch welche Friedens-Einleitungen mit Frankreich getroffen werden könnten.

Wollte Preußen sich damals für deutsche Interessen redlich verwenden, so war der Zeitpunkt noch immer nicht verstrichen,

*) Note des königlichen Ministeriums (Finkenstein, Alvensleben, Haugwitz) an Reuß d. d. Berlin, den 26. Februar 1795. (St. A.)

da 1. das Beispiel Hollands vorlag, 2. aber durch den Goltz'schen Todesfall sich die Gelegenheit bot, die Verhandlungen einem neuen Zeit entgegen zu leiten und die preußische Politik den Wünschen Oesterreichs und dem allgemeinen Reichsbesten wieder zu nähern.

Aber auf Deutschland und Oesterreich sollte eben gar keine Rücksicht genommen werden, selbst wenn die Möglichkeit dazu sich dargeboten hätte. In diesem Sinne wurde dem österreichischen Gesandten auf seine bescheidene Anfrage, was Preußen nun in Hinblick auf das Reichs-Gutachten in Basel fernerhin zu unternehmen gedenke? aber erst am 14. März die vorerwähnte, vom 26. Februar datirte Note übergeben, in welcher es schließlich hieß: „daß des Königs Majestät allerdings den Generalmajor Graf v. d. Goltz . . . in Auswechslungs-Angelegenheiten vor einiger Zeit nach Basel gesendet und ihm auch aufgetragen hatten, die Gesinnungen der französischen Nation in Absicht des Friedens und der Mittel, ihn zu erzielen, zu erforschen. — Seine Krankheit und sein Absterben haben indeß die weiteren Aeußerungen gehemmt. In Ansehung des deutschen Reichs ist aber hiebei Nichts geschehen, und konnte es auch nicht, da des Königs Majestät die vorgedachte Allerhöchste Ratification des den Friedens-Antrag enthaltenden Reichs-Gutachtens und die gefällige Eröffnung Seiner kaiserl. Majestät abzuwarten hatten."

Vor Allem ist der Zwischenraum von einem Monat, der zwischen der Anfrage und Antwort verging, sehr beachtenswerth. Wohin bei dieser absichtlichen Verschleppung und bei dieser heuchlerischen Sprache das Absehen der preußischen Geschäftsmänner gerichtet war, und zu welchem Zweck nun die von den kaiserlichen Ministern seiner Zeit so sehr bekämpfte preußische Mitverwendung ausgebeutet werden sollte, — bleibt leicht wahrnehmbar.

Am allermeisten war aber der Reichs-Vice-Kanzler über das Wort „leidentlicher" Frieden, welches nun seinen Weg von Berlin nach Regensburg nahm, empört. Nur um zu einem gerechten, billigen und anständigen Frieden beizutragen, so äußerte er sich gegen Hügel, habe man dem Kaiser die Zustimmung zum Reichs-Gutachten in Betreff der preußischen Mitverwendung gewissermaßen gewaltsam erpreßt; „nur einen solchen Frieden haben kaiserliche Majestät allergnädigst genehmigt. Diese ratificirte Friedensbasis ist aber in der Nota des preußischen Ministeriums in einen leidentlichen Frieden verwandelt, welches nun dem Reiche die schönsten Aussichten eröffnet, was es von diesem Friedens-Vermittler zu erwarten habe." *)

Da sonach Preußen ein näheres Eingehen in das kaiserliche Decret durch sein Stillschweigen abwies, so fand die kaiserliche Regierung natürlich auch keinen Grund mehr, vorläufig in weitere schriftliche Erörterungen einzugehen, die von Wien aus ohnedieß nur widerstrebend, und um den Wunsch des Reiches zu erfüllen, dem Berliner Cabinet vorgelegt wurden. An Preußen war es, wie ersichtlich, die Anfrage der kaiserlichen Regierung entsprechend zu beantworten; und eine diesfallsige weitere Ermahnung kaiserlicherseits fand der Reichs-Vice-Kanzler um so weniger am Platze, als: „der Berliner Hof durch sein bisheriges Benehmen als coalisirte Macht und Reichsstand so sehr und so verdient das

---

*) Colloredo an Hügel, d. d. Wien 19. März 1795. In einem Rescript an Hügel späteren Datums (30. April) hieß es: „Das Wort „leidentlich", was dem Wunsch der Reichsversammlung nach Frieden hinzugefügt ist, gab schon allein den selbstredenden Beweis, was das Reich, noch mehr aber das Erzhaus in Rücksicht seiner burgundischen Reichslande, von der Verwendung des Berliner-Hofes als eingedrungenen Friedens-Vermittlers zu erwarten habe." (St. A.)

Zutrauen aller Höfe, besonders aber des allerdurchlauchtigsten Erzhauses und Reichsoberhauptes verwirkt hat, überdem an Tergiversationen unerschöpflich ist, . . . weßhalb es denn in aller Rücksicht räthlich war, durch keine decidirte Meinung über den etwaigen Sinn des Gutachtens sich im voraus näher zu erklären, sondern sich nur im Allgemeinen auf die im Reichs-Gutachten enthaltene Rücksprache zu beziehen. — Niemand kann bezweifeln, daß ein jeder anderer aufrichtig gesinnter Hof, der nicht blos Zweifel zu suchen und Anstände zu erregen und dadurch sein eigenes Spiel zu treiben trachtet, in der gedachten Note, besonders wenn dieselbe in ihrem Zusammenhang erwogen wird, eine dem Reichs-Gutachten und dem Geschäfte angemessene, ja selbst eine freundschaftliche Rücksprache finden wird, die auch ein jeder freundschaftlich gesinnter Hof durch eine aufrichtige Gegenäußerung mit unverstellter Theilnahme an dem gemeinsamen Endzweck erwiedert haben würde." *)

Anfänglich schien es auch, als ob die preußische Regierung gewillt gewesen wäre, diese ganze Angelegenheit vom natürlichen Standpunkte aus zu betrachten und das Entgegenkommen der kaiserlichen Regierung mit gleichem Entgegenkommen zu erwiedern.

Haugwitz versprach nämlich dem österreichischen Gesandten wiederholt und feierlichst, zum Besten der allgemeinen Sache und eines zusammenwirkenden Benehmens, der kaiserl. Regierung von dem Fortgange der in Basel eingeleiteten Unterhandlungen zeitweise Nachricht geben zu wollen.

Doch auch dies Versprechen blieb, wie immer, ein Versprechen, obgleich Haugwitz dreist genug war, wie der öster-

---

*) Colloredo an Hügel, d. d. Wien 30. April 1795. (St. A.)

reichische Gesandte berichtet: „mir hoch und theuer zu versichern, er hoffe gewiß, der König werde dabei bleiben, daß er mich von dem Fortgang dieser Sache unterrichten dürfe und nicht vor mir zu erröthen werde Ursache haben müssen.“ *)

Zwar wurde Haugwitz später nicht roth, aber mit dem Fürsten Reuß sprach er über Basel Nichts mehr.

Dafür gab er ihm am 3. März, an demselben Tag, an welchem Meyerink abermals in Basel eintraf (um den französischen Unterhändlern die Nachricht zu überbringen, daß der Goltz'sche Todesfall die preußische Politik nicht geändert habe,) und alldort sein früheres Treiben fortsetzte, die wiederholte Versicherung: „daß in Basel noch Nichts beschlossen sei, auch ohne Oesterreichs Zustimmung gewiß Nichts Endgültiges beschlossen werde. Der Tod des Grafen Goltz habe Alles unterbrochen; falls sich aber ein Weg zum Frieden eröffnen sollte, so würde er (Haugwitz) nicht verfehlen, dem kaiserl. Hofe alles getreulich vorzulegen, damit Oesterreich und das Reich bei Zeiten in die Friedens-Unterhandlungen eintreten könnten. — Feyerlich betheuerte er, daß des Königs Absichten so treu gemeint seyen, als es von Höchstdessen biederem Charakter zu erwarten wäre.“ **)

Während sonach der österreichische Gesandte in Berlin über die verrätherischen Umtriebe zu Basel vollkommen in Unkenntniß gelassen und absichtlich irre geführt wurde, war Haugwitz um so eifriger bemüht, ihm von „Gährungen und Revolutions-Aussichten in Ungarn und Galizien“ zu erzählen.

Auch der König, der gewöhnlich mit Reuß jedes politische Gespräch sorgfältigst vermied, versicherte den österreichischen Gesandten mit heuchlerischer Theilnahme, daß es ihn tief beküm-

*) Reuß an Thugut, d. d. Berlin den 4. Februar 1795. (St. A.)
**) Reuß an Thugut, d. d. Berlin den 3. März 1795. (St. A.)

mere, die österreichische Monarchie durch revolutionäre Umtriebe in so großer Gefahr zu wissen, und versprach ungebeten seinen kräftigsten Schutz, „falls es Noth thue, sogar durch Einrückung preußischer Truppen in Böhmen.“ Seine treue Gesinnung, so meinte dieser König, fände gewiß darin die schönste Bekräftigung, daß er die herankommende Revolution in Ungarn und die Gährung in Galizien allsogleich mit aufrichtiger Theilnahme an dem Geschicke der Staaten Seines kaiserlichen Bruders demselben durch seinen Minister mittheilen lasse.

„Die verbrecherischen Anschläge“, so berichtet Reuß, „gegen das Wohl des österreichischen Staates ließen ihn (den König) nicht schweigen und trieben ihn an, ohne Aufschub sich einer ihm so theueren Verbindlichkeit zu entledigen.“ *)

Durch ähnliche Zusagen, durch scheinbar theilnahmsvolle Versprechungen und Betheuerungen der Treue bei Gott und

---

*) Reuß an Thugut, d. d. Berlin 14. März 1795. (St. A.) — Nicht ohne Bedeutung ist es, daß auf die preußischen Agenten, namentlich auf Lucchesini und Caesar von Thugut und Lehrbach der Vorwurf geschleudert wurde, daß sie mit ungarischen Unzufriedenen im beständigen Verkehre stünden. Lehrbach's Anschauung haben wir bei früherer Gelegenheit aus seinen unverblümten Berichten kennen gelernt. — Die Idee, in Oesterreich selbst die Saat der Zwietracht zu säen, stammt übrigens aus der Fridericianischen Epoche. Es war immer ein Lieblingsplan Friedrich's II., die österreichischen Unterthanen gegen ihren angestammten Herrscher aufzustacheln. Siehe Onno Klopp: „Der König Friedrich II. u. d. d. N.“ S. 367. Siehe ferner auch die Bekenntnisse des Hrn. v. Treitschke in seinen „Historischen und politischen Aufsätzen“ S. 494. — Wie aber L. Häusser's Deutsche Gesch. dazu kommt, aus diesem elenden Lucchesini'schen Treiben heraus zu finden, daß „Vorgänge dieser Art der Thugut'schen Politik nicht unerwünscht kamen“, (B. II. S. 14.) wäre vielleicht unbegreiflich, wenn nicht die verdächtigende Schlußfolgerung die entsprechende Aufklärung enthielte, in den Worten: „Vorgänge dieser Art schärften den Gegensatz gegen die Revolution, ja sie erhöhten die Abneigung gegen die noch vorhandenen Reste josephinischer Reformen.“ (!!)

preußischer Ehre, durch das frevelhafte Gaukelspiel, welches König und Minister in Berlin mit dem österreichischen Gesandten trieben, wurde aber die leider nur allzu gutmüthige und glaubenstreue kaiserliche Regierung stets auf falsche Fährte geführt und ihre Wachsamkeit sichtbar eingeschläfert, so zwar, daß noch am 21. März, also unmittelbar vor dem Abschluße des Baseler Friedens, sich Thugut an Reuß noch immer über die Befestigung der österreichisch-preußischen Allianz brieflich ergehen konnte, und sein bezügliches Schreiben mit den Worten schloß: „Die sich einige Zeit her von einem hoffnungsgebenden Fortgang der bekannten Unterhandlung in Basel verbreitenden Gerüchte scheinen um so weniger Glauben zu verdienen, als einerseits der dortige Hof darüber ein vollkommenes Stillschweigen beobachtet, andererseits aber dasjenige, was in der convention nationale von Gesinnungen und Grundsätzen geäußert und beyfällig aufgenommen wird, mit den Voraussetzungen, unter welchen die erwähnte Unterhandlung eröffnet wurde, allerdings ungemein contrastiren." *)

Während aber die kaiserliche Regierung vom Reiche zum Frieden gedrängt, von Preußen mit Arglist umstrickt, im Felde verrathen und im Stich gelassen, darüber unschlüssig blieb, wie und was sie thun solle, und sich eigentlich vom October 1794 bis März 1795 gegen Preußen zu keinem energischen Entschluße

*) Thugut an Reuß, d. d. Wien 21. März 1795. — Dieser Depesche folgte am 25. März eine zweite, welche die Worte enthielt: „Da verschiedene Umstände glaublich machen, daß die dortigen Minister dem Könige die gemachten Vorstellungen öfters gar nicht, oder mit einer ihren Absichten entsprechenden Wendung hinterbringen, so muß ich E. Liebden Localkenntniß überlassen, ob nicht die Substanz des heutigen Auftrages zu Ohren Sr. preußischen Maj. nebst dem Ministerial-Antrag auch durch einen directen Canal gebracht werden könnte." (St. A.)

emporraffte, — ja selbst an die wirkliche Schlußfassung eines Friedenstractates von Seite Preußens mit Frankreich noch immer nicht recht glauben wollte, — hatte man in Berlin schon lange den festen Entschluß gefaßt, das Reich vollends bei Seite zu schieben, trotz und gegen Oesterreich seine eigenen Wege zu gehen, die Reichs-Gesetze vollkommen zu ignoriren, die vorzüglicheren Reichsstände auch ohne Rücksprache mit dem Kaiser an sich zu ziehen und die willkommene Gelegenheit zu benutzen, das im Reiche verdientermaßen so sehr herabgesunkene Ansehen Preußens durch Gewaltmaßregeln neu zu befestigen, — Oesterreich, England und Rußland aber das Gewicht des preußischen Einflußes in Deutschland fühlbar zu machen.

In diesem Sinne sprach sich Hardenberg, mit unbeschränkten Instructionen (d. d. Berlin 28. Febr.) ausgerüstet, auf seiner Durchreise von Berlin nach Basel allüberall aus. In Göttingen erklärte er öffentlich, er zweifle gar nicht, bald wieder nach Berlin mit dem Frieden in der Hand zurückzukehren. — Um aber Nichts halb zu machen, ließ er gleichzeitig an Malmesbury und andere englische Minister die Nachricht gelangen, er empfehle England auf das Eifrigste, Preußen neue Subsidien anzubieten, da er die Unterhandlungen zu Basel in die Länge zu ziehen gedenke, bis die Allianz zwischen England, Oesterreich und Preußen neuerdings hergestellt sei.*)

Hardenberg reiste über Braunschweig, Kassel, Aschaffenburg, Karlsruhe, um bei den verschiedenen deutschen Höfen und durch dieselben auch anderwärts Einleitungen zur Theilnahme an dem Frieden zu erwirken. Mecklenburg, Württemberg, Hessen-Kassel, Pfalzbaiern und mehrere kleinere Stände hatten sich bereits an Preußen angeschlossen. Jedem Reichsstand, der von Kaiser und

*) Malmesbury's Tagebücher B. II. S. 112, 130, 131.

Reich abfallen wollte, und jedem Feinde Oesterreichs wurde Preußens mächtiger Schutz zugesichert, und der Herr von Hardenberg und seine Regierung glaubten am 5. April 1795, Treubruch und Lehensfrevel gegen Kaiser und Reich und eine nie zu tilgende Schmach und Schande durch die Unterzeichnung des Baseler-Friedens adeln zu können!

Wir haben die Reichs-Versammlung an dem Tage verlassen, an welchem der Friedenssehnsucht und Friedensliebe der bestürzten Gesandten kaiserlicherseits die Warnung entgegen gehalten wurde, sich ja zu hüten, „die Schande Deutschlands und den Umsturz der deutschen Verfassung in einem Friedensschluße zu unterzeichnen!"

Der erste Eindruck, den diese ernste Sprache auf die Comitialen, die sich mit der vollkommenen Billigung des kurmainzischen Antrages bereits sehr vertraut gemacht hatten, ausübte, war der der Bestürzung.

Kaum hatte jedoch der im Geiste der Verneinung unermüdlich thätige Freiherr von Strauß den Inhalt des Commissions-Decretes näher geprüft, als er auch allenthalben laute Klagen darüber erhob, daß man kaiserlicherseits vor den Augen von ganz Deutschland und Europa, welches jetzt auf die Verhandlungen des deutschen Reiches zu Regensburg wegen der Friedenseinleitung mit gespannter Aufmerksamkeit hinsehe, die Reichs-Versammlung und das Reichs-Directorium (Kur-Mainz) einer falschen und ungetreuen Darstellung der Geschichte des gegenwärtigen Krieges beschuldigt habe.

Mit diesen Klagen ging er von Haus zu Haus, und es läßt sich denken, daß die Mehrzahl der Reichstags-Gesandten sie ganz gegründet und zur persönlichen Theilnahme eines jeden Einzelnen von ihnen geeignet fanden.

Ein wahrer Sturm erhob sich darüber, daß die kaiserliche Entscheidung den Namen eines Commissions- und nicht jenen eines Ratifications-Decretes führte*). Die Frechheit ging so weit, daß Strauß sogar den Namen des von dem Reichsoberhaupte herabgelangten Decretes eigenmächtig umändern wollte.

Zwar erklärte der Freih. v. Hügel, „daß der Allerhöchste Hof seine Resolution als ein Commissions-Decret betitelt haben wolle, und daß sich wohl Niemand erkühnen könne, ihm die Befugniß abzustreiten, die Benennung seiner eigenen Resolutionen selbst anzugeben;“ **) aber der Reichs-Directorialis ließ sich nicht abschrecken und zog sogar später den Buchdrucker über das Wort „Commissions-Decret“ zur Verantwortung.

Auch bemerkten alle Gesandten einmüthig, wie aus dem Ganzen deutlich hervorgehe, daß Oesterreich und England den

---

*) Der französische Schriftsteller Gf. Garden, der überhaupt einer der wenigen unparteiischen Historiker Frankreichs ist, und bei Beurtheilung der schwierigen Lage Oesterreichs eben so billig denkt, als die bisherigen deutschen Geschichtsbücher unbillig urtheilen, läßt, im bemerkenswerthen Gegensatz zur „Neuen Deutschen Geschichtschreibung“, als Fremder den Bestrebungen des deutschen Kaiserthums vollkommen Gerechtigkeit widerfahren und bemerkt in seiner „Histoire Général des traités de paix“ etc. B. V. S. 248 ganz treffend: Les publicistes allemands ont remarqué comme une innovation, que ce décret impérial, tout en approuvant un avis de l'Empire et lui donnant ainsi la forme légale, n'était pourtant pas intitulé décret de ratification, mais qu'il portait le titre de décret de commission, comme ceux par lesquels l'Empereur invitait la Diète à s'occuper d'un objet. Cette observation peut paraître minutieuse aujourd'hui que la constitution de l'Empire n'existe plus, mais le fait qu'elle releva aurait peut-être eu des conséquences, si l'Empire avait subsisté dans sa forme.

**) Hügel an die Reichskanzlei, d. d. 14. Februar 1795. (St. A.)

Frieden nicht wollten, weshalb denn freilich in Wien auch das Interesse des deutschen Reiches nicht in Betracht gezogen werde. Die kürzlich erst von London aus über die Allianz Oesterreichs mit England erfolgte Belehrung des kurhannöverischen Gesandten nützte nicht viel, denn gerade er war einer der Ersten, welcher unmuthig bemerkte: „Es thue wahrhaftig nicht gut, wenn man die Reichs-Versammlung immer mit Vorwürfen angehe, da man doch nicht mißkennen könne, daß das deutsche Reich im gegenwärtigen Krieg mehr als in einem andern geleistet habe!" *)

Natürlich ergriff auch Görz die Partei jener, die sich über die Benennung des Decretes mißliebig aussprachen und die Beleidigten spielten. Er zog die Sache in das Spaßhafte und gab seine Verwunderung darüber zu erkennen, daß die kaiserliche Genehmigung des Inhaltes des letzten Reichsschlußes dennoch keine Ratification dieses Gutachtens vorstellen solle. Zwar beharrte er dabei, die Gesinnungen seines Hofes nicht zu kennen, jedoch führ er gleichwohl damit fort, das Loos des schwerbedrängten Deutschland bei der Fortsetzung des Krieges zu bedauern und das allgemeine Friedensbedürfniß besonders hervorzuheben. In dieser Friedenshoffnung — die in Aller Herzen war — wollte sich eben auch zu Regensburg Niemand irre machen lassen!

Die unerquickliche Richtung, welche die bevorstehende endgiltige Reichsberathung über die lang verschleppte Reichs-Executions-Ordnung zu nehmen drohte, war daher dem kaiserlichen Concommissär im Voraus klar, und dennoch sollte und mußte die Berathung gerade der Friedensgerüchte wegen bis zu Ende geführt werden. „An meinen ernstlichsten und redlichsten Bemühun-

*) Vorerwähnter Bericht.

gen", so berichtet er an den Fürsten Colloredo, „soll es gewiß nicht fehlen, daß bei der bevorstehenden Reichs-Deliberation nach den von E. H. G. angegebenen Gesichtspunkten gehandelt und die Sprache der Gesetze und der Verfassung in allen Punkten aufrecht erhalten werde. — Ueber das, was zu erreichen sein wird, habe ich meine Besorgnisse bereits vorläufig mitgetheilet. Unbekümmert über diesen möglichen Mißerfolg, befolge ich die ertheilte Vorschrift mit pflichtmäßigster Treue und theile mit E. H. G. die Ueberzeugung, daß es am Ende die tröstlichste Beruhigung sey, den Vorschriften der Verfassung und der Sprache der Gesetze, ohne eine in ihrem Erfolg zweifelhafte Nachgiebigkeit, getreu geblieben zu seyn." *)

Dieser ehrlichen Anschauung pflichtete auch Thugut vollkommen bei; er hielt sie übereinstimmend mit den Grundsätzen der kaiserlichen Politik, in welcher stets „der höchste Grad der Loyalität" herrschen müsse. **)

In einem anderen Rescript äußerte sich dieser Minister dahin, daß die bevorstehende Deliberation über die gegen säumige Reichsstände anzuwendenden Maßregeln offenbar im Sinne der älteren

---

*) Hügel an den Fürsten Colloredo, d. d. Regensburg 17. Hornung 1795. (St. A.)

**) „Rescript der Staatskanzlei an die k. k. Minister im Reich," d. d. Wien 12. Februar 1795.

„... Die Weisungen, welche dem kais. Herrn Concommissär über den Gegenstand der auf den 23. d. festgesetzten Deliberation, die wirksamste Betreibung der noch rückständigen reichsständischen Kriegs-Prästationen betreffend, ertheilt worden sind, scheinen mir dem Endzweck und dem Sinne der bestehenden ältern und neuern Reichsschlüsse so genau angemessen und mit einer solchen Gründlichkeit verfaßt, daß ich solchen nichts ferner beyzusetzen finde ... Se. kaiserl. Majestät müssen ganz natürlich darauf sehen, daß in allem, was Allerhöchstdieselben an Hand geben, der höchste Grad der Loyalität herrsche." (St. A.)

7*

und neueren Gesetze gegründet wäre. „Wir sind daher", so hieß es in demselben, „gegen den Vorwurf eines beabsichtigten willkürlichen Verfahrens gesichert. Indessen ist kaum zu erwarten, daß wir mit unsern Anträgen nur einigermaßen auslangen dürften, und wir werden uns wohl damit begnügen müssen, die Reichs-Stände, die anders zu stimmen für sich behaglicher finden, bey der unpartheiischen Welt in das Unrecht gesetzt zu haben." *)

Hiezu bemerkte Hügel: „Für die Bemühungen der beiden k. k. Herren Minister und für die meinigen ist es übrigens sehr tröstlich, ... im Voraus beruhiget zu seyn, daß der Allerhöchste Hof von der bevorstehenden Reichsdeliberation weder einen ausgiebigen Erfolg, noch eine andere, als die bezeichnete Wirkung erwartet, da wir jede gegentheilige Erwartung in Erfüllung zu bringen, wohl außer Stand wären." **)

Die österreichischen Minister in Regensburg hatten mittlerweile auch von Thugut den strengsten Befehl erhalten, mit dem kaiserl. Concommissär stets Hand in Hand zu gehen. Wie wenig aber gewisse österreichische Diplomaten von der Art des Grafen v. Sickingen sich selbst in so ernsten Zeiten der Einhelligkeit beflissen, bewies das Verhalten des kurböhmischen Gesandten Grafen v. Seilern, der immer das Gegentheil von dem that, was Hügel und Buol zu vereinbaren bestrebt waren.

Der Freiherr von Buol allein, blieb dem kaiserlichen Concommissär in dieser gefahrvollen Zeit eine wahre Stütze; der unwissende, schwatzhafte und ebenso hochmüthige als unthätige kurböhmische Comitial-Gesandte Graf Seilern aber eine wahre

*) „Rescript der Staatskanzlei an die k. k. Minister im Reich", d. d. Wien 25. Februar 1795. (St. A.)

**) Hügel an Colloredo, d. d. Regensburg 1. März 1795. (St. A.)

Last. Deshalb fand es Hügel auch ganz zwecklos, daß der kaiserliche Hof drei Minister in Regensburg unterhalte, wovon immer Einer, seinen Privat-Ueberzeugungen folgend, den Willen der kaiserlichen Regierung kreuze.

„Die vorgeschriebene Einvernehmung der k. k. Minister mit mir haben gewöhnlich Aufenthalt und Zeitverlust zur Folge, und bei aller auch noch so redlichen Bemühung ist es nicht zu erreichen, daß von uns allen dreien über irgend ein verwickeltes Geschäft eine übereinstimmende Sprache geführet, und mit Klugheit dasjenige verschwiegen werde, was nur entweder zu unserer alleinigen Direkzion oder zur Mittheilung an einen oder den andern Gesandten bestimmt ist.“ *)

Dieser Mangel an Einigkeit unter den kaiserl. Ministern in Regensburg wurde zur Zeit des Baseler Friedens sehr fühlbar. Dabei war es nach der Verfassung dem Freiherrn v. Hügel nicht gestattet, den öffentlichen Reichsrathssitzungen beizuwohnen, und er konnte in die Debatten stets nur rathend und von ferne leitend eingreifen. Die ohnehin schon schwere Geschäftsführung des kaiserlichen Concommissärs wurde aber hauptsächlich durch die immer mehr und mehr sich offenbarende Trennung der Stände von dem Reichsinteresse und von jenem des Reichsoberhauptes zu einer namenlos schwierigen.

Auch Kur-Sachsen, welches bisher so treu seine reichsständischen Pflichten erfüllt hatte, begann sich damals, durch die preußischen Umtriebe bewogen, plötzlich in entschieden feindlicher Stimmung zu regen, und die in Dresden bewirkte Umstimmung wurde dem kaiserlichen Hof mit wenig Rücksicht offenbart. So

*) Bericht des Freiherrn v. Hügel an den Fürsten Colloredo, d. d. Regensburg 17. Hornung 1795. (St. A.)

fiel Zweig um Zweig vom kaiserlichen Stamme ab, bis dieser endlich allein allen Stürmen Trotz bieten mußte.

An dem sächsischen Hofe hatte sich der preußische Einfluß vollkommen geltend zu machen gewußt, was nicht Wunder nimmt, da dieser sich weit thätiger zeigte als der österreichische.

Graf Hohenthal erhielt gegen Ende Februar den Auftrag, dem kaiserlichen Concommissär dies fühlbar zu machen; er erklärte im Namen seiner Regierung und im bittersten Tone, daß zwar das kursächsische Quintuplum vollzählig und mit einem namhaften Ueberschuß bei der Reichsarmee eingetroffen sei, aber falls die anderen Stände nicht das Gleiche thun würden, so müsse der Kurfürst von Sachsen dies als eine ihm zugefügte Unbill und als eine Geringschätzung betrachten, für welche der kaiserl. Hof verantwortlich sei. Folglich wäre auch Sachsen dann gezwungen, seinerseits sein Contingent gleichfalls vom Kriegsschauplatze gänzlich abzuziehen. Ein weiterer Wunsch der kursächsischen Regierung ging dahin, für die bisher gezeigte Opferwilligkeit vom Kaiser im Reichsgutachten in ostensibelster Weise belobt zu werden.

Dem entgegen bemerkte Hügel: „daß die Belobung Kur-Sachsens kaiserlicher Seits schon öfters erfolgt wäre, und daß es der kaiserl. Regierung nicht zukomme, hierüber eine eigene Meinung in einem Reichsschluß oder im Conclusum abzugeben. Der kursächsische Hof könne übrigens leicht von selbst ermessen, daß das Mittel, einen Anderen zu seiner Schuldigkeit zu vermögen, nicht ist, sich derselben seiner Seits zu entziehen.“

Kur-Sachsen wünschte ferner, daß Oesterreich noch neue Truppen an den Rhein absenden möge, „da man bis zur Stunde Nichts von einem neuen Truppen-Marsch höre, und Oesterreich zur Herstellung des Quintuplums doch wenigstens noch 20.000 Mann abschicken müsse.“

Hierauf erwiederte Hügel, „daß man im Reich wohl nicht mit einem Anschein von Ernst eine so unbillige Forderung an Oesterreich stellen könne, da die ganze Clerfayt'sche Armee zum Schutz des Reichs an dem rechten Rheinufer dastehe und das ganze Quintuplum allein schon, ohne die Oberrhein-Armee hinzu zu rechnen, weit übersteige." *)

Auch den irrigen, von Preußen genährten Glauben hegte Kur-Sachsen, daß der kaiserl. Hof alle Reluitions-Gelder der Stände bisher selbst bezogen und dafür dem Reiche Rechnung zu stellen verpflichtet wäre. „Ich ertheilte", berichtet Hügel weiter, „dem Herrn Grafen von Hohenthal hierüber vollständige Auskunft und ersuchte ihn, seinen Hof durch die verläßliche Versicherung zu beruhigen, daß alle Reluitions-Gelder, welche vom 1. März 1793 bis Ende 1794 für kaum 10.000 Mann Reichsständische Truppen an Oesterreich bezahlt worden wären, nicht zugereicht hätten, um die dafür zur Vertretung angenommenen Hessen-Darmstädter und Rohan'schen Truppen vollständig zu bezahlen. Nur dem Uebeldenkenden und Uebelwollenden könne die Thatsache unbekannt sein, daß Oesterreich bis zur Stunde aus eigenen Mitteln alle Reichs-Auslagen bestritten habe." **)

Auch die monatliche Cassarechnung der Reichs-Operations-Cassa fand Kur-Sachsen unbefriedigend, und „der kaiserl. Hof könne es Kur-Sachsen und anderen Höfen nicht verdenken, wenn man nicht eher neue Römermonate bewillige, bis die längst zugesicherte Rechnung gewissenhaft gelegt sei." An der Verweigerung der Römermonate, folgerte Kur-Sachsen, trüge aber dann die kaiserl. Regierung allein die Schuld! ***)

---

*) Hügel an Colloredo, d. d. Regensburg 24. Februar 1795. (St. A.)

**) Vorerwähnter Bericht.

***) Vorerwähnter Bericht.

Auch darauf wollte Hohenthal Bedacht genommen wissen, daß „der wohlmeinenden Reichs-Versammlung nach Anleitung des §. 1 und 4, Artikels IV der Wahlcapitulation, öfters Nachrichten über die Kriegs-Operationen gegeben werden möchte, denn die kaiserliche Regierung trage die Verpflichtung nach §. 3 und Art. IV, wenigstens, wie es im Jahre 1734 geschehen, von Zeit zu Zeit dem Reiche im Vertrauen Mittheilungen über die Kriegs-Ereignisse zu machen."

Zwar erwähnte Hügel, daß die Mittheilungen über allgemeine Operationen durch die Rapporte und Tagszettel des Reichs-Feld-Marschalls, welche der Reichsversammlung zugesendet würden, genugsam bekannt wären, vertraute Mittheilungen aber, bei dem in Regensburg vorherrschenden Mißbrauche des Vertrauens, österreichischer Seits nicht gemacht werden könnten; — endlich „weder der Buchstabe der angezogenen Stellen der Wahl-Capitulation, noch irgend eine mögliche Analogie oder Schlußfolge aus selber dem Reichs-Oberhaupte oder dem Reichs-General-Commando die Pflicht auferlege, an die Reichs-Versammlung über die Kriegsvorfälle eigens zu berichten oder über die Kriegs-Operationen umständliche Nachricht zu ertheilen. Die angeführten Fälle des Jahres 1734 wären überdieß gar nicht in diesem Sinne auszulegen."

Hohenthal gab sich aber mit diesen triftigen Entgegnungen durchaus nicht zufrieden, und es war noch viel, wenn er zum Schlusse seiner officiellen Klagen selbst gestand, daß das ihm übersandte kurfürstliche Rescript „sichtbarlich in einem Anfall übler Laune des Ministers geschrieben sei. Zweifelsohne müßten die Nachrichten aus Westphalen eine üble Sensation bei seinem Hofe erregt haben." *)

*) Vorerwähnter Bericht.

Auch mit dem kurmainzischen Gesandten waren, je näher man der Protokolls-Eröffnung über die Executions-Ordnung zuschritt, um so weitläufigere Auseinandersetzungen zu bestehen. Er verfehlte nämlich nicht, wiederholt die österreichischen Minister darauf aufmerksam zu machen, daß alle Comitial-Gesandten höchst ungern an diese Berathung gingen. Deshalb hätte er auch die zergliederten Deliberations-Punkte entworfen und die kaiserlicher Seits vorgelegten kreisamtlichen Berichte als nicht erschöpfend genug befunden. Das eigentliche Berathungs-Object wollte er nur in so weit gelten lassen, als es seinen und der Seinen Plänen dienlich sein konnte. Die Reichsversammlung, so versicherte Strauß im Namen aller Gesandten, gehe nur mit Widerstreben an die Berathung und werde, weil sie von der kaiserl. Regierung hiezu gezwungen würde, vielleicht ein Gutachten abgeben, um durch dasselbe die Stände zur Leistung ihrer „etwas vernachlässigten" Pflichten zu bewegen. Der kaiserlichen Anforderung, welche aber dahin ging, daß dem Reichsoberhaupte die Untersuchung und Bestrafung der Säumigen und die Wahl der Executionsmittel überlassen werde, wolle und werde Niemand im Reich entsprechen. Dem entgegen hatte aber der kaiserliche Concommissär ganz andere Punkte abgefaßt, um die entscheidende Berathung zu Gunsten der kaiserlichen Wünsche zu leiten.

Seine Vorschläge gingen dahin:

1. Den Typus vom Jahre 1681 als Grundlage jeder Contingents-Stellung zu behalten, da derselbe durch die reichstäglichen Gutachten der Jahre 1702, 1703, 1704, 1705, 1734, 1757, 1792, 1793 und 1794 begründet sei; jedoch den vom Reiche nie gebilligten sogenannten Usualfuß, nach welchem die Stände ihre Truppen bisher stellten und der eine Vermin-

derung der Wehrkraft nach sich zöge, ganz aufzuheben, da der Beweis vorläge, daß dieser Kriegsfuß dem allgemeinen Besten höchst schädlich geworden wäre.*)

2. Endgiltig festzusetzen, wie es zu halten sei, wenn Reichslande nur zum Theil vom Feinde besetzt wären, wo also die Reichsstände doch noch für ihre übrigen Länder Truppen stellen könnten, aber solche bisher mit der Ausrede, daß ein Theil ihrer Länder verheert und ihr Stellungsvermögen gebrochen wäre, — nie stellten.

3. Wäre zu beschließen, daß von Reichswegen keine weiteren Moderations-Gesuche mehr angenommen würden. Zum

4. endlich schlug der kaiserl. Concommissär vor, jenen Ständen, die aus erheblichen Ursachen keine Truppen in natura zu stellen vermögend wären, den Reluitionspreis für den Fußsoldaten mit 240 fl. und für den Reiter mit 720 fl. Ein für alle Mal zu bestimmen.

Diese eben so billigen, als für den gesunden Menschenverstand faßbaren Gründe verwarf aber Strauß und setzte im Sinne der Mehrzahl der Gesandten die Deliberation dahin fest:

1. Daß der Usualfuß zu verbessern und nicht aufzugeben wäre, da derselbe besser sei, als jener vom Jahre 1681.

2. Sei die Frage genau zu erwägen, ob den Ständen nicht doch noch Moderations-Gesuche zu bewilligen wären.

---

*) Den Usualfuß als Norm angenommen und mit Berufung auf denselben stellten, z. B. Baiern statt 6682 Mann nur 3473; Schwaben statt 12.084 Mann nur 1184 zu Pferd, 6760 zu Fuß; Franken statt 8646 Mann nur 1400 zu Pferd und 5820 zu Fuß; Ober-Rhein statt 10.032 Mann nur 300 zu Pferd und 5528 zu Fuß.

3. Wäre keine Revision der Executions-Ordnung vorzunehmen, sondern reiflich zu erwägen, „ob nicht zur mehreren Wirksamkeit der im kaiserl. Rescript enthaltenen executiven Mittel gegen die wahrhaft säumigen Stände, allenfalls Näheres aus älteren Reichsschlüssen oder sonst etwas Dehnbares bestimmt und in Vorschlag gebracht werden könne: zumal da die Revision der Executions-Ordnung im dermaligen Zeitpunkte durchzuführen höchst unzeitgemäß wäre."

Es war für den kaiserl. Concommissär keine leichte Arbeit, den bösgesinnten kurmainzischen Gesandten eines Besseren zu belehren und dessen üblen Willen auch nur in Etwas gefügiger und den kaiserlichen Wünschen entsprechender zu machen.

„Zwar habe ich dem Freiherrn von Strauß", so berichtet Hügel, „mit Ernst und Nachdruck zu Gemüthe geführet, wie gerecht die Erwartung des Allerhöchsten Hofes sey, daß der Herr Reichs-Erzkanzler im dermaligen Fall, wo es auf Handhabung der Gesetze und Verfassung ankomme, seinen so oft betheuerten erzkanzlerischen Pflichten getreu verbleibe, und sich um so mehr ohne Rückhalt mit dem in so vielen anderen Fällen bewährten Nachdruck äußere, als er seiner Seits, nach seiner Aussage, seinen Pflichten bis jetzt ein vollkommenes Genügen geleistet habe. Allein er spricht immer von der Nothwendigkeit einer Nachsicht gegen die Stände und denket nur an Vereinigungs-Vorschläge, die am Ende dahin gerichtet sind, mit Worten den Vorschriften der Gesetze genug zu thun, und noch Thür und Thor offen zu lassen, daß jeder säumige Reichsstand zu seiner Entschuldigung einen Schlupfwinkel finde." *)

*) Hügel an den Fürsten Colloredo, d. d. Regensburg 20. Hornung 1795. (St. A.)

Der kurbrandenburgische Gesandte brachte bei Gelegenheit dieser Berathung abermals die preußische Forderung der Mainzer Belagerungs-Kosten zur Sprache und bemerkte mit Bitterkeit, daß das Reich dieselbe schon lange berichtet hätte, stünde nicht die kaiserliche Genehmigung entgegen, — einen Vorwurf, den der Reichs-Vice-Kanzler in einem Rescript an den Concommissär bei Entwicklung des eigentlichen Sachverhaltes über diese Kostenforderung mit den Worten erläuterte:

„Ich wiederhole E. E. meine Bemerkung, ob man sich wohl aufrichtiger, freundschaftlicher und constitutionsmäßiger, ja selbst auch nur billiger gegen den königl. preußischen Hof habe erklären können, als es dießseits stets geschehen ist . . . E. E. werden demnach sich gegen den Grafen Görz sowohl als gegen andere Komitialen erklären, wie es nach Lage der Umstände die Ehre des kaiserl. Hofes, dessen unverkennbare Gradheit im Handeln, und die Klugheit erfordern wird. Ich rathe jedoch nicht, selbst eine Veranlassung zu Komitial-Unterredungen über die preußische Forderung fernerhin zu geben, sondern solche von Andern zu erwarten, um allen Anschein einer besonderen Geschäftigkeit weder für noch gegen den preußischen Hof so viel möglich zu vermeiden." *)

Natürlich war diese Anschauung des Reichs-Ministeriums nicht geeignet, den Grafen Görz willfähriger zu stimmen; sonach secundirte er am Reichstag dem Freiherrn von Strauß nach Kräften

*) Colloredo an Hügel, d. d. Wien 7. März 1795. (St. A.) — Bei dieser Mainzer Belagerungs-Kosten-Forderung, welche in so beharrlicher Weise von Preußen bis zur Auflösung des Reiches angesprochen wurde, war es sehr charakteristisch, daß die von Görz damals dem Reichstag übermittelte bekannte Rechnung sich um 355.247 RThlr. höher belief als jene, welche dem Reichs-Ministerium in Wien durch den preuß. Gesandten Caesar übergeben wurde.

und eröffnete nun plötzlich dem kaiserl. Concommissär, daß er sich von den vom Kaiser in Vorschlag gebrachten „Zwangsmitteln" keinerlei Wirkung verspreche. „Viele Reichsstände würden es allerdings zwar nicht sehr beklagen, im jetzigen Augenblicke an Sitz und Stimme des Reichstages keinen Antheil zu haben", aber es wäre doch zu besorgen, daß Zwangsmittel eine entgegengesetzte Wirkung hervorbringen würden, wohingegen Vertrauen, Nachsicht und gute Worte doch überall Eingang fänden und das Mögliche bewirken könnten. Mit Selbstgefühl setzte er hinzu: „Er glaube, daß der König sich um so offener bei der dermaligen Reichs-Deliberation äußern könne, als Er bis jetzt weit über sein Contingent geleistet habe, und daß Er (der König) zum Protokoll erklären werde, daß Er noch ferner seine ganze Armee am Rhein zur Vertheidigung von Deutschland lassen würde." — „Zweifelsohne wird", so meinte Hügel, „diese Versicherung auch auf den Fall gelten, wenn der König seine ganze Armee von dem Ober-Rhein nach Westphalen ziehet, da es dann noch immer heißen wird, daß selbige zum Schutz von Deutschland bestimmt sey." *)

Mittlerweile und während sich Görz in Regensburg so entschieden gegen die Revision der Executions-Ordnung und der dem Kaiser reichsgesetzmäßig zu übertragenden Zwangsmittel aussprach, eiferten gleichfalls alle preußischen Agenten im Reich, und zwar bei den Kreisen, gegen die vollzählige Stellung des Quintuplums und gegen den Einfluß, welchen die kaiserliche Regierung durch eine etwaige günstige Erledigung der Reichs-Executionsfrage im Reiche gewinnen könne. Die sächsischen und rheinischen Kreise der schwäbische und fränkische Kreis waren

*) Hügel an den Fürsten Colloredo, d. d. Regensburg 20. Februar 1795. (St. A.)

der Schauplatz ihrer Thätigkeit. Namentlich der letztere, von Hardenberg förmlich aufgehetzt, war derjenige Kreis, welcher sich in jener Zeit stets, und zwar in allen Dingen und bei jeder ihm passend scheinenden Gelegenheit am verfassungswidrigsten öffentlich aussprach. Der kaiserl. Minister Graf Schlick hatte diesen Kreis am 12. Jänner im Namen des Kaisers aufgefordert, seinen Verpflichtungen in Stellung der Fuhren zur Transportirung der kaiserlichen Armee-Magazine und Vorräthe nachzukommen. Er tadelte in ganz gelinder Weise das unpatriotische Benehmen dieses Kreises und äußerte sich dahin, daß „trotz aller Ermahnungen des Reichs-Oberhauptes der Allerhöchste Dienst in dem dringendsten Augenblick von Seite der Repräsentanten des fränkischen Kreises nicht befördert werde." *)

Hardenberg, in seiner Allgewalt, sprach aber dem kaiserl. Minister, der als solcher bei dem fränkischen Kreis beglaubigt war, das Recht ab, diesem Kreis derartige Vorstellungen machen zu dürfen. — Die Thaten-Armuth des fränkischen Kreises, der bereits gleichbedeutend war mit den preußisch-fränkischen Herzogthümern, ließ dieser Minister in den Wortreichthum einer Gegenvorstellung an Schlick einhüllen, in welcher es unter Anderen hieß: „Der fränkische Kreis ist sich in allen seinen Schritten, das gemeinsame Beste auf das Gewissenhafteste angelegen seyn zu lassen, bewußt; er ist jedoch in Hinsicht auf die persönliche Pflichterfüllung Niemand als seinen eigenen höchst und hohen Committenten verantwortlich. Die Unterzeichneten erkennen sich daher auch keineswegs schuldig, sich wegen angeblicher Nichterfüllung ihrer Pflichten Vorwürfe von irgend woher gefallen zu lassen. . . . S. Exc. wird daher durch die Unterzeich-

*) Promemoria des Grafen Schlick an den fränkischen Kreis, d. d. Mainz 12. Jänner 1795. (St. A.)

neten auf das Angelegentlichste ersucht, die Geschäftspflege und das dabei wesentlich erforderliche Vertrauen nicht durch dergleichen widrige Vorgänge zu unterbrechen, sondern mit andern glimpflicheren Promemorien hervorzugehen und in Hochdero Benehmen dem erhabensten Beispiel Sr. kaiserl. Majestät auf eine den beiderseitigen Verhältnissen angemessene Weise zu folgen.“ *)

Wer erkennt nicht in dieser Erwiederung den geläufigen Styl des preußischen Cabinets? und den Wolf, der das Lamm bedroht, weil es ihm das Wasser trübt?

Noch vor dem Ende der Reichsberathung über die Executions-Ordnung beschloß der fränkische Kreis einseitig und willkürlich, den Usualfuß des Jahres 1681, nach welchem der fränkische Kreis 14.405 Mann zu stellen hatte, — nicht anzuerkennen, sondern nur nach der „im Kreise bisher üblichen Observanz“ 7.988 Mann in das Feld zu stellen. Dieser Beschluß war gleichfalls von Hardenberg angerathen und von seinen Werkzeugen dem Grafen Soden und dem berüchtigten G.Rth. v. Zwanziger, ins Werk gesetzt. Wenn jeder Kreis so vollendete Rechenmeister wie jene preußischen Agenten gehabt hätte, so wäre es ein Leichtes gewesen, die ganze Reichs-Armee, den Reichs-Feld-Marschall und das theuere Hauptquartier obendrein zu ersparen. Den Kreisbeschluß ließ Hardenberg direct nach Wien und Regensburg absenden und begründete damit das Verlangen: die kaiserliche Regierung wolle „die Kreise dazu autorisiren, per majora die Reichsschlüsse willkürlich und eigenmächtig aufzu-

*) „Promemoria der Fürsten und Stände des löbl. fränkischen Kreises bey gegenwärtig allgemeiner Versammlung anwesende Räthe, Botschafter und Gesandte an den Grafen Schlick, d. d. Nürnberg 7. Februar 1795.“ (St. A.)

heben und nach ihrem eigenen beschränkten Ermessen zu interpretiren.“ *)

So wurde von allen Seiten auf die Reichs-Verfassung eingestürmt und überall versucht, das fernere Bestehen derselben unmöglich zu machen, die kaiserliche Autorität und den Reichstag im Reiche selbst allüberall zu compromittiren und durch sehr abstracte Begriffe eines deutschen allgemeinen Staatsrechtes die Sprache der Gesetze zu erdrücken. — Dabei war das Traurigste, daß Hügel der Reichskanzlei melden mußte: „Der fränkische Kreisschluß ist übrigens jetzt bereits in allen Händen und erhaltet, wie leicht zu erachten ist, von dem größten Theil der Stände einhelligen Beifall.“ **)

So vielfach und nach allen Seiten hin bearbeitet, fand die Eröffnung des Protokolls über die Revision der Executions-Ordnung endlich am 23. Februar Statt. Die Berathungen erfolgten in ungewöhnlich langer, aber bei dem erklärten vielseitigen Unwillen ganz begreiflicher Verschleppung, und zwar am 2., 6., 9., 13., 20., 23., 24., 27. und 28. März.

Was im Kurfürsten-Rathe am 23. Februar vorging, darüber belehrt uns Hügel folgendermaßen:

„Der Inhalt des Protokolls der Electorales wird die von mir im voraus über jede Abstimmung gemachte Bemerkung rechtfertigen. Nur glaubte ich das kurbrandenburgische Votum noch immer weniger unangemessen der kaiserlichen Allerhöchsten Intention, weniger widersprechend mit dem Bedürfniß des Vaterlandes und mit den verfassungsmäßigen Grundsätzen, als es wirklich der Inhalt ausweiset. Ohne meine Bemerkung wird

---

*) Hügel an Colloredo, d. d. Regensburg 6. März 1795.

**) Vorerwähnter Bericht.

es sichtbar, daß diejenigen Kreise und Stände, welche den König um seine Vermittlung zu einem Frieden eigens ersucht haben, mit besonderer Nachsicht behandelt werden, und daß nicht Rücksicht auf die bestehende Verfassung, sondern Wiedervergeltung dieses ausgezeichneten Vertrauens die Abstimmung geleitet haben. — Auch bedarf es keiner weitern Erwähnung, wie sehr die Bemühung der k. k. Herren Minister im Reiche und die meinige, mit der wir uns um eine Vermehrung der Contingente ... bis jetzt beworben haben, von nun an entkräftet und vereitelt ist, und daß die Majorität der Stimmen sich gewiß der kurbrandenburgischen Meynung anschließen werde." *)

Wir übergehen das kurfürstliche Protokoll, welches sich von dem fürstlichen, wie gewöhnlich, wenig unterschied. — Im Reichsfürstenrath proponirte Oesterreich gleichfalls am 23. Februar die herabgelangten Hof-Decrete vom 28. October und erinnerte daran, daß schon am 20. Jänner 1794 die kaiserliche Regierung die Frage an die Stände gerichtet habe: „durch welche wirksamen Mittel das gesunkene Ansehen der Gesetze und der darauf sich gründenden kaiserlichen Autorität gegen die in Stellung des Reichsschlußmäßigen Triplums säumigen oder ungehorsamen Reichsstände am Sichersten zu behaupten wäre?" **)

Aber dennoch hätten sich erst am 5. Mai die Stände über diesen wohlmeinenden Vorschlag dahin erklärt, daß eine nähere Bestimmung der erforderlichen weitern Maaßregeln bis zur Zeit vorzubehalten bleibe, in welcher es wirklich auch durch die

---

*) Hügel an den Fürsten Colloredo, d. d. Regensburg 25. Februar 1795. (St. A.)

**) „Im Reichsfürsten-Rath, Montag den 23. Februar 1795, meldete am Directorial-Tisch stando in circulo" etc. Das Folgende Alles nach den Reichs-Raths-Protokollen.

Kreisberichte, Musterungslisten u. s. w. erwiesen wäre, daß die Stände das Triplum nicht stellen würden oder könnten.

Diese langwierige Einberichtung der Kreise sei nun endlich erfolgt, „und am 9. October habe des Kaisers Majestät durch ein Hofdecret der Reichsversammlung mitgetheilt, daß alle endlich eingegangenen Kreisberichte zur Ueberzeugung des sehr unvollständigen Zustandes der Reichsarmee geführt hätten"; ferner aber habe der Kaiser das Ansuchen an die Reichs-Versammlung gestellt, durch ein Reichsgutachten zu bewirken, „daß endlich bey der von Tag zu Tag sich vermehrenden Größe der Gefahr von allen und jeden Ständen, denen keine gesetzliche Befreyung zur Seite stehet, die verbandmäßigen Obliegenheiten in Stellung der Reichsschlußmäßigen Contingente nicht nur in Worten, sondern durch die That erfüllet werde."

Durch das neue Hofdecret vom 28. October sei nun dieser höchst wichtige Gegenstand abermals angeregt, und so möge denn endlich die im Art. 12, §. 5 der Wahlcapitulation begründete, seit nahezu einem Jahrhundert gewünschte „höchstnöthige letzte Hand an die Revision der Reichs-Executions-Ordnung gelegt werden, . . . und es würde Sr. kaiserlichen Majestät zur großen reichsoberhauptlichen Zufriedenheit gereichen, wenn an dieses ersprießliche Werk Hand angelegt und dasselbe unter Allerhöchst ihrer kaiserlichen Regierung vollbracht würde." *)

*) Das österreichische Votum hatte wie gewöhnlich Hügel entworfen. „In dem Eingang des Voti", so berichtet er dem Fürsten Colloredo, „habe ich jene Stelle, welche die bisherige Unthätigkeit des Reichs sehr ernstlich rüget, einigermaßen gemäßigt. Ich bleibe gleichwohl überzeugt, daß selbige von mehreren Reichsständen auf das Lebhafteste empfunden und daß dadurch die Veranlassung zur Erneuerung der Beschwerde werde gegeben werden, daß der Allerhöchste Hof die Reichsstände und die Reichsversammlung so oft mit bittern Vorwürfen angehe. —

Doch für diese würdige, auf das Wohl des Reiches gerichtete Sprache hatten die Stände kein Verständniß. Die Stimmung im Fürsten-Rathe entsprach daher auch ganz jener des kurfürstlichen Collegiums. Niemand wollte den Kaiser in dieser hochwichtigen Reichssache unterstützen.

Die einzige merkwürdige Abstimmung gab das sonst bei jeder Gelegenheit feindlich gesinnte Braunschweig-Wolfenbüttel ab. Dieser Stand überströmte plötzlich von Anhänglichkeit an die Verfassung und von Uebereinstimmung mit der Gesinnung des kaiserlichen Hofes. — Das Räthsel dieser rasch vorübergehenden Sinnesänderung lag in der gerade damals im Vollzuge begriffenen Vermählung der braunschweig'schen Prinzessin mit dem Prinzen von Wales.*) Bei den deutschen Fürsten war eben jeder Grundsatz durch Familienpolitik zu erschüttern.

Beachten wir, wie schwach selbst die Unterstützung war, welche das für Oesterreich stets gutgesinnte salzburgische Erzstift dem kaiserlichen Hofe in der Frage der Revision der Executions-Ordnung angedeihen ließ, so wird es nicht Wunder nehmen, daß auch diese letzte Anstrengung fruchtlos blieb und der kaiserlichen Autorität von keiner Seite eine Concession gemacht wurde.

Salzburg, „immer gewohnt, an der Verfassung festzuhalten", erklärte sich unvermögend, dem Antrage der kaiserlichen Regierung weiter zuzustimmen, „als auf Grund der bereits in

---

Wahr und gerecht ist dieser Vorwurf, und ich habe ihn mit ganzer Ueberzeugung niedergeschrieben. Ob die Klugheit erfordere, ihn zu mäßigen, sey der Weisheit eines erleuchteten Ministeriums überlassen. Seine Wirkung wird desto größer seyn, mit je reiferer Ueberlegung er geäußert wird!" d. d. Regensburg 17. Februar 1705. (St. A.)

*) Siehe Malmesbury's Tagebücher, II. Band, an den betreffenden Stellen.

der deutschen Reichs-Verfassung die vollstreckende Gewalt zur Genüge begründenden Reichs-Executions-Ordnung."

Zwar erklärte Salzburg seine Wünsche als mit jenen der kaiserlichen Regierung ganz übereinstimmend, allein zur Umänderung so wichtiger Reichsschlüsse fand auch dieser Reichsstand den Zeitpunkt nicht richtig gewählt, „und es ist vielmehr räthlicher, schon vorhandene minder vollkommene Gesetze in Ausübung zu bringen, als mit unersetzlichem Zeitverlust, und unläugbarem Nachtheile des Ganzen, neue und vollkommenere zu entwerfen."

Baiern (Kur-Pfalz) bestritt bei seiner Abstimmung plötzlich, nach 7 Monaten Bedenkens, der kaiserlichen Regierung das Recht, vom Reiche die Stellung des Quintuplums zu fordern, denn „nach dem Reichsabschied von 1566, §. V, Art. 28 könnten die Anschläge nie höher, als auf das Triplum gefordert werden. „Deshalb übersteige auch die Forderung der kaiserlichen Regierung die Kräfte der Reichsstände, und deshalb allein leiste das Reich nie genug. An den herkömmlichen Reichsgesetzen dürfe keinesfalls etwas geändert werden, die Freiheit der nach den Gesetzen von jeder Stellung befreiten Stände wäre in keiner Weise zu schmälern. Nach dem Reichsabschied von 1566, §. V, Art. 144 und dem Reichs-Gutachten vom 19. Jänner 1713 wäre es aber verboten, die „Moderationen, welche einzelne Stände von Kaiser und Reich bereits erhalten haben, einem anderen Stande oder Kreise aufzubürden!"

Zwar wünschte der Kurfürst von der Pfalz die Revision der Reichs-Executions-Ordnung, und es sei, „wenn sich wider alles Verhoffen ein Stand fände, der sich seiner Pflicht entziehe, derselbe zu warnen, nachdrücklichst zu ermahnen, und erst nachdem er von Kaiser und Reich als wirklich ungehorsam erkannt worden“, gegen ihn der §. 97 der Executions-Ordnung vom Jahre 1555 anzuwenden und nach §. 23 des Reichsabschiedes vom Jahre 1566 zu verfahren.

Auch vergaß der Kurfürst nicht, die grelle Unwahrheit zu Protokoll geben zu lassen, daß er seinen „reichsständischen Obliegenheiten bis zur Stunde vollkommen Genüge geleistet habe“ und nach all der ihm durch diesen Krieg zugefügten Unbill sogar berechtigt wäre, seinerseits für sich „auf eine völlige Eximirung sowohl von Stellung der Contingente als Bezahlung der Römermonate anzutragen!“ Dennoch bezeuge er in seinem „Edelmuthe“ seine reichspatriotische Gesinnung, durch die fortwährende Stellung von 15.292 Mann, wovon 10.000 in Mannheim als Garnison verwendet würden. *)

Magdeburg erklärte: „Wie Se. königliche Majestät von Preußen, als höchster Reichsstand, sich zuförderst von allen Ihren höchst und hohen Mitständen zutrauensvoll versichert hielten, daß ein Jeder derselben die so dringenden, immer steigenden Gefahren des deutschen Vaterlandes beherzigen und keiner dahero säumen werde, seine reichsverbandmäßigen Obliegenheiten baldmöglichst zu erfüllen; es glauben sich Allerhöchstdieselben zu dieser Erwartung um so mehr berechtigt, da Allerhöchstsie Ihren höchst und hohen Mitständen das hoffentlich von Keinem derselben mißkannte großmüthige Beispiel von deutscher Vaterlandsliebe geben, Dero zahlreiches, das Con-

---

*) Ueber dieses Votum bemerkte Hügel dem Fürsten Colloredo: „Das kurpfälzische Votum ist wie gewöhnlich abgefaßt. Was andere Reichstags-Gesandte aus Schonung und Mäßigung nicht zu äußern wagen, dieses nimmt der Reichstags-Gesandte dieses Hofes kein Bedenken in seine Abstimmung aufzunehmen.“ Regensburg 23. Februar 1795. (St. A.)

tingent Sr. königl. Majestät Reichslande mehrfach übersteigende Kriegsheer mit so beträchtlichem Aufwand und Aufopferung Ihrer eigenen Staatskräfte immer noch im Felde und zu Schutze und Rettung des Reichs fortwirken zu lassen."

Man sieht, der Curial-Styl eignet sich trefflich zur Verkleidung des übermüthigsten Hohnes.

Nun zählte Magdeburg die Stände auf, welche Nach- und Rücksicht beanspruchen könnten und dürften, und belobte diese öffentlich. Vor Allen wurden (weil sie die preußischen Friedens-Vermittlungs-Gelüste befürwortet und unterstützt hatten) die oberrheinischen, fränkischen, schwäbischen Kreise rühmend genannt; ferner auch Pfalz, Baiern und mehrere minder mächtige Stände, wie Freising, Berchtesgaden und das Hochstift Regensburg belobt.

Nach weitläufigen Vorschlägen, welche die Executions-Mittel betreffen sollten, erklärte Magdeburg schließlich: „Sr. königliche Majestät erachte, daß gegen die dermaßen sich befindenden wahrhaft säumigen Stände die Executions-Ordnung und andere vorhandene Reichsgesetze ganz wirksame Zwangs- und Vollziehungsmittel an die Hand geben, welche die Kreisausschreibenden Fürsten in Vollziehung zu bringen nicht ermangeln würden."

Dem entgegen stimmte zur Abwechslung Hoch- und Deutschmeister (Kur-Köln) wieder einmal vollkommen mit den Wünschen der kaiserlichen Regierung überein und erklärte: „Wenn Kaiser und Reich aus den Berichten dieses oder jenen Standes keine hinlängliche bewiesene Unmöglichkeit erkennen, so ist der betreffende Reichs- und Kreisstand als moros zu betrachten, und wird von kaiserlicher Majestät, Höchstwelche als Reichsoberhaupt vom gesammten Reich dazu zu ersuchen wären, exekutivisch zu Erfüllung seiner reichs- und kreisständischen Pflicht anzuhalten seyn."

„Demnach stimme Sr. kurfürstliche Durchlaucht zu Kölln als Hoch- und Deutschmeister auf ein Reichsgutachten, worin kaiserl. Majestät ersucht werden, bey diesen dringenden Umständen die Execution selbst gegen die wahrhaft säumigen Reichsstände zu übernehmen und sie zu Stellung ihrer Mannschaft anzuhalten."

Aus den gleichfalls sehr weitläufigen Erläuterungen dieses Standes ging die interessante Thatsache hervor, daß während des Feldzuges vom Jahre 1793 „von zwei Kavallerie-Regimentern des fränkischen Kreises nur ein Lieutenant mit vierzig Köpfen des deutsch-nordischen Contigents wirklich bey der activen Armee eingerückt waren."

Dagegen legte Speier, wie gewöhnlich, alle in den Feldzügen erlittene Unbill wiederholt dar, erklärte sich, wie gewöhnlich, außer Stand Römermonate und Reichs-Contingent zu bezahlen und stimmte den kaiserlichen Anträgen entschieden entgegen. Vor Allem jedoch wünschte der Fürstbischof von Speier im nächsten Reichsgutachten die erneuerte Bitte um „Frieden und Waffenstillstand" aufgenommen; mit Bezugnahme auf die erlittenen Drangsale des Hochstiftes Speier aber, wünschte dieser Reichsstand, daß „die reichsständischen Lande nicht fernerhin mit Einquartierung von Truppen überschwemmt werden, welche dem Reiche nicht angehören ... und der gemeinsamen Sache niemals viel nützen, wohl aber den betreffenden Ständen vielfältig beschwerlich werden."

Dieser Vorwurf bezog sich auf die durch die Unwillfährigkeit Speiers herbeigeführten Zerwürfnisse mit dem Reichs-Armee-Commando und auf das aus französischen Emigranten bestehende Condé'sche Corps. Nach diesem Antrage fehlte, um den politischen Unverstand solcher Stände wie Speier glänzend zu bezeugen, wohl nichts mehr, als daß der Reichstag, den speier'schen Antrag annehmend, dem Kaiser im Namen des Reichs verwehrt hätte, — das Reich mit seinen eigenen erbländischen Truppen (Ungarn, Walachen, Croaten und Slavonen) zu vertheidigen!

Augsburg (Kur-Trier) stimmte im Sinne der kaiserlichen Anträge und wünschte noch zu den Executiv-Zwangsmitteln gegen die säumigen Stände von Reichswegen „Regreß-Schadens-Ersatz und Compensation" vorbehalten. Solche Maßregeln vorzuschlagen fühlte sich diese kurfürstliche Regierung umsomehr verpflichtet, da anderweitigen Anschauungen entgegen „Höchstdenenselben Reichs-Stände bekannt sind, welche theils nicht das Geringste gelitten, theils Mannschaft genug hielten, und doch noch keinen Mann zu der Reichs-Armee gestellet hätten, welches um so mehr bedenkliche Folgen haben müßte, als die Unterthanen der gutgesinnten Stände von jenen, welche noch nichts gestellt haben, zum Theil Vorwürfe erhalten und zum Theil aufgehezt würden."

Basel erklärte: „das ganze Hochstift durch die Franzosen zertrümmert und in der bedauerlichsten Unvermögenheit, Contingent und Römermonate zu bezahlen." Dieser Stand flehte Kaiser und Reich um verbandmäßigen Schutz, Hilfe, Rettung an, und um Wiedereinsetzung in den geraubten Besitz, sei es nun durch Frieden oder weiteren Krieg.

Pfalz-Zweybrücken äußerte sich im kurpfälzischen Sinne, und zweifelte sehr daran, „ob in einem Zeitpunkt, wo nicht ohne große Zerrüttung und unersetzlichen Nachtheil durch verzögerte Hülfe, — Hand an Vervollkommnung der wichtigsten Reichsgrundgesetze gelegt werden mögte; und der große Zweck, nehmlich: der Verfassung des Reichs jene Festigkeit und Vervollkommnung zu geben, welche seine Dauer auf fernere Jahrhunderte sichere, erreicht würde."

Würzburg, Eichstädt und viele Andere erklärten, daß es besser wäre, mit der Revision der Reichs-Executions-Ordnung auf „ruhigere Zeiten" zu warten; für den Augenblick genüge dem Reiche und seinen Gliedern die bestehende Executions-Ordnung.

In diesem Sinne sprach sich auch Thurn und Taxis aus und hielt: „die dermaligen kriegerischen Zeitläufte am wenigsten dazu geschickt, an die Revision und Verbesserung der Reichs-Executions-Ordnung Hand anzulegen, welches Geschäft nebst friedlicheren Zeiten eine reife, alle Umstände und besonders die Ursachen des in den letzteren Zeiten gesunkenen Ansehens der Gesetze und der Schwächung des Reichsverbandes genau abwägende Ueberlegung zu erfordern scheint." So gering war der Einfluß, den die kaiserliche Regierung auf die Stände auszuüben vermochte, daß selbst der kaiserliche Principal-Commissär, als Reichsstand, stets anderer Ansicht war und blieb, als sein Herr und Kaiser!

Am 6. März erklärte Oesterreich: „Ihre kaiserliche Majestät ginge von der ungezweifelten Voraussetzung aus, daß, wenn alle Reichsstände ohne Ausnahme zur Führung des einmüthig beschlossenen Reichs-Krieges nach Pflicht und Gewissen ihre schuldigen Contingente in's Feld gestellt hätten, wenn noch in diesem Frühjahre von allen Reichsständen . . . der eben so dringenden, als wohlgemeinten Reichsoberhauptlichen Aufforderung zur vollständigen Herstellung der Naturalmannschaft ein patriotisches Gehör in der Art, wie es der gemeinsame Reichsverband und die bestehenden Gesetze erfordern, gegeben worden wäre, daß alsdann viel Unglück, so über Deutschland gekommen ist und österreichischer Seits zum Theil vorhergesagt wurde, vermieden worden wäre."

In Berücksichtigung dieser Voraussetzung bleibe Oesterreich bei seinem schon am 20. Jänner 1794 zu Protokoll gegebenen Antrag: „daß nicht nur die dem Reichsschlusse von 1555 einverleibte Executions-Ordnung zu erneuern, sondern in Rücksicht des vorwaltenden allgemeinen und höchsten Interesses festzusetzen sey, daß, wenn die kreisausschreibenden Fürsten gegen säumige und ungehorsame Stände executive zu verfahren unterließen, die Execution ohne weiters kaiserlicher Majestät und dem Reichs-General-Commando übertragen, der säumige und ungehorsame Stand aber verhaftet werden solle," und zu verhalten sei, den „durch seine Fahrlässigkeit entstandenen Schaden zu ersetzen."

Diesem Votum traten alsogleich mehrere kleinere ehrenwerthe Stände wie Dietrichstein, Liechtenstein und Auersperg bekanntlich nach neuester kleindeutscher Geschichts-Auffassung, die „österreichische Clientel" bei.

Andere kleine Stände, wie das Bisthum Chur, ließen sich in langen und breiten Auseinandersetzungen für und gegen die kaiserlichen Anträge vernehmen. Chur schloß seine Erörterungen mit der allerdings zutreffenden, aber während dieser reichstäglichen Berathung gewiß ganz unpassenden Frage: „Werden gegen einen täglich an allen Kriegserfordernissen wachsenden Feind die selbst nach dem reichsschlußmäßig festgesetzten 1681er Fuß auf das Quintuplum erhöhten Streitkräfte des deutschen Reichs, zureichen, wenn die koalisirten kriegführenden Mächte sich gegen selben nicht nach einem und dem nemlichen politischen Systeme verhalten?"

Daß der Großherzog von Toscana, wie später berichtet werden wird, gerade damals einen einseitigen Frieden abgeschlossen hatte, gefiel Worms und Baiern so außerordentlich gut, daß sie noch in nachträglichen Voten auf dieses „glückliche" Ereigniß zurückkamen.

Insbesondere betonte Baiern, daß der Großherzog von Toscana als „Reichs-Vasall" allen anderen nur das Beispiel gegeben habe, daß die deutschen Reichsstände gleichfalls nach Gutdünken Frieden schließen könnten, ohne den Kaiser lange darum zu fragen und zu bitten.

Das Bemerkenswertheste hiebei war, daß dieselben Stände, die sonst nie etwas von den in früheren Zeiten ausschließlich unter Oesterreichs Einfluß stehenden „italienischen Reichsländern" und von einem „lombardischen Reichsland" wissen wollten, nun plötzlich auf die von ihnen früher nie anerkannte Reichs-Vasallenschaft des Großherzogs von Toscana ganz erpicht waren.

Ueber die von preußischen Geschichtsschreibern als österreichisch verschrieene Gesinnung Pfalz-Baierns bemerkte sonach auch Hügel treffend: „Auffallend scheint es mir, daß die kurpfälzische Abstimmung sich überhaupt seit einiger Zeit in bittern und neckenden Wendungen gegen den Allerhöchsten Hof auszeichnet, daß insbesondere der Herr Kurfürst von der Pfalz im jetzigen Fall behauptet, seiner reichsständischen Obliegenheit ein vollständiges Genüge geleistet zu haben, gleichwohl es für nöthig erachtet, mit besonderer Heftigkeit den Fuß von 1681 zu bestreiten und wider einen ihn bestättigenden Schluß zu protestiren; daß er ferner in den Augen von ganz Deutschland offen vor dem Protokoll die Reichs-Armee einer Unthätigkeit und das Reichs-General-Commando einer Vernachlässigung der schuldigen gesetzmäßigen Communicate beschuldiget; daß endlich das kurpfälzische Votum gewöhnlich bei den protestantischen Gesandtschaften communiciret und darüber mit ihnen Rücksprache und vertrauliches Einvernehmen gepflogen wird, ohne daß weder ich noch ein Anderer der beiden k. k. Herren Minister sich rühmen kann, mit einem gleichen Vertrauen von dem kurpfälzischen Herrn Reichstags-Gesandten je beehrt worden zu sein." *)

Auch Freising und Berchtesgaden gaben nachträglich ihre Wünsche zu erkennen.

Die preußische Belobung wurde dem König in Preußen von Freising mit einem nachträglichen „ergebensten Dank "erwiedert. Es war höchst bemerkenswerth, daß dieser Dank gegen

---

*) Bericht an die Reichskanzlei, d. d. 11. März 1795. (St. A.) — Auch gegen Lehrbach klagte Hügel über die pfalz-baierische feindselige Richtung, (d. d. Regensburg 10. März 1795):

„Bei Gelegenheit der dermaligen Reichs-Deliberation über die Wahl der Zwangsmittel gegen die säumigen Stände hat Chur-Mainz das geöffnete Reichs-Protokoll benutzet, um seine lauten und beharrlichen Friedenswünsche nochmal mit dem Zusatz zu erneuern, daß kein Anstand obwalte, das Friedensgeschäft mit der französischen National-Konvention und ihren abgeschickten Deputirten zu behandeln, und daß auf diesem Weg bereits der Großherzog von Toscana, ein italienischer Reichs-Vasall, zu einer friedlichen Uebereinkunft gelangt sei."

„Der churpfälzische Reichstags-Gesandte ist sogleich dieser churmainz'schen Erklärung beigetreten, hat wider die in einigen Abstimmungen und auch in jener unseres Allerhöchsten Hofes behauptete Verbindlichkeit des Fußes von 1681 förmlich protestirt und seinen sehr weitläufigen Nachtrag mit der Aeußerung beschlossen, daß Ihre kurfürstliche Durchlaucht auf eine mehr thätige Wirkung der im Felde stehenden Reichs-Armee und auf eine nähere gesetz- und zweckmäßige Communité des Reichs-General-Commando's mit dem Reich einen gerechten Anspruch machen zu können glaubten . . ."

„Ueberhaupt ist es auffallend, daß dem Allerhöchsten Hof Erinnerungen nur von Chur-Pfalz und von einem so erhabenen Reichsstande gemacht werden, welcher mit dem Allerhöchsten Hof in so naher verwandtschaftlicher Verbindung steht, und gleich auffallend, daß in die churpfälzische Abstimmung alles aufgenommen wird, was kein anderer aus Mäßigung und besonderer Rücksicht sich zu sagen getrauet." (St. A.)

den Willen des Fürstbischofs von Freising durch die Bemühungen des Grafen Görz vom Freisinger Comitial-Gesandten in die Abstimmung eingeflochten wurde.

Eine fast gleichzeitige Besprechung des Concommissärs mit dem ehrwürdigen Fürstbischof von Regensburg ergab, daß ihm sein Gesandter durch seine preußische Gesinnung vielen Verdruß bereite. „Kurbrandenburg wolle, daß das Reich ferner Nichts thue, und nach diesem Geist habe ihm sein Statthalter und Comitial-Gesandter Graf Thurn bewiesen, daß er wegen Regensburg Nichts zu leisten habe.“ *)

Das Einkommen dieses gut kaiserlich gesinnten Kirchenfürsten betrug 47.000 fl., wovon er dem Reiche 38.000 fl. gegen den Willen seiner für Preußen eingenommenen Umgebung zur Verfügung gestellt hatte. Ueberdieß bestand dieser treugesinnte Bischof darauf, daß das Quintuplum von Regensburg und Berchtesgaden geleistet und alle seine Garderobegelder (6000 fl.) dem Kaiser und Reich zur Verfügung gestellt würden, „da er sich ja gerne mit einem Kleide behelfen wolle.“ **) Deshalb wäre auch, so erläuterte der Fürstbischof, die Danksagung in der Freisinger Abstimmung nur eine Höflichkeit gegen Magdeburg. Gleichwohl stelle er nicht in Abrede, daß selbst in dieser sein Gesandter dem Ganzen eine verbindlichere Wendung gegeben habe, als es selbst seine Absicht war.

Im Vertrauen theilte er Hügel mit: der kurhannövrische Gesandte habe ihm eröffnet, daß das deutsche Reich ganz vergebens seine Kräfte ferner anstrenge, daß ein Frieden die wünschenswertheste Sache wäre, und das kurhannövrische

*) Hügel an den Fürsten Colloredo, d. d. Regensburg 14. März 1795. (St. A.)

**) Vorerwähnter Bericht.

Ministerium sehr verschieden von dem englischen denke und entschlossen sei, sich einem Particular-Frieden Preußens anzuschließen.

„Bei einer solchen Lage der Gesinnungen," berichtet Hügel, „wenn die königlich-preußischen Herren Minister am Reichstag und im Reich den Willen des Königs dahin zu erkennen geben, daß das Reich Nichts thue, — wenn von diesem Hof jene Stände, welche mit ihrer Reichs-Schuldigkeit noch beträchtlich zurückstehen, öffentlich in Schutz genommen werden, wenn ihnen dadurch ein Wink gegeben wird, sich wider die Zudringlichkeit der kaiserlichen Minister, welche immer nur von der Contingents-Stellung nach dem Fuß von 1681 sprechen, an Kur-Brandenburg zu wenden, und wenn selbst der kurhannövrische Reichstags-Gesandte, ungeachtet der so deutlich vorliegenden Gesinnungen seines Hofes, dennoch eine friedfertige Sprache führet, so ist es wohl kein Wunder, daß die redlichen Absichten Ihrer kaiserlichen Majestät und die eifrigsten Bemühungen Ihrer Geschäftsmänner vereitelt werden." *)

Bemerkenswerth blieb es auch, daß gerade damals die Umstimmung der württembergischen Politik begann und sich nun auch dieser Reichsstand plötzlich auf den preußischen Standpunkt stellte und bei jeder Gelegenheit seine den kaiserlichen Wünschen abträglich und feindselig gestimmte Gesinnung zu offenbaren wagte.

Dafür zerfloß freilich Lüttich, ein vertriebener und aller Reichthümer beraubter Reichsstand, „in Bewunderung" über die unbegrenzte, rastlose reichsväterliche Obsorge „welche kaiserliche Majestät immerwährend zum gemeinsamen Besten der sämmtlichen Reichsfürsten dem deutschen Vaterlande huldreichst ange-

*) Hügel an den Fürsten Colloredo, d. d. Regensburg 14. März 1795. (St. A.)

deihen lasse. Innigst gerührt durch so viel Sorgfalt, vereinigen sich Seine hochfürstlichen Gnaden mit Denenselben, um ihren allerunterthänigsten Dank in den lebhaftesten Ausdrücken dafür abzustatten, als das einzige Opfer, welches noch in dem unglücklichen Verhältnisse, worin Sie sich befinden, in Ihrer Gewalt steht, Sr. kaiserlichen Majestät darzubringen."

Das war immer das Ende vom Liede. Lüttich, Köln, Trier, Mainz, Alle — Alle, hatten stets nur dann „das einzige Opfer ihrer Bewunderung" für die kaiserliche Regierung und für Oesterreich, wenn sie selbst vollständig hilf- und machtlos waren. Zur Zeit ihrer eigenen Kraft und Macht aber waren ihnen der deutsche Kaiser und Oesterreich höchst gleichgiltig, und sie vergeudeten, wenn nicht zu feindseligen, doch zu ganz anderen Zwecken jene Opfer, die im Zeitpunkte des Beginnes der Gefahr durch Unterstützung der kaiserlichen Wünsche rechtzeitig dargebracht, von großem Nutzen für das Gesammtvaterland gewesen wären!

Mittlerweile schlich Görz in Regensburg bei allen Gesandten mit trauriger und niedergedrückter Miene — einem bösen Dämon gleich — herum und bedauerte scheinbar betrübt im Namen seines Königs die bedrängte Lage des deutschen Vaterlandes, die fruchtlosen an Oesterreichs Widerstand stets scheiternden Bemühungen Preußens zur Erwirkung des dem Reiche so höchst nothwendigen und gewiß vortheilhaften Reichs-Friedens.

Selbst den Concommissär versuchte er noch am 15. März zu überreden, daß er (Görz) noch immer in vollkommener Unkenntniß über Alles, was in Basel vorfalle, bis zur Stunde geblieben wäre. Für gewiß wisse er nur, daß seinem Hof die zur Fortsetzung des Krieges nothwendige Baarschaft mangle. „Gehe ich," also berichtet Hügel, „auf die wahrscheinliche Absicht seines Besuches und auf den versteckten Zweck dieser Unterredung zurück, so glaube ich gewiß zu sein, daß sie nur auf die Erforschung der Gesinnungen des Allerhöchsten Hofes über die Fortsetzung des Krieges gerichtet war." *) — Es ist schwer zu glauben, daß Görz nicht von seinem Hofe und seinem Freunde Hardenberg die genauesten Nachrichten über die Vorgänge, welche sich mittlerweile in Basel zutrugen, erhalten haben sollte; unschwer ist aber zu ermessen, in welchem Maße die Gesandten gerade durch Görz für den Frieden bearbeitet wurden, und von welchem Erfolge bei ihnen Allen die des Krieges überdrüssigen, höchst willkommenen görz'schen Friedens-Jeremiaden sein mußten!

„Aus allen diesen Umtrieben", berichtet Hügel, „ersieht man die Geschäftigkeit jener, welche es ihrem Interesse gemäß halten, daß Nichts geschehe, daß alle Anträge und Wünsche des Allerhöchsten Hofes vereitelt und das Reichs-General-Commando in seinen Amtshandlungen fortwährend unübersteigbaren Hindernissen und Aufenthalt ausgesetzt werde." **)

Eine entscheidende Majorität in der bekannten Streitfrage im Rathsaal zu Regensburg davonzutragen, gelang aber damals keiner der dort ringenden Parteien. Eines blieb jedoch gewiß, daß nichts Vernünftiges und Zweckentsprechendes mehr zu Stande kommen werde.

„Ich werde mich," also meinte der kaiserliche Concommissär, „lediglich auf die Einsendung des Conclusums beschränken, „da ich vorzusehen glaube, daß ich nach der Erfahrung, bey der Ziehung des vorigen kurfürstlichen Conclusi und bei der schon

*) Hügel an Colloredo, d. d. Regensburg 15. März 1795. (St. A.)
**) Hügel an Colloredo, d. d. Regensburg 25. März 1795. (St. A.)

bestehenden Vereinbarung unter der Majorität, ohne Nutzen und ohne Erfolg Erinnerungen und Vorstellungen machen werde." *)

Das endlich zu Stande gebrachte Conclusum war aber durchaus nicht der Ausdruck der Majorität, sondern der Freiherr v. Strauß nahm mehrere einzelne Abstimmungen eigenmächtig auf, um nach dem preußischen Willen nichts Ergiebiges zu Stande kommen zu lassen.

Den kaiserlichen Ministern, welche einen so gesetzwidrigen Vorgang heftig tadelten, bemerkte der Freiherr von Strauß ganz trocken, was er bereits Einmal angedeutet hatte, nämlich: „daß die Reichs-Versammlung und die Reichsstände der ewigen Vorwürfe, womit sie stets von Oesterreich angegangen würden, ernstlich müde seyen, und daß es die kaiserlichen Minister sich selbst zuzuschreiben hätten, wenn die Reichs-Versammlung nun ohne alle Nachgiebigkeit und ohne alle Modification auf ihren einmal gefaßten Beschlüssen beharren werde." **)

Um zum Schluß dieser denkwürdigen Verhandlung zu gelangen, ist noch erwähnenswerth, daß am Reichstage bei der Beschlußfassung in allen drei Collegien eine so namenlose Stimmen-Zersplitterung herrschte, daß ein Conclusum fast nicht zu erzielen gewesen wäre. ***)

---

*) Hügel an Colloredo, Nachtrag zum Bericht, d. d. Regensburg 25. März 1795. (St. A.)

**) Hügel an den Fürsten Colloredo, d. d. Regensburg 26. März 1795. (St. A.)

***) Um ein Beispiel der allgemeinen Zerfahrenheit in der Stimmenabgabe zu liefern, die so ziemlich allemal bei den reichstäglichen Berathschlagungen herrschte, geben wir im Nachstehenden ein Schema, welches Hügel aus den abgegebenen Abstimmungen ausgezogen hatte, um danach das Gutachten des Reichs-Fürsten-Rathes, dem Oesterreich präsidirte, entwerfen zu können.

Hügel hatte das fürstliche Conclusum im Sinne einer künstlich gruppirten Stimmenmehrheit entworfen und als Basis

---

Für das kurfürstliche Collegium hatte der kurmainzische Gesandte als Reichsdirectorial-Minister das Recht des Entwurfes und des Präsidiums.

Die beiden oft grundverschiedenen Gutachten wurden durch sogenannte Re- und Correlationen zusammengeschweißt, und da jeder Theil eigenwillig auf Formalitäten und gewisse Worte hielt, ohne sich die Mühe zu nehmen, nachzudenken, ob das betreffende Wort zum Sinne des Ganzen paßte oder nicht, so entstand gemeiniglich jener auch in Druck gelegte und so historisch gewordene reichstägliche Unsinn, über den sich Jedermann in den betreffenden Reichstags-Protokollen selbst belehren kann.

Noch ist zu bemerken, daß das städtische Collegium gleichfalls berechtigt war, ein eigenes Gutachten zu ziehen und dieses war gewöhnlich das vernünftigste von allen, weil in diesen Berathungen der kaiserliche Einfluß stets den Ausschlag gab. — Bekanntlich war ein Reichs-Gutachten für den Kaiser nach dem Gesetz nur dann verbindlich, wenn alle drei Collegien einstimmig ihr Urtheil abgegeben hatten. Bei energischer Leitung des Concommissärs (der nach dem Reichs-Gesetz aber nicht zu Rathe gehen durfte) konnten die kaiserlichen Minister durch das städtische Collegium unvernünftige Beschlüsse paralysiren. Dieser Fall traf selten ein, weil er meistentheils aus Rücksicht „für die hohen Reichsmitstände“ von den kaiserlichen Ministern nicht mißbraucht werden sollte. (So lautete ihre Instruction.) — Sehr oft kam der Fall vor, daß die österreichischen Minister selbst dem städtischen Collegium zuriethen, dem Reichsbeschluß aus politischen Gründen beizutreten. Bei energischer Leitung, wie z. B. unter dem Grafen Lehrbach zur Zeit Maria Theresia's und auch unter Hügel, war das städtische Collegium öfters in der Lage, gegen die Beschlüsse der höheren Collegien zu protestiren und diese eigentlich rechtsunwirksam zu machen. Namentlich galt das bei den späteren Verhandlungen nach dem Baseler Frieden, wo das städtische Collegium allein mannfest gegen die von den beiden anderen Collegien angerufene abermalige Mitverwendung und Mitwirkung des Königs in Preußen protestirte! — Ein rühmenswerthes Betragen, welches den städtischen Deputirten die Entrüstung und den ganzen Haß der preußischen und kurmainzischen Partei und Wuthausbrüche des Grafen Görz zuzog, der ihnen damals heilig zuschwor: „Preußen werde diese ihm von den Reichsstädten zugefügte Schmach nie vergessen!“ — Das vorberührte Schema des kaiserlichen Concommissärs, welches sich auf die Abstimmungen in der Frage der Revision der Reichs-Executions-Ordnung bezog, lautete:

für das neue Reichs-Gutachten empfohlen. Da aber gar Niemand etwas von einer Revision der Executions-Ordnung

---

„Auf eine Danksagung an Ihre kaiserliche Majestät" stimmten:

Prüm, Augsburg, Ellwangen, Salzburg, Speier, Würzburg, Eichstädt, Johanniter-Meister, Lobkowitz, Liechtenstein, Darmstadt, Schwarzenberg, fränkische Grafen, Sachsen-Gotha, Passau. „Oesterreich accedirte cum adhaerentibus."

„Auf das Vertrauen in die Wirkung des Patriotismus der Stände" stimmte:

Magdeburg, Deutschmeister, Münster, Augsburg, Ellwangen, Würzburg, Fürstenberg, Bremen, Worms, Württemberg, Mömpelgard, Hessen-Kassel, Herzfeld, „Oesterreich accedirte cum adhaerentibus."

„Nach Inhalt des fürstlichen Entwurfes" stimmten:

Baiern, Augsburg, Ellwangen, Prüm, Braunschweig, Würzburg, Baden, Johanniter-Meister, Liechtenstein, Thurn- und Taxis, Bamberg, Oesterreich, Bremen, Corvey, Dietrichstein, Auersperg, Worms, Fulda, Straßburg, Trient, Brixen, Freisingen, Berchtesgaden, Regensburg, Hildesheim, Paderborn, Passau, Sachsen, Gotha, Württemberg, Mömpelgard, Lüttich, Bamberg.

„Auf gesetzliche Anordnung überhaupt, und insbesondere auf den Reichs-Abschied von 1566" haben gestimmt:

Baiern, Magdeburg, Augsburg, Ellwangen, Zweibrücken, Würzburg, Eichstädt, Basel, Johanniter-Meister, Prüm, Lobkowitz, Fürstenberg, Liechtenstein, Thurn- und Taxis, Oesterreich, Bamberg, Bremen, Corvey, Dietrichstein, Auersperg, Worms, Konstanz, Darmstadt, Fulda, Straßburg, Trient, Brixen, Schwäbische Grafen, Hildesheim, Paderborn, Passau, Württemberg, Mömpelgard, Lüttich, Kempten, Hessen-Kassel.

„Auf Stellung der Contigente nach dem Fuß von 1681 ohne alle Modification" stimmten;

Oesterreich, Burgund, Romeny, Braunschweig-Wolfenbüttel, Prüm, Liechtenstein, Thurn und Taxis, Corvey, Dietrichstein, Auersperg, Straßburg, Sachsen-Gotha, Lüttich.

„Auf Stellung nach dem Fuß von 1681 als Regel für den gegenwärtigen Fall, jedoch mit Modification" stimmten:

Deutschmeister, Münster.

„Auf Stellung nach dem Fuß von 1681 als Regel mit Rücksicht auf Herkommen, Besitz und Verhältniß der Kreyse" trugen an:

Magdeburg, Minden, Romeny, Ost-Friesland, Zweybrücken, Baden-Baden, Durlach, Hochberg, Konstanz, Schwäbische und Westphälische

9*

wissen wollte, so stellte er zum Schluße einen Antrag, der dahin lautete: „Die Reichsversammlung halte dafür, daß das von kaiserlicher Majestät in Antrag gebrachte wichtige und heilsame Geschäft der Revision der Reichs-Executions-Ordnung bei der ersten ruhigen Zeit vorzunehmen sey.“

Aber Strauß wollte selbst diesen Satz umgestoßen wissen und setzte es im Vereine mit Hohenthal, Görz und Ompteda durch, daß der Nonsens des kurfürstlichen Conclusums, den sie selbst verfaßt hatten, und in welchem alle kaiserlichen Anträge förmlich abgelehnt wurden, als die Basis des denkwürdigen Beschlußes angenommen wurde.

Das am 2. April, drei Tage vor der Unterzeichnung des Baseler-Friedens endlich zu Stande gebrachte Reichs-Gutachten, „die noch rückstehenden Reichs-Kriegspräståtionen betreffend,“ *) war demnach eines jener berühmten langathmigen und nichtssagenden Gutachten, die Alles beim Alten ließen und eher ge-

Grafen, Württemberg, Mömpelgard, Hessen-Kassel, Herzfeld, Hildesheim, Paderborn.

„Auf Stellung des Usualfußes als Regel“ stimmten:

Salzburg, Baiern, Pfalz-Lautern, Pfalz-Neuburg, Leuchtenberg, Eichstädt, Lobkowitz, Fürstenberg, Bamberg, Fulda, Freisingen, Berchtesgaden, Regensburg, Schwarzenberg, Passau.

„Mit Abzug der Moderation seit 1681 und Wunsch der freiwilligen Näherung der Stände zu dem Anschlag vom Jahre 1681“:

Worms, Würzburg, Augsburg, Ellwangen.

„Mit Billigung provisorischer Stellung“:

Bremen, Osnabrück.

„Ohne bestimmten Antrag“ waren:

Kempten, Hohenzollern, wetterauische und fränkische Grafen.

„Gar keine Meinung über die erste Frage“ äußerten:

Speier, Weysenburg, Basel, Chur, Darmstadt.

„Ad majorem“ stimmte: Johanniter-Meister.

*) „d. d. Regensburg 28. März 1795. Dictatum Ratisbonae die 2 Aprilis 1795 per Moguntinum.“

eignet waren, die schon bestehende Unklarheit der Reichsgesetze noch zu vermehren, als sie zu verbessern oder zu ergänzen.

Wir enthalten uns, den schwülstigen, unzweckmäßigen und nahezu unverständlichen Inhalt wörtlich mitzutheilen, und berühren nur den die Reichs-Executions-Ordnung betreffenden Schluß, auf welchen Alles ankam, und der wortgetreu also lautete:

„a. Daß anstatt in der Executions-Ordnung vom Jahre 1555 die Kreise zur vordersamen gerichtlichen Klage gegen die säumigen Stände angewiesen seyen, denselben nun ausdrücklich die Ermächtigung bestätigt würde, auch ohne solche gerichtliche Klage für sich, nach vorheriger eigener Ermäßigung, sowohl in der Hauptsache als auch auf Kosten und Schaden, mit der Execution zu verfahren;

„b. daß bei Eintretung besonderer Umstände, welche den Kreisen die Vollstreckung einer solchen Kreisexecution entweder allzubeschwerlich oder aber gar unthunlich machen mögen, die Kreise verbunden würden, davon kaiserliche Majestät auf das schleunigste die umständliche Anzeige zu machen;*) damit wenn auch

„c. die hierauf erfolgende reichsoberhauptlichen Ermahnungen ohne Erfolg blieben, alsdann

„d. eine jede sogeartete Saumseligkeit von Zeit zu Zeit öffentlich an das Reich gebracht und dort

„e. die nach der Gestalt der Umstände am wirksamsten anzuwendenden weitern Zwangsmittel, sie seyen nun eine zureichende wirkliche Militär-Execution oder eine andere in den Gesetzen

*) Der Unsinn des Ganzen wird recht fühlbar, wenn man z. B. bedenkt, daß der preußische König als Kurfürst von Brandenburg kreisausschreibender Fürst bei den sächsischen Kreisen war und sich nach diesem Reichsgutachten mit der Execution gegen sich selbst betrauen sollte! also reichsgesetzlich verpflichtet wurde, sich selbst bei dem Kaiser wegen versäumter ständischer Pflicht anzuklagen!

vorgezeichnete Maasnahme, in der möglichst kürzesten Frist näher bestimmt werden."

„... Schließlich wäre Ihro Römisch-kaiserliche Majestät für die auch noch durch die Allerhöchste Erinnerung der Revision der Executionsordnung bewährte reichsoberhauptliche Sorgfalt der devoteste Dank hiedurch zu erstatten und indessen die wirkliche Vornahme dieses so wichtigen als angelegenen Geschäftes sich bis auf ruhigere Zeiten noch vorzubehalten!" *)

Statt der „ruhigeren Zeiten" wären die Worte „auf ewige Zeiten" besser am Platz gewesen, und die Reichs-Executions-Ordnung ging, ohne ihre Revision erlebt zu haben, mit dem Reiche zu Grabe! Und das also war das Werk von nahezu fünfmonatlichen Berathungen der deutschen Reichs-Versammlung!

Eine Regelung der Executions-Ordnung war sonach abgelehnt, die kaiserlichen Vorschläge als zwecklos zurückgewiesen, nebstbei aber im Reichsgutachten nicht vergessen worden, die nachdrückliche Bitte an den Kaiser einfließen zu lassen, dem Reiche einen „leidentlichen Frieden" zu verschaffen. Dieses Wort leidentlich hatte somit bereits seinen Weg von Berlin nach Regensburg gemacht.

Der Reichsschluß war mithin für die kaiserlichen Wünsche so ungünstig als nur immer möglich ausgefallen, und so scheiterte kaum zwei Tage vor Unterzeichnung des Baseler Friedens dieser gegen die Uebergriffe der Stände gerichtete letzte Versuch des Reichsoberhauptes, die kaiserliche Autorität im Reiche gesetzlich wieder herzustellen.

„Wer biederer deutscher Patriot ist", so urtheilte eine der besten Zeitschriften aus jener Zeit, „der wird sich des Ausschlages im Reichs-Gutachten nicht freuen! ... und die Folge wird lehren, daß im Verhältnisse die Aufstellung des Quintu-

*) Wortlaut des Reichs-Gutachtens.

plums gegen die fürgewesene Leistung des Triplums nicht viel ergiebiger ausfallen werde.“ *)

Hügel, welcher alle Mitel der Ueberredung verschwendet hatte, um einen günstigeren und dem wahren Interesse Deutschlands entsprechenderen Reichsschluß zu erzielen, berichtete über den Schluß der Berathung an den Reichs-Vice-Kanzler: „Bei diesem zum Theil vorgesehenen, zum Theil sonderbaren und ungünstigen Erfolg des Reichsgutachtens, bleibt mir der einzige Trost übrig, daß Ihre kaiserliche Majestät nur den annehmlichen Theil zu ratificiren, und in Ansehung des unannehmlichen das Reich auf die bestehenden älteren Reichsschlüsse zu verweisen und die Genehmigung auffallender Neuerungen zu verweigern geruhen werden.“

„Vorzüglich auffallend ist der im kurfürstlichen Conclusum aufgenommene und auch in den Monitis electoralibus angedeutete Fall, daß jene Stände, deren Lande ganz oder größten Theils vom Feinde occupirt sind, von allen Prästationen befreyet seyn sollen.“

„Der Herr Reichs-Directorialis (Strauß) hat hierüber den Herrn Kurfürsten von Trier als Beispiel angeführet, der von seinen übrigen wenigen Besitzungen doch keinen weiteren Beitrag leisten könne, sondern ihn zu seiner nothdürftigen Subsistenz brauche ...“

---

*) Die „Comitial-Abhandlung“ des Freiherrn von Hertwich für den Monat Mai 1795. — Diese treffliche Schrift citirt bei dieser Gelegenheit eine Stelle aus Lamberti's Memoiren über den Krieg des Jahres 1706, in welchen schon damals über die Reichs-Execution gesagt wird: l'indolence étoit si généralement répandue, que personne ne songeoit à s'acquitter à ses devoirs. (B. IV. S. 356.) Eine andere werthvolle Schrift, die über die Reichs-Executions-Ordnung damals erschien und wesentliche Verbesserungen der Reichsarmee und deren Organisirung in Vorschlag brachte, führte den Titel: „Ueber Gemeingeist und Selbstvertheidigung. Denkenden Deutschen gewidmet. (Frankfurt 1795.)“

„Ich aber habe allgemein ohne Rückhalt geäußert, daß ich mich über eine solche Unkunde der Verfassung aufs höchste verwundere! Die Steuern und Abgaben der Unterthanen seyen von dem Reich nur zu bestimmten Zwecken und vorzüglich zur Unterhaltung des militis perpetui, nicht aber zur Privat-Competenz der deutschen Fürsten, oder zur Abhülfe ihres Aerars bewilliget. Wenn demnach auch nur Ein Amt einem Reichsstand übrig bleibt, deren Kur Trier doch noch 8—9 sehr volkreiche behalte, so müßten die daher fallenden Steuern . . . zur Unterhaltung des dem Vaterlande gewidmeten militaris verwendet werden. — Auch brachte ich die eigene patriotische Erklärung Ihrer kurfürstlichen Durchlaucht von Trier in Erinnerung, nach welcher Sie auch von jedem übrigen Morgen Landes Ihren Beitrag entrichten zu wollen geäußert haben.“

„Inzwischen sind dergleichen noch so wahre Bemerkungen ohne Nutzen; man hat nur den Zweck, sich die Last so leicht als möglich zu machen, sich gegen jeden Stand gefällig zu bezeugen und dem stillen Hauptzweck ut nihil fiat in die Hände zu arbeiten; . . . auch wird dabey das politische Haupt-System nicht vergessen, die kaiserliche Autorität und Wirksamkeit mehr und mehr zu schwächen und selbst in den Augenblicken dem Souveränitäts-System getreu zu bleiben, in welchem so mancher Reichs-Stand für seine ganze Existenz besorgt zu seyn alle Ursache hat.“ *)

„Daß in dem Reichsschluße das Wort: leidentlicher Frieden vorkam, was den Bemühungen des Grafen Görz zu danken war, ist Niemanden aufgefallen, vielmehr findet man einen solchen Frieden ganz natürlich und unserer gegenwärtigen Lage

*) Bericht des Freiherrn von Hügel an den Fürsten Colloredo, d. d. Regensburg 29. März 1795. (St. A.)

sehr angemessen. Man will gern zufrieden sein, wenn man auch nur leidentliche Bedingnisse erhaltet."

„Noch alle Frieden des Reichs seien nur leidentliche gewesen, in allen habe Deutschland verloren, in keinem gewonnen. Auch bei einigem Verluste bleibe doch Deutschland in seiner Verfassung, und bleibe doch ein eigenes Reich, worauf für jetzt Alles ankomme. Im engsten Vertrauen äußerte mir Freiherr von Ompteda, daß es selbst im schlimmsten Falle nichts zu sagen habe, wenn an dem untern Rhein der Deutsche vom rechten Ufer nach Frankreich schaue, wie es am Ober-Rhein der Fall sehe. Das Reich bleibe doch im Ganzen erhalten und müsse das geringere Uebel dem größeren vorziehen." *)

Eine so erbärmliche Gesinnung offenbarte der hannoveranische Gesandte und zwar trotz des englischen Einflußes! Daß er seine am 29. März 1795 an den Tag gelegte politische Weisheit nicht aus sich selbst geschöpft haben konnte, lehrt der am 5. April unterzeichnete Baseler Frieden. Ompteda hatte eben von dem kurbrandenburgischen und kurmainzischen Standpunkte seine entsprechenden Belehrungen erhalten.

Hügel bemerkte ohnehin seit Langem, daß sich Görz, Strauß und Ompteda gleich Verbündeten aneinander schlössen, um die Wirksamkeit der kaiserlichen Minister zu lähmen, „und selbst in den gesellschaftlichen Zirkeln stehen sie in beinahe auffallender ausschließender Vertraulichkeit, zu welcher auch jetzt der württembergische Gesandte zugezogen zu werden die Ehre hat."

„In und außer Rath gehen die stillen Bewerbungen von königlich preußischer Seite ihren Gang fort. Außerdem, was ich neulich von dem hiesigen Herrn Fürst-Bischof einberichtet,

---

*) Vorerwähnter Bericht.

ist auch bei dem Herrn Principal-Commissarius ein gleicher Anwurf geschehen, und es hat sich jetzt auch aufgeklärt, was die Anwesenheit des königlich preußischen Gesandten bei der schwäbischen Kreis-Versammlung bedeute; da der Kreis unterm 27. dieses ebenwohl eine Vorstellung an Ihre Majestät den König um Erwirkung eines baldigen Friedens beschlossen hat." *)

Da der Fürst Taxis erkrankt war, unterblieb die gewöhnliche feierliche Uebergabe dieses nichtigen Reichs-Gutachtens an den Principal-Commissär, und Hügel sandte dasselbe am letzten März an den Kaiser mit den Worten ein:

„Bei dem der Allerhöchsten Erwartung nicht ganz entsprechenden Inhalt, bleibt uns (den kaiserlichen Ministern) das tröstliche Bewußtseyn, der Reichsversammlung bei jedem Anlaß die Gerechtigkeit des Allerhöchsten Antrages in den gedachten beyden Hof-Decreten (9. und 28. October 1794) mit allem dem Nachdruck, wozu uns warme Vaterlandsliebe und die lebhafteste Begierde zur möglichsten Vermehrung des Reichs-Wehrstandes aufforderte, zu Gemüth geführet und alle die Betrachtungen geltend gemacht zu haben, welche einen ganz anderen Erfolg erwarten zu lassen berechtigten. — Allein, getrenntes Privat-Interesse, persönliche Rücksichten auf eigene Erleichterung, ohne Hinblick auf das Ganze, und voreilige Begierde nach dem Genuß des Friedens, der doch nur der Preis einer muthvollen Anstrengung seyn kann, haben unsere redlichsten Bemühungen größten Theils vereitelt!" **)

*) Freiherr von Hügel an den Fürsten Colloredo, d. d. Regensburg 29. März 1795. (St. A.)

**) Der Freiherr v. Hügel an den Kaiser, d. d. Regensburg 30. März 1795. (St. A.)

VII. Abschnitt.

Der Baseler Friede.

(April und Mai 1795.)

Der Baseler Friedensvertrag und die Mai-Convention. — Meyerink und seine Pferdelieferungen. — Degelmann's Urtheil über Hardenberg. — Der Friede wird Jedermann bekannt gegeben, nur Oesterreich nicht. — Hardenberg's Eilfertigkeit beim Friedensabschluß. — Die „gelegenheitlichen Insinuationen" des Grafen Görz. — Hügel über die Stimmung in Regensburg. — Königl. Rescript in Betreff der Neutralitäts-Linie. — Das Hardenberg'sche Lügen-System. — Hügel's Urtheil. — Thugut's Circulare, — Erlässe — und Bemerkungen über den Frieden. — Frohlocken der Franzosen. — Die Rewbell'sche Rede und die Enthüllungen des Moniteur. — Die Rheingrenze. — Schwankende Stimmung in Regensburg. — Der Erzkanzler als neuer „Pilatus im Credo." — Der Hardenberg-Albini'sche Briefwechsel. — Note VIII. — Das „spectrum horrendum des Herrn v. Hardenberg." — Die kurmainzische Politik; — jene Hannovers. — Der Graf Görz als „Orakel" der Reichsversammlung. — Das ostensible kaiserl. Rescript. — Die „Verwirrungskarte Deutschlands" und deren Bedeutung. — Urtheil eines Zeitgenossen über die Demarcations-Linie. — Eindruck der ernsten Sprache Oesterreichs auf die Reichsversammlung. — Betrachtungen des kaiserl. Concommissärs. — Ein Feldjäger überbringt das preussische Manifest; — Beurtheilung desselben durch die kaiserlichen

Minister. — Die Erklärung oder Rechtfertigung des preußischen Königs über den Baseler Frieden; — verglichen mit den Urtheilen der Zeitgenossen. — Schlußbetrachtungen.

Am 8. März war Hardenberg in Basel angelangt. Am 5. April 1795 unterzeichnete er den ewig denkwürdigen Baseler Frieden. Der rastlos thätige Mann bedurfte nur vier Wochen, um das Werk der Herren Schmerz, Ephraim, Möllendorff, Meyerink, Mannstein, Kalkreuth, Lucchesini, Lombard, Haugwitz, Alvensleben, Finkenstein, Golz, des Prinzen Heinrich von Preußen und des Königs in Preußen Friedrich Wilhelm II. zu vollenden und zu krönen.

Durch den Baseler Frieden wurde die deutsche Constitution in aller ihrer Wesenheit und ihrer Form, im Ganzen und in allen Theilen unheilbar — tödtlich verletzt; — das ehrwürdige römische Reich deutscher Nation ging in Trümmer.*)

Diese Zertrümmerung, welche Friedrich II. mit all' seinen militärischen Erfolgen und seinem Fürstenbund nicht zu erreichen vermochte, — die politische Vernichtung der deutschen Nation — Friedrich Wilhelm II. hat sie mit seinen Staatsmännern zu Stande gebracht; und die für alle Zeiten denkwürdige Epoche

---

*) Ganz treffend sagte damals Kolbielski in einer seiner geistreichen Warnungs-Schriften an die deutsche Nation, auf die wir im Verfolg dieses eingehend zu sprechen kommen („Anmerkungen zur königl. preußischen Erklärung“): „Was die Hunnen und die Slaven, die Tataren, die Normannen, die Wenden, die Schweden, was hundert innerliche, was ein dreißigjähriger, was des großen Ludewigs Kriege nicht vermocht: — die tausendjährige Eiche, auf deren Wipfeln die Krone der Karle, Ottone, der Heinriche und Friedriche und Habsburger glänzt (die kaiserliche Majestät, — dein Stolz, Teutschland, unter den Völkern!), in deren gewaltigen Wölbungen deine Fürsten prächtig, unter deren Schatten deine Völker in ehrenhafter Sicherheit ruhten, sie soll in einem Augenblicke kindischer Ungeduld jetzt verlassen, preisgegeben, untergraben, umgestürzt werden! Von wem? Warum? Wofür? Wozu?“

des Baseler Friedens bildet einen würdigen Schlußstein zu den Ueberlieferungen der Politik Friedrich's II.

Den Friedensvertrag von Basel kann man füglich als eine in drei Acten sich abspielende Tragödie mit Vor- und Nachspiel betrachten. Das Vorspiel waren die Unterhandlungen 1792 in der Champagne, und die Braunschweig-Möllendorff'sche Kriegführung in den Jahren 1793 und 1794. Im ersten Acte handelt es sich um den öffentlich bekannt gegebenen Vertrag; im zweiten um die geheimen Separat-Artikel; im dritten endlich gilt es die sogenannte Convention additionelle, d. i. die berüchtigte Demarcations-Linie, welche schon im April entworfen, aber erst am 17. Mai als endgiltig beschlossen, zum Theil der Oeffentlichkeit übergeben wurde. *) — Das Nachspiel war die zweite geheime Convention Preußens mit Frankreich vom 5. August 1796, welche gewissermaßen den Vertrag von Leoben eingeleitet hat und nach einer langen schmachvollen Epoche mit dem Frieden von Tilsit schließt. **).

---

*) Siehe Marten's Recueil B. VI. S. 495. — Garden, Histoire générale des traités de paix B. V. S. 286. — Clercq, Recueil des traités de la France B. 1. S. 232. — Ghillany, Diplomatisches Handbuch B. 1. S. 255

**) Siehe Garden B. V. S. 358—360 und Clercq B. 1. S. 279. — Der Vertrag vom August 1796 wurde officiell zwischen Preußen und Frankreich am 5. August unterzeichnet, war aber thatsächlich schon am 16. Juli geschlossen. Der für die Oeffentlichkeit bestimmte Theil wies der durchlöcherten Demarcations-Linie neue Grenzen an. Die bisher bekannt gewordenen geheimen Artikel ergänzten in entsprechender Weise die Immoralität des Baseler Vertrages. Säcularisationen in weitester Bedeutung des Wortes, unwiderruflicher Verzicht auf das ganze linke Rheinufer, der Kurhut für den an die preußische Königsfamilie verschwägerten Landgrafen von Hessen-Kassel (als Belohnung für seinen Separat-Frieden und sein kaiserfeindliches Benehmen), die Entschädigung des mit der preußischen Königsfamilie gleichfalls verschwägerten Prinzen von Oranien auf Kosten Deutschlands, und andere erbauliche Dinge mehr waren die Grundlagen dieses Vertrages. — In Häusser's D. Gesch. findet auch dieser

Nach dem Art. I des öffentlichen Baseler Friedensvertrages schloß der König in Preußen, in seiner Eigenschaft als König und Kurfürst von Brandenburg und Mitstand des Reiches, Frieden und Freundschaft mit der französischen Republik.

Im Artikel II sagte er sich durch das Versprechen, keinerlei Unterstützung den gegen Frankreich kämpfenden Mächten mehr zu gewähren, von der im Jahre 1792 mit Oesterreich feierlich geschlossenen Allianz de facto und öffentlich los.

Der Artikel III enthielt das gegenseitige Versprechen, feindlichen Truppen keinerlei Durchzug durch die betreffenden Staaten zu gewähren. — Dieser Artikel war ganz allein gegen die Operationen der Oesterreicher gerichtet und hinderte durch die preußisch-fränkischen Markgrafenthümer und den fränkischen Kreis die Verpflegung der kaiserlichen Truppen aus Böhmen.*)

Vertrag seine beschönigende Beleuchtung. Im B. II. S. 99 liest man sogar, ganz wie an entsprechender Stelle über die ersten Unterhandlungen Harnier's, die wunderliche Mähre, daß der preußische Gesandte in Paris „unverdrossen seine Bemühungen fortsetzte, um den Franzosen die Lust nach der Rheingrenze auszureden.“ Das erinnert uns an Hardenberg und seine angeblich ähnlichen Bemühungen, die in der D. Gesch. gleichfalls hervorgehoben werden. Wir werden im Verfolge dieses eine Correspondenz Hardenberg's mit Albini unseren Lesern vorlegen, die über diese Bemühungen entsprechende Aufklärungen geben wird. Nach ihnen kann man auch die Tragweite berechnen des unstreitig allernaivesten Ausspruches, der sich in der ganzen D. Gesch. L. Häusser's vorfindet. B. II. S. 121 heißt es nämlich, mit Bezug auf die kaiserlichen Diplomaten: „So schlau sich die Berliner Diplomaten dünkten, gegen diese mit der Miene des Biedermanns auftretende Verschlagenheit waren sie doch nur Stümper!“ Wahrlich die Stümper Hardenberg, Haugwitz und Lucchesini sind rein gewaschen! und ihre diplomatische Jüngerschaar, in welchem Unschuldskleid steht sie da? vor dieser „mit der Miene des Biedermanns auftretenden Verschlagenheit“ der „kleindeutschen Geschichtsbaumeister!“

*) Garden B. V. S. 286. — Cette stipulation gêna beaucoup les opérations de l'armée autrichienne sur le Rhin, en empêchant les

Im Artikel IV verpflichtete sich Frankreich, die preußischen Gebiete auf dem rechten Rheinufer binnen 14 Tagen zu räumen. Jene auf dem linken Rheinufer überließ Preußen den Franzosen bis zu dem allgemeinen Frieden zwischen Frankreich und dem Reiche.

Nach Artikel VI und VII wurde bis zum Abschluße eines Handelsvertrages der Verkehr zwischen Preußen, Frankreich und dem Norden des Reiches, von welchem der Kriegsschauplatz ferne gehalten werden sollte, provisorisch frei gegeben.

Der Artikel IX befreite alle Kriegsgefangenen jeglicher Art, nur nicht die Oesterreicher und Engländer.

Der Artikel X schloß in diese Befreiung auch die Reichstruppen der Sachsen, Mainzer, Pfalz-Baiern, Hessen-Kasseler und Darmstädter ein, da sie „den Ruhm“ getheilt hätten, zeitweise mit der preußischen Armee gefochten zu haben.

Der Artikel XI war einer der wichtigsten und betraf die festgehaltene Friedens-Vermittler-Rolle Preußens, deren Werth uns aus den Regensburger Reichstagsverhandlungen hinlänglich bekannt ist. — Der dem Reich aufgedrungene Lieblingswunsch des preußischen Königs, ein deutscher Erretter und Vermittler zu sein, kam also nun mit Erlaubniß der französischen Republik doch zu Stande. — Die Vermittlung Preußens zu Gunsten jener Stände, welche dieselbe angerufen hatten oder noch anzurufen im Begriffe stünden, wurde von Frankreich gnädig angenommen. Volle drei Monate nach Ratification des Vertrages sollten allen jenen Reichsständen auf dem rechten Rheinufer, für welche sich Preußen verwenden würde, als Bedenkzeit gewährt werden, sich für den Baseler Frieden und für eine Loslösung von Kaiser und Reich zu erklären.

---

renforts venant de la Bohême de traverser la Franconie, à moins de faire un grand détour.

Während der gegebenen Frist sollten die Reichsstände von Frankreich nicht als Feinde betrachtet werden.

In den geheimen Separat-Artikeln, die durch die Convention vom 17. Mai entsprechend ergänzt und erweitert wurden, machte sich Preußen im Artikel I verbindlich, keinerlei Feindseligkeiten gegen Holland oder gegen andere von französischen Truppen besetzte Gebiete zu unternehmen.

Der Artikel II opferte dem Reichsfeinde das ganze linke Rheinufer, mit dem Vorbehalte einer willkürlichen anderweitigen, von Frankreich zu bewilligenden Entschädigung für Preußen*).

Um die preußischen Staaten und Nord-Deutschland vom Kriegsschauplatze fern zu halten, kamen die vertragschließenden Mächte in Artikel III über eine Demarcations-Linie überein, welche durch Kriegs-Operationen nicht überschritten werden sollte. Die hinter dieser Linie gelegenen Gebiete, falls sie eine strenge Neutralität, d. h. Zurückziehen ihrer Contingente von der Reichsarmee und vollständige Lossagung von ihren Reichspflichten beobachten würden, — sollten von Frankreich für immer als neutral angesehen werden.

In diesem Artikel verpflichtete sich der König in Preußen, auch darüber zu wachen, daß keine Frankreich feindliche Truppenmacht die Demarcations-Linie verletze. Zu diesem Zwecke wollte

---

*) Siehe an entsprechender Stelle Clercq (Recueil des traités de la France, Paris 1864): Si à la pacification générale entre l'Empire Germanique et la France, la rive gauche du Rhin reste à la France, S. M. le roi de Prusse s'entendra avec la République française sur le mode de la cession des États Prussiens situés sur la rive gauche de ce fleuve contre telle indemnisation territoriale dont on conviendra. Dans ce cas le Roi acceptera la garantie que la république lui offre de cette indemnisation.

er im Einverständniß und im Verein mit Frankreich an verschiedenen zu vereinbarenden Punkten mehrere Corps als Observations-Truppen aufstellen.

Durch den geheimen Artikel V versprach die französische Republik, bei der endgiltigen Regelung der Anheimfallung des linken Rheinufers an Frankreich die sich auf 1,500.000 Thaler belaufende Schuld des Herzogs von Zweibrücken an Preußen zu übernehmen. Diese Schuld stammte bezeichnend genug noch aus der Friedericianischen Epoche und war ein Theil jener Mittel, welche diesen Herzog von Zweibrücken, den der Volkswitz damals „Ohnebrück" nannte, einst mit so viel Energie gegen die burgundischen Pläne Josef's II. gewappnet hatten.*)

Um das Zweibrückner Land war es also den Herren in Berlin nicht mehr zu thun, aber um das schöne Geld! Wie sollte der Herzog ohne Herzogthum, in der Zukunft vielleicht selbst ohne Baiern, seine lang ausstehende Schuld bezahlen? Er vermochte es nicht! Für ihn bezahlte daher mit Vergnügen und anerkennenswerthem Edelmuth der Reichsfeind in deutschen Brandschatzungsgeldern diese Millionen-Bagatelle!

Der Artikel VI der geheimen Convention schloß Oesterreich von der Begünstigung der preußischen Protection und deren fruchtbringenden Verwendung (Artikel XI des öffentlichen Vertrages) ausdrücklich aus.**)

---

*) Sehr lehrreich ist es, das Verhältniß von Zweibrücken zu Preußen nachzulesen in Onno Klopp: „König Friedrich II. und die deutsche Nation", S. 356—391 u. s. w.

**) In diesem Artikel hieß es auch noch: Les dispositions de l'article II du présent traité ne pourront s'étendre aux états de la maison d'Autriche.— Daß im Frieden von Campo Formio eine ähnliche auf Preußen bezügliche Stelle vorkommt, findet L. Häusser's D. Gesch. nahezu unerhört. Vermuthlich weil, was Preußen schon vorher erlaubt war — Oesterreich

Die „Convention particulière“ vom 17. Mai war die nähere Bestimmung der Demarcations-Linie, wie wir sie im Verfolg dieses noch näher besprechen werden.

---

trotzdem verboten blieb. Ueberhaupt nimmt sich die Entrüstung der D. Gesch. über Leoben und Campo Formio im II. Bande sehr naiv aus, wenn man z. B. bedenkt, daß diese Gesch. beim Friedensschluß von Basel mit ihrem dort mehr berechtigten Tadel sehr haushälterisch zu Werke geht. „Es gibt wenige Verträge“, so heißt es auf S. 109 in tief sittlicher Entrüstung, „die an Immoralitäten und Widersprüchen so reich sind wie die Präliminarien von Leoben.“ [Wer sich die Mühe nimmt, in der ersten Auflage der D. Gesch. nachzublättern, der findet die Sachlage noch sittlich entrüsteter dargestellt, da es dort sogar heißt: „Es sind wenig Verträge geschlossen worden, deren Immoralitäten und Widersprüche sich mit den Präliminarien von Leoben messen können!“] „Alle Momente“, so heißt es ferner im B. II. S. 132 der dritten Auflage, „welche die Auflösung des Reiches und die tiefste Erniedrigung unserer Nation herbeigeführt haben, sind in diesem Vertrag „schon“ enthalten.“ [Das kleine Wörtchen „schon“ spielt hier eine eigenthümliche Rolle!] „Der Grundsatz, das Reich als europäische Entschädigungsmasse zu betrachten, die Vertauschung von Ländern und Völkern nach diplomatischem oder dynastischem Belieben, die feindselige Rivalität der Reichsstände unter einander. (!!) In den Verträgen von Basel und Berlin hatte Preußen den Einfluß Oesterreichs im Reiche zu beeinträchtigen gesucht“ [also doch wenigstens beeinträchtigt? nicht etwa vernichtet?], „jetzt vergalt (!) ihm Oesterreich das mit reichen Zinsen, indem es sich vom Erbfeinde Deutschlands versprechen ließ: Preußen solle keinerlei Gebietserweiterungen erhalten.“ (?!)

Vielleicht wird man fragen, warum diese entsetzliche Entrüstung und die schöne Reflexion von der „tiefsten Erniedrigung unserer Nation“ und von der „Auflösung des Reiches“ der D. Gesch. nicht schon beim Baseler Frieden des Jahres 1795 unter die Feder gekommen ist? dort, wo sie zweifelsohne berechtigter und mehr am Platze wäre wie einige Jahre später. Vielleicht wird es weniger entrüsteten Seelen zu fragen erlaubt sein: warum die Rückwirkungen des Friedens von Campo Formio gewaltiger und erschütternder gewesen sein sollen, als die des zwei Jahre älteren Baseler Friedens? Warum z. B. S. 109 desselben Bandes die D. Gesch. sich darüber höchlichst erstaunt, daß von der österreichischen Diplomatie das „linke Rheinufer abgetreten“ und wie „zum Hohne die Integrität des Reiches“ festgesetzt wurde, und warum alle Betrachtungen,

Die Frechheit ging so weit, daß Preußen sogar den Kaiserlichen die Straßen anwies, auf welchen sie — also erlaubte es der Kurfürst von Brandenburg und König in Preußen — zur Reichsvertheidigung vorrücken durften! Diese Straßen waren:

1. jene über Königstein und Limburg gegen Köln;
2. jene über Friedberg, Wetzlar und Siegen gegen Köln;
3. jene über Hadersheim, Wiesbaden und Nassau nach Koblenz; endlich
4. jene über Hadersheim nach Mainz.*)

---

die sich ganz ungesucht dem Denkenden schon beim Baseler Frieden im Jahre 1795 aufdrängen — in der D. Gesch. erst bei Campo Formio i. J. 1797 in den Vordergrund treten? — Die Beantwortung dieser Fragen ist eben das Geheimniß der D. Gesch., welches wir im Abschnitt: „Oeffentliche Meinung“ zu ergründen versuchen werden. — Immerhin bleibt es merkwürdig, wie sich in der D. Gesch. die österreichische Ruchlosigkeit nach und nach entwickelt. Zwar kommt sie bei allen entscheidenden Handlungen stets um ein paar Jahre zu spät. Aber wer wird auf die Kleinigkeit einiger Jahre übergroßen Werth legen?! — Dieses ruchlose Oesterreich! — Das linke Rheinufer gibt Oesterreich 1797 preis — statt wie Preußen 1794 und 1795! — Baiern will es sich im Jahre 1797 aneignen — statt, wie Preußen es gewünscht hätte, in den Jahren 1793—1794 und 1795! — Die deutschen Festungen gibt es 1797 auf — statt wie Preußen im Jahre 1794 und 1795! — Ja sogar die Reichs-Integrität und den burgundischen Kreis gibt dieses böse Oesterreich „schon“ im Jahre 1797 auf, — statt wie Preußen „erst“ im Jahre 1794 und 1795! — Doch wir wollen uns noch einige Vergleiche für die nachfolgenden Blätter vorbehalten. Sagt ja doch auch die D. Gesch. nicht Alles, was sie weiß, auf Einmal, sondern höhlt ihren Stein nur ganz langsam, systematisch tropfenweise und mühsam aus! —

*) Eine Schrift: „Fernere Beleuchtung des zu Basel geschlossenen Friedens und der damit verbundenen Handlungen“ — sagt hierüber mit beißender Ironie: „Wie allianzmäßig, edel, patriotisch dieses ist, und welche Verachtung, tiefe Verachtung der verworfene Mensch verdient, welcher in dieses Lob nicht einstimmt, erhellet doch deutlich aus der Convention additionnelle! — Ihre Urheber hatten die Großmuth und Güte, drei Heeren des Kaisers zu vergönnen, auf gewissen bezeichneten Straßen zwischen den

10*

Zwei weitere geheime Artikel dieser Convention, welche erst in sehr später Zeit bekannt geworden sind, lassen die Tragweite der preußischen Pläne noch klarer einsehen. Der erste bezog sich auf die dem preußischen Könige von der französischen Republik „erlaubte" Besitzergreifung Hannovers, falls dieser Kur-Staat sich der ihm aufgedrungenen Neutralität widersetzen oder entziehen wollte.*)

Der zweite geheime Artikel mahnt uns an die Möllendorff-Schulenburg'schen Wünsche; denn er verfügte, daß sich in der kaiserlichen Reichsstadt Frankfurt weder französische noch österreichische Truppen in Garnison aufhalten dürften.**)

Franzosen und Preußen sich durchzustehlen, um nach Koblenz und Köln zu kommen. Es war aber noch nicht genug, daß dem Feind hiedurch gezeigt worden, wo er diesem Heer gewiß begegnen könne, — die ausdrückliche Erklärung wurde „reichspatriotisch" beygefügt: daß diese mitten in das deutsche Reich führenden Heerstraßen auch dem Reichsfeinde offen sein sollen; . . . edel und reichspatriotisch wurde ferner festgesetzt, daß die in der Neutralitätslinie begriffene größere Hälfte des Reichs den vorgehenden Dingen ruhig zusehen und die Erlaubniß durchaus nicht haben solle, dem Kaiser und ihren Reichsmitständen irgend einigen Beistand zu leisten!"

*) Nach dem Wortlaut des Vertrages: Dans le cas que le gouvernement de Hannovre se refusât à la neutralité, S. M. le roi de Prusse s'engage à prendre l'Électorat de Hannovre en dépôt afin de garantir d'autant plus efficacement la République française de toute entreprise hostile de la part de ce gouvernement.

**) Nach dem Wortlaut des Vertrages: Quoique le passage des troupes, soit françaises, soit de l'Empire ou Autrichiennes, par la ville de Francfort soit stipulé par l'art. 4 de la convention particulière de ce jourd'hui entre la République française et le Roi de Prusse, il ne pourra être placé de garnison française ni Autrichienne dans cette ville. — Durch welches Mittel man die österreichische Armee aus Frankfurt herauszubringen vermögend gewesen wäre, falls Clerfayt, wie es Thugut im Sinne hatte, sich dieser Stadt bemächtigt hätte, blieb das Geheimniß derjenigen, die diesen geheimen Artikel entworfen hatten.

Ob der Baseler Friedensvertrag noch mehrere andere, als diese bisher bekannt gewordenen Artikel enthielt, ist bis zur Stunde noch unaufgeklärt geblieben.

Nach dem Artikel V und den preußischen Plänen im Allgemeinen zu schließen, wird man wohl keinen Trugschluß ziehen, wenn man an noch weiter gehende geheime Verbindungen und Verbindlichkeiten zwischen den vertragschließenden Mächten glaubt, — Verbindlichkeiten, die sich vielleicht namentlich auf thätige Hilfe des Hohenlohe'schen Corps, auf die Einverleibung Nord-Deutschlands in Preußen, auf Säcularisationen im weitesten Maaßstabe und auf mehrere Millionen Geldes bezogen haben dürften. Denn die Republik war damals durch ihr Raub- und Plünderungssystem in Deutschland und Holland reich genug, um Preußen seine guten Dienste zu lohnen und dem Könige die Nichtannahme der ihm damals abermals angetragenen englischen Subsidien zu erleichtern. *)

Auch die grenzenlose Geldgier der damaligen preußischen Regierung, die sich durch Prägung falscher Münze, — bei der

---

*) Auch das ist sicherlich eine der Sonderbarkeiten der D. Gesch., daß deren Verfasser, trotz der im Vorwort der dritten Auflage so hochgepriesenen Liberalität, die ihm bei der Durchsicht der Handschriften des preußischen geh. Staats- und Cabinets-Archives geworden, das Original Baseler Friedens-Instrument nicht zu Gesicht bekommen zu haben scheint. Dieser wichtige Vertrag müßte ja doch sonst, unserer in dieser Richtung vermuthlich einseitigen Meinung nach, im B. I. S. 596 der D. Gesch. angeführt werden, statt daß man sich dort nur auf eine „Abschrift" des Vertrages, den Hardenberg an Möllendorff sandte, beruft. — In dem Glauben, daß noch andere Artikel, die bis jetzt noch nicht bekannt geworden sind, damals entworfen wurden, bestärkt uns übrigens selbst der französische Historiker Garden. Er sagt im V. Band seiner Histoire générale des traités de paix (S. 287): On pense, et l'article 5 du traité rend cette supposition très-probable, que les articles patents de la paix de Bâle ont été accompagnés de quelques articles secrets; mais le temps n'a pas encore dévoilé ce mystère.

Mainzer Belagerungskosten-Rechnung, — beim Haager Tractat — und bei anderen Gelegenheiten damals in so schreiend gieriger Weise bemerkbar machte, spricht eher für als wider die Vermuthung, daß sich der preußische Staatsschatz mit der bloßen „Anhoffnung" auf die 1,500.000 Thaler der Zweibrücken'schen Schuld kaum begnügt haben dürfte.*)

Dieser Verdacht erhielt eine gewisse Begründung durch die vielen Geldwägen, welche nach dem Friedensschluß durch die Schweiz aus Frankreich nach Berlin versendet wurden. — Auch meldeten vertraute Nachrichten aus Basel mit großer Bestimmtheit, „daß Frankreich an Preußen ansehnliche Summen baaren Geldes bewilliget habe."**)

*) Die Corruption der preußischen Staatsmaschine war damals so groß, daß man, um Oesterreich zu schaden, sogar zum Mittel griff, die werthvollen kaiserl. Kronen- und Kreuz-Thaler in schlechte Münze als kaiserl. Thaler wieder umzuprägen. Dieses System hatte, wie bekannt, schon Friedrich II. gegen Oesterreich mit Glück versucht. Siehe hierüber Onno Klopp: „Der König Friedrich II. und die deutsche Nation" S. 269 bis 271 und 473. — Schon im Jahre 1794 gab Thugut dem Fürsten Reuß den Auftrag, sich über dieses Gebaren Gewißheit zu verschaffen. Reuß antwortete: „So viel ist es mir gelungen heraus zu bringen, daß wirklich für 80.000 Thaler Kronen und Kreuz-Thaler hier geprägt und nach Leipzig geschickt worden sind, von welchen das Stück nicht ganz sechs Quarantel Silbergehalt haben soll. Vielleicht bekomme ich von jeder Sorte ein Stück." (Bericht in Chiffern, d. d. Berlin 6. December 1794.) In einem anderen Bericht vom 4. Jänner 1795 heißt es dann: „In hiesiger Münze werden auch französische Laubthaler geprägt, von welchen ich hier zwei Stücke beilege. Von denen hier ausgemünzten niederländischen Kronen sollen kürzlich wieder 20.000 Stücke geprägt und der Seehandlung abgeliefert worden sein, welche sie dann weiter spedirt." (St. A.)

**) Hügel an Colloredo, d. d. Regensburg 21. April 1795. (St. A.) — Dietrichstein berichtet gleichfalls an Thugut: L'emprunt prussien va assez mal, mais on sait, qu'ils arrivent à Berlin des charriots remplis d'argent de la Suisse, on se rapelle quand, et d'où ils sont venues en Suisse. Les Prussiens payent et corrompent de tous les côtés; on dit que nous ferions bien de les imiter. d. d. Francfort ce 4 Août 1795. (St. A.)

Dieß also war das Ergebniß des Friedens von Basel! So lauteten die Bestimmungen dieses nach jeder Richtung hin verrätherischen und schändlichen Vertrages, den Preußen mit Frankreich in einem Augenblicke abschloß, in welchem — durch innere Unruhen auf das Heftigste erschüttert, durch Seuche, Hungersnoth und Revolution noch mehr als früher bedroht — die französische Republik, trotz ihrer großen Erfolge, erschöpft war, und ihre endliche Besiegung für die noch immer mächtige Coalition nur mehr eine Frage der Zeit und zäher Ausdauer schien.

Mit schnöder Verachtung des Reiches und aller seiner Glieder schloß der Kurfürst von Brandenburg Frieden mit dem Reichsfeinde, — Frieden im offenbarsten Widerspruche mit seinen eigenen vielfältigen Erklärungen und Verträgen, — mit unbegreiflicher Nichtachtung und Gleichgiltigkeit gegen seine eigene Ehre! — Und so schied dieser deutsche Fürst sich und sein Land aus dem gemeinsamen Reichsverbande feierlich aus, mit der sichtbarsten Verachtung der deutschen Grundgesetze, des Reichsoberhauptes und der ganzen deutschen Nation!

Das war also das klägliche Ende des preußischen Duumvirates im Reich, der preußischen Lehenstreue und Lehensträgerschaft, die schon seit den Zeiten der Erfindung des berüchtigten „Rocher de bronce“ an ihrem Lehensverhältniß schwer getragen hatte, nun aber um keinen Preis mehr die Oberherrlichkeit des deutschen Kaisers und des deutschen Reiches über Kur-Brandenburg anerkennen wollte! — Von da an blieb also, wie dieß im Baseler Vertrag wieder am deutlichsten wahrgenommen werden kann, dieser sogenannte preußische „Souveränitäts-Felsen“ nur mehr darum bemüht, als Gegensatz zur großen deutschen Nation, die andere Friedericianische Erfindung der „Nation prussienne“ sorgsam zu pflegen!

Für Oesterreich oder die bisherigen Verbündeten, zum Besten des allgemeinen Friedens, nur annäherungsweise günstige Artikel — enthielt der Baseler Vertrag nicht! — Weder der Emigranten und ihrer Güter, — weder Hollands und der preußischen Erbstatthalterin, — noch weniger aber der im Kerker schmachtenden Kinder Ludwig's XVI. war dabei gedacht!

Der große Kurfürst und Friedrich Wilhelm II.! — Fehrbellin und Basel! — 1792 und 1795! — Das Manifest des Herzogs von Braunschweig und die Demarcations-Linie! — Welche Vergleiche? — Welcher Abstand! — Welches Resultat!

Die unläugbaren Zeichen offenen und geheimen Einverständnisses der Preußen mit den Franzosen mehrten sich unterdessen in erschreckender Weise und lähmten am Kriegsschauplatz alle Operationen der Kaiserlichen*).

Der preußische Major Meyerink trieb sich längs der österreichischen Armee gleich einem Spion herum und brachte sogar in späterer Zeit den ewig zaudernden Clerfayt zu der Erklärung, daß er ihn hängen lassen werde, falls er in österreichische Hände fiele. Nebstdem wußte dieser preußische Major seine in der Möllendorff'schen Schule und bei den Baseler Friedensunterhand-

*) Bei der Eroberung des Hardtberges vor Mainz erbeuteten am 30. April die Oesterreicher ein französisches Befehls-Protokoll, in welchem sich folgendes Schreiben Bacher's vorfand: Bâle 6 Avril 1795. Hohenlohe restera dans sa position pour empêcher les Autrichiens de s'occuper d'entreprendre le siège de Mayence sur les deux rives, puisque nous n'avons plus affaire qu'aux impériaux et les Autrichiens, le Roi de Prusse s'étant retiré de la coalition et étant maintenant l'ami de la France. (K. A. 6/150 $^{1}/_{2}$.)

lungen erworbenen diplomatischen Kenntnisse durch einträgliche Pferdelieferungen an Frankreich zu verwerthen.*)

Selbst der in seinen Aeußerungen sehr behutsame Freiherr v. Degelmann hielt diesen preußischen Officier jeder Schlechtigkeit fähig. In einem Berichte, der ein eigenthümliches Licht auf die Entstehung der Demarcations-Linie wirft, sagt er:

„Es ist auffallend, daß Herr von Hardenberg sowohl, als noch viel mehr der Major von Meyerink, immer mit geographischen Karten umgeben sind; ich weiß, daß beide Stunden lang sich damit beschäftigen. Herr von Meyerink ist der Vertraute des Herrn Feldmarschall von Möllendorff. Alle zweite — längstens alle dritte Tage geht ein preußischer Kurier in das Hauptquartier ab. Sollten nicht die Preußen im Falle seyn, sich durch Mittheilungen Verdienste um Frankreich zu sammeln, da sie selbst nicht läugnen, daß ein gutes Vernehmen mit diesem Staate ihrer Politik nöthig ist? . . . wer kann wissen, ob selbst die Fürschritte in Westphalen nicht verabredet sind?"

*) Schlick meldet an Collorebo (d. d. Frankfurt 6. Julius 1795): „Der Major Meyerink bereist fast beständig die Straße zwischen Köln, Bonn und Berlin." — Westphalen meldet schon am 19. April dem Fürsten Colloredo aus Frankfurt: „Nach meinen Nachrichten wird die preußische Armee in der dortigen Gegend noch immer und besonders mit leichten Truppen verstärkt, wobei mir besonders noch bemerkt wird, daß eine große Menge Remonten-Pferde mitkommen und jeder Hußar deren eins, viele auch zwei mit sich führen. Ihre Bestimmung ist nicht bekannt, Einige muthmaßen aber, daß sie vielleicht in Folge eines geheimen Arrangements für die französische Armee bestimmt seien." (St. A.)

Dieselbe Wahrnehmung und die Bestätigung, daß Meyerink für die Franzosen, welche an Pferden großen Mangel litten, eine Pferdelieferung von 10—12.000 Stück mit „hoher Bewilligung" übernommen habe, berichtet der Graf Schlick am 13. Mai 1795 an den Fürsten Colloredo. (St. A.)

Ueber Hardenberg, den ihm Thugut, selbst irre geleitet, wie wir gesehen haben, als gut kaiserlich gesinnt empfohlen hatte, äußerte sich Degelmann gleichzeitig wie folgt: „... die Erfahrung muß überzeugen, daß Preußen ein ewiger Nebenbuhler von Oesterreich sein wird. Ein preußischer Minister eines redlichen und liebenswürdigen Charakters dürfte deshalb nur um so gefährlicher seyn. Denn die anziehenden Eigenschaften des Menschen dienen gewöhnlich dazu, die Pläne des Politikers durchzusetzen.“ *)

Mit derselben Geheimnißthuerei und Rücksichtslosigkeit gegen den kaiserlichen Hof, mit welchen der Friede abgeschlossen wurde, fuhr die preußische Regierung gegen Oesterreich nach Abschluß des Friedens fort. Es war ihr eben darum zu thun, Zeit zu gewinnen und Oesterreich und die kaiserlich gesinnten Stände möglichst lange über die Tragweite und die eigentlichen Ziele des Baseler Friedens in vollständigster Unkenntniß zu lassen.

So kam es auch, daß, obgleich der Kurfürst von Mainz in einem Gesellschafts-Zirkel zu Aschaffenburg schon am 5. April seinen Gästen „diese frohe Mittheilung“ machen konnte, **) und Albini, von Hardenberg direkt verständigt, schon am 9. April dem Freiherrn v. Strauß schrieb, daß der Friede geschlossen wäre; obwohl Hardenberg allen Kreisen und Ständen, welche sich die preußische Mitverwendung im berüchtigten Reichs-Gutachten vom 22. December erbeten hatten, und seinen Frankfurter Banquiers und Freunden allsogleich das große Ereigniß mitgetheilt hatte; obgleich der preußische Gesandte Graf Soden schon am 12. April in Nürnberg die Segnungen des Friedens pries,

---

*) Degelmann an Thugut, d. d. Basel 7. April 1795. (St. A.)
**) Hügel an Colloredo, d. d. Regensburg 14. April 1795. (St. A.)

— und schon am 14. April eine Extra-Beilage der Baireuther Zeitung davon zu erzählen wußte, „daß der Friede sehr ehrenvolle Bedingnisse für Preußen und das deutsche Reich enthalte;“ *) obwohl endlich Meyerink schon am 12. April mit dem abgeschlossenen Vertrag in Berlin ankam und überall auf seiner Reise den „rühmlichen gloriösen Friedensschluß“ ausposaunte; Haugwitz aber seinerseits an eben diesem 12. April allen fremden Gesandten ohne Zögern das „freudige Ereigniß“ bekannt gab, und der „edle, reichspatriotisch gesinnte König“ schon am 15. April den Vertrag ohne Bedenken ratificirte: — dennoch in Berlin der kaiserliche Gesandte Fürst Reuß von allem Geschehenen nicht mit Einem Worte verständigt wurde.

„Nach allen den gegebenen feierlichen Zusicherungen“, so berichtet Reuß nach Wien, „einer unverzüglichen Mittheilung jeder hier Orts sich zeigenden Friedensaussicht und der Bedingungen desselben, halte ich es unter der Würde des kaiserlichen Hofes, nun, da Preußen wirklich abgeschlossen hat, um Mittheilung der Nachricht zu bitten.“ **)

Auch die anderen kaiserlichen und österreichischen Minister im Reich wollte die preußische Staatskunst absichtlich möglichst lange über das Geschehene im Unklaren lassen, ***) und erst am 23. April theilte Lucchesini den Ministern in Wien

*) Baireuther Zeitung, d. d. 14. April 1795.

**) Reuß an Thugut, d. d. Berlin 14. April 1795. (St. A.)

***) Gegen den Grafen Westphalen behauptete z. B. der General-Lieutenant Prinz Hohenlohe noch am 11. April vom Frieden nichts Gewisses zu wissen. Sollte jedoch, so sagte er, wirklich Friede geschlossen worden sein, so dürfte wohl der Wiener Hof schon eben so weit gekommen sein, und für Preußen, welches dann blos aus Noth so gehandelt habe, „gelte dann das Sprüchwort: pauvreté n'est point vice.“ (Westphalen an Colloredo, d. d Frankfurt a. M. 11. April 1795. — St. A.)

mit, daß sich der preußische Hof in die „äußerste Nothwendigkeit" versetzt gesehen habe, einen Frieden mit Frankreich abzuschließen. Finkenstein und Haugwitz fanden sich gleichfalls erst am 21. April bewogen, dem Fürsten Reuß eine ähnliche Mittheilung mit dem Beifügen zu machen, daß von nun an Preußen Nichts mehr am Herzen liege, „als mit Sr. kaiserlichen Majestät das beste Einvernehmen zu unterhalten." *)

Dagegen hatte Haugwitz dem kurmainzischen Gesandten erklärt, daß er es allerdings verstehe, daß der Kurfürst, durch die österreichische Armee gehemmt, keinen weitern Schritt zur Erreichung eines Separatfriedens für Kurmainz machen könne; nichts destoweniger habe der König die „großmüthige Rücksicht" gehabt, die kurfürstlichen Lande am rechten Rheinufer in den Frieden einzuziehen, und es bedürfe nur eines Wortes des Kurfürsten, und die am linken Rheinufer befindlichen kurfürstlichen Lande würden von Frankreich frei gegeben werden. **) — Finkenstein hinwieder erklärte in Berlin am 21. April dem diplomatischen Corps, daß es noch Jedermann erinnerlich sein werde, wie schon vor Jahresfrist Preußen erklären mußte, daß es ohne Beihilfe der Stände durch reiche Subsidien, bei der eigenen Erschöpfung der preußischen Lande den Krieg nicht mehr weiter führen könne. Unzählige Opfer habe Preußen neuerdings ein langes Jahr hindurch gebracht, nun müsse es tief erschöpft endlich in den Frieden einwilligen, „da der Kaiser und das Reich Preußen so schmählich im Stich gelassen hätten."

Nichts desto weniger habe aber der König dennoch für das Reich großmüthig gesorgt, und es hänge nur von den Ständen

*) Reuß an Thugut, d. d. Berlin 21. April 1795. (St. A.)

**) Hatzfeld an den Kurfürsten, d. d. Berlin 18. April 1795. (Mainzer A. im St. A.)

allein ab, ob sie durch preußische Vermittlung der Wohlthat des Friedens theilhaftig werden wollten oder nicht.*)

Auch Degelmann erging es in Basel nicht besser, als dem Fürsten Reuß in Berlin.

Erst am 8. April erfuhr er und Gresselsberg durch den Oberzunftmeister Merian den Friedensabschluß **). Letzterem war der Friede bei versammeltem Rathe der Eidgenossenschaft durch Barthélémy notificirt worden.

Am 11. April übersandte Hardenberg dem kaiserlichen Minister, wie er sagte: „im Vertrauen und unofficiel", die damals in Druck gelegten und für die Oeffentlichkeit bestimmten Friedens-Artikel. — Der rasche Abschluß war bei den höchst ungünstigen Nachrichten, die man über den Bestand der französischen Regierung damals erhielt, beim Wiederauftauchen der royalistischen Bewegungen in der Vendée kaum zu erwarten; deßhalb hat es auch eine ziemliche Wahrscheinlichkeit für sich, wenn Degelmann über das letzte Stadium, welches dem Ende der Verhandlungen voranging, berichtet:

---

*) Hatzfeld an den Kurfürsten, d. d. Berlin 21. April 1795. (Mainzer A. im St. A.) In einem Bericht vom 14. meldet Hatzfeld, daß ihm Haugwitz mitgetheilt habe: que la paix de Bâle est signée; que non seulement elle est très glorieuse et avantageuse pour le Roi, mais qu' elle est également favorable pour la majeure partie de l'Allemagne.

**) Merian an Degelmann, d. d. Basel 8. Mai 1796: „Ich bin ganz bestürzt und weiß nicht, was ich sagen soll. Doch nur die Courage nicht verloren! ein Gebäude auf seichtem und schlechtem Grund fällt doch noch zusammen." (St. A.) Das Schreiben Barthélémy's „à Mr. le grand tribun Buxdorff" lautet: Vous apprendrez sûrement avec grand plaisir, Mr. le grand tribun, et vous en aurez beaucoup, j'en suis sûr, à informer Votre État, que le 5 au soir il a été signé dans Votre ville par moi et Mr. le baron de Hardenberg un traité de paix et d'amitié entre la république française et le roi de Prusse. — Barthélémy. (K. A.)

„Die Geschichte dieses Friedens entwickelt sich allmählig auf eine ziemlich wahrscheinliche Art. Bis zum 3. April war man durchgängig der Meinung, das Geschäft würde erst in Monaten beendigt werden. Die durch die Pariser Unruhen geängstigte Convention befiehlt Herrn Barthélémy durch den am 3. angelangten Kurier, alle Bedingnisse einzugehen, um den Frieden zu erhalten. Herr Barthélémy verbirgt natürlich den ganzen Umfang seines Auftrages dem Herrn von Hardenberg, bewegt diesen aber zur Beschleunigung des Traktates durch eine Bereitwilligkeit, die, da sie dem preußischen Minister nach so verschiedenen Verzögerungen neu ist, — ihn reizt, den günstigen Augenblick zu benützen und zu unterzeichnen." *)

In Regensburg war Görz von seinem Hofe bei Uebersendung des Vertrages dahin belehrt, sich vorläufig aller officieller Schritte und Aeußerungen sorgfältigst zu enthalten, und es blieb seiner „einsichtsvollen Beurtheilung anheim gegeben, durch gelegenheitliche Insinuationen einstweiligen stillen Gebrauch davon zu machen." **)

*) Degelmann an Thugut, d. d. Basel 10. April 1795. (St. A.) Eine ganz ähnliche Auffassung über die Sachlage theilte der kaiserliche Minister Graf Westphalen in einem Bericht an Colloredo, (d. d. Frankfurt a. M. 13. April 1795), in dem es hieß: „Wie ich ganz gewiß erfahren habe, haben die eigenen Emissaire, welche Hardenberg nach Paris geschickt hatte, gerathen, nur noch etwas zurückzuhalten, wo man dann von Frankreich Alles erhalten könnte, weil die Troublen in Paris den Convent Alles einzuräumen nöthigten. — Selbst Barthélémy hatte gerathen, daß man den strikten statum quo mit Ausnahme eines Stückes des pfälzischen Oberamtes Germersheim der Coalition anbieten und unter dieser Bedingung den Frieden zu erhalten suchen sollte, da dieses das einzige Mittel sich zu retten seie; demohngeachtet hat Preußen die Sache präcipitiret und ist hiermit den Franzosen auf eine Art zuvorgekommen, welche der Sache so auffallend schädlich ist." (St. A.)

**) Auszug aus einem königlich preußischen Ministerial-Rescripte an den Grafen von Görz, d. d. Berlin 18. April 1795. Von Hügel der Reichskanzlei eingeschickt. (St. A.)

Sonach gab der Graf Görz beständig vor, von gar Nichts zu wissen. Wie gut er aber den Sinn der Belehrung seiner Regierung aufzufassen wußte, ergibt sich aus seinen „gelegenheitlichen Insinuationen“, über welche Hügel wie folgt berichtet:

„Zur Rechtfertigung des von Preußen einseitig und voreilig geschehenen ersten Schrittes bezieht sich der Graf Görz überall: 1) auf den Vorgang des Herrn Großherzogs von Toscana; 2) auf die dringende Noth, den Vorschritten des Feindes Einhalt zu thun; 3) auf die Unmöglichkeit eine vierte Campagne zu wagen; 4) auf die Uneinigkeit der Coalition; 5) auf das wenige Kriegsglück der österreichischen Heerführer; und 6) vorzüglich auf den Umstand, daß das Betragen des Allerhöchsten Hofes seit dem Reichs-Gutachten in der Friedenssache zureichend zeige, wie wenig es demselben Ernst gewesen, Friedens-Unterhandlungen einzugehen.“ *)

Daß von allen diesen Behauptungen keine stichhältig war, namentlich aber die erste, in welche sich Preußen bemühte Oesterreich mitzuverflechten und die letzte im augenfälligsten Widerspruche zu einander standen, das wollte in Regensburg damals Niemand bemerken. Hügel, der doch mit der Treulosigkeit der preußischen Politik so ziemlich vertraut war, wollte Anfangs nicht recht an die ganze Ungeheuerlichkeit der Friedens-Bedingnisse glauben. Es schien ihm wahrscheinlicher, daß Preußen allein in der Eigenschaft eines souveränen Königs Frieden geschlossen habe und als Kurfürst von Brandenburg und Reichsmitstand fortfahren würde einen, wenn auch nur passiven Antheil an dem Reichskriege zu nehmen, am Reichstag aber, wie bisher,

*) Hügel an die Reichskanzlei, d. d. Regensburg 21. April 1795. (St. A.)

„Die Geschichte dieses Friedens entwickelt sich allmählig auf eine ziemlich wahrscheinliche Art. Bis zum 3. April war man durchgängig der Meinung, das Geschäft würde erst in Monaten beendigt werden. Die durch die Pariser Unruhen geängstigte Convention befiehlt Herrn Barthélémy durch den am 3. angelangten Kurier, alle Bedingnisse einzugehen, um den Frieden zu erhalten. Herr Barthélémy verbirgt natürlich den ganzen Umfang seines Auftrages dem Herrn von Hardenberg, bewegt diesen aber zur Beschleunigung des Traktates durch eine Bereitwilligkeit, die, da sie dem preußischen Minister nach so verschiedenen Verzögerungen neu ist, — ihn reizt, den günstigen Augenblick zu benützen und zu unterzeichnen." *)

In Regensburg war Görz von seinem Hofe bei Uebersendung des Vertrages dahin belehrt, sich vorläufig aller officieller Schritte und Aeußerungen sorgfältigst zu enthalten, und es blieb seiner „einsichtsvollen Beurtheilung anheim gegeben, durch gelegenheitliche Insinuationen einstweiligen stillen Gebrauch davon zu machen." **)

*) Degelmann an Thugut, d. d. Basel 10. April 1795. (St. A.) Eine ganz ähnliche Auffassung über die Sachlage theilte der kaiserliche Minister Graf Westphalen in einem Bericht an Colloredo, (d. d. Frankfurt a. M. 13. April 1795), in dem es hieß: „Wie ich ganz gewiß erfahren habe, haben die eigenen Emissaire, welche Hardenberg nach Paris geschickt hatte, gerathen, nur noch etwas zurückzuhalten, wo man dann von Frankreich Alles erhalten könnte, weil die Troublen in Paris den Convent Alles einzuräumen nöthigten. — Selbst Barthélémy hatte gerathen, daß man den strikten statum quo mit Ausnahme eines Stückes des pfälzischen Oberamtes Germersheim der Coalition anbieten und unter dieser Bedingung den Frieden zu erhalten suchen sollte, da dieses das einzige Mittel sich zu retten seie; demohngeachtet hat Preußen die Sache präcipitiret und ist hiermit den Franzosen auf eine Art zuvorgekommen, welche der Sache so auffallend schädlich ist." (St. A.)

**) Auszug aus einem königlich preußischen Ministerial-Rescripte an den Grafen von Görz, d. d. Berlin 18. April 1795. Von Hügel der Reichskanzlei eingeschickt. (St. A.)

Sonach gab der Graf Görz beständig vor, von gar Nichts zu wissen. Wie gut er aber den Sinn der Belehrung seiner Regierung aufzufassen wußte, ergibt sich aus seinen „gelegenheitlichen Insinuationen", über welche Hügel wie folgt berichtet:

„Zur Rechtfertigung des von Preußen einseitig und voreilig geschehenen ersten Schrittes bezieht sich der Graf Görz überall: 1) auf den Vorgang des Herrn Großherzogs von Toscana; 2) auf die dringende Noth, den Vorschritten des Feindes Einhalt zu thun; 3) auf die Unmöglichkeit eine vierte Campagne zu wagen; 4) auf die Uneinigkeit der Coalition; 5) auf das wenige Kriegsglück der österreichischen Heerführer; und 6) vorzüglich auf den Umstand, daß das Betragen des Allerhöchsten Hofes seit dem Reichs-Gutachten in der Friedenssache zureichend zeige, wie wenig es demselben Ernst gewesen, Friedens-Unterhandlungen einzugehen." *)

Daß von allen diesen Behauptungen keine stichhältig war, namentlich aber die erste, in welche sich Preußen bemühte Oesterreich mitzuverflechten und die letzte im augenfälligsten Widerspruche zu einander standen, das wollte in Regensburg damals Niemand bemerken. Hügel, der doch mit der Treulosigkeit der preußischen Politik so ziemlich vertraut war, wollte Anfangs nicht recht an die ganze Ungeheuerlichkeit der Friedens-Bedingnisse glauben. Es schien ihm wahrscheinlicher, daß Preußen allein in der Eigenschaft eines souveränen Königs Frieden geschlossen habe und als Kurfürst von Brandenburg und Reichsmitstand fortfahren würde einen, wenn auch nur passiven Antheil an dem Reichskriege zu nehmen, am Reichstag aber, wie bisher,

*) Hügel an die Reichskanzlei, d. d. Regensburg 21. April 1795. (St. A.)

fortfahren werde zu hindern und zu hemmen, wo und was es nur immer könne. *)

Doch allzulang blieb er nicht im Unklaren, und schon am 15. April fand er sich veranlaßt, an den Fürsten Colloredo mit Bestimmtheit zu berichten: „Ich habe endlich heute von dem zwischen Preußen und Frankreich am 5. dieses zu Basel abgeschlossenen Frieden die verlässige Nachricht erhalten, die E. H. G. schon früher zugegangen seyn wird. In verschiedenen mir und Anderen zugekommenen Nachrichten wird der Friede bald auf das deutsche Reich namentlich erstrecket, — bald nur gesagt, daß der Friede zwischen Frankreich und Preußen dem deutschen Reiche zum größten Vortheil gereichen werde. Immer kann man aber aus dem bisherigen Gang des ganzen, aus der lebhaften Unterhandlung zwischen dem Berliner und einigen deutschen Ministeriis, und aus der stillen Freude des Chur-Maynzischen-Reichs-Directorialis, die er seit einigen Tagen nicht verbergen kann, mit Gewißheit schließen, daß ein Theil der deutschen Reichsstände schon wisse, woran sie sind, und was sie zu hoffen haben.“

„Ich bedarf nicht zu wiederholen, wie sehr alle Kayserlichen Allerhöchsten Anträge an die Reichsversammlung, wie sehr jede auf die Fortsetzung des Krieges Bezug habenden Geschäfte im jetzigen Zeitpunkt gelähmt sind und so lange bleiben werden, bis Ihre Kayserliche Majestät als Reichsoberhaupt und als Reichs-Mitstand in einer vertraulichen oder offenen Gestalt über diesen Schritt Ihres Alliirten und eines Reichs-Mitstandes Ihre Allerhöchste Gesinnung darzulegen geruhen werden.“ **)

Während dieser Zeit unsteter Gerüchte bot die Reichsversammlung das niederschlagende Bild der empörendsten Muth-

*) Hügel an Colloredo, d. d. Regensburg 14. April 1795. (St. A.)
**) Hügel an Colloredo, d. d. Regensburg 15. April 1795. (St. A.)

losigkeit und Erbärmlichkeit dar. — Zwar hatte die kaiserliche Regierung dort mittlerweile zur Fortsetzung des Krieges den Antrag auf Bewilligung neuer Römermonate gestellt; „aber ein guter Theil der Reichstags-Gesandten ist nun gesonnen,“ also berichtet Hügel, „den Antrag der Römermonat-Bewilligung zu benützen, um die Nothwendigkeit des Friedens zu erwähnen, auch die unumwundene Erklärung beizufügen, daß das Reich nur in der Unterstellung einer aufrichtigen Allianz zwischen Oesterreich und Preußen, in der Hoffnung einer allgemeinen Coalition aller souverainen Mächte und in dem gegründeten Vertrauen auf die Beihülfe und Mitwirkung von Preußen und Kurbrandenburg den Krieg erkläret habe; nun aber bei dem Rücktritte eines der mächtigsten Glieder der Coalition, bei der Vereinigung eines Reichsstandes mit dem Reichsfeind durch einen Freundschaftsbund und bei den leicht vorzusehenden inneren Spaltungen, nach einem solchen Vorgang eben so offen erklären müsse, daß es aus einem Krieg scheiden wolle und scheiden müsse, der schon einen Theil der vorzüglicheren Reichsglieder zu Grunde gerichtet habe, dessen ungeheuere Lasten für den deutschen Reichsunterthanen ferner platterdings unerschwinglich sind, und in welchem für Deutschland außer der im Stillen schon zugesicherten Rückgabe der eroberten Länder nichts mehr zu gewinnen, aber noch vieles zu verlieren sei.“

„Dieses“, so schließt Hügel seinen trostlosen Bericht, „ist die stille vertrauliche Sprache der noch gutgesinnten Reichsständischen Gesandten, dieses überhaupt der Geist der in Deutschland herrschenden und auf Ruhe gerichteten Gesinnungen, nach welchen alle Erwartungen von dem Reich zu bemessen sind, wenn der Allerhöchste Hof es nicht seinem Interesse, dem Wohl von Deutschland und der politischen Klugheit angemessen erachtet, demselben durch nachdrucksvolle Erklärungen und damit in Zweck und Mittel übereinstimmende Bestimmungen seiner Minister entgegen arbeiten zu lassen." *)

Mittlerweile hatte Görz eine zweite Belehrung seiner Regierung bei Mittheilung der Convention additionnelle erhalten. — In dieser wurde hervorgehoben, „daß die Ermanglung einer bestimmten und direkten Autorisation des Reiches und einer in den Augen des französischen Gouvernements hinlänglichen Legitimation" es allein verhindert hätten, „daß Preußen nicht für das Reich noch mehr gethan habe, als schon jetzt geschehen sei." Vorderhand hätte dieser Umstand allein verhindert, einen förmlichen Reichs-Frieden zu erwirken. Dennoch sei die Neutralitäts-Linie das untrüglichste Wahrzeichen der Sorgfalt Preußens zum Besten des Reiches; und sie wäre der sprechende Beweis jener Großmuth, welche Preußen für das Wohl Deutschlands stets an den Tag lege.

„Wir müssen freilich erwarten," so hieß es in dem königlichen Rescript an Görz weiter, „daß eben diese Stipulationen uns vielleicht von Seite des kaiserlichen Hofes oder auch anderer Reichsstände, welche nach ihrer Lage an dieser Neutralitätslinie nicht Antheil nehmen können, oder wegen ängstlicher Rücksicht für den gedachten Hof an dem ihnen allen eröffneten Friedensweg nicht Theil nehmen mögen, einiges Mißtrauen erwecken dürfte."

„Indeß sind wir bei dem unbefangen Denkenden und größeren Theil der Reichsstände ihrer dankbaren Anerkennung unseres abermaligen Verdienstes um die Rettung des deutschen Vaterlandes gewiß, da es nur bei ihnen stehet, auf der von uns gebrochenen Bahn sich die Früchte des Friedens

*) Hügel an Colloredo, d. d. Regensburg 15. April 1795. (St. A.)

gleichfalls zuzueignen, sehr viele aber von ihnen schon augenblicklich nach einem so traurigen und zerstörenden Krieg in den Stand der Neutralität und Sicherheit versetzt werden, wenn sie dagegen die aus der Natur der Sache sich ergebende Modification beobachten, über welche Ihr (Graf Görz) demnächst ebenfalls noch alle erforderlichen Aufklärungen erhalten werdet." *)

Fast gleichzeitig schrieb Hardenberg an den Grafen Görz Folgendes: „E. E. ersuche ich angelegentlichst, dem sich verbreitenden Gerüchte zu widersprechen, als interessire sich der König für die Integrität des deutschen Staatskörpers und die Aufrechthaltung der Verfassung nicht, und es sei ihm gleichgültig, ob die am linken Rheinufer liegenden deutschen Staaten wieder herausgegeben würden oder nicht, und bitte daher E. E., feyerlichst dagegen allenthalben zu versichern, daß ich nach den königlichen höchsten Absichten jene jedem deutschen Patrioten angelegentlichen Gegenstände als den wichtigsten Punkt meiner Unterhandlungen betrachte und bereits wesentliche Schritte gethan habe, um den Zweck zu erreichen." **)

Die Convention additionnelle, welche die Reichs-Verfassung vernichtete, und die Hardenberg mit diesem Brief fast gleichzeitig unterschrieb, müßte also nach der Denkweise dieses Staatsmannes als ein wesentlicher Schritt zur Aufrechthaltung der deutschen Reichs-Verfassung betrachtet werden. Und so wollte dieser preußische Minister das treu- und ehrlose Machwerk des Baseler Friedens als einen Beweis des Interesses, welches seine Regierung für die Integrität des Reiches hege, gelten machen!

*) Als Beilage zum Bericht Hügel's an Colloredo, d. d. Regensburg 13. Mai 1795. (St. A.)

**) Hügel's vorerwähnter Bericht an Colloredo nebst der Abschrift eines Schreibens des Gf. Hardenberg an den Gf. Görz d. d., Basel 14. Mai 1795. (St. A.)

Auch vergaß Hardenberg nicht, überall auszusprengen, die geheimen Bedingungen des Friedens enthielten die Rückgabe aller deutschen Länder an das Reich — mit Ausnahme der österreichischen Niederlande; und dieses kleine Opfer müsse und werde Oesterreich dem Reichs-Frieden bringen.

Wir werden weiter unten aus der Correspondenz dieses preußischen Ministers mit Albini ersehen, in welcher Weise alle diese schamlosen Unwahrheiten den Reichsständen glaubwürdig gemacht wurden! — Zur selben Zeit, als der preußische Unterhändler den Baseler-Frieden und die Neutralitäts-Linie abschloß und überall dagegen feierlich protestirte, daß Preußen das linke Rheinufer und die Reichs-Integrität preisgegeben habe, brachte er das Gerücht in Umlauf: Oesterreich unterhandle in Paris durch den toscanischen Minister Gf. Carletti um die Preisgebung des linken Rheinufers und der deutschen Verfassung, gegen den Austausch Baierns. — Wahrlich, die Lüge und Heuchelei kann wohl nicht leicht in ein kunstvolleres und erfolgreicheres System gebracht werden, als es durch Hardenberg und den preußischen Anhang im Reich damals wirklich geschah.

Wir werden bei späterer Gelegenheit diese Thatsachen und ihre weittragenden Folgen eingehend zu beleuchten Gelegenheit finden, hier werde vorläufig bemerkt, daß Hardenberg bei allen Versuchen, die preußische Ehre, — die er selbst in den Koth herabgezogen hatte und mitbesudeln half — rein zu waschen, sowie bei allen seinen officiellen und nicht officiellen Ausstreuungen den doppelten Zweck verfolgte:

1. Die kaiserliche Regierung im Widerspruch mit allen ihren officiellen Aussagen und Versicherungen erscheinen zu lassen, und

2. die Reichsstände zum Glauben zu verleiten, daß Oesterreich mit den preußischen Plänen im Stillen vollkommen einverstanden wäre.

Die erbärmlichen Mittel, welche durch solche Werkzeuge wie Hardenberg und Görz angewandt wurden, mußten damals allerdings die große Menge der stumpfsinnig dahin lebenden deutschen Nation täuschen. Patriotisch gesinnte Männer aber, die weiter sahen, die von der Schlacke des Vorurtheils der damaligen Zeit befreit blieben und sich von der blendenden Außenseite preußischer Staatskunst und Politik nicht betrügen ließen, — solche Männer urtheilten freilich ganz anders.

Welchen Eindruck das vollendete Werk des Baseler Friedens bei dieser leider kleinen Schaar deutscher Patrioten hervorbrachte, darüber belehrt uns ein höchst merkwürdiger Bericht des kaiserlichen Concommissärs an den Fürsten Reichs-Vice-Kanzler.

Hügel hatte endlich, und zwar erst am 19. April, aus Basel ein Exemplar des Friedens-Vertrages erhalten und augenblicklich die Tragweite desselben erkannt.

„So sehr ich mich," also berichtet er nach Wien, „in der bisherigen Ungewißheit des Inhalts verpflichtet erachte, alle nahen und entfernten Thatsachen und Umstände zu sammeln, welche zu einem Aufschluß und einem Leitfaden zur weiteren Nachforschung dienen könnten, so sehr würde es eine Anmaßung von mir seyn, wenn ich über den nun vorliegenden schändlichen Inhalt Betrachtungen mir erlauben und der tiefern Einsicht E. h. G. vorgreifen wollte."

„Was alle denkenden Männer seit den letzten Monaten vorhersahen, — so sehr sich auch unterweilen der fromme Glaube an öffentliche Treue und an einen Ueberrest von Schamgefühl dagegen sträubte, — ist also endlich geschehen!"

„Preußen hat mit dem Friedens-Instrument seine Schande unterzeichnet, hat auf allen nun schon seit geraumer Zeit gespielten groben politischen Betrug das Siegel aufgedrückt und hat keine Scheu getragen, mit einem Convent, der eben in den letzten Wochen seine Schandthaten der ganzen Welt selbst bekannt hat, von dem es noch vor wenigen Tagen höchst ungewiß war, ob er die ihm von einer mächtigen Partey bestrittene Herrschaft behaupten werde, zuerst einen Freundschafts-Bund errichtet; hat durch diesen voreiligen und überschnellen Bund alle Freundschafts-Verhältnisse mit den coalisirten Mächten gewaltsam zerrissen; hat derselben Interesse durch seinen Abgang von der Coalition in einem Zeitpunkt, worin Hunger, Geldmangel und Anarchie den gemeinsamen Feind vollends zu Grunde zu richten im Begriffe waren, über allen Ausdruck benachtheiliget, — und hat endlich allen Forderungen der Ehrlichkeit, — der Schuldigkeit eines getreuen Alliirten — und der Pflicht eines Reichsstandes mit einer seltenen Unverschämtheit entgegen gehandelt!"

„Vergeben E. h. G. diesen Ausbruch unwillkührlicher Empfindung; es ist nicht möglich bei dem vollen Gefühl des ganzen Herganges nicht dazu hingerissen zu werden, wenn man im nämlichen Augenblick alles bisherige der nämlichen Quelle zuzuschreibende Ungemach, — Aufenthalt, — Mißverständniß, — Hemmung der glücklichsten Fortschritte, und Vereitelung der besten Plane überdenket; ferner den endlich erschienenen glücklicheren Zeitpunkt besserer Aussichten durch die inneren Unruhen in Frankreich betrachtet, und bei Durchlesung des Vertrags wahrnimmt, mit welch' weniger Schonung, vielmehr mit welch' rücksichtsloser Diplomatie derselbe verfaßt ist."

„Noch verzeihlicher werden E. h. G. diesen Ausbruch des gerechtesten Unwillens finden, wenn Hochdieselben bedenken, daß ihn dahier fast Niemand verdientermaßen theilet, vielmehr, daß man darüber stille und öffentliche Freude wahrnimmt, und daß man bald Zeuge von Glückwünschen und von Theilnahme an den Folgen dieses Freundschaftsbundes seyn wird.“ *)

Das vernichtende Urtheil, welches der kaiserliche Concommissär über den Baseler Frieden aussprach, kennzeichnet am Besten die Stimmung, welche dieses National-Verbrechen damals bei allen deutschen Patrioten hervorgebracht hat.

Bevor wir nun zu Hardenberg und seinen weiteren diplomatischen Thaten zurückkehren, haben wir den Standpunkt zu betrachten, den die Regierung des vornehmsten Reichsstandes in dieser Lebensfrage unseres Vaterlandes eingenommen hat. Hierüber geben mehrere Circular-Erlässe der Staatskanzlei an die österreichischen Minister im Reich entsprechende Aufklärungen.

*) Hügel an den Fürsten Colloredo, d. d. Regensburg 20. April 1795. — Im Verfolg dieses in sichtbarer Aufregung und mit zitternden Schriftzügen geschriebenen Berichtes heißt es weiter: „Ich unterlasse einstweilen nicht, den ersten, zweiten, dritten und eilften Artikel, vorzüglich in Bezug auf die reichsständische Eigenschaft Ihro Majestät des Königs, zu zergliedern und das Verfassungs- und Pflichtwidrige dieser Stipulation in der Stille zu bemerken.“

„Dem Grafen von Görz zeigte ich gestern Mittag den von Basel erhaltenen Abdruck, den er Abends vorher noch immer nicht erhalten zu haben, Jederman versicherte. Im nämlichen Augenblick zog er nun auch einige Exemplare hervor und entschuldigte sich mit dem Vorgeben, daß er geglaubt habe, von dem Inhalt noch keinen Gebrauch machen zu dürfen. In der gestrigen Abendgesellschaft sprach er nun Jedermann, wie nothwendig der Friede gewesen, und wie sehr Deutschland zu dieser Einleitung Glück zu wünschen sei, und ich habe auch nicht Eine Stimme der Mißbilligung vernommen!“ (St. A.)

Eines der diesbezüglichen Rescripte der Staatskanzlei,*) lautet wörtlich wie folgt:

„Von dem zwischen Frankreich und Preußen geschlossenen Friedens- und Freundschaftsbund ist zwar bis jetzt von dem Berliner Hofe noch keine officielle Eröffnung gemacht worden, auch sind die Bedingnisse noch unbekannt und würden zweifelsohne erst nach erfolgter Ratifikation bekannt werden."

„Inzwischen glauben wir annehmen zu können, daß der in allen Zeitungen enthaltene Aufsatz mit dem wahren Inhalt ganz übereinstimmend sey."

„Was sich über diese Friedens-Artikeln sagen lasse, ist aus den anliegenden Betrachtungen ersichtlich, welche in einem eigenen Aufsatze sehr vollständig zusammenfassen, in welchem Maße beinahe jeder Punkt der Verabredung den Pflichten des Königs als Reichs-Stand und eines getreuen Alliirten entgegen laufe, und die dem Reskript zur nützlichen Wissenschaft der Herren Minister beigefüget worden sind."

„Mit Umgehung aller Betrachtungen, die bloß auf die preußischen Absichten Bezug haben könnten, und worüber man weder Tadel noch weniger aber Beifall, in Hinsicht auf die Würde des Allerhöchsten Hofes am wenigsten aber eine Verlegenheit äußern könne, hätten nun beide Herren Minister auf das Feierlichste zu versichern und zu erklären, daß, Kaiserliche Majestät in dem Commissions-Dekret vom 10. Feber d. J. Ihren Wunsch, einen dem allgemeinen Verlangen angemessenen Frieden bestens zu befördern, sowohl in den deutlichsten Worten, als auch durch vorbereitende Einleitungen aufrichtig zu erkennen gegeben habe, und es unbegreiflich scheinen müße,

*) Rescript des Freiherrn von Thugut an sämmtliche Minister im Reich, d. d. Wien 24. April 1795. (St. A.)

wenn hieraus einige Abneigung, den billigen Wunsch aller Stände nachdrücklich zu unterstützen, aus der Fassung dieses bloße Thatsachen und Ausdrücke der Reichs-Schlüsse enthaltenden Commissions-Ratifikations-Dekretes gefolgert werden sollte. — Eben so feierlich ließen auch Sr. kaiserliche Majestät die offen gemachte Erklärung wiederholen, daß Allerhöchst Dieselbe den Frieden so schleunigst, als nur immer möglich ist, auf eine den billigen Erwartungen Ihrer hohen Mitstände entsprechende Art zu befördern sich zur wahren Angelegenheit machen wollten und Alles, was Ihrerseits nur immer mit Billigkeit erwartet werden kann, redlich und aufrichtig beizutragen bereit seyen; daß Ihro Kaiserliche Majestät, in dem Bewußtsein Ihrer redlichen Absichten und unverfälschten geraden Gesinnungen und jederzeit bezeigten Mäßigung, zu der Erwartung sich berechtiget glauben, daß die Reichs-Stände sammt und sonders auf diese Gesinnungen vertrauen und Ihre, auf die baldige Erzielung eines Friedens abzielende Bemühungen eben so redlich unterstützen und nur über den kürzesten, sichersten und in Hinsicht auf die Würde des Reichs anständigsten Modum tractandi ihre Meinung und Gutachten entweder einzeln oder durch die bestimmten Aeußerungen bei der Reichs-Versammlung eben so aufrichtig als freymüthig und baldmöglichst eröffnen wollen. — Wobei übrigens die Stände versichert seyn könnten, daß Sr. Kaiserliche Majestät sowohl in Ansehung der festzusetzenden Friedensbasis als circa modum tractandi unter diesen außerordentlichen Umständen alle mögliche, den Endzweck befördernde Leichtigkeit eintreten lassen, und Ihrerseits alle, aus Förmlichkeiten und Modalitäten entstehen mögenden Verzögerungen oder Uneinigkeiten auszuweichen Bedacht nehmen wollen."

„Dagegen erwarteten Kaiserliche Majestät und setzten — nach der Natur der Sache und in dem unbegränzten Vertrauen auf den Patriotismus und auf die eigenen Einsichten der, die Lage der Dinge und mancherlei bestehende und neu angelegte Verwicklungen unbefangen beurtheilenden Stände sicher voraus, daß sie sammt und sonders auf dem geraden Wege gerade stehen bleiben, fest zusammen halten und als ein ansehnlicher Körper sich in guter Vereinigung darstellen werden, damit das Reich bei der Pacifikation als eine selbstständige Macht erscheine."

„Ihro Kaiserliche Majestät müßten daher nicht nur alle Stände zu dieser, dem einzelnen und allgemeinen Besten sowohl als den Reichsständischen Pflichten angemessenen engen Vereinigung aufmuntern, sondern Alle, welche auf ihre dauerhafte Existenz, auf ihr Interesse, auf die Erhaltung der Reichs-Verfassung besorgt sind, aufrichtig warnen, sich durch täuschende oder äußerst unsichere Anbietungen einzelner abgesonderter Friedens-Traktate oder gar nur eines mit Ueberlassung auf Diskretion zu erkaufenden Waffenstillstandes nicht irre machen zu lassen und an den Abgrund einer mit so viel schauerlicher Dunkelheit bedeckten Zukunft führen zu lassen, indem leicht einzusehen, daß durch Anbietung von Separat-Frieden der Feind nur die Absicht haben kann, im Ganzen zu gewinnen, und für jetzt oder doch sicher in der Zukunft den Umsturz der Reichs-Verfassung zu seinem und etwa seiner Anhänger Vortheil und nach ihrem Entwurfe vorzubereiten."

„Es ist allerdings einleuchtend, daß durch die bloße Einleitung einzelner Unterhandlungen Mißtrauen, Uneinigkeit und eine offenbare Scission unter den Ständen, hieraus Verwirrungen und weit aussehende neue Verwicklungen entstehen, die aber auch dann, wenn solche einzelne Friedenstraktate zu Stande gebracht sein würden, in dem Maße vermehrt werden müßten, als aus solchen einzelnen Pazifizirungen nothwendig neue sich kreuzende Interessen ganz unvermeidlich zu erwarten wären, welche man umsonst mit unserer Verfassung in der Folge zusammen zu passen versuchen dürfte."

„Unser mäßiger Wunsch und Verlangen beschränkt sich demnach lediglich dahin, daß von einzelnen Reichs-Ständen in keine Maßnehmungen eingegangen werde, welche, da die angezeigten Aussichten dunkel sind, einen wenigstens sehr unsichern Ausgang, und da die Einladungen vom Feinde oder einverständlich mit ihm gemacht worden, sichere Gefahr vorsehen lassen, wo hingegen bei fester Zusammenhaltung der Reichsstände der allgemeine Wunsch eines baldigen Friedens eben so gut erreicht, und anbei der Gefahr, das Opfer einer fremden Politik oder doch ganz willkührlich behandelt zu werden, durch Klugheit und Standhaftigkeit wohl ausgewichen werden kann."

„Wenn man je einiges Interesse des Erzhauses bei diesem Rath und Warnung nach der strengsten Zergliederung aller Umstände entdecken soll, so kann es doch am Ende nur darin bestehen, daß bei Aufrechthaltung der Reichs-Verfassung und seiner Glieder das Erzhaus eine größere Schutzwehr gegen seine Feinde zu finden hoffet, und wenn dasselbe diese Hoffnung aufzugeben sich genöthiget und das Reich in seinen wesentlichen Theilen geschwächt und in anarchische Unmacht versunken sehen müßte, so würde freilich auf Seite des Hauses Oesterreich alles besondere Interesse an dem Schicksale eines, beinahe der Auflösung nahe gebrachten, von der Willkühr seiner feindlichen Nachbarn so wie seiner mächtigern Mitglieder abhängig gemachten Reichs aufhören, und dasselbe wird sich in sich selbst zurückziehen und für seine eigene Erhaltung durch concentrirte innere Kraft sorgen müssen, auch dieß mit Nachdruck und in guter Vereinigung mit anderen Mächten thun zu können, in keinem Falle verlegen sein dürfen."

„Endlich haben E. E. nach diesen bestimmten Eröffnungen von einzelnen Reichsständen nun auch bestimmte Erklärungen zu erbitten: Ob dieselben auf Reichsverfassungsmäßigen Gesinnungen wahrer Vereinigung, so wie sich einige patriotische Reichs-Stände, und hierunter auch der Fürstbischof von Würzburg, schon geäußert haben, das Friedensgeschäft befördern wollen, oder aber, ob dieselben sich allen den Gefahren, die mit abgesonderten Unterhandlungen ihrer Natur nach und dermalen mehr als jemals verbunden sind, Preis geben wollen? — um hiernach unsere Entschließungen und Maßregeln nach Grundsätzen unserer Selbsterhaltung mit Rücksicht auf unsere Getreuen ebenfalls abmessen und bestimmen zu können."

Die sehr rücksichtsvoll und in ihren Ausdrücken allzumäßig gehaltenen „Bemerkungen" der Staatskanzlei*), welche diesem Erlasse beigelegt waren, enthielten eine Kritik der damals öffentlich bekannt gewordenen Baseler Friedens-Artikel und lauten vollinhaltlich wie folgt:

„Ohne in tiefere Betrachtungen über die eigentliche Veranlassung und besondere wohl oder übel berechneten Absichten dieses vor ganz Europa auffallenden Preußischen Schrittes einzugehen, müssen, in Hinsicht auf das deutsche Reich allein, sich jedem unbefangenen Manne folgende Betrachtungen, ohne beson-

*) „Bemerkungen über die eingesandten preußischen Friedens-Artikel." Diese Urkunde ist dem vorberührten Rescript der Staatskanzlei vom 24. April beigefügt und liegt bei einem Vortrage an den Kaiser unter dem Datum „Wien, 29. April 1795." (St. A. Referate.)

deres Nachdenken, bey der ersten flüchtigen Durchlesung dieser Artikel, gleichsam wie von selbst darstellen; und zwar:

„Ad 1mum Nimmt sich ein R.Stand heraus, bey bestehendem wirklichen Reichskriege einer gemeinsamen Sache wegen, als R.Stand, seinen feyerlichen Verbindungen zuwider, auch als R.Mitstand, ohne die allgemeinen Entschließungen des Reichs abzuwarten, mit dem R.Feinde einen Separat-Frieden ungescheut zu schließen, und da dieser Friede in dem Augenblicke schnell abgeschlossen wird, wo die Franzosen in der äußersten inneren Verlegenheit sind, und man durch bloße wohl combinirte ernstliche Demonstrationen einen allgemeinen Frieden in wenigen Monaten hätte erzwingen können, so ist doch sichtbar, daß man dem Reiche dadurch keinen Dienst habe leisten wollen, sondern der Nothwendigkeit, nun etwas thätiger zum allgemeinen Nutzen agiren zu müssen, sich zu entziehen geeilet habe.“

„Ad 2dum Zählt sich dieser Reichsstand de facto, und in dem Friedenstraktat sogar durch feyerliche Versicherungen zu Gunsten des Feindes, von allen Reichsprästationen, als unnachsichtlichen Schuldigkeiten, eigenmächtig los, und zwar in einer offenbaren Bestimmtheit, die nicht nur für einen Reichs-Vasallen pflichtwidrig, sondern für Kaiser und Reich als insultirend geachtet werden muß.“

„Ad 3um Soll den Truppen des Reichs der Durchzug durch die Reichsländer eines seiner Mitglieder, das zu dem R.Krieg gestimmt und die R.Mitstände hiezu sogar aufgemuntert hat, zu Gunsten des Feindes nun gesperrt werden, was eine offenbare Violatio juris Imperii in subditos ist. — Daß kein R.Stand ohne Willen des Reichs in einem R.Krieg neutral bleiben darf, ist nach der Analogie der Reichsgesetze ausgemacht; daß aber ein einzelner R.Stand aus dem Krieg treten, und noch überdieß den R.Truppen den Weg zu sperren sich herausnehmen darf, läßt sich nur ex jure fortioris und nach Begriffen von gänzlicher Unabhängigkeit erklären."

„Ad 4um et 5um scheint, wie es liegt, widersprechend, daß die Preußischen Besitzungen am rechten Rheinufer zurückgegeben, die am linken aber bis zur allgemeinen R.Pacification in den Händen des Feindes verbleiben sollen, und es scheint im ersten Augenblick unbegreiflich, warum, da ohne Einwilligung, ohne Zuthun des Reichs von einem R.Stand Frieden geschlossen wird, eine so wichtige Restitution bis auf den Reichs-Frieden ausgesetzt bleiben soll. Dadurch wird man aber verleitet zu glauben, daß ein geheimes Einverständniß hier obwalte und unbekannte geheime Artikel hierüber den Aufschluß geben könnten; oder aber man muß annehmen, daß Preußen, um aus Verlegenheit, oder aus anderen höheren Absichten den Frieden in aller Eile schließen zu können, in die Abtretung des linken Rheinufers gewilliget habe und willigen mußte; oder daß dieser Punkt zur weiteren allgemeinen R.Friedensbehandlung nur darum ausgesetzt blieb, damit Preußen die Gelegenheit sich offen hält, bey dem R.Frieden neuen Einfluß zu nehmen und die Unterhandlungen ebenso nach besonderen Absichten zu lenken, Kaiser und Reich eben so zu embarrassiren, wie dieß durch die Preußische Theilnahme an dem Krieg geschehen ist, wo die Gelegenheit nicht mangelte, alle Kriegs-Operationen des Reichs zu Gunsten des Feindes zu lähmen. In einem und dem anderen Falle ist sich leicht vorzustellen, was die Reichsstände, die ihr Schicksal in die Hände Preußens legen und auf Preußische bons offices bey der Französischen Nation vertrauen, zu erwarten haben, wenn Preußen es oder über seine Macht, oder gegen seine Convenienz achten sollte, auf der Zurückstellung der deutschen Besitzungen jenseits des Rheins zu bestehen."

„Ad 6um Um den Vortheil, den Franzosen in ihrer äußersten Verlegenheit die Bedürfnisse in hohen Preisen gleichsam ausschlüssig zuführen zu können, sich ganz zuzueignen, mußte allerdings das Commerz geöffnet werden, und wäre dieß von Preußen theils keine Innovation, theils ein Punkt, der dem gesammten Reiche am wenigsten beschwerlich fallen dürfte, da eigentlich das Commerz mit Frankreich nie ganz unterbrochen war, und sogar dem Feind aus dem Reich auch Lebensmittel in einem solchen Uebermaße zugeführet wurden, daß in manchen R.Provinzen bald der größte Mangel zu besorgen ist."

„Ad 7mum Dieser Artikel aber, daß der Schauplatz des Kriegs von den zum Handel nach Frankreich bequem gelegenen Provinzen entfernt und in andere R.Provinzen gespielt werden soll, ist äußerst auffallend und beweißt ein offenbares Einverständniß mit dem Feind zum Schaden des Reichs, und wenn man darüber hingehen wollte, daß ein Reichs-Stand eigenmächtig aus dem Krieg tritt, so ist doch unleidentlich, zu sehen, wie eben diese Macht öffentlich Entwürfe zur Verlegenheit und Bedrückung des Reichs ankündigt, hiemit nicht nur zu kriegen aufhört, sondern gegen das Vaterland mit dem Feind Plane entwirft."

„Ad 8um et 9um Sind gewöhnliche Stipulationen."

„Ad 10mum Man begreift hier die Maynzer, Sachsen, Pfälzer, Heßen u. s. w. in der bedingten Auswechslung der Gefangenen, um ohne allen Aufwand von Anstrengung zu erkennen zu geben, wie sehr man sich für diese R. Stände interessire; im Grunde aber, um die ausgewechselten Truppen dieser R. Stände, weil sie doch gegen Frankreich nicht mehr gebraucht werden können, etwa zu Absichten von anderer Seite zur Disposition zu erhalten."

„Ad 11um Die Französische Erklärung, die Verwendungen Preußens für andere R.Stände gut aufnehmen zu wollen, ist eben für Preußen nicht sehr ehrenvoll, und allerdings der herablaßende Ton des Höheren gegen den Minderen. Für das ganze Reich aber, dessen ganze, oder doch theilweise Existenz von Preußischer Protection oder Fürsprache abhängen soll, ist dieser Artikel entehrend, da er mit dem Begriff von seiner Hoheit und Selbstständigkeit unmöglich vereinbart werden kann."

Was die Mai-Convention und die Demarcations-Linie betrifft, auf die wir im Verfolg dieses noch eingehender zu sprechen kommen, so waren diese beiden Verträge vom Wiener Cabinet gleichfalls einer für Preußen vernichtenden Kritik unterzogen. Die Fiction einer sogenannten „Demarcations-Linie" existirt für Oesterreich nicht, sagte Thugut, und er wies die kaiserlichen Minister an, mit allem Eifer und rücksichtslos den Reichsständen ihre Pflichten an das Herz zu legen, damit „so allgemein verderbliche insidiöse Anträge" auch allgemein mit Verachtung abgewiesen würden. *)

Das bezügliche Rescript der Staatskanzlei lautet:

„Von Berlin aus ist uns die angebogene Convention additionnelle zwischen Preußen und Frankreich zugeschickt worden, die man ganz wohl bei der ersten Uebersicht die projectirte Verwirrungs-Karte von Deutschland nennen könnte. Es ist hieraus zu ersehen, wie die Linien ausgesteckt

*) Rescript der Staatskanzlei an sämmtliche Minister im Reich, d. d. Wien den 15. Mai 1795. (St. A.)

sind, nach welchen Stände von Ständen getrennt und zum Vortheil des Feindes in eine besondere Verbindung, die dermal nur ihren Urhebern klar bekannt ist, gesetzt werden sollen. — Offenbar kann man aber bei einem so abentheuerlichen Plan keine andere Absicht erkennen, als jene, durch dieß verzweifelte Mittel einer gänzlichen Zerrüttung des Reichs, wenn es gelänge, dem Feind aus der Klemme zu helfen; und zu diesem Ende will man alle jene Reichs-Provinzen, welche zur Approvisionnirung des nun von dem äußersten Mangel bedrohten Frankreichs — ein Umstand, auf den sich vorzüglich tröstliche Aussichten zu einem anständigen Reichsfrieden bauen ließen — die bequemsten sind, in den Neutralitäts-Plan einziehen; anbei aber unsere und die Reichsarmee so einschließen und umwinden, und alle Zugänge und Abgänge so einschränken, daß man, um dem Feind zuzukommen, sich den Weg fast allenthalben mit Gewalt bahnen — oder aber man die Waffen ganz niederlegen, und sich der Französischen und Preußischen Discretion ganz überlassen, und die Entscheidung des Schicksals von Deutschland von ihrer Willkür erwarten müßte. Nicht genug, daß ein mächtiger Reichsstand sich über alle abhängigen Verhältnisse, in denen er gegen das ganze Reich stehet, hinausgesetzt, macht er nun anderen Ständen öffentlich den Antrag, sich von dem ganzen Körper zu trennen, durch Zurückziehung ihrer Reichscontingente von der Reichs-Armee eine zweydeutige Neutralität mit Hintansetzung ihrer wahren Verbindlichkeit gegen das gemeinsame Vaterland auf einer Seite zu erkaufen, auf der anderen Seite aber sich gegen einen einzelnen Reichsstand, der bisher die geringsten Dienste dem Reich so unerschwinglich hoch angerechnet hat, sich aufs neue verbindlich zu machen, und das als Wohlthat für Einzelne anzuerkennen, was nicht anders als zum allgemeinen Verderben gereichen kann."

„Nach dieser so künstlich als willkürlich gezogenen Neutralitäts-Linie wird das ganze Reich zerstückelt, die Nordischen Provinzen von Deutschland ganz vom Reich abgetrennt, außer dem bayerischen und österreichischen Kreis bleibt keiner undurchschnitten, und es werden nicht nur Stände von Ständen dadurch getrennt, sondern da die Neutralität bewaffnet sein soll, wird dem übrigen Reich Stillstand geboten, und ihm gebieterisch ein schmaler Weg vorgezeichnet, auf dem man dem Feind entgegen oder sich zurückziehen dürfte, und dieß noch in der sehr deutlichen Absicht, um dem Feind auf ausgesteckten Straßen das Nachsetzen oder Vordringen zu erleichtern."

„Ein Reichsstand, der eine solche Proposition während des Reichs-Kriegs, den er mitveranlaßt und mitbeschlossen hat, macht, verräth die Absicht, die verfassungsmäßige Verbindung unter den Ständen aufzuheben, und da dieser Antrag im Bündniß mit dem Reichsfeind gemacht wird, so gesteht er nicht nur frey sein Einverständniß mit dem Feind ein, sondern, daß er ihm angelobet habe, dadurch seine Vorschritte zu erleichtern, oder doch seine Eroberungen sicher zu stellen."

„Reichsstände aber, die in einen solchen Plan eingingen, — thäten sie es auch blos in der Meinung, für ihre prekäre Selbsterhaltung augenblicklich zu sorgen, — überlieferten ihre übrigen Mitstände, durch ihren Rücktritt in einverständlich mit dem Reichsfeind ausgemessene Grenzen, der Willkür einer fremden Macht und dienten als Werkzeuge zur Vernichtung der deutschen Staatsverfassung."

„Hätte Frankreich in dem Frieden mit Preußen dem gesammten Reich die Neutralität angetragen und anbei die Zurückstellung der abgenommenen Provinzen auch nur auf eine entfernte Art zugesichert, so ließ sich doch ein Beweggrund denken, in einen solchen Antrag einzugehen, und es würde dann höchstens nur gewagt sein, im Vertrauen auf das Wort eines Feindes dieser Art, die Waffen vor wirklichem Abschluß des Reichsfriedens niederzulegen, und es. wäre dann wenigstens nur unklug, einen Waffenstillstand anzunehmen oder gar durch fremde — am Ende sicher theuer zu bezahlende Protection in dem Augenblick zu suchen, wo der Feind im Innern — und wegen der fanatischen Extension, die er seinen Waffen gegeben hat — sich auch von Außen und auf dem Boden, wo er als Eroberer steht, auf dem höchsten Grad der Verlegenheit befindet. Daß aber Reichsstände, die Nichts verloren, und von einem Feind, der seine abgematteten, unwilligen Heere nun durch verarmte, verdorbene, von allen Subsistenz-Mitteln entblößte Länder herführen und mit einer Armee es aufnehmen muß, der es nun an Nichts mangelt, und die ihre Verstärkung und ihre Bedürfnisse aus gesegneten Provinzen, die sie im Rücken hat, ziehen kann, — folglich daß Reichsstände, die Nichts mehr nach aller Wahrscheinlichkeit zu besorgen haben, sich neutral erklären, oder was Eins und das nämliche ist, sich für das Schicksal ihrer Reichsmitstände nicht nur gleichgültig, sondern durch Erschwerung ihrer Selbsthülfe und Einschränkung des Wirkungskreises für den Feind parteyisch zeigen sollten, dieß wäre unbegreiflich und ließe sich nur dann denken und befürchten, wenn Ihnen der Zusammenhang des Reichs, unsere tausendjährige Verfassung gleichgültig, und einzelne Stände Vasallen oder Schutzgenossen einer fremden Macht zu werden vorziehen sollten."

12*

Und Thugut hatte Recht! Ja, — dem Frieden suchenden Theil des deutschen Reiches war damals der Zusammenhang und die 1000jährige Verfassung Deutschlands gleichgiltig, und mit der Unterzeichnung des Baseler Friedens wurden und blieben Preußen und seine Gesinnungsgenossen im Reich für alle späteren Zeiten Vasallen und Schutzgenossen von Frankreich!

Diesen französischen Triumph feierte und fühlte man allsogleich in Frankreich, und Nichts vermag wohl das, was der Baseler Friede unserem deutschen Vaterlande geworden ist, besser zu kennzeichnen, als die Freude, welche die Franzosen über den Abschluß dieses Friedens empfanden. Denn in Frankreich hatten sich mittlerweile die nach Herrschaft ringenden Parteien unabläßig befehdet, eine Regierungsform hatte die andere gestürzt, und die Revolution bot in Mitte ihrer Erfolge damals jedem Politiker das Bild eines sich selbst vernichtenden feuerspeienden Kraters. Und dort in Frankreich war nun ob dieses unseligen Friedens unbeschreiblicher, allgemeiner Jubel! — Von der Convention nationale wurde der Friede als die Sanction aller bisher durch die Revolution geschehenen Unthaten und als eine Befestigung ihrer eigenen schwankenden Macht betrachtet, und sonach war es ganz begreiflich, daß dieser diplomatische Sieg in Frankreich mehr gefeiert und höher gehalten wurde, als alle bisherigen großen militärischen Erfolge. Und so wurde der Baseler Friede zur eigentlichen Siegespalme, welche das terroristische Frankreich aus der Hand des reichsverrätherischen Preußens empfing.

Nur wenige Monate der Ausdauer, und der babylonische Freiheitsthurm, den die Franzosen sich damals aufgerichtet hatten, wäre unter der heillosesten Verwirrung in sich selbst zusammengestürzt. Ein energisch geführter Feldzug hätte Europa und namentlich Deutschland von dem drückenden Uebergewicht Frankreichs vielleicht auf immer befreit. Daß nun aber im Gegentheile Frankreich für immer von der Furcht befreit wurde, jemals sein Uebergewicht und seinen politischen Einfluß in Europa an Deutschland zu verlieren, — daß Frankreich von der Furcht befreit wurde des noch immer möglichen und immer noch wahrscheinlicheren Unterliegens, — daß endlich Frankreich den Wahlspruch der Römer: Divide et impera*) nun für gallisches Interesse ausbeuten und zur Wahrheit machen konnte, — diese politisch nationale Wohlthat hatte die schwer bedrängte französische Republik ganz allein dem Baseler Frieden zu verdanken.

Und dieser Dank, den Preußen bei dem Reichsfeinde ärndtete, vervollständigt das Bild der entgegengesetzten Eindrücke, welche dieser Friedensschluß in Wien, Berlin und Paris, in Frankreich und in Deutschland hervorgebracht hat.

Die Rede, welche der Sprecher der Regierung zu Paris im Convent hielt, krönte somit nur in entsprechender Weise diese preußische Meinthat, — sie drückte jedem Wort der Thugut'schen Erlässe das Siegel der Wahrheit und Voraussicht auf; — sie war aber auch für das deutsche Reich ein abermaliger beherzigenswerther Warnungsruf.

„Wir haben geglaubt", so sagte Rewbell am 10. April im Convent, „daß es gut ist, wenn die Macht, mit der wir den Frieden schlossen, über die Staaten des deutschen Reiches ein Uebergewicht, das der französischen Republik sehr nützlich werden kann, erhalte. Der Errichtung der uns vom preußischen Könige angetragenen Neutralitäts-Linie haben wir uns um so williger

*) Divide et imperabis; manibus enim Germanorum Germani vincuntur. (Lentulus in principe absoluto, sive axiom. 19 ad lib. 12. Annal. Taciti.) d. i.: Theile und du wirst herrschen; denn nur durch die Hände Deutscher werden Deutsche besiegt.

gefügt, als aus allen unseren Acten erhellt, daß die preußische Nation während der ganzen Dauer des Krieges bei jeder Gelegenheit der französischen vielfältige Beweise von Zuneigung und Achtung gegeben hat."

In dieser Weise wurde der Friede von Basel in allen Gauen der Republik auf das Feierlichste bekannt gemacht, und kurz darauf las man das maßlose Frohlocken der Franzosen und die von Preußen insgeheim genehmigten Rheingrenzgelüste ganz unverblümt in den Spalten des Moniteur. Diese Regierungszeitung erklärte nämlich schon am 16. April unumwunden, daß die Grundlagen des Baseler Friedensvertrages auf drei wesentlichen und bedeutungsvollen Punkten beruhen:

1. sei der Friede auf gegenseitige Interessen gegründet;

2. entspreche der Friede im gegenwärtigen Augenblicke der drückenden Noth, in welche ohne ihn die französische Republik gerathen wäre;

---

*) Moniteur No. 204, séance du 21 Germinal. Rewbell au nom du comité de salut public: „Quoique vous ne vous soyez pas encore prononcé sur les limites du territoire de la République, votre comité a cru devoir traiter dans le sens qui lui a paru avoir obtenu jusqu'à présent l'assentiment de la nation. Mais l'objet principal auquel il s'est attaché a été de rétablir des relations commerciales, qui nous deviennent si nécessaires, et de les étendre en éloignant autant qu'il a dépendu de lui le théâtre de la guerre du nord de l'Allemagne. — La proposition en avait été faite par le roi de Prusse. Il acquérait par là une grande considération parmi les États d'Empire dont il devenait le bienfaiteur, et nous avons cru, qu'il était bon, qu'une puissance qui redevenait notre amie, jouit dans l'Empire germanique d'une prépondérance qui peut devenir très utile à la République. Nous nous y sommes prêtés d'autant plus volontiers que toutes les relations prouvent, que la nation prussienne n'a laissé échapper aucune occasion dans tout le cours de cette guerre, de nous donner des témoignages d'affection et d'estime, qu'un intérêt mal entendu n'avait pu parvenir à altérer."

3. eröffne der Friede Frankreich große Aussichten für die Zukunft.

„In den Friedens-Artikeln", so hieß es in diesem Organ der französischen National-Wünsche*), „deren weittragende Wirkungen sich in einer sehr kurzen Frist entwickeln werden, finden wir nur auf Gegenseitigkeiten gegründete Dienste verzeichnet."

„Wenn Preußen uns dennoch nicht seine auf dem linken Rheinufer gelegenen, von uns in Besitz genommenen Länder endgiltig überläßt, so geschah dieß nur deshalb, weil uns der Zeitpunkt noch nicht geeignet schien, unsere nunmehrigen neuen Grenzen, deren unwiderrufliche Bestimmung unsere großen Erfolge und unermeßlichen Arbeiten gewährleisten, kund zu thun. — Nachdem jedoch Friedrich Wilhelm sowohl als König von Preußen, als auch als Mitstand des Reiches mit uns seinen

*) Moniteur No. 207. „Le traité de paix entre la République et la Prusse . . . a produit cette satisfaction calme et pure qui paroissoit dire, que tout n'était pas fait encore, mais que c'était un premier pas vers un but désiré. . . . La Prusse est la clef de la voûte qui couvrait de son ombre sinistre une si vaste conspiration; or cette pierre fatale est tombée, et la coalition va s'écrouler. Parcourrons rapidement les dispositions du traité. Elles portent trois grands caractères, qui marquent le sceau de l'utilité et de la durée. Elles sont fondées sur les intérêts réciproques, elles satisfont aux besoins d'un moment actuel; elles ouvrent une vaste perspective pour l'avenir . . . La même réciprocité de circonstances se trouve dans les articles dont l'effet va se déployer dans un avenir sans doute très rapproché. Si la Prusse ne nous cède pas définitivement ses possessions que nous occupons sur la rive gauche du Rhin, c'est parceque nous n'avons pas encore dû faire la déclaration de nos nouvelles limites, dont nos succès et nos immenses travaux ont d'ailleurs suffisamment indiqué l'irrévocable destin . . . Frédéric Guillaume ayant fait la paix et comme Roi de Prusse et comme État de l'Empire, il est évident, que quelle que soit l'époque de notre déclaration, telle que l'honneur national l'exige et l'exigera, nous n'y rencontrerons aucune résistance de la part de la Prusse."

Frieden geschlossen hat, so ist wohl offenbar, daß wir von Preußen kein Hinderniß mehr zu erwarten haben, falls wir den Augenblick, in welchem es uns die Ehre der Nation gebietet oder gebieten wird, für gekommen erachten, der Welt die neuen Grenzen Frankreichs zu offenbaren!"

Während in Wien bei Volk und Regierung tiefe Entrüstung, in Berlin dagegen offene und heimliche Schadenfreude herrschte, war über den Abschluß des Baseler Friedens bei den Comitial-Gesandten zu Regensburg maßloser Jubel. Einzelne warnende Stimmen blieben ganz unbeachtet. Man war dort friedlicher als je gesinnt und schwärmte für einen „Weltfrieden" und einen europäischen Friedens-Congreß. Eine Reichs-Deputation hiezu zu ernennen, so ließen sich mehrere Gesandte vernehmen, sei ganz überflüssig; es müsse ja ohnehin den Ständen vorbehalten bleiben, den Congreß je nach eigenem Wohlgefallen mit Gesandten, Delegirten und Commissären (in der Weise, wie es später zur Zeit des Rastätter Congresses wirklich geschah) zu beschicken.

Daß sich Preußen vom Reich auf immer losgesagt habe, daß Görz nun zeitweise auch das Wort „Neutralitäts-Linie" und „Rheingrenze" fallen ließ, das wollte gar Niemand bemerken. Die Uneigennützigkeit und Großmuth Preußens, so meinten diese Herren, sei so oft schwarz auf weiß bewiesen, — daß man von weitgehenden preußischen Plänen gegen die Souveränität der deutschen Stände gar Nichts zu befürchten habe. Diese großmüthige Uneigennützigkeit, so hieß es jetzt plötzlich, offenbare sich selbst in dem Baseler Vertrag deutlich und verdiene ein größeres Vertrauen als die nur durch das österreichische Privat-

Interesse zu erklärende Hartnäckigkeit der kaiserlichen Regierung, deren Thaten darauf absichtlich berechnet scheinen, das ganze Vertrauen der Stände zu verscherzen!

Die thätigen Werkzeuge der preußischen Politik und jener Höfe, die, durch Hardenberg insgeheim hiezu veranlaßt, bereits im Stillen Friedensunterhändler nach Basel gesandt hatten oder zu senden im Begriffe standen, waren bemüht, ihre Mitwissenschaft und Betheiligung zu verbergen. Der hessenkasselische, württembergische, pfälzische und kurmainzische Gesandte betheuerten, von den großartigen, für das Reichsbeste so sichtbar in die Augen springenden Resultaten des Baseler Friedens ebenso überrascht, als entzückt zu sein.

Stünden gleichwohl einzelne Artikel mit der Reichsverfassung nicht im vollkommensten Einklang, so habe dieß ja so viel nicht zu bedeuten. Ob die Verfassung ein Loch mehr oder weniger habe, sei sehr gleichgiltig, die Hauptsache bleibe immer der endlich erreichte Frieden.

Nichts desto weniger entschuldigte sich der Erzkanzler des Reiches, dessen Umtriebe wir wiederholt zu beleuchten Gelegenheit fanden, oder ließ sich durch Strauß in einer Weise entschuldigen, die alle Beachtung verdient. Strauß erhielt nämlich den Auftrag, dem kaiserl. Concommissär mitzutheilen, daß Kur-Mainz an dem preußischen Frieden gar keinen Antheil habe, mit Preußen in gar keiner Verbindung stehe, und daß der seiner Zeit so verhängnißvolle kurmainzische Friedensantrag zu einer Pacification in der Art des Baseler Friedens gar keinen Anlaß geboten hätte. Zwar wünsche Kur-Mainz beharrlich den Frieden und sei noch immer davon überzeugt, daß Deutschland desselben dringend bedürftig wäre, aber der Erzkanzler billige keinen anderen Frieden, als in Gemeinschaft mit dem Reich und mit seinem Reichsoberhaupte. Er wünsche nur einen Frieden, durch welchen des Reiches Integrität und Verfassung erhalten werde, — einen Frieden, der alle von ihren Besitzungen verdrängten Reichsstände wieder einsetze und im Reiche den status quo herstelle.

„Könne jetzt", so berichtet Hügel über diese angebliche Gesinnungsumwandlung, „ein solcher Frieden nicht erhalten werden, so seien Ihro Kurfstl. Gnaden auch zur Fortsetzung des Krieges so lange bereit, bis dieser nothwendige Zweck erreicht werde, und Sie würden dazu ihrer Orts nun aufrichtig mitwirken; nur müsse Eines ernstlich gewollt werden: Krieg oder Frieden!*)"

Somit schien dieser Fürst noch immer kein rechtes Bild von dem Ernst eines Krieges gewonnen zu haben, obgleich seit Jahr und Tag die Oesterreicher wie das Laub vom Baume um und auf den Wällen seiner eigenen Mainzer Residenz fielen!

Eigentlich war dieser Vorwurf nur darauf gerichtet, seine eigene, durch die Einschließung der kurmainzischen Kriegsgefangenen in den Artikel IX des Baseler Friedens ziemlich blosgestellte politische Gesinnung zu verbergen. Zum Ueberfluß betheuerte der Freiherr v. Strauß, daß seiner Regierung der Artikel IX ganz überraschend gekommen wäre, der Erzkanzler des Reiches käme hiedurch „in das Friedens-Instrument wie Pilatus in's Credo!" **)

„Nach Verlesung des größten Theils seines Schreibens", so berichtet Hügel schließlich, „bemerkte noch der Freiherr von Strauß, es sei für Ihro kurfürstlichen Gnaden beleidigend, daß man vermuthe, daß Sie mit Preußen wegen des Friedens einverstanden seyen, als ob Sie in Ihrer Eigenschaft als Reichs-Erzkanzler particulare Verabredungen von einzelnen Ständen

---

*) Hügel an Colloredo, d. d. 24. April 1795. (St. A.)

**) Vorerwähnter Bericht.

billigen könnten! Herr von Albini habe gleich nach erhaltener Communication des preußischen Friedens durch Herrn von Hardenberg demselben geantwortet, daß man darin nichts Vortheilhaftes für das deutsche Reich finden könne. Vor der Hand sey das linke Rheinufer mit allen deutschen Besitzungen gleichsam abandonniret, und es sey schwer zu glauben, daß durch einen besonderen Artikel etwas Günstigeres wegen des deutschen Reichs festgesetzt wäre, weil man alles Vortheilhafte gewiß öffentlich bekannt gemacht haben würde!"

Alles dieses erklärte Strauß dem kaiserlichen Concommissär mit offener Stirne, obgleich es allgemein bekannt war, daß Albini mit Hardenberg und Lucchesini seit dem Wilhelmsbader Congreß in ununterbrochenem brieflichem Verkehr stand, und daß der Kurfürst seinen Coadjutor Dalberg, und die verächtliche kriechende Gesinnung dieses Letzteren wieder jene des Kurfürsten völlig aufwog!

Rechnet man zu allen diesen Thatsachen das ganz feindselige, kränkende Benehmen des kurmainzischen Reichs-Directorial-Gesandten, der sich in dieser Zeit am Reichstag von Görz zu Allem gebrauchen ließ, und der gegen die kaiserlichen Minister über den Abschluß des Friedens eine „besondere Heiterkeit und Zufriedenheit" *) zur Schau trug, so wird die hieraus ge-

*) Nach einem früheren Bericht des Freiherrn v. Hügel an Colloredo, d. d. Regensburg 11. April 1795.

„.... Die Gerüchte eines zwischen Preußen und Frankreich abgeschlossenen Friedens oder Waffenstillstandes sind so allgemein, daß Niemand mehr an der Wahrheit dieser Nachricht zweifelt. Bereits vor einigen Tagen erklärte Graf Görz seinen Confidentioribus, daß die Feindseligkeiten zwischen der Möllendorff'schen und französischen Armee eingestellt seien. Von Aschaffenburg sind Briefe hier, daß Ihre kurfürstliche Gnaden am 5. im Cirkel erklärt hätten, daß zwischen Preußen und Frankreich der

zogene Bilanz für den neuen Pilatus im Credo so schwerwiegend und vernichtend, daß uns wirklich das richtige und bezeichnende Wort für die ganze blöde Erbärmlichkeit des Eminentissimus Elector und seiner Politik mangelt. Es liegt uns eine vertrauliche Correspondenz des Hofkanzlers Albini mit Hardenberg und den kurmainzischen Gesandten zu Wien und Berlin vor, die für denjenigen äußerst lehrreich ist, der sich über die Art und Weise belehren will, wie sich die Reichsstände gegen ihr eigenes Interesse von Preußen als Pionniere der preußischen Sonderpolitik erfolgreich mißbrauchen ließen.

Aus jenen wenigen Original-Briefen, die wir unseren Lesern in der Note VIII. vollinhaltlich zur eigenen Beurtheilung anheim geben, tritt beispielsweise das Verhältniß von Kur-Mainz zu Kur-Brandenburg ziemlich klar zu Tage.

Die läppischen Briefe Albini's mit seinen abgeschmackten Großsprechereien*), seine lächerliche Verwechslung und Vermengung der Standhaftigkeit des Kaisers, der österreichischen Anstrengungen, des österreichischen Opfermuthes, mit jenen dagegen verschwindend kleinen des kurmainzischen Staates; seine Jere-

---

Friede abgeschlossen sey, und bey dem kurmainzischen Reichstagsgesandten ist eine besondere Heiterkeit und Zufriedenheit zu bemerken, welche wenigstens ein Merkmal sein soll, daß er in den Geheimnissen der öffentlichen Vorgänge unterrichtet sey und darüber Freude zu äußern Ursache habe. Euer hochfürstlichen Gnaden ermessen leicht, daß ich mit den beiden k. k. Herren Ministern in diesem Stand der Ungewißheit eine sehr unwirksame Rolle spielen muß, und daß bis zur näheren Entwicklung der allgemeinen Angelegenheiten alle Bearbeitungen unserer Seits beinahe fruchtlos sind. (St. A.)

*) Wie sich diese z. B. in dem an Hardenberg gerichteten Brief vom 15. April in den Worten vorfindet: „Lieber soll mich selbst eine Kugel von dem Walle ins Grab werfen, als daß ich „uns“ nach so ungeheuren Aufopferungen Mainz nehmen lasse.“ Ferner das Albini'sche aut vincere aut mori u. s. w.

miaden über den Verlust des linken Rheinufers zusammengehalten mit dem festen Willen, den burgundischen Kreis dem Reichsfeind aufzuopfern, sowie mit dem kurmainzischen Benehmen am Reichstag, welches förmlich darauf berechnet schien, die Hemmung der kaiserlichen Bestrebungen und die Vernichtung der kaiserlichen Autorität vollends herbeizuführen; endlich die Albini'schen Erlässe an die kurmainzischen Gesandten zu Wien und Berlin: *) — das Alles bildet für die Gesinnungslosigkeit und Thorheit der Mainzer Politik, die sonst ein wahres Sphinx-Räthsel wäre, die entsprechende Auflösung.

Eine größere Beachtung verdienen die Albini'schen Briefe nicht. Aber Scham und Zorn muß jeden Deutschen überwältigen, der diese gemeine Sprache liest und sich gegenwärtig hält, daß dieß die Sprache der Regierung des ersten Kurfürsten des Reichs,

---

*) Die Rescripte an Walter, die über die Volksstimmung in Wien zur Zeit des Baseler Friedens Aufschluß geben, könnten wohl schwerlich in einem gemeineren Ton gehalten sein. Besonders beachtenswerth ist das Rescript vom 15. Juni, in welchem Albini unverschämt genug ist, darüber zu klagen, daß Kurmainz von den Oesterreichern „aufgefressen" wird, und daß Kurmainz „das Unglück hat, die Oesterreicher acht Monate auf dem Hals zu haben."

Durch Haugwitz läßt er am 24. September Kurmainz auf Gnade und Ungnade in die großmüthigen Arme der preußischen Majestät werfen, opfert die Festung Mainz den Franzosen auf, wünscht den Abzug der Oesterreicher aus dieser Festung und will, daß sich das kurmainzische Contingent zur Vertheidigung der Festung von den Oesterreichern „nicht mehr brauchen lasse."

Am 12. October intriguirt der kurmainzische Hofkanzler bei den Kreisen, immer im Hardenbergischen Sinne, und bezeichnet als Minister des Reichs-Directoriums einen Reichsschluß als ein „in unseren Kram taugendes Reichsgutachten!" — Diese Anhaltspunkte werden genügen, um die kurmainzische Politik zu charakterisiren, sie werden aber auch wahrlich genügen, um Vieles was später geschehen ist zu rechtfertigen, insbesondere den Rückzug der Oesterreicher aus Mainz nach dem Frieden von Campo Formio.

des „Reichs-Directoriums“ war, zur Zeit der ernstesten Krisis, die je über Deutschland hereinbrach.

Eine bei Weitem andere Beurtheilung verdienen die Hardenberg'schen Briefe. Es war gewiß ein recht frevelhaftes Spiel, welches Hardenberg damals mit den Regierungen dieser deutschen Reichsfürsten trieb! Aber man muß wirklich gestehen, daß die absichtliche Irreführung derselben auf ihre Gesinnungslosigkeit sehr gut berechnet war, und daß eine solche Regierung, wie z. B. die kurmainzische, gar nichts besseres verdient hat, als schließlich von Preußen betrogen und in das Unglück gestürzt zu werden.

Wir wollen eine kleine Auslese einiger Stellen der Hardenberg'schen Briefe schon aus dem Grunde eingehender als die betreffenden zweideutigen Antworten Albini's betrachten, weil hiedurch auch eine allgemeine Beurtheilung des historischen Werthes der Hardenberg'schen Aufzeichnungen möglich wird. *)

*) L. Häusser's Deutsche Geschichte sagt im Vorwort des zweiten Bandes: „Nach dem Friedensschluß zu Basel ... fand sich das preußische Cabinet in tiefer Spannung mit Oesterreich und doch in keineswegs innigem oder auch nur vertrautem Verhältniß zur fränkischen Republik.“ (Wie dieß so recht deutlich aus den auf S. 182 und 183 angeführten Stellen des Moniteur ersichtlich ist.) „Während dasselbe gegen den Wiener Hof die Friedenspolitik verfocht, mußte es in Paris die Tendenz der „natürlichen Grenzen“ bekämpfen.“ (Wie auch diese Bekämpfung recht deutlich aus der Convention vom 17. Mai ersichtlich ist.) „Mit der Befriedigung über den endlich erlangten Frieden lag die Erkenntniß seiner Unzulänglichkeit in einem steten Kampfe und gab sich wohl, wie es in einer Denkschrift Hardenberg's vom Jaunar 1796.“ (Allerdings etwas spät!) „geschah, in einer offenen Verurtheilung der Politik von Basel kund.“ Auf S. 46, 47 und 48 wird dann diese Denkschrift besprochen. Dieser Phrasen innerster Kern ist, daß Preußen zu Basel das linke Rheinufer zwar allerdings abgetreten, aber eigentlich doch nicht abgetreten hat. — Die mit „prophetischer Wahrheit“ geschriebene Staatsschrift Hardenberg's, welche nach Häusser (S. 46) „offenbar darauf berechnet war, eine Wendung in der preußischen Politik“ zu Gunsten Oesterreichs herbeizuführen, — brachte aber endlich durch den preußisch-französischen August-Vertrag des

Bereits am 8. April hatte Hardenberg dem Hofkanzler Albini ein Exemplar der für die Oeffentlichkeit bestimmten Artikel des Friedensvertrages mit dem folgenden Zusatz übersandt: „Wenn nicht alles darin enthalten ist, was mein deutscher Patriotismus und meine Anhänglichkeit an Ihren gnädigsten Kurfürsten, dem ich meine tiefste Verehrung bezeuge, gewünscht hätten, so hoffe ich, wird das Uebrige, das bey der ganzen Lage der Sache nicht zu erhalten war, um desto sicherer nachfolgen, da der König große Schritte zur Pacification des Reichs gemacht hat und nun nach geschlossenem eigenen Frieden als Vermittler auftreten kann." *)

„Der nördliche Theil Deutschlands", folgert Hardenberg weiter, „und der bey weitem größere der Maynzischen Staaten diesseits des Rheins wird gleich einer vollkommenen Neutralität genießen, Aschaffenburg eingeschlossen. . . . Für Maynz war itzt nichts zu thun. Auf solchen Bedingungen zu bestehen, würde die Grundlage, auf die wir nun fortbauen wollen, gar nicht zugelassen haben. . . . Uebrigens machen Sie nur, daß Maynz sich halte, dann glaube ich aus vielen Gründen, daß die Franzosen den Plan auf das linke Rheinufer bald aufgeben werden."

Jahres 1796 das Baseler Trauerspiel zum würdigen Abschluß. Was den Werth Hardenberg'scher Denkschriften und die angebliche Tendenz einer Bekämpfung der „natürlichen Grenzen" betrifft, so liefert die Albini-Hardenberg'sche Correspondenz hiezu ganz erbauliche Commentare!

*) Hardenberg an Albini, d. d. Basel 8. April 1795. (M. A. im St. A.) — Auch diese Schritte Hardenberg's und seines Königs zur allgemeinen Pacification des Reiches finden in einer am 22. Mai im National-Convent zu Paris gehaltenen Rede Treillard's entsprechende Erläuterungen. L'Antriche, so sagte der Redner, bientôt isolée par les conséquences de ce traité, ne nous opposera plus qu'une faible résistance, et sous ce rapport le nouvean traité doit accélérer la pacification générale. (Moniteur No. 248.)

Der „Held“ Albini also sollte machen, daß sich Mainz halte! und derselbe Staatsmann, der das linke Rheinufer am 5. April förmlich abgetreten und durch alle möglichen Zeitungen und Flugblätter seit Langem schon das Publicum auf eine derartige Lösung der Dinge vorbereitet hatte, derselbe Staatsmann hoffte am 8. April, daß die Franzosen das „linke Rheinufer bald aufgeben werden.“ In dieser Weise geht diese Correspondenz fort, und am 27. April erklärt Hardenberg dem Kanzler, daß: „itzt weit mehr Hoffnung sey, die Integrität des deutschen Reichs zu bewirken und auf dem eingeschlagenen Weg der Vermittlung zu erhalten“ *), nur mußte der Friedens-Tractat rasch abgeschlossen werden, weil leider „unser deutsches aut vincere, aut mori bisher wenig gefruchtet“ hat.

„Für Ihr Maynz“, so tröstet der Minister seinen kurfürstlichen Collegen abermals, „läßt sich auch etwas thun, ohne daß E. E. nöthig hätten, diesen Wahlspruch in Anwendung zu bringen.“ Um aber zu erreichen, was erreichbar wäre, rieth ihm Hardenberg, zu veranlassen, daß „das Reich in corpore, oder noch besser einzelne Kreise und Stände, die Ausdehnung des Baseler Friedens auf ihr Gebiet begehren und die Vermittlung des Königs anrufen“; das hieß mit anderen Worten so viel als: das Reich möge unbekümmert um den burgundischen Kreis und den Kaiser sich von diesem vollständig lossagen, um sich in Preußens Arme zu werfen.

„Will Ihr gnädigster Churfürst“, so schreibt Hardenberg weiter, „dem ich mich zu Füßen zu legen bitte, Maynz und das ganze Land zwischen dem Mayn und der See vorerst gleich neutral haben, so habe ich große Hoffnung dazu, wenn Sie

*) Hardenberg an Albini, d. d. Basel 27. April 1795. (M. A. im St. A.)

auswirken können, daß die österreichischen Truppen jene Vestung und jenen Theil Deutschlands verlassen, und daß blos Reichs-Truppen darin bleiben... Eilen Sie, dieses einzuleiten und es... hier in Antrag zu bringen, am besten durch einen eigenen Abgeordneten.*)... Einstweilen bitte ich E. E., dem Gedanken wegen der Neutralität von Mainz nachzudenken und zu überlegen, daß jeder Augenblick kostbar ist. Aber der erste Schritt muß vom Churfürsten geschehen."

Sehr bezeichnend ist die Wahrnehmung, daß Hardenberg dem Kurfürsten nur die Oesterreicher als Hinderniß der Neutralität des ganz unbestimmt bezeichneten Landes zwischen „dem Main und der See" hinzustellen sich bemühte, und wie sehr es ihm damals darum zu thun war, die Separat-Frieden der Reichsstände, die er in seiner prophetischen Denkschrift**) vom Jänner 1796 verabscheute, im April 1795 selbst eifrigst einzuleiten.

Gleich nach Abschluß derselben sandte Hardenberg die Demarcations-Convention an Albini. — Es war der Augenblick, in welchem er durch diese Convention das ganze linke Rheinufer unwiderruflich preisgegeben hatte, gegen die Anwartschaft auf die Erwerbung Hannovers und ganz Nord-Deutschlands. Und was schrieb damals Hardenberg? Abermals bemerkt er, daß ein „großer Theil der kurmainzischen Staaten bereits in der Neutralitäts-Linie mit begriffen sey"; abermals heißt es: „ich sehe itzt

*) Demnach ist es thatsächlich, daß die Unzahl von Abgeordneten die damals zwischen den kleinen deutschen Höfen und Basel verkehrten, mit den Wünschen und Einleitungen Hardenberg's im vollsten Einklang standen. Der erste dieser „Abgeordneten" war der hessen-kasselische Regierungs-Präsident Waiz. Er reiste nach einem Berichte (d. d. 14. April 1795. St.A.) des Grafen Westphalen an den Fürsten Colloredo schon am 13. April von Kassel nach Basel ab. Der ganze Wortlaut der Hardenbergischen Briefe und deren Datum findet sich in Note VIII. vor.

**) Nach Häusser's erwähntem Vorwort.

die Zurückgabe des linken Rheinufers mit königlich völliger Genehmigung als den Haupt-Gegenstand meiner Unterhandlungen an, und werde solche eifrigst eingehen. Zu dem Ende wünsche ich, daß nur erst viele Fürsten, die dort Besitzungen haben, mit Beziehung auf die erste Abtheilung des XI. Artikels, die königliche Vermittlung ausdrücklich reklamiren und sich zu dem Ende, da ich autorisirt bin, solche Reklamationen aufzunehmen, gerade an mich wenden."

Alles, alles hatte der Herr von Hardenberg reiflich überdacht und erwogen, nur in Einem täuschte er sich offenbar, nämlich in dem Eindruck, welchen der Baseler Friede bei der Mehrzahl der Reichseinwohner wirklich hervorgebracht hat. War ja doch seit Jahren durch Zeitungsblätter und Flugschriften auf die Stimmung der öffentlichen Meinung so erfolgreich eingewirkt, daß es den preußischen Regierungsmännern zur unliebsamsten Ueberraschung wurde, die ungünstige und folgenschwere Volksstimmung wahrzunehmen, die ihr Friedenswerk in Deutschland hervorrief. — Deßhalb haben wir in den vorhergehenden Blättern die Eile hervorgehoben, mit welcher der Herr v. Hardenberg den Grafen Görz nachdrücklichst bat — dem Gerücht der Preisgebung des linken Rheinufers zu widersprechen, deßhalb schrieb Hardenberg nun auch im selben Sinne an Albini: „helfen E. E. mir den Wahn mit vertilgen, den blos Uebelgesinnte verbreiten können, als wolle der König sich für die Integrität des Reichs, die Herausgabe des linken Rheinufers nicht interessiren: wir glauben nur, daß beides besser durch Unterhandlungen, als durch den mißlichen Weg der Waffen zu erlangen stehe, und ich habe noch immer gute Hoffnung, daß man in Paris selbst seinen wahren Vortheil einsehen und den statum quo, wenigstens der Hauptsache nach, anerkennen werde."

Und Albini, der scharfsinnige Diplomat, glaubte dieser plumpen Lüge und half nach Kräften allen „Wahn", mit diesem aber auch das Kurfürstenthum Mainz „mitvertilgen."

„In Wien," so spann Hardenberg sein Lügengewebe weiter, „wird von Berlin aus darauf negocirt, daß auf den Fall, daß die Franzosen die Hände bieten, die österreichischen Truppen das rechte Mayn-Ufer und Maynz verlassen. Bei den großen Vortheilen, die dieses selbst für die Oesterreicher in Absicht auf die Concentrirung ihrer Armee haben müsse, sollte man sich einen günstigen Erfolg versprechen, vorausgesetzt, daß man in Wien, wie ich gewiß glaube, die Absicht nicht habe, die Niederlande und Luxemburg durch Gewalt der Waffen wieder zu erobern und zu entsetzen."

Und Albini glaubte wieder und trug allsogleich im Reich die lügenhafte Nachricht geschäftig herum, daß dem Kaiser und Oesterreich an der Zurückgewinnung des burgundischen Kreises gar Nichts liege; — und so wirkte er nach Kräften mit, daß das gesammte Reich, einzelne Kreise und Stände die Verwendung des Königs in Preußen dem Kaiser und Oesterreich gleichsam zum Hohn neuerdings erbettelten, um dadurch in ihrer politischen Kurzsichtigkeit den Hochverrath, welchen der Kurfürst von Brandenburg an Kaiser und Reich begangen hatte, „von Reichswegen" zu billigen, und nach Hardenberg „auf diese Weise das spectrum horrendum einer Trennung oder Scission im Reich abzuwenden."*)

---

*) L. Häusser, Deutsch. Geschichte, B. II., Seite 6, sagt: „Wir ersehen aus der Correspondenz zwischen Hardenberg, Möllendorff und dem Erbprinzen von Hohenlohe, daß in diesem Kreise die doppelte Hoffnung auf Erhaltung des linken Rheinufers und auf die allgemeine Pacification wenigstens in den ersten Wochen nach dem Baseler Frieden noch feststand. Auf die einzelnen Reichsfürsten rechnete man in jedem Falle, Oesterreich zu gewinnen schien nicht allzu schwer (!), selbst an England", (An

„Der Friedenswunsch des Reiches", folgert der preußische Minister weiter, „liegt zwar in dem letzten Reichsgutachten, aber nirgends ist es officiel an Frankreich gebracht, weil die Rücksprache zwischen dem Kayser und dem Könige nicht(!) zu Stande gebracht worden, und der König vom Reich eigentlich gar

---

England? — welches soeben die Expedition nach Quiberon ins Werk setzte?) „verzweifelte man nicht. Hardenberg, der im Mai von Basel nach Berlin ging, benutzte diese Gelegenheit, um durch persönliche Besprechungen im deutschen Süden und Westen in jener Richtung zu wirken, und man versprach sich davon guten Erfolg." — Wie die Deutsche Geschichte dazu kommt zu glauben, daß es „nicht allzu schwer schien, Oesterreich zu gewinnen", wäre uns wirklich unbegreiflich, — wenn uns überhaupt noch irgend eine Behauptung von jener Seite in Erstaunen setzen könnte, und wenn die Hardenberg'schen Briefe nicht selbst die entsprechenden Aufklärungen geben würden. Ebenso unbegreiflich bliebe uns, wie Hardenberg (nach Häusser B. II. S. 7.) seine Unterredung mit Lehrbach zu Frankfurt „eine vertrauliche Erörterung mit Oesterreich" nennen konnte, die „sehr günstig" ausfiel, und nach welcher zu schließen „man sich preußischer Seits eines schroffen Auftretens Oesterreich's nicht versah." Lehrbach's Berichte enthalten wahrlich ganz andere Dinge. Es würde uns zu weit von unserm Gegenstand ableiten, diese Episoden hier einzuflechten. Wir begnügen uns vorübergehend zu constatiren, daß Hardenberg die Anwesenheit Lehrbach's in Frankfurt gar nicht geahnt hatte und sich gerade damals Albini nach Frankfurt bestellte. (Siehe die Briefe Hardenberg's vom 20. und 22. Mai an Albini in der Note). „Fast zur nämlichen Stunde", so berichtet Schlick dem Fürsten Colloredo, „als Hardenberg hier ankam, traf auch der kurmainzische Hofkanzler Baron Albini hier ein; er ließ mir wissen: Seine kurfürstlichen Gnaden hätten ihn benachrichtiget, daß Herr Graf von Lehrbach mit ihm zu sprechen verlangen und desfalls nach Mainz gehen würde. Baron Albini habe aber diesem Minister allhier zu Frankfurt zuvorkommen wollen." (d. d. Frankfurt 24. Mai 1795. St. A.) Albini aber log, denn nicht Lehrbach, sondern Hardenberg hatte ihn bestellt. Im selben Bericht schreibt der Graf Schlick, daß Hardenberg ihn gebeten habe, ihm eine Unterredung mit Lehrbach zu verschaffen: „J'espère — so sagte Hardenberg — que nous nous réunirons encore tous ailleurs, et vous m'obligeriez en me procurant l'occasion de revoir le comte de Lehrbach qui est un de mes anciennes connaissances d'université" Lehrbach seinerseits berichtet an Thugut ebenfalls am 24. Mai aus Frankfurt, daß

nicht bevollmächtigt war, Friedens-Unterhandlungen für solches einzugehen. Daß er dieses thun könne, dahin muß man es also vor allen Dingen bringen, ... dann kann erst die Rede von der Integrität des Reichs, vom linken Rheinufer im Ganzen seyn. Bis dahin wird Frankreich schwerlich be-

er sich mit Hardenberg, der nach all dem Geschehenen zudringlich genug war ihn aufzusuchen, in gar Nichts eingelassen und gar keine Aeußerung gemacht habe, die man als eine officielle betrachten könne; auch habe er dem Herrn von Hardenberg gar keinen Grund zu was immer für einer Annahme gegeben; ja er habe diesen Friedensstifter um so kälter empfangen, „als man preußischer Seits sowohl im Militär als Civil im Publico glauben machen möchte, daß Oesterreich und Preußen gut mit einander seien, um dadurch Rußland und England aufrichtig zu machen und es zu ihrem Vortheil und unserm Nachtheil zu mißbrauchen.“ (St. A.)

Eine ähnliche Wahrnehmung berichtet der Graf Schlick am 27. Juni 1795 dem Fürsten Colloredo: „Der Prinz Hohenlohe äußert, er habe den strengsten Befehl, zwischen den preußischen und österreichischen Truppen eine „entente cordiale“ herzustellen ... General Kalkreuth und Prinz Hohenlohe erklären und versichern mit Affektation, daß der Allerhöchste Hof mit jenem von Berlin im besten Einverständniß sei, und daß der Baseler Friede dem Wiener Hofe keineswegs mißfalle. Dergleichen politische Kunstgriffe sind hoffentlich ohne Wirkung, indem man die Gesinnungen des Allerhöchsten Hofes eben so gut als die Falschheit des Berliner Kabinets kennt.“ (St. A.) — Nach allen diesen Angaben sind nun auch die Aeußerungen Möllendorffs nach dem Baseler Frieden zu beurtheilen. Nach Häusser's Deutscher Geschichte B. II., S. 7 schreibt dieser Feldherr: „Man muß eine Spaltung (!) im Reich zu verhüten suchen und das Zustandebringen einer General-Pacification als das glücklichste Ereigniß betrachten.“ Hiezu bemerkt die Deutsche Geschichte nun ihrerseits: „Diese Täuschung dauerte freilich nur kurze Zeit, schon im Juni war darüber kein Zweifel mehr möglich, daß die Einwirkung Hardenbergs auf die einzelnen Reichsstände überschätzt, die Haltung Oesterreichs ganz irrig beurtheilt worden war. Denn ganz im Gegensatze zu den friedfertigen Erwartungen“, (Wodurch? durch wen? und wie waren denn diese Erwartungen berechtigt?) „mit denen man sich getragen, wurde der preußische Vertrag recht geflissentlich (!) vor den Richterstuhl der Leidenschaft und des Parteigeistes gezogen.“ (!?) — Bei Anderen ist also der Deutschen Geschichte Leidenschaft und Parteigeist doch Sünde; nur Preußen allein besitzt in dieser Geschichte die ausnahmsweise Erlaubniß, im

stimmte Declarationen geben, ohnerachtet ich alles anwenden werde, es zu bewirken und die Sache wenigstens vorzubereiten."

Und der gute Albini verspricht abermals, das ehrenvolle Ersuchen der preußischen Vermittlung nach Kräften zu unterstützen, und ob der Kaiser wolle oder nicht, er verbürgt als Reichsdirectorium die Annahme des Antrages beim Reichstag. — Die Neutralität von Mainz, falls sie Hardenberg dem Kurstaat verschaffen könne, nimmt der Kanzler mit Dank und mit Freuden an. *)

Wir ersparen es uns, in Vergleichen und ähnlichen Betrachtungen fortzufahren, auch vermöchten wir namentlich über Kurmainz nur Empörendes zu berichten.

Treffend charakterisirt der kaiserliche Minister Graf Schlick die kurmainzische Politik folgendermaßen: „Im Ganzen genommen ist und bleibt der Hofkanzler Albini nicht für die Zukunft, nicht für das Allgemeine, sondern nur für das Gegenwärtige, und zwar nur für Kurmainz besorgt. Jeder Hof, welcher ihm zu

---

leidenschaftlichsten preußischen Parteigeist zu handeln. — Aber bald hätten wir vergessen, daß, wie wir oben gesehen haben, nach der Deutschen Geschichte „Oesterreich durch Lehrbach dem Herrn von Hardenberg friedliche (!) Eröffnungen" gemacht haben soll!? Und der Biedermann Möllendorff dazu, mit seiner „Spaltungs-Vermeidung"! und der Biedermann Hardenberg mit seinem „spectrum horrendum"! und der „Richterstuhl der Leidenschaft und des Parteigeistes", vor welchen der preußische Vertrag von einem unbestimmten Jemand „recht geflissentlich" gezogen wird! — Es ist wirklich kostbar, was die Deutsche Geschichte unseren späteren Geschlechtern Alles aufbewahrt! — Dieser unschuldige Vertrag! — Thörichtes Oesterreich und Deutschland, demüthig und zerknirscht hättet ihr euch bei Preußen für den Baseler Frieden bedanken sollen! Da ihr das nicht gethan, sondern sogar „recht geflissentlich" die „Spaltung im Reich" herbeigeführt habt, so tragt ihr, ihr: Oesterreich und Deutschland, nach Möllendorff, Hardenberg und der Deutschen Geschichte L. Häusser's an dem „spectrum horrendum" der Trennung und Scission im Reich — offenbar die ganz alleinige Schuld!!

*) Albini an Hardenberg, d. d. Mainz 18. Mai 1795. (M. A. im St. A.)

diesem kleinen Endzweck nähernde Aussichten darbietet, ist willkommen, und daher wird auch vom Berliner Hof auf eine indirecte geheime Art das größere Verhältniß des Wiener Hofes mit Petersburg und London als ein Hinderniß des Friedens-Geschäftes und als eine Folge der österreichischen — dem deutschen Reich sehr schädlichen Particular-Convenienz vorgestellt. — Albini hat zwar hievon Nichts erwähnt, aus guten Quellen weis ich aber, daß der Kurfürst sich des Ausdruckes: La cour de Vienne est liée par celle de Londres bedient hat." *)

Wenn also die Regierung desjenigen Fürsten, der sich, als Reichsdirector, nach dem Kaiser der Erste im Reiche dünkte, von so erbärmlichen Ansichten und von Männern solchen Gelichters, wie Albini und Dalberg, geleitet wurde; was mußte die kaiserliche Regierung von den anderen reichsständischen Regierungen erwarten?

Nach diesen Aufhellungen muß aber die Betheiligung von Kurmainz an dem Baseler-Frieden, wenn nicht als eine thatsächlich mitwirkende, so doch als eine geistig übereinstimmende und den Frieden im Stillen vollkommen billigende betrachtet werden?

In ähnlicher Weise benahm sich Hannover. — Auch Ompteda läugnete hartnäckig eine Betheiligung der hannoveranischen Regierung bei dem Frieden und fand in ähnlicher Weise wie der Freiherr von Strauß, daß die kaiserlichen Minister seit einiger Zeit seine Person grundlos verdächtigten. Niemand, so äußerte sich dieser Comitial-Gesandte, sei unschuldiger an diesem Frieden, als er und seine Regierung. Herr von Hinüber (hannoveranischer Minister), der allerdings ein vertrauter Freund Hardenbergs wäre, sei einzig und allein nach Basel gesandt, um zu verhin-

*) Schlick an Colloredo, d. d. Frankfurt a. M. am 18. Julius 1795. (St. A.)

dern, daß Preußen eine Verabredung treffe, durch welche Hannover zum Kriegsschauplatz gemacht würde. Jetzt erst sehe er aber ein, daß diese Absendung ganz überflüssig gewesen wäre, da ja, nach Artikel XI des Friedens, die Franzosen gegen das rechte Rheinufer Nichts unternehmen würden. *) Ompteda versicherte bei jeder Gelegenheit den kaiserlichen Concommissär der Treue seines Hofes, insgeheim befolgte er aber alle Weisungen des Grafen Görz und erzählte: „er wisse aus guter Quelle, daß der Herr von Carletti Oesterreich's geheimer Abgesandter in Paris wäre.“ **)

Görz hinwieder erklärte in Regensburg geringschätzend, er halte für wahrscheinlich, daß der König seinen Frieden der Reichs-Versammlung gar nicht notificiren, sondern nur wirklich vertrauenswürdige Stände hievon officiell unterrichten werde. — Wenn auch, so erklärte er den Gesandten, die ersten drei Artikel mit der Reichsverfassung schwer zu vereinen wären, so habe nur die allgemeine Friedens-Sehnsucht des Reiches Preußen zum Abschluß gedrängt, dafür enthalte aber auch der Artikel XI eine für das ganze Reich überaus wohlthätige Bestimmung.

Obgleich nun Hügel vorzüglich bemüht war, den Gesandten zu beweisen, daß Frankreich nun sicherlich das ganze linke Rheinufer von Deutschland in Anspruch nehmen werde, daß Preußen von diesem Plan schon unterrichtet sein müsse und die künftigen Ereignisse nach diesem Gesichtspunkte vorbereiten werde, und daß dieses Beginnen das engste Zusammenhalten aller Reichsstände und ein festes Anschließen an Oesterreich erfordere, — so schenkten ihm die Herren doch keinen Glauben.

---

*) Hügel an Colloredo, d. d. Regensburg 3. Mai 1795. (St. A.)
**) Hügel an Colloredo, d. d. Regensburg 10. Mai 1795. (St. A.)

Dagegen hörten sie das „Regensburger Orakel", den Grafen Görz, mit gläubiger Inbrunst an, der inzwischen das Hohenlohe'sche Corps mit dem Namen „Friedens-Executions-Corps" beehrte und überall mit großem Selbstgefühl verbreitete, daß „die ganze Sache für das Reich sehr gut und sehr glücklich ablaufen werde." *)

Mittlerweile hatte Clerfayt, von Wien gedrängt, sich endlich zu einem Offensivstoß aufgerafft. Der von den Franzosen hartnäckig vertheidigte Hartberg vor Mainz wurde von den Oesterreichern am 30. April mit großem Muthe, aber gleich großem Verluste erstürmt.

Diese glorreiche Nachricht benützte der kurmainzische Comitial-Gesandte Strauß dazu, um am 5. Mai gegen Abend dem kaiserlichen Concommissär die Eröffnung zu machen, „daß der jüngste kriegerische Vorfall bei Mainz, bei welchem der Hartberg entsetzt worden sei, beweise, wie tapfer die Franzosen stritten," und wie schwer es werden würde, durch Gewalt der Waffen die verlornen Reichslande wieder zurück zu erobern. Mittlerweile würden aber die deutschen Reichsstände, allwo der Kriegsschauplatz wüthe, dergestalt von allen Lebensmitteln entblößt, daß am Ende der Unterthan so wenig, als die Armeen zu leben haben werde. Dieser Zustand der Dinge könne unmöglich fortdauern, und es sei daher unvermeidlich nöthig, je eher je besser, in dem Reichs-Friedensgeschäft voranzuschreiten. Deßhalb müsse man nun durch Beschleunigung der Reichs-Deliberation zeigen, „daß das Reich in eilenden Fällen, wie der gegenwärtige sey, auch schnelle Entschließungen zu fassen vermöge." **)

Durch den von Seite der Reichs-Versammlung zu fassenden Beschluß eines allgemeinen Reichs-Friedens könne jedem weiteren

*) Hügel an Colloredo, d. d. Regensburg 3. Mai 1795. (St. A.)

**) Hügel an Colloredo, d. d. Regensburg 6. Mai 1795. (St. A.)

Separat-Frieden am Besten vorgebeugt werden. Um diesen Endzweck zu erreichen, erklärte Strauß, den Befehl erhalten zu haben, die preußischen Propositionen, sobald sie an den Reichstag kämen, allsogleich zur Dictatur zu befördern und den Verlaß darüber zu nehmen, wenn nicht inzwischen ein kaiserliches Commissions-Decret erscheine, welches für den preußischen Frieden zustimmend und für die Wünsche des Reiches günstig laute.

Dieß also waren die am Reichstag schon damals fühlbaren Wirkungen des vertraulichen Briefwechsels zwischen Hardenberg und Albini.

Die versteckten Drohungen und das gleichsam über Hals und Kopf eilfertige Eingehen von Kur-Mainz auf die preußischen Pläne war der Dank des Kurfürsten von Mainz für das zur Befreiung der Festung Mainz am Hartberg soeben erst in Strömen geflossene Blut österreichischer Krieger!

Nachdem Strauß nachdrücklichst betont hatte, daß über Alles, was an den Reichstag gelangen würde, von nun an ein ganz kurzer Verlaß genommen werden solle, erläuterte er den kurmainzischen Standpunkt schließlich dahin, daß der gegenwärtige Stand der Dinge während der Friedensunterhandlungen zu bleiben habe, wie er sei, und daß das von den Franzosen Nichteroberte kein Object der Negotiationen bilden dürfe. Wohin das hinaus sollte, wurde allsogleich klar, denn „Freiherr von Strauß setzte in der Unterredung sofort hinzu, daß nach den Nachrichten, welche man zu Mainz habe, es mit Luxemburg schlimm aussehe.“ *)

Dem entgegen berief sich der kaiserliche Concommissär auf die Reichsgesetze, welche in früheren, weit dringenderen

*) Hügel an Colloredo, d. d. Regensburg 6. Mai 1795. (St. A.)

Fällen, wie z. B. in jenem des Quintuplums, stets gegen die reichs-oberhauptlichen Wünsche gehandhabt worden wären. Sei früher kein Grund zu einer solchen Eile in der Verlaßnahme gewesen, so sei jetzt noch weniger Grund zu Uebereilungen vorhanden. Er stellte an Strauß die Frage, „ob den der Antrag des status quo nach der Eroberung von Luxemburg erst kommen solle", und fügte die weitere Bemerkung hinzu, „daß der jüngere Vorfall bei Mainz doch auch gewiß beweise, daß die Oesterreichischen Truppen tapfer stritten, indem sie einen mit doppelten Rétranchements versehenen Berg mit gefälltem Bajonnet erstiegen hätten."

„Ich bezog mich übrigens," also berichtet Hügel weiter, „auf die neuere kaiserliche Erklärung, welche, da sie nur eine vorläufige sei, noch eine fernere nach erfolgter Communication des Friedens-Instruments nach Umständen erwarten lasse, und vor welcher — sie geschehe nun durch ein Commissions-Decret, oder durch einen anderen Weg — hoffentlich kein Verlaß werde genommen werden."

Die kaiserliche Erklärung, auf welche sich Hügel bezog, war soeben erst in Regensburg eingelangt.

„Bei dem von Preußen," so hatte sich dieser kaiserliche Minister in einem seiner früheren Berichte geäußert, „einseitig und verfassungswidrig geschehenen Schritte, scheint mir in Absicht auf Deutschland vorzüglich das Reichsoberhaupt sprechen zu müssen und die verfassungsmäßige Pflicht zu haben, alle Reichsstände vor der gemeinschaftlichen Gefahr jeder Trennungen zu warnen, und sie zur festen Zusammensicht und selbstständigem Zusammenhalten aufzufordern." *)

---

*) Hügel an Colloredo, d. d. Regensburg 1. Mai 1795. (St. A.)

Fast zur selben Zeit war dem Wunsch des kaiserlichen Concommissärs bereits entsprochen worden, und kurz nach den kategorischen und bereits vollinhaltlich mitgetheilten Circularen der Staatskanzlei traf in Regensburg auch das vorläufige kaiserliche Rescript ein, welches Niemanden in Zweifel lassen konnte, wie das Reichsoberhaupt über die jüngsten Vorgänge im Reich dachte. — Der Form nach war diese Erklärung ein ostensibles Rescript an den kaiserlichen Concommissär, in welchem diesem aufgetragen wurde, den Reichsständen in aller Förmlichkeit und mit rücksichtsloser Strenge die *Mißbilligung* des Kaisers über das einseitige und verfassungswidrige Vorgehen Preußens bekannt zu geben. **)

Das Rescript betonte, daß sich die kaiserliche Regierung nun nach der bei ihr erfolgten Notificirung des Baseler Friedens und bei den mancherlei im Reiche herumgetragenen Verdächtigungen bewogen fände, die Reichsstände davon zu unterrichten, daß die vom Reiche gewünschte Rücksprache mit Preußen am 14. Februar *wirklich erfolgt sei*. In der Antwort des Berliner Hofes vom 14. März habe jedoch die kaiserliche Regierung „die vom Reiche so sehnlichst gewünschte mithelfende Erleichterung“ nicht gefunden. Aus dieser Ursache werde nun das Reichsoberhaupt auf andere Vermittlungswege denken, die man jedoch nun umsoweniger überschnellen könne, da ja soeben erst im April in Frankreich eine neue Revolution ausgebrochen wäre, und die friedfertig gesinnte Partei in Paris kaum noch gesiegt habe. Dennoch beschäftige sich der Kaiser nach dem Wunsche der Stände mit dem Gedanken eines Reichsfriedens und werde dem Reichstag seiner Zeit die hieraus entspringenden Resultate

*) „Kaiserlich allergnädigstes Rescript an den kaiserlichen Concommissär,“ d. d. Wien 30. April 1795. (St. A.)

bekannt geben. — „Es bedarf wohl," also hieß es im Rescript, „keiner ängstlichen Mühe, einzelne Beweise aufzufinden, um sich von der treuesten Anhänglichkeit Sr. kaiserlichen Majestät an die Rechte der deutschen Constitution und deren Aufrechthaltung, wie auch sich von Allerhöchst Ihrer reichsväterlichen Bestrebung zur Befestigung und Beförderung der gemeinsamen Wohlfahrt des deutschen Staatskörpers zu überzeugen, da bey partheyloser Erwägung hierüber die ganze Regierungs-Geschichte des jetzt regierenden Reichsoberhauptes die größte Beruhigung, und einen anhaltenden, durch die außerordentlichsten Aufopferungen des Erzhauses verbürgten Beweis liefert."

„Hingegen zeigt sich immer mehr und mehr zwischen den Aeußerungen und Handlungen des Berliner Hofes ein großer Widerspruch; — ja Preußen allein trachtet, bey den Reichsständen das Gefühl der Furcht und des Unvermögens herrschend zu machen, um dieselben in das politische System seines Separat-Friedens einzuflechten, und es ist wohl auch nunmehr durch die wirkliche Abschließung des Friedens am Ueberzeugendsten bewiesen, daß es diesem Hof um Nichts weniger, als eine vertrauliche und aufrichtige Behandlung des Reichs-Oberhauptes zu thun war."

Eben deßhalb aber erwarte der Kaiser, daß die Stände dem verfassungswidrigen Beispiele Preußens nicht nur nicht folgen würden, sondern getreu dem Artikel VIII des westphälischen Friedens sich in keinen einseitigen Frieden mit den Reichsfeinden einlassen würden. Der Kaiser erwarte von den Reichsständen, daß sie, ihr Benehmen unwandelbar nach dem patriotischen Reichsschluß vom 30. April 1793 bemessend, die beschlossene fünffache Reichs-Armatur bis zum Frieden fortsetzen würden, um nicht durch Schwächung der Streitkräfte des Reiches das Friedensziel selbst noch weiter hinauszuschieben. — „**Noch immer**," also schloß diese ernste und würdige Ermahnung, „**könnten die Gefahren, welche Deutschland bedrohen und umgeben, durch Standhaftigkeit, Treue und Vaterlandsliebe besiegt werden, aber durch selbst beliebige Austretung aus dem gemeinsamen Reichs-Verbande wird weder der Constitution eine Wohlthat erzeigt, weder bey geschwächten Kräften der gewünschte billige, gerechte, anständige annehmliche Reichsfriede zu erreichen sein!**"

Bevor wir die Wirkungen betrachten, welche diese Sprache in Regensburg hervorbrachte, müssen wir zu den geographischen Forschungen der preußischen Unterhändler zurückkehren, die, wie bekannt, zur sogenannten Neutralitätslinie und zur nachträglichen Convention vom 17. Mai geführt hatten.

Auf der diesem Buche beigefügten Karte, — welche auch die zum Besten des deutschen Reiches auf hunderte von Meilen ausgebreitete Vertheidigungslinie der Oesterreicher aufweist, — haben wir es versucht, unsern Lesern das Resultat der geographischen Forschungen der Herrn Hardenberg, Meyerink, Haugwitz und Genossen anschaulich darzustellen.

Diese Grenzlinie, — eine frevelhafte Ausgeburt der preußischen Politik, die noch bis in die spätesten Kriegsjahre gegen Frankreich und auch zur Zeit der Katastrophe von Ulm eine so verhängnißvolle Rolle spielen sollte, von Thugut damals ironisch „die Verwirrungskarte Deutschlands", von Preußen aber „Demarcations- oder Neutralitäts-Linie" genannt, — zog von Emden am deutschen Meer längs der Ems und Aa bis Münster und umschloß Ostfriesland und Oldenburg. Von dort aus zog sie westlich über Koesfeld, Borken, Bochhold bis Emmerich und Isselburg am Rhein, längs der Cleve'schen Grenze und der neuen Issel, nordwärts dem Rhein entlang bis Duysburg und nahm den durch die spätere Verletzung der Linie (mit preußischer Bewilligung) von Seite der Franzosen, bedeutungsvollen Ort Eichelskamp auf. Da in Düsseldorf noch österreichische und kaiserliche Reichs-Truppen standen, oder vielleicht weil Pfalzbaiern noch keine bindende Zusage zur Neutralität und zum Eingehen eines Separatfriedens gegeben hatte, wurde ein Theil des Herzogthums Berg (Düsseldorff, Elberfeld, Barmen) in die Linie nicht einbezogen, dafür aber die Herrschaften Wallmoden (Gimborn und Neustadt), dann die Grafschaft Homburg und die Herrschaft Sayn mit dem Demarcations-Schutze beglückt.

Die ideale willkürliche Linie zog nun nach Süden und nahm die reichsunmittelbare Herrschaft Wildenburg des Grafen Hatzfeld, die sich an die preußische Herrschaft Sayn anschloß, ebenso die Grafschaft Wied der Fürsten von Neuwied, Grafen zu Wied-Runkel, in der nächsten Nähe der Festung Ehrenbreitstein, in ihr schützendes Gebiet auf. — Durch dieses preußische Kunststück wurden die Festungen Düsseldorff und Ehrenbreitstein, allwo gemischte österreichische Besatzungen lagen, losgelegt und die reichsständischen Truppen von den österreichischen getrennt. Die Verpflegung der Kaiserlichen und der von jenen noch besetzt gehaltenen deutschen Festungen wurde hiedurch nicht nur gehemmt, sondern nahezu unmöglich gemacht, da die hinter der Linie befindlichen Länder durch Preußen förmlich gezwungen wurden, gegen die Festungen eine vollkommene Zufuhr- und Fruchtsperre auszuüben.

Längs dem Rheinstrom zog also die Neutralitätslinie über Neuwied und nahm auch das Fürstenthum Isenburg (Kur-Trier), die Grafschaften Oettingen, Runkel und die Herrschaft Hoym auf, dehnte sich bis an die Aar aus, schnitt das Fürstenthum Nassau-Ussingen und das Taunusgebirge in zwei Theile und zog ferner die freie Reichsstadt Frankfurt, die Krönungsstadt der deutschen Kaiser, und die kleine Bergfeste Königstein in ihr schützendes Gebiet. — Von dort aus nahm sie wieder Höchst auf, zog längs dem Main in die nächste Nähe der durch die Oesterreicher besetzten Festung Mainz und nahm so auch einen Theil von Kur-Mainz in die gewünschte Neutralität auf. — Die Kaiserlichen in Mainz ihrem Schicksale, dem Feind und dem Hunger überlassend, zog die Linie vom Main längs dem Rhein südlich, erklärte die hessen-darmstädtischen Lande, gegen den ausdrücklichen Willen und Protest des gut kaiserlich gesinnten Landgrafen, für neutral, überließ jedoch wieder die in Gernsheim und in den Festungen Mannheim und Philippsburg stehenden Kaiserlichen nebst den großen österreichischen Verpflegs-Magazinen zu Heidelberg ihrem Schicksale. Dafür aber bezog sie nun in der Nähe Mannheims einen Theil der Pfalz in die Neutralität und legte durch diese Sorgfalt natürlich die zwei ebengenannten Reichs-Festungen gleichfalls vollständig blos. — Vom Zwingenberg (Melibocus) aus nahm die Linie die Grafschaft Erbach (ein kurpfälzisches Lehen) auf und zog von Eberbach an den Neckar in das Herzogthum Württemberg bis in das Herz von Schwaben an den Ursprung der Murg. — Dort alle in jenen Gegenden befindlichen reichsunmittelbaren Herrschaften liebevoll umschließend, zog sie über Wimpffen, Löwenstein, Hohenstadt in einer nahezu geraden Richtung östlich bis zur Reichsstadt Nördlingen an die Donau. — Diese freie Reichsstadt gleichfalls aufnehmend, zog die Linie wieder ostwärts über Holzkirch an der Wernitz bis Donauwörth, tangirte die österreichisch schwäbischen Besitzungen, Burgau und Ingolstadt, nahm im nordöstlichen Lauf das Bisthum Eichstädt, die Stadt Dietfurt, ferner die reichsunmittelbare Herrschaft Pappenheim auf und beglückte durch Anspach und Baireuth ganz Franken, von Altdorf an der Schwarzach über Pegnitz, Wunsiedl, d. i. bis Asch (Eger) an der österreichischen Grenze mit ihrem herrlichen Schutz. Von dort aus längs der österreichischen Grenze fortlaufend nahm die Linie Sachsen, die Lausitz und preußisch Schlesien auf und schied somit ganz Oesterreich aus dem Reichsverbande aus, nebstbei den äußersten Süden des Reiches von seiner überwiegend größeren nördlichen Hälfte trennend.

Welchen Einfluß diese Linie auf die kämpfenden österreichischen Armeen und auf die Vertheidigung des Reiches im Allgemeinen ausüben mußte, darüber kann sich jeder Laie durch einen Blick auf unsere Karte belehren. *)

Der Westphälische, der Nieder- und Obersächsische, der Fränkische und die beiden Niederrheinkreise waren in die preußische Schutzlinie einbegriffen.

Dieses für die preußischen Ziele klug erdachte Vorgehen konnte nicht verfehlen, im Reich die heilloseste Verwirrung her-

*) FML. Freih. v. Beaulieu, damals einige Zeit General-Quartiermeister bei der Clerfayt'schen Armee, urtheilt über diese Linie, wie folgt: Cette prétendue ligne de démarcation paraît être une ruse sans exemple et terrible contre nous; partout nous devrons demander la permission à un caporal prussien de pouvoir passer, qui dira que non; nous devrons donc nous humilier vis-à-vis de lui; on criera à l'agression et on ferat peut-être un crime à l'un de nos plus braves gens. Au reste je dois dire ce que je pense, si en effet cette ligne de démarcation subsiste, que nos ennemis garderont tant qu'elle les favorisera, qu'ils romperont au moment qu'ils pourront nous nuire, notre desavantage n'a plus de calcul, d'être réduit nous seul à faire la guerre entre le Rhin et cette ligne. (An Clerfayt, d. d. Limburg 14. Sept. 1795. K. A.)

vorzubringen und den Rest des Vertrauens auf die Autorität und Macht des Reichsoberhauptes auf immer zu brechen.

Allen am Krieg betheiligten Mächten wurde abwechselnd gedient, nur Oesterreich allein geschadet.

Frankreich vor Allem hatte den wesentlichsten Nutzen; desgleichen war England, welches die auf Hannover Bezug habenden geheimen Separat-Artikel nicht kannte, durch Einbeziehung Hannovers in die Demarcation ein scheinbarer Dienst erwiesen, den England unklug genug war, anzunehmen. *) Nebstdem wurde Rußland durch Oldenburg, Schweden durch Pommern, Dänemark durch Holstein gleichfalls zum Dank verpflichtet.

Der den kampfesmüden deutschen Reichsfürsten erwiesene Dienst springt gleichfalls in die Augen, wenn man erwägt, daß alle Stände an dieser Demarcations-Linie Theil nehmen wollten, und nur die unmittelbar von den österr. Armeen besetzten Gebiete davon abgehalten wurden. Reichstreue Stände, die bisher der Sache des Vaterlandes mit Aufopferung gedient hatten, wie z. B. alle reichsunmittelbaren Ritterschaften und die gut kaiserlich gesinnten Reichsstädte, sahen sich, ohne zu wissen, wie sie dazu gekommen, in die Demarcations-Linie eingeschlossen. Auch für sie war die Verführung groß: um sich zu retten, galt es ja nur einer raschen Annahme des angebotenen preußischen Schutzes. — Jene hingegen, welche die That verabscheuten, waren schwach, und es überstieg ihre Kraft und ihre Macht, den ihnen gewaltsam aufgedrungenen Schutz abzulehnen.

*) Nach einer Note verbale, ohne Datum, des kurbraunschweig'schen bevollmächtigten Ministers Freiherrn von Lenthe in Berlin, an das königlich preußische Kabinets-Ministerium, nahm England die Demarcations-Linie förmlich für Hannover an. Die Note ist einem Berichte des Fürsten Reuß an Thugut vom 10. Oktober 1795 in Abschrift beigeschlossen. (St. A.)

Für jene Reichsstände endlich wie Sachsen, Braunschweig, Mainz, Köln, Hildesheim, Hessen-Kassel, Pfalz und andere größere und kleinere Stände war der Antrag und sein augenblicklich ergreifbarer Vortheil viel zu verlockend, um ihn nicht anzunehmen.

Bei der uns bekannten Stimmung im Reiche ist es zu begreifen, wie glücklich Groß und Klein sich in der Wahrnahme fühlte, daß es möglich sei, ohne dem Reiche weitere Opfer zu bringen, durch die bloße Annahme der preußischen Protection aus dem lästigen Kriege zu scheiden!

Hingegen war der Kaiser und Oesterreich gewaltsam aus dem Reiche herausgedrängt. Ja, was der Kaiser von deutschen Reichsgebieten fernerhin vertheidigte, dort wo noch seine tapferen Heerschaaren muthig kämpfend standen, dort konnten die Reichsstände seine Truppen wegweisen und gegen ihn den Vorwurf erheben, daß das Reichsoberhaupt sie gegen ihren eigenen Willen zudringlich vertheidige; denn sie alle wollten ja des preußischen Segens theilhaftig werden und die Früchte des „ehrenvollen Baseler Friedens" mitgenießen.

Höchst bezeichnend für die preußischen Ziele war es, daß gleich nach Bekanntgabe der Demarcations-Linie in der Kaiserstadt Frankfurt durch das preußische Stadt-Commando die kaiserlichen Adler herabgerissen und gegen preußische vertauscht wurden, und preußische Ingenieur-Officiere allüberall im Reiche geschäftig umherzogen, um die neuen Grenzen des neuen Kaiserthums Preußen auszustecken. Sie grenzten die Demarcations-Linie mit Stangen und Inschrifttafeln ab, auf welchen der einköpfige preußische Adler prangte, mit der fast wie Hohn klingenden Inschrift: Suum cuique.*)

*) Die zweite Auflage der Häusser'schen Deutsch. Geschichte (aus der

14*

Was aber Alles an deutschem Lande und deutscher Ehre dem Feinde preisgegeben wurde, daran dachte damals fast Niemand. Ein Blick auf unsere Karte genügt, um zu sehen, wie viel vom deutschen Reichsland Preußen in verrätherischer Weise dem Reichsfeinde preisgab.

Theile, wie die Markgrafschaft Antwerpen, Luxemburg, die österr. Niederlande und Lüttich sind seit jener Zeit für Deutschland auf immer verloren gegangen. Nebst Holland waren

---

dritten sind die nachstehenden Worte wieder spurlos verschwunden!) weis auch diesen Moment erhebend wiederzugeben. Der Herr Geschichts-Professor Häusser sagt: „Vielleicht durchzog auch ein stiller unausgesprochener Gedanke die Brust der preußischen Staatsmänner. Dieser Rumpf des deutschen Reichs, der jetzt schüchtern hinter der Demarcationslinie sich um das preußische Banner gruppirte, war gedeihlicher Fortentwicklung fähig, wenn die Großmacht Preußen ihm neues Wachsthum und neue Triebe verlieh. Aus den Trümmern des alten Reiches konnte mit der Zeit eine höhere Stufe des Fürstenbundes, ein neues deutsches Kaiserthum mit preußischer Spitze hervorwachsen. Ging diese Hoffnung in Erfüllung, so durfte man den Baseler Frieden als den Keim eines großartigen Aufschwunges der preußischen Macht begrüßen!“ (!?!) Warum sind den diese Worte wieder in die „stille Unausgesprochenheit“ zurückgekehrt? Sind auch heute die Verhältnisse noch nicht günstig genug? — Sehr treffend meint ein sehr lehrreiches und lesenwerthes Schriftchen: „Der Baseler Friede und die deutsche Sache“ (Erlangen 1862): „Wer solchen Erwartungen sich hingab, bedachte freilich nicht', daß ein lebendiges Ganze, wenn man es in zwei Theile schneidet, dadurch nicht zu zwei lebensfähigen Organismen wird, sondern hoffnungslos verbluten muß. Die unselige Demarcationslinie schnitt das ohnedies sieche und hinfällige Reich . . . entzwei und gab seine südliche Hälfte den Waffen, die nördliche dem politischen Einfluße des Gegners Preis. So war es also nicht die Consolidirung eines Theiles von Deutschland, was durch den Baseler Frieden erreicht wurde; es war nur die erträglich formulirte Auslieferung des Ganzen an Frankreich. Nicht der 12. Juli oder 6. August 1806 ist der Todestag des deutschen Reiches gewesen; schon eilf Jahre früher, am Tage des Baseler Friedens, ist es begraben worden.“

aber folgende deutsche Besitzungen durch den Baseler Frieden den Franzosen thatsächlich abgetreten: Der ganze burgundische Kreis (das galt dem verhaßten Oesterreich!), alles deutsche Land bis an die Ufer des deutschen Rheinstromes, mithin das ganze linke Rheinufer (das galt dem Reiche und seinem Oberhaupte!), darunter Kur-Trier, Kur-Köln, Pfalz, der westphälische Kreis, die alten ehrwürdigen Städte Köln, Aachen, Trier, Koblenz, Bonn, Speier, Worms, Luxemburg, Landau, Lüttich, Namur, Maastricht, Antwerpen, Brüssel und Ostende!

Der Schauplatz so vieler deutschen Ehrenthaten war dahin gegeben! die heiligsten Erinnerungen deutscher Vorzeit an den Reichsfeind überlassen — verrathen! Gegenden, die für Deutschland heiliger und wichtiger waren, als jenes alte ehrwürdige Straßburg, dessen Wiedergewinnung die kaiserliche Regierung bei Anbeginn des Revolutions-Krieges ersehnt hatte; — Alles! Alles! war dahin gegeben! der deutsche Name und die deutsche Zunge sollte in diesen Gegenden ausgerottet werden, und die Kinder sollten Kindeskindern die Schande und die Schmach ihrer Väter in französischer Sprache zulallen!

Das also war der Preis, um welchen die trügerisch verlockende Demarcations-Linie jetzt schon gab, was der Kaiser erst nach rühmlich geendetem Kriege zu geben versprach: Friede und Schutz!

Betrachtet man auf unserer Karte, was eigentlich von Deutschland nach dieser Demarcations-Linie am Kampfplatz als Kriegstheater übrig blieb, so ergibt sich allerdings die Richtigkeit der bisherigen geschichtlichen Auffassung einer „Theilung Deutschlands in zwei Hälften", nur mit dem Unterschiede zweier sehr ungleicher Theile. Die Linie selbst zog nicht, wie dieß bisher in allen Geschichtswerken irthümlich festgehalten ist, längs dem Main fort, sondern sie zog sich bis an die Donau.*)

Ja ganz Deutschland wurde durch Preußen dem deutschen Kaiser so zu sagen unter den Füßen mitten im Kampfe um das Wohl und Weh des Reiches weggezogen. Nicht die Hälfte,

*) Es ist gewiß sehr greifbar gegeben, wenn Häussers Deutsche Geschichte (3. Auflage) im Band II., Seite 6 sagt: „Diese Linie entsprach ungefähr den später laut gewordenen Entwürfen einer Theilung Deutschlands zwischen dem österreichischen und preußischen Einfluß, dessen Grenze die Mainlinie wäre; daß damals in Preußen eine ähnliche Absicht im Hintergrund lag, ist wohl außer Zweifel.“ Auf unserer Karte kann nun der Leser vergleichen, wie sich die „Deutsche Geschichte“ diese Mainlinie ungefähr denkt, und welchen deutschen Gebiets-Brocken Preußen die Gnade gehabt hätte (oder etwa vielleicht noch immer hätte?), allenfalls Oesterreich zuzuwerfen. — Doch die Deutsche Geschichte überrascht ihre Leser auf derselben Seite noch mit einer andern Entdeckung über den „vorwiegenden Gesichtspunkt, unter welchem die Demarcationslinie abgefaßt ward.“ — „Auch unter den preußischen Staatsmännern und Feldherrn,“ so heißt es wörtlich, „gab es Einzelne, welche den Abschluß eines Separatfriedens bedenklich ansahen; nach ihrer Meinung — und Hardenberg selbst, der Unterhändler von Basel, dachte so — sollte der Baseler Friede nur den Weg bahnen zu einem allgemeinen Frieden des Reiches“ (Eine schöne Bahn!). „Denn es tauchte doch die Ahnung auf, daß Frankreich nun seine ganze Kraft gegen Oesterreich wenden, ihm durch einen Angriffskrieg in Italien den Frieden aufzwingen und nach Ueberwältigung des Kaiserstaates leichtes Spiel haben werde, auch mit dem preußischen Einfluß in Deutschland fertig zu werden. In diesem Sinne (?) war die Clausel in den Friedensvertrag gekommen, daß die Reichsstände, die sich binnen drei Monaten anschlössen, gleichfalls des Friedens theilhaftig werden sollten; in gleicher Richtung hoffte man die Convention vom 17. Mai zu benutzen.“ (Also Alles wegen der bewußten Ahnung? Nicht etwa um die Kriegsoperationen der Kaiserlichen zu hemmen? um Oesterreich aus Deutschland zu vertreiben? um die preußischen Adler auszustecken?) Nun, Herr Häusser weiß auch dafür eine Rechtfertigung und seine Schlußbegründung der Demarcations-Linie lautet: „Hatte doch auch der König selbst der Form eines Separatfriedens beharrlich widerstrebt; (!) seine Bedenken (!) wurden am ersten beruhigt (!), wenn dieser Weg als der sicherste dargestellt ward, das gesammte Reich zum Frieden zu vermögen. (!)“ — Der gute König!! —

sondern das ganze Reich wurde durch diese willkürliche Linie der Sache Deutschlands und jener seines Kaisers gewaltsam und auf immer entfremdet. — Blieben ja doch von ganz Deutschland nur jene Theile des Reiches von der Demarcations-Linie verschont, allwo die treuen österreichischen Truppen kämpfend standen, die vom deutschen Boden in der Wirklichkeit nur durch Waffengewalt zu vertreiben waren. — Die enggezogene Grenze längs dem Rhein, Baiern, Württemberg, der schwäbische Kreis und Salzburg, das war Alles, was von dem gewaltigen deutschen Reich als Bruchtheil dem Kaiser übrig gelassen wurde. Württemberg, durch österreichische Gebietstheile (Vorder-Oesterreich und österreichisch-schwäbische Länder) durchzogen, konnte nicht — so gerne der Herzog es auch wollte — unter die Fittige des einköpfigen preußischen Adlers eilen, der sich damals so hochmüthig geberdete, wie noch nie zuvor.

Baiern und Salzburg, von Oesterreich, Böhmen und Tirol umschlossen, konnten hinwieder nicht von den österreichischen Truppen befreit werden und sich der auch ihnen drückend scheinenden österreichischen Umarmung entwinden.

In Schwaben wurzelte das Ansehen der kaiserlichen Majestät noch tief im Volke, und das Vertrauen zu Oesterreich war trotz der mehrfachen Umtriebe damals selbst in Baiern noch lange nicht erschüttert, obgleich die zweibrücken-preußische Partei Alles angewandt hatte, um in Baiern denselben künstlich gesäeten sogenannten „National-Haß“ gegen Oesterreich zu jener giftigen Frucht zu ziehen, welche seit Friedrich II. bei der „nation prussienne“ gereift war, der preußischen Regierung zum wirksamsten Bundesgenossen gegen Oesterreich dienen sollte, gedient hat, und noch gegenwärtig dient. Die Macht des Kaisers, welche in jenen süddeutschen Ländern festen Fuß gefaßt hatte, war also daselbst noch zu groß, um sie so ohne weiters nach Serbien und der Walachei zu verdrängen!

Was die Festungen längs dem Rheinstrome betrifft, wie Mannheim, Philippsburg, Mainz, Ehrenbreitstein, Düsseldorff, Kehl, und Freiburg, so standen auf ihren Wällen theils österreichische Truppen, theils lagerte in ihrer Nähe die ganze österreichische Macht. — Um diese letztere gewaltsam zum Abzuge zu nöthigen, hatten die klug berechnenden Erfinder der Demarcations-Linie das sinnreiche Mittel erdacht, den Kaiserlichen ihre ganze Verpflegungs- und Rückzugslinie abzuschneiden. — Die Reichsfestungen wurden hiedurch in einen Zustand vollständigster Vertheidigungs-Unfähigkeit versetzt, und sie wären schon damals unrettbar verloren gegangen, hätten die Oesterreicher den neuen Feldzug unglücklich geführt.

Ein so empörend verrätherisches Beginnen mußte aus jeder noch deutsch fühlenden Brust einen Schrei des Entsetzens herauspressen. Es gereicht der Deutschen Nation zur Ehre, daß in Deutschland die Entrüstung über diesen Baseler-Friedens-Frevel in der That im Bürgerstand und in den unteren Schichten der Bevölkerung ziemlich allgemein war.

„In den Annalen von Deutschland und Europa", so schreibt ein Zeitgenosse,*) „und in der Brust des Mannes von Rechtschaffenheit und Treue, steht er mit schwarzen und unauslöschlichen Buchstaben verzeichnet, der verwerfliche Tag: — der 17. May."

„Wenn nach Jahrhunderten einst unsere Nachkommen die Geschichte der heutigen Tage lesen, und

*) „Noch einmal Bemerkungen über den weitern preußischen Vertrag mit der Frankenrepublik vom 17. Mai 1795 in betreff der Demarcationslinie und der Neutralität. Germanien. 1795."

ob den Greueln, der gesetzlosen Handlungen, der Meineide, der Wortbrüchigkeit, der Treulosigkeit und der Anhänglichkeit an Verbrechen und Verbrecher staunen werden; — dann müssen sie nothwendig in die Versuchung kommen, zu glauben, daß ihre Ahnen entweder als Geschichtsschreiber Lügner, — oder als handelnde Personen Schurken, oder als mißhandelte Partei Schwachköpfe gewesen sind."

„Daß wir als Geschichtsschreiber keine Lügner sind, das beweiset der 17. May, und die von Seite Preußens mit den Franzosen mitten in dem deutschen Reiche, in dem Herzen unsres Vaterlands einseitig, eigenmächtig, diktatorisch, despotisch gezogene Demarcations-Linie, und die zu ihrem Vortheile getroffene Neutralität." . . . . „Die Maxime Preußens heißt aber: Oesterreich soll einst klein und wankend werden, wie nun Preußen, — und Preußen so bald als möglich, groß und feststehend, wie nun Oesterreich!"

Ja der Vortheil, den Preußen aus der Demarcations-Linie zog, war allerdings der erste entscheidende Schritt zur endlich und langangestrebten Erreichung dieses in der vorerwähnten Flugschrift richtig bezeichneten Zieles.

Preußen, so sagte diese Schrift, zerstöre die Reichseinheit auf immer und entreiße dem Reichs-Oberhaupte den größten Theil Deutschlands, um diesen zur Reichsvertheidigung unthätig, und für den Reichsfeind gefügig zu machen!

Und auch diese bitteren Klagen enthielten nur Wahres. Und die spätere Zeit lehrte, daß der von Preußen unterjochte Theil Deutschlands, welcher mit Gewalt der preußischen Botmäßigkeit unterthan blieb, nur deßhalb der Reichsoberherrschaft entzogen wurde, um in den kommenden Kämpfen bis zur Katastrophe des Jahres 1805 in dem großen Reichskrieg gegen Frankreich die unwürdige Rolle eines passiven Zuschauers festzuhalten. Die verblendeten Reichsstände wurden zur förmlichen Neutralität, Unthätigkeit und Unterwürfigkeit gegen Frankreich von Preußen gezwungen.

„Preußen", so heißt es in diesem mit sichtbarer Wehmuth geschriebenen Büchlein weiter, „öffnet dem Feinde Thüren und Thore zum Einbruch in das Herz von Deutschland und versorgt denselben mit Lebensmitteln, Munition aus Deutschland gegen Deutschland! — Wo war je, zurück in die grauenvollen Zeiten der Anmaßungen und Willkürlichkeiten, der Fehden mit Kaisern und Gegenkaisern, der Treulosigkeiten und Wortbrüchigkeit — irgend ein Despot, der es gewagt hätte, in solchem Usurpatorstone, so hinterlistig gegen das allgemeine Beste zu arbeiten, so eigenmächtig Gesetze zu brechen und vorzuschreiben; so gewaltsam und unbefugt durchzugreifen und . . . freie Mitstände und Länder mit Einem Federzuge in die Gewalt der Feinde zu spielen?"

„Wo ist, wenn wir aus der Geschichte alle jene Fälle zusammen suchen, in welchen bundbrüchige und treulose Stände mit dem Fluche und dem Reichsbanne sind belegt worden, — wo ist ein Fall, der an Abscheulichkeit diesem gleicht? Hat denn das Reich alle seine ehemalige Macht, seine Energie, seine Kraft verloren? . . ."

„Will denn wirklich", so schließt dieser Ausbruch patriotischer Entrüstung, „Deutschland seine Kräfte durchaus nicht kennen? will es noch immer auch bey der drohendsten Gefahr schwach seyn und schwach bleiben? — dann verdient es, daß es ein Opfer werde der preußischen Gewaltthätigkeit; daß die Reichsgesetze — Spielwerk, die Reichsschlüsse — leere Worte, und der Reichsverband — eine Lockspeise sey — für Freibeuter!"

Und erst einer solchen Schandthat, wie der Baseler Friede eine war, bedurfte es also, um das deutsche Volk aus seinem Stumpfsinn zu rütteln, um den eingeschlummerten deutschen Gemeingeist aufzupeitschen und Alle jene, die damals noch deutsch fühlten, zur Erkenntniß des Verbrechens zu bringen, welches Preußen gegen unser Vaterland begangen hatte.

Wir werden im nächstfolgenden Abschnitt den denkwürdigen Federkrieg zu beleuchten versuchen, welchen der Baseler Friede hervorrief. Hier werde vorläufig erwähnt, daß die Unzahl Schriften und Flugblätter, welche damals hervortraten, und die eine völlige Umwandlung in der bisherigen wohlwollenden Gesinnung der deutschen Nation für Preußen hervorbrachten, einen unläugbaren Beweis dafür abgeben, daß den Besserdenkenden im Reich und dem aufgeklärten Theil der deutschen Nation der Maßstab, nach welchem der Baseler Friede zu beurtheilen war, durchaus nicht fehlte.

Bei der kaiserlichen Regierung stand es allsogleich fest, die Demarcations-Linie vollkommen unbeachtet zu lassen. — Wäre Clerfayt der thatkräftige Mann gewesen, für den ihn noch Thugut damals hielt, hätte er sich nach den von Wien aus endlich im April 1795 erfolgten Weisungen „rücksichtslosen Vorgehens“ gehalten, hätte er sich überhaupt damals, statt mit Grübeln über Politik, mehr mit der Stählung seiner ihm vollends abhanden gekommenen Energie beschäftigt, wahrlich die kostbare Zeit wäre nicht bis zum Spätjahr hinaus nutzlos vergeudet worden; und durch die Verjagung des preußischen Demarcations-Corps aus Frankfurt, durch eine absichtliche Mißachtung und Verletzung der Demarcations-Linie von Seite Oesterreichs, so wie durch ein kühnes und nach der Lage der Dinge voraussichtlich siegreiches Vorgehen der österreichischen Truppen gegen die Franzosen hätte der Baseler Friede eine von den Gründern desselben gewiß nicht geahnte, wohl aber der damaligen, mächtigen und großen Politik Oesterreichs würdige Beantwortung gefunden.

Die vorläufig dem Reich bekannt gegebene Gesinnung des Reichsoberhauptes über den Baseler Frieden, haben wir in dem kaiserlichen Rescripte an Hügel vom 30. April kennen gelernt. Wie ernst Oesterreich als erster und vornehmster Mitstand des Reiches und als selbstständige Macht über diesen Frieden gestimmt war, haben wir jedoch aus den Rescripten der Staatskanzlei an die österreichischen Vertreter im Reich entnommen. — Hätte der übrig gebliebene Theil der Reichsstände treu zum Kaiser gestanden, er hätte die ernstesten Maßregeln gegen Preußen ergreifen und über Kurbrandenburg die Reichs-Acht aussprechen können. — Doch an diese einzige und allein würdige Beantwortung der Baseler-Friedens-Meinthat war bei der erbärmlichen Gesinnung der anderen Reichsmitstände gar nicht zu denken. — Der Bruch zwischen Preußen und Oesterreich war damals ein vollkommener und schwer zu heilender. Wäre Oesterreich in den nachfolgenden Zeiten nicht am Kampfplatz erlegen, der deutsche Kaiser hätte sicherlich nicht darauf gewartet, die dem ganzen Deutschland zugefügte Schmach des Baseler Friedens durch den fränkischen Imperator bei Jena, Auerstädt und Tilsit rächen zu lassen!

Wir haben die Reichs-Versammlung am Tage der durch den kaiserlichen Concommissär geschehenen Bekanntgabe des ostensiblen kaiserlichen Rescriptes verlassen.

Nicht so sehr die ernste, väterlichmilde Sprache des Reichs-Oberhauptes, als jene weit entschiedenere der Staatskanzlei, die wie wir gesehen haben, in sehr unverblümten Worten die kategorische Frage an die Reichsstände gestellt hatte, ob sie fernerhin mit dem Erzherzoge von Oesterreich und dem Beherrscher der österreichischen Monarchie noch zur Aufrechthaltung der Reichs-Verfassung und der Integrität des Reiches mitwirken wollten oder nicht? — brachte bei allen Gesandten einen großen Eindruck hervor. Durch den Friedensschluß zu Basel fand sich Keiner bedroht, — aber durch die offene Erklärung, daß das Haus Oesterreich, falls das Reich sich an den preußischen Separat-Frieden anschlösse, sich in sich selbst zurückziehen und das Reich seinem Schicksale überlassen müsse und werde, — das fand man ganz unerhört!

Vorzüglich war es wieder der preußische Gesandte Görz, der nun Allen triumphirend zurief: „Seht, was ihr von Oesterreich zu gewärtigen habt!" — Als die Thugutt'schen Rescripte in Regensburg bekannt wurden, lief er von einem Comitial-Gesandten zum andern und jammerte darüber, daß der Ton, in welchem Oesterreich zu den Reichsständen spreche, immer unleidentlicher werde. Die Rescripte der Staatskanzlei, so klagte er mit Bitterkeit, enthielten höchst unangemessene Drohungen, welche das Reich nie verdient habe. Wie contrastire gegen eine solche Sprache das Benehmen seines Königs! Der gute, großmüthige König, der „durch den geschlossenen Frieden allen Ständen die Gelegenheit verschaffen wolle, aus dem gegenwärtigen bösen Handel auf gleiche Art wie Er herauszuscheiden." *)

Die Bewegung, welche sich nun in Regensburg unter den Gesandten bemerkbar machte, war um so größer, als man all-

*) Hügel an den Fürsten Colloredo, d. d. Regensburg 30. April 1795. (St. A.)

gemein von Oesterreich die gewohnte Nachgiebigkeit erwartet hatte und Nichts sehnlicher wünschte, als eine stillschweigende Billigung des nach den reichsständischen Begriffen „glücklichen Baseler Ereignisses".

Die Comitial Gesandten stellten sich deßhalb auch ganz erstaunt, und verwunderten sich höchlich darüber, daß weder der Erzherzog von Oesterreich noch der Kaiser von Deutschland den Baseler Frieden zu billigen vermögend wären? Der Kaiser brauche sich ja nur an Preußen mit der Bitte um preußische „bons offices" zu wenden! — Was den Erzherzog von Oesterreich betrifft, so könne dieser ganz ungescheut sogar dem preussischen Frieden beitreten, und wenn es schon durchaus im „Haus-Interesse der Habsburg'schen Dynastie" liege, nie einen Frieden zu wollen," so könne der Kaiser, als König von Ungarn und Croatien den Krieg mit Frankreich auf eigene Faust fortführen. Die allgemeine Stimmung der Comitialen nach dieser sonach ganz unerwartet ernsten kaiserlichen Sprache schildert Hügel wie folgt:*)

„Bei der Vorlesung des ostensiblen Rescripts und bei der über den Inhalt mit jedem Reichstags-Gesandten gehabten, seinen Gesinnungen und seinem politischen Glauben angemessenen Unterredung habe ich stets den Geist und den Endzweck der erhaltenen Weisung vor Augen gehabt, der, Falls ich ihn mir richtig eigen gemacht habe, dahin gerichtet war, die Reichs-Versammlung, und durch die hiesigen Comitial Gesandten die Reichs-Stände zu überzeugen, daß Ihre kaiserliche Majestät, getreu jeder Ihrer Pflichten und getreu jedem Wort der gegebenen Allerhöchsten Zusicherung, den ganzen Inhalt des letzten Com-

*) Hügel an Colloredo, d. d. Regensburg 7. Mai 1796. (St. A.)

missions- und Ratifications-Decrets in der Friedens-Materie, so viel als es an Ihnen war und es die Umstände gestatteten, wirklich erschöpfet, und die Wünsche der Reichs-Versammlung auf dem von ihr selbst bezeichneten Weg genau erfüllet hätten; daß daher von dem Reichs-Oberhaupt nicht die entfernteste Veranlassung gegeben worden, den einmal selbst gewählten Weg zu verlassen, sich von dem gemeinsamen Verband loszureißen und zu trennen und mit Außerachtlassung der ersten reichsständischen Pflichten und mit gewaltsamer Verletzung der Verfassung sich einseitig an Frankreich zu wenden."

„Mir schien es ferner, daß Ihre Kaiserliche Majestät das bis jetzt nur Allerhöchst Ihnen anvertraute Geschäft der zum Frieden zu treffenden Einleitung nicht aus Handen zu lassen — alle bis jetzt dem Reich so oft gegebenen Allerhöchsten Zusicherungen Ihres Schutzes und Ihrer reichsväterlichen Fürsorge nicht zurückzunehmen — und endlich noch zur Zeit mit der klugsten Mäßigung des von dem Herrn Kurfürsten von Brandenburg geschehenen verfassungswidrigen Schrittes zu erwähnen die Absicht hatten, und sich eine noch ernstere reichsoberhauptliche Sprache bis zum Erfolg der officiellen Mittheilung des Friedens, bis zur näheren Entwicklung der Umstände, und bis zur gefaßten definitiven Entschließung vorbehalten, welche nothwendig von manchen anderen Verhältnissen und von der genauen Prüfung des Könnens, so wie des Wollens abhänget."

„In dem Geist dieser Voraussetzung, habe ich sämmtlichen Reichstags-Gesandten nicht allein das Rescript verlesen, sondern jedem den Inhalt auf einige wenige kurze übersichtliche Sätze zusammengezogen, den Inhalt selbst aber nach eines jeden Fassungskraft und persönlicher Denkart mit allen den Betrachtungen bekleidet, welche mir fähig schienen, bei ihm von der vorbemerkten reichsväterlichen besten Absicht die lebhafte Ueberzeugung zu erwecken."

„Ich glaube mir ohne Selbsttäuschung die Versicherung erlauben zu können, daß jeder mit der gemachten Eröffnung zufrieden und beruhiget war, und daß die sanfte, aber bestimmte reichsoberhauptliche Sprache, — die genaue Rechenschaft über die bisherigen Schritte in dem strengsten Geleis der Verfassung, verbunden mit der Versicherung der unablässigen Fortdauer der reichsoberhauptlichen Verwendungen zur Erzielung des Friedens die beste Wirkung hervorgebracht haben. — Die Bemerkungen, welche ich bei dieser Eröffnung zu machen die Gelegenheit hatte, sind theils allgemeine, theils besondere. Die Ersten sind folgende:

1mo Jeder fragte, welches die von kais. Maj. getroffene anderweitige Einleitung sei? Allgemein vermuthet man, daß sie unmittelbar zu Paris durch Hrn. Grafen v. Carletti geschehen seien, und Alle wünschen und hoffen, daß man nicht allein auf eine anderweitige Einleitung oder Vorbereitung nur gedacht habe, sondern, daß sie auch wirklich schon getroffen seye, und mit mehrerer Thätigkeit, als bis jetzt die Schritte des Allerhöchsten Hofes geschehen sind, fortgesetzt werden möge."

„Ich hielt mich, wie leicht zu erachten, über die ersten Anfragen und Vermuthungen geschlossen, bemerkte aber bei diesem Punkt die von dem kurmainzischen mir neulich gemachte Eröffnung, daß nach einer jüngeren Versicherung des Comité du salut public bis zur Stunde von dem Allerhöchsten Hof kein solcher Schritt geschehen sei, und daß zweifelsohne durch königl. preußische Veranlassung die Nachricht in der Stille verbreitet wird, die französische Nation wolle allein durch die Vermittlung von Preußen mit Deutschland Frieden machen."

„2do. Allgemein glaubte man zwischen der Reichsoberhauptlichen und zwischen der neulich von den beiden k. k. Herren Ministern abgegebenen Erklärung einen großen Unterschied zu finden. Man bemerkte mir, es sei schon eine kategorische Erklärung, ob man mit Preußen, oder mit Oesterreich halten wolle? gefordert, und es sei den Reichsständen anheim gegeben worden, über den Modum tractandi ihre Erklärungen unmittelbar nach Wien einzeln einzusenden. Im letzteren Falle scheine man das Friedens-Geschäft für Deutschland nicht als ein Comitial-Geschäft zu betrachten und auf das jetzt wieder erwähnte und von kaiserlicher Majestät zugesicherte weitere Zuthun der Reichs-Versammlung verzichten zu wollen. Ueberhaupt seien aber mannigfaltige Drohungen eingeflossen, wozu bis jetzt das Reich gewiß keinen Anlaß gegeben hätte, welches seines Orts zu ohnmächtig gewesen wäre, der schon seit so langer Zeit verspürten allgemein bedauerten königl. preußischen Unthätigkeit und Untreue mit Wirkung zu steuern. Hätten dieses das Haus Oesterreich und die übrigen coalisirten Mächte nicht gekonnt, so würde man es auch dem deutschen Reiche nicht verargen können, dessen bedrängte Stände und Fürsten von ihrem Kaiser und Oberhaupt immer Schutz, Rath und Unterstützung verdienten, und der in seiner Eigenschaft als Reichsoberhaupt und nach der beschworenen Pflicht der Wahl-Capitulation sich in sich selbst zurückzuziehen, seine Selbsterhaltung zum ersten Gesetze seiner Handlungen zu machen und das Reich den von seinen Feinden vorbereiteten Folgen seiner Auflösung zu überlassen, nicht den Willen haben könne. . . .“

„Ich unterließ nicht, das Unrichtige in dieser Darstellung zu bemerken, die Uebereinstimmung beider Erklärungen, so viel mir möglich war, zu zeigen und hinzu zu fügen, daß man alle besorgte üble Folgen durch festes Anschließen an das Reichsoberhaupt und durch verdientes vertrauliches Benehmen zu entfernen die Gelegenheit habe.“

„Die besonderen Bemerkungen sind, daß der Kurmainzische Reichstags-Gesandte nur noch den weiteren Erklärungen entgegen siehet, ob ein Commissions-Decret kommen werde oder nicht?“

„Die Sache gehöre an's Reich, würde aber gewiß ohne dessen Zuthun behandelt werden, wenn man nicht bedacht wäre, die größte Beschleunigung eintreten zu lassen: denn es bliebe noch Vieles zu überlegen übrig, wenn man nicht am Ende Alles überschnellen und neuen Stoff zu künftigen Mißhelligkeiten und Kriegen übrig lassen wolle.“

„Der Württembergische, im dermaligen Augenblick sehr thätige Reichstags-Gesandte, der mit dem Kurbrandenburgischen in einer sonst gewiß nicht bestandenen Vertraulichkeit stehet *),

---

*) Wohin diese Vertraulichkeit später führte, lehrte der im Herbst geschlossene geheime Separat-Frieden Württembergs mit Frankreich. Hügel berichtet an Colloredo: „Ich bin von guter Hand unterrichtet, daß man sich k. p. Seits Mühe gibt, den H. Hz. v. Württ. von seiner devoten Anhänglichkeit an J. kais. M. abzuziehen. Vorzüglich wird hiezu der Einfluß dessen Hrn. Bruders (des k. preuß. Gouv. im Anspachischen), jener des G. Rathes Hrn. v. Wöllwarth“ (dieser schloß i. J. 1796 den Frieden auf Befehl des Herzogs noch einmal förmlich zu Paris ab und wurde dann nach den Siegen der Oesterreicher vom Herzog desavouirt), „eines Neffen des Gn. Görz, und endlich jener des letzteren selbst gebrauchet.“ — „Ersterer bearbeitet den Herzog selbst, der Zweite spielt im Ministerium den Meister und weiß jeden seiner Anträge durch die Württemberg. Stände durchzusetzen, vor welchen sich der Herzog fürchtet. Gf. Görz bearbeitet den hiesigen Württ. Comit. Ges. Freih. v. Seckendorff“ (den Bruder des wackeren österreichischen Generals), „mit welchem er jetzt in größter Vertraulichkeit lebet, so sehr er ihn auch vorher wegen seiner demokratischen Gesinnungen verschrieen hat.“ — d. d. Regensburg 19. Mai 1795. (St. A.)

bemerkte mir, daß Nichts übrig bleibe, als jetzt den von Preußen geschehenen Schritt mit der Verfassung, so gut als möglich, zusammen zu reimen und einen Weg zu finden, wie man den verschobenen Karren in das constitutionelle Geleise zurückbringen könne. Was Preußen gethan, sei in der Vorzeit von Hannover geschehen, und könne von allen Ständen erwartet werden, die auswärtige Kronen trügen und welche reichsständisches Verhältniß dem Interesse ihres Hauses zu subordiniren gewohnt seien. Man möge sich doch jetzt nicht mit der Frage, ob der preußische Separatfrieden constitutionell sey? nicht mit jener quid juris? sondern mit der weit wichtigeren Frage beschäftigen, was zu thun das Rathsamste und unter Rücksicht auf alle eintretenden Umstände das Klügste sey?..."

„Freiherr v. Diede pries sehr die wohlgemeinte reichsväterliche Erklärung und ersuchte mich, den Allerhöchsten Hof zu versichern, daß Dänemark mit Frankreich gewiß nicht in jenen Verhältnissen stehe, die man zu Wien vermuthe."

„In dem letzten Schreiben des Herrn Ministers von Bernstorff sei die Aeußerung enthalten: Er hoffe, daß man bei sich wieder entfernender Gefahr im Westphälischen und Niedersächsischen Kreise wegen Holstein die Reichs-Prästanda gehörig werde leisten können. Uebrigens könne man seinem Hof nicht übel nehmen, daß er sich demjenigen anschließen werde, was der Niedersächsische Kreis überhaupt thuen werde...."

„Den lautesten Beifall widmete der Allerhöchsten Entschließung Freiherr v. Gemmingen, der als ein cordater und gründlicher deutscher Publicist den ganzen Werth jeder Wendung ohne meine Bemerkung von selbst gefühlet hat."

„Herr Graf v. Görz hatte sich allgemein beschwert, daß ihm die beiden k. k. Hrn. Minister ihre jüngsten Erklärungen

15*

nicht mitgetheilt hätten; wenigstens als Badischer und Weimarischer Gesandter könne er entweder auf eine gleiche Eröffnung Anspruch machen, oder man müsse den Grundsatz festsetzen, daß jeder Reichstags-Gesandte nur Eine Stimme vertreten solle. — Dieses und der Inhalt der Erklärung selbst bewog mich, auch Herrn Grafen v. Görz als Badischem und Weimarischem Gesandten den Inhalt derselben bekannt zu machen, welches ich jedoch in jedem andern Fall unterlassen werde, wo der Kurbrandenburgische Reichstags-Gesandte nicht wissen darf, was ich dem Badischen sagen könnte."

„Herr Graf v. Görz verdankte mir sehr das ihm bezeigte Vertrauen, bat mich, ihm die Gerechtigkeit nicht zu versagen, daß er als deutscher Patriot Manches mißbillige, was er öffentlich nicht sagen könne, und daß er manche Stelle des Vertrags anders gefaßt haben würde."

„Er erkannte, daß die kaiserliche Erklärung der Lage der Sache durchaus angemessen sei, und daß der Kaiser als Solcher nicht anders sprechen könne. Er äußerte die Hoffnung, daß die königliche Erklärung, die er täglich erwarte, Befriedigung leisten werde, und versicherte mich, daß in einigen Schreiben des Freiherrn v. Hardenberg an ihn immer vom „deutschen Reich", überhaupt vom „Corps germanique". gesprochen werde." Das also pries der Gf. Görz als ein besonderes Verdienst! —

„. . . Die beiden k. k. Minister", so schloß Hügel seinen Bericht, „haben von ihrer Behörde von der Reichsoberhauptlichen Erklärung keine Kenntniß erhalten. Sie glauben daher und müssen glauben, daß die Grenz-Linie, wo sich die wechselseitige Sprache trennet, absichtlich gewählt worden, und daß das Haus Oesterreich mit Vorbedacht so nachdrücklich auf kategorische Erklärungen dringet, zu welchen Ihre kais. Majestät erst nach erhaltener officiellen Mittheilung den Anlaß am Reichstage geben zu wollen scheinen."

Es war wahrlich für Oesterreich die höchste Zeit gewesen, mit den Reichsständen überhaupt eine nachdrückliche Sprache zu führen und sie mit Ernst und Strenge auf das Gefahrvolle des preußischen Beginnens aufmerksam zu machen; denn kaum hatte der Kaiser und der Erzherzog von Oesterreich den Reichsständen darüber reinen Wein eingeschenkt, was das Reich von dem Baseler Frieden zu erwarten hätte, so that auch Preußen wieder einen Schritt weiter auf der abschüssigen Bahn seiner Politik durch eine öffentlich abgegebene „Erklärung Seiner königlichen Majestät von Preußen an Ihre Höchst und hohen Reichsmitstände in Betreff des am 5. April 1795 mit der französischen Republik geschlossenen Friedens-Tractates."

Hatten die kaiserlichen Minister ihre vorerwähnten Eröffnungen nur mündlich abgegeben und gewissermaßen, je nach Maßgabe der Individualität der Reichsstände, die Strenge und den Ernst durch Beweise unverkennbaren Wohlwollens und durch sprechende Beispiele der österreichischen Rechtlichkeit und bisherigen Aufopferung gemäßigt, so wurde dagegen in sehr bezeichnender Weise die preußische Begründung des Baseler Friedens in Druck gelegt und hiedurch gewissermaßen als eine officielle Rechtfertigungsschrift des mit Frankreich geschlossenen Vertrages bei allen Gesandten, Ministern, Kreisen, Ständen, mit einem Worte überall im Reiche, als preußisches Manifest verbreitet.

„Am 7. Mai Morgens überbrachte ein preußischer Feldjäger dem Grafen v. Görz ein Rescript seines Hofes mit einer gedruckten Erklärung des preußischen Königs" *).

*) Hügel an Colloredo, d. d. Regensburg den 7. Mai 1795. (St. A.)

Görz sandte sogleich seinen vertrauteren Freunden mehrere Exemplare dieser Erklärung zu und ließ dem kurmainzischen Gesandten wissen, daß er dem Reichs-Directorium im Auftrage seines Königs die förmliche officielle Uebergabe des Baseler Tractates und dieser gedruckten Erklärung zu machen habe.

„Freiherr v. Strauß", so berichtet Hügel weiter „bemerkte mir in einem geschriebenen Billet, daß er mit der gedruckten Erklärung des Königs nicht zufrieden sey, und daß der Graf v. Görz noch selbst zu mir kommen werde. Eine Stunde vor Abgang der Post kam auch derselbe zu mir und hat mir ein Exemplar, welches ich dahier beilege, zugestellt. Er verlas mir den Anfang des erhaltenen Rescripts, worin ihm aufgetragen wird, die ihm beigeschlossenen 200 Exemplare des Friedens-Instruments und der königl. Erklärung unter die Reichs-Tags-Gesandten und an die sich hier aufhaltenden fremden Minister zu vertheilen, und auf herkömmliche Art mit einem Pro Memoria dem Kur-Mainzischen Reichs-Directorio zu übergeben." *)

*) Diesem Befehle kam er schon am 8. Mai nach. Sein Schreiben an die Reichsversammlung war eine Paraphrase des ihm zugekommenen Rescriptes.

„In der Erklärung", so schrieb er, „fänden die höchsten und hohen Mitstände die Beweggründe des Baseler Friedens und die aufrichtig bundestreue Gesinnung der preußischen Regierung, dabei auch ihren redlichen Wunsch enthalten, daß die Reichs-Versammlung Preußen Mittel, Wege und Veranlassung verschaffe, dem gesammten deutschen Vaterlande und allen dessen Gliedern und Ständen den Segen eines baldigen glücklichen und dessen Verfassung erhaltenden Friedens zu gewähren." d. d. Regensburg 7. Mai 1795. (St. A.) — Der preußische Geschäftsträger bei Kur-Mainz, Namens Formey, übersandte die Erklärung an Albini mit den charakteristischen Worten: Le soussigné a l'honneur de communiquer . . . au ministre de S. A. E. un exemplaire de la déclaration du Roi son maître à ses Hauts Co-États, rélativement à sa paix avec la France. L'expression vraie des senti-

„Er fügte hinzu, ich sehe, daß er nur als ein Instrument gebraucht werde, und daß ihm Alles wörtlich vorgeschrieben sei. Wenn man ihm die Erklärung nur im Manuscript zugesendet hätte, so würde er sich ohne Anstand erlaubt haben, eine oder die andere Stelle wegzulassen und Verschiedenes wieder hinzusetzen: doch hoffe er, daß im Ganzen diese sehr gut geschriebene Erklärung den besten Eindruck machen und für Deutschland die Wohlthat des Friedens zuwegen bringen werde. Er bat mich mit vielem scheinbaren Eifer, hierzu nach allen Kräften mitzuwirken und unter dem Streit über die Form die Sache selbst nicht zu vergessen, da doch nicht zu mißkennen sey, daß Deutschland keinen Krieg mehr führen könne und den Frieden wolle.“

„Er verlas mir jenes Promemoria, welches er dem Reichs-Directorio in seinem Namen zuschicken werde, welches, wie leicht zu erachten, mit vielem Wortgepräng verfaßt ist, und das Morgen schon gedruckt erscheinen wird.“ *)

---

ments et des vues généreuses de S. M., Son désir d'allier intimement les intérêts de l'Empire aux Siens propres, y sont trop vivement empreints, pour ne pas lui attirer de plus en plus la confiance dont S. A. E. lui a donné des preuves réiterées. — d. d. Francfort sur le Mein ce 9 Mai 1795. (M. A. im St. A.) Aehnliche Rescripte erhielten alle Reichsstände.

*) Auch die preußischen Kreistagsgesandten verbreiteten die „Erklärung“ mit ähnlichem Wortgepränge. Die Note des kurbrandenburgischen Kreisgesandten Grafen Soden enthielt z. B. die Stelle: „Seine Maj. haben Ihre Obsorge nicht blos auf Ihre eigenen Lande beschränkt, Sie haben sich zur angenehmsten Pflicht gemacht, allen Ihren Reichsmitständen die Theilnahme an den heilsamen Wirkungen des Friedens ebenfalls vorzubereiten. — Besonders haben Allerh. Dieselben für die Sicherheit des hiesigen Kreises Bedingungen stipuliret, die denselben gegen alle feindlichen Anfälle sichern und ihm anheimstellen, sich die vormalige Ruhe, Freiheit des Handels und alle übrigen Vortheile des Friedens eigen zu machen, wenn er will!“ (St. A.) Beim westphälischen Kreis

„Für heute“, so schließt Hügel seinen Bericht, „gebricht mir die Zeit, mein Urtheil über die in der gedruckten Erklärung enthaltene, unvollständige, ungetreue, mangelhafte und unwahre Darstellung des bisherigen Ganges der Sache beizufügen. Leider hat man der unglücklichen Rücksprache mit des Königs in Preußen Majestät jene Wendung gegeben, die E. h. G. so richtig davon besorgt hatten und die nun den einzigen Scheingrund abgeben soll, wodurch der verfassungswidrige Schritt des Kurfürsten von Brandenburg und die noch verfassungswidrigere offene Einladung aller übrigen Reichsstände zu ähnlichen Schritten gerechtfertigt wird. — Auch zeiget dieser Gebrauch von der Rücksprache sehr richtig den Zweck, den man gleich bei der ersten Erwähnung davon im Hinterhalt hatte, und der so leicht zu vereiteln war und so unvorsichtig befördert wurde.“

Wir haben im Vorangegangenen über die preußische Erklärung das Urtheil des redlichen Hügel ersehen. Ein anderer kaiserlicher Minister, der Graf Schlick, beurtheilt diese Erklärung mit den Worten: „Die gewöhnliche Methode des preußischen Ministeriums, wichtige oder arglistige Unternehmungen durch eine eloquente Darstellung der Ereignisse zu beschönigen, ist nun auch im vorliegenden Falle beobachtet worden.“ *)

---

oblag. dem Geschäft der Verbreitung dieser Erklärung der preußische Minister v. Dohm „und bemerkte dabei den Ständen ausdrücklich, daß dieser Modus zur Gewinnung der Zeit gewählt sei.“ (Westphalen an Colloredo, d. d. Paderborn 14. Mai 1795. St. A.)

*) Schlick an Colloredo, d. d. Frankfurt 13. Mai 1795. (St. A.) Nach Häusser's D. G. B. II. S. 16. ist diese preußische Staatsschrift eine gar unschuldige, „gewandt geschriebene Erklärung“, auf welche dann die Antwort Oesterreichs (durch das folgende Hofdecret vom 19. Mai) nicht

Eine nähere Betrachtung dieser höchst merkwürdigen officiellen preußischen Staatsschrift wollen wir unseren Lesern um so weniger vorenthalten, da sie eine den Namen des preußischen Königs tragende, von Berlin am 1. Mai datirte und mit Ostentation öffentlich bekannt gegebene gegen den Kaiser und das Reich gerichtete Anklage war, und die Rechtfertigung der Baseler Friedensmänner vom preußischen Standpunkte aus enthalten soll.

In den folgenden Blättern liefern wir einen wortgetreuen Auszug dieser umfangreichen Erklärung. — Dadieselbe aber wiederholt Zeitgenossen und Nachwelt zur Zeugenschaft aufruft, so wollen wir aus einigen kurz nach ihr erschienenen Druckschriften, in den Anmerkungen jene Gegenbetrachtungen beifügen, die sich über diese preußische Staatsschrift den Zeitgenossen damals aufgedrängt haben, uns selbst aber jeder weiteren hiedurch überflüssig gewordenen Bemerkung enthalten.

„Seine Königliche Majestät von Preußen“, also beginnt die preußische Rechtfertigung, „sehen Sich jetzt in dem angenehmen Fall, Ihren Höchst und hohen Reichs-Mitständen eine Begebenheit anzukündigen, deren frohe und glückliche Folgen das gesammte Deutsche Vaterland sehr nahe mit angehen. Der verhängnißvolle Krieg, welcher lange genug für die leidende Menschheit Tod und Verheerung in so weitem Umfang verbreitete,

---

lange ausblieb, die zwar „noch in mäßigem Tone“, aber doch so gehalten war, „daß der Ingrimm (!) gegen Preußen vernehmlich genug herausklang.“ Wir kommen später auf das angeblich „ingrimmige“, unserer Meinung nach in bewunderungswürdiger Milde gehaltene Hofdecret zurück und bemerken hier nur, falls überhaupt der „Ingrimm“ auf der österreichischen Seite Platz gegriffen hätte, daß in der schamlos frechen, aber „gewandt geschriebenen Erklärung“ des Königs in Preußen allerdings Stoff genug zum Ergrimmen gewesen wäre.

hat nun von Höchst Ihrer Seite sein Ziel gefunden. Ein glücklicher Friedensschluß ist zwischen Seiner Majestät und der Französischen Republik am 5. April 1795 zu Basel unterzeichnet und nachher beiderseits ratificiret worden; derselbe gewähret den preußischen Staaten wieder Ruhe und ungestörtes Wohlergehen, eröffnet aber auch zugleich allen Reichsständen einen gebahnten Weg, um gleichfalls zur Wohlthat des Friedens zu gelangen, und giebt schon augenblicklich einem großen Theil Deutschlands Schutz und Sicherheit gegen die Leiden und Zerstörungen des Krieges. Mit gerechtem Vertrauen auf die Zustimmung und den Beifall des gesammten Deutschen Reichs verweilen daher des Königs Majestät nicht, Ihre Beweggründe, Ihre Gesinnungen und Wünsche bei diesem Friedensschluß mit Offenheit darzulegen."

„Höchst Sie sind Sich's mit reinem Gefühl bewußt, daß wenn Ihre Beweggründe hauptsächlich durch den Drang gebietender Umstände bestimmt worden, auch dabei, so wie bei dem bisherigen Gang der großen Angelegenheit, welche Europa beschäftigt, Ihre Gesinnungen immer lauter, Ihre Absichten wohlgemeint gewesen sind. Sie können es den beobachtenden Zeitgenossen und der richtenden Nachwelt zu würdigen mit Beruhigung überlassen, daß Ihr Interesse bei diesem ganzen Krieg kein unmittelbares, kein eigenes war, daß Sie an demselben ohne Rücksicht auf Ihren Vortheil und Nutzen, nur aus reinem Eifer für das Wohl allgemeiner Angelegenheiten, nur aus reinem Patriotismus für die Sicherstellung und Vertheidigung des bedrängten deutschen Vaterlandes Theil genommen haben konnten." *)

*) Einer der beobachtenden Zeitgenossen, der Verfasser der Schrift: „Patriotische, aber ehrfurchtsvolle Bemerkungen über die von

„Zu diesem so großmüthigen, gemeinnützigen Endzweck haben in Wahrheit Seine Majestät nicht bloß Ihre Verbindun-

Sr. Majestät dem König von Preußen durch höchst deren Minister am Reichstag zu Regensburg gemachte Erklärung 1795", fragt: „Zu was eine Erklärung oder so zu sagen Entschuldigung, wenn Preußen bey dem gerechten Friedensschluß nur allein gehalten war, einzig auf sein eigenes Wohl und Interesse zu sehen? Denn diese Erklärung vertritt hier die Stelle einer Rechtfertigung, und Rechtfertigung ist ein stilles verblümtes Bekenntniß, nicht ganz so bieder gehandelt zu haben, als man scheinen möchte. — Wenn daher Preußen der Meinung ist, durch seine Rechtfertigung des Publikums Augen und Sehkraft nur nach der glänzenden Seite Preußens lenken zu dürfen, so ist es auch jedes geraden und rechtschaffenen Mannes Pflicht, das falsche Licht durch den Schimmer der Wahrheit zu zerstreuen, und Wahrheit sagen, ist nicht Kühnheit. Es sei uns also erlaubt, im Angesichte von Europa und für die Geschichte der Nachkommenschaft die königlich preußische Erklärung, zwar im ehrfurchtsvollsten Tone, aber doch im Tone der ungeschminkten Wahrheit zu beleuchten."

Eine andere Gegenschrift: „Anmerkungen zu der Erklärung u. s. w.", von welcher Kolbielski, dessen wir noch später zu gedenken Gelegenheit finden, der Verfasser war, meinte: „Unter denjenigen politischen Ereignissen, welche in unserm an außerordentlichen Dingen so fruchtbaren Zeitalter doch noch das Recht haben, Verwunderung zu erregen, ist eine unter dem Namen Sr. königl. Majestät von Preußen an Dero Höchste und Hohe Reichs-Mitstände gerichtete, vor Kurzem zu Berlin erschienene Erklärung über den mit Frankreich geschlossenen Separatfrieden gewiß besonders auffallend."

„Der Verfasser des gegenwärtigen Aufsatzes hat ehemals über den Sinn solcher Schriften sich darum zuweilen geirrt, weil er gewisse Worte und Wendungen derselben eben so nehmen zu können glaubte, wie sie unter ehrlichen Leuten im gemeinen Leben gewöhnlich genommen werden. Mehrjährige Erfahrungen hatten aber diesen guten Glauben schon sehr bey ihm erschüttert. Obige Erklärung aber hat ihn vollends überzeugt, daß man in gewissen Ländern für dergleichen Staatsschriften ein ganz besonderes Wörterbuch haben muß, dessen Mittheilung ein sehr schätzbares Geschenk für das Publicum würde. Sonst müßte zwischen den Hauptsätzen jener Erklärung und den vorigen Schriften, an die sie so natürlich erinnert, besonders aber den daraus gezogenen Folgerungen ein Widerspruch bestehen, welcher bey so wichtigen Actenstücken, in Zeiten, wo die öffentliche Meinung so laut sprechend ist, sich kaum denken läßt."

hat nun von Höchst Ihrer Seite sein Ziel gefunden. Ein glücklicher Friedensschluß ist zwischen Seiner Majestät und der Französischen Republik am 5. April 1795 zu Basel unterzeichnet und nachher beiderseits ratificiret worden; derselbe gewähret den preußischen Staaten wieder Ruhe und ungestörtes Wohlergehen, eröffnet aber auch zugleich allen Reichsständen einen gebahnten Weg, um gleichfalls zur Wohlthat des Friedens zu gelangen, und giebt schon augenblicklich einem großen Theil Deutschlands Schutz und Sicherheit gegen die Leiden und Zerstörungen des Krieges. Mit gerechtem Vertrauen auf die Zustimmung und den Beifall des gesammten Deutschen Reichs verweilen daher des Königs Majestät nicht, Ihre Beweggründe, Ihre Gesinnungen und Wünsche bei diesem Friedensschluß mit Offenheit darzulegen."

„Höchst Sie sind Sich's mit reinem Gefühl bewußt, daß wenn Ihre Beweggründe hauptsächlich durch den Drang gebietender Umstände bestimmt worden, auch dabei, so wie bei dem bisherigen Gang der großen Angelegenheit, welche Europa beschäftigt, Ihre Gesinnungen immer lauter, Ihre Absichten wohlgemeint gewesen sind. Sie können es den beobachtenden Zeitgenossen und der richtenden Nachwelt zu würdigen mit Beruhigung überlassen, daß Ihr Interesse bei diesem ganzen Krieg kein unmittelbares, kein eigenes war, daß Sie an demselben ohne Rücksicht auf Ihren Vortheil und Nutzen, nur aus reinem Eifer für das Wohl allgemeiner Angelegenheiten, nur aus reinem Patriotismus für die Sicherstellung und Vertheidigung des bedrängten deutschen Vaterlandes Theil genommen haben konnten." *)

*) Einer der beobachtenden Zeitgenossen, der Verfasser der Schrift: „Patriotische, aber ehrfurchtsvolle Bemerkungen über die von

„Zu diesem so großmüthigen, gemeinnützigen Endzweck haben in Wahrheit Seine Majestät nicht bloß Ihre Verbindun-

---

Sr. Majestät dem König von Preußen durch höchst deren Minister am Reichstag zu Regensburg gemachte Erklärung 1795", fragt: „Zu was eine Erklärung oder so zu sagen Entschuldigung, wenn Preußen bey dem gerechten Friedensschluß nur allein gehalten war, einzig auf sein eigenes Wohl und Interesse zu sehen? Denn diese Erklärung vertritt hier die Stelle einer Rechtfertigung, und Rechtfertigung ist ein stilles verblümtes Bekenntniß, nicht ganz so bieder gehandelt zu haben, als man scheinen möchte. — Wenn daher Preußen der Meinung ist, durch seine Rechtfertigung des Publikums Augen und Sehkraft nur nach der glänzenden Seite Preußens lenken zu dürfen, so ist es auch jedes geraden und rechtschaffenen Mannes Pflicht, das falsche Licht durch den Schimmer der Wahrheit zu zerstreuen, und Wahrheit sagen, ist nicht Kühnheit. Es sei uns also erlaubt, im Angesichte von Europa und *für die Geschichte der Nachkommenschaft* die königlich preußische Erklärung, zwar im ehrfurchtsvollsten Tone, aber doch im Tone der ungeschminkten Wahrheit zu beleuchten."

Eine andere Gegenschrift: „Anmerkungen zu der Erklärung u. s. w.", von welcher Kolbielski, dessen wir noch später zu gedenken Gelegenheit finden, der Verfasser war, meinte: „Unter denjenigen politischen Ereignissen, welche in unserm an außerordentlichen Dingen so fruchtbaren Zeitalter doch noch das Recht haben, Verwunderung zu erregen, ist eine unter dem Namen Sr. königl. Majestät von Preußen an Dero Höchste und Hohe Reichs-Mitstände gerichtete, vor Kurzem zu Berlin erschienene Erklärung über den mit Frankreich geschlossenen Separatfrieden gewiß besonders auffallend."

„Der Verfasser des gegenwärtigen Aufsatzes hat ehemals über den Sinn solcher Schriften sich darum zuweilen geirrt, weil er gewisse Worte und Wendungen derselben eben so nehmen zu können glaubte, wie sie unter *ehrlichen* Leuten im gemeinen Leben gewöhnlich genommen werden. Mehrjährige Erfahrungen hatten aber diesen guten Glauben schon sehr bey ihm erschüttert. Obige Erklärung aber hat ihn vollends überzeugt, daß man in gewissen Ländern für dergleichen Staatsschriften ein ganz besonderes Wörterbuch haben muß, dessen Mittheilung ein sehr schätzbares Geschenk für das Publicum würde. Sonst müßte zwischen den Hauptsätzen jener Erklärung und den vorigen Schriften, an die sie so natürlich erinnert, besonders aber den daraus gezogenen Folgerungen ein Widerspruch bestehen, welcher bey so wichtigen Actenstücken, in Zeiten, wo die öffentliche Meinung so laut sprechend ist, sich kaum denken läßt."

gen als Bundesgenosse und als Reichsstand treulichst und vollständigst erfüllt, sondern weit über diese Grenzen hinaus mit einer beispiellosen Anstrengung alle Aufopferungen dargebracht, welche nur die Preußischen Staatskräfte vermochten; Sie haben drei blutige Jahre hindurch mit einem auserlesenen großen Kriegsheer, zum Theil in weiter Entfernung von den Preußischen Staaten, auf fremdem, meist ausgezehrtem Boden, unter

„Das h. preuß. Ministerium, welches in dem Augenblick, wo die ganze Schwierigkeit des französischen Krieges schon überflüssig erprobet war, aus eben den reinen Gefühlen, welche der Verfasser der Erklärung mehrmals rühmt, eine zweite schwere Arbeit unternommen, nämlich auch in Polen den revolutionistischen Grundsätzen aufzuspüren, und einen möglichst großen Theil auch dieses Landes, selbst wider seinen Willen glücklich zu machen, — dieses Ministerium in der Wärme seines Eifers gegen die Verirrungen der Menschheit, kann sich jetzt unmöglich erinnern, wie es vor dritthalb Jahren und seither (etwa zehnmal) sich über die französischen Unordnungen ausgedrückt. Ein solcher Gedächtnißfehler ist nicht ganz ohne Beispiel: Auf die nämliche Art geriethen jene schmeichelhaften, ermunternden Ausdrücke über die Errichtung der letzten polnischen Constitution zwischen 1791 und 1793 in solche Vergessenheit, daß eine neue Theilung von Polen erforderlich schien, um die gefährdevollen Anstalten dieser nämlichen Constitution auszurotten. Wir Privatbürger im Reich, denen das Geschäft, über das Eigenthum unordentlicher Nachbaren so menschenfreundlich zu verfügen, nicht erlaubt ist, haben desto mehr Muße, unsere Aufmerksamkeit auf den Zusammenhang der Worte und Handlungen zu richten. Und einem Hofe, der, wie die Erklärung siebenmal versichert, für unser Bestes seit dritthalb Jahren so außerordentliche Anstrengungen und Aufopferungen gethan hat, sind wir in der That schuldig, mit eben dem guten Willen, den er in allem so herrlich zu Tage legt, den kleinen Dienst zu erweisen, ihn auf die Mißgriffe der Feder seiner Secretäre aufmerksam zu machen, eine Bemühung, welche, wenn sie auch nicht mit verdientem Dank erkannt werden sollte, wir uns gleichwohl zu einem wahren Verdienst um Preußen anrechnen; denn, wie die Sache liegt, könnte man wirklich glauben, der Verfasser der Erklärung wollte die Reichsstände zum Besten haben, welches der Zweck dieses reichspatriotischen Hofes gewiß nicht ist.“ (Seite 35.)

der übertriebensten Theuerung aller Bedürfnisse, unter den hinderlichsten Erschwerungen aller Art, und einem unermeßlichen Geldausfluß aus Ihren Ländern, gegen einen durch Macht und Kriegsglück so furchtbaren Feind gekämpft; Sie haben, um den reißenden Strom seiner Unternehmungen von Deutschlands Boden möglich abzuwehren, Alles, was von Höchst Ihnen abhing, gethan und erschöpft, und alle Ihre Macht angewendet, um das schwere Verdienst zu erringen, in den gefahrvollsten Krisen Deutschlands Beschützer und Retter geworden zu seyn. Dankbar wird es noch die deutsche Nachwelt sich sagen, daß vornämlich die Preußischen Kriegsheere es waren, welche das Reich gegen jenen ersten Einbruch, womit der General Custine dasselbe unvorbereitet vor der Reichskriegserklärung und aller Kriegszurüstung furchtbar bis in sein Innerstes überraschte, mit Eile und Nachdruck retteten; welche diesen mit Uebermacht vorgedrungenen Feind aus den vorderen Reichslanden zurückdrängten, Mainz und Frankfurt von ihm zurückeroberten und das schon zerrissene Deutschland wieder vereinigten und sicherten; daß diese Kriegsheere während aller drei Feldzüge den größten Theil des Rheinstromes, und als links und rechts Unglück auf Unglück die Waffen der Alliirten traf, immer noch den Rheinstrom vertheidigten, immer noch als unerschütterliche Brustwehr das Herz von Deutschland deckten; daß Sie, als durch anhaltendes Mißgeschick der Alliirten auch die Vereinigten Niederlande verloren gingen, und der unvertheidigte Norden des Reichs dem Sieger offen stand, hiehin eilten, wo die Gefahr am furchtbarsten drohte, und mit den Westphälischen Provinzen des Königs auch den ganzen dortigen Kreis und alle hinterliegenden Länder retteten und bewahrten." *)

*) „Patriotische Bemerkungen" rc.: „Was ist von Preußen in der

„Und zu diesem Dienst des gemeinsamen Vaterlandes ward des Preußischen Bluts so viel vergossen, und wurden dem Preußi-

Champagne geschehen? Die Welt weiß es, und die Annalen in Berlin werden Mühe haben, der Nachwelt das unerbittliche Richteramt der Wahrheit zu entreißen. Was geschah in der Champagne? Waffenstillstands-Unterhandlungen mit einem Feind, der seiner Stellung nach unvermeidlich geschlagen war: heute erschien ein Manifest mit Donner und Blitz, und morgen geschah der Rückzug." (S. 9.)

Die Schrift „Antifragmente. In Beziehung auf die k. p. Erklärung u. s. w." — „Im Juli 1795" sagt mit Bezug auf die ersten Kriegsjahre: „Die k. k. Generäle mußten sich Alles gefallen lassen, denn sie waren dem preußischen Armee-Commando leider subordiniret. Wahrscheinlich aber haben damals schon die wechselseitigen témoignages d'amitié angefangen, deren der französische Orator im Wohlfahrtsausschusse ruhmvoll erwähnt. Bekannt ist es, daß schon damals die Mäklereyen und die Konventikel zwischen der preußischen und französischen Armee anfingen, daß während der Retraite beym Erscheinen eines preußischen Generals vor der Front der Armee und auf ein von diesem gegebenes Zeichen die feindlichen Batterien schwiegen, und daß dieser darauf in's französische Lager ritt ... und daß, als in der Gegend bei Verdun mehrere Kugeln in das preußische Lager sich verirrten, die Franzosen auf die deßfallsige preußische Beschwerde sich entschuldigten, daß sie die Truppen nicht für Preußen, sondern für Oesterreicher angesehen hätten... Freilich schützten nach dieser unglücklichen Retraite die Preußen auf einer Seite das Reich — und das von Rechtswegen, da sie, einzig die Preußen, es waren, welche dem Feinde die Wege zum Einbruch eröffnet hatten. — Und war es nicht eine nothwendige unselige Folge der preußischen Campagne, daß die Niederlande verloren gingen? ... Lese man doch nur die so prahlerisch übertriebenen und wahrheitswidrigen Gemählde! ... Staunen wirst du Nachwelt, daß man es wagen durfte, die Wahrheit so schändlich zu mißhandeln!" Diese „Antifragmente" gewinnen außerordentlich an Bedeutung, wenn man bedenkt, daß sie vom Secretär des kaiserlichen Ministers Grafen v. Westphalen geschrieben und von diesem Minister und dem Freih. v. Hügel redigirt wurden. Letzterer berichtet (d. d. Regensburg 27. October 1795) hierüber an die Reichskanzlei:

„Wider die dahier erschienenen „Fragmente" hat der Privatsecretär des Grafen v. Westphalen schon vor mehreren Monaten mir eine zweckmäßige Widerlegung im Manuscripte zugesendet. Die vielfältigen Beschwernisse, mit welchen man zu kämpfen hat, wenn man eine Schrift

schen Staat so unerschwingliche Geldsummen entzogen, zu einer Zeit, wo der König zum Theil noch in andere Kriegsverwickelungen verflochten, und die entgegengesetzten Provinzen seiner Monarchie gegen Insurrection und Streifereien der angrenzenden Polen mit seiner übrigen Heeresmacht zu vertheidigen genöthiget ward."

„Es mußte demnach schon seit Langem jedem Beobachter der Zeitverhältnisse eine weitere Fortführung dieses Krieges von Seite Preußens unmöglich erscheinen."

„Se. Königl. Majestät haben dieses verschiedentlich Ihren hohen Bundesgenossen und Reichs-Mitständen unumwunden zu erkennen gegeben. Insbesondere geschahe solches im Anfang des vorigen Jahres, wo sie dem Deutschen Reich zu eröffnen gedrungen waren, daß es Höchst Ihnen ganz unmöglich sey, die Bürde eines bis dahin bloß aus eigenen Mitteln geführten Krieges ohne Unterstützung und Erleichterung fernerhin zu tragen, und daß, wofern nicht der größte Theil Ihrer Truppen aus dem Felde zurückgehen und das Reich sich selbst, seiner Vertheidigung und seinem Schicksal überlassen sollte, daselbe die Verpflegung dieser Truppen übernehmen müsse.*) — Die

---

für den Allerhöchsten Hof in der Stille zum Druck befördern will, haben bis jetzt den Abdruck dieser Schrift verzögert, die gleichwohl in dem gegenwärtigen günstigeren Zeitpunkt noch immer früh genug erscheinet, um das Benehmen der k. preuß. Truppen während dieses ganzen Krieges in seiner wahren Gestalt darzustellen. Sie enthaltet eine reichhaltige Sammlung von unbekannten Thatsachen, die dem Urtheil des Publicums vorgelegt zu werden durchaus verdienen." — (St. A.)

*) „Antifragmente": S. 48. „Die geforderte Verpflegung setzte einen Effectiv-Stand von 41.966 Pferden und wenigstens 60.900 Köpfe voraus. Bekanntlich wurde aber nun das hessische und sächsische Corps zu der preußischen Armee mitgerechnet, welche auf eigene Rechnung lebten, so wie auch der König in Preußen sein Reichs-Contigent abrechnen mußte. Es dürfte also kaum die Hälfte dieser bemerkten Zahl an preußischen Truppen vorhanden gewesen sein. Am Reichstage wurde diese geforderte

hiehin abzweckenden Anträge fanden aber fast überall im Reich Kaltsinn, Abneigung und Mißbelieben, eine Aufnahme, die in Wahrheit den wohlgemeinten Absichten des Königs, und seinem dem Reich so wichtigen Schutz sehr wenig entsprach, und die daher S. Majestät zu dem Entschluß bestimmen mußte, jener Erklärung schon damals Folge zu geben." *)

„In demselben Zeitpunkt geschahen indeß Sr. Majestät von dem Königlich-Großbrittanischen Hofe Subsidien-Anträge,

Verpflegung auf 60.000 fl. per Tag berechnet. Damals war die Ziffer der Forderung in Wien noch nicht bekannt; vor dieser Forderung aber hatte das Reichsministerium schon auf die Bewaffnung des Volkes und auf allgemeinen Landsturm gedrungen." (S. 52.) „Freilich läßt es sich leicht begreifen, daß der preußische Hof, der für seine Absichten nichts weniger als eine Selbstständigkeit des Reiches passend finden konnte, eine Anstalt als zweckwidrig finden würde, welche seine Hilfe entbehrlich machen könnte; eine sebstständige Reichs-Armee, eine allgemeine Landesarmirung mußten nothwendig das Band zwischen dem Oberhaupte und den Ständen enger schlingen, und leicht begreiflich ist es, daß um diese zu hintertreiben, Preußen sich sogar die hin und wieder gemachte Aeußerung erlauben durfte, daß der König, im Falle man nicht die Armirungsanstalten einstelle, seine Truppen zurückziehen würde. Ein schöner Beitrag zur Sorge des preußischen Ministeriums für die Autonomie der deutschen Reichsstände!" Es ist sehr lehrreich in diesen „Antifragmenten" nachzulesen, in welcher Weise diese Verpflegungsforderung, von der es in „deutschen" Geschichtswerken nun heißt, daß sie die kaiserliche Regierung gehemmt habe, preußischerseits im Reich betrieben wurde.

*) „Patriotische, aber ehrfurchtsvolle Bemerkung" &c.: (S. 13.) „Es ist doch bei der vorgeblichen preußischen Großmuth und Uneigennützigkeit wirklich recht seltsam, daß allein Preußen jene Verpflegung begehrte; oder welche Macht der Alliirten forderte ähnliche Verpflegung? Wo steht in den Allianztraktaten diese Verbindlichkeit? Hat Oesterreich als Reichsmitstand, haben die andern Reichsstände die Verpflegung ihrer Kontigente auch vom Reich verlangt? Legen die Reichsgesetze den Ständen die Verpflegung ihrer schuldigen Kontingente nicht selbst auf? Woher nimmt also Preußen diese Reichsverfassungswidrigen Ansprüche her? doch wohl nicht aus Liebe für das deutsche Reich, nicht aus Uneigennützigkeit, nicht aus Großmuth?"

welche die Ursache dieses Entschlusses hoben und Höchst Ihnen die Mittel zur Fortsetzung des Krieges darreichen sollten. Ihre bisherige Theilnehmung an diesem war zu sehr das uneigennützige Resultat einer treuen Sorgfalt für alle Ihre Verhältnisse und Verbindungen und eines redlichen Eifers, den um sich greifenden Zerstörungen der damals noch in Frankreich wüthenden Faction und ihren bis zum höchsten Gipfel gestiegenen Gräueln möglichst entgegen zu arbeiten: zu sehr das reine Werk einer innigen patriotischen Anhänglichkeit an das gemeinsame deutsche Vaterland und einer tief empfundenen Sehnsucht, seiner erschütterten Verfassung, seinem hinsinkenden Wohl nach allen Kräften aufzuhelfen; Se. Majestät gaben, den Großbrittannischen Anträgen Gehör, und das bedrängte Reich genoß fortdauernd den Schutz der preußischen Waffen." *)

„Die Subsidien, welche jedoch nur als eine sehr eingeschränkte Beihülfe angesehen werden konnten, waren aber nicht

*) „Antifragmente:" (S. 59) „Den preußischen Drohungen und überhaupt dem ganzen wegen der Verpflegung gemachten Lärm wurde dadurch ein Ende gemacht, daß England und Holland dem Könige von Preußen für 62.000 Mann reichliche Subsidien bezahlten, und der kaiserliche Hof die Verpflegung des Auxiliarcorps von 20.000 Mann übernahm." „Was geschah nun?" fragt diese Schrift auf S. 63. weiter: „die Lectionen, welche in dem brittischen Parlament über die preußische Moral gelesen wurden, sind bekannt, und das Ende dieses Intermezzo war, daß endlich der brittische Hof — nachdem Preußen in aller Gemächlichkeit drei Termine gezogen hatte, (und nebenher sich 20.000 Mann von Oesterreich — NB. die nämlichen Truppen, welche England zahlte, verpflegen ließ) die Subsidien nicht mehr zahlte und dem preußischen Hof seine ganze Verachtung empfinden ließ."

Auch die „Patriotischen Bemerkungen" erwähnen: „Ueber die englischen Subsidien erhebt die preußische Erklärung große Klage. Wunderlich. England zahlte Subsidien für 60.000 Mann, und bei der kombinirten Armee waren doch nicht mehr als 35.000 Preußen. Warum ließen die Preußen nie eine Musterung zu? War es billig, daß England auch jene preußischen Truppen bezahlte, die zur polnischen Eroberung gebraucht wurden?" (S. 12.)

lange im Gang, als sie schon aufhörten entrichtet zu werden, und die ganze Bürde des Krieges fiel wieder auf die alleinige eigene Mittel des Königs zurück."

„Hätten in diesem Zeitpunkt Se. Majestät, vermöge Ihrer vorigen Erklärungen, das Reich sich und seinen nur schwachen Vertheidigungskräften überlassen wollen, so wäre sein Loos vielleicht schon trauervoll entschieden worden, in diesem Zeitpunkt, wo noch keine Morgenröthe des Friedens schimmerte, wo nur überall auf den Deutschen Gränzen und in den vordern Deutschen Ländern Unglück stürmte, überall eine bange Ahnung das nahe Verhängniß ankündigte, das nach dem traurigen Vorgang aller Reichsländer jenseit des Rheins das Schicksal der mit äußerstem Nachdruck vertheidigten und dennoch überwältigten Kaiserl. Königl. und der schon damals immer gefahrvoller bedrohten vereinigten Niederlande, auch das Schicksal des wehrloseren größten Theils von Deutschland werden würde." *)

---

*) „Antifragmente" (S. 45—61—65): „Die Ursache, daß der siegreiche Lauf der k. k. Waffen in den Niederlanden aufgehalten wurde, war Mangel an Mannschaft gegen die ungeheure Masse, welche der Feind dort an verschiedenen Punkten zusammengerafft hatte. Ohne andere Punkte zu entblößen, konnte der k. k. Hof in den Niederlanden nicht mehr verstärken; England sollte und wollte diesem Mangel abhelfen, die Armee in den Niederlanden sollte verstärkt werden, und in dieser Absicht schloß England den Traktat mit Preußen, dessen Absicht und Inhalt schon von selbst die Verwendung der Subsidien-Truppen bezeichnen und in sich schließen mußte." . . . „Selbst in dem entscheidenden Augenblicke, da die k. k. Truppen bis vor Trier vorgerückt waren, blieb aber das preußische Corps zurück und der Posten blieb verloren. General Kalkreuth zog mit einem Corps von 20.000 Mann vor 8.000 Franzosen zurück; — der Verlust der Maas war die Folge davon, und jeder urtheile nun selbst, was die k. k. Armeen nach und nach bis über den Rhein zurückgedrängt hat?" . . . „Deinem Urtheil, gerechtere Nachwelt, überlasse ich die Prüfung der angeführten und der übrigen, Theils mehr, Theils weniger bekannten Thatsachen, und ihr, Teuts und unsere Enkel, werdet entscheiden, von wem

„Der König indeß war noch der Vertheidiger des Deutschen Reichs in dessen höchster Krisis geblieben, sein Heer ging bald nach dem bedrohtesten Theil, dem offenen Norden von Deutschland und rettete auch diesen gegen den mit Uebermacht und gewohntem Siegesglück vordringenden Reichsfeind.“

„Aber dieses dauernde Opfer, dieser Hinzug einer zahlreichen Armee nach Westphalen, und das so erschwerte kostbare Bedürfniß ihrer Verpflegung auf theils so getreidearmem, theils so ausgezehrtem Boden, ward die letzte möglichste Anstrengung der Preußischen Staatskräfte für diesen Krieg. Nach dreijährigen, immer fortgehenden fast unermeßlichen Geldausflüssen aus den Preußischen Staaten, nach dreijähriger rastloser Kriegführung, Schwächung und Minderung der Truppen, nachdem die Preussischen Provinzen jenseits des Rheins dem Feinde in die Hände gefallen, und nach dem empfindlichen Einfluß dieser Umstände auf die Bevölkerung, den Nahrungsstand und das Wohlergehen der übrigen Provinzen, war nun eine Fortsetzung des Kriegs aus ihren Kräften allein ganz unbedingte Unmöglichkeit.“ *)

---

ihr Rechenschaft eures Unglücks zu fordern habt, und ob jener, der in blutigem Sturme mit angestrengter Kraft unterlag, oder jener die Schuld des Uebels trage, der Ursachen herbeiführte, wovon Euer trauriges Schicksal die unzertrennliche Folge sein mußte.“

*) „Anmerkungen zur preußischen Erklärung“: „Es ist nach diesem eine in der That rührende Großmuth der Franzosen, wenn sie der erschöpften, verarmten Monarchie, deren Feldherr noch vor wenigen Jahren Paris zum Steinhaufen machen wollte, zu einiger Consolation, und um ihr den Frieden annehmlicher zu machen, Einige sagen, etwas geschenkt, Andere sagen, etwas versprochen haben. So eine Collekte in Reichsprovinzen, etwa in Westphalen, etwa in Franken, auch anderswo, könnte dieser Nation, deren Respekt für das Eigenthum, besonders der Bischöfe und auch anderer Großen, bekannt ist, wohl ein tüchtiges Mittel scheinen, die Lücken zu füllen, welche der allzu große Reichspatriotismus in den Gewölben unter dem Berliner Schlosse gemacht haben soll.“ — „Der Verfasser

16*

„Und von welcher andern Seite", so fragt die preußische Staatsschrift weiter, „boten sich wohl Sr. Majestät noch Hülfsmittel und Erleichterungen dar? wann selbst von dem Reich die Verpflegung der für seine Rettung kämpfenden Preußischen Truppen nicht einmal hatte übernommen werden wollen? Noch jetzt wo diese Truppen in dem erschöpften Westphalen Gefahr liefen, mit dem furchtbarsten Feinde, mit Mangel zu kämpfen, unterdeß nach ihrem Schutz und Schirm sich alle benachbarte und hinterliegende, zum Theil sehr beträchtliche Staaten sehnten, haben sich keineswegs Alle von diesen nur zur Gestattung einer ungehinderten Ausfuhr für die Armee, geschweige zu eigenen Magazin-Anlegungen für dieselbe, verstehen mögen. — Es sind ja selbst die außerordentliche und ungeheure Kosten des Königs bei der Wiedereroberung von Mainz,*) — und bei ähnlichen

der Erklärung unterläßt nicht, bei den Reichsständen vorbereitungsweise so etwas in Anregung zu bringen. Er klagt bitterlich über ihre große Wirthschaftlichkeit in Erleichterung der unerschwinglichen Aufopferungen seines Königs; besonders über ihre Rückhaltigkeit in Erstattung der „„außerordentlichen ungeheuren Unkosten jener langen (warum so langen?) Belagerung von Mainz"". Es läßt sich kaum zweifeln, daß der Reichsfeind, mit welchem dieser Reichsstand in urkundliche Freundschaft getreten, auch für die Realisirung dieser so billig angeschlagenen Forderungen desselben sich verwenden werde."

*) „Diese Wiedereroberungskosten", so setzt die preußische Erklärung in einer Anmerkung hinzu, „betragen, laut einer nach den mäßigsten Datis angefertigten und schon allen Behörden vorgelegten Berechnung, die Summe von 2,083.961 Rthlr. 11 Gr. 2 Pf."

Die „Antifragmente" urtheilen dagegen auf S. 34—35—36—37 über diese „mäßigen" Belagerungskosten nichts weniger als günstig. „Die Belagerung" so heißt es dort „wurde in die Länge gezogen, keine eigentlichen Belagerungwerke gemacht . . . das k. k. Truppencorps wurde täglich gebraucht, stand auf den gefährlichsten Posten und that wohl mehr, als die ganze preußische Armee. Ich übergehe die berühmte Ueberrumpelung des preussischen Hauptquartiers; überhaupt war der König selbst so mißvergnügt, daß, als er hernach zufällig den Plan der meisterhaften Belagerung von

besondern Unternehmungen, wo die Preußische Armee das, was nur einer Reichsarmee oblag, mit Nachdruck und Erfolg aus-

Valenciennes in die Hände bekam, unwillig jenen von Maynz damit verglich und als schlechte Arbeit wegwarf ..... Und dafür macht Preußen nun vermuthlich aus denen bisher jederzeit für die Wohlfahrt des Reiches gehegten Gesinnungen und aus bloßer Sorgfalt für dessen Aufrechterhaltung und möglichste Schonung die ungeheure Forderung von 2 Millionen 83.961 Thlr. Die Belagerung von Valenciennes ... bei welcher vielleicht 10 und 15mal mehr Munition verbraucht wurde, soll nach ziemlich verläßigen Nachrichten nicht 2 Millionen Gulden gekostet haben. Hier wird dem Reiche beinahe eine Million, sage eine Million für verschossene Munition angerechnet, und doch wurde bekanntlich so wenig geschossen! Als Nebenrubrik zu der Artillerie und für Verschanzungskosten ist 707.807 Thl. ganz summarisch, so wie überhaupt die ganze Rechnung sehr kurz ist, angegeben, und doch ist weltbekannt, daß die Arbeiten kaum den Namen von Belagerungswerken verdienten. So werden auch 94.470 Rthlr. sage vier und neunzigtausend vierhundert siebzig Reichsthaler als Pontons- und Schiffbrückenkosten angerechnet. Die zwei k. k. Brücken, welche bei der Retirade über den Rhein geschlagen wurden und wovon die eine aus gemietheten Rheinschiffen bestand — kosteten in Allem 30.000 fl., also kaum den vierten Theil. — Diese Daten verdienen in jeder Rücksicht alle Aufmerksamkeit, da sie redende Beweise der zärtlichen Zuneigung des preußischen Hofes auf den Beutel des deutschen Reiches sind. Wohl verdient dabei bemerkt zu werden, daß der Aufwand des k. k. Belagerungscorps nicht — wie es dann doch von Rechtswegen geschehen mußte — mitgerechnet ist, und daß k. k. Seits ein beträchtlicher Theil des Belagerungsgeschützes hergeliehen war. — Man muß ja wahrlich in Berlin gehofft haben, daß die französischen und überhaupt zu erobernden Festungen so wie die Mauern von Jericho bei dem bloßen Schalle der preußischen Trompeten einfallen würden, daß man in der ersten Campagne alle Festungen bis Paris durch bloße großtönende Worte erstürmen, über Flüsse und Ströme nach des bekannten Pater Josephs Fingerzeig setzen wollte, da man erst bei der zweiten Campagne Kanonen und Pontons kommen ließ. Vielleicht ist es auch in der ganz guten Absicht geschehen, daß man die königlichen Kassen erleichtern wollte, und so mag auch bei der Munitions-Rechnung wohl das Pulver mit einbegriffen sein, welches bei den verschiedenen Maskeraden und den — über die verschiedenen Siege celebrirten Te Deum Laudamus verschossen wurde! — Hört es, deutsche Brüder! so

richtete, nicht wieder erstattet worden, obgleich nur allein zum Behufe solcher Kosten die Reichs-Kriegs-Operations-Casse besteht, und so ansehnliche wiederholte Römermonatliche Beiträge von den Reichsständen bewilliget worden, obgleich Seine Majestät ihre unbestreitbare Forderung, wovon Sie willig die auf Ihre Reichslande fallende Römer-Monate abrechnen lassen, nun schon so oft inständigst angeregt haben."*)

---

verfuhr aus bloßer Güte der Hof mit euch, der euch mit seinem Schutzgeschrei betäubet; so wohl und väterlich meint es der religiöse Hof um euer Interesse, der euch euren Kaiser, euern Vater, euern Freund durch hämische Andichtungen und wahrheitswidrige Ausstreuungen verdächtig machen will! ... Sehr übel nahm man es indessen in Berlin, daß der kaiserliche Hof sich weigerte, die preußische Forderung durch ein Commissions-Decret dem Reiche zu empfehlen; und was mußte natürlicher als eben diese Weigerung sein, da der kaiserliche Hof ebenso gut eine ähnliche Forderung für Maynz und für die drei eroberten französischen Festungen machen konnte, — dagegen Preußen durch den 8. Artikel des Allianz-Traktates zur Beihilfe oder, nach Umständen, zur Wiedereroberung der Festung und dieses, dem Geiste des Artikel 5 gemäß, gratis zu thun verpflichtet war!

*) Dieser Vorwurf war gegen den Kaiser der die Reichskriegs-Cassa zu verwalten hatte, gerichtet. Welche Verdächtigung damit verblümt angedeutet werden sollte, ist leicht zu errathen. Die unschuldige Reichsoperations-Cassa, deren Gelder in Frankfurt verwaltet wurden, worüber allmonatlich eine gedruckte Rechnungslegung der Reichsversammlung eingeschickt werden mußte, wurde von Preußen verdächtigt, weil diese Verwaltung noch eines der wenigen Rechte war, die der Kaiser mit den Reichsständen nicht zu theilen hatte. Später erfanden die preußischen Schriftsteller (S. „Fragmente" u. a.), daß Oesterreich aus dieser Cassa, deren Einnahmen nicht ansehnlich, sondern sehr spärlich waren, eigene Ausgaben bestreite und sich die Eroberungen von Valenciennes und Condé in Aufrechnung gebracht habe. Nach den gedruckten Ausweisen der Operations-Cassa ist zu ersehen, daß Oesterreich dem Reich für das, was die österreichischen Truppen eroberten nicht einen Kreuzer aufgerechnet hat. — Noch verdient Erwähnung, daß nach den „Antifragmenten" am 11. Jänner 1793 Preußen dem kaiserlichen Hof den Vorschlag zur Theilung der am 1. Februar 1793 in Errichtung begriffenen Operations-Cassa, also schon im Voraus gemacht

„Und auf was für eine Mit-Kriegesführung von Seiten Anderer durften des Königs Majestät für die Zukunft wohl rechnen, besonders nachdem durch den Abgang der vereinigten Niederlande die Masse der den Reichsfeind bestreitenden Kräfte so ausnehmend verringert, und diesem gerade die schwächste Seite Deutschlands geöffnet worden, um in dessen Innerstes zu dringen? Ueberall zeigte sich ja die traurige Spur eines anhaltenden Mißgeschicks der Alliirten Waffen, die auch für das Künftige keine heitere Hoffnungen erwecken konnte. Ueberall und von allen Seiten zeigte sich tiefste Erschöpfung, als natürliche Folge so außerordentlicher Anstrengungen. Selbst Seine Kaiserliche Majestät, auf Höchstwelchen bei einem mehrfachen, dringenden und unmittelbaren Interesse, und bei der leichtern Anwendung einer großen Macht, die

---

hatte. Der Vorschlag wurde im Lauf des Jahres 1793 öfters wiederholt, mit dem Beifügen, daß Kurbrandenburg sonst kein Reichscontigent stellen werde. Nach der Verfassung konnte die kaiserliche Regierung in diese Forderung nicht eingehen, erklärte aber, „mit den eigenen Forderungen und Ansprüchen an diese Cassa sich ganz nach den gleichen Grundsätzen, die ihm für Preußen billig schienen, behandeln zu lassen, auch jede verfassungsmäßige Erinnerung dagegen von dem königlich preußischen Hofe mit Vergnügen anzunehmen.“— Auf diese Antwort erfolgte preußischerseits kein Ultimatum, — weil in der Zwischenzeit sich die Anfangs nicht erwartete Unbedeutendheit der Cassa entwickelt hatte. Obgleich nun der kaiserliche Hof dringend bat, keine Forderungen während des Krieges an das Reich zu stellen, und selbst hierin das schönste Beispiel gab, indem er zu eigenen Zwecken nicht die geringste Vergütung aus der kaiserlichen Operations-Cassa nahm, selbst für die als billig erkannten Ausgaben der bedrängten Cassa dem Reiche nie mehr zurückerstattete Geldsummen lieh, — trat das großmüthige, uneigennützige Preußen, wie wir gesehen haben, mit seinen Maynzer Belagerungskosten bei jeder Gelegenheit vor das Reich hin und erhob gegen das Reichsoberhaupt ungegründete Vorwürfe die kaum eine Erwiederung verdienen würden, wenn sie nicht in der „königlich preußischen Erklärung an Ihre Reichsmitstände“ wiederholt zum Vorschein gekommen wären.

Haupt-Kriegesführung beruhte, hatten schon in der Mitte des vorigen Jahres es dem deutschen Reich nicht weiter verhehlet, daß Sie dasselbe ohne unverweilte hinlängliche Unterstützung mit Mannschaft und Geld nicht zu retten vermöchten.*) Und was blieb nun von dem Reich selbst zu erwarten, das hiernach bei steigender Krisis immer mehr sich selbst und der Schwäche seiner abnehmenden Vertheidigungsmittel überlassen ward, das zwar diese sogar bis auf das Fünffache der Reichs-Armatur zu erhöhen beschloß, hiervon aber nicht wirksameren Erfolg als bis dahin von der dreifachen Armatur hoffen durfte, da so viele Reichsländer durch die Gewalt der französischen Waffen aller Mitwirkung entzogen worden; da die meisten Reichsstände theils durch die Unfälle und den Aufwand des Krieges erschöpft, theils an sich zu ohnmächtig und in keinem Rüstungsstande waren, und da überhaupt schon durch den bisherigen, so wie jeden ehemaligen Deutschen Krieg, die immer wiederkehrende Erfahrung nur zu sehr bestätigt worden, daß die Reichs-Kriegs-Verfassung so manche Schwächen eines aus vielfachen Theilen componirten Ganzen an sich trage und ohne den Beistand anderer Mächte nicht überall wirksam genug sey." **)

---

*) Damit wurde auf das kaiserliche Hofdecret vom August 1794 angespielt, in welchem „das Vaterland in Gefahr" erklärt und das fünffache Reichs-Contingent in Anregung gebracht war.

**) „Anmerkungen zur pr. Erklärung" (S. 61): „Ueberhaupt gibt der Verfasser der Erklärung (mit jener Freimüthigkeit womit der Wolf das Lamm beschuldigt, ihm das Wasser trübe zu machen) den Reichsständen einen großen Theil der Schuld, warum die Sache so schlecht gegangen. Vielleicht nehmen sie sich die Freiheit zu beklagen, daß kein brandenburgisches Reichs-Contingent, ihrem Heer größere Kraft gegeben und vielen zum Muster gedient. Allein so gut Kurbrandenburg mit den französischen Revolutionisten steht, so bitter haßt es die polnische Revolutionistenbrut; sein Reichs-Contingent wurde, eben mit präsumirter Genehmigung des Reichs und gewöhnlicher Uneigennützigkeit in Polen verwendet." ... (S. 65.)

Und nun erzählte die preußische Staatsschrift in Länge und Breite, daß auch in Frankreich „aus den Trümmern des gestürzten Schreckenssystemes“ sich nun der neuen Regierung ein „weises Friedenssystem bemächtigt habe.“

„Wenn nach blutigen drei Jahren voll Tod und Verwüstung die Kriegs-Ressourcen völlig erschöpft, und alle Aussichten zu weiterem Erfolg verschwunden sind, wenn es nachdrucksvoll zu Tage liegt, daß die allgewaltige Hand der Vorsehung dem reißenden Strom der feindlichen Kriegs-Unternehmungen einmal eine so entscheidende Richtung gegeben, und fernere Versuche dagegen fruchtlos seyn würden, wenn der Feind selbst nicht abgeneigt ist, die Hand zum Frieden zu reichen, und alle Hoffnung erscheint, durch diesen mehr, als durch hartnäckige Kriegs-Fortsetzung zu erlangen, — blieb auch dann noch eine Wahl? *) Konnte dann noch ein weiser, menschenfreundlicher Regent die Schrecknisse des Krieges immer weiter ohne Maaß und Ziel verbreitet sehen wollen? Waren die schon mit Jammer erfüllten

---

„Aber, nicht daß hier ein verschuldeter Graf, oder arme Dynast, nicht daß hier ein schläfriger Fürst, und dort eine gesunkene Reichsstadt saumselig war, sondern das nahm dem Reichsheer seine Haltung und Kraft, wenn große Contigente willkürlich ausblieben, oder das Reichsgeneralcommando nicht anerkannten.“

*) „Anmerkung zur pr. Erklärung“: „Von Frankreichs Anarchie wollen wir nicht reden; obschon eine, weder monarchische noch republikanische sondern ganz außerordentliche, excentrische Verwaltung, an deren Spitze weder Einer, noch mehrere notorisch große Männer stehen, eine Anarchie ganz wohl heißen könnte. Wir wissen, daß Begeisterung für den Namen der Freyheit, wir wissen daß die Schrecken der Proscriptionen eine (sich jedoch selbst aufzehrende) Anstrengung bewirken, welche für einige Zeit und für bestimmte Absichten die Kraft einer wohlgeordneten Regierung ersetzt. Wir sehen die Araber, unter unbedeutenden Chalifen, den Islam inner achtzig Jahren über den Ganges und über die Pyrenäen tragen; ein Land von 600 Quadratmeilen (so groß war die Schweiz damals kaum) gegen Oesterreich, Frankreich und Burgund in hundert Schlachten

Provinzen noch nicht genug verheeret? War die so leidende Menschheit noch nicht genug darnieder gebeugt?" *)

---

den Kampf für die Bundesrepublik bestehen, und Wilhelm von Oranien, ohne Titel, ohne Geld, an der Spitze der Geusen, Philipp dem Zweyten unüberwindlich. — Aber diese Staaten hatten in Religion und Sitten entflammende und conservirende Ressorts, wo hingegen die französische Republik (eine Ausgeburt überspannter Theorien, und praktisch ein Spiel des Egoismus) damit anfieng, womit Nero endigte, nämlich die Tugend selbst auszurotten." (S. 54.) „Dies ist (Europa weiß es), dieses ist oder war, im Anfang des Aprils jenes Frankreich, „„dessen Unternehmungen"" laut der Erklärung „„die allgewaltige Hand der Vorsehung eine so entscheidende Richtung"" soll gegeben haben, daß „„fernere Versuche dagegen fruchtlos seyn würden"". Durch dieses Frankreich, durch diese auf dem Fluchtsprung stehende Convention, sah — Preußen sich in die „„physische Unmöglichkeit"" versetzt, noch Einen, einen ernstlichen, den letzten Stoß, den entscheidenden Druck zu thun, um, auf lange hinaus, Europa zu beruhigen." (Seite 57.)

*) „Anmerkungen zur pr. Erklärung" (S. 66.): „Andächtig lautet … und ist bemerktermassen für diese Friedenspredigt nicht ohne homiletisches Verdienst, wenn der Verfasser der Erklärung die Hauptursache des Uebels in den unerforschlichen Rathschlüssen der ewigen Verhängniß zu finden vermeint! Wenn Cäsar, auf sein Glück vertrauend, mit fünf Cohorten die Eroberung der Welt unternimmt, und Mahomeds Fatum den Moslemiten keine Erdenmacht unüberwindlich finden läßt, so weiß man, wie das zu nehmen ist. Aber, auch das versteht man, wenn von der großen Katharina siegreichen Schaaren geschreckt, der fliehende Janitschar nicht sich, sondern das Geschick anklagt, wenn Fehler freyer Wahl auf die Verantwortung des Fatums geschrieben werden. Gott will, daß der Mensch seiner selbst eingedenk sey; nicht leicht verließ das Glück die Entschlossenen, die Vorangehenden. Was man ernstlich will, das geschieht; das ist das Fatum, das Gott hat präordinirt; am Ende ist Gott mit allen braven Leuten! Die Zusammenstellung authentischer Relationen von den Begebenheiten dieses Kriegs dürfte seine vermeinten Wunder wohl in einen ganz natürlichen Gang der Dinge auflösen. Der Verfasser dieses Aufsatzes ist vielleicht selbst noch so glücklich, durch eine solche Geschichte dem erschrockenen Verfasser der Erklärung die tröstliche Ueberzeugung beyzubringen, daß alles ganz menschlich zuging. Höchstens ein Deus ex machina würde erscheinen: Preußen, der Nationalconvention im Augenblick ihrer größten Noth seine Hände reichend."

„Des Königs Majestät öffneten daher dem so gerechten Wunsch Ihr ganzes Herz, daß bald Ruhe und Friede den preussischen Staaten, und wo möglich auch dem Deutschen Reich wieder gegeben werde. Auch dieses empfand und äußerte fast allgemein denselben Wunsch und begann schon über die Mittel zu einem so wichtigen Endzweck eine förmliche Reichstags-Berathschlagung. Es wandten sich zugleich an Seine Majestät ganze Reichs-Kreise und mehrere der ersten Deutschen Fürsten mit dem Anliegen, in Gemeinschaft mit Seiner Kaiserlichen Majestät dem Reich Waffenstillstand und demnächst Frieden vermitteln zu helfen. *) Durch den patriotischen Eifer mehrerer für ihr und des Reichs gemeines Wohl sorgenvoll bedachten Stände erfolgte bald das bekannte Reichs-Gutachten, in welchem das Reich seinen Wunsch nach Frieden mit Würde und Angemessenheit erklärte, und bei dem Allerhöchsten Reichs-Oberhaupt eine Einleitung zum Friedens-Versuch und eine Rücksprache mit des Königs Majestät, wegen Dero Mitwirkung, nachsuchte." **)

*) „Antifragmente" S. 70: „Kein Hof blieb damals von den Insinuationen und Zudringlichkeiten der preußischen Geschäftsmänner verschont; jeder geringe Vorwand wurde benützt, diese zu erneuern. Bald war kein Bild der drohenden Gefahr zu schwarz, womit sie die Stände zu schrecken, bald wieder keine Hoffnung zu süß, durch welche sie dieselben zu locken suchten, sich ganz in die Arme des großmüthigen Retters zu werfen und diesem ihr Schicksal auf Discretion zu übergeben. Schon im October des verflossenen Jahres legten die preußischen Minister den Ständen an das Herz: daß ein schneller Frieden das einzige Mittel sey, Deutschland vor der Gefahr eines Umsturzes zu retten und daß es das zuträglichste seyn würde, wenn ganze Reichskreise oder einzelne beträchtliche Reichsstände den König ersuchten, daß er in Hinsicht auf den langsamen Gang der Reichstagsgeschäfte und auf die Gefahr, die auf jedem Verzug hafte, die Vermittlung übernehmen möchte."

**) Die „Anmerkungen zur pr. Erklärung:" lassen sich über den Weg, welchen diese „Mitwirkung" und „Rücksprache" das Reich geführt hatten, wie folgt vernehmen: (S. 71—73) „Nicht leicht ist (nach den

„Diese Einleitung Seiner Kaiserlichen Majestät", also hub nun die preußische Rechtfertigung in schamlos frecher Weise

---

Schweizerischen Republiken) irgend ein Land in Europa für seinen Nachbarn so unverdächtig, so unschuldig, als das heilige Römische Reich, durch die Natur seiner Verfassung zu Offensivkriegen ungeschickt, ja zur Selbstvertheidigung etwas unbehülflich. Doch ist noch Biedersinn, Ehrgefühl, Muth in den Teutschen, wodurch Beleidigungen ihnen unerträglich werden. Daher, wenn die mächtigsten Reichsstände es zulassen, jene gern thun, was sie können, um solche Dinge abzuhalten, oder zu rächen." .. „Nichts ist daher für die Ruhe des ganzen Welttheils erwünschbarer, als die Erhaltung des unbeleidigenden Reichs der Teutschen. Es ist eine durchaus nothwendige Scheidemauer jenes, auf lange Jahre hinaus eröffneten Tummelplatzes aller unbändigen Leidenschaften, und der thätigen großen Monarchien, zwischen welchen und den Franzosen eine Menge Collisionen unvermeidlich seyn würden. Das Eine ist nothwendig, daß dieser Staatskörper zusammenhalte. Auch dann wird er nicht formidabel seyn, aber (nur das will er) respektirt werden. Hierzu ist erforderlich, daß die Hauptformen bleiben. — Wenn man aber das tausendjährige Gebäude, in gegenwärtigem Sturmwetter von seinen zusammenhaltenden Grundpfeilern, worin sein Talisman liegt, abheben wollte, um etwa zu größerer Sicherheit ihm zwey Pfeiler für einen zu geben, so würde ein Mißverhältniß daraus entstehen, worüber es ganz leicht in Trümmer fallen könnte."—„Wir haben die Probe: Kaum daß die durch Kurmainz zur Sprache gekommenen Friedenswünsche nicht, wie sonst, nur an das Reichs-Oberhaupt, sondern auch an einen Reichsmitstand gebracht worden, so fand, wie wir sehen, dieser hierin einen Vorwand für Schritte, die gewiß in dem Sinne nicht eines einzigen Comitialvotums gewesen waren. Der neu angenommene Curator benahm sich so unbescheiden, als ob er es nicht nur mit Waisenkindern, sondern mit völlig unmündigen oder blödsinnigen zu thun hätte, welchen eine Demarcationslinie zu setzen wäre, jenseits deren, und weiter nicht, sie, wenn sie noch wollen, allenfalls Erlaubniß hätten, ihre Balgereyen fortzutreiben." — „Dieser unglaublich schnelle Mißbrauch eines kaum geschenkten Vertrauens leitet auf die Betrachtung der Gefahr dieses Reiches, ein zweytes Polen zu werden, welches die patriotischen Officia und die gute Vorsorge des gegenwärtigen Friedensstifters bald mit seiner Existenz bezahlen dürfte. Auch die neuen Freunde des Curators würden ihr theures Consilium geben; die Rechnungen, so sie machen, sind an den Holländern abzunehmen. Fügte nun der Friedensstifter die Befreyungskosten von Frankfurt und Mainz, die Kosten

gegen das Reichs-Oberhaupt öffentlich zu klagen an, „als die Haupt-Einwirkung, der die des Königs sich nur beiordnen kann, ist indessen so wenig als eine eigentliche Rücksprache mit Seiner Königlichen Majestät erfolgt. Dagegen sind alle Vorschritte geschehen, damit sämmtliche hohe Stände nur ihren Beitrag zur Reichs-Armatur, so schwach und so hoffnungslos diese auch ferner seyn mag, noch für den diesjährigen Feldzug leisten; und es hat immer mehr das traurige Ansehen gewonnen, als solle das Reich, ohngeachtet seiner so feierlich erklärten Friedens-Neigung, noch fortdauernd in dem unglückseligen Krieg verflochten bleiben." *)

---

seiner ultrarhenanischen Thaten, und, wo nicht auch den Zug nach Champagne, doch den in der Erklärung zweymal berührten Marsch nach Westphalen bey; müßte (auf den Fall, daß die neuen Freunde das linke Rheinufer unter eigenem Schutze behalten wollten) für Geldern und Cleve eine, nach Gewohnheit billige Schadloshaltung ausgemittelt werden, so läßt sich ohngefähr berechnen, wie wenige Jahre noch etwas vom Reich übrig bleiben würde. Durch dieses alles würde das gemeine Wesen von Europa, worunter das Privatglück eines jeden rechtschaffenen Mannes begriffen ist, eine Erschütterung leiden, wodurch die ganze Ordnung der Dinge in äußerste Gefahr kommen müßte."

*) „Anmerkung zur pr. Erklärung" (S. 76—82.): „Zu dieser gefährdevollen Lage der Sachen tritt Kurbrandenburg, unter allen Reichsständen der mächtigsten einer, und ohne Ausnahme der unternehmendste, öffentlich mit einer Anklage des Reichsoberhauptes und einer Verbindung mit dem Reichsfeinde auf, setzt sich über das Fundamentalgesetz, den Westphälischen Frieden, über die bestimmtesten Reichsabschiede und ratificirte Gutachten, über seinen reichsständischen Leheneid, über seine feyerlichsten, freywilligen Zusagen, hinaus; schreibt vor, wie weit man Krieg führen dürfe; bestimmt, wie lang der Friedensweg offen sey, fordert die Stände um ihre Erklärung auf, und indeß der Feind seine Freundschaft rühmt, begehrt er unumschränktes Vertrauen. Diesen geringschätzigen herabwürdigenden Ton gegen Kaiser und Reich führt ein Fürst, welcher zu gleicher Zeit Kraftlosigkeit vorschützt, um nicht weiter gegen die Franzosen zu streiten. Dieses, vom Reichsoberhaupte selber bei weitem nicht in gleichem Maaße geforderte Vertrauen, begehrt ein Fürst, von dem zu gleicher Zeit

„Seine Königliche Majestät aber, Höchstwelche im dreijährigen Kampfe für das Reich schon die äußersten Anstrengungen, die unermeßlichsten Aufopferungen gethan, können hiezu nicht noch Unmöglichkeiten gesellen; Sie können Sich nicht ganz aufopfern und Ihren eigenen Staat nicht ganz der Zerrüttung Preiß geben, um nur an einem fernern Kriegs-Versuch Theil zu nehmen, dessen möglichst günstiger Erfolg immer dem Re-

---

unsere Feinde, seine Freunde, Alles zu erwarten sich öffentlich rühmen, und welchen sie zur Belohnung im Reich präponderant machen wollen.“ ....„Wachet, Kurfürsten, Fürsten und Stände! der euch trennen möchte, schläft nicht. Ihr kennet seine Stimme; vor neun Jahren lockte sie euch, als Kaiser Joseph zu drohen schien; zum zweytenmal hört ihr sie nun, da Kaiser Franz, nach fast sieben Kriegsjahren, Beleidigungen ausgesetzt scheinen mag. Sie schmeichelte vormals mit Erhaltung der Fürstenrechte, bis Brabant abfiel und Lüttich rebellirte. Sie schmeichelte seither mit einem patriotischen Krieg, bis Oesterreich erschöpft, und Frankreich Preussens bedürftig schien. Sie schmeichelt jetzt mit Frieden.“ ... „Mit was für einem Frieden? Mit einem nicht von siegreichen Feinden, (das ist auch anderen geschehen) sondern (das ist der Schimpf) von treulosen Freunden höhnisch angebotenen, aufgedrungenen, mit Verlust euerer Gesetze und Rechte, euerer Ehre und Würde, des Vaterlandes und euerer Existenz zu erkaufenden, unseligen Frieden. Es werde Friede, ja! Sogleich werde Friede. Aber geradezu mit dem Feind; aber durch euch selbst; aber durch Kaiser und Reich!“ ... „Man gibt vor, der Feind wolle nicht mit dem Kaiser, wolle nicht mit Eurem Kaiser, den Ihr erwählt, den Ihr gekrönt, der Euch geschworen, dem Ihr geschworen, der wie einer aus Euch, mit und für Euch gestritten, — mit ihm wolle der Feind nicht über den Frieden handeln, sondern mit jenem, der eine halb erschlichene Probe Eures gutmüthigen Vertrauens zu Uebertretung aller Gesetze und Eide, zur Verwandlung der Verfassung in ein Duumvirat — wie? zu Vernichtung der Verfassung, zu Errichtung seiner Präpotenz über Euch gemißbraucht hat. Kurfürsten, Fürsten und Stände! fühlet (jetzt ist es Zeit), fühlet euch. Wer seyd ihr? wo will man Euch hinbringen? Suchet in Euren Archiven, fraget Eure Universitäten: wann war die Zeit, und wo die Nation, welche, da sie noch nicht aufhörte, Nation zu seyn, ihr verfassungsmäßiges Oberhaupt, die verfassungsmäßigen Ausschüsse ihrer Stellvertreter von dem Feind hätte verschmähen lassen, um durch einen verfassungswidrigen, unrechtmäßigen Frieden ihn und sich selbst zu betrügen.“

sultat einer itzigen Friedens-Unterhandlung nachstehen würde. Alle Rücksichten auf äußere und innere Verhältnisse, alle heilige Verpflichtungen, welche Seine Majestät dem Wohlergehen Ihrer nach Ruhe und Frieden sich sehnenden Provinzen und Unterthanen, dem eigenen Glück Ihres Königlichen Herzens schuldig sind, fordern Sie dringend auf, nunmehr einem Krieg zu entsagen, dessen Ausgang weiterhin nur unheilbares Verderben werden müßte."

„Seine Majestät haben daher die Gelegenheit nicht ungenutzt gelassen, daß zwischen Ihrem und einem Französischen Bevollmächtigten in der Stadt Basel Friedens-Unterhandlungen angeknüpft und betrieben werden konnten. Ihre wohlgemeinte Absichten sind mit einem beglückten Erfolg gesegnet worden; und Seine Majestät können sich nun die landesväterliche Freude gewähren, durch den mit der Französischen Republik geschlossenen Friedens-Tractat Ihren Staaten Ruhe und neues ungestörtes Wohlergehen gegeben zu haben." *)

---

*) „Anmerkungen zur p. Erklärung": (S.48—51) „Wenn der Herr einer Monarchie, die bey weit geringeren Kräften, vor noch keinen vierzig Jahren, einen siebenjährigen Kampf wider halb Europa glorreich bestand, wenn der Nachfolger Friedrichs, an Land weit mächtiger, von England freygebiger unterstützt, für die Verpflegung eines Theils der Armee durch Oesterreich außer Sorgen gesetzt, nach einem dritthalbjährigen Krieg, worin zusammen vor dem Feinde lange nicht so viele Preußen gefallen, wie bey Kunnersdorf und Planian in zwey Tagen, im Angesicht seiner Reichsmitstände, gegen seine Bundesgenossen, gegen den Schatten Ludwigs und sein unglückliches Geschlecht, gegen Vaterland, Menschheit und Nachwelt sich der übernommenen, der natürlichen, der beschwornen Obliegenheiten für insolvent erklären muß ... welch ein Augenblick!" — „Und der Verfasser der Erklärung — freut sich. Ihm ist dieser Friedensschluß ein glücklicher Friedensschluß! Da niemand sich freuen wird, eine schwere kostbare Unternehmung zu endigen, ohne den vorgesetzten Zweck im mindesten erreicht zu haben, so wäre einem einfältigen Reichsbürger wohl nicht übel zu nehmen, wenn er aus diesem Frohlocken schließen

„Aber auch dem Deutschen Reich haben Seine Königliche Majestät bei diesem wichtigen Ereigniß Ihre ganze patriotische Aufmerksamkeit und die möglichste Vorsorge zu Theil werden lassen. *) — Zwar waren Höchstdieselben keineswegs in dem Fall, auch ihm schon sogleich einen förmlichen wirklichen Frieden vermitteln und verschaffen zu können; denn hiezu ermangelte Höchst Ihnen, bei nicht erfolgter Haupt-Einleitung und Rücksprache des Allerhöchsten

---

wollte, es wäre dem preußischen Hofe mit jenen vielen, feyerlichen Deklarationen seines Zweckes und mit dem ganzen Kriege nie recht ernst gewesen; wenn man sogar einen mit dem angegebenen im Widerspruch stehenden, geheimen Zweck vermuthete; — daß etwa die Schwächung der Bundesfreunde erwünschter, als die der Feinde gewesen, und mit letzteren ein ganz gutes Vernehmen bestehe, um im Reich „„den Hirten zu schlagen, die Schaafe der Heerde aber zu zerstreuen""; daß man überhaupt nicht ungern alle Verhältnisse in Verwirrung bringen möchte, um dieselbe heilreiche Hand, welche für die Krankheiten Polens so kräftige Arzneyen bereitet, mit Hülfe des neuen Freundes endlich auch zu Heilung der vaterländischen Uebel zu verwenden, und (nach dem beliebten Ausdrucke Teutschland frey zu machen, wie die alten Römer Griechenland von den Macedoniern und endlich Macedonien selbst von seinen Königen befreyt haben!"

*) „Anmerkungen zur pr. Erklärung" (S. 45.): „Preußen macht in diesem Augenblick Frieden; einen Frieden, der die Monarchie nicht herstellt, sondern Freundschaft und Einvernehmen mit der Republik gründet, und der Waisen Ludewigs in ihrem traurigen Thurme vergißt; — einen Frieden, der die Reichsstände nicht rettet, sondern das ganze linke Rheinufer, — den besten und größten Theil des Königreichs Austrasien, — der Germanier uralte, bis über Cäsar hinauf steigende Gränze, — wofür seit anderthalb hundert Jahren teutsches Blut stromweise geflossen, wofür auch Friedrich Wilhelm der große Kurfürst, und Friedrich der erste König in Preußen, mit Oesterreich vereiniget, ruhmvoll gestritten, der große Friedrich aber seine ersten Waffen getragen, — wird, ohne irgend eine Theilnehmung, dem Feind vors erste überlassen. Von dem Bund mit Oesterreich, von dem Bund mit England, von dem Russischen Bund, von der gemeinvaterländischen Pflicht, einen gemeinsam beschlossenen Krieg bis zu gemeinsamen Frieden beyzuhalten — keine Meldung!"

Reichs-Oberhauptes, eine directe und bestimmte Autorisation von Seiten des Reichs, eine in den Augen der Französischen Regierung hinreichende Legitimation, so wie eine nähere Kenntniß der überall gewünschten und überall anwendbaren speciellen Friedensbedingungen. *) — Indessen haben Seine Majestät in Ihrer innigen Beherzigung der so bedauerlichen Lage des Reichs, und nach den in diesem Zeitpunkt an Sie abermals gelangten Gesuchen mehrerer erhabenen Stände Alles gethan, was von Höchst Ihnen abhangen konnte, um den Weg möglichst zu bahnen, auf welchem das gesammte Reich und

*) Wir verweisen bei der in dieser officiellen Staatsschrift zweimal wiederholten Anklage des Reichsoberhauptes auf die Hardenbergischen Briefe an Albini und auf das, was in den vorhergegangenen Abschnitten aus den Depeschen des Fürsten von Reuß über diese Rücksprache zu ersehen ist. Die „Antifragmente" sagen auf S. 83: „Erkläre sich, wer da will und kann, diese offenbar ohne alle Achtung für das Publikum hingeworfene Unwahrheit, diese unerklärbare Zweydeutigkeit! — Und dieses — war also die Erleichterung, welche das Reichs-Oberhaupt zum Besten des Reichs von Preußen, dem Hofe, der bei allen Gelegenheiten als Schützer des Reichs betrachtet sein wollte, erhielt! Lächerlich ist die Grimasse, die man in Berlin affectirte, die k. k. Gesandtschaftsnote als bloßes Communicatorium betrachten zu wollen, — der Inhalt war an und für sich und durch die Beziehung auf das Commissions-Decret zu bestimmt bezeichnet, als daß man ihn, wenn man anders nicht mit Worten spielen oder verdrehen wollte, unmöglich hätte verkennen können. Freylich hätte man in Wien diese Antwort sich selbst sagen können, wenn man dort vielleicht nicht allzugutmüthig mehr auf die bisherige preußische, sogenannte moralische Politik Rücksicht genommen hätte. Freylich hätte das Reichsministerium minder edeldenkend seyn müssen, um solches Betragen auch nur von weitem muthmaßen zu können; und freylich hätte der Kaiser damals schon die Stände auf das aufmerksam machen müssen, wessen ihr, gekränkte deutsche Brüder, euch eigentlich von Preußen zu versehen hattet. Preußen wollte den Ständen den Frieden geben; — aber welchen? und wie? dieß beweisen seine Handlungen, und ich glaube diese Betrachtung mit dem Denkspruch irgend eines Alten schließen zu können: Quid opus est verbis, ubi rerum testimonia adsunt."

alle einzelnen Stände bald zum Ziel einer so gerechten Sehnsucht gelangen könnten."

Nun wurden die für das Reich als äußerst günstig geschilderten Bedingungen der „Neutralitäts-Linie" und der Entlassung der reichsständischen Kriegsgefangenen dargestellt, gleichzeitig aber ziemlich unverblümt die Reichsstände aufgefordert, vollends von Reich und Kaiser abzufallen und die gegebenen Vortheile und günstigen Friedens-Bedingungen rasch zu ergreifen.*)

„Des Königs Majestät", folgerte die preußische Staatsschrift weiter, „ertheilen hiermit die feierliche Zusage, daß Sie mit aufrichtiger herzlicher Willigkeit Allen denjenigen, welche Sich

*) „Patriotische Bemerkungen": „Preußen findet des Rühmens kein Ende, daß es das ganze nördliche Deutschland durch seinen Frieden gedeckt und vor der Invasion der Franken gerettet habe. Ob die Nachwelt diese Deckung eben so sehr rühmen werde, wird die Zeit lehren; gegebenes Wort und geschlossene Verträge banden die Preußen zur Rettung und Bedeckung — nicht durch einen einseitigen kriechenden Frieden, sondern durch Heldenmuth, durch Beharrlichkeit, durch Waffen. Zu dieser Art von Bedeckung aber — bekennt Preußen seine Schwäche. Was folgt? Es folgt eine wichtige und große Lehre für die deutschen Reichsstände: daß es Thorheit wäre, auf einen Beschützer sich zu verlassen, dessen Macht in Friedrich II. Kopf und in Bourbons Unterstützung beruhte; beyde sind nicht mehr. Weisheit ist es also, von einer erst wachsenden, mithin gespannten, noch wirklich prekären Macht sich entfernen, wie diese sich vom Reichskörper entfernt hat, — und sich dafür an eine solche Macht anzuschließen, die kraftvoll und unerschütterlich dasteht und mit Eurer Beywirkung hinter einer unübersteiglichen Vormauer das deutsche Reich vor den Franken und ihren Anhängern schützen wird."

Die „Antifragmente" sagen auf S. 84: „Ich enthalte mich, irgend eine Betrachtung über den Frieden selbst zu machen. Der 5. April war der merkwürdige unselige Tag, an welchem Preußen öffentlich die Maske ablegte, seine Treulosigkeit besiegelte, den heiligsten Verpflichtungen, den Gesetzen und dem Verband Hohn sprach, alle Verhältnisse, deren Heiligkeit es bisher durch glattzüngige Worte entweihet hatte, mit Füßen trat und vor den Augen der ganzen Welt das öffentliche Geständniß ablegte, daß es der ganzen Welt sein Wort gebrochen, seine Alliirten hintergangen,

mit Friedenswünschen unmittelbar an Frankreich wenden und dabei Höchst Ihre Unterstützung verlangen wollen, diese auf das kräftigste angedeihen zu lassen und überall die Französische Republik in ihrer günstigen Friedensstimmung bestens zu bestärken, Sich das patriotische Geschäft machen werden." *)

---

seine Freunde getäuscht und euch, verehrte Stände des Reichs, geäffet habe." — „Die Verfassung ist in ihren Grundfesten erschüttert, das ehrwürdige Gebäude derselben seinem Einsturze nahe gerückt, — ungestraft rühmt sich ein Glied — doch nein, ein unächter Bruder, dieser herostratischen Ehre, und schwört hohnlächlend auf den Ruinen des deutschen Vaterlandes dem neuen Freunde den Bund der Treue, den er ältern Freunden und dem heimischen Gotte meineidig gebrochen hat. Verehrte Stände des Reichs! seht! dieß ist der Hof, der euer Zutrauen zu erschleichen oder zu ertrotzen suchte, dieß ist der Hof, der euch die redlichen, bloß euer wahres Beste bezweckenden Absichten eueres Kaisers verdächtig machen durfte! — seht doch diesen Schützer, wie glühend sein Eifer euer Interesse umfaßt! seinem Eigenwillen sollt ihr euch überlassen, — lossagen sollt ihr euch von dem Bunde, dessen Schild euch beinahe ein Jahrtausend schützet, und dann entwaffnet und einzeln von der Huld des mächtigen zärtlichen Schützers als Gnade das erwarten, was bey deutschem Muthe und deutschem Zusammenstehen euch nicht entrissen werden kann. Wie ein gewaltiger Herr erlaubt sich dieser preußische Hof über euch, wie sein Eigenthum, zu schalten, — verrathen sind eure Brüder jenseits des Rheines, hingeopfert dem Egoismus oder der Politik dieses nach Vergrößerung strebenden Hofes, — und eure Kraft ist in einem Kreise gefesselt, den sie nicht durchbrechen darf, wenn anders ihr die Gnade dieses ungebetenen Kurators nicht verscherzen wollet. — Seht vor euch hin und schaudert: ihr steht am Rande des Abgrundes, jeder Schritt stürzt ohne Rettung euch in die Grube, welche dieser argvolle Freund euch bereitet hat. — Ihr seyd die Väter des Volkes, — eure Ehre, eure Wohlfahrt, eure eigne Erhaltung und die Pflichten, die ihr dem Kaiser und dem Vaterlande geschworen habt, fordern euch dazu auf: vereinigt euch mit deutschem Muthe und mit deutscher Beharrlichkeit — und arbeitet dem Gift entgegen, das von Preußens Hauptstadt her euch zu verderben droht, — und ruhmvoll werdet ihr herausgehen aus diesem schrecklichen Kampfe und zernichten die Hyder, die euch zu verschlingen droht."

*) „Anmerkungen zur pr. Erklärung" (S. 68): „Doch auch dem teutschen Vaterlande werden „„mit aufrichtiger, herzlicher Willig-

17*

„Sehr glücklich werden Seine Königliche Majestät Sich fühlen, Ihre heißesten Wünsche werden erfüllt, und Ihren vielfachen bisherigen Opfern für das gemeine Wohl wird der schönste Lohn zu Theil werden, wann es diesen Bemühungen und diesem Vorgang nicht mißlingen sollte, den Segen des Friedens bald weiter zu verbreiten, wann bald von dem ganzen vaterländischen Boden die Schrecknisse und Zerstörungen eines so leidenvollen Kriegs völlig entfernt, und dem guten deutschen Bürger Ruhe und Sicherheit zur glücklichen Uebung seiner friedlichen Pflichten wieder gegeben würde, wann selbst auch die übrigen Nationen Europa's auf so blutige Entzweyung bald Versöhnung folgen ließen, um in der Ruhe und der Wohlfahrt ihrer Bürger den großen, einzigen Zweck aller Staaten wieder völlig erreichen zu können." *)

---

keit"" diese hilfreichen Hände geboten. Sehr bereitwillig, allerdings; nur durch den erstaunlichen Kampf ermattet, entkräftet, unfähig weiter die gemeinsam beschlossenen Waffen gegen den gemeinsamen Feind zu führen. Mit großer Geschicklichkeit ist auch der Augenblick gewählt, um dem Reich Theilnehmung an dem Frieden anzubieten. Denn, da dieser alsdann am ehrenhaftesten hätte ausfallen können, wenn der Feind recht viel zu fürchten gehabt hätte, so hat „„Teutschlands Retter und Beschützer"" sehr weislich und patriotisch den Feind, so viel an ihm war, vorerst von seiner Furcht befreit."

*) „Anmerkungen zur pr. Erkl." S. 83: „Kenne Deutschland, deinen Werth, und deinen Kaiser. Auch der Kaiser hat gelitten; hat vielfältig, schwer gelitten; der Krieg drückt auch ihn; seine Last wird auch in den Erblanden gefühlt. Doch, vergleichet Clerfayt's Heer, wie es noch ist, mit jener Gestalt der letzten Heere Ludwigs, der den Beynamen des Großen durch Ausdauer verdiente. Und Böhmens ungeschwächte Natur, des kriegerischen Hungarns noch lange nicht erschöpfter Menschenfond, Inneröstterreichs noch zahlreiche Jugend, die lachenden Fluren, die von Menschen wimmelnden Städte sind noch weit von jenem Bilde, das Friedrich (auch er, weil er aushielt, der Große) von seinem Lande am Ende des siebenjährigen Krieges entwarf. Noch lebt in eures Kaisers Volk der unbezwungene Geist, womit seine Väter gegen vier Sultane den sechzehnjährigen Krieg, zugleich mit einem achtjährigen gegen

„Welchen Gang aber auch diese großen Angelegenheiten nehmen mögen, und wenn selbst ein unglückliches Schicksal dem Reich noch ferner Krieg beschieden haben sollte, so können Se. Majestät Ihrerseits nur immer das Einzige hiemit bestimmt und ausdrücklich erklären, daß Sie durch Ihren Friedensschluß Sich verbunden sehen, aller weitern Theilnehmung an dem Krieg und aller Mitwirkung durch Stellung eines Contingentes und Entrichtung von Römermonaten gänzlich zu entsagen, und sich zu der genauesten und pünktlichsten Neutralität zu halten. Höchstsie haben zu gewiß durch unermeßliche Aufopferungen in den bisherigen drey Feldzügen Ihre Reichsständische Obliegenheiten, die Sie nie verkennen, und denen Sie sich nie entziehen werden, in völligstem Maaße erfüllt und ungleich mehr gethan, als solche von vielen und noch von folgenden mehrern Jahren betragen würden, und als in der That

---

Frankreich bestanden. Der Kaiser, der euern Frieden will, ist auch zum Krieg fürs Vaterland noch nicht ohnmächtig. — Das Krachen der in sich zusammenstürzenden Reichsverfassung werden auch seine Alliirte nicht überhören. Verlassen wird, wer sich selbst verläßt! — Seyn oder Nichtseyn, o Reich der Deutschen, ist in deiner eigenen Hand! Wollt ihr? fürchtet ihr noch nicht das trugvolle Geschenk der unglückschwangern Friedensvermittlung, welche ohne ein ganz neues Thor, ohne einen schrecklichen Durchbruch des Walls von Gesetzen, der euch so lang, so oft gedeckt, in eure Verfassung nicht kommen kann? Fürchtet dieses Friedensfest! fürchtet den Rausch! Aus der aufgenommenen Vermittlung entwickeln sich die geheimen Artikel, die zudringlichen Forderungen! Schon rauchen die Burgen in der Region Frankens; schon beben die Wohnungen der gefürsteten Priester! Hoch aber von der Spitze, wohin ihr ihn erhoben, gibt euer Vermittler dem Feind das verabredete Zeichen. Nun Geschrey; nun Landsturm; nun Armatur. Vergeblich! Das neue Thor hat eure Festung verrathen, das Palladium habt ihr euch abschwätzen lassen. Allgemeine Verwirrung. Der Freund in feindlichen Waffen. Der Jahrhunderte Werk, eure Pergama, fallen; unbedauert, weil durch eigene Schuld!“

von allen hohen Reichsständen geleistet worden, so daß Sie auch von dieser Seite Sich über Besorgnisse eines Vorwurfs mit reiner Ueberzeugung erhaben wissen."

„Ueberhaupt aber bleibt Sr. Königl. Majestät das beruhigende und belohnende Bewußtseyn, zur Wohlfahrt des deutschen Vaterlandes, zur Aufrechthaltung und Sicherung seiner Verfassung und Ruhe, sowohl in einer dreyjährigen nachdruckvollesten Kriegesführung alles Ihrige in Wahrheit bis auf den Grad der physischen Unmöglichkeit beygetragen *), als nun auch den Weg des Friedens mit patriotischer Sorgfalt gebahnt zu haben."

„Auf diesem Wege das Ziel des bisherigen Kampfes, Ruhe und Sicherheit zu erreichen, hiezu die eröffnete günstige Aussichten, die dargebotene Unterstützung des Königs und die gemäßigte, billige Gesinnungen und Grundsätze der Französischen Republik

*) „Anmerkungen zur p. Erkl." S. 58: „Ja, es ist erschöpft. Das arme Preußen! Durch seine beispiellose Anstrengung, durch seine unermeßlichen Aufopferungen, durch die Blutströme der entsetzlichen Schlachten, die es in diesen dritthalb Jahren (wo?) geliefert! . . . verblutet, entkräftet, ohnmächtig ist es; — es mag, ja wohl, es kann nicht mehr streiten! Die abscheulichen Franzosen, die Königsmörder, denen — was sage ich! die edle, die große Nation, der Preußen „„auch während dem Krieg so viele Proben von Zuneigung und Achtung gegeben""; sie, deren Repräsentanten jetzt eben davonlaufen wollten; sie, deren hungernde Armeen den eigenen Gewalthabern am furchtbarsten geworden, — waren so undankbar, daß sie (aus alter Rache wegen Roßbach!) einen so verruchten Zauber in die Herzen der tapferen Preußen warfen, daß jener mächtige Exorcismus, womit ihr großer Friedrich alle mannigfaltigen Abentheuer seiner Heldenbahn beschwor, das Wort Beharrlichkeit, plötzlich alle Kraft einbüßte. Es geschah (welches durch Teufelskünste leicht möglich ist), daß zumal der Sinn des Gesichtes dergestalt verblendet wurde, daß hinter jeder Zahl der in diesem Krieg hin und wieder umgekommenen Preußen zwei oder drei Nullen mehr erschienen, das Englische Geld aber, die Oesterreichische Verpflegung und andere Erleichterungen für ausgegebene Friederichsdor angesehen wurden!"

zu benutzen, — dieses müssen Se. Majestät dem eigenen erleuchteten Gutfinden Ihrer Höchst- und hohen Reichs-Mitstände vertrauensvoll überlassen."

So lautete diese gewiß in jedem Anbetracht und für alle Zeiten merkwürdige Erklärung „Sr. königl. preußischen Majestät an ihre Höchsten und Hohen Mitstände des Reichs in Betreff des Friedens von Basel." *)

Für die Nachwelt hat diese Erklärung das große Verdienst, daß sie jedem Unbefangenen einen tiefen Einblick in die Ziele, Bestrebungen, wahren Absichten und in die wirkenden Triebkräfte der preußischen Politik und deren damalige Erfolge gestattet: dieser lügenvollen heuchlerischen Politik, die vermessen genug war, zum begangenen Verbrechen auch noch den Hohn und den Spott hinzuzufügen, — dieser gott- und ehrlosen Politik, die es wagte, vor ganz Europa und der unheilschwangeren Zukunft die Vorsehung als die Urheberin der frevelvollen Meinthat des Baseler Friedens heraufzubeschwören!

Einen wahren Sturm von nicht zu entkräftigenden Entgegnungen beschwor diese preußische Erklärung in Deutschland herauf. Die wenigen Stellen, deren wir in Anmerkungen als Gegensätze gedachten, sind nur ein Bruchtheil der Fluth einer sehr merkwürdigen und jetzt größten Theils unbekannten Literatur, die wir im nächsten Abschnitte eingehender besprechen werden. Diese Schriften liefern den sprechenden Beweis, daß sich nicht alle Zeitgenossen

*) Im Moniteur Nr. 248 stand diese preußische Erklärung schon am 27. Mai. — Hardenberg, dessen Briefe an Albini und seine sonstigen Bestrebungen in einem bemerkenswerthen Zusammenhang mit dem Wortlaut dieser Erklärung stehen, hatte die Vorsorge getroffen, sie dem Moniteur schon in französischer Sprache übertragen zukommen zu lassen.

durch den Honig der Sprache der preußischen Erklärung blindlings täuschen ließen. „Wenn dießmal“, also hieß es in einer uns bereits als bedeutungsvoll bekannten Schrift, „die Stimme des Publikums geschwiegen hätte, — wenn dießmal der Griffel der Geschichte über dieses Beispiel von Egoismus und Bundbrüchigkeit ruhig, ungerügt und ungehindert hinausgeglitten wäre! — wahrlich, dann hätte es Deutschland verdient, daß der Ausländer sein Gefühl als erschlafft verhöhnet und die angepriesene altdeutsche Treue zur lächerlichen Mähre gebrandmarkt hätte.“ *)

Der alte, ehrwürdige und todkranke Fürstbischof von Würzburg aber schrieb an den Reichs-Vice-Kanzler: „Ich zweifle nicht, daß Redlichkeit auch in Staatssachen den Sieg über die kleinen Streiche einer alles zerstören wollenden Politik davon tragen und Seine kaiserliche Majestät das unnennbare Vergnügen haben werden, so groß in Herstellung des Friedens anerkannt zu werden, als Sie es in der Eigenschaft eines Beschützers des Reichs gewesen sind. — Wenn die Politik des kaiserlichen Hofes nach Jahrhunderten noch zum Muster der Redlichkeit aufgestellt werden wird, so wird man nicht begreifen können, wie jene des Berliner Hofes zu einem so hohen Grade von Inconsequenz, Verachtung der Gesetze und des Anstandes habe gelangen können!“ **)

So sprachen sich sehr achtbare Zeitgenossen zur selben Zeit aus, als ihnen der patriotische Lärm der Erklärung des preußischen Königs an seine Mitstände in den Ohren gellte!

Noch Jahre lang mußte nun Preußen auf dem abschüssigen

*) „Antifragmente“ S. 14.

**) Der Fürstbischof von Würzburg an den Fürsten Colloredo, d. d. Würzburg den 8. Mai 1795. (St. A.)

Wege des Lasters und des gemeinsten politischen Betruges, vielleicht wider den Willen einzelner seiner besseren Staatsmänner, jedenfalls aber wider den Willen der Mehrzahl des deutsch gesinnten Theiles des preußischen Volkes fortwandeln. Dieses preußische Volk aber war es ja, das man vor Allem in einem thörichten Haß gegen Oesterreich zu erhalten wußte, und so blieb es damals und so ist es vielleicht heute noch unfähig zu begreifen, daß jene That zur ewig schmachvollen geworden ist, — jene That, für welche der König den Staatsminister Hardenberg mit dem schwarzen Adlerorden und den Marschall Möllendorff mit einem mit Edelsteinen besetzten goldenen Degen belohnte; — jene unselige That, für welche man durch feierlichen Gottesdienst, so scheint es wenigstens, damals den Himmel selbst zu betrügen vermeinte!

Das Gebäude der preußischen Macht und Größe war bis zum Baseler Frieden politische Lüge, Heuchelei und Verrath, — die erschlichene Großmachtstellung konnte somit eben nur wieder in Deutschland durch Lüge, Heuchelei und Verrath erhalten werden. Deßhalb auch das Spielen und Liebäugeln mit Volksgunst und Fortschritt, — deßhalb das Blendwerk einer „deutsch-nationalen (!) Politik“ — desselben Staates, der soeben erst die einzig wahre nationale Politik der ehrwürdigen deutschen Nation vernichtet — Kraft, Macht und Größe des deutschen Reiches auf immer gebrochen hatte!

Geistreiche deutsche Geschichtsforscher haben sich in unseren Tagen zu beweisen abgemüht, daß Preußen zu dem Baseler Frieden durch sein schlecht verstandenes Interesse, durch seine Politik der Halbheit und durch Kleinmuth verführt wurde. In unserer Gegenwart hat man sich bemüht, alle Thatsachen, die bisher so ziemlich deutlich und ohne Commentare für sich sprachen, absichtlich zu verschleiern und die namenlosen Verirrungen der preußischen Regierung jener Zeit dadurch zu beschönigen, daß man nahezu alle selbstverdienten und schweren Vorwürfe von Preußen weg, auf die Regierung des letzten deutschen Kaisers und seine Thugut'sche Politik zu wälzen versuchte. Das Mißtrauen und die habsüchtige Politik Oesterreichs, welches sich durch seine Verbindung mit Rußland und England von dem echt „national deutschen Preußen" förmlich lossagte, war nun auf Einmal als das Verhängniß dargestellt, durch welches „die Vorsehung" bewogen wurde, Preußen zum Abschluß des Baseler Friedens gewaltsam zu drängen.*)

*) L. Häussers Deutsche Geschichte, Band I., Seite 584 sagt z. B. über jene Zeit in einer seiner Episteln an das böse Oesterreich: „Man kann die tiefe Treulosigkeit der alten Staatskunst und die kurzsichtige Immoralität, womit sie im Momente eines Weltkampfes gegen die Revolution selber zu den revolutionären Mitteln griff, oder die fieberhafte Lüsternheit Thugut's auf Baiern, Polen, Venedig, Serbien" (nicht auch auf Asien, Afrika, Hannover, Nürnberg, Hamburg, Frankfurt a. M. Erfurt und Hildesheim?) „in einem Augenblick, wo der eigene Boden schon bedroht war, man kann dies Alles nicht sprechender zeichnen, als es" (Hr. Häusser meint hier das Schutz- und Trutzbündniß Rußlands und Oesterreichs vom 3. Januar 1795, welches jedoch sowohl ihm als dem Hern. v. Sybel erst aus Miliutins „Geschichte des Kriegs von 1799" bekannt geworden ist), „in diesem Actenstück geschehen ist. Gewiß, es gehörte viel guter Wille (!) für Preußen dazu, neben zwei solchen (!) Verbündeten im Kampfe auszuharren, (sic.) und keiner (!) von diesen hatte ein Recht, nach dem letzten Schritt die preußische Politik um ihres Abfalls von den conservativen Grundsätzen anzuklagen (!). — Aber eines durfte man in Preußen doch nicht vergessen, daß man durch seine Politik wenigstens einen Theil" (einen großen oder kleinen?) „der Verschuldung trug, daß es so weit gekommen war. Ein Separat Friede mit Frankreich durch die Preisgebung der Rheingrenze erkauft, war für die Alliirten vom 3. Januar wahrscheinlich ein geringerer Nachtheil, als für Preußen selbst; denn dieses verließ damit die imposante (!) Stellung, die ihm Friedrich erworben" (wodurch erworben?), „es spielte um seine Großmachtstellung" (war überhaupt Preußen damals schon eine Großmacht? wir dächten, dieß sei eine neuere Erfindung!) „wie um seine eigene

Fassen wir Alles in diesem Buche Gesagte zusammen, und wir werden mehr als genügend bewiesen finden, wie weit eine derartige Auffassung sich von der Wahrheit entfernt.

Sicherheit (?)." Ferner heißt es in der Deutschen Geschichte: „Lebhafter als je „„verwünschte"" nun Lucchesini die „„verhängnißvolle"" Allianz mit Oesterreich, die Preußen in den französischen Krieg gestürzt(!), damit sich indessen Rußland und Oesterreich in seinem Rücken ausbreiten könnten." (!) Soweit der Hr. Professor Häusser. — Wir aber fragen: War die Sache nicht vielleicht gerade umgekehrt? Wurde nicht vielleicht die verwünschte preußische Allianz für Oesterreich verhängnißvoll? Hat nicht Preußen vielleicht Oesterreich in den Krieg hineingestürzt? Wenn sich die Deutsche Geschichte recht besinnen wollte, so stünde vielleicht die Sache am Ende doch noch umgekehrt! Doch die Deutsche Geschichte will nur zu ihrer Schlußfolgerung gelangen, und in dieser sagt sie endlich: „Die Eindrücke, die im December und Januar die Verhandlungen in Petersburg weckten, waren freilich stark genug, um auch den König von seinem „„Vorurtheil"" zu heilen; sie entschieden (!) den Entschluß zum Frieden!" Das ist also der Kern der Darstellung, und es ist nun gewiß ganz greifbar gegeben, wie die Vorsehung und der Vertrag vom 3. Januar den der König, wie wir unten sehen werden übrigens noch gar nicht kannte, ihn dennoch zur Unterzeichnung des Friedens drängten! — Doch hören wir auch noch die v. Sybel'schen Urtheile in der Geschichte der Revolutionszeit an. Dort heißt es B. III. S. 428 von dem Baseler Vertrage: „. . . er war und blieb ein Akt des Kleinmuthes, ein Verzicht Preußens auf die Stellung einer leitenden und entscheidenden Großmacht." Also auch dort wieder Großmacht! Was hat denn Preußen damals „geleitet"? — Den Krieg doch nicht? den hat es ja gehemmt! — Was hat denn Preußen damals „entschieden?" — Ja entschieden hat es allerdings etwas, nämlich: das Grab der deutschen National-Wohlfahrt, welch' letztere Herr v. Sybel sehr irrthümlicher Weise durch die deutsche Kaiser-Politik begraben läßt. Doch kehren wir zur Seite 428 zurück! „Das deutsche Grenzland", heißt es dort, wurde „nicht so sehr den Franzosen überliefert" (!), als „mit preußischer Kraft zu vertheidigen abgelehnt. Man kann dabei", so heißt es wörtlich, „wie uns jetzt die Verhältnisse offen liegen, nicht mehr von Bundesbruch gegen Oesterreich, oder von Verrath am deutschen Vaterlande reden. (!?) Nachdem Oesterreich am 3 Januar (sic) mit Rußland einen Waffenbund gegen Preußen geschlossen, wäre es mehr als kindisch gewesen, wenn es von Preußen fernere Waffenhülfe (?) gegen Frankreich erwartet hätte! Nachdem

Seit 1792 hatte Oesterreich, um in der gefährlichen Krise für des Reiches Interessen Preußen zu gewinnen, alle Mittel der Geduld, des Wohlwollens, des Vertrauens und der Freundschaft erschöpft. Im redlichen Vertrauen auf Recht, Vertrag und Treue hatte das Reichsoberhaupt alle Mittel, über die der Beherrscher der österreichischen Erblande gebieten konnte, der Wohlfahrt des deutschen Reiches dargebracht. Unverrückt hielt man in Wien das große Ziel der Besiegung des Reichsfeindes vor Augen. Keine Particular-Interessen wurden zu jener Zeit verfolgt, und als sie später im Laufe der kriegerischen Begebenheiten hie und

---

das deutsche Reich in den 3 Kriegsjahren, außer den englischen Söldnern" (Haager Tractat) „kaum 20.000 Mann gestellt und soeben den Frieden in der flehentlichsten Weise ausgesprochen hatte" (auf wessen Veranlassung flehentlichst ausgesprochen?), „besaß es keinen Titel mehr zur Beschwerde über die Baseler Unterhandlungen." (?!) — Armes Deutschland! zuerst betrogen, bethört, zum Flehen aufgehetzt, dann schändlich in Stich gelassen und obendrein noch, so meint die Geschichte eines Deutschen, besaßest Du keinen Titel mehr zur Beschwerde! Freilich, wie kann man es nur wagen, wo der „Geschichte der Revolutionszeit" und auch der „Deutschen Geschichte" die Verhältnisse so klar vorliegen, von Bundesbruch an Oesterreich, von Verrath an Deutschland zu sprechen? — Der heimtückische österreichisch-russische Bund! (Hat denn Oesterreich überhaupt nur das Recht, einen Bund gegen Preußen zu schließen?, wenn es von letzterem mehrere Jahre hindurch verrathen wird?) also diese hinterlistige Convention vom 3. Jänner 1795, die man in Berlin erst am 11. August 1795 erfuhr, — — (Reuß an Thugut, d. d. 11. August 1795: „Mit Herrn von Alopeus habe ich die Convention den preußischen Ministern gleichzeitig mitgetheilt; der Freiherr von Alvensleben gab erst, als er im Besitze der Declaration war, sein Befremden über das Datum derselben, obgleich nur in wenigen Worten, zu erkennen." St. A.) — — diese also von Preußen erst am 11. August 1795 — (und von den Herrn Häusser und v. Sybel, wann erst?) — in Erfahrung gebrachte Convention, die mußte natürlich schon am 5. April 1795 und noch viel, viel früher die preußische Regierung zum Abschluß des Baseler Friedens um jeden Preis drängen!!

da in den Vordergrund traten, so waren sie immer nur ein Gebot der Selbsterhaltung, und, wie z. B. in Polen, oftmals nur ein Reflex der preußischen Pläne. Die Aufstellung der ganzen österreichischen Macht am Rhein, die actenmäßig begründeten, unberechenbaren Opfer, welche Oesterreich an Geld, Gut und Blut dem deutschen Reiche in diesen Jahren freiwillig und bereitwilligst dargebracht hat, liefern den unwiderlegbaren Beweis für diese Behauptung. Daß die kaiserliche Regierung edel genug dachte, nicht selbstgefällig und bei jeder Gelegenheit mit ihren Thaten und ihrer Großmuth zu prunken, so zwar, daß man sie heut zu Tage über die preussischen „Mainzer Belagerungskosten" nahezu vergessen zu haben scheint, das kann nur den Werth ihrer Verdienste erhöhen.

Wir haben schon nach den vorliegenden Resultaten unserer Forschung, ohne in die niederländischen Verhältnisse der vergangenen Jahre noch näher eingegangen zu sein, bewiesen, daß der Oesterreich damals zugeschriebene Austausch der Niederlande gegen Baiern und die angebliche freiwillige Räumung der ersteren, auf welche bis zur Stunde bei Beurtheilung jener Zeit ein so schweres Gewicht gelegt wird, in das Bereich der Fabel gehören. — Für jeden Unparteilschen ist es daher fühlbar, daß die ganz abseits gelegenen Zustände in Polen, die wir deßhalb nicht berührt haben, um nicht in ein fast unentwirrbares Labyrinth von Berichtigungen bisher festgehaltener Irrthümer zu gerathen, — daß diese polnischen Zustände, welche die letzte Theilung dieses unglücklichen Landes herbeiführten, bei Oesterreich keinen auf die nachdruckvollste Fortsetzung des Krieges am Rhein merklichen Einfluß auszuüben vermochten. Naturgemäß konnten diese Zustände eben so wenig Einfluß auf Preußen ausüben, falls man dort nicht ganz entgegengesetzte Absichten verfolgt und die Reichsvertheidigung und die Unterstützung Oesterreichs im großen Kriege gegen Frankreich überhaupt je ernstlich gewollt hätte.

Während im Sommer 1794 der preußische König, statt an den Rhein zu ziehen — oder, was für seine Ehre am allerklügsten gewesen wäre, ganz zu Hause zu bleiben, — in Polen gleichfalls einen schmachvollen Feldzug unternahm und im October 1794 den Befehl zur Abberufung von 20.000 Mann vom Rhein nach Polen wirklich unterzeichnete, — hatte im Sommer 1794 noch kein österreichischer Soldat die polnische Grenze berührt.

Wer den Gang der Ereignisse mit Aufmerksamkeit verfolgt, der gelangt also zu ganz anderen Schlußfolgerungen über diesen unseligen Baseler Frieden und über die damaligen politischen Verhältnisse im Reiche; und unwillkürlich ergibt sich eine ganz andere Auffassung und Darstellung dieses Zeitabschnittes, als jene, welche bis nun in vielen neuen deutschen Geschichtsbüchern größtentheils mit Absicht festgehalten worden ist.*)

*) Wir fordern unsere Leser namentlich auf, selbst einen Vergleich zu ziehen zwischen der Darstellung des Friedens von Basel und jener des Friedens von Campo Formio in L. Häusser's D. Gesch. — Wir haben schon erwähnt, daß diese D. Geschichte Alles das, was sie beim Baseler Frieden zu sagen vergessen hat, im 8. Abschnitt des II. Bandes bei der Besprechung von Leoben und Campo Formio getreulich nachholt. Gleich merkwürdig wie die so spät dem Baseler Frieden nachhinkende und hauptsächlich gegen Oesterreich allein gerichtete, sittliche Entrüstung, ist aber auch die große Genugthuung der Deutsch. Geschicht über Leoben, welche auf S. 113 in den Worten ihren Ausdruck findet: „Oesterreich (!?) und Preußen, die mittleren und die ganz winzigen (!) Reichsstände, sie theilten sich fast gleichmäßig in die Schuld, und keiner (?) hatte Ursache, sich vor dem Anderen eines Besseren zu berühmen. Höchstens überbot jetzt Thugut die vorausgegangenen Thaten der übrigen." — Wie? keiner hatte Ursache, sich vor den Anderen eines Besseren zu berühmen!! Ja Wer fing denn damit an, den Felsen in den Abgrund zu rollen? Oesterreich etwa? oder die ganz winzigen Reichsstände? oder Wer sonst? — Wie Alles über Oesterreich Gesagte ist aber auch diese sichtbare Freude und die Genugthuung über das, daß „Keiner" mehr Ursache

Nach der Summe des Gesagten ist aber eine Verschleierung der Thatsachen nicht mehr möglich, und der Baseler Friede ist

---

zum Berühmen hat, in der D. Gesch. gerechtfertigt! Man bedenke nur, daß diese Geschichte bis zum Frieden von Campo Formio immer und immer wieder davon zu berichten weiß, daß Preußen trotz Baseler Frieden und der nachträglichen Convention von 1796 in unausgesetzter Sorgfalt bemüht blieb, die „Reichs-Integrität zu wahren" und den Franzosen das bereits abgetretene „linke Rheinufer" wieder abzuhandeln! Ein Glaubensgenosse der „Ephraime" und „Schmerze", der preußische Gesandte in Paris, „le Sieur Sandos," soll diese kunstvolle und sorgenschwere Abmäcklung des Kaufschillinges, um welchen das deutsche Reich von Preußen anno 1795 bereits verschachert wurde, anno 1796 nach L. Häusser's Deutschen Geschichte, wiederum „schon" diplomatisch halb und halb durchgesetzt haben; und da fiel nun das frevelvolle Oesterreich dazwischen und gab mit Vorbedacht bei Leoben und Campo Formio dieses von Preußen fast wieder „schon" zurückgewonnene linke Rheinufer abermals auf. — Man sieht: Preußen ist nun in seinem guten Werk durch Oesterreich neuerdings gestört! Wer kann Preußen nun verwehren, daß es auf dem Rastätter Congreß sein Intriguenspiel von Vorne beginnt und die erbärmliche Rolle aus der Zeit des Baseler Friedens bis 1809 festhält?! Trägt ja doch an allen diesen unglücklichen Verwirrungen und Verirrungen das böse Oesterreich die alleinige Schuld! So weit die Deutsche Gesch. L. Häusser's.

Eine andere Deutsche Geschichte könnte vielleicht dagegen bemerken, daß denn doch 1797 die Weltlage und die Lage der kämpfenden Parteien mittlerweile eine ganz andere geworden sein dürfte! Denn i. J. 1797 kämpfte Oesterreich noch immer allein und trug die Feldzüge und das Unglück der vergangenen Jahre noch immer ganz allein! — Eine andere Deutsche Geschichte als jene L. Häusser's wird vielleicht finden, daß wenn Oesterreich bei Leoben und Campo Formio die Rheingrenze mit seinem eigenen Besitz in Burgund geopfert hat, dieses „ruchlose" Oesterreich sich sagen konnte: Ich habe sieben Jahre Alles gethan, um beides zu vertheidigen! Eine andere D. G. wird vielleicht wahrzunehmen Gelegenheit finden, daß Oesterreich diese sieben Jahre hindurch thatsächlich vom Reiche verlassen, von Preußen betrogen blieb, demnach auch der österreichische Friede durchaus keine so außergewöhnliche und außer der Natur der Sache liegende That war. — Eine andere D. Gesch. als jene L. Häusser's wird vielleicht in Erwägung ziehen, daß der Baseler Friede gar keine derartige Entschuldigung aufzuweisen hat; sie wird vielleicht bedenken, daß wenn Oesterreich bei

ist und bleibt, vom deutschen National-Standpunkte aus beurtheilt, eine Schandthat, ein National-Verbrechen, und zwar ein bis zur Stunde ungesühntes Verbrechen an Oesterreich und an der ganzen deutschen Nation!

Leoben und Campo Formio Frieden schloß, es höchstens sich selbst verlassen hat und nicht das Reich, welch' letzteres Oesterreich in allen Drangsalen der vergangenen Jahre ununterstützt ließ; sie wird möglicher Weise bedenken, daß bei Basel Preußen im heißesten Kampfe aus dem Bunde trat und in heimtückischer, verrätherischer Weise seine Verbündeten und das Reich ihrem Schicksale überließ. — Nicht die D. Gesch. L. Häusser's, aber eine andere D. Gesch. denkt vielleicht einmal daran, daß bei Leoben Oesterreich sich selbst gedemüthigt hat, weil es die Kraft und den Muth verlor weiter zu kämpfen, nachdem die Franzosen im Herzen der österreichischen Monarchie standen, die österreichischen Armeen in zahlreichen Schlachten besiegt, die Niederlande, die Lombardie, das Herzogthum Mantua, die österreichischen Vorlande und alle schwäbischen Provinzen verloren waren; geschlagen, hilflos und erschöpft, fand Oesterreich bei Niemand Hilfe und hatte von Niemand mehr Hilfe zu erwarten; mithin sah es sich gewissermaßen gezwungen, die halbwegs noch günstig scheinenden, ihm vorgeschriebenen Bedingungen des Feindes anzunehmen. — Eine andere D. Gesch. vergleicht vielleicht diese Lage der Dinge mit jener zur Zeit des Baseler Friedens und findet: daß damals weder die österreichischen Vorlande noch Schwaben, weder Mantua noch die Lombardie und Italien, weder das Reich noch Luxemburg und Burgund verloren waren. Sie findet vielleicht, daß Preußen dennoch das Reich und Oesterreich verrätherisch, ruhmlos und ehrlos preisgegeben und aufgeopfert hat, und daß Preußen schon damals Länder vertauscht und das Reich nur als eine Entschädigungsmasse thatsächlich zu betrachten sich vermaß, ganz so wie es erst weit später bei Leoben mit Venetien und dem reichsverrätherischen Pfalz-Baiern geschah. Eine andere D. Gesch. wird die Moralität des Friedens von Leoben gewiß nicht vertheidigen, dagegen es vielleicht ganz entschieden läugnen, daß Leoben über Basel steht, oder gar den Frieden von Basel weit überbietet. — Ein billig denkender Forscher wird vielleicht wahrzunehmen Gelegenheit finden, daß die Präliminarien von Göß und der faule Friede von Campo Formio zum Rastätter Congreß und von dort zum neuen Kampf auf Tod und Leben zum Feldzug d. J. 1799 führten, sonach ersichtlicher Weise dieser Friede nur durch kopflose Ueberstürzung oder durch die äußerste Noth herbeigeführt worden war. Genügten ja doch wenige Monate, um den Vertrag und mit ihm die Immoralität desselben neuer-

Und wahrlich nur jener, der die Geschichte dieser deutschen Unglücksjahre 1794 und 1795 kennt, kann auch das ganze Elend der nachfolgenden Zeiten in seinen Ursachen begreifen.

---

dings zu zerreißen. Das Schwert sollte wiederum neue Verträge zeichnen, und abermals zogen, von allen Seiten verlassen und verrathen, österreichische Heldenschaaren den französischen Legionen entgegen. — Vielleicht denkt eine andere Geschichte als die D. Gesch. L. Häusser's gleichzeitig daran, daß Nichts von Allem dem sich beim Baseler Frieden sagen läßt; ganz im Gegentheil aber von diesem Vertrag (etwa aus purer Moralität?) nicht abgewichen wurde und daß die kluge preußische Staatskunst schadenfroh die heldenmüthigen Anstrengungen und den ehrenvollen Kampf des letzten deutschen Kaisers belächelte, den dieser unternahm, um sich und seinen Staat aus dem Abgrund aufzuschwingen, in welchen Preußen ihn und das deutsche Reich durch den Baseler Frieden gestürzt hatte. Als der Vertrag von Leoben und Campo Formio durch den neuen Krieg zerrissen und „vernichtet" war, da jauchzte diese preußische Staatskunst und jubelte, daß der Baseler Friede und die Demarcations-Linie sie noch schütze! Während Oesterreich mit Blutströmen die Schmach des erzwungenen Friedens, vornehmlich wieder in des Reiches Interesse, (denn ein österr. Friede mit vollständiger Abdikation im Reich wäre immer leicht zu erreichen gewesen) — gut zu machen bemüht war, da rührte Preußen dagegen keinen Arm und kein Schwert für, sondern höchstens gegen Oesterreich und die deutsche Sache! Da zählte man mit Freude und ähnlichem Behagen, wie heut zu Tage die D. Gesch. L. Häusser's, die Unfälle der österreichischen Waffen auf; da wurden mit Frohlocken die Niederlagen der österreichischen Armee und die Demüthigungen, welche das Reich und sein Oberhaupt erlitten, verzeichnet, freudestrahlend gepriesen, und der Sieur Sandoz beglückwünschte die französische Republik. — Vielleicht denkt eine andere Deutsche Geschichte, mit Wehmuth daran, daß die Stipulationen von Leoben kaum 18 Monate gedauert haben, ja auch noch in und nach dieser Zeit noch immer viel gut zu machen gewesen wäre, wenn der Baseler Friede eben nicht volle elf Jahre und sechs Monate, d. i. vom 5. April 1795 bis zum 9. October 1806 gedauert hätte. — An alle diese sehr nahe liegenden Vergleiche wird vielleicht dereinst eine andere „deutsche" Geschichte denken; leider hat jene „dritte neu vermehrte und verbesserte Auflage" der Deutschen (wäre da nicht vielleicht das Wort „Preußischen!" mehr am Platz?) Geschichte des Herrn Geschichts-Professors L. Häusser noch nicht daran gedacht.

Im Baseler Frieden allein liegt der Urquell all der Schande, die sich in den nachfolgenden Zeiten auf Deutschland gehäuft hat, — in diesem Baseler Frieden allein liegt der Schlüssel verborgen zu der tiefsten Entwürdigung der deutschen Nation, die Niemanden, außer dem Reichsfeind allein zu Gute kam. Dieser Frieden von Basel zerstörte vollends alle Früchte, welche Leopold II. bei Abschluß der berühmten Reichenbacher Convention aus der Verbindung der zwei mächtigsten deutschen Reichsstände zum Wohle des Reiches zu ziehen vermeinte. Mithin waren auch die kostspieligen Eroberungen Josef's II. im Süden, Belgrad, die Vormauer des Reiches gegen die Osmanen, welche Leopold II. der preußischen Freundschaft geopfert hatte, nutzlos verloren, und der Pillnitzer Tractat, auf dessen heilsame Wirkungskraft Deutschland so viel Vertrauen setzte, erscheint somit gewissermaßen nur deßhalb von Preußen geschlossen um Oesterreichs Vertrauen zu gewinnen und diesen Staat unter der Maske der Freundschaft auf den Tod zu verwunden! Nachdem also die theuere preußische Freundschaft Oesterreich vorerst um Bosnien, Serbien, die Walachei und die Niederlande gebracht hatte, führte der Baseler Friede noch die Auflösung des deutschen Reiches in politischer Hinsicht herbei!

Dieser Friede allein hat es dahin gebracht, daß nach langjährigem Ringen auch Oesterreich schließlich gezwungen wurde, die deutsche Sache von der seinigen zu trennen — und nun schwankte das zertrümmerte Wrack des alten Reiches in den politischen Stürmen Europa's führerlos umher, bis zum allgemeinen Schiffbruch und der neuen Ordnung der Dinge, aus welcher die jetzige Gestalt unseres deutschen Vaterlandes eben wieder in Folge der Baseler Friedens-Consequenzen schlimm genug hervorgegangen ist! Wer sieht nun nicht, daß nach der gewissenhaften Darstellung jenes Baseler Friedens der Friede von Campo Formio, seine Gründer und die ganze kaiserliche Politik bis Lüneville und dem Frieden von Schönbrunn in einem viel milderen Lichte erscheinen! Ja selbst alle Irrungen und Schwankungen Oesterreichs in den späteren Zeiten (so weit wir dieselben in der Geschichte verzeichnet finden und aus Mangel besseren Wissens vorläufig noch glauben müssen) können schon jetzt in dem Baseler Frieden eine Vertheidigung finden, — eine Vertheidigung, die allein genügt, um den Baseler Frieden zum hundertfach größeren Frevel zu stempeln, als er bis nun zu geschienen hat!

Zwölf Jahre wiederholter blutiger Kämpfe*) hatte es bedurft, um Oesterreich eine einzige Provinz zu entreißen, und bis in die letzten Tage seines Lebens zitterte der hochbegabte Friedrich II., daß Oesterreich dermaleinst mit dem Schwerte wieder zurückerobern könnte, was ihm das Schwert geraubt hatte. — Die Regierung seines unfähigen Nachfolgers sah aber ein, daß Oesterreich durch Preußen allein nie besiegt werden könne, und suchte ihre Bundesgenossen gegen Oesterreich im Treubruch und Verrath. — Kur-Brandenburg bedurfte zur Besiegung der verhaßten kaiserlichen Autorität stärkerer Kräfte, als die eigene preußische Kraft, es fand seinen Bundesgenossen in Frankreich, und vollführte, um zu diesem Ziele zu gelangen die Zertrümmerung des Reiches mit Vorbedacht und Ueberlegung. Die Urheber des Baseler Friedens mußten sich der weittragenden Folgen ihrer

*) Erster schlesischer Krieg 1740—1742
Zweiter „ „ 1744—1745
Dritter „ „ 1756—1762

Summe: 12 Feldzüge oder Jahre.

Handlungen bewußt sein. Sie waren es auch und blieben dabei nur sorgsam darauf bedacht, aus dem allgemeinen Schiffbruch in Deutschland möglichst viel zur Vergrößerung des neuen preußischen Großstaates zu gewinnen. Dies ist der Kern der preußischen Baseler-Friedens-Politik, deßhalb und um sich wo möglich bei passender Gelegenheit selbst im Reiche an Oesterreichs Stelle zu erheben, verbündete sich Preußen mit der französischen Republik; — List, Heuchelei, Betrug und Verrath mußten dazu dienen, dieses verhaßte Oesterreich vom deutschen Kaiserthron herab und unser deutsches Vaterland in das unabsehbare Elend der nachfolgenden Zeiten zu stürzen.

Einer That, wie jener des Baseler Friedens, hätte aber, um sie mit Genie und Heldenmuth für Preußen fruchtbringend durchzuführen, ein enger Bund mit Frankreich und ein Krieg gegen Oesterreich auf Sein und Nichtsein folgen müssen.

Beides unterblieb. Nicht etwa weil man in Berlin nicht auch an diesen Ausgang der Dinge gedacht hatte, sondern aus namenloser Feigheit. Vor den Geistern, die man freventlich heraufbeschworen hatte, gerieth man urplötzlich in Schrecken. Auf halbem Weg blieb man stehen, — nicht, weil man den Willen nicht besaß, noch weiter zu gehen, sondern weil man den Muth nicht hatte, nun auch endlich offen zu vollbringen, was man insgeheim und hinterlistig bisher eingeleitet hatte und bereits im Dunkeln vollbracht zu haben wähnte. Nun erst erwog man die Macht des mit Rußland und England verbündeten Oesterreichs. Nun erst erschrack man vor den Folgen der begangenen Meinthat und vor der Vollendung des gewagten Unternehmens.

Oesterreich siegte im Rheinland (1795), und da war wieder die Schwenkung zu Oesterreich und dessen Liebkosung am Platz, da ward wieder die deutsche reichspatriotische Seite, die Errettung des deutschen Reiches von seinem Untergang, das Festhalten an der deutschen Verfassung und Integrität herausgekehrt; im Nu aber war diese heuchlerische Seite wieder umgedreht, als Oesterreich (1796) in Italien neuerdings unterlag. So ging es fort bis 1805 und 1809 — so ging es fort bis zur ganzliche Entsagung des Reichsoberhauptes auf die deutsche Kaiserkrone!

Was aber war die Folge dieser Politik? Freund und Feind widmeten ihr eine wohlverdiente Verachtung! Diese frevelhafte Politik, feig und schlecht zugleich, sie mußte über kurz oder lang, göttlichen und menschlichen Gesetzen nach, zur Schande und Erniedrigung des preußischen Staates führen. Und elf Jahre nach Unterzeichnung des Friedens zu Basel rächte sich an Preußen, gleich einem Gottesurtheil, durch Jena und Auerstädt und den Frieden von Tilsit in entsetzlicher Weise jene zur Zeit des Baseler Vertrages als Urheberin desselben, auf eine so vermessene Art, angerufene „Vorsehung!"

VIII. Abschnitt.

Die öffentliche Meinung zur Zeit des Baseler Friedens.

(1794 bis 1797.)

Archenholz und die „kleindeutschen Geschichtsbaumeister." — Unterschätzung der öffentlichen Meinung in Oesterreich. — Beeinflußung der öffentlichen Meinung zu Gunsten des Baseler Friedens. — Der österreichische General Freiherr v. Seckendorff über die Intriguen des preußischen Hauptquartiers. — Der Graf Dietrichstein wünscht die Veröffentlichung der Correspondenz des Herzogs Albrecht mit Möllendorff. — Die zwei apokryphen Briefe des Prinzen Coburg. — Note IX (Die „Intrigue Carletti.") — Einfluß der preußischen Journalistik auf die Verbreitung falscher Gerüchte. — Ausnützung des toskanischen Friedens im preußischen Sinne. — Die österreichischen officiellen Verwahrungen. — Urtheil der kaiserlichen Minister Westphalen, Lehrbach, Degelmann und Hügel über die lügenhaften Ausstreuungen Preußens im Reich. — Pfalz-Baiern geräth vollständig in die Abhängigkeit Preußens. — Das pfalzbaierische Promemoria über Carletti. — Die österreichische Antwort. — Beurtheilung der Carletti'schen Intrigue von Seite österreichischer Minister. — Note X. (Die „kleindeutschen Geschichtsbaumeister" und die „Intrigue Carletti.") — Die Wandlung der officiellen preußischen Sprache nach dem Baseler Frieden — scheinbar zu Gunsten Oesterreichs, — insgeheim bleibt sie jedoch im Reiche stets gegen Oesterreich und das deutsche Kaiserthum gerichtet. — Die preußischen Journale bereiten die öffentliche Meinung auf den Erwerb Hannovers und der kurkölnischen Lande vor. — Ursache des preußischen Hasses gegen England. — Der „Straßburger Weltbote" und der „Moniteur" im Dienste des Freiherrn v. Hardenberg. — Die Mißstimmung und Erbitterung gegen Preußen wächst in den Reichsländern. — Gegen Preußen gerichtete Tumulte in Frankfurt. — Despotismus der preußischen Censur im Reich. — Der Landgraf von Hessen-Kassel wünscht „König von Austrasien" zu werden. — Die große „literarische Baseler-Friedensfehde." — Die öffentliche Meinung im Reich verblendet durch Lüge und Betrug. — Der Breslauer Professor Garve als preußischer Machiavelli. — Hügel über die „Hertwich'sche Comitial-Abhandlung." — Preußische Beschwerden über die angeblich von Oesterreich unterstützte „preußenfeindliche Literatur." — Görz bestellt sich die „Fragmente." — Die eigentliche Bedeutung dieser gegen Oesterreich gerichteten Flugschrift. — Deutsche Universitäts-Professoren auf der Seite Preußens. — Preußische Kronjuristen und die Vorbereitung der Säcularisationszeit und Abrundung Preußens auf Kosten des Reiches. — Der „literarische Sansculotte" Bülow, als preußischer Agent und Pamphlet-Schreiber. — Die Comitial-Gesandten senden ihn als Bevollmächtigten nach Basel. — Der „deutsche National-Literat" Kolbielski; — dessen reichsfreundlichen Bestrebungen, — seine Flugschriften. — „Sendschreiben des alten Weltbürgers Syrach." — Die Graf Strengschwerd'schen Schriften. — Parallele der Strengschwerd'schen und Häberlin'schen literarischen Bestrebungen. — Briefwechsel Kolbielski's mit den kaiserlichen Ministern Frank und Hügel bis in das Jahr 1797.

„Wenn Oesterreich politisch oder militärisch geschlagen wurde, so war dieß fast nie die Schuld des Herzens, sondern des Kopfes, nicht der Knochen und Muskeln, sondern der Nerven. Hätte man auf Kopf und Nerven mehr Werth gelegt, die Hälfte seiner Niederlagen wäre dem Kaiserstaate erspart worden. Eine Gutmüthigkeit, die das beste Recht auf ihrer Seite hat, aber in Bequemlichkeit und Schwerfälligkeit dahinlebt, bleibt im Kampfe der Welt zurück, und der Pfiffige und Rührige, welcher alle Hebel der modernen Bildung ansetzt, trägt am Ende den Preis davon. Das ist vielleicht traurig, aber es ist wahr, und zu Gunsten des „„frommen““ Oesterreichs hat der Himmel niemals Ausnahmen gemacht.“

„In unsern Tagen ist für die Politik die öffentliche Meinung von höchster Bedeutung. Diese aber entsteht nicht von selbst, sie wird gebildet und leider auch gemacht.“

„Während Preußen sich in der Wissenschaft und der Journalistik die zwei mächtigsten Hebel, um auf die öffentliche Meinung zu wirken, geschaffen hat, verharrte Oesterreich bis auf die neueste Zeit in bedauernswerther Unthätigkeit, und so konnte sich u. A. eine preußische Geschichtswissenschaft bilden, welche den Oesterreichern mehr geschadet hat, als ein Heer von hunderttausend Soldaten. Friedrich II. hat Schlesien erobert, aber dauernd behauptet hat es neben ihm Archenholz mit seinen sieben Auflagen der falschen parteiischen Geschichte des siebenjährigen Krieges. Nicht wie sie sich ereigneten, sondern wie die Preußen sie darstellten, — so gingen die Vorstellungen von Ursprung und Verlauf jener traurigen, durch Unrecht hervorgerufenen Bürgerkriege in die öffentliche Meinung Deutschlands über. Was vom nationalen Standpunkt eine Unthat, ein Attentat war, das erschien nun unter der Beleuchtung der preußischen Journale und Geschichtswerke als eine fortschrittliche Heldenthat für Licht und Wahrheit! — So geht es seitdem fort. Der systematische Gang der preußischen Politik ist derselbe geblieben. Auf Kosten von Kaiser und Reich zu wachsen, war Preußens Ziel, und dies Ziel als ein rühmliches, vorausbestimmtes erscheinen zu lassen, war die Aufgabe der preußischen Geschichtsschreiber und Literaten.“ *)

---

*) „Reichenberger Zeitung“ d. d. 13. December 1868. „Oesterreich und die Geschichtsschreibung“ von Dr. Alexander Peez (den in weiteren

Wir wollen diese Stelle aus einem Tagesblatt der Gegenwart als Einleitung zu vorliegendem Abschnitte betrachtet wissen, denn diese wenigen Worte enthalten die Hauptsache dessen, was wir selbst in Form einer Betrachtung über die „Einwirkung auf die öffentliche Meinung" von Seite Preußens zum Nachtheile Oesterreichs und über die österreichische Unthätigkeit auf dem Gebiete der Literatur zu sagen wüßten.

Wir haben bereits an entsprechenden Stellen wiederholt darauf aufmerksam gemacht, wie hämisch man in den damaligen öffentlichen Blättern und Flugschriften das Wirken der kaiserlichen Regierung, der österreichischen Heerführer und Minister schilderte und beurtheilte; wie jede Verfügung der kaiserlichen Regierung verunglimpft, der redlichste Wille, die thatsächlichste Aufopferung bekritelt, bezweifelt und mit schnödem Undank gelohnt, immer und stets nur die möglichst schlechte, nie aber die gute Seite der von Oesterreich angestrebten Ziele hervorgehoben wurde!

Schon lange, bevor der Federkrieg für des deutschen Kaisers und des Reiches Recht entbrannte, waren es die preußischen Minister und Generäle, die sich eifrigst bemühten, in allen Zeitungen und Flugschriften die gröblichsten und entehrendsten Verdächtigungen über das Reichsoberhaupt, über Oesterreich und seine tapferen Kriegerschaaren im Reich herumzutragen.

Wie und durch welche Mittel in der Vergangenheit der öffentlichen Meinung Gewalt angethan wurde, wie und durch welche Mittel man Betrug zur Klugheit, Laster zur Tugend, Treubruch zur Ehrlichkeit umzuformen wußte, — wie und durch welche Mittel man es endlich dahin brachte, die Vergangenheit

Kreisen rühmlich bekannten Verfasser politischen Schriften und unter diesen der „Sieben handelspolitischen Briefe aus England." Leipz. 1863 Liebeskind).

und selbst noch die Gegenwart in ihrem Urtheile schwankend zu erhalten: dies Alles zu betrachten bleibt gewiß für unsere Tage sehr lehrreich, da wir ja gerade in einer Zeit leben, in welcher die öffentliche Meinung zu einer Macht ersten Ranges emporgewachsen ist.

Schien es ja doch bis in unsere Tage fast eine Unmöglichkeit, den Knäuel des lügenvollen Gewebes zu entwirren und das absichtlich verbreitete und festgehaltene Dunkel über die Zeit des Baseler Friedens mit der Fackel der Wahrheit grell zu beleuchten! Denn schon seit dem Tage, an welchem der „Weise von Sanssouci“ an einem dem preußischen Interesse abhold gesinnten armen Erlanger Zeitungsschreiber die weit angerühmte Gerechtigkeit seiner Justizpflege mit Stockhieben praktisch verherrlichen ließ, hatte sich Preußen, wie Schweden zur Zeit des dreißigjährigen Krieges, der Presse des Reiches bemächtigt und sich durch Bedrohung oder Belohnung der hervorragendsten Journalisten und Publicisten die öffentliche Meinung Deutschlands vollkommen dienstbar zu machen gewußt.

Der preußischen Einflußnahme kam es sehr zu statten, daß eben zu jener Zeit die Macht der „öffentlichen Meinung“ in Oesterreich selbst von Männern hervorragender Bedeutung, wie z. B. gerade von Thugut, unterschätzt wurde. Wie schwer rächte sich diese Geringschätzung in späteren Zeiten an diesem Minister selbst; wie bitter an Oesterreich, welches auf sein gutes Recht „so klar wie Sonnenschein“ vertraute und das ihm unlauter scheinende Mittel einer systematischen Beeinflußung der Gemüther vollkommen verschmähte. Während preußische Agenten und den particularistischen Bestrebungen ihrer Fürsten huldigende, deutsche Publicisten und Rechtsgelehrte mit dem verwerflichen Mittel der Lüge und der Verdächtigung die österreichische Politik unabläßig befehdeten und nach und nach das Ansehen der kaiserlichen Regierung in unheilvoller Weise untergruben, rührte sich österreichischerseits nicht Eine Feder, und alle jene für Oesterreich einstehenden Flugblätter, welchen wir später nach dem Baseler Frieden begegnen, sind größten Theils nicht dem österreichischen Einfluße, sondern der neu erwachten, von Preußen tief beleidigten Vaterlandsliebe der deutschen Reichsländer selbst oder gar, wie die geistreichen und treffenden Schriften Kolbielski's, fremder Thätigkeit zu verdanken!

Noch im Jahre 1794 gab es sehr wenige aufrichtige deutsche Patrioten, die aus eigenem Antriebe und ohne hiezu beauftragt zu werden, die Vertheidigung des kaiserlichen Rechtes unternahmen. Unter den in dieser Richtung thätig wirkenden, uns bekannten Namen nennen wir die Freiherren v. Hertwich, Hügel, Benzel, und den trefflichen Hans v. Gagern, ferner den kaiserlichen Hofrath v. Hofmann und die Blume der damaligen österreichischen Aristokratie, den Ingenieur-Obersten Grafen Franz Josef v. Dietrichstein. Gegen diese wenigen ehrenwerthen Literaten war aber die Zahl der unehrenwerthen preußischen Gegner Legion zu nennen. Und in den Jahren 1793, 1794 und 1795 wuchsen die gegen Oesterreich gerichteten Flugschriften wie Pilze empor und bildeten eine Literatur, welche erfolgreich allmälig die Stimmung im Reich für diesen Frieden vorzubereiten versucht hat.

Dagegen war freilich die vorerwähnte Schaar der kaiserlichen Schriftsteller verschwindend klein und ihre Aufgabe überstieg ihre Kräfte: denn wenn man das beste Recht unvertheidigt läßt, der Lüge, Bosheit und Falschheit keine Schranken zu setzen vermag, so wird und muß endlich dieses gute Recht mit der Zeit unterliegen. Die Folge der österreichischen Unthätigkeit war und bleibt heut zu Tage nur zu sehr fühlbar, — und

Generationen wachsen in Deutschland unter dem Einfluß einer verfälschten Geschichte heran!

Auf diesen wahrlich hochwichtigen Gegenstand lenkten schon damals aufgeklärte und treue Staatsdiener die Aufmerksamkeit der österreichischen Regierung.

Wir sahen, wie der Reichs-Feld-Marschall es seinem Namen und der Ehre seiner Armee schuldig zu sein glaubte, alle Documente und Schriftstücke, — welche allein die Wahrheit an's Licht zu bringen vermochten und deren Aufbewahrung das vorliegende Werk möglich gemacht hat — gewissenhaft zu sammeln.

Allen Angriffen der preußisch gesinnten Partei ausgesetzt, faßte sogar damals der Herzog Albrecht von Sachsen-Teschen wiederholt den Plan, die mit Möllendorff gewechselten Schriftstücke der Oeffentlichkeit zu übergeben. Doch immer wieder verhinderten politische Rücksichten, sein Zartgefühl und seine Bescheidenheit die Ausführung des gefaßten Entschlußes.

Als aber Möllendorff im November 1794 in ganz perfider Weise den kurpfälzischen Hof durch den damaligen pfalzbaierischen Regierungs-Commissär Freiherrn v. Wrede*) wiederholt auf die Unthätigkeit des Reichs-Feld-Marschall's und die Lässigkeit der österreichischen Kriegführung aufmerksam zu machen versuchte, da ließ der Herzog dem pfalzbaierischen Commissär einige der mit dem preußischen Feldherrn gewechselten Schriftstücke „zur Einsicht" übersenden, und des Reichs-Feld-Marschalls General-Adjutant, der Freiherr v. Seckendorff, schrieb dazu: **)

„Ich lege dieser Rechtfertigung keine Akten bei, weil das Volumen zu groß ist, alle Akten mitzutheilen, und es dem

---

*) Es war dies der spätere Fürst und baierische Feld-Marschall.

**) Seckendorff an Wrede, d. d. Schwetzingen 9. November 1794. (H. K. A. $^{12}/_{12}$.)

Herrn Obristen Freiherrn v. Wrede zu beschwerlich werden würde, diese Akten insgesammt abschreiben zu lassen. Wünschen aber Dieselben eine und die andere Thatsache mit Aktenstücken bewiesen zu sehen, so bin ich solche ausheben zu lassen erbötig, da, wo die Negociationen schriftlich verhandelt worden sind. Anfangs waren wir so treuherzig, daß wir vieles mündlich negocirten; nur in der Folge, da man königlich preußischer Seits nicht Wort hielt, fingen wir die schriftlichen Verhandlungen an, und die Aktenstücke beweisen, daß auch diese Fürsorge Nichts half, und daß man königlich preußischer Seits weder mündlich noch schriftlich sich an ein Wort gebunden glaubte, ja sogar dann, wenn es nicht gefällig war, sich an kein zwischen denen Armeen abgeredetes Concert mehr hielt."

„Diese Noten und Akten waren nie verfaßt, um sie Jemanden zu communiziren. Es sollten Aktenstücke seyn, welche das Archiv nicht verlassen sollten; weil sich aber nun königl. preuß. Seits, außer der bekannten Unthätigkeit dieser Armee, durch ministerielle Insinuationen und sogar in öffentlichen Zeitungen alle Mühe gegeben wird, ihre Unthätigkeit und Rückzüge auf unsere k. k. österreichische Armee zu schieben, und dem Publico unter der Hand und durch die außerordentlichsten Kunstgriffe beigebracht wird, als wären wir an allen Rückzügen Schuld; wir würden Maynz nicht vertheidigen, wir wären nicht vorwärts zu bringen u. s. w., welches die größten Unwahrheiten sind, wovon wir durch Aktenstücke das Gegentheil victorieusement beweisen können, — als erfordert es Pflicht unserer Seits, die Irregeführten auf den rechten Weg zu bringen, und wenn königl. preußischer Seits mit derley Insinuationen nicht inne gehalten wird, werden wir diese Piecen öffentlich im Druck erscheinen zu lassen genöthigt seyn, um so mehr, als der Herr Feldmarschall Herzog Albrecht von Sachsen-Teschen dem Herrn Feldmarschall von Möllendorff voraus erklärt hat, daß er nicht in den Rückzug über den Rhein, ohne eine Schlacht zu geben, jemalen willigen werde, und wenn es geschehe, keine Schuld daran haben wolle, sondern ihm, dem Feldmarschall, der Welt und dem teutschen Reich öffentlich erklären wolle, daß er gegen diesen Rückzug immer und auf das Feierlichste protestirt habe." *)

„Es liegt nicht", also schließt Seckendorff's Schreiben, „in dem Charakter der kaiserlich österreichischen Armee zu intriguiren. Wir werden betrogen, weil wir zu gut und leichtgläubig sind, und nie da Bosheit suchen, wo sie Zentner schwer verborgen liegt. Werden aber die Verleumdungen zu grob und unsinnig, so muß auch das geduldigste Lamm endlich zum Wolfe werden."

---

*) Im Möllendorff'schen Hauptquartier hatte man nämlich seit lange schon den Rückzug hinter den Rhein in der Oeffentlichkeit vorzubereiten gewußt. Die „Berliner Nachrichten" (Nr. 128) enthalten beispielsweise eine Correspondenz „aus Wörrstadt vom 18. October 1794" folgenden Inhalts: „Der Rückzug des FZM. Grafen von Clerfayt über den Rhein macht alle aufs neue angefangene Offensive zu Gunsten gedachten Generals um des Feindes zu große Uebermacht von ihm abzuziehen und ihn dadurch in Stand zu setzen, seine Stellung an der Röer behaupten zu können, — unmöglich und vergebens. .... Der Feind machte an der Mosel sehr viele Bewegungen, um das Corps des GL. Grafen v. Kalkreuth, dessen rechter Flügel seit dem Rückzug der kaiserlichen Armee in der Luft stand, ganz rechts zu umgehen" u. s. w. In dieser Weise wurde der Rheinübergang Möllendorff's motivirt, und zum Schlusse heißt es: „die weiteren Bewegungen des Feindes und unserer Nachbarn werden Se. Excellenz den Feldmarschall noch bestimmen, früher oder später eine noch konzentrirtere Stellung diesseits des Rheins zu nehmen, in solcher den Feind stehenden Fußes zu erwarten und zu seiner Zeit denen Umständen nach anderweitige erforderliche Maßregeln zu ergreifen."

Wir haben dieses Schriftstück vorausgeschickt, weil die volle Bitterkeit einer durch ununterbrochene Lüge und Heuchelei gekränkten Treuherzigkeit wohl nicht natürlicher wiedergegeben werden kann als in diesem Schreiben, in welchem jedes Wort die Stimmung auf das Trefflichste kennzeichnet, in die Möllendorffs Umtriebe das wohldenkende Hauptquartier der kaiserlichen Reichsarmee gebracht hatten.

Als Ergänzung dieses Schreibens fügen wir noch einige an Thugut gerichtete Zeilen einer anderen damals handelnden Persönlichkeit bei: „Ich wollte“, so meinte der Graf Dietrichstein ungefähr zwei Monate nach Seckendorff's brieflichen Erguß, „daß man damit begönne, die Correspondenz des Herzogs Albrecht mit Möllendorff drucken zu lassen: sie wäre interessanter als jene, welche die Preußen über den General Wurmser in Druck legen ließen.“ *)

Diese Worte des Grafen Dietrichstein sind überraschend richtig. Vor siebenzig Jahren, nicht erst heute, hätte diese Correspondenz veröffentlicht werden sollen, und gewiß hätte sie auf die Theilnehmer an diesem Drama einen überwältigenden Eindruck hervorgebracht und dem verblendeten Publicum die Augen auf immer geöffnet. Zu diesem äußersten, aber einzig richtigen Schritte wäre damals hinreichender Grund vorhanden gewesen. Ein Blick in die Tageszeitungen und periodischen Schriften jener Zeit genügt, um den vorurtheilsfrei Denkenden über die Um-

*) Dietrichstein an Thugut, d. d. Francfort ce 26 Décembre 1794. — „Je voudrais qu'on commençat par faire imprimer la correspondence du duc Albert avec Möllendorff, elle seroit plus intéressante que celle que les Prussiens ont fait imprimer du Général Wurmser“. (St. A.)

triebe jener thätigen Partei zu belehren, welche damals die im Reich herrschende Presse rücksichtslos beherrschte und mißbrauchte.

Es würde uns zu weit führen, wollten wir in eine vergleichende Kritik und Geschichte des großen Federkrieges eingehen, der sich damals in Deutschland erhob, nach dem Abschluß des Baseler Friedens seinen Höhepunkt erreichte, und bis in die ersten Jahre des gegenwärtigen Jahrhunderts fortgedauert hat. Deßhalb wenden wir uns aus dem Wuste von Material vor Allem nur den Tagesblättern und jenen Flugschriften zu, welche uns nach unserer Forschung als preußische officiöse Arbeiten bekannt sind, und die wir als die eigentlichen Ursachen der später sehr unverblümt hervorgetretenen Erbitterung des ganzen aufgeklärten Theils der deutschen Nation gegen Preußen betrachten.

Da war es vor Allem eine sogenannte: „Unpartheiische Geschichte des Aufenthaltes der fränkischen Bürger im Kurfürstenthum Trier" *), welche unter all' den seichten elenden Schriften, die damals das Licht der Welt erblickten und von preußischen Agenten verbreitet wurden, als eine der schändlichsten bezeichnet werden muß. Sie häufte schwere Vorwürfe auf die kaiserliche Generalität: auf Blankenstein (wegen Trier), Melas (wegen Koblenz), Coburg (wegen der Niederlande), und beschuldigte die österreichischen Heerführer des Verrathes. Das elende Machwerk führte als Motto den Spruch: Ubi bene, ibi patria.

Ob ich Franzose, deutscher Republikaner oder kaiserlicher Oesterreicher bin, so lautete die weise Logik dieses Buches, ist ganz einerlei! — „Ob ich in Paris, Trier oder Köln das Licht der Welt zum erstenmale erblickt habe, ist ganz gleichgültig und hängt einzig von der Laune des Schicksals ab. Vaterland hin, Vaterland her!"

*) „Spätjahr 1794. Coblenz, bei Rousbeaux, Nation- (!) Buchdrucker."

Solche Lehren predigte man ungescheut auch vom Katheder herab, um den Rest von Vaterlandsgefühl im deutschen Volke vollends zu ersticken! In gleichem Sinne wirkten im Jahre 1794 zahllose Flugblätter, die mit Fug und Recht als die Vorboten dessen, was mit dem Baseler Frieden über Deutschland kommen sollte, betrachtet werden können. Ungefähr gegen Ende des Jahres 1794 fing eine andere Abart dieser Literatur zu blühen an, die sich hauptsächlich damit beschäftigte, über jeden hervorragenden österreichischen Feldherrn oder Minister, der es mit Kaiser und Reich ehrlich meinte, die herabwürdigendsten Dinge zu verbreiten.

Der Herzog von Sachsen-Teschen und der Prinz Coburg wurden nun ebenso wenig wie im J. 1793 Wurmser und Hotze verschont. Namentlich gegen Coburg war es wiederholt abgesehen um ihn in Oesterreich unmöglich zu machen,*) und sein Name erschien sogar plötzlich im März 1795 an der Spitze eines Machwerkes von folgenschwerer Bedeutung. Es waren dies zwei von preußischen Agenten verbreitete apokryphe Schreiben, welche den Namen des Prinzen Josias von Coburg in eine erbärmliche Intrigue hineinzogen. Die Briefe waren an den Kaiser und an den preußischen König gerichtet, und beschuldigten Oesterreich die Niederlande freiwillig aufgegeben zu haben.

Was diese Briefe betrifft, so stimmen sie einen preußischen Lobgesang an und bekunden einen so einfältigen Haß gegen Wurmser, daß wirklich eine ganz eigene Art von Verblendung dazu gehört haben muß, um auch nur vorübergehend glauben zu können, daß ein österreichischer Feldmarschall, ein Prinz Josias von Coburg, dergleichen gehässiges und elendes Zeug an

*) Schon im August 1794 erschien z. B. eine gegen Coburg gerichtete „Erklärung des vom Prinzen von Coburg den 30. Juli 1794 ergangenen Aufrufs. Niedergeschrieben von einem Rheinländischen Bürger."

seinen Kaiser und an den preuß. König geschrieben haben könnte! — Und dennoch wurden diese Briefe damals in Deutschland als echt verbreitet und vom Volk dafür gehalten; ja noch mehr: noch in unserer Gegenwart wird auf diese Briefe hämisch hingewiesen und von gelehrter Seite mit sichtbarer Genugthuung scheinbarer Werth darauf gelegt*), um angeblich durch den Mund des österreichischen Feldmarschalls Prinzen v. Coburg Oesterreich Sünden und Verbrechen anzudichten, die es nie begangen hat. Daher lohnt es sich aber wohl der Mühe, wenn wir die Widerlegungen, welche diese Schriftstücke schon kurz nach ihrem Erscheinen in Deutschland fanden, einer eingehenden Beachtung unterziehen.

Mit Wissen und Willen des Prinzen von Coburg enthielt gleich nach der öffentlichen Bekanntgabe des Pamphletes, welches unmittelbar vor Abschluß des Baseler Friedens von preußischer Seite auf den deutschen Büchermarkt geschleudert wurde, die Frankfurter Zeitung eine officielle Entgegnung folgenden Inhalts: „Unter dem mißbrauchten ehrenvollen Namen Sr. Durchlaucht des k. k. Herrn General-Feldmarschalls Herzogen zu Sachsen-Coburg hat man den Versuch gewagt, schändliche Erdichtungen gegen die k. k. Armee und deren Oberbefehlshaber im Publiko zu verbreiten. Obschon jeder vernünftige, unbefangene Leser bei dem ersten Anblick die Falschheit und Albernheit dieses elenden Produkts leicht einsehen wird, hat man noch zum Ueberflusse dasselbe hiermit für das erklären wollen, was es ist. — Jedermann, der nur mit einiger Aufmerksamkeit die Ereignisse dieses Krieges und die Thaten der k. k. Armee beobachtet hat; jeder, der nur einigermaßen das Glück hat, den

*) In den geschichtl. Werken der Herren L. Häusser (B. II. S. 569) und H. v. Sybel (B. III. S. 169).

erhabenen und ebenso ruhmvollen, als bescheidenen Feldherrn zu kennen, dem man diese Briefe zuzumuthen sich erdreistet hat, wird sich bei Lesung dieses Libells von gerechtem Unwillen nicht enthalten können." *)

Wir enthalten uns, das mit den heftigsten Anzüglichkeiten auf den Kaiser und mit gegen Oesterreich gerichteten Verdächtigungen übersättigte Machwerk unsern Lesern vorzulegen; um aber vollends klar zu machen, um was es sich bei den apokryphen Briefen Coburgs eigentlich gehandelt hat, wollen wir nur eine einzige Stelle des angeblich an den Kaiser gerichteten Briefes hervorheben.**)

„Es ist nicht der Krieg," so lautet diese, „der mir lästig wird, aber es ist die Unruhe, die ich in einer Lage noch ferner fürchte, wo die Fehler aller andern Generals auf mich fallen, und die vermieden worden wären, wenn ich nach meinen Grundsätzen und Absichten hätte handeln können, wodurch gewiß eine Armee nicht bis zur Verachtung unter denen Augen ihrer Rivalen" (die Oesterreicher bis zur Verachtung (!) in den Augen der preußischen Armee!) „gesunken wäre, von denen sie" (die österreichische Armee nämlich) „zwar in 3 nacheinander gefolgten Kriegen oft überwunden, jedoch immer mit Ehre vor einem Feind" (das bezieht sich wieder auf die preußische Armee) „stand, der um so viel furchtbarer war, da er durch den Wink eines der größten

*) „Frankfurter Staats-Ristretto" Nr. 55, d. d. Frankfurt 6. April 1795.

**) Die Briefe wurden in mehrmaligen Auflagen in den Buchhandel gebracht. Das erste Mal im Jahre 1795, das letzte Mal im Jahre 1797. Theilweise abgedruckt finden sie sich in dem Werke: „Prinz J. v. Coburg" rc. von Witzleben vor, welch' letzterer sie jedoch ganz im Gegensatz zur Deutschen Geschichte und jener der Revolutionszeit, obgleich sie ihm nach Band III. S. 421, „ein Gönner" zugestellt hat, mit großen Zweifeln an ihrer Echtheit aufnahm. Ueber den Werth, den die kleindeutsche Geschichtschreibung den apokryphen Briefen beilegt — siehe die folgende Note.

19*

Männer, Friedrich II., den je die Welt aufzuweisen hatte, angeführt ward."

So preußisch lobhudelnd und so geringschätzend über die österreichische Armee soll also der österreichische Feld-Marschall Prinz Coburg an seinen Kaiser und Kriegsherrn geschrieben haben über die österreichische Armee, an deren heldenmüthigen Kämpfen er selbst in zahllosen Gelegenheiten von den Ufern des Pontus Euxinus bis zu dem Deutschen Meere den thätigsten, hervorragendsten und ruhmvollsten Antheil genommen hatte! Wohl mit Recht sagt daher der Graf Dietrichstein in einer von ihm ausgegangenen Widerlegung dieser apokryphen Schreiben:

„Wenn vollends ein niederträchtiger Lügner sich erfrecht, dem Prinzen von Coburg folgende Worte anzudichten: „„wodurch eine Armee nicht bis zur Verachtung in den Augen ihrer Rivalen gesunken wäre?““ so — sed quid opus est verbis! Wann hat die österreichische Armee je die Verachtung der preußischen verdient? welche von beiden zählt in diesem Kriege mehr Thaten, Schlachten, Belagerungen, Siege, Todte und Verwundete? welche von beiden hat sich mehr über versagte oder nicht gehaltene Unterstützung der andern zu beklagen? Derjenige, der diesen Artikel dem Prinzen von Coburg zuzumuthen sich erkühnte, verdient des Prinzen, der Armee und der ganzen Welt Verachtung."*) (Note IX.)

*) „Bemerkungen über die dem Herzoge zu Sachsen-Coburg, k. k. General-Feld-Marschall, angedichteten Briefe." 1795. — Sonderbarer Weise ist diese gedruckte Widerlegung ebenso wie die officielle Wiederlegung im „Frankfurter Staats-Ristretto" der Deutschen Geschichte L. Häusser's und jener der Revolutionszeit von H. v. Sybel vollends entgangen. — Die Wiederlegung erschien kurz nach dem Pamphlet in Frankfurt, und Dietrichstein berichtet hierüber an Thugut: Les infames lettres attribuées au Prince de Coburg, dont j'ai eu l'honneur d'envoyer copie

Eben so folgenschwer wie das vorerwähnte Libell und mit demselben in eigenthümlicher Verbindung stand die „Intrigue Carletti". — Wir haben an geeigneten Stellen wiederholt auf die Grundlosigkeit des Gerüchtes aufmerksam gemacht, als ob Oesterreich die Niederlande damals preisgegeben habe, um sich mit Baiern zu entschädigen. Nach dem Baseler Frieden trat dieses Gerücht, wie wir in den nachfolgenden Blättern wahrnehmen werden, in eine neue Phase; denn nun wurde Oesterreich beschuldigt, als Preis für Baiern nebst dem Verzicht auf die Niederlande dem Reichsfeind auch das ganze linke Rheinufer aufgeopfert zu haben. — Es ist bei dieser Gelegenheit sehr lehrreich für alle Gegenwart und Zukunft, den Einfluß wahrzunehmen, den die preußischen Agenten auf die Verbreitung dieser falschen Gerüchte ausgeübt haben. — Bei der Darstellung der unglücklichen Ereignisse, die sich 1794 in den Niederlanden und in Holland zutrugen, haben wir bereits anschaulich dargestellt, von welcher Seite das Gerücht der freiwilligen Räumung der Niederlande seine emsige Verbreitung fand; dabei verfehlten wir nicht wiederholt auf den großen Werth aufmerksam zu machen, den die neue „kleindeutsche" Geschichtschreibung, ohne nur selbst Beweise für die Richtigkeit ihrer Behauptungen liefern zu können, auf diese scheinbare Thatsache legt. — Dagegen ist es aber eine ganz unwiderlegbare Thatsache, daß derlei Gerüchte stets in preußischen Blättern zuerst zum Vorschein kamen, und, daß zu gewissen Zeiten

à V. E., viennent d'être imprimées ici et distribuées; elles seront démenties dans la gazette demain et on en imprimera ici une courte réfutation après mon départ (d. d. Francfort ce 6 Avril 1795). Nach erfolgtem Druck schreibt Dietrichstein bei Uebersendung der Wiederlegung an Thugut: V. E. trouvera ci-joint l' exemplaire de ce petit ouvrage de ma façon. Je la supplie d'en donner un à Sa Majesté qui en est déjà prévenue. — d. d. Francfort ce 26 Avril au matin. (St. A.)

immer wieder darauf zurück gegriffen wurde. Die merkwürdigsten Neuigkeiten in dieser Richtung brachte das dem preuß. Einfluß vollkommen ergebene „Politische Journal". So stand beispielsweise zur selben Zeit, als der Graf v. d. Golz jene Instruction erhielt, in welcher die Rede von der Abtretung Salzburgs an Oesterreich war*), in diesem Blatte folgende Correspondenz aus Wien: „Es ist davon die Rede, dem alten und schwächlichen Erzbischof von Wien einen Coadjutor zu geben. Dazu soll ein Domherr von Salzburg bestimmt sein, der seine Präbende zu Gunsten eines jüngeren Erzherzoges abtreten soll. Diesem wäre dadurch der Weg gebahnt, einstens Erzbischof von Salzburg zu werden. Damit wäre auch eine der größten Schwierigkeiten gehoben, wenn jemals noch das Haus Oesterreich zu dem Besitz von Baiern gelangen sollte." **)

Erzbischof von Salzburg war aber damals der Bruder des Reichs-Vice-Kanzlers Fürsten von Colloredo-Mannsfeld, und der kaiserliche Minister Graf Westphalen berichtet an diesen ganz entrüstet: „daß diese und ähnliche Insinuationen, deren viele ausgestreuet werden, große Sensation und einen für uns nicht günstigen Eindruck machen." ***)

---

*) Siehe Seite 63 des vorliegenden Bandes.

**) „Politisches Journal," Hamburg, Jahrgang 1795, pagina 202. — Es ist sehr beachtenswerth, daß dieses Journal von Häusser's Deutscher Geschichte (B. II. S. 14: „man sah immer mehr, wie ein inspirirtes Blatt sich ausdrückte") und Sybel's Geschichte der Revolutionszeit, (B. III. S. 273: „das politische Journal, ein durchaus von Oesterreich inspirirtes Blatt") als ein „Oesterreich ergebenes" Journal bezeichnet wird; obgleich gerade dieses Politische Journal ein bekanntes Leiborgan der preußischen Regierung war. Ueber die betreffenden Inspirationen der Herrn Häusser und Sybel verweisen wir übrigens auf die beiden Noten IX u. X.

***) Graf Westphalen-Fürstenberg an den Fürsten Colloredo, d. d. Frankfurt am Main 25. März 1795. (St. A.)

Aehnliche Gerüchte wurden dem Reich bei jeder passenden Gelegenheit aufgetischt und so lange wiedererzählt, bis die Reichsbewohner fest daran glaubten. Schon kurz nach dem Pillnitzer Vertrag und zur Zeit des Feldzuges in der Champagne 1792 hatte Preußen im Reich ähnliche Verdächtigungen verbreitet. In einem der vorhergegangenen Abschnitte haben wir gezeigt, wie, — obgleich im Jahre 1793, der Herr von Caesar den Ministern in Wien zum Zugreifen auf Baiern im Namen Preußens förmlich rieth, — dennoch heut zu Tage in deutschen Geschichtswerken nach Caesar's Depeschen die Behauptung auftaucht und gläubige Verbreitung findet, daß Oesterreich, statt den Reichsfeind ernstlich zu bekriegen, die Zusage Preußens zur Einverleibung Baierns begehrte. Im Jahre 1794 wurde, wie wir gesehen haben, dasselbe baierische Gerücht mit der Räumung der Niederlande in Zusammenhang gebracht; — und nun, im Jahre 1795, trat dasselbe Gerücht bei der Vorbereitung und Bearbeitung der öffentlichen Meinung zu Gunsten des Baseler Friedens neuerdings in den Vordergrund. Entsprechenden Anlaß bot der toscanische Friede. — Im Februar 1795 geschah es nämlich, daß der Bruder des Kaisers, der Großherzog von Toscana, durch die italienischen Staatsmänner, die mit Lucchesini in steter Verbindung standen, und durch seinen politisch kurzsichtigen Oheim, den Kurfürsten von Köln, hiezu ermuthigt, mit Frankreich einen Friedens-Vertrag einging und zur Erhaltung seiner Secundo Genitur für räthlich fand, der Allianz mit Oesterreich zu entsagen.

Schon im Sommer 1794 fanden in Italien durch einen Agenten der französischen Republik Namens Cacault gegenseitige Eröffnungen statt, die sich auf die Neutralität Toscanas bezogen, falls diese Regierung den Franzosen die den Letzteren in Livorno von den Engländern abgenommenen beträchtlichen

Naturalien zurückerstatten würde. Am 4. November sandte der Großherzog, ohne die schwierige Stellung Oesterreichs zu beachten und den Rathschlägen der Regierung seines kaiserlichen Bruders im Geringsten Gehör zu geben, den Grafen Carletti als Friedens-unterhändler nach Paris. Dieser unterzeichnete schon am 9. Februar 1795 einen Friedens-Vertrag, durch welchen einerseits der Großherzog sich von der gegen Frankreich gerichteten Coalition lossagte, anderseits die Neutralität Toscanas, wie dieselbe vor dem 8. October 1793 bestanden hatte, hergestellt wurde. *)

Es ist auch nicht die geringste Spur darüber zu finden, daß dieser Carletti von der kaiserlichen Regierung mit Friedens-Einleitungen betraut wurde, oder gar, daß sich damals die toscanische Staatskunst eines besonderen Beifalls Oesterreichs zu erfreuen hatte; ja die wohlberechtigte Entrüstung des Kaisers gegen seinen Bruder war eben so natürlich, als in Wien wenigstens ziemlich allgemein bekannt. Begreiflich ist es aber, daß der Kaiser, welcher keinen Einfluß auf das thörichte und verfassungswidrige Benehmen jenes Erzherzogs von Oesterreich nehmen konnte, der Kurfürst von Köln, also deutscher Reichsstand war, sich um so weniger in der Lage befand, eine so vollkommen souveräne Regierung, wie die des Großherzogs von Toscana, gegen ihren ausgesprochenen Willen zu beeinflußen!

Ob der Großherzog von Toscana der Coalition treu blieb oder nicht, war übrigens ganz gleichgiltig und nur eine Sache, die dieser Fürst, als österreichischer Erzherzog, mit seinem Gewissen und seiner Ehre abzumachen hatte; für die verbündeten

*) Martens, Recueil Band II, Seite 455. Garden, Histoire générale des traités de paix. Band V, Seite 284. Clerq, Recueil des traités de la France. Band I, Seite 231.

Mächte blieb dieß Ereigniß ganz ohne Bedeutung, denn ob Toscana mit der Coalition ging oder nicht, konnte ihnen damals weder einen wesentlichen Nutzen, noch irgend einen erheblichen Schaden bringen.

Dennoch kam dieser Friedens-Abschluß der kaiserlichen Regierung in mancherlei Betracht sehr ungelegen und fiel für Oesterreich um so ungünstiger aus, je rascher und thätiger sich die preußischen Agenten dieses für ihre Zwecke so höchst dankbaren Stoffes bemächtigten und hiedurch die Gemüther gegen Oesterreich und den Kaiser zu erbittern wußten. Denn die Verhältnisse in ihrer wahren Gestalt bleiben dem großen Publikum verborgen, und nur Eines schien klar: daß einerseits ein Bruder des Kaisers mit Frankreich Frieden gemacht hatte, anderseits ein österreichischer Erzherzog als Kurfürst von Köln stets mit Preußen gleichen Schritt haltend, gegen den Kaiser und seine Regierung überall und insbesondere am Reichstage opponirte und intriguirte.

Wie die Dinge im Reiche seit der Regierung des preußischen Schlachtenkönigs standen, glaubte die verdorbene öffentliche Meinung von der kaiserlichen Regierung ohnehin Alles, was derselben nur immer halbwegs ungünstig ausgelegt werden konnte. Somit mußte der Fürst v. Reuß schon im März berichten, daß der „unselige toscanische Friede" in Berlin dazu benützt wird, um die Meinung auszusprengen, daß der kaiserliche Hof sich durch Toscana den Weg zu einem Separat-Frieden ebne, und Carletti in Paris den Kanal zum bereits angebahnten österreichischen Frieden bilde.*)

---

*) Reuß an Thugut, d. d. Berlin 5. März 1795. (St. A.) — Haugwitz hatte zur selben Zeit allen fremden Gesandten mit scheinbar großer Befriedigung erklärt: „que malgré les engagemens guerriers

Es war daher nichts Wunderbares daran, daß schon am 23. März nun auch durch alle preußischen Journale nachfolgende perfide Nachricht aus Basel Verbreitung fand: „Den 3. März ist eine Staffete von Seiten des in der Schweiz befindlichen k. k. Gesandten Baron Degelmann hier angekommen, welche ein Schreiben des Grafen Carletti aus Paris an den Freiherrn von Thugut mitbrachte, das gedachter Graf an Herrn Barthélémy zu Basel einzuschließen die Erlaubniß erhalten hat." *) Degelmann war über diese boshafte Ausstreuung ganz empört und berichtet an Thugut, daß er den Minister Hardenberg oder den preußischen Gesandten Madeweis als Urheber dieser mit Vorbedacht ausgestreuten Unwahrheit betrachte.

Mit anscheinender Theilnahme äußerte sich noch am 2. April Hardenberg gegen Degelmann: „nun wäre ja auch durch Carletti

---

que l'Empereur a pris vis-à-vis de l'Angleterre pour l'ouverture d'une quatrième campagne (il fait remuer ciel et terre par le Sr. de Carletti à Paris pour obtenir sa paix et que) celle que la Toscane vient de conclure avec la France a été d'autant plus désirée et approuvée par la cour de Vienne) qu'elle a voulu trouver (par le canal du grand duc) une voye indirecte et secrete d'entamer le fil de ses propres négociations." (Hatzfeld an den Kurfürsten von Mainz, d. d. Berlin ce 28 Mars 1795. — (Die eingeklammerten Worte sind in der Depesche durch Chiffern ausgedrückt.) — (Mainz. A. im St. A.)

*) „Baireuther Zeitung, Correspondenz aus Basel," „Carlsruher Zeitung" Nr. 35, Montag den 23. März 1795. — Im Moniteur vom 28. April 1795 (Nr. 219) findet sich bezeichnender Weise eine aus Nürnberg 7. April datirte Correspondenz folgenden Inhalts: Beaucoup de personnes pensent que le comte Carletti, ambassadeur de Toscane en France, peut n'être pas tout à fait étranger aux intérêts de l'Empereur malgré l'obstacle éminemment insurmontable de l'affaire des Pays-Bas." Es verdient keine geringe Beachtung, daß alle gegen Oesterreich gerichteten Verdächtigungen des Moniteurs meistentheils ihr Datum aus Nürnberg, Bairenth, Bamberg, d. i. aus dem fränkischen Kreis tragen, in welchem Hardenberg und der preußische Minister Graf Soden thatsächlich regierten.

für Oesterreich der Weg zum Frieden offen." Als Degelmann diese Zumuthung entschieden zurückwies, spielte Hardenberg in beleidigender Weise den Ungläubigen. Und nach dieser Unterredung fand sich Degelmann abermals bewogen, an Thugut zu berichten, er habe gegründete Ursache zu glauben, daß alle gegen Oesterreich gerichteten gehässigen und verdächtigenden Zeitungs-Nachrichten „auf preußische Veranlassung" gedruckt würden. *)

Aehnlich wie Hardenberg in Basel, äußerten sich fast gleichzeitig Görz in Regensburg und Haugwitz in Berlin. Sonach nahm durch ihre allgemeine Verbreitung diese Carletti'sche Intrigue binnen Kurzem einen so bedrohlichen Charakter an, daß sich Colloredo und sogar Thugut, der leider auf die öffentliche Meinung gerade nicht allzuviel Gewicht legte, bewogen fanden, in allen der kaiserlichen Regierung zugänglichen Zeitungen diesen Gerüchten entschieden widersprechen zu lassen.

„Aus der Anlage," so hieß es in einem Circular an sämmtliche k. k. Minister im Reiche, „werden E. E. entnehmen, was für eine Erklärung dießseits für nothwendig erachtet wird, in alle Zeitungen einrücken zu lassen, um einer Verläumdung, welche geflissentlich eben jetzt, wo beym Reichstag die Friedensmaterie in Berathschlagung kommen soll, von den unermüdeten Widersachern des Allerhöchsten Hofes in Umlauf gebracht wird, zu widersprechen. E. E. wollen keinen Augenblick verlieren und keine Verwendung sparen, um dieser Erklärung durch die dortigen öffentlichen Blätter die lauteste Publizität schleunigst zu geben."**)

Die dem Thugut'schen Cicular-Erlaß beigefügte officielle Erklärung lautete: „Wien, am 29. Mai. An dem Orte der

*) Degelmann an Thugut, d. d. Basel 2. April 1795. (St. A.)

**) Circular-Erlaß der Staatskanzlei d. d. Wien 29. Mai 1795. (St. A.)

Reichs-Versammlung und beynahe zu gleicher Zeit an den verschiedenen chur- und fürstlichen Höfen ist die Nachricht verbreitet worden: es unterhalte der k. k. Hof durch den Grafen Carletti Unterhandlungen in Paris, die so weit auch wirklich gediehen wären, daß das linke Rheinufer gegen Wiederabtretung der Niederlande und Beförderung ihres Austausches gegen das Herzogthum Bayern den Franzosen überlassen, und in Folge eben dieser Uebereinkunft nächstens von dem Feind eingenommen werden solle. Dieses Gerücht wird hiemit bestimmt und förmlich für das erklärt, was es ist, nämlich für eine abgeschmackte kindische Fabel, deren weitere Verbreitung um so mehr für eine Verläumdung angesehen werden muß, als der k. k. Hof seit Anfang des gegenwärtigen Kriegs niemals, und am wenigsten durch den sogenannten Grafen Carletti, in eine Friedensunterhandlung mit den Franzosen einzugehen, sich hat einfallen lassen." *)

---

*) Wir fanden diese in ihrer Urschrift uns vorliegende officielle Entgegnung, — welche gerade jenen Historikern, die auf diese Carletti'sche Intrigue so großen Werth legen, unbekannt geblieben zu sein scheint, — wortgetreu abgedruckt in dem „LXVI. Stück der Regensburger historischen Nachrichten" 1795; ferner in der „Samstägigen Frankfurter Kaiserlichen Reichs-Ober-Post-Amts-Zeitung" vom 6. Juni 1795; im „Journal de Francfort" Dimanche 7. Juin 1795; in der „Baseler Zeitung" 40. Stück, Mittw.-Zeitung den 10. Brachmonat 1795; in der Nr. 47 „Züricher-Zeitung," Samstag den 13. Brachmonat 1795, und in der „Schaffhauser Samstag-Zeitung" 13. Juni 1795 u. a. m. — Eine andere officielle Entgegnung stand im Journal de Francfort Nr. 157, unterm 6. Juni folgenden Inhalts: „Es ist ganz falsch, daß von einem Waffenstillstand zwischen der österreichischen und feindlichen Armee die Rede sey; eben so falsch, daß der kaiserliche Concommissär Herr von Hügel am Reichstage von Negociationen gesprochen habe, in denen der Kaiser mit Frankreich begriffen sey. Alle diese Erfindungen, so wie die, als wenn ein Erzherzog zum Coadjutor von Trier bestimmt wäre, kommen aus gleich falschen und übelgesinnten Quellen."

Dem entgegen behauptete der preußische General-Lieutenant Hohenlohe in Frankfurt gegen Jeden, der es hören wollte: er habe in Mannheim beim Herzog von Zweibrücken selbst einen Brief Carletti's gesehen, durch welchen es ganz sicher festgestellt sei, daß Oesterreich mit Frankreich insgeheim unterhandle. Die officiellen Entgegnungen wären durchaus nicht von Thugut in die Zeitungen einzurücken anbefohlen worden, sondern die kaiserlichen Minister Lehrbach und Schlick hätten diese in ihrer übereifrigen Weise aus eigenem Antrieb veranlaßt. Am Meisten sei aber Carletti durch das „sogenannte" (un soi-disant Carletti) gekränkt.*) — Interessant ist es, mit dieser Aussage auch das zu vergleichen, was der Haupturheber aller dieser Umtriebe, der preußische Minister Hardenberg, gleichzeitig in Frankfurt erklärte. „Die Gerüchte über Carletti", so vertraute er dem englischen Gesandten Crawford, „müsse man dem Leichtsinne und der Plaudersucht des Abbé Salabert zu Mannheim zuschreiben. Nichts destoweniger habe die officielle Gegenerklärung Oesterreichs dem preußischen Könige sehr mißfallen. (!) Barthélémy, welcher der guten Sache so sehr zugethan sei, wäre nun zwecklos compromittirt, und im Grunde genommen könne eine so evidente Sache wie die Unterhandlungen Carletti's für Oesterreich nie in Abrede gestellt werden."**)

---

*) Dietrichstein an Thugut, d. d. 1. August 1795. (St. A.)

**) Alles nach Dietrichsteins vorerwähntem Bericht an Thugut: „. . . Que le désaveu public avait fort déplu au roi, compromis, Barthélémy beaucoup, qui est toujours attaché à la bonne cause, et dans le fond pourtant n'avait répandu que peu de doutes sur une chose dont on ne pouvait jamais nier l'existence; que Carletti lui-même en avait été très frappé et s'en était expliqué envers Gervinus. (St. A.)

Dagegen berichtet ein kaiserl. Minister: „Bei diesem von Preußen so niederträchtig ausgestreuten Gerücht ist die Absicht, die Aufmerksamkeit des Reichs von sich abzuwenden, um freiere Hände für seine eigenen Manoeuvers zu erhalten, und vielleicht auch, um für die Bekanntmachung irgend einer wahrscheinlich wieder vorbereiteten Handlung in dieser Andichtung einen Vorwand zu erhalten, auf uns durch eine solche Vorspiegelung die Aufmerksamkeit und das Mißtrauen der Stände zu fixiren."*) — Fast alle deutschen Höfe hatten durch preußische Geschäftsmänner von dieser Carletti'schen Intrigue übereinstimmende Nachrichten erhalten. Der Hessen-Kassel'sche Minister Bürgel erzählte dem Grafen Lehrbach, Hardenberg selbst habe ihm versichert, daß Frankreich auf dem Punkt stehe, durch Carletti mit Oesterreich einen Frieden zu schließen, vermöge dessen das Haus Oesterreich Baiern erhalten werde.

„Dem Freiherrn von Bürgel," also berichtet Lehrbach an Thugut, „äußerte ich, daß mir alles dieses besonders gleichsam erdichtet und wohlbedächtlich ausgesprengt vorkäme. Da Oesterreich doch durch seine Minister erkläre, mit dem Reichsfeinde in Friedens-Unterhandlungen weder zu stehen, noch gestanden zu sein. — Die bewußte Stelle der Reichskanzlei" (der Kaiser beschäftige sich mit dem Gedanken an Friedens-Einleitungen) „in dem Rescript ostensibel und mehrere Schreiben geben zu dieser Vermuthung allenthalben Anlaß; jedoch glaube ich den Herrn Landgrafen von Kassel und dessen Minister von dem Ungrund selbst durch die schriftlichen Verhandlungen zwischen der Reichs- und Staats-Kanzlei überzeugt zu haben." **)

---

*) Graf Westphalen an den Fürsten Colloredo, d. d. Hamburg 13. Juni 1795. (St. A.)

**) Lehrbach an Thugut, d. d. Frankfurt a. M. den 30. Mai 1795. (St. A.)

Lehrbach und Hügel ließen damals in den Zeitungen sowohl die Carletti'sche als andere Unwahrheiten (z. B. mehrere erdichtete Handbillets des Kaisers, welche die österreichischer Seits beschlossene Preisgabe des linken Rheinufers betrafen), widerrufen, aber es half Nichts: „Denn", so meint Lehrbach in tiefer Verstimmung, „Alles, was den Kaiser und Oesterreich herabsetzt, wird im Reiche wie Zucker aufgenommen und wird mir selbst von den Reichshöfen, wie noch jüngst von dem Kurfürsten von Köln eigens zugeschickt." *)

Und so machten denn die Gerüchte über die Carletti'sche Mission damals die Runde in Europa und erregten überall im Reich und in England das größte Aufsehen.

An Degelmann hatte Thugut bei Uebersendung seiner vorberührten officiellen Entgegnung geschrieben: „Den vor wenigen Tagen zugeschickten Widerspruch der ausgestreuten Gerüchte von geheimen Unterhandlungen des Allerhöchsten Hofes wollen Sie umsomehr durch die Schaffhauser und Berner Zeitung zu verbreiten Bedacht seyn, als vorgebliche Conferenzen zwischen Ihnen und Barthélémy und darauf erfolgte Absendung mehrerer Couriere von Ihrer Seite, mit ein Theil der Lüge waren, womit man Höfe und Publikum zu täuschen gesucht hat." **)

Kurz nach Erhalt dieses Rescriptes und der von ihm bewirkten Gegenerklärung in Schweizer Zeitungen las aber Degelmann merkwürdiger Weise wieder in einer anderen Zeitung: „Man schreibt aus Paris, daß die Unterhandlungen zwischen dem Barthélémy und dem österreichischen Minister in Basel sich zerschlagen haben." ***)

*) Lehrbach an Thugut, d. d. Regensburg 26. Juni 1795. (St.A.)

**) Thugut an Degelmann, d. d. Wien 3. Juni 1795. (St. A.)

***) „Nr. 235, Straßburger Zeitung oder der Weltbote", Donnerstag den 11. Juni 1795.

Degelmann berichtet in seiner schlichten Weise über den Einfluß aller dieser Ausstreuungen auf die Bewohner der Schweiz wie folgt: „Zeuge beinahe seit dem Tage meiner Ankunft in der Schweiz von dem unfreundlichen Benehmen einer Nation, deren wesentlichstem Bedürfnisse die Nachsicht des k. k. Hofes steuert, — und die dennoch furchtsam und gehässig, dessen Interesse bei jeder Gelegenheit jenem seiner Feinde nachsetzt, — war ich überdies Zuschauer bei Negotiationen ... während deren mich eben so sehr die Empfindung des Besorgnisses, als mein leidendes Verhältniß, verlegen machen mußten. Der geschlossene Friede zwischen Preußen und Frankreich, die nachtheilige Convention vom 17. Mai, — die Partheilichkeit der Stadt, die ich bewohne, der Uebermuth der französischen — die Ausstreuungen *) der preußischen Partei kränken den Minister und den Oesterreicher.“ **)

Auch dieser Minister beklagte die ihm stets aufgetragene Rücksicht gegen Preußen. An Hardenbergs Ehrlichkeit zweifelte er sehr und schrieb in sichtbarem Unmuth an Thugut: „Die weise Vorschrift in Betreff des Maaßes von Höflichkeit, die gegen die preußische Mission zu beobachten mir zukömmt, werde ich um so leichter genau befolgen, als sie ganz mit meiner Art zu denken und zu seyn übereinstimmt. Selbst durch jene lügenhaften Ausstreuungen wird vielleicht diese letztere gerechtfertigt. Wenn ich, der ich die äußerste Zurückhaltung und die anhaltendste Entfernung von aller Gesellschaft beobachte, die

*) Statt des Wortes „Ausstreuungen“ hatte Degelmann ursprünglich das Wort „Gehässigkeit“ niedergeschrieben, welches er aber dann für seinen diplomatischen Styl zu stark gefunden zu haben scheint und deßhalb wieder ausstrich. (!!)

**) Degelmann an Thugut, d. d. Basel 8 Junius 1795. (St. A.)

Bekanntschaft der feindlichen Agenten nicht nur, sondern auch ihrer Anhänger meide, unbekümmert, ob ich mich dadurch der Alternative aussetze, für sonderbar oder für unbedeutend gehalten zu werden, dennoch verläumderischen Nachreden nicht entgehen kann; was würde geworden seyn, wenn ich mich mehr mitgetheilt, williger zu mancherley Umgange verstanden, mit geschäftiger Unruhe das Ansehen des Nachspürens mir gegeben und von der nicht für jeden gleichgültigen Eitelkeit, in so wichtigen Angelegenheiten figuriren zu wollen, mich hätte hinreißen lassen? Mag in meinem Verhalten das Talent vermißt werden, ich wende Nichts dagegen ein; es ist eine Gabe des Himmels, und er vertheilt sie nach seinem Gefallen; aber bewußt bin ich mir, daß ich in der schweren Lage, in der ich mich hier befand und befinde, rechtschaffen und, so viel mein geringer Verstand es zuließ, klug mich zu betragen gesucht, daß ich meine Berichte fleißig mit Anführung der verlässigen Thatsachen und geflissentlicher Weglassung aller halbwahren, nur zum Verwirren tauglichen Sagen gefaßt habe." *)

Und diese altdeutsche „Rechtschaffenheit und Wahrheitsliebe", — bei dieser Gelegenheit werde es ausgesprochen, — ist der Grundzug aller Berichte der kaiserl. Agenten, Geschäftsträger, Minister und Generäle aus jener Zeit. — Was für ein großer Unterschied herrscht zwischen der schlichten Sprache, der von Wahrheit sichtlich getragenen Berichte unserer Gewährsmänner, wenn man sie mit jenen der kurpfälzischen, kurmainzischen oder gar der preußischen Berichterstatter vergleicht? Die Wahrheitsliebe und das Gefühl für Recht und Ehre, das sich fast in jedem

*) Degelmann an Thugut, d. d. Basel 12. Juni 1795. (St. A.)

österreichischen Schriftstück, welches uns zu benützen vergönnt war, wiederspiegelt, ist gewiß eine bei den damaligen kaiserlichen Ministern, Agenten und Heerführern durchaus nicht zu unterschätzende Eigenschaft und das getreue Spiegelbild der ehrenhaften und auf das wahre Wohl des deutschen Reiches berechneten Politik ihrer Regierung.

Doch unsere historischen Gegner werden vermuthlich zu behaupten geneigt sein, daß alle die officiellen Entgegnungen der kaiserlichen Regierung in Bezug auf Carletti abgedrungen sind und daß, als das Geheimniß des Wiener Cabinetes von Preußen durchschaut wurde, die Staatskanzlei gezwungen war, so abwehrend aufzutreten, um wenigstens den Schein zu retten. Um auch diesen immerhin möglichen Vorwurf zu entkräften, wollen wir noch die geheimen Schriftstücke, die zwischen den Spitzen der Regierung in dieser Carletti'schen Angelegenheit und in dem sogenannten „baierischen Austausch-Project" gewechselt wurden, einer eingehenden Prüfung unterziehen.

Hardenberg hatte in seiner uns bekannten Weise seine lügenvollen Ausstreuungen auf Reisen geschickt, und zwar vor Allem direct nach München und nach Regensburg.*) — Das Benehmen von Pfalz-Baiern in diesem Kriege günstiger beurtheilen zu wollen, als wir es gethan haben, wäre der Versuch: einen Mohren weiß zu waschen. Der kaiserliche Hof, der,

*) Dietrichstein an Thugut. (d. d. Francfort ce 2 Juin.) Les Prussiens répandent qu'à Mannheim M. de Hardenberg a révélé au duc de Deuxponts qui a envoyé pour cela un courier à Munic nos prétendues négociations avec la France par Carletti pour l'échange de la Bavière; que le duc a envoyé quelqu'un à Merlin, qui doit lui avoir montré notre pièce authentique. Je mande cela à V. E., parceque cela est; — car je sais fort bien le mensonge de Hardenberg qui a nommé propositions de notre part, ce qui n'est dans le fond peut-être que les idées mêmes des Français. (St. A.)

müßte man unseren historischen Gegnern glauben, damals Kur-Pfalz fest umstrickt gehalten haben soll, vermochte über diesen Hof in Wirklichkeit nicht das Geringste. Schon seit dem Tode Kaiser Josef's II. war nämlich die Regierung der Kur „Pfalz-Baiern" durch den Einfluß einer Oesterreich und der kaiserl. Regierung abgeneigten Partei: „Oberndorff, Vieregg, St. Martin, Salabert", namentlich aber durch den thörichten, von Preußen unaufhörlich geschürten Haß der verblendeten Zweibrücker Seitenlinie immer mehr und mehr in die Schuld und Abhängigkeit Preußens gerathen. Nur der heilsamen Furcht, die man in München vor der, gegen den Kriegsschauplatz ziehenden, gewaltigen Heeresmacht Oesterreichs empfand, blieb es damals zuzuschreiben, daß der Kurfürst von der Pfalz, den bekanntlich nur Bastarden, Maitressen, italienische und französische Pfaffen der allerschlechtesten Gattung umgaben, nicht seit Langem schon mit Frankreich in reichsverrätherischer Weise einen Neutralitäts- und Friedensvertrag eingegangen war.

Wir haben wiederholt auf die Gehässigkeit der von ihrer Regierung hiezu eigens bevollmächtigten pfalzbaierischen Beamten aufmerksam gemacht. Gegen die österreichische Armee, gegen den Kaiser und seine Minister war ihnen Alles zu thun erlaubt. Wollte Preußen am Reichstage oder anderwärts gegen das Ansehen des Reichsoberhauptes zu Felde ziehen, ohne sich selbst zu compromittiren, sofort fanden sich stets, wenn nicht kurmainzische, dann ganz gewiß pfalzbaierische Minister, die Preußen dieses Geschäft erleichterten und jene heftigen Beleidigungen und Schmähungen offen aussprachen, die Preußen vorläufig noch im Stillen auszubreiten für gut fand.

Für die preußischen Pläne war sonach der Münchener Boden hinreichend gedüngt; auch brachte Hardenberg ohne

20*

Zögern seine Lügen dort an, sehnlichst hoffend, daß Pfalz-Baiern mit Oesterreich sofort offen brechen, ohne Säumen dem Baseler Frieden beitreten und die Demarcations-Linie annehmen werde. Zu einem so offenen und entscheidenden Schritt war aber wieder der furchtsame und charakterlose Kurfürst nicht zu bewegen, der, wie wir wissen, mittlerweile eine österreichische Prinzessin aus Eitelkeit gefreit hatte. Dennoch kam es so weit, daß er sich entschloß, seinen Gesandten in Wien mit Einreichung eines in beleidigender Weise abgefaßten Promemoria's an den kaiserlichen Hof zu beauftragen. — In diesem Schriftstück war betont, daß die kurpfälzischen Lande von der österreichischen Heeresmacht weit mehr, als von dem Reichsfeind bedroht wären:*) „da ja der Graf Carletti in Paris für das durchlauchtigste Erzhaus Oesterreich unterhandle, die Einwilligung Frankreichs zu dem Ueberfalle Bayerns als einen geheimen und besondern Artikel zu der Grundlage seiner Unterhandlungen mache; Bayern daher auf dem Rückzuge der österreichischen Heere von ihnen besetzet und dagegen die k. k. Niederlande, um deren Zurückgabe man sich bewerbe, abgetreten werden sollen. Für diesen Dienst biete der Graf Carletti die Genehmigung Sr. k. k. Majestät zur Ausdehnung der Grenzen des französischen Staats bis an den Rhein

*) „Promemoria des kurpfälzischen Gesandten am kaiserlichen Hofe Freiherrn v. Reichlin;“ d. d. Wien 30. Mai 1795. (St. A.)

Dieses Promemoria stand, jedem diplomatischen Gebrauch entgegen, schon Mitte Juli in allen französischen Zeitungen. Dietrichstein meldet hierüber an Thugut: „Il est remarquable, qu'au moment où les ministres prussiens font des déclarations contraires à Vienne, les papiers français rapportent tout au long une note de l'Électeur palatin envoyée à Vienne dans laquelle il dit trois fois, que c'est M. de Hardenberg qui lui a appris et assuré notre projet concerté avec les républicains pour l'échange de la Bavière.“ — d. d. Francfort ce 21 Juillet 1795. (St. A.)

an. — Als Quelle und öffentliche Bürgen dieser Nachrichten werden der königl. preußische Minister Baron Hardenberg und der Hessen-Kasselische Minister von Weitz genannt, und Sr. kfstl. Durchlaucht die Rettung von allen diesen gedrohten Uebeln unter der Bedingniß des Beytrittes zu den durch Preußen geschlossenen Frieden mit Frankreich, und der Berufung auf den elften Artikel desselben — jedoch mit Beobachtung der reichsverfassungsmäßigen Formen und des bisher von dem kurfürstlichen bevollmächtigten Minister an dem Reichstage befolgten, vorgeschriebenen Ganges — angetragen."

„Ob nun gleich S. kfstl. D. weit entfernt sind, diese Nachrichten mit den Höchstihnen so oft wiederholten freundschaftlichen und friedlichen Versicherungen, mit den reichspatriotischen Gesinnungen, mit der hohen und ehrwürdigen Aufrichtigkeit und Gerechtigkeit Allerhöchst Seiner k. k. Majestät in den mindesten Kontrast zu stellen, so können Höchstdieselben dennoch nicht bergen, daß Sie diese Gerüchte in eine Verlegenheit setzen, und daß Höchstdieselben durch eine schriftliche, kategorische und beruhigende Antwort des hohen kaiserlichen Ministeriums davon befreyet zu seyn wünschte."

Diese von Oesterreich abverlangte kategorische und beruhigende Antwort gab Thugut noch am selben Tage in folgender Weise ab: „Obschon der k. k. Minister der auswärtigen Geschäfte sich ganz versichert hält, daß der Weisheit des durchlauchtigsten Kurfürsten von der Pfalz, so wie den tiefen Einsichten des Ministeriums sowohl das Widersprechende und Absurde in den ausgesprengten Gerüchten wegen der bevorstehenden großen Unternehmungen der Franzosen, und besonders wegen der dem Allerhöchsten Hofe angedichteten stillen Friedens-Unterhandlungen mit Frankreich und allarmirenden Entwürfe, als auch die Absicht solcher grundlosen Ausstreuungen nicht unbemerkt geblieben ist; so will er jedoch nicht ermangeln, auf die diesfällige Note des kurpfälzischen bevollmächtigten Herrn Ministers Freiherrn von Reichlin, Hoch- und Wohlgeboren, hiemit dasjenige auch schriftlich zu wiederholen, was er bereits Deroselben mündlich zu eröffnen die Ehre hatte: daß nämlich der k. k. Hof weder während des Kriegs mit dem Reichsfeind in was immer für Unterhandlungen sich eingelassen habe, weder dermal mit ihm in direkten oder indirekten Unterhandlungen stehe, noch je in was immer für einer Eigenschaft einseitig mit demselben sich einlassen werde; sondern daß Se. kaiserl. Majestät, Ihren reichsständischen Verbindungen getreu, Alles, was auf die Beförderung eines anständigen Friedens Bezug hat, mit dem Reiche gemeinschaftlich zu behandeln fortan gesinnt seien; insbesondere aber bei dieser und jeder anderen Gelegenheit die freundschaftlichen Gesinnungen Sr. kfstl. D. von der Pfalz auf das Vollkommenste zu erwiedern sich zur Angelegenheit und zum Vergnügen machen werden."

„Wobei dann Endesunterzeichneter nur noch beisetzen will, daß obbemerkte Ausstreuungen, so abgeschmackt, kindisch und fabelhaft solche nach den so öffentlichen Handlungen des Allerhöchsten Hofes scheinen müssen, derselbe jedoch als von Uebelgesinnten herrührende Verläumdungen öffentlich erklären zu lassen, nicht entstehen könne, so empfindlich es Ihm auch fallen mag, nach so vielfältigen und theueren Proben von reiner Liebe und Sorgfalt für das Reich und die Erhaltung seiner Verfassung zu solchen Erklärungen schreiten zu müssen." *)

*) Wortgetreu nach der dem kaiserl. Concommissär von Colloredo zugesandten Abschrift: „Eines Billetes des Freiherrn von Thugut an den

Um in dieser dunklen preußischen „Intrigue Carletti" vollkommen klar zu sehen, ist es nun endlich auch noch wichtig zu vernehmen, wie die beiden kaiserlichen Minister, die doch dieses baierische Project und die Carletti'sche Mission ausgeheckt haben müßten, in dieser Angelegenheit gegenseitig correspondirten. „Obschon", so schreibt Thugut an den Reichsvicekanzler*), „es nun äußerst schwer ist, gegen alle gehässigen Insinuationen und beunruhigenden widrigen Gerüchte, — welche auszustreuen die an diese so unwürdige Politik gewöhnten preußischen Minister mit dreister Unverschämtheit sich unaufhörlich erlauben, — sich genugsam zu verwahren; oder zu verhindern, daß diese bei den leichtgläubigen oder bei übelgesinnten Reichsständen nicht einigen Eingang finden; auch meistens jede von uns gegebene Rückäußerung und jeder Widerspruch bei der jetzt in dem Reich herrschenden Stimmung und enthusiastischer Begierde nach einem, wie es scheint, nur „leidentlichen" Frieden, nur zum Stoff einer neuen Erdichtung gewonnen wird, die bey Leuten ohne System gleich wieder neues Aufsehen erreget, so hielt doch Endesunterzeichneter für dienlich, die k. k. Minister im Reich anzuweisen, wegen der dem Allerhöchsten Hofe angedichteten stillen Friedensunterhandlungen einen Widerspruch ... in die öffentlichen Blätter einrücken zu lassen, und ... ermangelte auch nicht, dem kurfürstlichen Minister ... eine Note zuzustellen, um seinen Hof, der diese Gerüchte allarmirend und wichtig darzustellen noch seine besonderen Ursachen haben mochte, nicht so viel zu beruhigen, als demselben den Ungrund seiner Besorgnisse fühlbar zu machen."

kurpfälzischen bevollmächtigten Minister Freiherrn von Reichlin;" d. d. Wien am 30. Mai 1795. (St. A.)

*) Thugut an Colloredo, d. d. Wien 5. Junius 1795. (St. A.)

In ähnlichem Sinne äußerte sich Colloredo gegen den kaiserlichen Gesandten in München *), und zwar gleichfalls noch am selben Tage, als ihm das pfälzische Promemoria eingereicht wurde: „E. E. schätzbarstes Berichtschreiben vom 26. d. habe ich wohl zu erhalten und daraus zu ersehen die Ehre gehabt, in welche Unruhe der dortige Hof durch das ausgestreute Gerücht von einem Einverständniß des k. k. Hofes mit Frankreich über die Besitznehmung von Baiern versetzt worden.—Wie nun E. E. ganz wohl daran gethan haben, daß dieselben dieses Gerücht für eine boshafte Verläumdung erkläret haben, so kann ich demselben nach vorgängig gepflogener Rücksprache mit der geheimen Hof- und Staatskanzley hiemit die ganz positive, beruhigende Versicherung ertheilen, daß wirklich dieses Gerücht unter so manchen boshaften Erdichtungen, welche bisher wider den Allerhöchsten Hof in der Absicht, gutdenkende Stände irre zu führen, ausgestreut worden sind, den ersten Platz verdienen, und E. E. werden hiemit ausdrücklich ermächtigt, demselben als einer frevelhaften Verläumdung auf das Feyerlichste und Nachdrücklichste zu widersprechen.“

„E. E. wird es um so weniger schwer fallen, S. kfstl. Durchlaucht deshalben auf das Vollkommenste zu beruhigen, da es für die so sehr bewährte Redlichkeit des Allerhöchsten Hofes beleidigend seyn würde, einer so offenbar boshaften Erfindung auch nur einen Augenblick ernstliche Aufmerksamkeit zu schenken und die boshafte Absicht, Se. kfstl. D. in Ihrer Anhänglichkeit an Se. k. Majestät und die Verfassung wankend zu machen und zu einseitigen gefährlichen Schritten zu verleiten, ganz offenbar am Tage liegt, wie solches das von dem hier accreditirten kur-

*) Colloredo an den Grafen Seillern, d. d. Wien 30. Mai 1795. (St. A.)

pfälzischen Herrn Minister von Reichlin in Betreff dieses Gerüchtes übergebene Promemoria ganz deutlich zu erkennen gibt. — Indessen bleibt es um so nöthiger, diesen, wenngleich noch so auffallend lügenhaften Gerüchten zu widersprechen, da vermuthlich auch anderen Höfen ähnliche Insinuationen gemacht worden sind, oder noch gemacht werden dürften, in welcher Rücksicht sämmtliche kaiserliche Herrn Minister die Weisung erhalten, dieselbe allenthalben für das, was sie wirklich sind, für grobe Unwahrheiten und Verläumdungen zu erklären."

Hügel, dem alle auf diese „Intrigue Carletti" Bezug habenden Akten nach Regensburg mitgetheilt wurden, berichtet, als ihm der Ursprung aller dieser feindseligen Gerüchte klar wurde: „Ich unterlasse nicht, durch zweckmäßige Vorstellungen und durch ältere ähnliche und neuere Beispiele, die sich sowohl in, als außer Deutschland ergeben haben, den nämlichen Grad von Abscheu und von verdienter Verachtung solcher niederen Kunstgriffe und boshafter Verläumdungen Anderen einzuflößen, welche mir dieses Benehmen verursacht hat, und ich darf mit einiger Zuversicht versprechen, daß ich diesen Zweck nicht verfehlet habe." *)

Und dennoch hatte das hämische Gerücht eine solche Bestimmtheit angenommen, daß Thugut sich gezwungen sah dem Grafen Lehrbach — der damals die deutschen Höfe in der Absicht bereiste sie zum Festhalten an der Reichs-Constitution und an dem Kaiser zu bewegen — aufzutragen, schleunigst nach Regensburg zu eilen, um alldort, an dem Hauptort aller preußischen Umtriebe und Ausstreuungen gegen Oesterreich, die Willensmeinung des Kaisers den Comitial-Gesandten in energischer Weise bekannt zu geben.

*) Hügel an Colloredo, d. d. Regensburg 4. Junius 1796. (St. A.)

Thugut versprach sich von Lehrbach's Anwesenheit zu Regensburg goldene Berge; denn er hoffte, daß es doch dem „Director der Staatskanzlei" (d. i. nach heutigen Begriffen „Unterstaats-Secretär", eine Würde, zu welcher Lehrbach im Mai 1795 erhoben wurde) endlich gelingen werde, den Samen des unheilvollen Mißtrauens im Reiche zu ersticken.

„Ich sehe", so berichtet ihm Lehrbach, „nun allerdings die Nothwendigkeit, nach Regensburg zu gehen, ein, damit nicht ein Acht-, Bann- und Feloniemäßiger Reichsstand dem Reichsoberhaupte, gleichsam zum Aergerniß nebst Verletzung der politischen Consideration, auch noch fernerhin zur Seite gesetzet werde! Es herrschet in Teutschland zu Preußen ein Hang, eine Neigung und Blindheit, die unbeschreiblich ist. — Wo ich nur hinkomme, äußert man sich: Aber warum hat man die Berliner Antwort nebst der Kaiserl. Note in der Rücksprache nicht gleich dem Reichstage mit einem Commissions-Decrete vorgelegt, so würden die Stände wegen des Wortes „leidentlich" aufmerksam gemacht worden sein. — Nunmehr fürchtet sich Alles. — Ich bin überzeugt, daß diese Handlung gut gewesen wäre, im Grunde aber würde doch die nämliche verdorbene Denkungs-Art im Reiche geblieben sein. — Was man für eine Mühe hat, im Reiche die Ueberzeugung zu erhalten, daß der kaiserliche Hof durch Carletti nicht dem Friedensschluß und der Erhaltung von Baiern nahe sei, ist eben auch kaum zu beschreiben. — Ich bin aber deshalb eben so standhaft als ernstlich, und ich bin am Darmstädter Hof sogar mit dem Ausdrucke einer Verläumdung(!) aufgetreten. — Dieser Kunstgriff, eben zur Zeit, wo man in Comitiis sich vereinigen sollte, und wo man gesehen hat, daß im Reiche das Licht der gesunden Vernunft doch noch nicht ganz erloschen ist, siehet denen Preußischen Hof-Gesinnungen ganz ähnlich und beweiset, was ich auch schon öfters gesagt habe, daß Hardenberg, wie alle übrigen, ein preußischer Hetzer ist; sein Benehmen bei den preußischen Ausstreuungen wegen Carletti und Baiern ist dessen ein voller Beweis." *)

In welche Nichtigkeit sinkt nun, nach all diesen Aufklärungen, der Werth, den die „kleindeutschen Geschichtsbaumeister" den angeblichen österreichischen Friedensunterhandlungen in den neunziger Jahren und den Annäherungsversuchen des deutschen Kaisers an Frankreich durch Carletti und überhaupt dem ganzen baierischen Austauschungs-Project geben? — einem Projekt, an welches noch wenige Monde vor den Friedens-Präliminarien von Leoben in Wien Niemand dachte!

Nicht Ein haltbarer Grund liegt vor, um so große Irrthümer festzuhalten, wie die Oesterreich zugemuthete freiwillige Räumung der Niederlande, in Einklang gebracht mit dem baierischen Tausch und den geheimen Unterhandlungen durch Carletti. Ja es ermangelt sogar für alle angeblichen Intriguen und Schwankungen in der Politik der kaiserlichen Regierung jeglicher triftige Beweis! Und dennoch werden diese Irrthümer noch bis heute in allen Geschichtswerken als ausgemachte Wahrheiten festgehalten, und Oesterreich selbst wurde endlich dahin gebracht, alle diese schamlosen Unwahrheiten zu glauben. Der Geschichtschreiber aber der sie, auf Dokumente von unläugbarem Werth gestützt, nicht glaubt, ist förmlich zur Bitte gezwungen, ihm doch ja glauben zu wollen, daß alle diese Oesterreich angedichteten Zweideutigkeiten und politischen Sünden von Oesterreich nicht nur nicht begangen worden sind, sondern der Lage der Dinge nach auch damals von Oesterreich gar nicht begangen werden konnten.

*) Lehrbach an Thugut, d. d. Darmstadt 6. Junius 1796. (St A.)

All den vorerwähnten officiellen Widersprüchen Oesterreichs gegenüber spielten Hardenberg, Görz, Alvensleben und Haugwitz fortwährend die Ungläubigen und in ihrer Ehre Gekränkten. Wir sahen, daß in Frankfurt Hardenberg und Hohenlohe „es doch ein wenig stark“ fanden, wenn der Wiener Hof seinen eigenen Unterhändler zu Paris, den „sogenannten Carletti“ nenne.*) — Was wäre denn bei einem so vortheilhaften Handel so gar viel zu protestiren, meinte der Graf Haugwitz in Berlin im Gespräch mit fremden Gesandten! — Görz in Regensburg aber sagte den Comitial-Gesandten: „Es ist ja notorisch und unwidersprochen, daß der Graf Lehrbach im Jahre 1792 mit dem nämlichen Auftrag zu dem König in das Hauptquartier geschickt worden wäre.“ **)

So wirkten in verderblicher Weise die französischen und preußischen Agenten unermüdlich auf die öffentliche Meinung und suchten durch Zeitschriften und Flugblätter, durch welche sie ihren boshaften Lügen weite Verbreitung zu geben wußten, das Reich für ihr Interesse empfänglich zu machen. Aus allen officiösen Zeitungs-Notizen der reichsfeindlich gesinnten Partei ist in den neunziger Jahren eine systematische Einwirkung wahrzunehmen, die nothwendiger Weise eine vollständige Corruption des deutschen Volksgeistes nach sich ziehen mußte. — Von Berlin gingen die Schlagwörter meistentheils den deutschen Schweizer- und französischen Grenz-Zeitungen, dem Moniteur aber durch Correspondenzen aus den preußisch-fränkischen Fürstenthümern gleichzeitig zu. Und so fanden alle Verdächtigungen und Lügen, die schwersten Verläumdungen in einer den preußisch-französischen

*) Dietrichstein an Thugut, d. d. Francfort ce 4 Août 1795. — „On parle toujours beaucoup de Carletti, surtout du „soi-disant“ . . . Les Prussiens espèrent, que cela nous fera une mauvaise affaire.“ (St. A.)

**) Hügel an Colloredo, d. d. Regensburg 3. Junius 1795. (St. A.)

Wünschen entsprechenden Weise rasche und weite Verbreitung. Alle Phrasen, wie ungefähr die „von österreichischen Umtrieben“ — „von dem Acte der Selbsterhaltung“, den Preußen begehen mußte, um durch den Baseler Frieden Oesterreich im Friedensabschluße mit Frankreich „zuvor zu kommen“, — sonach Oesterreich eigentlich der intellectuelle Urheber des Baseler Friedens wäre, und noch viele andere grundlose Behauptungen, welchen wir in der historischen preußischen Literatur unserer Tage begegnen, finden sich schon in den damaligen Journalen vor und sind größtentheils von den preußischen Ministern selbst, oder wenigstens auf ihre Veranlassung in dieselben eingerückt worden.

Die wenigen kaiserlichen Minister die nach dieser Richtung hin thätig waren, hatten demnach vollauf damit zu thun, im Reiche die entstellten Thatsachen auf das richtige Maaß der Wahrheit zurückzuführen. Wie wenig ihnen dies, trotz der darauf verwandten Mühe gelang, bezeugen die in der Geschichtschreibung unserer Tage festgehaltenen Irrthümer. Es war aber auch allerdings eine Sysiphus-Arbeit, die verblendete, bethörte und systematisch irre geführte öffentliche Meinung eines Besseren belehren zu wollen. Denn die Waffen, mit denen die preußische Diplomatie gegen die kaiserliche focht, waren gar zu ungleichartig. — Der Verleger der Wetzlar'schen Zeitung, die: „mit kaiserlichem Privilegium“ erschien, gestand ja dem Grafen Lehrbach offen, daß er jedesmal, wenn er in einem guten und reichsfreundlichen Sinne für den kaiserlichen Hof in seiner Zeitung wirke, von preußischen Agenten, namentlich aber vom Grafen Görz zur Rede gestellt und mit Hinweisung auf den Erlanger Zeitungsschreiber unter Friedrich II. förmlich „mit Stockprügeln bedroht werde.“ *)

*) Lehrbach an Thugut, d. d. 30. September 1795. (St. A.) Diese große That des „Weisen von Sanssouci“ spielte überhaupt damals

Wurde irgendwo der Ungrund einer jener preußischen lügenvollen Behauptungen dem Verbreiter derselben in das Gesicht gesagt, da hinkten freilich hintennach Ausflüchte, Entschuldigungen und Verdrehungen des Sachverhaltes, die dennoch den Stachel des Zweifels im Herzen Aller zurückließen.

„Der Kurbrändenburgische Reichstags-Gesandte", also berichtet Hügel, „gibt sich alle Mühe, die auf ihn persönlich und auf seinen Hof fallende Schande wegen des wegen Baiern verbreiteten Gerüchtes zu vermindern. Durch Freiherrn von Seckendorff .... lasset er nun mannigfaltige Insinuationen machen, die dahin gehen sollen, daß die Gerüchte bald von London mit einem Brief des Grafen von Pergen**), bald von dem Volks-Repräsentanten Merlin herrühren."

„Verläßlich bleibt es aber immer, daß Görz am 23. des verwichenen Abends nach 8—9 Uhr eine Estafette vom Herrn von Hardenberg erhalten, und daß dessen Schreiben folgendes enthielt: La découverte essentielle que je viens de faire que l'Autriche veut sacrifier le Rhin, und nur die Zustimmung zur Occupation von Baiern verlanget, m'oblige d'aller moi-même à Berlin pour m'aboucher avec le Roi sur ses

---

eine eigenthümliche Rolle. „Denk! — ich bitte dich freundschaftlichst darum — denk an den Erlanger Zeitungs-Schreiber" war z. B. das ganze große Argument, mit welchem einer der preußischen Broschüren-Helden im „Beytrag zu der Staats- und Kriegsgeschichte während der Feldzüge der Deutschen gegen die Franzosen v. J. 1792 bis 1795; von einem Preußen" (Deutschland 1795), die preußische Baseler Friedens-Politik vor den Angriffen der Gegner zu vertheidigen verhoffte. — Vielleicht war der Graf Görz, mit diesem humanen Preußen Eine und dieselbe Person!

**) Damals österreichischerseits mit dem Flüssigmachen des englischen Anlehens betraut.

intentions, indépendamment des autres affaires qui demandent des instructions verbales." *)

Hohenthal, Ompteda und alle jene Gesandten, denen der geschäftige Görz seine Neuigkeiten zur Weiterverbreitung stets schleunigst mitzutheilen gewohnt war, berichteten natürlich diese Lüge vollinhaltlich und mit entsprechenden Zusätzen an ihre betreffenden Höfe.

Vom Jahre 1792 an bis 1795 war die officielle Sprache der preußischen Regierung gegen Oesterreich, und jene von Kurbrandenburg gegen das Reichsoberhaupt nach und nach immer schroffer, anmaßender, frecher und hochmüthiger geworden. Sie

---

*) Hügel an Colloredo, d. d. Regensburg 6. Juni 1795. (St. A.) Ungefähr dasselbe berichtet der kurkölnische Gesandte Baron Karg an seinen Kurfürsten mit den Worten: „Le comte de Görz vient de recevoir de son collègue et ami B. de Hardenberg de Bâle une estaffette par laquelle ce ministre lui mande en peu de mots, qu' ayant fait la découverte, que l'Autriche travaille à la paix avec la France par Carletti en sacrifiant le Rhin pour la Bavière, et que les armées ont déjà ordre de ne rien faire, en attendant il s'est jetté dans la chaise de poste, pour rendre compte de cette motion au roi lui-même." — d. d. Ratisbonne 25 Mai 1795. (St. A.) Mit diesen Angaben wäre denn auch zu vergleichen, was Häusser's D. Gesch. B. II. S. 15 sagt: „Die Mittheilung machte so tiefen Eindruck (!) auf Hardenberg, daß er sich entschloß, selbst nach Berlin zu gehen, und den Legationsrath Gervinus nach Paris zu senden". Siehe auch hierüber die nächstfolgende Note.

Dagegen sagt Lehrbach, der als General-Director der Staatskanzlei und Vertrauter Thugut's, und das ist gewiß entscheidend, von allen diesen Thugut zugeschriebenen Plänen ebenso wenig wie Thugut selbst etwas wußte, mit Bezug auf das Karg'sche Schreiben: „Meine Vermuthung bestätiget sich immer mehr und mehr, daß Preußen dieses Alles aussprengt, oder wenn auch Frankreich ohne Oesterreichs Vorwissen derley Eröffnungen an Preußen gemacht haben sollte, Preußen die Sache schon zu vergrößern und in anderer Gestalt boshaft darzustellen suche, indem ... nun schon hinzugesetzt wird, daß Oesterreich, um Baiern zu erhalten, den Rhein aufopfern wolle." — An Thugut, d. d. Frankfurt den 31. Mai 1795. (St. A.)

war, wie wir dies wiederholt selbst aus dem Möllendorff'schen Schriftstücken wahrzunehmen Gelegenheit fanden, deutlich darauf berechnet, Zerwürfnisse vom Zaune zu brechen und die kaum erst zu Reichenbach und Pillnitz geschlossene Allianz zu brechen, oder doch so zu lösen, daß das Odium des Bruches auf Oesterreich und den Kaiser falle. Durch fortwährende Nachgiebigkeit und Rücksicht konnte Oesterreich aber die ganze Zeit hindurch Nichts erreichen, als daß es an dieser unseligen preußischen Allianz schwer genug bis zum Baseler Frieden getragen hat. Mit Abschluß dieses Friedens aber änderte sich plötzlich der Ton der officiellen preußischen Sprache und wurde zeitweise wieder zuvorkommend, höflich und einschmeichelnd.

An eben dem 29. Mai, als Kur-Pfalz, durch die preußischen Umtriebe verleitet, die Reichlin'sche Note in Wien einreichen ließ, übergab der Graf Haugwitz dem Fürsten von Reuß eine andere voll süßer Betheuerungen und Versprechen.

Ganz unaufgefordert brachte Haugwitz das Gespräch auf Baiern und betheuerte mündlich dem hierüber wie aus den Wolken gefallenen österreichischen Gesandten: „man würde es preußischerseits gewiß nicht hindern, wenn Oesterreich von Baiern zu gelegener Zeit Besitz ergreife.“ *)

„Die Intention Sr. königl. Majestät sei ja stets eine unwandelbare Gesinnung gegen Se. kaiserl. Majestät und das aufrichtige Bestreben, die zwischen beyden Höfen bestehende glückliche Freundschaft und Harmonie bestens zu unterhalten und zu pflegen. — Der Baseler Frieden ändere Nichts in den bisherigen Allianz- und Freundschaftsverhältnissen der Höfe. — Vielmehr wird der König es sich bey jeder Gelegenheit gern

*) Reuß an Thugut, d. d. Berlin 29. Mai 1795. (St. A.)

angelegen seyn lassen, seine Anhänglichkeit an die kaiserliche Majestät und die daraus entstehenden glücklichen Verhältnisse, und Ihre stete aufrichtige Bereitwilligkeit, so viel es nur in seinen Kräften stehen wird, an den Tag zu legen." *)

Auch Hardenberg, der um diese Zeit mit dem Demarcations-Vertrag in der Tasche und mit einem Sack voll Lügen soeben erst in Berlin angekommen war, erklärte dem Fürsten von Reuß in ganz zuvorkommender Weise: „daß der königlich preußische Hof nicht verabsäumen werde, Beweise seiner steten freundschaftlichen Grundsätze für S. M. den Kaiser, für das System der Allianz an den Tag zu legen und das zum größten Nachtheil beider gestörte aufrichtige Einverständniß ganz wieder herzustellen." **)

Auf seinen Kreuz- und Querzügen durch Deutschland hatte Hardenberg gierig danach gehascht, mit kaiserlichen Ministern zusammen zu treffen und ihnen möglichst viel verbindliche Dinge zu sagen. Doch nur gegen jene österreichischen Agenten, die ihm zu imponiren wußten, war er einschmeichelnd und kriechend, dagegen wußte er die zaghaften österreichischen Geschäftsmänner in ganz eigenthümlicher Art einzuschüchtern. So berichtet der Gf. Schlick, welcher zu dieser letzteren Gattung kaiserlichen Agenten gehörte, nach einer Unterredung mit diesem Minister: „Als ein guter Freund des Ministers Haugwitz und mit dessen Grundsätzen übereinstimmend, folgten von Hardenberg die verbindlichsten Erklärungen für mich und den Allerhöchsten Hof, welche sich hauptsächlich auf die guten und freundschaft-

---

*) Preußische „Ministerialnote" an den Fürsten Reuß, d. d. Berlin den 29. Mai 1795. (St. A.)

**) Reuß an Thugut, d. d. Berlin 13. Junius 1795. (St. A.)

lichen Gesinnungen des Königs und seine loyale Denkart begründeten." *)

„Der König," so betheuerte Hardenberg gegen Schlick, „strebe nur dem Ziele einer General-Pacification nach; Nichts liege ihm ferner, als dabei eine versteckte oder die erste Rolle spielen, oder gar das Ansehen und die Autorität des Wiener Hofes im Reiche beeinträchtigen zu wollen. Nur wenn der Kaiser sich zu falschen Maßnahmen verleiten lasse, wenn der Kaiser die Ratification der Regensburger Reichsgutachten etwa gar verweigere, oder mit für Preußen beleidigenden Clauseln versehe, dann würde im Reich allerdings das Schisma eintreten, und der König werde dann auf Kosten Oesterreichs im Reich einen Einfluß gewinnen, den zu suchen er selbst jedoch weit entfernt wäre!" **)

*) Schlick an Colloredo, d. d. Frankfurt 18. Juli 1795. (St. A.)

**) Schlick an Colloredo, d. d. Frankfurt 18. Juli 1795. „... l'intervention de la cour de Berlin n'a aucun autre but que de faciliter la pacification générale. Le roi ne veut pas y jouer, ni le premier rôle ni un rôle caché. Le roi ne veut dans aucun sens affaiblir l'influence et l'autorité de la cour de Vienne en Empire. Ce ne seroit que dans le cas d'une fausse mesure, c'est-à-dire si l'Empereur ne ratifiait qu'avec des clausules, ou qu'il refuserait la ratification, qu'alors le schisme s'en suivrait et que le roi acquiereroit aux dépens de la maison d'Autriche une influence et prépondérance qu'il ne cherche pas." Man vergleiche mit diesen uns von dem Grafen Schlick aufbewahrten Hardenberg'schen Worten, die auf S. 182 des vorliegenden Bandes verzeichneten Aussprüche des Moniteur. — Schon früher, und zwar am 22. Juni, hatte Hardenberg mit Schlick eine andere Unterredung gehabt, in welcher er sich folgendermaßen vernehmen ließ: „J'ai des ordres du roi extrêmement prononcés par écrit et de vive voix, de faire dans toutes occasions tout ce qui peut réunir les deux cours et consolider cette liaison, que le roi désire de conserver avec le plus grand zèle et la volonté la plus pure que possible. Je

Und dennoch hatte gerade dieser Minister soeben erst im ganzen Reiche und vornehmlich in Preußen und England ausgesprengt, Pichegru und Merlin hätten ihm gesagt: „der kaiserliche Hof lasse durch den Grafen Carletti bei dem Wohlfahrts-Ausschusse Unterhandlungen entamiren, deren Zweck der Austausch von Baiern gegen die Niederlande unter der Bedingniß seie, daß das ganze linke Rheinufer Frankreich verbleiben solle und daß der kaiserlichen Armee in Folge dessen der Befehl zugekommen seie, nicht zu attaquiren." *)

Wie absichtlich und wohl berechnet dieses Gaukelspiel von Hardenberg und seinen Collegen eingeleitet war, mit welchem Vorbedacht stets vom Preisgeben des linken Rheinufers von Seite Oesterreichs gefaselt wurde, während Preußen dasselbe thatsächlich bereits aufgegeben hatte, das kann man heut zu Tage nur dann richtig verstehen, wenn man sich die „neudeutsche" Geschichtschreibung unserer Gegenwart immer gegenwärtig hält und ihre ganz unrichtigen Schlußfolgerungen in Bezug auf nahezu Alles betrachtet, was Preußen, Oesterreich, das deutsche Kaiserthum und die

---

vais à Bâle pour faciliter les préparatifs de la pacification. Point de paix separée, point de schisme, point d'entreprise cachée. Ne croyez seulement pas, que le roi ait fait un traité d'alliance avec la France — il est très éloigné d'en faire un. Je vais à Bâle, et sans entrer dans le travail de la pacification même, je ne songe qu'aux préliminaires qui mènent à la pacification; savoir: 1. la question, si la France veut entrer en négociation avec l'Empire? 2. quel sera l'endroit du congrès? 3. quelle pourra être la base préliminaire pour la paix; pour moi, je n'en connais pas d'autre que le status quo. ...... Lucchesini n'est pas l'homme pour réunir les deux cours. — .... nous eûmes le malheur de ne pas nous entendre en faisant la guerre, au nom de Dieu entendons nous à cette heure pour la pacification! wurde mir mit außerordentlicher Wärme gesagt." (Bericht des Grafen Schlick an den Fürsten Colloredo, d. d. 22. Juni 1795. — St. A.)

*) Reuß an Thugut, d. d. Berlin 13. Junius 1795. (St. A.)

21*

Kriegführung der ersten Coalition gegen Frankreich bis zum Baseler Frieden betrifft.*)

Die im Unheilstiften unermüdliche französische Emigration sandte zum Ueberfluß auch einige Druckschriften in die Welt, in welchen sich ihre Phantasie mit der Friedens-Basis und diesem baierischen Projecte beschäftigte.**)

Auch erklärte man damals die Anwesenheit des Grafen Lehrbach zu Regensburg und seine zeitweiligen Geschäftsreisen nach München namentlich dadurch, daß dieser ehemalige Minister des baierischen Kreises, der seiner Zeit bei dem projectirten Austausch unter Josef II. verwendet worden war, schon an Ort und Stelle sei, um alle Einleitungen und die künftige Ausführung des geheimnißvollen Planes vorzubereiten.***)

„So möge denn", so schreibt Hügel an Colloredo, „dieses Gerücht, weil es fast unausrottbar scheint, fortbestehen! Gewohnt, Widersacher und Gegner zu ertragen, besteht der Trost der kaiserlichen Regierung nicht in dem Bestreben, Meinungen und Menschen für sich zu gewinnen, sondern in der strengsten Gerechtigkeit und in dem Bewußtsein, gerecht und verfassungsmäßig zu handeln." †)

*) Bei Schlosser, Rotteck, Schneller, Menzel, Becker fortgesetzt von Menzel, Gervinus und vielen Anderen Geschichtsforschern, welche diese Zeit behandeln, aus Mangel besseren Wissens, bei Bluntschli, Droysen, Springer, Häusser, Sybel und der ganzen Schaar kleindeutscher Geschichtsbaumeister bis zum jüngsten ihrer Koryphäen, dem Herrn Heinrich von Treitschke herab in wohlberechneter Absichtlichkeit.

**) Eine Druckschrift dieser Art hieß: „Modification du status quo ou Impromptu de Paix. En Suisse 1795"; ferner „Le cri de la raison" (1795), und die ebenso wie ihre Vorgängerin kauderwälsche Gegenschrift: „La Raison du cri de la Raison et de la politique. (Philadelphia 1795.)"

***) Hügel an Colloredo, d. d. Regensburg 4. September 1795. (St. A.)

†) Hügel an Colloredo, d. d Regensburg 6. September 1795. (St. A.)

Um aber Nichts halb zu thun und unter den Alliirten den Samen gegenseitigen Mißtrauens fort und fort wuchernd zu erhalten, vertraute Hardenberg allen englischen Geschäftsträgern, deren er habhaft werden konnte, ferner auch dem Russen Alopeus zu Berlin: Pichegru und Merlin hätten geäußert, „der Convent habe gar Nichts gegen die Vorschläge (!) des Kaisers (!); wenn aber der König von Preußen sich in nähere Verbindung mit Frankreich einlassen wolle und etwa die Vorschläge nicht gerne sähe, so werde der Convent in selbe nicht eingehen." *)

Auf diese Art versuchten die preußischen Minister auch noch in den Trümmern der Coalition Zerwürfniß und Zwietracht zu säen und die kaiserliche Politik in jene frevelvollen Bahnen gewaltsam zu drängen, die Preußen selbst betreten hatte. Die Grundidee dabei war, einerseits die noch immer mächtige Coalition vollends zu sprengen, anderseits das eigene, gegen Deutschland unverantwortliche preußische Benehmen auf Oesterreichs Schultern zu wälzen und so den Baseler Friedensabschluß durch die Oesterreich aufgebürdete Mitschuld im Publicum theilweise zu rechtfertigen, gleichzeitig aber auch die Gehässigkeit der Initiative in dieser politischen Handlungsweise auf Oesterreich abzuladen.

Und so erhielt sich denn auch merkwürdiger Weise das Gerücht des beabsichtigten Austausches von Baiern im Reiche fort und fort, und die preußischen Agenten, die mit diesem Project eine Achillesferse Oesterreichs gefunden zu haben vermeinten, machten sich ein eigenes Geschäft daraus, dasselbe auf das Sorgfältigste zu erhalten und immer wieder bei ihnen entsprechend dünkenden Gelegenheiten neu auftauchen zu lassen.

---

*) Reuß an Thugut, d. d. Berlin 16. Juni 1795. (St. A.)

Es wird unsere Aufgabe sein, gehörigen Ortes die Anträge eingehend zu betrachten, welche in jener Zeit fortwährend bald von Frankreich, bald von Preußen an Oesterreich herantraten, um dasselbe in seiner reichsfreundlichen Stellung zu erschüttern, und die ihren Ursprung bald in Berlin, bald in Basel, bald in Regensburg fanden. Es wird unsere Aufgabe sein zu beweisen, daß bis zu den Präliminarien von Leoben immer wieder von preußisch-französischen Agenten den österreichischen Ministern diese baierische Lockspeise vorgehalten wurde, mit der im scheinbar wohlwollenden Tone beigefügten Bemerkung, daß ja das Reich eine weitere Aufopferung Oesterreichs weder verdiene, noch derselben fernerhin würdig sei.

Als aber Oesterreich nach langjährigen Kämpfen müde, in seiner Stärke gebrochen, die Unmöglichkeit einsah, bei so verrotteten Verhältnissen das Reich fernerhin zu schützen, — als Oesterreich endlich in diesen ihm seit fünf Jahren zudringlich vorgehaltenen und seit fünf Jahren österreichischerseits stets zurückgewiesenen Plan wirklich einging, und bei der eigenen Erschöpfung sich endlich zur Annahme des Projectes bereit erklärte; als kein einziger Reichsstand mehr sich um Deutschlands Integrität bekümmerte; — da erfolgte mit Einmal der rasche Umschlag. Wie geberdete man sich da in Berlin auf Einmal so sittlich entrüstet, wie groß war in Berlin und nur dort allein plötzlich die Opposition gegen die Durchführung dieses — man erwäge wohl die Bedeutung der Worte! — von Preußen in den neunziger Jahren fortwährend angeregten baierischen Austauschplanes! Was war das auf Einmal für ein Jubelgeschrei auf preußischer Seite über den vollbrachten österreichischen Treubruch an dem Reich! Wie suchte man da plötzlich allüberall diese österreichische Ruchlosigkeit bei den Reichsständen, wohl ausgeschmückt, in das grellste Licht zu setzen, um hiedurch die eigenen Umtriebe und die Schande des Baseler Friedens auf immer zu verbergen!

Fürwahr! in dieser „Intrigue Carletti" liegt mehr als ein gewöhnlicher diplomatischer Kunstgriff; und wenn wir richtig und wahrheitsgetreu erwägen und vergleichen, was damals angeregt wurde und später thatsächlich geschehen ist, so werden wir wohl hinlänglich gerechtfertigt sein, wenn wir diesen politischen Ränken keine untergeordnete Bedeutung beimessen, sondern sie als einen wohlaufgebauten mächtigen Pfeiler der Baseler-Friedenspolitik betrachten. (Note X.)

Mit allen diesen auf die öffentliche Meinung heftig einwirkenden geheimen Umtrieben gingen die offenen Verdächtigungen Englands und die Verschwärzung der Absichten des deutschen Reichs-Oberhauptes Hand in Hand. Nach den preußischen Zeitungen hatten die österreichischen Truppen schon seit Langem insgeheim den Auftrag erhalten, die Reichs-Festungen und Magazine zu räumen, in ihren Stellungen unthätig zu verbleiben und sich nach und nach immer mehr und mehr aus den Reichslanden weg gegen die Donau, den Breisgau und die österreichischen Erblande zurückzuziehen. *)

*) Ein Zeitungs-Blatt, welches das bezeichnende Motto führte: „da nobis pacem domine in diebus nostris" die „Neuwieder-Zeitung Nr. 72, Donnerstag, den 24. September 1795" enthielt beispielsweise folgenden mysteriös gehaltenen Artikel: „Ach Thugut, — Thugut was dir die Erfahrung ins Gesicht wirft! Der Kaiser that Alles, was er konnte; er opferte Alles auf, was er vermag, um Deutschlands Statue, diese alte

Doch wurden dabei die eigenen weiteren politischen Ziele Preußens nicht vergessen, die sich z. B. im Jahre 1805 durch die zehn Jahre lang vorbereitete Erwerbung Hannovers am Deutlichsten entwickelten.

Mehrere preußische Zeitungen drückten schon im Jahre 1795 die Hoffnung aus, daß nun Preußen endlich in die Lage kommen werde, von Hannover und den Resten des Kurfürstenthums Köln Besitz zu ergreifen. „Der Graf von Herzberg", so hieß es in einem dieser Tagesblätter, „äußerte sich Einmal: die beiden Markgrafenthümer wären einstweilen nur als die Gegenmarken von Ostfriesland anzusehen. Selbst Friedrich II. betrachtete seine

---

constitutionelle Säule, unverstümmelt zu erhalten. Intriguante und überwiegende Umstände wollen es anders haben: es seye also: man wird andere Richtung nehmen. Für solche Undankbarkeits-Verbindungen muß man danken; kommt Zeit kommt Rath mit saueren Aepfeln. Die Sache ist noch nicht zu Ende! Ach! warum darf man nicht Alles sagen, was und wie man es fühlt. Nur Geduld! ihr werdet die Steine wieder aufheben, die ihr auf die Unglücklichen geworfen habt; es wird eine Zeit kommen. Thor! schweig, verschling die Wahrheit, dies ist jetzt die tyrannische Pflicht." Daßelbe Blatt enthielt aus Frankfurt folgende, im echt preußischen Styl jener Zeit gehaltene Notiz: „Unter dem Schutze des großmüthigen Demarkatoro sieht man die Begebenheiten um sich herum rollen. Die Oesterreicher sind fast ganz über den Main ... So eben kann man sagen: Der Gescheidte gibt nach. Wie angenehm ist es unter solchen Gescheidten zu sein? Geht es hernach anders, so wird man mit andern Gescheidten halten. Hinc jus non solum fortioris, sed et subtilioris. Alleluja!"

Im Inhalts-Verzeichniß dieses Blattes, welches unwillkürlich an den Styl des Inhalts-Verzeichnisses der v. Sybel'schen Geschichte der Revolutionszeit erinnert, hieß es: „1.) Wie sich die kaiserliche Armee so langsam von Mainz wegzieht, um diese Festung einem neuen Friedensantrag zuzuschanzen. 2.) Wie die Engländer so hartnäckig sind und den Krieg fortsetzen wollen." In diesem erbaulichen Tone wirkten damals im Reiche nicht etwa zehn, sondern zahllose preußische Zeitungen und Flugblätter.

westphälischen Lande nur als ein leeres Nest, weil es wegen Abgang des Besitzes von Münster immer ohne Ei wäre." *)

„Die Zukunft", so ließ sich hinwieder eine andere preußische Monatsschrift vernehmen, „wird Preußen Vortheile gewähren, die jetzt Geheimnisse sind. Denn sollten die Franzosen die Länder eines Feindes, der ihnen Verderben und Untergang geschworen hatte, umsonst verschont haben? Schon standen sie an den Gränzen seines Landes, und keine Macht konnte die siegreichen Armeen aufhalten. Was kümmert Preußen England, das nur Interesse zur Intrigue auf dem festen Lande hat, und das treulos alle Bündnisse nach Laune bricht und alle friedlichen Nationen beleidiget? Warum sollte es Hannover eine Neutralität verschaffen und Frankreich eine Quelle, den Kampf für Freiheit und Recht gegen seine mächtigen Feinde durchzusetzen, entziehen?"

Man sieht, in welch' zarter Weise darauf hingearbeitet wurde, mittelst staatsrechtlicher Deductionen nach und nach ganz Deutschland für die preußischen Vergrößerungsgelüste reif zu machen. Um das hannoveranische Volk aber für Preußens Wünsche gefügig zu stimmen, mußte natürlich Englands Einfluß in Hannover gänzlich gebrochen werden. Ein großer Theil der hannoveranischen Staatsmänner bezog preußische Pensionen und Orden und wurde hiedurch dem preußischen Interesse dienstbar gemacht. Für die Beeinflußung des deutschen Volksgeistes in Hannover sorgten ganz trefflich die Universität zu Göttingen und die gelehrten periodischen Abhandlungen, von denen eine zweite sich folgender Maßen vernehmen ließ: „Gewinnt nicht ganz Deutschland, wenn Englands Einfluß gänzlich von dem festen Lande abgeschnitten wird? Wer

*) „Deutsche Staats- und Ministerial-Zeitung." Nr. 77, d. d. 25. September 1795.

kämpfte auf Englands Befehl den ungerechten Krieg in Amerika, in Indien und in allen Welttheilen? Waren es nicht Teutsche, die im Solde Englands ihr Blut zur Unterjochung schuldloser Menschen vergossen und sich zum Unrechtthun verkauften? Wer verlängert jetzt den Krieg? Wer streut Zwietracht aus, und wer reizt Brüder gegen Brüder, Nationen gegen Nationen? Ist es nicht England? Seine Hartnäckigkeit, Bestechung und Ueberredungskunst hält die Schwerter auf dem festen Lande noch immer zurück. Sein größtes Vergnügen ist, Menschen zu morden, Länder auszuhungern, Zerstörungen aller Art zu verewigen und Mißtrauen unter die Nationen zu werfen, um sich auf Kosten aller andern Staaten zu bereichern, seine Konstitution durch Bestechung und Lüderlichkeit zu vernichten und die ehrgeizigen und unsinnigen Pläne eines menschenfeindlichen Ministers zu befördern." *)

Der Haß des deutschen Volkes sollte nun einmal zu gleichen Theilen auf Oesterreich und auf England abgeleitet werden. Der Ursprung des preußischen Hasses gegen Oesterreich ist allbekannt; es war dieß der an Oesterreich begangene Raub von Schlesien; der Ursprung des sorgsam gepflegten preußischen Hasses gegen England aber, hatte die gleiche Wurzel mit der von Preußen damals zur Schau getragenen Abneigung gegen Holland: es war das Bewußtsein, beide Staaten um ihr Geld geprellt zu haben.

Kurz nach Abschluß des Baseler Friedens stand in einer deutsch geschriebenen und damals unter dem Hardenberg-, Merlin-Barthélémy'schen Einfluße thätig wirkenden Straßburger-Zeitung: **) „Aus einem Briefe von Basel vom 5. April": „Es

*) „Bemerkungen über die Rechtmäßigkeit und die Vortheile des Friedens des Königs von Preußen mit der französischen Republik" in den „Beiträgen zur Geschichte der französischen Revolution". (13. Stück, 1795.)

**) „Der Weltbote." Samstag 18. April 1795.

scheint außer Zweifel, daß nicht nur Preußen, sondern auch ein Theil des teutschen Reichs, Spanien und Sardinien die Koalition verlassen. Teutschland soll in zwei Reiche abgetheilt werden, in das Nord-Reich und in das Süd-Reich. Jenes soll dem König von Preußen zufallen, und alle Stände in demselben kommen unmittelbar unter preußischen Schutz. Frankreich behält Belgien, das Lütticher-Land und die festen Plätze an der Maas. Die übrigen teutschen Reichsstände in Schwaben, Franken, am Rhein ꝛc. werden frei (!!) und kommen unter französischen Schutz zu stehen!"

Eine andere Correspondenz derselben Zeitung späteren Datums ließ sich wieder folgendermaßen vernehmen: „Aus Siegburg vom 27. Mai:" „Bei allen Bewegungen der kaiserlichen Truppen am Rhein will man selbst durch mehrere vornehme Stabsoffiziere wissen, daß es schwerlich zu einer neuen Campagne kommen wird. Die Bewegungen sollen blos dahin abzwecken, sich den Grenzen mehr und mehr zu nähern, um bei einem etwaigen Friedensschluß das starke Ausreißen zu verhindern. Dieser Friedensschluß soll wirklich weit näher als jemals seyn. ... In der That muß auch Oesterreich befürchten, abgeschnitten zu werden, da aus den Friedensbedingungen erhellt, daß der teutsche Fürstenbund (!) mit Preußen einverstanden ist, dem Frieden beytritt und sich also anheischig macht, keinen feindlichen Truppen gegen Frankreich den Durchmarsch zu gestatten."*)

*) Uebereinstimmend mit diesen Angaben war im französischen „Journal de Mercier" unter dem Datum 8. Juni 1795 zu lesen: „L'attaque générale contre l'ennemi avoit été fixée pour la nuit du 30 mai au 1 juin, pour s'emparer de ses lignes et le repousser de devant Mayence, ... mais tout-à-coup l'entreprise a été suspendue à cause d'un courier arrivé de Bâle chez le comte de Clerfayt. On dit que les hostilités sont suspendues jusqu'au 15 de ce mois." Diese Notiz stand nahezu zur selben Zeit in den Zeitungen, als Clerfayt die wiederholten Befehle

Ein anderer Artikel dieser Zeitung enthielt die Nachricht von einem Waffenstillstande zwischen Frankreich und Oesterreich. „Politiker behaupten," so hieß es dort, „daß der Berliner Hof hauptsächlich deswegen sich geeilt hat, mit Frankreich Frieden zu machen, um sich gegen die Höfe von Petersburg und Wien

---

des Kaisers erhielt, bei seiner persönlichen Verantwortung und bei der Allerhöchsten Ungnade endlich sein Zaudersystem zu verlassen und gegen den Feind offensive vorzugehen.

Am 22. Juni berichtet das Journal de Mercier und nach ihm die Mannheimer Zeitung, das Zweibrücken'sche Journal, das politische Hamburger Journal und andere im preußischen Interesse wirkende Blätter, über das österreichisch-englische Anlehen, nach einer angeblichen Correspondenz aus Frankfurt vom 6. Juni 1795: „Au reste ce traité contient des articles bien faits pour humilier la morgue Autrichienne! Le Cabinet de Saint-James ne paroit point se fier à la foi impériale. Suivant un des articles il doit y avoir près de l' armée des commissaires Anglois pour inspecter, si de la part de l'Autriche les conditions stipulées sont rigoureusement remplies. Il est encore un autre objet qui fixe la sollicitude du cabinet de Vienne; c' est un bruit qui circule en Allemagne, que la rive gauche du Rhin seroit abandonnée aux François contre les Pays Bas, à condition que la France faciliteroit l' échange de ces derniers contre la Bavière, et qu' il y a même une négociation entamée à ce sujet. Ce bruit, les ministres Autrichiens le déclarent une calomnie; peu s' en faut même qu' ils ne prononcent anathéma contre ceux qui voudront y croire."

„Le cabinet de Vienne s' occupe beaucoup des moyens de persuader, qu' il est toujours décidé à continuer la guerre contre la France. La Gazette de Mayence avoit annoncé, qu' après l' arrivée de Bâle d' un courier chez le Général Clairfayt on avoit suspendu un grand projet d' attaque contre les François qui sont autour de Mayence. Depuis, une autre feuille a été requise de démentir ce bruit. Ce qui semble prouver plus que des déclarations que la politique peut suggérer, c' est la circonstance de la consommation des arrangements entre le cabinet de Vienne et celui de Saint-James pour l' emprunt impérial qui a eu lieu le 2 du moi de Mai. Cependant encore, l' accord pour cette espèce de subside donné sous le nom d' emprunt à la maison d' Autriche," (Man vergleiche die, dieser Auffassung der Dinge vollkommen entsprechende Stelle in L. Häussers D. G. B. II. S. 13) „peut n' être pas

in die gehörige Verfassung zu setzen, die ihm große Ursache zu Klagen gegeben hatten." *)

„Der Kaiser hat", so hieß es weiter, „das englische Anlehen von 6 Millionen Pfund Sterling ausgeschlagen und erklärt, er sehe sich durch die Unruhen, die sich hin und wieder in seinen Staaten äußern, und durch andere Umstände im Falle, auf einen Partikular-Frieden mit Frankreich zu denken." **)

---

plus un pronostic de continuation de guerre de sa part, que ne fut celui donné dernièrement à la Prusse. Il reste aussi à expliquer, pourquoi l'Empereur, à qui les ministres Anglois avoient donné la faculté de recevoir six millions Sterling, s'est borné à quatre millions six cents mille livres. Ne peut on pas supposer, que François qui pour cette somme aux termes de la Convention conclue à Vienne, doit avoir sur pied pour la campagne actuelle deux cents mille hommes effectifs, s'est trouvé dans l'impossibilité de faire de plus grands efforts que l'Angleterre auroit exigé de lui pour les six millions, ou enfin qu'il a trouvé les conditions de l'emprunt trop onéreuses pour vouloir en accepter la totalité?"

*) Man vergleiche die, dieser Auffassung der Dinge vollkommen entsprechenden Stellen in L. Häusser's D. G. B. I. S. 584—85, und in v. Sybel's Gesch. d. Rev. B. III. S. 338—42.

**) Die Deutsche Geschichte L. Häusser's findet höchst sonderbarer Weise alle diese Aussprüche der insbesondere von Hardenberg influenzirten Zeitungen, als dem österreichischen Einfluße entsprungen. Im B. II. S. 17 heißt es: „In den öffentlichen Blättern, die unter österreichischem Einfluß standen," (Wie heißen diese Blätter?) „ward geradezu in Aussicht gestellt, daß ... der Kaiser seine Truppen in die Erbstaaten zurückziehen und das Reich seinem Schicksale überlassen würde." — Mit größerem Anspruch auf Glauben meint der Graf Dietrichstein in einem seiner Berichte (d. d. Francfort ce 10 Mai 1795) an Thugut: On fait tout ce qu'on peut pour séparer l'Empire de nous, tout ce qu'on peut pour nous engager à nous compromettre et pour donner de la méfiance à nos alliés et à l'Empire en nous supposant des intentions de paix, chose pour laquelle les gazettiers et les Français mêmes secondent merveilleusement les Prussiens. Le gazettier de Deux-Ponts dit aujourd'hui, que l'Empereur a refusé de reconnaître le Roi et le régent, et qu'il a déclaré, qu'il ne donnerait pas un homme ni un écu pour

Alle diese geheimsinnigen und sich oft selbst widersprechenden Zeitungsnachrichten tragen für jeden Unbefangenen das Gepräge eines wohlüberdachten Systems und den sichtbaren Stempel unermüdlicher Versuche, den Kaiser im Reich und bei seinen Alliirten zu compromittiren.

„Der spanische Frieden", so hieß es endlich in dieser Straßburger Zeitung, die durch ihre Aussprüche keinen Zweifel aufkommen läßt über die Quelle aus welcher sie schöpfte, „ist uns eben so wichtig, als der Friede mit Preußen. Durch den letzteren haben wir die Mehrheit der teutschen Stände in unser Interesse gezogen, besonders die beyden hessischen Häuser, Sachsen, Mainz, die Pfalz, Mitglieder des unter dem vorigen Könige von Preußen so berühmten deutschen Fürstenbundes. (!) — Das Uebergewicht (!) des preußischen Hofes über den österreichischen und die daraus entstehende Veränderung in Teutschlands Reichs-Verfassung ist dadurch gegründet und Frankreich in seinen Grenzen und seinem Handel vollkommen gesichert." *)

Diese Straßburger Zeitung brachte auch das Gerücht in Umlauf, Lehrbach käme nach Basel, um den Frieden für Oesterreich zu unterhandeln, Mainz werde neutral erklärt, demzufolge würden die Oesterreicher Mainz verlassen. Oesterreich, so rief dieses Blatt frohlockend aus, sei noch nie in einer mißlicheren

---

reprendre les Pays-Bas. D'un autre côté les Français ont crié aujourd'hui aux avant-postes: vive la république! vive l'Empereur! qu'il faisait la paix, et que nous aillons être amis! (St. A.)

*) Weltbote Nr. 189, d. d. Samstag, 18. April 1795. — Für ihr Lesepublikum ließ diese Zeitung auch bei passender Gelegenheit einen oder den andern der deutschen Stände die Wege Preußens wandeln. So schrieb sie schon am 22. Mai 1795: „So eben erhält man die zuverlässige Nachricht, daß der Friede mit dem Hause Baden, wie mit dem Hause Hessen zu Basel unterzeichnet worden ist."

Lage gewesen, als es glücklicher Weise nun durch den Baseler Frieden gerathen wäre. „Es hat“, so frohlockte der Weltbote, „seinen entscheidenden Einfluß auf die teutschen Reichsangelegenheiten beinahe ganz verloren, und Preußen ist der Schiedsrichter über Teutschlands Schicksal geworden.“

Auch das in späteren Zeiten vielbeliebte Mainlinie-Projekt fand in diesem Blatt schon damals wiederholt seine Vertretung: „Vielleicht theilt sich das ganze Reich in zwei Theile ab, wie etwa die zwei Vikariate sind, wovon der eine Theil unter preußischen, der andere aber unter österreichischen Schutz kommt.“ *)

Unter allen deutsch gedruckten Tagesblättern sprach sich übrigens diese unter preußisch-französischer Redaction stehende Zeitung am allerverächtlichsten gegen Deutschland und das Deutschthum aus. Sie ermüdete nicht dem Reiche vorzuerzählen, daß der Verlust des linken Rheinufers ein ganz unumgänglich nothwendiges natürliches Opfer wäre, welches Deutschland dem Weltfrieden zu bringen habe, da diese Gebietsabtretung mit der Zeit für Deutschland sicherlich nur ganz günstig verlaufen könne.

„Bey der Trennung Teutschlands von den andern fränkischen Provinzen, nach Karl dem Großen, wurde eben der Rhein als Grenze festgesetzt, ausgenommen die Gegend von Mainz, Worms und Speier, angeblich wegen des dasigen in Teutschland nun nicht mehr wie damals seltenen Weinwachses, in der That aber wegen des dortigen Passes über den Rhein; und gerade dieses ist ein Grund, diese 950 jährige Quelle zu Zwistigkeiten

*) Der Weltbote, Samstag den 23. Mai 1795. — Auch bei dieser Stelle wird der Leser, welcher sie mit den Hardenbergischen Briefen an Albini (vom April und Mai) vergleicht, die unläugbare Verwandtschaft in den Gedanken wahrzunehmen Gelegenheit finden.

zwischen beyden Nationen nun auf immer dadurch zu verstopfen, daß der Rhein als Grenze festgesetzt werde!" *)

Unablässig wurde durch Hardenberg und seine neuen französischen Freunde auf diese Art die öffentliche Meinung im deutschen Reiche bearbeitet und ihr die Abtretung des linken Rheinufers als für Deutschland höchst wünschenswerth dargestellt. Wie mußte Frankreich über die Erbärmlichkeit dieser deutschen Minister frohlocken! Wahrlich, es bleibt eine schwer zu lösende Frage, wer verächtlicher und eine sittlich verkommenere Creatur war: jener Deutsche, der solch' elendes Zeug in seiner Muttersprache niederschrieb, oder jene preußischen Diplomaten, die ihm thatsächlich hiezu den Antrieb gaben, oder gar selbst die nothwendigen Daten lieferten? **)

Und dennoch ließ sich damals das deutsche Volk nicht so rasch und blindlings täuschen und bethören, als die nachfolgenden Geschlechter und unsere Gegenwart. In jener traurigen Zeit regte sich der Volksgeist und die Liebe zum deutschen Vaterland beim Bürger und Bauer so mächtig, als sie sich nur immer unter den drückenden Verhältnissen, die damals in unserem Vaterlande herrschten, immerhin regen durften und konnten. Namentlich in den Reichsstädten galt der kaiserliche Adler doch immer

*) „Straßburgische Zeitung, der Weltbote." Freitag, den 4. September 1795.

**) Mit allen diesen von Hardenberg und durch seine Gesandtschafts-Mitglieder inspirirten Artikeln, namentlich mit jenen der vorerwähnten Straßburger-Zeitung, lassen sich gewiß sehr schwer die v. Sybel'schen Angaben und analog mit diesen jene der Deutschen Geschichte L. Häusser's vereinen, welch' letztere im B. II. S. 18. die große, wichtige (!) Entdeckung zu machen das besondere Glück hatte, daß sich auch schon damals „die preußische Politik in Paris bestrebte, den Gedanken an die Rheingrenze den Franzosen auszureden." (!!)

noch mehr, als jener des „großmüthigen Demarcators“. Ja selbst in Frankfurt, einer Stadt, die seit dem Rücktritte des Reichs-Feld-Marschalls und der Besitznahme derselben durch Hohenlohe unter dem preußischen Einfluß und unter preußischer Machthoheit stand, fanden sogar bei hellem Tage wiederholte Angriffe auf preußische Soldaten und Officiere statt und Demonstrationen zu Gunsten der Oesterreicher.*)

Wenn reichsstädtische Bürger oder Bauern einzelner dieser „Demarcations-Helden“ (wie der Volkswitz die preußischen Sol-

*) Ein Augenzeuge hat uns aufbewahrt, daß am 2. August 1795 im städtischen Schauspielhaus zu Frankfurt ein Schauspiel, benannt „Ludwig der Springer“ gegeben wurde. Dieses Stück hatte sich der preußische Gouverneur bestellt, und es war durchgehends mit Anzüglichkeiten und gehässigen Ausfällen gegen Oesterreich und den deutschen Kaiser gewürzt. Bei einer der stärksten Stellen fing nun ein anwesender österreichischer Officier zu zischen an, und allsogleich erhob sich wie Ein Mann das anwesende Volk, zischte mit und jubelte dem Oesterreicher zu! Die von der Bühne aus im spöttischen Sinne gestellte Frage: „Wie, wir sollen dem Kaiser gehorchen?“ wurde vom ganzen Volke mit einem stürmischen „Ja, wir wollen dem Kaiser gehorchen!“ und mit „Vivat dem deutschen Kaiser“ beantwortet. Der Tumult nahm einen sehr ernsten Charakter an, als alle anwesenden preußischen Officiere und Beamten nach Kräften dem Volke Ruhe gebieten wollten und das Stück beklatschten, und endete damit, daß die anwesenden Preußen, von einem maßlosen Hohngelächter und drohendem Geschrei des Volkes begleitet, das Schauspielhaus verlassen mußten. Graf Dietrichstein, der uns diese Thatsache als Augenzeuge und als Zeichen eines noch nicht ganz abgestorbenen Patriotismus der Frankfurter Bürgerschaft aufbewahrt hat, fügt seiner Mittheilung an Thugut bei: „Mais la malveillance contre nous est telle ici, qu'on rapporte l'anecdote du théatre en sens contraire et qu'on dit hautement, que L'Empereur a été sifflé. Mr. de Romanzow (der russische Gesandte) déplorait hier la manière incroyable dont notre considération tombe ici et dans tout l'Empire, qu'on peut voir par les gazettes, les écrits, les pièces de théatre. Il l'attribue à nos différens ministres en Empire qui ne savent pas en imposer et faire respecter leur maître. (d. d. Francfort ce 4 Aout 1795. St. A.)

daten damals nannte) habhaft wurden, so gab es meistens blutige Schlägereien. Ihrer Galle gegen Preußen machten die ehrsamen Bürger mit ihren Knitteln namentlich auch gegen jene preußischen Soldaten Luft, die sich etwa beikommen ließen, den Hochmuth und Eigendünkel ihrer Minister und Officiere nachzuahmen. Zum Entsetzen des Magistrats bewarf der niedere Pöbel zu Frankfurt sogar den, vom preußischen Gouverneur, statt des kaiserlichen aufgerichteten preußischen Adler mit Koth, Aepfeln und faulen Eiern, und Hohenlohe mußte wiederholt Gewalt gebrauchen, um die auf seine Truppen gemachten Angriffe abzuwehren. *)

Obgleich in dieser hilflosen Reichsstadt, der Stadtrath, die Banquiers und reichen Handelsleute fast alle preußisch-reichsfeindlich gesinnt waren, so ließ sich dennoch die große Menge der Bürger nicht abschrecken, ihren Gefühlen nach eigenem Ermessen Luft zu machen. Man sammelte überall für die Oesterreicher, und es zeigten sich auch sonst einzelne Beispiele rührender Anhänglichkeit an die Sache des Kaisers und des Vaterlandes.

*) Die Frankfurter Zeitungsblätter, die damals alle preußischer Zensur unterstanden, durften diese Vorfälle natürlich nicht berichten, dennoch enthalten sie hierüber eine höchst bezeichnende Kundmachung folgenden Inhaltes: „Nachdem wiederholte Beschwerden darüber anhero erlassen worden, daß königlich preußische Soldaten von Personen der niedern Klasse beleidiget und mißhandelt werden, und dieses um so ohnerwarteter gewesen, als eines theils vorhin schon jedermann zu einem dießfallsigen, anständigen Betragen ermahnet worden, andern theils aber der hiesigen Stadt und sämmtlich derselben Einwohner angedeyhende wohlthätige königlich preussische Schutz, billig mit allgemeinen Dank erkannt werden sollte; Als will man nochmalen jedermann wohlmeynend verwarnen, sich aller Beleydigungen oder Thätlichkeiten gegen alle zum königlich preußischen Militair gehörigen Personen um so gewisser zu enthalten, als er sich die daher entstehende unangenehmste Folgen selbsten beyzumessen haben wird. Signatum den 7. Oktober 1796. — Stadt-Canzley." — „Frankfurther Frag- und Anzeige-Nachrichten." Nr. 87, Freitag den 16. Oktober 1796.

Als die Kaiserlichen im Spätjahr neuerdings überall siegreich vordrangen, war namentlich in Frankfurt des Jubels kein Ende. Arme Christen und Juden überbrachten dem preußischen Platz-Major Luccador Wein, Charpie und Geld für die verwundeten Oesterreicher. Luccador sandte den kämpfenden Kaiserlichen die Charpie, behielt jedoch den Wein und das Geld für die preußischen „Demarcations-Helden“ zurück. Als dieser schändliche Mißbrauch des Vertrauens unter den Frankfurter Bürgern ruchbar wurde, entging jener preußische Officier nur mit knapper Noth der sich vor seiner Wohnung zusammenrottenden Volksmenge, die Hand an ihn legen wollte. *)

Von dem reichsfreundlichen Sinn der Bürgerschaft Frankfurts durch den Grafen Dietrichstein unterrichtet, schrieb Clerfayt nach seinen Siegen an den Magistrat dieser Stadt einen Brief voll Lobeserhebungen und Danksagungen. Doch nun geschah das Unglaubliche: der städtische Magistrat dieser Reichsstadt weigerte sich, den Brief des Reichs-Feld-Zeugmeisters zu veröffentlichen, denn die Frankfurter Blätter standen, wie erwähnt unter preußischer Censur, und kein deutsches Blatt in Frankfurt durfte den Dank des kaiserlichen Reichs-Generals aufnehmen. Ja die Schamlosigkeit ging so weit, daß sogar aus dem in französischer Sprache abgefaßten „Journal de Francfort“ ein elender Schelm, Namens Böhmer, damals in Frankfurt „hochansehnlicher“ preußischer Censor, das bereits gedruckte Clerfayt'sche Dankschreiben wieder ausstrich und dessen weitere Verbreitung ausdrücklich verbot. **)

*) Dietrichstein an Thugut, d. d. 19. October 1795. (St. A.)

**) Im Staatsarchiv erliegt das gedruckte Original des „Journal de Francfort du Dimanche 18 Octobre 1795, Nr. 219,“ in welchem von Böhmers Hand der Brief Clerfayt's durchgestrichen ist. Die durch-

22*

Ebenso willkürlich verfuhr die Censur in den deutschen Kleinstaaten, denen allen das Gefühl ihrer Zusammenhörigkeit und für das, was sie Kaiser und Reich schuldig waren, bereits vollkommen abhanden gekommen war. In den größeren öffentlichen Blättern, die im Dienste einzelner Reichsstände standen, wurde Alles gegen den Kaiser gerichtete aufgenommen, dagegen Alles, was für ihn und Oesterreich im guten Sinne wirken konnte, aufzunehmen verboten. Die preußische Diktatur ging so weit, daß sie in den freien Reichsstädten wie Nürnberg, Frankfurt, Wetzlar und anderwärts sogar die Confiscation aller jener Bücher und Schriften bewirkte, die kaiserliche Rechte vertraten. So wurde auch der

---

strichene Stelle, war die Uebersetzung des Clerfayt'schen Schreibens, und lautete: Copie d'une lettre adressée au vénérable Magistrat de la ville libre Impériale de Francfort, par Son Excellence Mr. le maréchal comte de Clerfayt. „Du quartier général de Bergen le 13 Octobre 1795. — Il m'a été rapporté, Messieurs, que conjointement avec la louable bourgeoisie de votre ville, vous avez tenu hier la conduite la plus digne d'éloges envers les blessés, et que dans cette occasion vous avez confirmé des sentiments patriotiques qui vous distinguent particulièrement et dont vous avez déjà donné des preuves si multipliées. Je m'empresse, Messieurs, de vous témoigner mes sincères remercimens pour la nouvelle manifestation que vous venez de faire de ces sentimens. Je vous prie en même tems de communiquer ceci à la louable bourgeoisie. Soyez bien assurés que je ne laisserai pas échapper cette occasion de faire un rapport à ce sujet à S. M. l'Empereur comme chef suprême de l'Empire."

Und die Zeitung, welche diesen Brief nicht aufnahm, erschien „avec privilège de Sa Majesté Impériale." Dietrichstein berichtet hierüber an Clerfayt: „V. E. a écrit une lettre de remercîment au Magistrat d'ici, pour les secours donnés aux blessés etc. Le censeur a osé effacer et rayer cet article des Gazettes où on l'imprimoit, de crainte de déplaire aux Prussiens. Je me propose de parler demain au Pr. de Hohenlohe de la crainte qu'on a, de dire du bien ou des vérités de nous en sa présence, pour voir ce qu'il me dira. — d. d. Francfort ce 18 Octobre 1795. — (St. A.)

kaiserliche Concommissär, der in Regensburg als solcher die Stelle eines kaiserlichen Polizei-Chefs bekleidete, auf Andrängen einer gewissen Mehrzahl der Gesandten zu wiederholten Malen gezwungen, Bücher und Flugschriften, welche für Oesterreich und das Reichs-Oberhaupt günstig gesinnte Urtheile enthielten, von „Reichswegen“ mit Beschlag zu belegen oder für den Polizeikreis von Regensburg zu verbiethen.

Eines der schönsten Beispiele dieser Art lieferte der „Reichs-Anzeiger,“ der gleichfalls „mit kaiserlichem Privilegium“ zu Gotha gedruckt wurde. Die dortige Censurbehörde unterstand gleichfalls dem preußischen Einflusse und strich unbarmherzig eine Stelle, die folgendermaßen lautete: „Warum verbietet man denn jene Schriften nicht, welche die auffallendsten antikaiserlichen Grundsätze aufstellen und das thun, ohne sie zu beweisen? — Warum verbietet man jene Schriften nicht, deren Verfasser sich alle erdenkliche Mühe geben, das kaiserliche Ansehen, — meinen und Euern Kaiser, herabzuwürdigen und zu verkleinern, politisch zu vernichten? Aber man ist so weit entfernt dergleichen Schriften zu verbieten, daß sie sogar von einer gewissen Gattung Leute mit innigem Wohlgefallen und mit lautem Jubel aufgenommen werden.“ *)

So ließen diese Herren Nichts, was nur im Geringsten den Patriotismus des deutschen Volkes für Oesterreich rege gemacht

*) Die angeführte Stelle sollte dem Verfasser des „Teutschen Kriegs-Staats-Rechtes“ als Rechtfertigung in einer Polemik dienen. Der Abdruck des „Reichs-Anzeiger“, Nr. 153, Mittwoch den 6. Julius 1796, erliegt mit dieser vom Censor in Gotha durchstrichenen Stelle im St. A. — Das Merkwürdigste hiebei ist, daß diese Reichszeitung ein kaiserliches Journal, und der zweite Reichs-Referendar Hofrath v. Hofmann in Wien mit der Redaction des Blattes betraut war. Nach diesen Angaben lassen sich die Oesterreich zugeschobenen „Inspirationen“ deutscher Zeitungen einigermaßen richtiger beurtheilen.

haben würde, in die Oeffentlichkeit bringen, und wandten unermüdlich ihre Bemühungen bald gegen die Träger des kaiserlichen Principes, bald gegen die unschuldigen Briefe eines kaiserlichen Generals, welcher der Bürgerschaft von Frankfurt, nach Befreiung dieser Stadt durch die Siege der Oesterreicher, seinen Dank aussprechen wollte für die lobenswerthe und ehrende Theilnahme, welche die Bewohner dieser Reichsstadt den Truppen des Reichsoberhauptes erwiesen hatten!

Damals geschah es auch, daß Jourdan, wie wir später eingehender berichten werden, die Demarcations-Linie bei Eichelskamp so offenbar verletzte, daß sich sogar der preußische Abtheilungs-Commandant Major von Borstel bewogen fand, dagegen zu protestiren. Da aber Hardenberg und Hohenlohe diese offenbare Mißachtung der Demarcations-Linie mit Jourdan insgeheim in das Reine gebracht hatten, so wollte auch der Graf Haugwitz in Berlin dem österreichischen Gesandten gegenüber diese Verletzung als solche nicht gelten lassen, sondern behauptete allsogleich in seiner gewohnten dreisten und unverschämten Weise: „Die Franzosen hätten die Demarcations-Linie und das preußische Gebiet respektirt, die kaiserlichen Truppen aber erstere verletzt.“ *)

Und siehe da, allsogleich stand schon am 19. October in der officiellen preußischen „Baireuther Zeitung“ unter dem fingirten Datum „9. October aus Lippstadt“ die Kunde:

„Mehrere Reichs-Zeitungen und andere, so wie das „Journal de Francfort“, diese Trostschrift aller Auswanderer, haben behauptet, der Uebergang der Franzosen sei auf preußischem Gebiete, ja sogar zu Ruhrort geschehen. Selbst österreichische

*) Reuß an Thugut, d. d. Berlin 3. October 1795. (St. A.)

Truppen erzählten es auf ihrem Rückzuge hin und wieder. Es ist aber ganz ungegründet. Der Anblick der noch zertretenen Stelle, wo die Franzosen landeten, und selbst österreichische Soldaten, welche in der Nähe auf Piquet standen, bezeugen, daß der Uebergang nicht auf preußischem, sondern auf pfälzischem Gebiete geschah." *)

Hiezu bemerkte Hügel: „Wahrlich Nichts gleicht der Unverschämtheit, mit welcher man königlich preußischer Seits die öffentliche Meinung zu verfälschen, und die wichtigsten Facten in Zweifel zu ziehen oder doch zu entstellen sich erlaubt, wenn es das System des Hofes erfordert." **)

Wenn die preußischen Zeitungen allein diesen Unfug getrieben hätten, so wäre ihnen vielleicht ein Damm entgegen zu setzen gewesen; aber die in ihren Friedenswünschen befangenen und verblendeten Reichsstände trieben es ja selbst nicht besser. — Wie tolldreist sich damals im Reiche Schriftsteller aller Art und aller Parteien auf dem Feld der Literatur herumtrieben, zeigt am Trefflichsten eine eben so anmaßende als lächerliche Druckschrift, welche in Hanau erschien und zu beweisen versuchte, daß der Verlust der Niederlande für Oesterreich gar kein Verlust, sondern nur ein großer Gewinn wäre, und daß: „Nach allen göttlichen und menschlichen Rechten nun die Niederlande seit Heinrich dem Kinde, folglich schon über sechs Jahrhunderte, dem hochfürstlich landgräflichen Hause Hessen-Kassel gehören." ***)

Diese gerechten Ansprüche werde der Landgraf nun geltend machen, denn — so hieß es weiter — „die Niederlande liegen Hessen

*) Baireuther Zeitung vom 19. October 1795.

**) Hügel an Colloredo, d. d. Regensburg 25. October 1795. (St. A.)

***) „Gedanken über die Niederlande von Baron O. Cahill, k. sardinischem Obersten." Hanau 1795.

ungleich näher und bequemer, als wie selbige dem Hause Oesterreich liegen; dahero können sie auch dem deutschen Reiche, wenn sie mit selbigem, es seye nun unter dem Titel eines Kurfürstenthumes oder Königreiches, verbunden bleiben, zu einer um so besseren Vormauer dienen, als die thätigen, weisen und vorsichtigen Hessischen Regenten gewiß Alles verwenden werden, diese Vormauer Deutschlands gegen alle feindlichen Anfälle zu schützen und in dem besten Vertheidigungsstand zu erhalten. Welcher Vortheil! welcher Nutzen! welcher Gewinn für Deutschland!"

Freilich war ja der Landgraf von Hessen-Kassel ein preußischer Schleppträger und mit dem preußischen Königshause mittlerweile durch seinen Sohn blutsverwandt geworden; — Oesterreich nicht — aber allenfalls dem Landgrafen von Hessen-Kassel konnten die Niederlande von Preußen vorläufig gegönnt werden. Für die Rechtsdeduction und die Erweisung von Ansprüchen oder für die staatsrechtliche Begründung derselben auf „aller möglichen Herren Länder" konnten dann ihres Theils die seit Friedrich II. eifrig thätigen preußischen Kronjuristen Sorge tragen.

Der wohldenkende reichsfreundlich gesinnte Landgraf von Hessen-Darmstadt war über diese schamlose hessen-kasselische Schrift ganz empört.*) Lehrbach erfuhr durch ihn, daß der hessen-kasselische Friedensunterhändler Waiz von Eschen dieser ebenso unverschämten als einfältigen Schrift zu Basel Verbreitung gebe, und bemerkte sarkastisch: „Ich stelle mir diesen Mann mit dem Herrn von Hardenberg vor, wie sie glauben, der Landgraf von Hessen-Kassel sey schon Besitzer der Nieder-

*) Nach einem Brief des hessen-darmstädtischen Ministers Freiherrn v. Gazert an den Grafen v. Lehrbach, d. d. Darmstadt 1. September 1795. (St. A.)

lande, Kurfürst des burgundischen Kreises oder gar König von Austrasien!" *)

Dafür war aber auch der Beherrscher der Chatten in seiner Art thätig, sich die kurfürstliche Würde und das burgundische Königreich bei Preußen zu verdienen. — Zur selben Zeit, als Oesterreichs wackere Krieger am Neckar und am Rhein ihr Blut für die Ehre und Integrität des Reiches dahingaben, schritten die hessen-kasselischen Minister und Agenten mit den preußischen in gleicher Linie vor. Die hessen-kasselischen Zeitungen bliesen mit den preußischen in dasselbe Horn. Die Verpflegung der kaiserlichen Krieger wurde in dem kasselischen Gebiet überall gehemmt, Fruchtankäufe der Oesterreicher an diese abzuliefern verboten, unbedeckt gebliebene kaiserliche Magazine ausgeräumt und den preußischen Truppen ausgeliefert. Der Name des Kaisers und das Gebet für den Kaiser und seine Waffen wurden bei der „hessen-kasselischen Nation" (wie der Landgraf im fredericianischen Styl den Bruchtheil deutschen Volkes nannte, welcher das Unglück hatte, ihm unterthan zu sein) geächtet. Dagegen ließ derselbe Landgraf am 5. October in Wilhelmsbad bei Hanau im Schauspielhause ein Stück aufführen, welches auf die Verhimmelung der preußischen Zustände gerichtet war. Verachtung und Haß gegen den Kaiser wurde in diesem erbärmlichen „Fest-Stück" öffentlich gepredigt, und das Glück jener Völker gepriesen, welche wie das „Landgraf hessen-kasselische Volk" unter einer „weisen Regentschaft der Segnungen eines ehrenvollen Friedens theilhaftig würden." **)

---

*) Lehrbach an Thugut, d. d. Regensburg 6. September 1795. (St. A.)

**) Der Ankündigungszettel dieser elenden Posse lautete wörtlich: „Mit gnädigster Erlaubniß (Montag, 5. October 1795) in Wilhelmsbad

Durch solche und ähnliche Mittel wurden die besser gesinnten Theile der deutschen Nation auf schamlose und niederträchtige Weise in ihrer Ueberzeugung wankend gemacht, und das arme bethörte Volk mußte sogar auf landgräflich hessen-kasselischen Befehl den Kaiser und Oesterreich verachten, den Darsteller kaiserlicher Gesinnung auszischen, — dafür aber die „landgräflich hessen-kasselische Friedens-Gloire“ stürmisch beklatschen!

Der heftige Federkrieg, der sich über den Baseler Frieden erhob, ist eine so beachtenswerthe Erscheinung, daß er in allen seinen Einzelnheiten, zu welchen auch die vorberührten Episoden gehören, eine eigene vergleichende Darstellung verdienen würde. Dieser Federkrieg muß als das letzte Aufflackern der deutschen Vaterlandsliebe und der Anhänglichkeit an das Kaiserthum betrachtet werden; denn dieser Federkrieg war ein Aufschrei des Entsetzens jener wenigen edlen deutschen Männer, die mit trauererfülltem Herzen an das Geschick ihrer Nachkommen, an den politischen Untergang unseres Vaterlandes und an jenen des ehrwürdigen deutschen Kaiserreiches dachten.

Bevor wir den Versuch wagen, in eine vergleichende Darstellung dieses Federkrieges einzugehen, werde vor Allem darauf hingewiesen, daß aus den Beispielen, die wir in den vorherge-

---

bei Hanau aufgeführt: „„Die schöne Eiche bei Babenhausen, oder Bürgerfreude und Bürgerglück.““ Zu der Feier des hessischen Friedens mit der Republik Frankreich. Ein Familiengemälde in 2 Aufzügen von Herrn von F. C. Braun.“ Dem Zettel war die geistreiche Bemerkung beigedruckt: „Da dieses Stück in das hessische Volks-Interesse eingreift und der Dichter mit Kraft und Wärme den so lieblichen als erhabenen Stoff behandelt, so dürfen wir dem gütigen Publikum eine heitere und rührende Stunde versprechen“ u. s. w. (St. A.)

gangenen Blättern angeführt haben wohl hinlänglich ersichtlich ist, wie überaus trostlos die Richtung war, welcher die öffentliche Meinung im Reich damals zum Opfer fiel. Auch in dieser literarischen Baseler Friedensfehde war übrigens Oesterreich nicht der angreifende, sondern der angegriffene Theil und blieb während der ganzen Dauer derselben nur abwehrend betheiligt.

Die Oesterreich und den Kaiser entehrenden grundlosen Angriffe gingen, wie wir gesehen haben, von preußischer Seite aus. Preußen war es also, welches die unbesonnensten, lügenvollsten und frevelhaftesten Anklagen gegen das Reichsoberhaupt und die kaiserliche Regierung schleuderte, und den Reigen dieser Anklagen eröffnete, wie bereits bekannt, die an geeigneter Stelle besprochene „Erklärung Sr. königlichen Majestät von Preußen an Ihre Höchst und hohen Reichs-Mitstände in Betreff des am 5. April 1795 mit der französischen Republik geschlossenen Friedens-Tractates.“ — Endlich wird gleichfalls erinnerlich sein, daß dieses officielle preußische Machwerk schon Ende April als Begründung des Baseler Friedens erschien, und an alle fremde und deutsche Höfe, an ausländische Minister und Gesandten vertheilt, ja selbst dem Reichsrathe von Regensburg in auffallender und officieller Weise zur Dictatur eingereicht wurde.

Eine so unverschämte Erklärung, die nahezu in jeder Zeile eine Unwahrheit und eine Beleidigung Oesterreichs und des Reichsoberhauptes enthielt, dazu bestimmt, das Werk Friedrich's Wilhelm II. in entsprechender Weise zu krönen, konnte natürlich nicht verfehlen, im ganzen Reich das größte Aufsehen hervorzubringen. Die Beantwortung dieses preussischen Manifestes ließ aber nicht lange auf sich warten; sie kam, bezeichnend genug für das rücksichtsvolle Benehmen der kaiserlichen Regierung, nicht von Oesterreich, sondern von fremder Seite, und zwar durch den vorerwähnten Federkrieg, den diese „Erklärung" thätsächlich entzündet hat; und vielleicht hat Preußen noch nie so viele bittere Wahrheiten gesagt bekommen, als damals in Folge der bewußten königlichen Erklärung. Für Preußen selbst wirkte die Reaction um so schmerzlicher, je mehr sich Kur-Brandenburg schon daran gewöhnt hatte, die öffentliche Meinung im Reiche von den eigenen Geschäftsleuten abhängig zu wissen. Nun aber wetteiferten plötzlich Reichsländer und Emigranten darin, Flugschriften, Satyren, Spottgedichte und Broschüren gegen Preußen in die Welt zu setzen;*) selbst die apathischen Oesterreicher, die sich bis zum Baseler Frieden um Literatur und Publicistik im Reich möglichst wenig gekümmert hatten, schlossen sich zur eigenen Abwehr diesem literarischen Kreuzzuge gegen Preußen an.**) Noch viele Jahre

*) Siehe z. B. das „Lobgedicht der preußischen Tapferkeit und Politik beim Abzuge der Preußen vom Kriegsschauplatz.—Basel 1795." Dieses Pasquill auf das preußische Heer führte das Motto: Nos numerus sumus et fruges consumere nati. Wilhelmus Borussorum rex ad exercitus suos. — Eines der bittersten von der französischen Emigration damals verbreiteten Epigramme, hat uns der Graf Dietrichstein in einem Bericht an Thugut (d. d. Francfort 17. Juillet 1795) aufbewahrt. Es hieß:

Définition! Celui qui sans pudeur manque à tous ses serments,
Pour qui rien n'est devoir, rien n'est sacré sur terre,
Dont un vil intérêt rompt les engagements,
Qui sert les ennemis, aux amis fait la guerre,
Et met à les tromper sa plus grande valeur,
Qui ne connait des loix que celles de la ruse,
Qui mesure sa gloire au nombre qu'il l'abuse,
Pour qui tout est vénal, rien moins cher que l'honneur,
Qui de rapines fait sa principale étude,
Aime le fourbe seul, rit de l'homme de bien,
Qui ne dit vrai jamais et ment par habitude,
Amis — l'homme ainsi fait, s'appéle: un Prussien. (St. A.)

**) Unter vielen in Oesterreich erschienenen Schriften sind namentlich die folgenden bemerkenswerth: Bader, J. G., „Gedanken über Deutsch-

nach dem Baseler Frieden blieben die Rückwirkungen dieser gewaltigen Fehde fühlbar, die damit endete, daß selbst diejenigen, welche — um in ähnlicher Weise wie seiner Zeit der Herr von Lucchesini zu sprechen — „ihre Abneigung gegen Oesterreich mit der Muttermilch eingesogen hatten," *) endlich vor der Gewalt der Wahrheit und der Thatsachen ganz gegen ihre Gewohnheit verstummen mußten.

lands gegenwärtige Lage, oder: Lies es, Bürger! Es ist die Geschichte deines Jammers." Wien 1795. — „Ueber die Veranlassung zu dem Krieg mit Frankreich und die besondere Art desselben." Krems 1795. — „Wahrheit und Licht, Teutschlands Völkern zur Beherzigung, ihren Fürsten zur Warnung." Linz 1795.

*) L. Häusser's D. G. berichtet B. II. S. 13 über die Stimmung in Wien nach dem Baseler Frieden: „Sie haben, schrieb Lucchesini am 26. April, ihrem alten Hasse gegen Preußen vollen Lauf gegeben; sie sprechen offen vom Bruch und vom Krieg gegen Preußen. Die Minister, die Hofleute, alle die von Beiden abhängen, die Bedienten, welche das Echo der Vorzimmer sind" (diese namentlich waren die Leibkundschafter des Herrn v. Lucchesini), „und ein Theil der Bevölkerung, welcher die Abneigung gegen Preußen mit der Muttermilch (!) eingesogen hat, das Alles tobt gegen uns und überläßt sich den wildesten Invectiven." — Und der arme Lucchesini, der so viel zur Beschwichtigung dieser erregten Leidenschaften beigetragen hatte! der sich förmlich aufgeopfert hatte, um ein gutes Einvernehmen Oesterreichs mit Preußen zu Stande zu bringen! dieser würdige Repräsentant seiner Regierung mußte dieß Alles mit anhören! wie unerwartet mußte ihm dieß Alles kommen — nach seinen Hetzereien und arglistigen Ränken!? Zu diesem Lucchesini'schen Bericht bemerkt aber L. Häusser wieder in seiner gewohnten beschwichtigenden Weise, daß Lehrbach's Sendung im Reich vollends gegen Preußen gerichtet war: „Lucchesini wollte z. B. wissen, man werde den Reichsstädten, die Processe vor den Reichsgerichten hatten, günstige Urtheile(!!) in Aussicht stellen, wenn sie gegen die preußische Vermittlung stimmten." (!?) Da ist es nun freilich sowohl dem Herrn Häusser als uns (?) begreiflich, daß die Preußen später so gerne die freien Reichsstädte eigenmächtig besetzt hielten und gelegentlich besetzten, wie z. B. Frankfurt, Nürnberg u. a. m. Vermuthlich um die Reichs-Justiz-Pflege gegen österreichische Vergewaltigung zu schützen!

Auch war es dieser literarischen Fehde allein zu danken, daß damals jeder Reichsländer, dessen besseres Gefühl nicht schon im Sumpfe der preußischen Arglist und der Particular-Bestrebungen der deutschen Fürsten untergegangen war, jene Ansichten über den Baseler Frieden gewann, die wir heute gegen die absichtliche Verdrehung, Verschweigung und Vertuschungssucht der „kleindeutschen Geschichtsbaumeister" und deren Partei vertreten. Jedoch brach sich diese gewaltige Wirkung nur nach und nach, und äußerst langsam Bahn. Die im guten Sinne geschriebenen wirksamsten Broschüren, wie z.B. die „Antifragmente", die „Pragmatische Darstellung des constitutionswidrigen preußischen Separatfriedens in Bezug auf die Reichsstandschaft", die „Anmerkungen zur königl. preußischen Erklärung" und insbesondere die Strengschwerd'schen Schriften erschienen fast alle erst im Spätjahr 1795 oder zu Beginn des Jahres 1796. Sonach wurde aber auch dem größeren Theil der deutschen Nation erst im Jahre 1796 die Größe des Verbrechens klar, welches Preußen im April und Mai 1795 an Deutschland begangen hatte. Diese späte Erkenntniß der wirklichen Sachlage war eben in der Verfälschung der öffentlichen Meinung begründet, welcher sich die preußische Regierung seit Beginn der Kriege gegen Frankreich systematisch beflissen hatte. — Nie war der Deutsche feig; aber in den Jahren, welche dem preußischer Separatfrieden unmittelbar vorangingen, wurde er durch den Einfluß der preußischen Tagesblätter und Flugschriften künstlich zum Feigling erzogen, systematisch zum Verräther gegen seinen Kaiser ausgebildet und zum Verächter des ehrwürdigen Reichsverbandes und seines eigenen Vaterlandes.*)

*) Wie sich heut zu Tage z. B. dieser schönen Aufgabe die mehrerwähnten „historisch-politischen Aufsätze" des Herrn Heinrich v. Treitschke unterziehen.

Unter dem Drucke des preußischen Einflußes auf die deutsche Literatur begann also die große literarische Baseler Friedensfehde. — Der kaiser- und reichsfreundlich gesinnten Partei hatte jedoch Kur-Brandenburg bereits einen gewaltigen Vorsprung abgewonnen, insbesondere da Preußen im Vereine mit der Mehrzahl der deutschen Fürsten wirkte, welche mit ihren Territorial-Publicisten jeglichem Particular-Bestreben hold und aufrichtig zugethan waren. Am Thätigsten in diesem Kampfe gegen das deutsche Kaiserthum und dessen Anhänger, die man damals spottweise „Cäsarianer" nannte, wirkten namentlich auch die deutschen sogenannten „protestantischen Universitäten", und an ihrer Spitze wieder stand die hochberühmte „Georgia Augusta", was Staatsrecht und Reichs-Geschichtslehre betraf, damals ein wahrer Schandpfuhl deutscher Gelehrsamkeit. — Mit dieser Bundesgenossenschaft wußten die preußischen Agenten meisterhaft umzugehen. — Wie mit Drahtpuppen spielte man von Berlin aus mit den verblendeten Reichsfürsten und ihren thörichten Territorial-Publicisten, wußte den Kurfürsten von Hannover vom Könige von England zu trennen, und wie Hannover, so auch Mainz, Köln, Pfalz, Sachsen, bald da, bald dort gegen das Kaiserthum als reichsfeindliche Pionniere zu gebrauchen, um dann schließlich alle insgesammt bequem und von Oesterreich und Frankreich ungehindert, zu verderben.

Rührig, thätig und unermüdlich, war den preußischen Agenten und Diplomaten kein Gegenstand zu geringfügig, um ihn nicht für ihre Pläne auszunützen, und so breitete sich denn auch ein Netz von officiellen preußischen Weisungen und Gegenweisungen in den verschiedensten Tagesblättern des Reiches über das von Preußen an den Reichsfeind verkaufte Deutschland aus. — Selten jedoch bedurften die preußischen Agenten besonderer officieller Weisungen; da sie zweckmäßig gewählt und gut geschult waren, genügte ihnen, um sie alle im Reich in ein und dasselbe Horn blasen zu machen, ein Wink, ja die kleinste Andeutung oder selbst nur eine „unbefangene" Notiz der „Berlinischen Zeitung". Dagegen diente gewiß jeder in wohlmeinendster Absicht ausgesprochene Wunsch irgend eines beliebigen österreichischen Ministers dazu, um durch die preußischen Agenten die leidenschaftlichsten Discussionen hervorzurufen. Was dem Kaiser und dem Reiche nützen konnte und von einem Anhänger Oesterreichs ausgesprochen wurde, genügte, um eine Fluth von preußischen Gegenwünschen, die das Nützliche vollkommen in Frage stellten, herauf zu beschwören; ja Alles, was nur immer aus dem Wirrsal der deutschen Zustände herauszuführen vermocht hätte, wurde in der preußischen Literatur in einer empörend gehässigen Weise besprochen, — dem deutschen Publicum als unmöglich auszuführen dargestellt, und die reichsfreundlichste Sache in einer Weise ausgebeutet, daß das Odium des Mißlingens nie auf Preußen — gewiß aber immer auf Oesterreich und den Kaiser fiel.

Nach einer dem Verfasser des vorliegenden Werkes, von einem vollkommen glaubwürdigen Besitzer Görz'scher Familienpapiere mitgetheilten Tradition hatte Friedrich II. einst in seiner urwüchsigen Weise dem Grafen Görz nach Petersburg geschrieben: „Lügen, lügen und noch Einmal lügen, das ist der Kern unserer Politik!"

Dieser faule Kern, das verwerfliche Mittel der Lüge, spielte in der von uns beschriebenen Zeit noch immer die Hauptrolle bei den Erfolgen der preußischen Politik. — Protestantische Schriftsteller waren es, welche den Jesuiten den Spruch: „Der Zweck heiligt die Mittel" in den Mund gelegt hatten; wohl mit

Recht kann behauptet werden, daß dieser Spruch, den der preußische Machiavelli, der Breslauer Professor „Garve", wirklich und nachweisbar ausgesprochen hat, der Wahlspruch der Friedericianischen Epoche war, und daß derselbe den leitenden Staatsmännern nach dem Tode des preußischen „Großmacht-Schöpfers" durch Generationen hindurch eingeimpft blieb.*)

Diese Betrachtung bedarf einer näheren Erörterung, und es bleibt uns daher noch übrig, nach quellenmäßiger Begründung den thatsächlichen Einfluß auf die öffentliche Meinung vergleichend zu erörtern, den damals einerseits die kaiserliche, anderseits die preußische Regierung und deren Minister ausgeübt haben.

---

*) Siehe Garve: „Philosophische Abhandlungen und Anmerkungen zu Cicero's Büchern von den Pflichten." (Breslau 1787) und „Anmerkungen zu dem dritten Buch." 1788. Bei diesem neuen Machiavelli, den sich Friedrich II. erzogen hatte, heißt es auf S. 183 wörtlich: „Die Brechung der Verträge gehört mit zu den Waffen, womit man sich vertheidigt;" ferner: „die Besorgniß der Untreue des Mitcontrahenten berechtigt oft den anderen Contrahenten zuvorzukommen, d. i. sein Wort zuerst zu brechen." S. 179: „Gerechtigkeit und Achtung für das Eigenthum anderer Staaten ist zwar auch eine Tugend, aber die letzte unter allen, so wie sie im Privatleben die erste ist." S. 42: „Sobald verwickelte und gefährliche politische Umstände eintreten ... und unter solchen Umständen Tractate gebrochen werden; so hat der Regent nicht sowohl dadurch eine Schuld auf sich geladen, daß er sein Wort jetzt zurückzieht, als dadurch, daß er es gegeben hat." S. 16 heißt es gleich zu Anfang: „Die Größe der Endzwecke entschuldigt die Unregelmäßigkeit der Mittel!" So weit Garve und seine erbaulichen Grundsätze, die er im Auftrag Friedrich's II. als Commentare zu Ciceros „Büchern von den Pflichten" herausgab; und dieß sind die Grundsätze, welche der preußische Staat in Moral und Politik mit kurzen Unterbrechungen seit seiner Schöpfung consequent befolgt hat. Auch Garve verfehlt nicht, dieser Politik das heuchlerische Gewand der Gerechtigkeit, des Edelmuthes und der Rechtschaffenheit anzulegen, mit welcher sie von den Garve'schen Nachbetern in ein historisches Dunkel gehüllt wird.

Und da ist es vor Allem gewiß auffallend, daß die preußischen Generäle Rüchel, Möllendorff, Braunschweig, Kalkreuth, daß die preußischen Minister Görz, Hardenberg, Lucchesini und die preußischen Regierungsmänner Haugwitz, Alvensleben, Finkenstein, daß diese Alle sich dazu herbeiließen, Libelle und Schmähschriften gegen den kaiserlichen Hof entweder selbst zu schreiben und drucken zu lassen, oder doch die Verbreitung ähnlicher Producte auf das Eifrigste zu besorgen; — während, ganz entgegengesetzt diesem Treiben, die Gegenpartei, von den kaiserlichen Generälen und Ministern an bis zu den Spitzen der österreichischen Regierung, ein seltener Geist von Mäßigung beherrschte, und man von Wien aus sichtlich immer nur bemüht blieb, jedem Zerwürfniß aus dem Wege zu gehen und nur bei schreienden Fällen die irre geführte öffentliche Meinung wieder in das richtige Geleise zu führen. *)

---

*) So schreibt z. B. der Fürst Reichs-Vice-Kanzler mit Bezug auf die Freih. v. Hertwich'sche lithographirte „Comitial-Abhandlung" an Hügel: „E. E. haben in mehreren Berichten von den vielen gehässigen Insinuationen Erwähnung gemacht, welche besonders in den neueren Zeiten öfters aus höherer Veranlassung durch den Weg der Zeitungen und Journale gegen den Allerhöchsten Hof nicht ohne Wirkung verbreitet werden, und Dieselben haben dabey nicht nur den Vorschlag gemacht, sich des nemlichen Wegs der Publizität zur Entkräftung dergleichen nachtheiligen Insinuationen zu bedienen, sondern auch dabey zu erkennen gegeben, daß Ihnen ein Mann bekannt sey, der zu diesem Endzweck mit Nutzen verwendet werden könnte. — Da ich nun von den Nachtheilen einer ungleichen Richtung der öffentlichen Meinung und von dem wichtigen Einfluß derselben auf das politische Interesse nur zu sehr überzeugt bin, und da ich selbst das Mittel der Publizität gern öfterer gebraucht haben würde, wenn ich jederzeit eine schickliche Gelegenheit dazu gehabt hätte, so kann ich nicht nur dem Vorschlag E. E. meinen Beifall nicht versagen, sondern Dieselben sind auch allerdings bevollmächtiget, durch den angezeigten Kanal alles Dasjenige auf eine schickliche Weise bekannt werden zu lassen, was nach der Ihnen eigenen Prudenz zur Publizität geeigenschaftet ist und

Dieser Unterschied ist sehr beachtenswerth, ja uns dünkt er sogar entscheidend bei der Beurtheilung des Werthes der österreichischen und preußischen Bestrebungen auf die Beeinflußung der öffentlichen Meinung. Während sonach die kaiserlichen Minister, durch Ueberzeugung geleitete Männer, mit Worten aufmunterten, sich aber nie dazu herbeiließen, Pamphlete zu schreiben, oder sich durch Geldbeiträge, Pensionen und Gnadenversprechungen die Geister dienstbar zu machen;*) lag es hingegen in der Natur der Bestrebungen ihrer Gegner, nur durch das leidige Geld, und zwar durch sehr, sehr viel Geld und Belohnungen die geistreichen Streiter zusammen zu halten, die Deutschland damals über die wahren Absichten Preußens täuschten und die große Herrlichkeit, den großen Segen und das Heil priesen, dem Deutschland entgegengehen werde, wenn es das „Habsburgische Joch" abschütteln und statt des altdeusch-österreichischen Doppelaars den einköpfigen preußischen Adler zum deutschen Schutz- und Bannerherrn erheben würde. Nach all dem Erzählten kann man leicht ermessen, was die vielen Faseleien von preußischer Ehre, Großmuth und Treue in den damaligen Schriften taugen. Uns scheint es ganz undenkbar, daß irgend ein mit klarer Vernunft begabter Reichsländer, ja selbst der für Preußens Ziele am

zum Vortheil des Allerhöchsten Hofes und zu einer günstigeren Richtung der öffentlichen Meinung gereichen kann." d. d. Wien 18. Hornung 1795. (St. A.)

*) Als es sich, um unter vielen ein Beispiel zu geben, später darum handelte, das Strengschwerdt'sche Streben zu unterstützen, wies sogar der Reichs-Referendar Frank, den hierauf gerichteten Vorschlag Hügels mit den Worten ab: „Die Reichskanzlei vermag hiezu Nichts beizutragen, weil sie über keine Gelder disponiren kann. Die Staatskanzlei hingegen sähe eine solche Ausgabe als eine große Verschwendung an, weil dorten selbst die Leitung der öffentlichen Meinung unter dem Namen von Pedanterie und gelehrter Spiegelfechterei angeschwärzt ist." d. d. Wien 7. Jänner 1796. (St. A.)

Thätigsten wirkende preußische Minister, damals aus Ueberzeugung an die preußische Uneigennützigkeit, Ehrlichkeit, Aufopferung und Ehre glauben konnte, die in das Reich hinaus zu posaunen er beauftragt war. Daß die kaiserliche Regierung sich nicht derselben Mittel wie Preußen bediente, mag vielleicht nach neueren historischen Rechts-Begriffen „der Fehler staatsmännischen Talentes" gewesen sein; die alten Rechtsbegriffe unserer Voreltern nannten diese Handlungsweise „deutsche Ehrlichkeit."

„Bei einiger freien Muße", also berichtet Hügel an den Reichs-Vice-Kanzler über diesen Gegenstand, „behalte ich mir vor, E. hfstl. Gnaden von den Schwierigkeiten Rechenschaft zu geben, welche man aller Orten antrifft, wenn man der öffentlichen Meinung für den Allerhöchsten Hof einige Richtung geben will, und wenn man gegen Preußen mit einiger Offenheit, obgleich mit aller Treue, Facta und Vorgänge anführen will." *)

Allerdings liegt in diesen Worten der Beweis, daß der kaiserliche Concommissär die Nothwendigkeit erkannte, der Verfälschung der öffentlichen Meinung entgegen zu treten, aber mit welcher Rücksicht dieß von seiner Seite geschah, und wie die ihm vom Reichs-Vice-Kanzler aufgetragene „Prudenz" eigentlich zu verstehen war, läßt sich schon allein nach folgender Thatsache ermessen. Die sogenannte „Comitial-Abhandlung" des Freiherrn von Hertwich war eines der werthvollsten Monatsblätter der damaligen Zeit. Die gemeiniglich einige Bogen starken Hefte wurden unter alle Minister im Reich vertheilt, enthielten nur Thatsachen und beschäftigten sich hauptsächlich mit den reichstäglichen Verhandlungen, die sie in einem deutsch-patriotischen, reichsfreundlichen Sinne wohldenkend besprachen.

---

*) Hügel an Colloredo, d. d. Regensburg 12. August 1795. (St. A.)

Der kaiserliche Concommissär war es selbst, der diesen im kaiserlichen Interesse wirkenden Monatsheften die dem Zwecke der Aufklärung dienlichen Reichsacten lieferte und mit dem trefflichen Freiherrn von Hertwich in beständigem brieflichen Verkehre stand. Seine Einflußnahme auf das Journal bleibt demnach ganz zweifellos. *)

„Es ist um so tröstlicher", also berichtete Hügel Ende 1794 an den Reichs-Vice-Kanzler über diese „Comitial-Abhandlung", „in einer öffentlichen Schrift den billigen und wahren Gesinnungen des Allerhöchsten Hofes die verdiente Gerechtigkeit geleistet zu sehen, da man so selten in Zeitungen und periodischen Blättern die öffentliche Meinung für die erklärten Absichten und Gesinnungen der kaiserlichen Regierung gestimmt findet und nicht mißkennen kann, daß einige, vorzüglich die königlich preußischen Gesandschaften in dem ausschließenden Besitz sind, in öffentlichen Blättern der Meinung des Publikums die Richtung zu geben und Gesichtspunkte zu bestimmen, aus welchen Deutschland die politischen und Kriegs-Ereignisse betrachten soll." **)

Als nun in dieser von ihm selbst als trefflich anerkannten Hertwich'schen Schrift nach dem preußischen Frieden ein wohl-

*) Wir verweisen jeden Reichs-Geschichtsforscher auf dieses periodische Journal, denn es ist eine äußerst werthvolle, belehrende und namentlich zum richtigen Verständniß der Reichsraths-Verhandlungen ganz unumgänglich nothwendige Schrift. Auch dürfte man aus dieser Hertwich'schen „Comitial-Abhandlung" ganz andere Anschauungen über deutsche Zustände gewinnen, als jene, welche das Häberlin'sche „Staats-Archiv" zu verbreiten bemüht war, und die leider auch, wenngleich in geringerem Maße, Posselt's „Europäischen Annalen" vertraten.

**) Hügel an Colloredo, d. d. Regensburg 17. December 1795. (St. A.)

berechtigter bitterer Ton gegen Preußen angenommen wurde, beschwor der kaiserliche Concommissär den Verfasser, diesen Ton möglichst zu mäßigen. „Ihre Monatschriften", so äußerte er sich gegen Hertwich, „sind immer im gleichen Geist der redlichsten Anhänglichkeit an die Verfassung geschrieben. Der Ton in der letzteren schien mir gleichwohl etwas zu bitter, man verliert oder vermindert dadurch Zutrauen und wird statt eines parteilosen Beobachters, als der gedungene Schriftsteller eines Hofes betrachtet. Die nützlichste Manier, die Sie so gut verstehen, bleibet immer, nur Facta und Thatsachen sprechen zu lassen und aus fremden Schriften nur die eigenen Worte anzuführen." *)

An den Reichs-Vice-Kanzler aber berichtete Hügel: „E. hfstl. Gnaden geruhen ...... die Abhandlung des Freiherrn von Hertwich für den laufenden Monat September zu empfangen und aus selbiger die Bestätigung der verfassungsmäßigen Gesinnungen und Grundsätze dieses Schriftstellers zwar im Allgemeinen zu ersehen, gleichwohl zugleich wahrzunehmen, daß derselbe sich einiger Lebhaftigkeit in Darstellung und Ausdrucksweise überlassen hat, die ich ungern in einem Blatt dieser Art gefunden habe."

„Um dieser gemeinnützigen Schrift das Zutrauen des ganzen Publikums zu erhalten und von ihm den Verdacht eines fremden Einflußes zu entfernen, habe ich der Intention E. hfstl. Gnaden gemäß zu handeln geglaubt, daß ich ihn ... zur parteilosen Behutsamkeit ermahnet und insbesondere aufgefordert habe, nur Facta und trockene Wahrheiten mit männlichem Ernst anzuführen." **)

---

*) Hügel an Hertwich d. d. Regensburg 12. September 1795. (St. A.)

**) Hügel an Colloredo, d. d. Regensburg 17. September 1795. (St. A.)

Billig legen wir wiederholt großen Werth auf diesen seltenen Geist der Mäßigung, da er nur edlen und ehrenwerthen Motiven entsprang, denn gerade der kaiserliche Concommissär war sich in seiner dornenvollen Stellung dessen wohlbebewußt, wie verschwindend klein damals die Zahl der kaiserlichen Schriftsteller gegen die Legion der preußischen war. Er selbst beschrieb ja dem Reichs-Vice-Kanzler wiederholt das System der preußischen Minister, die mit Geld Alles zu erreichen wußten; er selbst beklagte ja am meisten, daß sich die kaiserliche Regierung zu solchen Auslagen, die nur als ein Gebot der Nothwendigkeit und Selbsterhaltung zu betrachten wären, durchaus nicht verstehen wolle, ja sogar in den maßgebenden Regierungskreisen in Wien und in den Reichsstädten die Abnahme und Weiterverbreitung der wenigen im guten Sinne wirkenden, dem kaiserlichen Interesse ergebenen Schriften gescheut werde. Ganz wie der Reichs-Feld-Marschall *), beklagte auch Hügel, daß der kaiserliche Hof der preußischerseits erstrebten Verfälschung der öffentlichen Meinung so unwirksam entgegen trete und dieser Sache überhaupt fast gar keine Beachtung schenke.

„E. hfstl. Gnaden", berichtet Hügel weiter, „haben mein unlängst gemachtes mit Gründen unterstütztes, bestgemeintes Erbieten zur Richtung der öffentlichen Meinung (auf welche in gegenwärtigen Zeitverhältnissen so Vieles ankommet) meiner Seits so viel als möglich beizutragen, wohlgefällig aufgenommen; auch habe ich nach dem Maß meiner Zeit und Vermögens-Verhältnisse bis hierhin redlich dazu beigetragen. Inzwischen reichen beide nicht zu, da auf einer Seite der lebhafte Geschäftsbetrieb meine Zeit außerordentlich verenget, und da auf

*) Siehe Band I., Seite 372.

der andern Seite Unternehmungen dieser Art immer mit Unkosten und Auslagen verknüpft sind, die ein Einzelner nicht ertragen kann. Ich kann daher aus innigster Ueberzeugung den Wunsch nicht unterdrücken, daß Ihre Kaiserliche Majestät es Ihres Allerhöchsten Interesses zu sein erachten und durch eine der Sache angemessene Vorstellung überzeugt werden möchten, auf die Richtung der öffentlichen Meinung — und zur Aufmunterung einiger dazu auszuwählenden Schriftsteller — eine selbstgefällige kleine Summe zu verwenden, und der durch den Krieg bedrängten Lage des Allerhöchsten Aerar's ungeachtet, eine solche Ausgabe als eben so nothwendig, wie so manche andere, die der Krieg erfordert, zu betrachten." *)

Der kaiserliche Concommissär erklärte sich bereit, falls dieser Vorschlag Anklang fände, durch mehrere „im besten Rufe strengster Redlichkeit" stehende, verdienstvolle, fähige und patriotisch gesinnte Männer, wie z. B. die Freiherrn von Eberstein, von Benzel, von Hertwich und den kaiserlichen Hofrath Hofmann, der systematischen Verfälschung der öffentlichen Meinung entgegen zu wirken.

Als nun endlich viele Monate nach dem Abschluß des Baseler Friedens das absichtlich irregeführte deutsche Volksbewußtsein sich in zahllosen Druckschriften entrüstet Luft zu machen versuchte, betrachtete Hügel die hervorragendsten dieser Schriften durchaus nicht als „Schmähliteratur", **) sondern er meinte im Gegen-

*) Hügel an Colloredo, d. d. Regensburg 17. September 1795. (St. A.)

**) Wie die kaiserlich und reichsfreundlich gesinnte Literatur z. B. in L. Häusser's Deutsche Gesch. B. II. S. 11, geringschätzend genannt wird. Auf S. 8 desselben Bandes heißt es dann: „Wie nun der Abschluß des preußischen Friedens erfolgt war, geriethen die publicistischen Federn Deutschlands in die heftigste Bewegung. Aber es wurde weniger darüber verhandelt, wie

theil: „Die Wahrnehmung ist sehr tröstlich und beruhigend, daß gute Köpfe in Deutschland aufstehen und mit Ernst und Nachdruck das Treulose und Unwürdige des preußischen Benehmens mit den verdienten Farben den Zeitgenossen und der Nachwelt schildern, worüber der Allerhöchste Hof selbst noch immer mit einer seltenen Mäßigung ein gänzliches Stillschweigen zu beobachten der Klugheit angemessen erachtet, und es lediglich der Entwicklung der öffentlichen Meinung überlasset, seinem ehemaligen Allirten die Größe seiner Untreue

---

dem drohenden Unheil vorzubeugen sei“ (Wie war ihm denn nach dem Baseler Frieden vorzubeugen?), „als vielmehr nach deutscher Art gezankt und gestritten, wer die größere Schuld an dem Uebel trage; man riß die alten Wunden österreich-preußischer Feindschaft ungestüm wieder auf“, (Wer hat sie zuerst wieder aufgerissen?) „und nährte die Entzweiung“ (Wer hat denn die Zwietracht gesät?) „statt die Einigung zu fördern.“ (Durch welche Mittel war denn nach dem Baseler Frieden die deutsche Einheit noch zu fördern?) — Dann heißt es mit Bezug auf die Literatur in dieser Geschichte weiter: „Solcher Stimmen, an denen freilich die Leidenschaft (!) und der überlieferte Preußenhaß (!) mehr Antheil hatte, als der deutsche Patriotismus (sic!) tauchten eine ganz Menge auf!“ — Armes deutsches Volk, nicht einmal deinen letzten lobenswerthen patriotischen Aufschrei gönnt dir eine Deutsche Geschichte! — Auf S. 9 desselben Bandes heißt es „Solche Erinnerungen kamen freilich viel zu spät, die Reichsverfassung war nicht seit heute so geworden, wie sie war; das aristokratisch föderative Element hatte seit mehr als einem Jahrhundert über das monarchisch-einheitliche den vollen Sieg davon getragen. Der Separat-Friede von 1795“ (d. i. der Baseler Friede, den die Deutsche Geschichte meint) „war nicht der erste Sondervertrag; er griff nur durch die Zeit (!) und die Umstände (!), unter denen er erfolgte“ (Nicht etwa auch durch die Vorsehung?) „besonders verhängnißvoll in die alte Ordnung des Reiches ein. In Zerrüttung war diese seit lange gerathen; der Friede vom 5. April war nicht (!) sowohl die Ursache als vielmehr ein sehr bezeichnendes Symptom (!) der fortschreitenden Auflösung.“ (?)

Es sei uns erlaubt, dem Herrn Professor Häusser auf dem Gebiete dieser historischen Logik mit einem Gleichniß zu folgen: Es krankt Einer

und das Schändliche des Benehmens seiner Geschäftsleute gehörig aufzudecken."*)

Und wieder bei einer anderen Gelegenheit bemerkte Hügel über einige der reichsfreundlich gesinnten, gegen Preußen gerichteten Schriften: „Es ist wirklich sehr zu wünschen, daß etliche Schriften fähig sein mögen, den noch immer nicht zureichend erwachten Gemeingeist anzufachen und Teutschland zu überzeugen, daß es einen gerechten und vollständigen Frieden nur mit den Waffen in der Hand und in fortwährender treuer Vereinigung mit dem Reichsoberhaupte zu erhalten vermöge." **)

Auch die Anstrengungen des Grafen Lehrbach in dieser Richtung sind für die maßlose Selbstbeherrschung der kaiserlichen Regierung sehr bezeichnend. Dieser wahrheitsliebende und unermüdlich thätige kaiserliche Minister, der wie sein Freund Thugut in Folge preußischer Verunstaltung in der Geschichte bis zur Stunde ganz unrichtig dargestellt erscheint, spielte damals in Oesterreich eine bedeutende Rolle, und er kann füglich in jener und in der nächstfolgenden Zeit als die rechte Hand Thuguts betrachtet werden.

---

an einer Eiterbeule (der Kranke ist das Reich, die Beule der westphälische Friede) die, falls sie ungeheilt bliebe, in noch weit entfernten Zeiten möglicher Weise den Tod des Kranken herbeiführen könnte! Aber irgend ein Unberufener, (der sich für den berufenen Arzt ausgibt), stößt dem Kranken, statt auf die Heilung der Krankheit bedacht zu sein, das Messer (Baseler Friede) tief in das Herz. — Wer hat nun den Kranken umgebracht? Die hinterbliebenen Anverwandten des Ermordeten und wir mit ihnen, behaupten: der „unberufene" Arzt, — dieser aber und sein Rechtsanwalt, „die Deutsch. Gesch. L. Häusser's", behaupten: Die Eiterbeule, die noch immer möglicher Weise zu heilen war!

*) Hügel an Colloredo, d. d. Regensburg 15. November 1795. (St. A.)

**) Hügel an Colloredo, d. d. Regensburg 10. December 1795. (St. A.)

Gegen diesen eifrigen und wackeren Minister, der allen preußischen Agenten, eben wegen seines rastlosen Eifers, seiner glühenden Vaterlandsliebe und seiner rücksichtslosen Sprache, ein beständiger Dorn im Auge war, erhoben sich in den damaligen Flugschriften zahllose Anklagen und Verdächtigungen. Er selbst sagt von einem dieser Pamphlete: „Diese Schrift ist fast ganz gegen mich und die dem kaiserlichen Hof oder vielmehr der gemeinsamen Sache ergebenen geistlichen Stände gerichtet.“ *)

Indem Lehrbach nun in sarkastischer Weise die falschen Angaben dieses preußischen Machwerkes bespricht, kommt er zu einer Stelle, in welcher er sich gegen Thugut äußert: „Ich soll mich meines Meisterstreiches 1793 schon gerühmt haben, daß die Reserve-Armee Baiern besetzen und allda die Huldigung annehmen solle! 1793 war ich fast das ganze Jahr von München abwesend im preußischen Hauptquartier, nachher zu Berlin, und es war nie die Rede, daß die Reserve-Armee Baiern besetzen sollte.“ **)

Als Görz späterhin in heftig erregter Weise bemerkte, daß die kaiserlichen Minister es wären, die alle gegen Preußen gerichtete Schriften in die Welt setzten, berichtet Lehrbach an Thugut ***), daß er den Gf. Görz ersucht habe „solche Dinge

*) Lehrbach an Thugut, d. d. Regensburg 15. December 1795. (St. A.) — Das Pamphlet war das bekannte: „Rescript des Herrn Herzog von *** an seinen Comitial Gesandten in Regensburg.“

**) Gewiß ein hochbeachtenswerthes Wort, wenn man sich die Verdächtigungen gegenwärtig hält, die in der Deutschen Geschichte und in jener der französischen Revolutionszeit gegen die Sendung Lehrbach's 1793 in das preußische Hauptquartier ausgesprochen sind, und die wir an geeigneter Stelle bereits in das gehörige Licht gestellt haben.

***) Lehrbach an Thugut, d. d. Regensburg 27. November 1795. (St. A.)

nicht zu glauben; der Hof habe an diesen, wie an allen anderen Schriften nicht den mindesten Antheil. — Bei dieser Gelegenheit bemerkte Graf Görz weiter, wie es sehr zu bedauern, daß so heftige Schriften gegen den preussischen Hof erschienen, die meistens hier in Regensburg verfertiget würden, er schicke sie kaum des Anstands halber an seinen Hofe ein, und es könne unmöglich gutes Geblüt machen. — Ich bemerkte hierauf dem Grafen von Görz, daß ich zu seiner billigen Denkungsart die Zuversicht hege, daß er wegen dieser erscheinenden Schriften dem kaiserlichen Hofe keine Theilnahme oder Veranlassung zudenke; es sei unter der Würde eines so groß denkenden und handelnden Hofes, wie des Kaiserlichen; man nehme nicht nur keinen Antheil, sondern habe auch nicht den mindesten Theil daran. — Mich selbst belangend, so rufe ich Jeden auf, der von mir nur ein Beifalls-Wort gehört habe; ich hätte mit keinem Colporteur die geringste Gemeinschaft, ob ich gleich alles Erscheinende kaufe und einsende, so wie ich es auch von ihm, Herrn Grafen von Görz, vermuthe; nur müßte ich bei dieser Materie einiges bemerken, und zwar daß gegen den kaiserlichen Hof und dessen Diener eben auch die bittersten Schmähschriften erschienen seien; gegen mich selbsten seien die unanständigsten Sachen im Drucke erschienen; bei meiner Sendung an die Reichshöfe seie ich als ein politischer heimlicher Werber dargestellet worden, — ein um so beleidigenderer Ausdruck, als wohl der Kaiser noch Minister an die ihm untergebenen Reichshöfe werde schicken dürfen, die dazu noch „constitutionelle Ministerial-Eröffnungen" machten, wie es von mir geschehen sei, weshalb ich jeden Hof, wo ich gewesen, selbst aufrufte; nicht berühren zu wollen, daß zur nämlichen Zeit der preußische Minister von

Hardenberg wie ein Courier die nämlichen und noch andere Höfe dreimal abgefahren habe."

„Kaiserlich-königlicher Seits seie man weit entfernt zu glauben, daß der königliche preußische Hof an diesen Schriften einen Antheil habe; man habe aber alsdann auch das Recht, das Nämliche zu fordern. — Schreibsucht seie jedem Zeitalter angemessen gewesen; seie aber nach der jetzigen — leider allgemein erweiterten Preßfreiheit noch weniger zu verhindern. — Es werde auf mehrere Schriften der Druckort Regensburg gesetzet, ich könnte aber nicht glauben, daß sie hier verfertiget würden, wenigstens seie mir davon Nichts bewußt; — ich hätte meines Orts übrigens das mich Betreffende mit Verachtung und Gleichgültigkeit angesehen, meistens selbst darüber gelacht, Herr von Hardenberg (weilen Graf Görz sagte, dieser Minister werde in Schriften so hart mitgenommen) würde mit dem nämlichen Verhalten am Besten durchkommen."

Görz aber wollte sich durchaus nicht zufrieden geben und klagte bald bei Hügel, bald bei dem österreichischen, bald bei dem böhmischen Comitial-Gesandten und bald wieder bei Lehrbach, welch' letzteren er namentlich in Verdacht hielt, der pseudonyme Autor „Graf Strengschwerdt" zu sein.

„Ueber alle diese Schreibereien", so berichtet Lehrbach vertraulich an Thugut, „weis ich nichts anderes zu sagen, als daß der preussische Hof sie durch sein Betragen und Benehmen selbst veranlasset; und Wer kann die Schreibsucht und das Urtheil des Publici, besonders bei der jetzigen Zeit zurückhalten? — Wäre Oesterreich in diesem Falle und in dieser Lage, — hätte es Alles gegen sich, was Preußen gethan hat, so würde es noch härter mitgenommen werden; und was würde Preußen nicht dazu beitragen? — Der Berliner-Hof kann vom Kaiserlichen nicht mehr verlangen, als daß man an Allem keinen Antheil nimmt; dieses habe ich dem Herrn Grafen von Görz wiederholt versichert."*)

Gewiß ist es höchlich erstaunenswerth, daß gerade die Grafen von Görz und Hardenberg es waren, die sich über Widerlegungen und Entgegnungen, die sie und ihre Collegen selbst hervorgerufen hatten, zu beschweren den Muth fanden! Ihre Klagen und Lamentationen bilden aber eben auch Eine jener Eigenthümlichkeiten der damaligen preußischen Geschäftsmänner.

Namentlich über Gegenschriften, die ungeschminkte, scharfe Wahrheiten enthielten, da waren die Herren stets sehr empört und gekränkt. Vorwürfe und Anklagen zu erheben, sollte nur gegen Oesterreich und den Kaiser erlaubt sein; die Oesterreicher dagegen sollten ohne Widerrede Alles anhören, was ihnen reichsfeindlicherseits von ihrer eigenen Schlechtigkeit und Dummheit vorerzählt wurde.

*) Lehrbach an Thugut, d. d. 1. Dec. 1795. (St. A.) — So gelind urtheilte der Minister, gegen den durch preußische Agenten damals die schändlichsten Anklagen in Umlauf gebracht waren. Um das Bild unserer Darstellung zu vervollständigen werde hier noch erwähnt, daß insbesondere in den preußischen Zeitungen die entehrendsten Verdächtigungen gegen die Rathgeber des Kaisers und die österreichischen Minister ihre weite Verbreitung fanden. Namentlich richtete sich der Haß der preußischen Publicisten gegen Thugut und Lehrbach, weil sie in diesen zwei Ministern schon damals die Männer erkannten, die Energie, Kraft und Geist genug besaßen, um den preußischen Zielen erfolgreich entgegen zu wirken. Es ist für denjenigen, der die Geschichte der öffentlichen Meinung in Deutschland kennt, tief betrübend wahrzunehmen, mit welchem Erfolg stets gegen die hervorragenden österreichischen Capacitäten die Meute preußischer Journale, Zeitschriften und Pamphlete im Reich losgelassen wurde, und wie sehr man bemüht war, durch die schändlichsten Verleumdungen selbst den österreichischen Volksgeist gründlichst zu verderben oder gar das österreichische Volk gegen seine Staatsmänner zu erbittern, wie sich denn dieses tragische Resultat bei Thugut, Lehrbach, Colloredo, Hügel, Stadion und so vielen Anderen klar beweisen läßt.

Man muß unwillkürlich über den seltenen Grad von schamloser Frechheit, mit welcher die preußischen Minister gepanzert waren in Erstaunen gerathen, wenn man in den Berichten der österreichischen Minister liest, in welch' empfindlicher Weise, trotz all des Vorausgegangenen, Haugwitz gegen den Fürsten Reuß in Berlin, Hardenberg gegen Degelmann in Basel, und Görz gegen Lehrbach und Hügel in Regensburg über diese literarische Baseler-Friedens-Fehde, welche sie doch selbst heraufbeschworen hatten, zu äußern sich erkühnten. *)

Görz insbesondere that gleich nach dem Erscheinen der „Anmerkungen" sehr entrüstet und äußerte sich dahin, Preußen werde von nun an auf alle die kursirenden Schriften gar Nichts mehr erwiedern! Die That selbst werde und müsse sprechen, und Deutschland selbst werde einst dankbar anerkennen, was zu Basel für sein Bestes von Preußen eingeleitet worden sei. **)

Als aber die Anklagen gegen Preußen gar kein Ende zu nehmen schienen, da kam er doch wiederholt aus seinem Gleichmuth heraus, und verlor je heftiger der Federkrieg entbrannte, desto mehr seine künstliche Fassung. Hügel berichtet über die Beschwerden dieses preußischen Ministers an den Reichs-Vice-Kanzler: ***) „Der Herr Graf von Görz hat mir vor

*) Auch die preußischen Generäle, wie z. B. Hohenlohe, Rüchel sogar der Graf Kalkreuth, der selbst in den Zeitungen gegen den Reichs-Feld-Marschall und Oesterreich stets intriguirt hatte, spielten insgesammt die Gekränkten! „Kalkreuth", so berichtet Dietrichstein an Thugut: „a diné hier chez moi, il vient me voir affectant toujours une amitié et cordialité extrême; il n'y a pas de jour qu'il ne me parle des brochures qui font saigner le coeur aux Prussiens." d. d. Francfort ce 16 Juin 1795. (St. A.)

**) Hügel an Colloredo, d. d. Regensburg 28. Juli 1795. (St. A.)

***) Hügel an Colloredo, d. d. Regensburg 18. November 1795. (St. A.)

wenigen Tagen durch einen gemeinsamen Bekannten die Eröffnung machen lassen, es scheine ihm durchaus nothwendig zu sein, der dermaligen Freiheit der Privat-Schriftsteller Grenzen zu setzen. Es sei doch über alle Erlaubniß, wie der Staatsminister von Hardenberg in einigen Schriften mißhandelt worden, der doch nur die Befehle des Königs seines Herrn befolget hätte.*) — Man müsse mit Klugheit an die Zukunft denken, und es sei ja leicht möglich, daß Herr von Hardenberg in das auswärtige Ministerium nach Berlin komme, worin er Deutschland und dem Hause Oesterreich noch große Vortheile und Wohlthaten gewähren könne."

„Er (Görz) habe seinerseits so wenig Werth auf Schriften dieser Art geleget, daß er den größten Theil derselben, ja sogar die für Preußen erschienenen „Fragmente", nicht einmal an seinen Hof eingesendet habe."

„Ich ließ Herrn Grafen von Görz durch die nämliche Quelle antworten: ich wisse, daß er zu gut sein Handwerk verstehe, als daß er seinem Hof nicht von dem Grad der öffentlichen Meinung in Deutschland, und wie das Publicum die neueren Schritte des königlichen Kabinets ansehe, Rechenschaft abzulegen unterlassen sollte. Inzwischen könne er sehr versichert

*) Eine dieser Schriften hieß: „Eines Straßburger Bürgers Anzeige an den Wohlfahrts-Ausschuß zu Paris, daß der preußische Minister Br. Hardenberg ein Falsarius ist. — Straßburg 18. September 1795." In einer anderen Schrift, deren Verfasser Kolbielski war, und die sich „Gutachten eines Comitial-Gesandten über die Maßregel, welche die Würde des heiligen römischen Reiches gegen den Baron von Hardenberg erheischt, belegt mit Urkunden" nannte, wurde das Hardenbergische Treiben unnachsichtlich aufgedeckt, und von der kaiserlichen Regierung verlangt, sie solle den Freih. v. Hardenberg als Reichs-Verräther vor ein Reichs-Gericht stellen, über den Kurfürsten von Brandenburg aber endlich die lang verdiente Reichs-Acht verhängen.

sein, daß der Allerhöchste Hof keine Schriftsteller, in Sold habe, um das Benehmen des Berliner Ministeriums dem Publico von einer gehässigen Seite darzustellen. Er würde aber selbst nicht mißbilligen können, wenn Privat-Schriftsteller, vom Drang der Wahrheit aufgefordert, Beschuldigungen, die wider den Allerhöchsten Hof gewiß unverdienter Weise gemacht würden, abzulehnen sich bemühten, und auf jeden Fall müsse es der kaiserlichen Regierung zur großen Beruhigung gereichen, diese literarische Fehde so wenig als irgend eine andere veranlasset zu haben: es läge aber in dem Gesetz der Selbstvertheidigung und einer vernünftigen Nothwehr, jeden Angriff abzuschlagen und sich der nämlichen Waffen zu bedienen, welche der Gegner zur Erreichung seines Zweckes wählet."

Dem Grafen Görz schienen aber diese ihm von zwei hervorragenden kaiserlichen Ministern gegebenen Aufklärungen durchaus ungenügend, und er ließ seiner Entrüstung vollen Lauf. Ohne Unterlaß beklagte er sich in Regensburg bei allen Gesandten bitter über die „Schmähliteratur" über die „kaiserlichen Schandschriften" und über die von „Oesterreich besoldeten Schmierer", und gab den kaiserlichen Ministern nicht undeutlich zu verstehen, daß man in Berlin felsenfest davon überzeugt wäre, daß all „das elende Geschreibsel und Gezeugs" von Wien aus anbefohlen und von den österreichischen Ministern thätig unterstützt werde.

Wir haben die Versicherung des Grafen Görz, daß er „selbst die Fragmente" nicht nach Berlin eingesandt habe, vorausgeschickt, um nun auf diese „Fragmente" selbst zurückzukommen *). Dieses preußische Product übertraf an Scham-

*) „Fragmente in Beziehung auf die königlich preußische Erklärung an die allgemeine Reichs-Versammlung in Betreff des zu Basel am

losigkeit, Frechheit und Lüge wohl Alles, was in dieser Art, seit Friedrich's II. unheilvollem Reichsverrath, gegen das Reichsoberhaupt und Oesterreich im deutschen Reiche gedruckt worden war. Höchst sonderbarer Weise war es aber gerade der Graf Görz, der sich schon im Juli 1795 um die Herausgabe und Verbreitung dieser elenden Druckschrift, — die er dann wieder nach den österreichischen Siegen im November desselben Jahres verläugnete, — wesentlich bemühte. Schon deßhalb allein, und um die Klagen des kurbrandenburgischen Gesandten in ihrer ganzen Eigenthümlichkeit beleuchten zu können, scheint es uns wichtig, jene Betrachtungen zu prüfen, in welchen sich der kaiserliche Concommissär über diese Fragmente kurz nach deren Erscheinen erging. *)

„Die gestern erschienene Druckschrift, „Fragmente", also berichtet er an den Reichs-Vice-Kanzler, „habe ich in erster freier

---

5. April 1795 geschlossenen Friedens und die dawider erschienenen Anmerkungen eines Ungenannten. 1795." — Dietrichstein urtheilt in einem Bericht an Thugut über dieser Schrift wie folgt: Il vient de paraître une brochure prussienne sous le titre: Fragmente . . . on cherche à nous mettre en contradiction avec nous-mêmes, on vante ce que le roi a fait, on déprise nos sacrifices, il y a des sorties violentes contre notre ministère, une contre Mr. de Lehrbach sans le nommer, qu'on compare à un enroleur, on reproche à l'auteur des „Anmerkungen" de dire: „ich will den Hirten schlagen", on voudrait en déduire qu'il compare les États de l'Empire à des animaux; on n'oublie pas nos prétendues vues sur la Bavière, on dit que c'est avec les fonds de la caisse de l'Empire que nous avons pris Valenciennes et Condé. Nos dernières déclarations relativement à la Bavière semblent à l'auteur: ein Inbegriff vieler Resentationen; il rappelle l'année 1785. En général cet écrit est fort plat et sera aisé à confondre; Müller ou certaine personne de ma connaissance que V. E. sait, pourrait bien s'en charger. d. d. Francfort ce 17 Juillet. (St. A.)

*) Hügel an Collorедо, d. d. Regensburg 27. Juli 1795. (St. A.)

Stunde mit aller der Aufmerksamkeit gelesen und geprüft, welche jede offene und unter dem Schleier des Incognito zwang- und rücksichtslose Sprache des Gegentheiles immer verdient, und ich eile, sie mit einigen flüchtig gesammelten Betrachtungen zu begleiten."

„Die ganze Schrift zeigt deutlich, wie tief die Wahrheit der so sehr gegründeten „Bemerkungen über die königlich preußische Erklärung" *) gefühlet worden, und wie bitter sie geschmerzt haben müsse: und es erhellet eben sowohl, wie sehr man eilen zu müssen geglaubt hat, um die entstandenen, zum Theil schon empfundenen Wirkungen der nachtheiligen öffentlichen Meinung in ihrer weitern Verbreitung zu hemmen, um durch heftige Declarationen den Eindruck zu schwächen und einen Theil des durch Parteilichkeit und übereilte Friedensliebe geblendeten Publicums wieder zu gewinnen."

---

*) Auch diese nach Hügel's Ausspruch „durch Wahrheit so sehr gegründete Schrift", welche in vier Abtheilungen erschien, gehört jedoch nach L. Häusser's D. Gesch. B. II. S. 9 und 11, zu der „Pamphlet- und Schmähliteratur." Die 4 Abtheilungen der Schrift bestanden 1) in den uns bereits bekannten: „Patriotischen aber erfurchtsvollen Bemerkungen über die von S. M. d. K. i. Preußen etc. zu Regensburg gemachte Erklärung. 1795". 2) „Noch einmal Bemerkungen über den weitern preußischen Vertrag mit der Frankenrepublik etc. in Betreff der Demarkationslinie. 1795." 3) „Nun auch patriotische Bemerkungen über das kais. Hofdekret vom 19. im Mai. 1795". 4) „Fortsetzung der patriotischen Bemerkungen über das kais. Hofdekret vom 19. Mai. 1795." Alle diese vier Schriften, welche die Deutsche Geschichte mit sichtbarer Vorliebe schmäht, durchströmt ein echt deutschpatriotischer, reichsfreundlicher Sinn; und es ist gewiß eine der vielen Sonderbarkeiten der Deutschen Geschichte L. Häusser's, diese Schriften alle sammt und sonders als „Schmähliteratur" zu bezeichnen, dafür aber die „Fragmente" vollkommen zu ignoriren und in der preußischen Schrift „Politische Lage und Staats-Interessen Preußen's", auf welche wir im Verfolg dieses zu sprechen kommen, eine „selbstgenügsame Zufriedenheit" zu entdecken.

„Ich glaube nicht zu irren, wenn ich nach dem Geist- und Inhalt des Werkes, nach der Kürze des Zwischenraumes zwischen verschiedenen angezogenen Thatumständen und der Erscheinung, nach der Form der Lettern und nach der Gattung des Papiers schließe, daß dieses Product hier in Regensburg erschienen sei. Als Verfasser vermuthe ich den kurbrandenburgischen Legations-Secretär Kaufmann, der es im Auftrag, auf Angabe und unter der Leitung des kurbrandenburgischen Reichstags-Gesandten schrieb.*) In dieser Muthmaßung bestärken mich vorzüglich die öfteren bestimmten Ausfälle gegen das Reichs-Ministerium, welches sich Herr Graf von Görz zum Lieblings-Vorwurf seines steten Tadels und zur bête-noire gemacht hat, die alles Ueble gethan haben muß, und die pag. 13 befindliche Note, welche ich schon öfter vom Herrn Grafen von Görz anziehen hörte." **) — „... Nur wenige Bemerkungen sind wider die Sache selbst gerichtet, die meisten Schein und Unterstellung, deren Wirklichkeit erst bewiesen werden müßte."

„So ungesittet die groben Beschuldigungen der Zudringlichkeiten sind, welche sich hier die kaiserlichen Minister wider mehrere Reichstags-Gesandten erlaubet haben sollen, so offen-

*) In einem späteren Bericht vom 28. Juli nennt dagegen der Freiherr von Hügel den würtembergischen Legations-Secretär, Professor Baz, als Verfasser; noch später spricht er die Vermuthung aus, daß mehrere zugleich daran gearbeitet hätten. Die Görz'sche Redaction, so wie die sonstige Einflußnahme des Grafen, bezeichnete Hügel jedoch immer als zweifellos.

**) Diese Note der „Fragmente" lautet wörtlich auf S. 13: „Ein vernünftiger Komitial-Gesandter ist, der Alles gut und recht findet, was Oesterreich will, und auf jeden Antrag eines kaiserlichen Ministers — sei er auch noch so unbillig — mit einer Reverenz antwortet, wie die Dorfdeputirten in der Operette. Man sehe das Schreiben des Reichs-Hof-Vice-Kanzlers Fürsten von Colloredo Mannsfeld an den damaligen Concommissär Freiherrn von Leykam in der teutschen Ministerial-Zeitung vom Jahre 1793."

bar grundlos sind dieselben. — Es ist wahrhaftig eher unser Fehler, daß wir zu bescheiden und zu höflich, als zu heftig sind; und wir werden durch die Erinnerung der oft empfohlenen allianzmäßigen Rücksichten und durch die voraussichtliche Gewißheit, daß jede unserer Aeußerungen wieder hinterbracht und mit Zusätzen verunstaltet und vergrößert wird, eher von jeder lebhaften Darstellung zurückgehalten, als daß wir uns hierin irgend einer Ueberschreitung der strengsten Forderungen des Anstandes sollten zu Schulden kommen lassen."

„Es ist ein alter Kunstgriff", sagt Hügel weiter, „daß man eben seine Handlungsweise und seine Absichten dem Gegentheil aufbürdet. Herr Graf von Görz muß sich doch erinnern, daß er dem Freiherrn von Lynker bei Rath*) mit Bitterkeit sagte: „„der König sei aus dem Kriege, der Herr Kurfürst von Trier müsse aber noch sehen, wie er heraus komme,"" daß er sich gegen Herrn v. Hanxleden**) äußerte: „„der Herr Fürstbischof bereite sich durch die unterlassene Anrufung der königlich-preussischen Verwendung sein Unglück,"" und daß er vor der Reichs-Deliberation vom Dezember v. J. alle jene Triebfedern in Bewegung gesetzt hat, von welchen er jetzt, wie man gewöhnlich von sich auf andere schließt, vermuthet, daß sie von den k. k. Herrn Ministern angewendet werden können."

„Vorzüglich sind mir folgende Stellen aufgefallen:

1mo Es ist wahr was der Verfasser der Fragmente sagt: daß der Verkauf der „sogenannten Anmerkungen" von den k. k. Herrn Ministern in Regensburg verboten worden sey." ***)

*) Als dieser auf die preußischen Vermittler- und Pacifications-Wünsche nicht einging.

**) Regensburg-Freising'scher Comitial-Gesandte.

***) „Fragmente" S. 11.: „Diese sogenannten Anmerkungen sind, dem äußern Verlauten nach, zu Regensburg von den kaiserlichen Ministern

„Ich glaube nicht zu irren, wenn ich nach dem Geist- und Inhalt des Werkes, nach der Kürze des Zwischenraumes zwischen verschiedenen angezogenen Thatumständen und der Erscheinung, nach der Form der Lettern und nach der Gattung des Papiers schließe, daß dieses Product hier in Regensburg erschienen sei. Als Verfasser vermuthe ich den kurbrandenburgischen Legations-Secretär Kaufmann, der es im Auftrag, auf Angabe und unter der Leitung des kurbrandenburgischen Reichstags-Gesandten schrieb.*) In dieser Muthmaßung bestärken mich vorzüglich die öfteren bestimmten Ausfälle gegen das Reichs-Ministerium, welches sich Herr Graf von Görz zum Lieblings-Vorwurf seines steten Tadels und zur bête-noire gemacht hat, die alles Ueble gethan haben muß, und die pag. 13 befindliche Note, welche ich schon öfter vom Herrn Grafen von Görz anziehen hörte." **) — „... Nur wenige Bemerkungen sind wider die Sache selbst gerichtet, die meisten Schein und Unterstellung, deren Wirklichkeit erst bewiesen werden müßte."

„So ungesittet die groben Beschuldigungen der Zudringlichkeiten sind, welche sich hier die kaiserlichen Minister wider mehrere Reichstags-Gesandten erlaubet haben sollen, so offen-

*) In einem späteren Bericht vom 28. Juli nennt dagegen der Freiherr von Hügel den württembergischen Legations-Secretär, Professor Baz, als Verfasser; noch später spricht er die Vermuthung aus, daß mehrere zugleich daran gearbeitet hätten. Die Görz'sche Redaction, so wie die sonstige Einflußnahme des Grafen, bezeichnete Hügel jedoch immer als zweifellos.

**) Diese Note der „Fragmente" lautet wörtlich auf S. 13: „Ein vernünftiger Komitial-Gesandter ist, der Alles gut und recht findet, was Oesterreich will, und auf jeden Antrag eines kaiserlichen Ministers — sei er auch noch so unbillig — mit einer Reverenz antwortet, wie die Dorfdeputirten in der Operette. Man sehe das Schreiben des Reichs-Hof-Vice-Kanzlers Fürsten von Colloredo Mannsfeld an den damaligen Concommissär Freiherrn von Leykam in der teutschen Ministerial-Zeitung vom Jahre 1793."

bar grundlos sind dieselben. — Es ist wahrhaftig eher unser Fehler, daß wir zu bescheiden und zu höflich, als zu heftig sind; und wir werden durch die Erinnerung der oft empfohlenen allianzmäßigen Rücksichten und durch die voraussichtliche Gewißheit, daß jede unserer Aeußerungen wieder hinterbracht und mit Zusätzen verunstaltet und vergrößert wird, eher von jeder lebhaften Darstellung zurückgehalten, als daß wir uns hierin irgend einer Ueberschreitung der strengsten Forderungen des Anstandes sollten zu Schulden kommen lassen."

„Es ist ein alter Kunstgriff", sagt Hügel weiter, „daß man eben seine Handlungsweise und seine Absichten dem Gegentheil aufbürdet. Herr Graf von Görz muß sich doch erinnern, daß er dem Freiherrn von Lynker bei Rath *) mit Bitterkeit sagte: „„der König sei aus dem Kriege, der Herr Kurfürst von Trier müsse aber noch sehen, wie er heraus komme,"" daß er sich gegen Herrn v. Hauxleben**) äußerte: „„der Herr Fürstbischof bereite sich durch die unterlassene Anrufung der königlich-preussischen Verwendung sein Unglück,"" und daß er vor der Reichs-Deliberation vom Dezember v. J. alle jene Triebfedern in Bewegung gesetzt hat, von welchen er jetzt, wie man gewöhnlich von sich auf andere schließt, vermuthet, daß sie von den k. k. Herrn Ministern angewendet werden können."

„Vorzüglich sind mir folgende Stellen aufgefallen:

1mo Es ist wahr was der Verfasser der Fragmente sagt: daß der Verkauf der „sogenannten Anmerkungen" von den k. k. Herrn Ministern in Regensburg verboten worden sey." ***)

*) Als dieser auf die preußischen Vermittler- und Pacifications-Wünsche nicht einging.

**) Regensburg-Freising'scher Comitial-Gesandte.

***) „Fragmente" S. 11.: „Diese sogenannten Anmerkungen sind, dem äußern Verlauten nach, zu Regensburg von den kaiserlichen Ministern

„Ich war es, der der Montag und Weißischen Buchhandlung, die mir die Bemerkungen schickte, den Verkauf untersagen ließ. Die Fragmente hat der berüchtigte Marschall-Amts-Kanzlist Preu zu debitiren übernommen. An der Ausbreitung der erstern habe ich aber keine Schuld.“

2do „Warum der kaiserliche Hof die Belagerungskosten von Mainz nicht durch ein Hof-Decret dem Reiche bekannt machte, ist wohl Preußens alleinige Schuld. Bei diesem Anlaß könnte so glücklich der Inhalt alles dessen dem Publikum mitgetheilet werden, was der Allerhöchste Hof in dieser Sache gethan hat, und wie eigennützig und verfassungwidrig Preußen damals auf die Theilung der Operations-Cassa antrug. Auch das ehrenhafte Anlehen und die in allen Reichsabteien im oberrheinischen und fränkischen Kreise abgeschickten Agenten verdienen wohl bei einer Widerlegung eine Erwähnung.“

3tio „Es ist gar zu arg, wenn man den Ausgang der französischen Revolution in den Plan der „Vorsehung“ setzet und der „Vorsehung“ nicht entgegenwirken zu dürfen angibt.“*)

4to „Nicht nur den kaiserlichen Ministern sondern auch jenen von Brandenburg, Hannover und Sachsen war der kur-

---

verboten worden. Sie werden aber auch dort unter der Hand desto sorgfältiger ausgebreitet, ganz wie es einer kleinlichen, zweizüngigen, doppelsinnigen Politik gemäß ist, die jede Abweichung von der Bahn der Offenheit, der Geradheit, des Biedersinnes sich erlaubt und jedes Verbrechen gerne dem andern aufbürdet, sobald durch ausgestreute Unwahrheiten der vorgesetzte Zweck erreicht werden kann.“

*) „Fragmente“ S. 35: „Man sah ein, daß noch mehrere Feldzüge, mit gleicher Kraft geführt, gleich fruchtlos seyn würden; und daß es wohl so gut als entschieden sey, daß die Wendung, welche es nun einmal wider die Erwartung so vieler Menschen und so vieler Regenten mit der französischen Revolution genommen habe, in dem Plane der „Vorsehung“ liege.“ (!!)

mainzische Antrag in der Friedenssache völlig unerwartet. Erstere beide mißbilligten die Eile von Kur-Mainz ebenso laut und haben ihre Vorstellungen mit jenen des Concommissärs gegen den Kurmainzischen Antrag damals vereinigt." *)

5to „Sehr schwer lasset sich die Versicherung, daß mehrere Stände des Reichs bereits den nemlichen Weg wie Preußen be-

*) „Fragmente" S. 37: „Der Kurfürst zu Mainz that endlich in der letzten Hälfte des abgelaufenen Jahres, theils aus eigenem Antrieb, theils aufgefordert durch die laute Stimme mehrerer seiner Reichsmitstände, bei der allgemeinen Reichsversammlung einen entscheidenden Schritt. Nach der seinem Direktorialgesandten am 13. Oktober gegebenen Anweisung sollte die Friedenssache unverzüglich in Proposition gebracht werden. Den kaiserlichen Ministern war dieser Antrag in mehr als einem Betracht völlig unerwartet. Sie äußerten darüber hin und wieder ein Befremden, das in laute Mißbilligung überging. Warum? Die Antwort kann sich jeder selbst geben. Nachdem die durch die Bemühungen dieser Männer etwas verzögerte Proposition endlich gemacht und die Berathschlagung eröffnet worden war, so gaben nicht nur die Stimmen des kurfürstlichen Kollegiums, sondern auch die am 5., 12., 19. und 22. Dezember im Reichsfürstenrath abgelegten Vota das allgemeine Verlangen nach einem baldigen Frieden zu erkennen, und bei weitem der größte Theil der Stände äußerte zugleich den heißen Wunsch, daß der König von Preußen seine Verwendung und Vermittlung zu einem mit Frankreich zu erzielenden Frieden dem Reiche angedeihen lassen möchte. Die Erfüllung dieses Wunsches konnte von der uneingeschränkten Großmuth des Königs erwartet werden, und der kurbrandenburgische Komitialgesandte, Graf von Görz, gab, ehe noch das Protokoll geschlossen worden war, die beruhigende Erklärung, daß der König entschlossen sey, sich derjenigen Stände anzunehmen, die ihm ihr Vertrauen schenken würden. Diese Erklärung war von dem besten Erfolg, so merklich auch der Widerwille war, welchen die kaiserlichen Minister darüber zeigten. Diese letztern gaben sich überhaupt die größte Mühe, alles dasjenige, was auf die Mitwirkung des Königes abzielte, zu verhindern. Dem Reichsoberhaupte wurde am 22. Dezember 1794, durch das an diesem Tage zu Stande gekommene Reichsgutachten, das sehnliche Verlangen des ganzen Reichs „nach einem baldigen Frieden" und zwar in den dringendsten Ausdrücken zu erkennen gegeben."

treten hätten, mit dem Artikel 2 des jüngsten Reichs-Schlusses vereinigen." *)

6to „Bei den Stellen, daß der preußische Staat schon Jahrhunderte hindurch auf Grundsätze einer reinen Politik gegründet

*) „Fragmente" S. 51: „Die großmüthige Verwendung des Königs und seine Vermittelung bleibet nach seinem königlichen, bisher so heilig gehaltenen Worte, den Ständen fernerhin offen. Der Wunsch, daß alles in der vorgeschriebenen Zeit geschehen möge, ist natürlich, weil der bestimmte, mit Frankreich verabredete Termin schnell ablaufen wird. Mehrere Stände des Reichs — Stände, die in diesem ganzen Kriege sich als große Fürsten, würdig des hohen Stammes, aus welchem sie entsprossen sind, bewiesen haben — haben bereits den vom Könige von Preußen so edelmüthig geöffneten Weg betreten, und zeigen durch ihr ruhmwürdiges Betragen und durch so laut sprechende Beweise, welche sie geben, daß sie die Empfindung der Mißbilligung des österreichischen Hofes, so empfindlich sie auch immerhin seyn mag, der Liebe und Schonung ihrer Unterthanen und der leidenden Beglückung der Menschheit weit nachsetzen. Sie werden jene gern ertragen (denn sie ist ja höchst ungerecht), wenn sie dieses unschätzbare Gut erringen können. Man verlangt einen konstitutionellen Frieden. Jeder Stand des Reichs wird dieses eifrigst wünschen. Allein wie ist er zu erlangen, wenn derjenige, von welchem die Haupteinleitung dazu abhängt (der Kaiser), nicht Hand ans Werk legen will, wenigstens durch unverkennbare Beweise dargelegt hat, daß es ihm mit allen Versicherungen nicht Ernst sey; dessen Ministerium sich so unerklärbar bezeigt, daß man die übelsten Absichten vermuthen muß; und der so handelt, daß er nothwendig alles Vertrauen verliert. Dieses Ministerium läßt den Kaiser durch Schritte, die zu den größten Widersprüchen führen, und zum Theil durch Erklärungen, die keinen Sinn haben, sich selbst alle mit seiner hohen Würde verbundene Achtung und die Verehrung rauben, die jeder Stand des Reichs dem Oberhaupte desselben so gerne weihet." (S. 60.) „Möchte nur der Herr Verfasser der Anmerkungen Muth und Kraft gehabt haben, das sonderbare und völlig unerklärliche Benehmen des Reichsministeriums bei der gegenwärtigen Lage der Dinge in ein gehöriges Licht zu stellen und es vor Widersprüchen zu retten. Denn dieses ist ein Gewebe von Mißgriffen, und es würde wohlthätig seyn, das Oberhaupt des Reichs, dessen höchster Name dabei so augenscheinlich gemißbraucht und dessen Ansehen auf die unerhörteste Art kompromittirt wird, darüber zu belehren."

gewesen, daß kein Land durch Hinterlist ꝛc. erworben worden, möchte man wohl ausrufen: risum teneatis amici!" *)

*) „Fragmente" S. 65: „Die polnischen Sachen und die Gründe, welche das weise preußische Ministerium bewogen haben, mit Uebereinstimmung des russischen Hofes, so und nicht anders zu handeln, sind uns noch nicht entwickelt genug, und eben so ungewiß scheint es bis jetzt zu seyn, was das Erzhaus Oesterreich — das seinen Vortheil niemals aus den Augen läßt, und seinen Nachbarn nicht gerne einen Zuwachs an Macht gönnt — dabei noch für eine Rolle spielen werde." (S. 66) „Nicht Friedrich war es, der ... an die Trennung einiger Provinzen von diesem Lande (Polen) zuerst dachte; nicht Preußen war es, das sich zu bereichern die Absicht hatte. Der erste Gedanke einer Zersplitterung jenes Reiches rührte von andern Höfen her, und Friedrich „der Einzige" trat der Theilung Polens damals aus dem großen Beweggrunde bei, um einen fast unvermeidlichen Krieg zwischen Rußland und Oesterreich, welches letztere kurz vorher einen Allianztraktat mit der Pforte geschlossen hatte, noch zu verhindern, da Preußen, als Alliirter von Rußland, an diesem Krieg nothwendig hätte Antheil nehmen müssen. Doch — ich wiederhole es nochmals — die polnischen Händel gehören nicht hieher!" (S. 67.) „Billig wäre es indessen, daß man einen Staat, der schon Jahrhunderte hindurch auf Grundsätze einer durchaus reinen Politik gegründet ist, bei allen Vorfällen — gesetzt auch, daß sie nach ihren wahren Ursachen und Gründen noch eine geraume Zeit unerklärbar bleiben müßten — mit Vorwürfen vor der Hand verschonte." (S. 73.)" O, möchten es Friedrich Wilhelms II. späte Nachfolger, wenn auch er einst eine schönere Krone errungen haben wird, tief, tief in ihrer Seele fühlen, mit welcher Undankbarkeit für alle seine Treue, seine Aufopferungen, seine zum Besten, zur Wohlfahrt des Kaisers unternommenen und seine Staatskräfte fast übersteigenden Unternehmungen ihn derjenige (der Kaiser) behandelt hat und durch andere behandeln läßt, der ihm den lautesten Dank nicht nur dafür, sondern auch deswegen sagen sollte, daß er ihm den Weg gezeigt hat, diesen unseligen Krieg mit Ehre zu beendigen und den Hafen einer glücklichen Ruhe wieder zu erreichen." (S. 76.) „Für die Erhaltung des teutschen Reichssystems hat der König durch den zu Basel geschlossenen Frieden aufs beste gesorgt. Um solches zu erhalten, um der Reichskonstitution, deren Dauer seinem königlichen Herzen, wie seine ganze glorreiche Regierung bis jezt bezeugt hat, so sehr anliegt, neue Festigkeit zu geben, und um in dem Stande zu bleiben, sie schützen zu können, wenn Gewalt und Arglist sie untergraben wollen, mußte er

7mo „Ebenso unwahr ist gewiß, was von den aus der Reichs-Operations-Kassa erhobenen Geldern gesagt wird.“

jetzt Frieden machen, mußte schon um dieser für einen großen Theil der Menschheit wichtigen Ursache willen der günstige Augenblick, der sich nun darbot, benutzt werden. Sollte er, dieser weise Monarch, das schöne Werk, das sein großer Oheim aufgeführt hatte, selbst wieder zerstören? Durch eigene Schuld sich so sehr entkräften, daß er nie wieder aufleben könnte? Es ist eine sträfliche Verleumdung, wenn der Verfasser der Anmerkungen Seite 50 äußert, Preußen suche nur das Erzhaus Oesterreich zu schwächen, um nachher desto besser seine wahre Absicht erreichen zu können. Nein, wahrlich nicht! Ein solcher Gedanke kann nie bei einem König von Preußen aufsteigen, der es mit seinem Hause gut und treu meinet. Teutschlands Existenz und die Erhaltung der Konstitution desselben ist mit der Wohlfart des preußischen Staats so innigst verwebt, daß jede Erschütterung desselben auch ihn treffen müßte. Preußen kann Germaniens Freiheit nie sinken lassen. Es darf nie zugeben, daß diese zu einem bloßen leeren Wortschall heruntersinkt. Es kann und darf nicht leiden, daß ein Kaiser nach Willkühr herrsche, daß er sich über die laute Stimme der Gesetze, über die beschworne Wahlkapitulation, welche die Rechte der Stände und deren ungekränkte Stimmfreiheit schützet, hinwegsetze. Es kann, es darf, es wird nimmermehr zugeben, daß der wesentliche Antheil der Stände an der Regierung Teutschlands zu einem bloßen Gutachten — dahin man arbeiten will — herabsinke. Und um dieses alles thun zu können, muß Preußen sich selbst erhalten. Es muß zum Kampf gerüstet dastehen und zeigen, daß es fernerhin Retter und Beschützer der teutschen Reichsverfassung seyn wolle, für deren Aufrechterhaltung seine glorreichen Beherrscher, schon seitdem Teutschland ein System hat, so trefflich gesorgt haben.“ (S. 83.) „Es ist wahr, der preußische Staat ist mächtig, groß und glänzend. Aber kein Land, das dem Scepter des Königs gehuldigt hat, ist durch Hinterlist, durch Arglist, durch Betrug und durch Unterdrückung Anderer demselben unterworfen worden. Alle seine Besitzungen sind Früchte einer edlen und weisen Politik. Nie war es Preußens Grundsatz, Länder wegzunehmen, weil sie ihm gelegen waren, und mit Gewalt rechtmäßige Nachfolger von der Succession desjenigen, was ihnen nach dem Willen der Vorsicht und im Gefolge der Rechte zufiel, verdrängen, oder Vertauschungen — wider ein Einmal feierlich gegebenes Wort — durch Gewalt, durch Einmischung anderer Mächte, durch Drohungen erzwingen, und nachher durch Erklärungen, die von dem Geiste zeugten, der sie gegeben hatte, der leider zu gut von der Sache unterrichteten Welt, ein erdachtes Geheimniß auf-

„Sehr dreist aber“, sagt Hügel schließlich, „und sehr frevelhaft ist der Zweifel wider den Ernst des Widerspruches der kaiserlicherseits gegen die verbreitete schändliche Lüge von Bayern erhoben wird.“ *)

bürden zu wollen. Ein solcher Zug böser Staatsklugheit bezeichnet Preußens Geschichte nicht. Eben deswegen kann auch die preußische Monarchie — denn oft belohnet die Vorsehung auch noch nach späten Jahren — auf den fernern Segen der Vorsicht rechnen.“ — „Wehe aber dem Kaiser der zur Auflösung des allgemeinen Reichsverbandes Anlaß gibt und sich zu Schritten verleiten läßt, welche dieselbe befördern. Wehe dem Minister, der seinen gutmüthigen Herrn auf schauervolle Abwege leitet, die zum Verderben führen. Kurfürsten, Fürsten und Stände, vereiniget euch mit teutschem Muth und mit teutscher Beharrlichkeit! Arbeitet dem reißenden Strome entgegen, der von Oesterreichs Hauptstadt her euch zu verschlingen droht!“ — — In diesem Sinne geifert das Libell fort, nennt S. 62 den Kaiser einen Despoten und endet S. 63 die schöne Tirade mit den pharisäischen Worten: „Rufet es ihm (dem Kaiser) so laut zu, daß ganz Europa es höre — justitiam suscipias, justitiam et reddas! Gewiß glückt es euch, das Schiff seiner Regierung von der Klippe abzulenken, an welcher seine Ehre, seine Wohlfahrt, sein guter Name, seine Ruhe und sein Ruhm bei der Nachwelt sonst ohnfehlbar scheitern wird!“

*) „Fragmente.“ Seite 92: „Daß der König von Preußen die Belagerungskosten wegen Mainz zurückverlangt, dieses ist dem Verfasser nicht recht. Aber davon sagt er kein Wort, daß Oesterreich, der von ihm jedoch mit Vorbehalt seiner Gerechtsame ertheilten Versicherung ungeachtet, noch keinen Kreuzer an dem ihm zufallenden Beitrage zu den verwilligten Römermonaten bezahlt, und dagegen für die Einnahme der so leicht wieder dahin gegebenen Festungen Valenciennes, Condé u. s. w., die dem teutschen Reiche gewiß nie, in der entferntesten Beziehung, Vortheil gebracht haben würden, mit vollen Händen die beträchtlichsten Summen aus der Reichs-Operations-Kasse erhoben hat.“ Seite 105: „Der König schließt Frieden, nachdem er sowohl, als alle Reichsstände, den lauten Wunsch nach Wiederherstellung der Ruhe vor den Thron desjenigen gebracht haben, der die Reichsgesetze kennt, der sie beschworen hat, und dem es, kraft seines hohen Amtes, obliegt, in einer so wichtigen Angelegenheit, aufgefordert vom Reiche, den ersten Schritt zu thun. Dieser Kaiser, der Monarch, — dem ein schneller Frieden willkommen seyn muß, der selbst sein Unvermögen und die völlige

Von diesen Fragmenten bleibt noch erwähnenswerth, daß einige Tausend Exemplare derselben von dem Grafen Görz an die preußische Gesandtschaft nach Wien (an Lucchesini) abgeschickt

Erschöpfung seiner Staatskräfte dem Reiche unverholen erklärt hat, — will keinen Frieden und thut, seiner feierlichen Versicherung ungeachtet, gar nichts. Er giebt zu, daß sein Ministerium — ich berufe mich auf das, was ich bereits angeführt habe — sich Widersprüche zu Schulden kommen läßt, dadurch seine kaiserliche Würde erniedrigt und sein Ansehen vor den Augen von ganz Europa kompromittirt." Seite 106 heißt es dann auch noch zum Schlusse: „Wer handelt gegen die Reichskonstitution, gegen den westphälischen Frieden und alle andere Gesetze, worauf das System des Reichs beruhet? Der (König), welcher die Verrückung des letztern nicht zugeben will, oder der (Kaiser), welcher nicht thut, was seines Amtes ist, und Teutschland seinem vermeintlichen Interesse — möge es nur kein eingebildetes seyn und die Reue ihm zu spät folgen — aufopfern, es wider den Inhalt seiner Wahlkapitulation, wider den lauten Wunsch der Glieder dieses Staatskörpers und wider sein kaiserliches Wort in einen der unseligsten Kriege länger verwickeln will? Wer handelt edler, größer, seiner Würde gemäßer, mit göttlichen und menschlichen Rechten übereinstimmender, der, welcher Segen verbreiten und Ruhe und Wohlstand um sich her allgemein machen will, oder der, der alles — alles — waget, um Teutschland den Wehen eines verheerenden Krieges länger auszusetzen, und zu diesem Zweck seinen Ministern jedes Mittel, das die kleinlichste und zweideutigste Politik nur eingeben kann, zu gebrauchen wenigstens stillschweigend erlaubt; ihnen vergönnt, die Stimmfreiheit auf alle Art zu kränken, und endlich alles thut, um den gütigsten Monarchen (Friedrich Wilhelm II.), — der sich auch jetzt wieder in einem Lichte zeigt, das schönern und mildern Glanz verbreitet, als alle Siege geben können, um den Fürsten sage ich — nicht zum Mitwirker beim Frieden aufgerufen zu sehen, durch den Teutschland allein gerettet werden kann". — — Man sieht, aus dieser Schandschrift mit welcher Heftigkeit der Kaiser angegriffen wurde, derselbe Kaiser der unter allen Fürsten des Reiches der Einzige war, welcher damals für Deutschland Alles aufzuopfern den sichtbaren Willen hatte und thatsächlich namenlose Opfer der Sache des deutschen Vaterlandes dargebracht hat. Und nun vergleiche man diese leidenschaftliche Sprache mit den glücklichen Phrasen der preußischen Hof-Historiker. Sollte man nicht glauben, in diesen Fragmenten alle Grundsätze unserer kleindeutschen Geschichtsbaumeister, die sich in der Gegenwart mit der deutschen Mission Preußens als „leitende Großmacht" beschäftigen, vorgezeichnet zu finden?

wurden, um auch in Oesterreich die Mißachtung und Mißstimmung gegen den deutschen Kaiser zu verbreiten.*)

Durch diese sinnlos heftigen Fragmente hervorgerufen, erschienen nun erst alle jene Gegenschriften, über die Görz unverschämt genug war, sich bei den kaiserlichen Ministern zu beschweren. Eine der ersten dieser Schriften, welche sich mit der Widerlegung der Fragmente befaßte, war eine „Beleuchtung des Baseler Friedens“, über welche sich Hügel wie folgt vernehmen ließ: „Die vorgestern eingesandte Druckschrift wider die dahier erschienenen Fragmente erreget eine große Sensation, und die Reichstags-Gesandten, welche es von sich erhalten können, davon zu sprechen, können die Empfindung eines lebhaften Unwillens über ihre Behandlung nicht unterdrücken. — So natürlich es übrigens ist, daß die Widerlegung der Fragmente die hiesigen Reichstags-Gesandten schmerzt (denn Nichts schmerzet mehr als Spott und das Bewußtsein, ihn verdient zu haben), so wenig unterlasse ich, sie aus dem Gesichtspunkt der abgedrungenen Nothwehr darzustellen und jedem zu Gemüthe zu führen, daß der Verfasser der Fragmente zuerst alle Gränzen der Sittlichkeit, der Bescheidenheit und des Anstandes offenbar überschritten habe; daß dagegen jener der Widerlegung sich aller ihm geschehenen persönlichen Mißhandlung ungeachtet gleichwohl in den Schranken eines sehr feinen Witzes und strenger anständiger Wiedervergeltung gehalten habe.“ **)

*) Hügel an Colloredo, d. d. Regensburg 27. Juli 1795. (St. A.) — Wie gerne übrigens die Fragmente in Berlin gesehen wurden, bezeugt wohl am Besten, daß, nach einem Bericht Hügel's an Colloredo (d. d. Regensburg 4. August St. A.), der Graf Görz nachträglich ein königl. preußisches Rescript erhielt, in welchem dem Verfasser für seinen „trefflichen Willen der aller verbindlichste Dank der preußischen Regierung“ ausgedrückt wurde.

**) Diese Gegenschrift hat Kolbielski zum Verfasser und heißt mit ganzem Titel: „Fernere Beleuchtung des zu Basel geschlossenen Friedens und

„Ich glaube übrigens versichert zu sein", bemerkte Hügel in seiner freimüthig, edlen Weise, „daß der Gebrauch der lauten Stimme der Wahrheit, mit edler, anständiger Freimüthigkeit gesagt, von größerem Nutzen und ausgiebigerer Wirkung, als allzugroße Schonung und Mäßigung sein werde, und es ist vielleicht in keinem Zeitpunkt nothwendiger als in dem gegenwärtigen, jede Sache bei ihrem rechten Namen: Verletzung von Treu und Glauben — Betrug; und falsche unwahre Anschuldigungen Lüge zu nennen und auch auf diesem Wege beizutragen, daß das durch eine verdorbene Hofsprache bei dem Volk so sehr gesunkene Vertrauen auf Regenten-Gewissen und auf Ehrlichkeit der Höfe wieder hergestellt werde." *)

Wohl waren diese Betrachtungen schon damals von der höchsten Richtigkeit. Die unselige österreichische Schonung und Mäßigung, die von keiner Seite im Reich je als solche anerkannt, sondern stets nur als Unfähigkeit betrachtet wurde und wird, — diese allzu große Nachsicht und Milde, sie trug einen großen Theil der Schuld an der Mißachtung des Reichsoberhauptes im Reiche und gefährdete das kaiserliche Ansehen mehr, als die rücksichtsloseste Strenge dieß je zu thun vermocht hätte.

Der vorerwähnten Schrift, welcher Hügel beizustimmen sich veranlaßt fühlte, folgten nun in rascher Folge die Kol-

---

der damit verbundenen Handlungen." 1795. — Lehrbach beurtheilt in einem Bericht an Thugut diese Flugschrift folgender Maßen: „Die Beantwortung der Fragmente ist nun hier allgemein bekannt; nach meiner geringen Einsicht ist dieselbe nebst den „Anmerkungen zur kurbrandenburgischen Erklärung" eine der besten Schriften, welche je erschienen sind und sie findet bei Unbefangenen den größten Beifall, und Befangene können nicht in Abrede stellen, daß das darin Enthaltene Wahrheit und — abgedrungen ist." — d. d. Regensburg 27. Juli 1795. (St. A.)

*) Hügel an Colloredo, d. d. Regensburg 27. Julius 1795. (St. A.)

bielski'schen Schriften, die mit dem: „Sendschreiben des Weltbürgers Syrach" begannen; — ferner die „Antifragmente" und jene Flugschriften, welche wir bereits bei Besprechung der „königl. preußischen Erklärung" kennen gelernt haben, endlich auch die „Pragmatische Darstellung des constitutionswidrigen preußischen Separatfriedens." *)

Insbesondere bot diese letztgenannte ernst und würdig gehaltene Schrift eine vernichtende Kritik des Baseler Friedens. Sie war offenbar von einer der politischen Verhältnisse kundigen Hand geschrieben, und gründete ihre Besprechung der Thatsache des Friedens mit Nüchternheit Ruhe und Klarheit auf alle den Zeitgenossen bekannt gewesenen Acten. Hügel hält sie für eine der bedeutendsten und besten Schriften, welche damals erschienen sind. Das Endurtheil dieser „Pragmatischen Darstellung" über den Baseler Vertrag lautet: „Aus diesem von dem König von Preußen in der Eigenschaft eines Reichsstandes mit der französischen Republik geschlossenen Separatfriedens ergeben sich die drey nachstehenden unwiderlegbar bewiesenen Resultate: 1. Daß die Wesenheit der deutschen Konstitution und ihre Form im Ganzen und allen Theilen unheilbar verletzt; 2. daß das bisherige Reichs-System zu einer bloßen Convenienzsache der usurpativen Gewalt eines Churbrandenburgischen Mitstandes gemacht, und 3. daß durch diese so gefährdevolle und konstitutionswidrige Friedenshandlung das wahre ständische Vertrauen auf ewig und unvereinbarlich getrennt worden. — Jeder Mensch wünscht zwar den Frieden. Das deutsche Reich bedarf auch desselben. Aber Friede

*) „Pragmatische Darstellung des constitutionswidrigen preußischen Separatfriedens, in Bezug auf die Reichsstandschaft nebst einigen Betrachtungen über die bekannte Rücksprache. Frankfurt und Leipzig 1795."

von Schande begleitet (sagt die deutsche Konstitution) ist für den Anträger Verbrechen, für den Annehmer Fluch!" *)

Während durch die bezeichneten Gegenschriften der Graf Görz nun aus dem Angriffe in die Vertheidigung zurückgeschlagen wurde und sich anscheinend stumm — eine verkannte Unschuld — in tief diplomatisches Schweigen hüllte, auch im Rathsaal für die Erwiederungen der kaiserlichen Anhänger achselzuckend, nur ein verächtliches Lächeln hatte, arbeitete er insgeheim mit Hardenberg und Haugwitz thätiger als früher daran, den seit Friedrich II. auf dem Felde der Literatur gewonnenen Vorsprung im Reich an Oesterreich nicht wieder zu verlieren.

Die leidenschaftlichsten Ausfälle wider das Erzhaus Oesterreich, das uns hinlänglich bekannte absichtliche Bestreben, durch die preußischen Schriften, im ganzen deutschen Reich Haß, Mißtrauen und Geringschätzung wider das Reichsoberhaupt, dessen Minister und Generäle, wider Oesterreich und die österreichischen Truppen hervorzurufen — dauerte unablässig fort.

Ja die Bemühungen dieser Herren richteten sich nicht auf das deutsche Publicum allein, sondern, sie gebaren auch ähnliche

*) Sollte es glaublich sein, daß die echt deutsche Gesinnung, welche sich in diesen Worten so deutlich ausspricht, einer „Deutschen Geschichte" mißfallen kann! Und doch ist es so, und insbesondere dieses Buch, welches, actenmäßig begründet in möglichst maßvollem Tone gehalten ist und eine Beantwortung der Fragmente abgibt (es erschien erst Ende September 1795), — dieses Buch, dessen Schlüsse durchaus wahr und ebenso politisch richtig als reichspatriotisch gedacht sind und mit allen uns vorliegenden Urkunden aus jener Zeit vollständig übereinstimmen, — bezeichnet der deutsche Geschichsprofessor L. Häusser B. II., siehe S. 8—12 als eines „der heftigsten" unter allen jenen Schriften und Pamphleten, welche in „herber Beurtheilung des preußischen Separatfriedens aufwucherten."

Geistesproducte in fremden Sprachen. Um die Franzosen in ihren Wünschen auf die Erhaltung des ganzen linken Rheinufers zu bestärken, und deren Kampflust gegen Oesterreich und das deutsche Reich fortwährend rege zu erhalten, um dem Reichsfeind, wenn er sie etwa noch immer nicht wissen sollte, die Mittel und Wege anzudeuten, wie dieses verhaßte deutsche Kaiserthum und dieses zähe Oesterreich endlich doch vollends zu besiegen wäre, erschienen preußischerseits gleichfalls zahlreiche Schriften in französischer Sprache.*)

Obgleich nun gerade der Graf Görz es war, der eine dieser über die Abtretung der Rheingrenze an Frankreich handelnden Schriften emsig zu verbreiten versucht hatte, so erklärte er dennoch allen Gesandten in öffentlicher Sitzung, Frankreich sei nicht Willens, den Rhein als Grenze zu behalten, denn weder politische, noch viel weniger militärische Gründe zwängen die

*) Eine dieser in Berlin verfaßten französischen Schriften war das Büchlein: „Les frontières de la France sous un point de vue politique et militaire.“ (1795). Hügel sagt über dieses Buch in einem Bericht an Colloredo, d. d. Regensburg 23. September 1795. (St. A.): „Man kann wohl kaum ohne gerechte Indignation diese Sammlung von Schmähungen durchlesen.“ — Diese Schrift war durchgehends mit Verdächtigungen gegen Oesterreich und den Kaiser angefüllt und munterte Frankreich offen auf, den burgundischen Kreis zu behalten, dafür aber den Oesterreichern die Lockspeise Baiern anzutragen. Der bei der Clerfayt'schen Armee angestellte Hofsecretär Bleul berichtete über diese Schrift an den Reichs-Vice-Kanzler: „Bey meiner letzten Anwesenheit in Frankfurt hatte ich Gelegenheit, bey dem Buchhändler Eßlinger ein Originalschreiben des Buchhändlers Unger“ [Unger war „königlicher preußischer Hof- und Ministerial-Buchhändler“] „in Berlin einzusehen, womit dieser jenem obiges Werkchen zum Verlage mit dem dringenden Ersuchen zuschickte, solches ehestens im Publicum erscheinen zu lassen und für die möglichste Verbreitung desselben sich zu bemühen, da ihm solches vom Hofe mitgegeben worden sey.“ d. d. Groß-Gerau den 15. September 1795. — (St. A.)

französische Regierung zu dieser äußersten Maaßregel. Frankreich wünscht nur die Einverleibung des burgundischen Kreises den Oesterreich gegen Baiern abzutreten gedenke, und den auf die Dauer zu erhalten das Reich ohnehin ganz unvermögend sei. „Man könne sich, so sagte er wörtlich, auf alle Art beruhigen, daß die Drohung der Rheingrenze und der Vereinigung der eroberten Lande mit der Republik ein Hirngespinnst sei und alle desfallsigen Besorgnisse ganz ungegründet wären." *)

Um dieser neuen Ansicht einen Schein von Wahrheit zu verleihen, hob er hervor, daß er soeben erst eine Druckschrift aus Paris erhalten habe, welche diesen Standpunkt vertrete. Diese ihrer Entstehung nach jedenfalls merkwürdige Schrift, welche unserer Forschung jedoch Titel und Inhalt nach unbekannt geblieben ist, enthielt wie Hügel sagt wieder ganz andere Ansichten, als die so eben erst in den „Frontières de la France" durch die preußischen Agenten verbreiteten.

„Ich gab mir alle Mühe", berichtet Hügel weiter, „diese Schrift zu erhalten, vernahm aber, daß nur Herr Graf von Görz selbige besitze. Vorgestern erhielt ich sie vom Freiherrn von Eberstein von Ulm mit der Bemerkung, daß sie eben erst von Berlin angekommen seye, und gestern schon wurden hier durch einen Colporteur mehrere Exemplare zum Verkauf umher getragen. Man darf diese Schrift nur lesen, um sich zu überzeugen, daß schwerlich dieses Produkt in Paris erschienen sey. Die geringschätzende Behandlung der Holländer, die geringe Kenntniß der niederländischen Grenze, die vorzüglichere und sehr detaillirte der Grenze zwischen der Mosel und dem Rhein scheinen mir anzuzeigen, daß der Verfasser mit der königlich preußischen

*) Hügel an Colloredo, d. d. Regensburg 18. September 1579. (St. A.)

Armee an Ort und Stelle war, und es ist mir daher wahrscheinlich, daß man dem deutschen Reich nun diese Trostschrift von Berlin geschickt hat, entweder um Sand in die Augen zu streuen und das beobachtende Aug' von den eigentlichen Absichten und Plänen, von der Rheingrenze wegzuziehen, oder um die Gemüther auf den Vorschlag einer Zerstücklung der Grenzländer langsam vorzubereiten." *)

Der bedeutendste Kunstgriff der preußischen Minister blieb jedoch unter allen Verhältnissen immer der, andere Leute, und wo möglich Reichsländer für die preußischen Ziele schreiben zu lassen und ihnen nur die Ideen und die Richtung, in welcher geschrieben werden sollte, anzudeuten. So schrieb auf preußische Veranlassung ein nassauischer Hofrath eine Art Rechtfertigung der reichsständischen Separat-Frieden und machte die Theorie geltend: „daß unter den jetzigen Umständen der Separat-Frieden eines Reichsstandes eben so wenig den Reichsnexus aufhebe, als das Reich durch das Unvermögen, jetzt den im Krieg verwickelten Reichsstand zu schützen, — sein Recht auf diesen Nexus verliere." **)

Diese neue Theorie sollte als Begründung des preußischen Friedens, und der von den Reichsständen sehnlichst gewünschten allgemeinen Billigung der Separatfrieden dienen! Aehnliche Sophismen schienen wirklich darauf berechnet, alle Rechtsbegriffe der Deutschen in eine vollkommene Verwirrung zu

*) Vorerwähnter Bericht.

**) „Versuch, über die Rechtmäßigkeit des Separatfriedens Deutscher Reichs-Stände, zur Aufklärung staatsrechtlicher Gegenstände, des oranisch-nassauischen Hofrathes L. H. v. Almendingen." Dagegen ließ Kolbielski eine ironisch gehaltene, diese Theorie bekämpfende „Zugabe zu dem 16. Hefte des Archives z. A. staatsr. Gegenst. d. o. n. Hofr. v. Almendingen" (Frankfurt und Leipzig 1796) erscheinen.

bringen. Wenn Staats=Rechtsgelehrte und Reichs=Geschichts=Professoren, wie Pütter, Posselt, Martens und Häberlin, auf der Seite Preußens standen, wenn Männer, die damals als die geistigen Hauptkräfte Deutschlands betrachtet wurden, sich zum Bücherschreiben für die verwerflichsten Handlungen der preußischen Politik herbeiließen; dann ist es wahrlich nicht zu verwundern, daß Niemand mehr das Recht von Unrecht zu unterscheiden wußte, und daß wir auch berühmte deutsche Patrioten, unter ihnen z. B. den sonst als einen wackeren Mann bekannten Herrn v. Dohm, eifrig bemüht finden, in Westphalen die Segnungen des preußischen Friedens zu preisen. — Da aber insbesondere das Häberlin'sche „Staats=Archiv" sich noch heutzu Tage bei der deutschen Nachwelt eines gewissen Rufes von „Unbefangenheit" erfreut, so wird es vielleicht nicht ganz zwecklos sein, unseren Lesern das Urtheil eines allerdings befangenen aber „österreichisch befangenen" Zeitgenossen über dieses gelehrte Werk vorzulegen. *)

„Ich blättere", also läßt sich Kolbielski in einem vertraulichen Schreiben an Hügel vernehmen, „neulich im Repertorium des teutschen Staats= und Lehnrechts von Carl Friedrich Häberlin. Wo ich blättere, finde ich Grobheiten gegen den Kaiserhof. Ich lasse eben das Häberlin'sche neue Journal: „Staats=Archiv" kommen, und finde, daß es eine Kloake ist für alle gegen das Haus Oesterreich ersinnliche Bosheit. Haben denn unsere Herrn Kreis=Minister keine Kehlen zu schreien, wie die

*) Das Häberlin'sche Staats=Archiv ist auch eines der Fundamente der neuen deutschen Geschichtschreibung. Siehe insbesondere L. Häusser's Deutsche Geschichte, welche sich bei wichtigen Stellen wiederholt auf die im „Staats=Archiv" des Häberlin vertretenen Ansichten und gegen Oesterreich gerichteten Anschuldigungen bezieht.

Borussianer, oder bekümmern sie sich um so etwas nicht, das doch offenbar die öffentliche Meinung verpestet?" *)

Das Hauptaugenmerk der preußischen Regierung und ihrer Minister und Agenten richtete sich demnach auch in ihrer „die öffentliche Meinung verpestenden" Weise namentlich darauf, die Rechtsgelehrten und Universitäts-Professoren Deutschlands, — diese Träger der Wissenschaft, — diese Lehrer der Jugend von der kaiserlichen reichsfreundlich gesinnten Partei abzuziehen, vielleicht um aus ihnen dereinst würdige preußische Kronjuristen zu machen. Abgesehen von dem mit Geschichte und Rechtsgelehrtheit sich befassenden Professorenthum deutscher Universitäten, wurden aber auch noch andere Männer, die den Ruf großer Gelehrsamkeit besaßen, für die preußischen Ziele und Absichten gewonnen, und auch diese hatten ihren guten Theil an den gegen das Kaiserthum gerichteten Schmähschriften und Libellen. Die uns bekannt gewordenen literarischen Größen dieser Art waren: der weimar'sche geheime Kammerrath v. Goeckhausen, der Oberhofprediger Starck zu Darmstadt, der General-Superintendent Schneider zu Eisenach; der weimar'sche Ministerresident v. Riese. **)

Nach den unerwarteten Siegen der Oesterreicher im Spätjahr 1795 war es freilich eine Kunst, die Verherrlichung des Baseler Friedens zu singen, und dennoch erhob sich, Dank der Unermüdlichkeit der preußischen Minister, gerade damals eine neue Springfluth von Schmähschriften gegen Oesterreich, die

*) Kolbielski an Hügel, d. d. Augsburg 11. April 1796. (St. A.)

**) Nach einem Privatbrief des Freiherrn v. Bozheim an den Grafen Görz, d. d. Mannheim 9. April 1795. (St. A.) In der Abschrift dieses Schreibens, welche Hügel dem Reichs-Vice-Kanzler einsandte, sind die vorerwähnten Namen genannt, und Görz wird darin dringend aufgefordert, sich für die pekuniäre Unterstützung dieser Männer in Berlin zu verwenden.

sich jedoch scheinbar nur mit dem pseudonymen Autor Grafen Strengschwerdt und dessen politischen Schriften, auf die wir im Verfolg dieses noch zu sprechen kommen, befaßten.*)

Die Thätigkeit des Grafen Görz in dieser Richtung war sehr beachtenswerth und einer besseren Sache würdig, als jene war, die er wirklich vertrat. „Der königl. preußische Herr Comitial-Gesandte Graf Görz“, so berichtet der Oberst Mylius gegen Ende December aus Nürnberg an den Concommissär, „sind gestern Abend hier angekommen und hatten mit dem eigens hierher von Erlangen bestellten Professor Klüber in Beisein des Herrn Grafen von Soden, eine lange Unterredung.... Dieser Professor hat, wie man behaupten will, schon mehrere Broschüren und preußische Schriften verfaßt, vermuthlich wird ihm hiezu neues Material geliefert worden sein.“ **)

Zu dieser Mittheilung bemerkte Hügel: „Zweifelsohne hat die Unterredung mit dem Erlangischen Professor Klüber die Absicht, denselben und andere gute Schriftsteller des preußischen Hofes aufzufordern, der sinkenden öffentlichen Meinung für das Berliner Ministerium wieder aufzuhelfen und das Vertrauen des Reichs in Preußen wieder herzustellen. Oft hat sich Herr Graf von Görz so laut und lebhaft über die neueren Schriften, vorzüglich über jene des Grafen von Strengschwerdt geäußert, daß man vorstehende Vermuthung als durchaus richtig anerkennen darf. In welcher Verbindung übrigens Herr Graf von Görz in Absicht der Richtung der öffentlichen Meinung stand,

*) L. Häusser D. Gesch. hat diese obscuren, gegen Oesterreich gerichteten Schriften im B. II. S. 35 getreulich verzeichnet, weßhalb wir unsere Leser dahin verweisen.

**) Reichsoberst Freiherr von Mylius an Hügel, d. d. Nürnberg 23. December 1795. (St. A.)

beweist das beigeschlossene Schreiben des Freiherrn von Bozheim." *)

Aber auch noch andere Ziele waren es, als der Abfall von der Coalition und die Rechtfertigung des Baseler Friedens, zu deren Erreichung schon damals der Keim durch preußische Schriftsteller gelegt wurde. — Es war nicht allein auf die Versumpfung des Vaterlandsgefühles der Deutschen, nicht allein auf die für alle Zukunft fortwirkende Irreführung der großen Menge und auf den tödtlichen Zwiespalt der deutschen Nation, nicht nur auf den muthmaßlichen Gewinn und die Abrundung des preußischen Staates durch Hannover berechnet: sondern das sorgsame Bestreben Preußens blieb auch noch auf die endliche Anbahnung der langersehnten, von Kurbrandenburg so oft schon angeregten Säcularisation des Besitzthumes aller geistlichen Reichsstände und Reichsstädte gerichtet.

Schon seit langer Zeit hielt man in Berlin den Zeitpunkt für gekommen, die vom ersten protestantischen Kurfürsten von Brandenburg ererbte Idee einer Beraubung der hohen reichsunmittelbaren Würdenträger der katholischen Kirche zu Stande zu bringen. Friedrich II. hatte es gar viele Selbstüberwindung gekostet, an diesen Lieblingsplan des kurbrandenburgischen Hauses nicht selbst Hand anlegen zu können. — Den Dank, welchen der Kurfürst von Mainz, der Bischof von Lüttich und die anderen deutschen geistlichen Stände durch ihren Beitritt zum reichsverrätherischen Fürstenbund von Preußen verdient hatten, den sollten sie aber nun unter Friedrich's Nachfolgern reichlich ernten! — Lucchesini war der Erste, der in Wien diese Idee

*) Hügel an Colloredo, d. d. Regensburg 25. December 1795. (St. A.)

gleich bei Anbeginn der Kriege gegen Frankreich wiederholt und zu Anfang des Jahres 1794 sowohl bei Thugut als beim alten Reichs-Vice-Kanzler Fürsten Colloredo-Mannsfeld anzuregen versuchte. *)

Von diesen beiden kaiserlichen Ministern mit unverhehlter Entrüstung abgewiesen, hatte Lucchesini seit jener Zeit im Reich mehrere Schriften veröffentlichen lassen, welche bestimmt scheinen die Säcularisation allmälig vorzubereiten. Wie diese Umtriebe leider durch die Unfähigkeit, Immoralität und politische Kurzsichtigkeit der höchsten geistlichen Würdenträger des Reiches, zum eigenen Verderben derselben, begünstigt wurden, das läßt sich augenscheinlich durch das Benehmen der Kurfürsten von Mainz, Köln, der Bischöfe von Speier, Bamberg u. a. m. während des letzten großen Reichskrieges actenmäßig beweisen.

Die preußischen Kronjuristen und Gelehrten hielten ihre Zeit für gekommen und predigten nun nach der vollbrachten Heldenthaten des Baseler-Friedens neuerdings dem deutschen

*) Nach einer Correspondenz des Fürsten Colloredo mit dem Grafen Cobenzl (Gesandten in St. Petersburg), d. d. Wien 27. Hornung 1794. (St. A.) — — In einem anderen Schreiben an den Kurfürsten von Mainz (d. d. 18. Hornung 1794) äußerte der Fürstkanzler: „Man hat sich nicht gescheut, Gerüchte von Säcularisation zu verbreiten, und daß eine solche Idee in Wien entstanden sei. Dieser Vorfall ist eine neue traurige Erfahrung, wie sehr man bemüht ist, dem Allerhöchsten Hof alle nur möglichen Gehässigkeiten aufzubürden, und ich kann zu meinem größten Vergnügen E. kfstl. G. vollkommen beruhigen, und E. Gnaden können es auch gegen Jedermann äußern, daß der kaiserl. Hof weder bis zur Stunde an ein solches Projekt je gedacht habe, noch daß er dasselbe, wenn es auch von anderen Höfen sollte in Vorschlag gebracht werden, — je begünstigen werde. — Die Geschichte des vorigen Jahrhunderts, die Geschichte des gegenwärtigen unter Karl VII. und im 7jährigen Kriege, beweisen hinlänglich, mit welcher Höfe Grundsätzen derlei Projekte am Meisten analog, und von welchen solche Säkularisations-Projekte am Meisten zu besahren sind.“ (St. A.)

Volk, daß endlich die langersehnte Säcularisationszeit für das Reich gekommen wäre.*) Zu den Zeiten des Baseler Friedens paßte natürlich diese anderweitige fortschrittliche Heldenthat gegen das Eigenthum und Recht der geistlichen Stände ganz trefflich, und die entsetzliche Verblendung gegen ihr selbsteigenes Interesse und die Treulosigkeit der Mehrzahl dieser geistlichen Stände gegen ihr Reichsoberhaupt läßt allerdings ihr Schicksal eben nicht besonders bemitleidenswerth erscheinen. Aber es ist gewiß eine der seltsamsten Schicksalsfügungen, daß sie und ihre Lande zum größten Theil die Beute desjenigen Staates wurden, der sie stets gegen die kaiserliche Willkür, wie sie in ihrer Kurzsichtigkeit vermeinten, in Schutz genommen hatte, — desjeniges Staates, der thatsächlich Alles anwandte, was nur angewendet werden konnte, um das ehrwürdige und heilige Band zu trennen, welches menschlicher Berechnung nach, den deutschen Kaiser mit den katholischen geistlichen Ständen des Reiches für immerwährende Zeiten zu verbinden schien.

„Von einer sehr verläßlichen Hand", also berichtet der österreichische Gesandte Graf Westphalen „habe ich das wichtige Datum erhalten, daß das preußische Ministerium von zwei Professoren in Göttingen ein Gutachten über die Frage verlangt habe: Ob und wie sich nach dem westphälischen Frieden jetzt noch Säcularisationen machen, — und wie sie sich mit diesem Reichs-Grundgesetze vereinigen lassen?" **)

---

*) Mehrere Flugschriften in deutscher und französischer Sprache beschäftigten sich damals mit diesem Gegenstand. Bemerkenswerth sind folgende: „Europa in Bezug auf den künftigen Frieden." 1795. — „Plan de Pacification" etc. 1795.

**) Graf Westphalen an den Fürsten Colloredo, d. d. Hildesheim den 28. Mai 1795. (St. A.)

Diese Professoren waren Boehmer und Runde! Die Frage wurde an jeden besonders und so gestellt, daß Keiner vom Andern etwas wußte. — Was die Professoren geantwortet, hat uns der Graf von Westphalen nicht aufbewahrt, jedenfalls aber wird die Antwort keine allzuschroff zurückweisende gewesen sein, denn nach der Richtung des Häberlin'schen Staats-Archives zu schließen, waren namentlich die norddeutschen sogenannten „protestantischen" Gelehrten schon lange darüber einig, daß das Recht in Allem nur auf Seite des reichsverrätherischen Kurbrandenburg und Genossen sein könne, während Oesterreich und die kaiserliche Regierung gewissermaßen mit dem Kainszeichen des Unrechts gebrandmarkt und von diesen Herren systematisch in der öffentlichen Meinung Deutschlands unmöglich gemacht wurden.

Als nun diese durch das frühe Datum des gegebenen Auftrages bemerkenswerthen Umtriebe im Reiche bekannt und kaiserlicherseits in Berlin sehr mäßig geahndet wurden, da erschienen alsbald geharnischte Flugschriften, welche die ausgestreuten Gerüchte von Säcularisations-Absichten schlechtweg eine „österreichische Intrigue" nannten, welche der Graf Lehrbach ausgesponnen habe, um Baiern mittlerweile an Oesterreich zu bringen.

„Den kaiserlichen Ministern", so hieß es in einem dieser Pamphlete, „und ihren gedungenen Gehülfen sind diese Pläne (der Säcularisation) zuzuschreiben, und wir sind genau unterrichtet, welche Mittel dazu an unserm Hofe selbst sind angewendet worden." Oesterreich, so hieß es weiter, sei es gewesen, welche die gegründete Forderung der Mainzer Belagerungskosten, und die 20.000 Mann Allianztruppen zur Bekriegung der Polen in böswilliger Absicht verweigert hätte. Preußen wäre sonach moralisch zum Frieden gezwungen worden; hiebei käme aber der Segen des Friedens und die Demarcations-Linie nur dem Reiche allein zu gut. Nun aber sind es die fehlgeschlagenen Hoffnungen Oesterreichs, welche das Geschrei seiner „tonsurirten Anhänger und besoldeten Schmierer" erregen. — „Bei aufgeklärten und nicht durch Parteigeist irre geleiteten Staatsmännern hingegen muß die Preußen angeschuldigte Absicht, im Trüben zu fischen und sich auf Kosten seiner Mitstände zu vergrößern, oder eine Dictatorsrolle spielen zu wollen, von selbst fallen und verächtlich werden; denn Preußen hat und kann gegen das teutsche Reich nur Eine Politik haben, nemlich die, der Erhalter der Constitution, der Schützer der Bedrängten, das Gegengewicht einer sonst alles erdrückenden Gewalt und Habsucht zu sein."

Wie klingt doch diese Sprache ganz ähnlich derjenigen, welche die „kleindeutschen Geschichtsbaumeister" unserer Tage in Deutschland so einschmeichelnd zu flöten wissen!

Man sieht übrigens, es sind immer dieselben Anklagen und Verleumdungen, die ebenso wie damals heute noch immer wieder gelegenheitlich zum Vorschein kommen. Nur das Wortkleid hat sich geändert und wird sich auch heute wieder ändern, wenn so manche Ziele endlich erreicht sind, denen die von uns besprochene Literatur ehemals die Wege zu ebnen versuchte.

„Zuverläßig", so hieß es wieder in einer andern Schrift*), „zeigt sich seit mehreren Sieclen in der Geschichte aller gesitteten Nationen kein Beispiel, daß irgend ein Staat seiner Handlungen wegen, mit einer so zügellosen Ungerechtigkeit, mit so vieler ausgelassener Wuth angefallen sei, als man es sich gegen

*) „Fernere Beiträge zur Beleuchtung des Baseler Friedens-Schlußes. Vom Verfasser der Fragmente." 1795.

den preußischen Hof wegen den Baseler Frieden von Wien aus gegenwärtig erlaubt. ... Teutschland wird mit Schmähschriften, und täglich von den niedrigsten und ekelhaftesten Libellen gegen Preußen überschwemmt, und jedermann weiß, welche und wie viele Schriftsteller die österreichischen Minister zu diesem Endzweck aufstellen, und welche Publicität dieselben allen diesen Schandschriften zu geben beflissen sind, wovon der Reichs-Anzeiger redende Beweise darlegt." *)

„Ich überlasse der Publizität", so donnerte wieder eine andere dieser Schriften in lächerlichem Pathos, „das mannigfaltige Gewebe der österreichischen Intriguen zu enthüllen. Sie wird ungescheut die Wahrheit verkünden, daß vor ihrem treffenden Schimmer das Gesumse der Nachtvögel verstumme, gegen den königlichen Adler aufzischend, dessen kühner Blick in das Antlitz der Sonne ihnen zuwider ist. Sie wird diejenigen vorführen, die unter der falschen Maske des Patriotismus Deutschland täuschten." **)

---

*) Mit dieser Angabe stimmt denn auch die Meinung der Deutschen Gesch. L. Häusser's II. Band, Seite 1—48 überein. Ueber alle jene Druckschriften, die damals in einem heiligen patriotischen Zorn gegen Preußen geschrieben wurden, liest man dort auf S. 12 die merkwürdige Enthüllung: „Nach dem Vorspiele einer so heftigen Agitation gegen den preußischen Vertrag, einer Agitation, deren Fäden von Wien aus bewegt wurden, war es auffallend genug, daß Preußen auch nur einen Augenblick darauf zählen konnte, Oesterreich werde ihm die Schwierigkeiten, welche dem Reichsfrieden entgegenstanden, wegräumen helfen." (!?)

**) „An Teutschlands Reichsstände. Ein Wort zu seiner Zeit."1795. In dieser Schrift hieß es an einer Stelle (Seite 32): „Mit beklemmtem Herzen sah der Patriot seit dem Anfang der Friedensberathschlagungen nur zu oft, wie sehr manche teutsche Stände, wie sehr selbst der wichtigste unter allen, Oesterreich, die verderblichsten Machinazionen wagten, durch alle ordentlichen Hindernisse den wohlthätigen Zeitpunkt zu entfernen, der Teutschlands Ruhe erhalten sollte. Auf den entscheidenden

In diesem erbaulichen Tone schöner Metaphern und geistig politischer Miasmen waren die preußischen Schriften damals wirklich groß. „Wahrlich", sagte Hügel, gegen dessen Wirken sich bezeichnend genug die vorerwähnte Schrift hauptsächlich gewendet hatte, „diese ebenso ungesitteten als unanständigen Beschuldigungen verdienen nachgesehen zu werden; . . . sie werden E. hochfürstlichen Gnaden ein Maßstab werden, um zu ermessen, mit welchen persönlichen Unannehmlichkeiten dermalen die Geschäftsführung dahier verbunden ist, die ich jedoch zu ertragen und zu verachten gelernt habe." *)

Ein literarisches Subjekt der allerschlechtesten Gattung war damals ein gewisser Heinrich Wilhelm von Bülow. — Ueber die Werke, mit welchen er die Baseler Friedensliteratur unter der Anleitung und im Auftrage des Grafen Görz, des Frei-

Friedensantrag, welchen der Kurfürst von Mainz gegen das Ende des verflossenen Jahres that, erhoben sich von allen Seiten zahllose Miethlinge in unsinnigen Deklamazionen gegen diese Aeußerung des allgemeinen Wunsches der teutschen Nazion! Laut widersprachen zwar offizielle Erklärungen dem Gerüchte von Carletti's geheimen Aufträgen, aber — wer glaubt mehr den Erklärungen der Großen, die ausdrücklich versicherten, eine baldige Friedenseinleitung mit Frankreich zu treffen, indeß eine Allianz mit England zur Fortsetzung des Krieges und Ausrüstung von 200.000 Mann unterzeichnet wurde. Und noch trat ja auch Niemand auf, der jenen sehr das Gepräge der Gewißheit tragenden Verdacht, verglichen mit Merlins von Thionville Aeußerungen, nicht durch Geschrei über Verleumdungen, sondern durch Thatsachen und bündige Beweise widerlegt hätte. Man hat doch keine Ursache, auf die Aufrichtigkeit und die redlichen Absichten des beschuldigten kaiserlichen Hofes zu bauen."

Diese Schrift erhielt eine verdiente Abfertigung durch eine Gegenschrift gleichen Namens, die der Hofrath Hofmann herausgab, mit dem Zusatz „Germanien im August 1795".

*) Hügel an Colloredo, d. d. Regensburg 22. August 1795. (St. A.)

herrn von Ompteda und deren Genossen herausgab, urtheilt Lehrbach wie folgt: „In seinen (dieses Bülows) Schriften liegt durchaus ein boshaftes Gift gegen den kaiserlichen Hof verborgen. Wenn man es nicht mit Verachtung ansehen wollte, könnte diesem Winkelschreiber bei seiner nothwendigen Passirung durch das Vorder-Oesterreichische eine militärische Ehre angethan werden." *)

Die bedeutendste politische Arbeit, welche Bülow damals veröffentlichte, waren ganz eigenthümliche „Berichte aus Basel an die Reichs-Versammlung über den Frieden von Basel". Diese Berichte gingen in mehrere Zeitungen über und wurden von den Gönnern des Berichterstatters von Hand zu Hand gar emsig verbreitet. Ueber deren wunderlichen Inhalt, und über die noch wunderlichere Absendung Bülow's nach Basel, welche einen Beweis dafür abgibt, was sich Alles die Comitial-Gesandten gegen den Kaiser und das Interesse des Reiches eigenwillig erlauben konnten, belehrt uns Hügel eingehend in einer von ihm eigenhändig geschriebenen sehr merkwürdigen Aufzeichnung, der wir die nachfolgenden Daten entnehmen. **)

*) Lehrbach an Thugut, d. d. Regensburg 13. December 1795. (St. A.) — Bülow sollte gerade damals von Basel nach Regensburg zurückreisen.

**) Die Aufzeichnung des kaiserlichen Concommissärs, welche sich im Wiener St. A. bei den Kolbieski'schen Briefen vorfand, ist ein Concept ohne Datum und dürfte vom Februar oder März 1796, und zwar an Kolbielski nach Wien gerichtet sein. — Dieser Letztere gab auch zu Anfang des Jahres 1796 treffliche Commentare zur Bülow'schen Absendung heraus, in welchem dessen Berichte in origineller und geistreicher Weise mit ganz kostbar sarkastischen Anmerkungen versehen, dargestellt erscheinen. Zwischen den Hügel'schen Aufzeichnungen und dieser Kolbielski'schen Schrift scheint uns ein sichtbarer Zusammenhang obzuwalten. Das in seiner Weise merkwürdige Buch heißt: „Des kurbraunschweigischen Justiz-Rath Herrn Heinrich Wilhelm von Bülow amtliche Berichte über den Friedens-Kon-

„Mehrere Reichstagsgesandten hatten auf den Vorschlag des kurbraunschweigischen Gesandten Ompteda den Entschluß gefaßt, einen gewissen Herrn von Bülow nach Basel zu schicken. Die Absicht war, um von dem, was an diesem Sitz des Congresses mehrerer Pacificationen vorging, unterrichtet zu werden, um mit den in Basel wirklich anwesenden Gesandten die Reichsversammlung in Verbindung zu bringen, namentlich aber mit Hardenberg, Barthélémy, dem hessen-kasselischen Geheim-Rath Waitz, dem kurpfälzischen Geheim-Rath von Reubel und dem fürstlich leiningenischen Regierungs-Rath Abele aus Stuttgart, in unmittelbare Berührung zu kommen. Sie wünschten, daß Bülow die in Basel friedensthätigen Minister von den Vorgängen am Reichstag und über dessen Fortschritte im Friedenswerk unterrichte, und hofften hiedurch eine günstige Stimmung bei Frankreich dadurch zu erwecken, daß sich doch wirklich ein Geschäftsträger des deutschen Reichs in Basel, und zwar gegen den ausgesprochenen Willen des Kaisers, befinde. Die Comitial-Gesandten, welche sich zu diesem heilsamen Endzweck unter Gutheißung des kurbrandenburgischen Directorialen Görz verbanden, waren Graf von Lerchenfeld, Graf Hohenthal, Freiherr

---

greß zu Basel. Mit einer fortlaufenden Kritik und vielen beurtheilenden, erläuternden und berichtigenden Anmerkungen, herausgegeben von einem teutschen Publizisten, der weder ein Cäsarianer noch Kur- oder Fürstenerianer, sondern ganz etwas anders ist." (Frankfurt und Leipzig 1796.)

Der schalkhafte Verfasser der Anmerkungen zu den Bülowischen Berichten widmete das Buch allen jenen und zwar namentlich angeführten Comitial-Gesandten, welche den Bülow nach Basel gesandt hatten, mit den Worten: „von ihrem allerseits ergebenen Freunde und Diener dem Herausgeber gewidmet." Die Zueignungsschrift lautete in eben so origineller als zutreffender Weise: „Da sprach Jesus zu Ihnen: So gebet dem Kaiser was des Kaisers, und Gott was Gottes ist. Da die Pharisäer das höreten, verwunderten sie sich und verließen ihn und gingen hinweg. Matthäi. Cap. 22. V. 21. 22."

von Ompteda, Freiherr von Günderode, Freiherr von Gemmingen, Freiherr von Seckendorff, Freiherr von Diede und Freiherr von Koch. Diese Herren gaben nun Bülow die mäßige Summe von 100 Thalern, um die Reise anzutreten, versprachen ihm monatlich 150 fl. zu seiner Subsistenz und bei guter Besorgung seines Auftrages Hoffnung auf Belohnung und Versorgung. Görz gab ihm Empfehlungsbriefe an Hardenberg, Seckendorff an Abele, Günderode an Waitz mit."

„Die Wahl der Reichsversammlung oder vielmehr desjenigen Theils, der sich in dieser Angelegenheit diesen Titel anmaßte, konnte nicht unglücklicher ausfallen und liefert den Beweis, in welcher Art sich die Gesandten dem kaiserlichen Hof feindlich entgegenstellen. Sie wußten alle, daß Bülow als ein bekannter, Oesterreich feindlich gesinnter Publicist, als Verfasser von den Fragmenten ähnlichen Schriften, ein wahrer „literarischer Sansculotte", unmöglich das Vertrauen eines kaiserlichen Ministers erworben habe, noch je sich erwerben könne. Sie konnten sich vorstellen, daß wenn es zu einem Congreß in Basel wirklich gekommen wäre, die kaiserlichen Minister zuerst mit Wegschaffung eines, ihnen mit Recht so verhaßten Menschen den Anfang machen würden, und sie konnten leicht die Folgen berechnen, welche hieraus für Alles entstehen mußten, was dieser Geschäftsmann immer vorher verhandelt und eingeleitet haben würde. Gleich unglücklich war die „Wahl in Rücksicht der Person selbst."

Ueber diese „Person" urtheilt Hügel in beißender Ironie und vernichtender Weise: „Man muß den Menschen persönlich kennen, um sich einen richtigen Begriff von der Unannehmlichkeit seiner Person zu machen. Es ist unbillig jemand physische Fehler vorzuwerfen. Allein wenn der Lahme uns im Tanzen und der Gehörlose uns in der Musik unterrichten will, so ist es nicht lieblos, ihn an seine physischen Gebrechen zu erinnern. Bülow ist so beisichtig, daß er nicht auf einen Schritt seine Bekannten erkennet, er ist so harthörig, daß man ihm jedes Wort in's Ohr schreien muß. Beide Fehler nöthigen ihn zu dem unangenehmsten Andringen seiner ekelhaften Person an diejenigen, mit welchen er zu sprechen hat. Und einen solchen Menschen schickt man an den Ort eines Congresses als Beobachter, als Kundschafter und als Zwischen- und Mittel-Person, um den ehrwürdigen Körper der deutschen Reichsversammlung mit dem liebenswürdigen Minister einer Nation in Verbindung zu bringen, die auf Artigkeit der Sitten, auf äußere Eleganz, auf Urbanität und Humanität einen so großen scheinbaren Werth legt! Auch hat der Erfolg das Unglückliche dieser Auswahl vollkommen gerechtfertigt. — Ganz Teutschland weiß, wie sehr dieser Mensch die Gemahlin des Ministers von Hardenberg durch den der Augsburger Zeitung eingerückten Auszug eines seiner Berichte prostituiret hat, wie lächerlich er seinen Wohlthäter und Gönner, den Minister von Hardenberg wegen seines Temperaments-Fehlers und wegen seiner gutmüthigen Abhängigkeit von der Leitung seiner Gemahlin dargestellt hat, wie verächtlich er in Basel an allen Orten behandelt wurde, wo er sich hin zudrängen die Dreustigkeit hatte. Endlich setzen dieses die Früchte seiner Arbeiten und die anher erstatteten Berichte am Besten außer allen Zweifel."

Bevor noch der urwüchsige Gedanke seiner Abschickung nach Basel aufgetaucht war, hatten sich die Comitial-Gesandten durch eine Collecte schon verbunden, diesen Mann in sein Vaterland heimzuschicken. Der Betrag der Collecte wurde ihm eingehändigt; statt aber abzureisen, erklärte er, daß er noch nicht alle seine

Schulden bezahlt habe, und daß ihm zu dem Ende noch 600 fl. fehlten. Nun blieb er zu Regensburg und erhielt kurz darauf die Mission nach Basel. — Die vorerwähnten Comitial-Gesandten kauften also diesen Bülow noch Einmal aus, und da es für den Einzelnen zu theuer war, so veranlaßten sie bei Gleichgesinnten eine Subscription und besoldeten ihn mit monatlich 100 fl. Auf der Hinreise nach Basel hatte aber „der außerordentliche Herr Gesandte der Majorität des Regensburger Reichstags" das Unglück, schon in Ulm wieder kein Geld mehr zur Weiterreise zu besitzen, und er mußte sich dort bei einem Kreistagsgesandten die zur Fortsetzung seiner Reise nöthige Barschaft neuerdings entlehnen. In Basel besaß er natürlich keinen officiellen Charakter, weil die, welche ihn abgeschickt hatten, ihm keinen solchen verleihen konnten. Dennoch wurde er überall als ein „Geschäftsträger der deutschen Reichsversammlung" betrachtet und von Hardenberg als solcher den Franzosen vorgestellt. Diese letzteren mußten ihn nun allerdings nach der Art seiner Abschickung und nach dem Zweck seines Aufenthaltes mit Recht für einen Gesandten halten. Seine Berichte von dort adressirte Bülow stets an Ompteda, und dieser theilte sie den übrigen Theilnehmern und gleichgesinnten Genossen mit. Als nun im Winter 1795 die „Baseler-Friedens-Boutik", wie sie der Graf Lehrbach drastisch nannte, geschlossen wurde, eilte Bülow wieder nach Regensburg zurück, fand aber dort zu seinem Leidwesen keine passende Anstellung mehr. „Eigentlich ist dieser Bülow", so schließt Hügel seine Aufzeichnung „das, was man einen gelehrten Taglöhner nennt, er liefert Auszüge aus Büchern und Reichstags-Acten und schreibt ums Geld, was ihm befohlen wird."

Wir haben hier absichtlich diese Charakteristik des „außerordentlichen" bevollmächtigten Gesandten der deutschen Reichs-Versammlung in ihrer ganzen Breite wiedergegeben, damit die Nachwelt wenigstens einen klaren Begriff von dem Werth jener Männer erhalte, die ein solches Subjekt nach Basel sandten. Auch kann man nach seinen Berichten wohl am besten beurtheilen, von welchem Geiste die Oesterreich feindlich gesinnten Comitial-Gesandten beseelt waren und aus welchen trüben Quellen sie den Stoff zu ihren eigenen Berichten an ihre Höfe schöpften; auch dürfte gleichzeitig ziemlich richtig zu ermessen sein, welche Art von Belehrung die Höfe von Berlin, Dresden, München, Stuttgart, Hannover, Mainz ꝛc. von ihren respectiven Gesandten damals entgegen nahmen.

Ist es ja doch nur allzu wahrscheinlich, daß verschiedene Geschichtschreiber dereinst die Comitial-Berichte des Grafen Görz und seiner politischen Anhänger, als sehr erwünschte historische Fundgruben von hohem Werthe betrachten dürften, ja sogar dann mit dem bülowischen Wust eine gegen Oesterreich gerichtete gehässige Darstellung der Vergangenheit urkundlich belegen. *)

Gegen Ende December 1795 löste sich das diplomatische Corps in Basel nach und nach auf. Hardenberg nahm seinen Posten in Franken wieder ein; der Frankfurter Bürgermeister Schweitzer, ein großer Anhänger der Franzosen und mit Hardenberg im regsten Verkehr, ging nach Frankfurt zurück; deßgleichen die württembergischen Friedens-Unterhändler Abele und Kämpf und der kurpfälzische, Namens Reibel.

*) In Ghillany's Diplomatischem Handbuch (Nördlingen 1855) s. v. Baseler Frieden werden wirklich „Bülow's Amtliche Berichte über den Frieden von Basel" als urkundliches Material zur Geschichte des Baseler Friedens angeführt.

26*

„Es scheint also", so meldet Lehrbach, „daß diese Baseler-Friedens-Boutik ganz geschlossen werde; mithin wird auch der Winkelschreiber Bülow eine andere Officin suchen müssen, wahrscheinlich wird er wieder hieher kommen." *)

Als aber nun mittlerweile die hochsatyrischen Commentare Kolbielski's zu Bülows Berichten, den Bevollmächtigten der Regensburger Gesandten unsterblich lächerlich gemacht hatten, schämten sich die Comitialen und beeilten sich, denselben zu verläugnen. Nur Görz, Hohenthal und Ompteda fuhren damit fort, ihn zu bezahlen, und Herr von Bülow mag in ihrem Auftrage in den nachfolgenden Zeiten noch manche ihrer Gesinnung würdige Schrift in die Welt gesandt haben.

Wir haben aus den vorhergegangenen Blättern den preussischen Pamphletschreiber und Agenten Bülow und seine Geistesprodukte kennen gelernt, des Gegensatzes wegen erscheint es uns billig und zugleich nicht unwichtig, nun auch die Bestrebungen eines kaiserlichen Schriftstellers kennen zu lernen, und zwar eines für Oesterreich auf dem Felde der Literatur aus eigenem Antriebe und ohne Unterstützung der kaiserlichen Regierung thätigen Mannes; **) dessen einschneidende, rücksichtslose Schreib-

*) Lehrbach an Thugut, d. d. Regensburg 14. December 1795. (St. A.)

**) Kolbielski ließ die größere Anzahl seiner Schriften auf eigene Kosten, jede Auflage zu 500 Exemplaren drucken. „Ich habe", so schreibt er an Hügel, „wegen der Freiheit meiner Ausführungen anfänglich keinen Buchhändler finden können, der es wagen wollte, sich für ihren Verleger zu bekennen; ich habe zeither Alles auf meine Rechnung drucken lassen." — d. d. „Augsburg. Ende December 1795." (St. A.)

Hügel ermunterte ihn nun allerdings zum Fortarbeiten, aber, so schreibt er an Kolbielski, von Geldunterstützungen irgend einer Art könne

art große Entrüstung im Oesterreich feindlichen Lager hervorbrachte, dessen Gedanken aber den treuen kaiserlichen Anhängern und allen Jenen, die es mit Oesterreich und Deutschland damals gut meinten, vollends aus der Seele gesprochen waren.

Sonderbar bleibt es und ein Zeichen jener trübseligen deutschen Vergangenheit, daß dieser Mann, der unter dem Pseudonym Karl Graf von Strengschwerdt in kurzer Zeit sich eine literarische Berühmtheit zu erkämpfen wußte, kein Deutscher, sondern ein Fremder war. Was damals kein Reichsländer in Deutschland zu sagen wagte: „die Wahrheit", die hat ein Pole dem deutschen Publikum gesagt! *)

Karl Friedrich von Kolbielski-Glave, auf der Universität Göttingen gebildet, hatte treu und unerschrocken für sein Vaterland gekämpft, bis sein Besitzthum in Polen durch Russen und Preußen verwüstet und verbrannt war, er selbst aber als Flüchtling geächtet sein Vaterland verlassen mußte. Nach

---

für ähnliche Unternehmen keine Rede sein: „da die kaiserliche Regierung durchaus keine andere Verwendung jetzt billigt, als die unmittelbar auf den Krieg Bezug hat, der alles andere Interesse aufwiegt." d. d. Regensburg 10. Jänner 1796. (St. A.)

*) Es ist ganz irrthümlich, wenn in mehreren Werken, namentlich im „Rheinischen Antiquarius" ꝛc. B. I. S. 398 Hügel mit Strengschwerdt identificirt wird. Richtig ist es aber, daß Hügel auf die Strengschwerdt'schen Schriften dadurch Einfluß nahm, daß sowohl er, als der Reichs-Referendar Frank dem geistreichen Verfechter des deutschen Kaiserthums Thatsachen und Documente zur Bearbeitung zukommen ließen.

Auch Häusser's D. Gesch. hält gegen besseres Wissen (siehe Anmerk. B. II. S. 25) daran fest, daß der Name Hügel mit jenem Strengschwerdt's identisch ist; wie es scheint, eben nur darum, um auf Seite 26 desselben Bandes den „verwegenen Ton der österreichischen Diplomatie" beklagen und auf Seite 34 unseren wackeren Hügel als einen „übereifrigen kaiserlichen Diplomaten" bezeichnen zu können. Diese Worte sind die einzige Würdigung, welche dieser treffliche deutsche Patriot und Staatsmann in der Deutschen Geschichte bisher gefunden hat.

Oesterreich entflohen, fand er dort eine ihm wohlthuende Theilnahme für das Unglück Polens. — In einem unbesiegbaren Hasse gegen Preußen aufgewachsen, welchen Staat er folgerichtig als denjenigen erkannte, der Polen wiederholt verrathen und in das Unglück gestürzt hatte, diente er allen Parteien seines Vaterlandes, sowie dem Interesse Oesterreichs, niemals aber jenem von Preußen, Frankreich oder Rußland. Ein heißblütiger, jedoch denkender Patriot von hoher politischer Bildung und einer ungewöhnlichen geistigen Begabung, war er zugleich, wie ihn seine Feinde nannten, ein „politischer Schwärmer", jedenfalls aber im besten Sinne des Wortes ein „edler Pole!" *)

Mit tiefer Wehmuth sah er sein eigenes Vaterland rettungslos dem Untergang geweiht. Dasselbe Beispiel einer durch Selbstverschuldung ihrer politischen Auflösung entgegen eilenden Nation bot sich ihm in Deutschland dar, und er beschloß, wie er selbst sagte, in Deutschland eine neue publicistische Sekte der „Nationalisten" zu gründen, und den schlummernden deutschen Gemeingeist zum Zweck der guten Sache des Kaiserthums mit Gewalt aufzurütteln. In diesem Sinne hat er redlich gewirkt, und der deutsche Patriot und Staatsmann Aloisius von Hügel, dessen gediegenes Urtheil für uns den größten Werth hat, nannte Kolbielski „einen Mann, der der gemeinsamen guten Sache große Dienste geleistet hat."

Wenn man in der Gegenwart die uns bekannt gewordenen Kolbielski'schen Schriften liest, muß man wirklich gestehen, daß dieser politische Schriftsteller seinen Entschluß so siegreich durchgeführt hat, als er nach dem preußischen Separat-Vertrag überhaupt noch durchführbar war, denn leider fielen seine Bemühun-

*) Siehe von Wurzbach, Biographisches Lexikon des Kaiserthums Oesterreich. (Wien.)

gen in die Zeit der vollkommensten Auflösung des deutschen Reiches. — Unter dem Prinzen Eugen von Savoyen — oder auch nur ein halbes Jahrhundert früher, selbst noch unter dem edlen Kaiser Joseph II., hätten sich die Bestrebungen Kolbielski's für die Sache des deutschen Kaiserthums und zum Besten der deutschen Nation zweckentsprechend verwerthen lassen können! An diese politisch nutzbringende Verwerthung war nun freilich bei jenen zerrütteten deutschen Verhältnissen, die der Baseler Friede erschuf, gar nicht mehr zu denken.

Was Kolbielski eigentlich in Deutschland erstreben wollte, findet sich in einem seiner an Hügel gerichteten Schreiben, in welchem er sich noch Strengschwerdt nannte, folgendermaßen entwickelt: „Meine Gegener, die deutschen Rechtsgelehrten und Professoren, gestehen mehr oder minder, auch mit mehr oder minderer Offenherzigkeit die unumstößliche Richtigkeit meiner Grundsätze ein und opponiren ihnen nur mit mehr oder minderer Grobheit, Reichsherkommen, und glauben Wunder, welche Blösse ich ihnen gegeben habe, — daß ich kein Reichsgesetz, keinen Pütter, keinen Moser citirt habe. Durch diese ihnen gegebene anscheinende Blösse sind sie bewogen, mich für einen großen Ignoranten zu nehmen, der von dem Allen nichts weis."

„Nichts kann mir erwünschter seyn, als diese Méprise. Sie giebt mir Gelegenheit, wichtige Staatsrechtsfragen anders als Pütter und seinesgleichen zu entscheiden und den großen Satz zu beweisen: daß wir in Deutschland noch gar kein eigentliches Staatsrecht haben, sondern, daß Alles was unsere Publizisten so nennen, Indices und Register sind der temporairen Entscheidungen, welche das Streben der teutschen Fürsten gegen den Kaiser und gegen die Nation in die Conventionen gebracht hatten, die sie mit dem Kaiser einseitig et inaudita parte principali, inaudita natione germanica gemacht haben. Wahlkapitulationen z. B. sind Unsinn und nur für Fürsten, nicht für die Nation, besonders nicht in Gefahren verbindlich. Ich habe ferner Gelegenheit zu fragen: Ihr, die Ihr weder Cäsarianer noch Fürstenianer seid, was seid ihr? Ihr wißt es selbst nicht. Ich bin auch keins von beyden, ich weis aber was ich bin: der Stifter einer neuen publizistischen Sekte, deren Basis: salus populi suprema lex esto, ist. Also ich erkläre mich für die große einige teutsche Nation und nenne meine Secte Nationalisten! Zu mir, wer teutschen Muth, teutsches Blut in seinen Adern hat! — Dieses System muß natürlich zum Kaiser, als dem einzigen gesetzlichen Vereinigungspunkte der Nation führen. — Ich fühle den ganzen ungeheueren Umfang meines Plans, den großen Kampf, den ich zu führen bekomme; die Hindernisse, die mir die öfteren Unentschlossenheiten und Inkonsequenzen des Wiener- sowohl als Kaiserlichen Kabinets machen und ferner machen werden. — Das Alles muß mich bey der Reinheit und Güte meiner Absicht nicht irre machen. Anscheinende Verwirrung, verborgene Ordnung, das ist das große Muster, das uns die ewige Vorsehung durch die ganze Schöpfung giebt. Die Verwirrung ist in Teutschland im höchsten Grade da. Ein Götterwerk ist's, sie in Ordnung zu verwandeln."

„Ich halte E. E. nach Ihren Briefen für einen treuen, eifrigen Diener des Kaisers, für wohlgesinnt gegen mich, ich weihe Ihnen unbedingtes Vertrauen. Ich lege Ihnen unerschrocken, unbesorgt auch wegen der Widersprüche, die Sie selbst mir anfänglich machen werden, meinen ganzen Plan vor Augen. Er muß durch einen Privatschriftsteller ausgeführt werden. . . . Mein Plan, zu schnell, zu klar ausgesprochen, würde großes Geschrei erregen, vielleicht von der Gegenpartei zum Bösen genützt werden. Also muß ich vieles davon eine Zeitlang verbergen. Aber er kann nur während eines Reichskrieges ausgeführt werden. Denn das ist noch der einzige Fall, wo ratio belli dem Kaiser Auktorität läßt, wo die Reste des kaiserlichen Ansehens die meiste rechtliche und gesetzliche Unterstützung haben. Ich fürchte keinen Publizisten, selbst Pütter nicht. Denn Strengschwerdt steht Püttern zwar in Belesenheit in den teutschen Scribenten nach, aber in der Analyse der Begriffe ist Strengschwerdt Püttern weit überlegen. Strengschwerdt hat keine Pretension, gar keine, wenn er dies behauptet. Ein Blick zu den Sternen — und Strengschwerdt hat deren mehrere gemacht — ist hinreichend, alle sterbliche Eitelkeit zu Boden zu schlagen.... Strengschwerdt stehet jetzt auf offenem Kampfplatze, die Publizisten haben den ihnen hingeworfenen Handschuh aufgenommen. Strengschwerdt wird so fortkämpfen, daß er die Blicke der aufmerksamen teutschen Nation nicht scheuen darf." *)

Der Vergleich zwischen den beiden Parteischriftstellern Bülow und Kolbielski ergibt sich nach diesen in lebhaften Farben geschilderten Strebezielen des kaiserlichen Publicisten von selbst.

Auf Veranlassung des Grafen Dietrichstein, der Kolbielski schon im Jahre 1794 wiederholt dem Freiherrn von Thugut (von welchem er aber damals gänzlich unbenützt blieb) empfohlen hatte, **) trat Kolbielski im Jahre 1795 mit einer Schrift

*) Kolbielski an Hügel, d. d. Augsburg 4. Februar 1796. (St. A.)

**) Dietrichstein schrieb bei dieser Gelegenheit an Thugut: Tout le monde a des écrivains, pourquoi n'en aurions nous pas? Comme que ce soit, je suis sûr, que V. E. remarquera, que l'auteur a des connaissances profondes, des idées nettes, une adresse heureuse pour le

auf, welche gegen mehrere von Hardenberg zu Anfang desselben Jahres in die Welt geschickten Druckschriften, namentlich gegen die „Berichtigungen einiger aufgeworfenen Fragen" gerichtet war.**)

---

choix des citations et l'application, et qu'elle trouvera, qu'on pourrait en tirer parti. La réfutation réellement parfaite de la Politische Lage und Staatsinteresse Preußens, paraît de lui dans ce moment à Leipzig; dans celle-là qui peut paraître hardiment chez nous il n'y a de coups de patte que pour les Prussiens. — d. d. Francfort ce 30 Avril 1795. (St. A.)

**) Diese offenbar von Hardenberg inspirirte Schrift, welche sehr bezeichnender Weise schon im April die Preisgabe des linken Rheinufers und die am 17. Mai abgeschlossene Demarcations-Linie aus jeder Zeile hervorleuchten läßt, nannte sich mit vollem Titel: „Berichtigungen einiger aufgeworfenen Fragen, die der Separat-Frieden Preußens mit Frankreich veranlaßt hat, geschrieben in der Mitte des April 1795," und schloß mit den Worten: „Wenn das deutsche Reich zusammentritt und in pleno declarirt, daß es nun ferner (weil er zur Privatsache geworden) kein Contingent zu diesem Kriege geben, sondern mit in die Bedingungen willigen wolle, über welche Preußen mit der Republik Frankreich übereingekommen ist; — wenn es daher dem Kayser angezeigt, daß es sowohl seine Truppen einziehen, als auch, unter Preußischer Protection, darauf bestehen werde, daß die Kayserliche Armee so bald als möglich seine Gegenden verlassen möge; — wenn es ferner freymüthig die Versicherung von sich giebt, daß es in der Zukunft weder Kayserliche Durchmärsche, noch weniger Einquartirung, Magazine und dergleichen in seinen Ländern dulden werde; — wenn es sich dazu erhebt, seine Kräfte mit Preußen zu vereinigen, um einen allgemeinen Frieden zu bewerkstelligen; — wenn es die Wahrheit dem Kayser vorlegt, daß ohne einen allgemeinen Frieden viele seiner Mitglieder nicht in den Besitz ihres verlornen Eigenthums kommen können (indem die Franzosen nothwendig und gewiß das linke Rheinufer so lange besetzt behalten werden, bis sie auch von Oesterreich nichts mehr zu besorgen haben); — wenn die deutschen Fürsten diese Erklärung insgesammt und ohne Ausnahme von sich geben, (und das werden sie wohl) — so würde der Kayser das deutsche Reich verlassen — und folglich auch seiner Seits den Krieg beendigen müssen, es sey denn, daß er ihn aufs Neue mit der Eroberung der Niederlande beginnen wollte, welches darum schon unmöglich ist, da — vermöge der schon bekannten

Eine hochsatyrische Gegenschrift: „Ueber die politische Lage und das Staatsinteresse Preußens, nach der neuesten holländischen Revolution, von dem preußischen Bürger Bauchwitz" (Haugwitz), hatte er gleichfalls verfaßt. Sie erschien als Antwort auf die in Berlin schon am 22. September 1794 geschriebene und in die Welt gesandte Flugschrift: „Politische Lage und Staatsinteresse des Königreichs Preußen. Von einem Staatsbürger desselben."

Dieses preußische Pamphlet war gleichfalls eine jener Schriften, welche, wie wir bereits mehrfach angedeutet haben, darauf gerichtet waren, die öffentliche Meinung auf den Baseler Frieden langsam vorzubereiten. Da diese Flugschrift in einem Zeitpunkt erschien, wo noch alle preußischen Pläne tief verhüllt waren, und sie dennoch ziemlich klar eine Politik entwickelte, die sich erst im April und Mai des nachfolgenden Jahres mit dem Abschluß des preußischen Sondervertrages vollends entpuppte, so ist wohl mit Sicherheit der Beweis dafür hergestellt, daß auch diese politische Schrift einer officiellen preußischen Quelle entsprang.

In welcher Weise Preußen mit der öffentlichen Meinung in Deutschland zu verfahren wußte, erhellt wohl am besten,

Uebereinkunft des Hauses (!) Preußen mit Frankreich — nicht einmal Durchmärsche, noch weniger andere Hülfsleistungen bewilligt werden können! — Doch — ich wiederhole es! — dieser Fall wird, kann und darf nicht eintreten! — Er wäre schnurstracks gegen eine gesunde Politik, und — man wird doch hoffentlich den Freund nicht verkennen, der dort auf den festen Boden zurücktrat und nun seinem Freunde den haltbaren Stab reicht!" — Die Gegenschrift Kosbielski's datirte von Mitte Juni 1795 und trug denselben Titel „Berichtigungen" ꝛc. mit dem ironischen Zusatz: „aus dem Franko-preußisch-republikanisch-despotischen in's Deutsche übersetzt."

wenn man dieses unscheinbare Büchlein näher betrachtet und den Sinn der nachfolgenden Stellen bedachtsam prüft: „Jedermann weiß aus den preußischen öffentlichen Declarationen, mit welchem Kostenaufwande Preußen seinem Vertrage mit Oesterreich nachkam. Die Geschichte des Krieges belehrt uns, daß Oesterreich ohne Preußens Hülfe verloren war. Ein preußischer General, der jezo in einem ruhigen Aufenthalte diesem Kriege zusieht, rettete, und erwarb Oesterreich seine verlornen Niederlande. Am Rheinstrom rettete der große Herzog von Braunschweig die österreichische Armee von einer gänzlichen Zernichtung, und nur Oesterreichs Benehmen entwand ihm die Lorbeern, die ihm nicht fehlen konnten, und versetzte diesen großen Heerführer in die Lage, wo die unabänderlichen Gesetze der Nothwendigkeit ihn auf ein Vertheidigungssystem einschränkten, das ebenso wichtig in seinen Folgen für das deutsche Reich war, als die Natur dieses Systems wenig glänzend ist. Sein Zurückzug war Oesterreichs Werk, das ihn veranlaßte, nicht sein Werk, insoferne er rühmlich und ehrenvoll war."

„Schon in Champagne war früher derselbige Fall eingetroffen. Zum viertenmalen trug Oesterreich die Schuld eines Zurückzuges unter Möllendorff. Wem war nun die Allianz dieser beyden Höfe vortheilhaft? Preußen, das immer im entscheidendsten Augenblicke von Oesterreich verlassen wurde, oder Oesterreich, das durch die Tapferkeit preußischer Generale und Heere seine Rettung fand?" *)

Auf das Bündniß Oesterreichs mit Preußen übergehend, entwickelte diese an Widersprüchen reiche Abhandlung ganz ungescheut den Kern der preußischen Politik folgendermaßen:

*) Seite 11—12.

„Handelte auch Oesterreich nur indirekt gegen Preußen, durch Verzögerungen seiner Bundespflichten, durch Nichtunterstützung gerechter Ansprüche und Forderungen; *) durch Negoziationen gegen eine es nicht beeinträchtigende Erweiterung, **) so fände auch bereits der Fall dieser Aufhebung (der Bundespflicht) statt. Denn ein Bundesgenosse, der nichts nützt, ist nach allen Regeln einer gerechten Politik, wenn er auch nicht hinderlich ist, doch eben darum zu verlassen, weil er kein Staatsinteresse seines Alliirten befördern kann. Unmöglich aber läßt sich eine Allianz denken, die keinen Staatsvortheil beabsichtige. Mit wie vielem Rechte kann sie also aufgehoben werden, wenn sie sogar schädlich ist?“ ***)

„Preußen“, so heißt es weiter, „handelt eben so consequent, wenn es bei der gegenwärtigen Lage, wo die Disharmonie unter den Alliirten und der Mangel an kriegerischen Talenten seiner Mitstreiter Alles wieder zerstört, was Preußens Tapferkeit erbaute, die Coalition verläßt und sich aufs engste an einen Staat anschließt, der für sein Interesse der bedeutendste in Europa ist. Das Staatsinteresse von Preußen und Frankreich fallen in einem großen Brennpunkte zusammen. Beider Hauptgegner ist Oesterreich. Es ist ungedenkbar, daß einer dieser beyden Staaten den Anwachs an Macht und Größe des Erzhauses ansehen kann, weil jeder immer fürchten muß, daß das Uebergewicht auf ihn falle, jeder in der Schwächung des Andern eine Vermehrung seiner eigenen Gefahr, und Verminderung der ihm nöthigen Hülfe erblickt. Preußen und Frankreich sind Grenznachbarn Oesterreichs, und nur seine Schwäche kann ihre Grenzen sichern.

*) Die bewußten Mainzer Belagerungskosten.

**) Die polnischen Erwerbungen.

***) „Politisches Staats-Interesse Preußen's. 2c S. 19.

Ein Krieg Frankreichs gegen Preußen ist ein Krieg gegen sich selbst, und eben so im umgewandten Falle. Selbst die Republik erkannte diese weise Maxime und schonte deshalb Preußen, wo es konnte, und verfuhr nach ganz andern Grundsätzen gegen Oesterreich." *)

„Die Vorsehung", hieß es endlich auch dort schon zur Begründung des anzustrebenden Friedens, „leitete Alles zum Besten Preußens, da sie die Umstände so werden ließ, wie sie sind. Und diese sind höchst vortheilhaft. **) — Wollen wir noch ein Jahr einen Defensiv-Krieg führen, und durch unsere Alliirten uns nöthigen lassen, uns immer weiter zurückzuziehen? — Was für Vortheile werden wir daraus ziehen, wenn wir auch dem Kaiser seine Provinzen wieder verschaffen?" ***)

Wie groß die Wirkung dieser treulosen Sprache und die unverblümte Enthüllung der eigentlichen Strebeziele dieser Politik sein mußte, wird Jedermann einleuchten, der sich die Zeit der Schöpfung dieses Büchleins (22. September 1794) gegenwärtig hält und die Wirkung bedenkt, die eine so schändliche Sprache bei dem damals in seiner schönsten Blüthe stehenden Friedensgewinsel des Reiches ausüben mußte. Gleich wichtig ist es, zu bedenken, daß diese Schrift gewissermaßen die Allererste war, welche leichtsinnig genug und ganz im späteren Styl des preußischen Manifestes den Federkrieg gegen Oesterreich, mit gehässigen Schmähungen und leicht zu widerlegenden Anklagen gegen den deutschen Kaiser begann. †)

*) St. Int. Preußens, Seite 32—33.

**) Seite 51. Es ist erinnerlich, daß das um einige Monate später erschienene Manifest des Königs in Preußen genau dieselbe Phrase mit der „Vorsehung" enthielt.

***) Seite 76.

†) Wie man aus diesen Angaben zu entnehmen vermag, ist es wieder einer jener kleinen Irrthümer, in welche Häusser's Deutsche Ge-

Daß es kein unnützes Werk war, einer solchen Literatur muthig entgegen zu treten, liegt auf der Hand. Kolbielski's Gegenschriften entfalteten aber gleichzeitig eine überwältigende

---

schichte leider so leicht verfällt, wenn dort B. II. S. 11 über die reichsfreundlichen Literaturbestrebungen gesagt wird: „Gegenüber dieser Polemik, an die sich zugleich eine eigentliche Schmähliteratur anhing, hielt sich Preußen fast in leidender(!) Stellung." — —Ein Zeitgenosse, der Graf Dietrichstein, charakterisirt diese „leidende Stellung" in einem seiner Berichte an Thugut folgendermaßen: „Le prince Henri dirige la légion des auteurs. Une brochure Berlinoise: Politische Lage und Staats-Interesse Preußens etc. présente le plan de paix et veut en démontrer la nécessité en faisant des sorties continuelles contre nos prétendues trahisons ouvertes et cachées en Pologne et dans la guerre contre la France... Les brochures insolentes dont les Prussiens nous inondent et le discours de Pitt qui rompt avec eux en visière ferait croire, qu'il ne faut plus du tout compter sur eux, et que leur défection est décidée... Les Prussiens ont aussi fait imprimer ici .. le traité du Grand Duc (Toscane), pour jetter du louche sur nous et couvrir leur turpitude." — d. d. Francfort ce 12 Mars 1795. (St. A.)

Ueber die vorerwähnte officielle preußische Schrift „Staats-Interesse" zc. deren Entstehung, Bedeutung und frühzeitiges Datum Häusser's D. Geschichte vollkommen entgangen zu sein scheint, heißt es dort (B. II. S. 8) „In Preußen selbst sprach sich eine „selbstgenügsame Zufriedenheit" über den Vertrag vom 5. April aus" (also schon am 22. September 1794 sprach sich diese Zufriedenheit über die That vom 5. April 1795 aus?) „selbst die Bessern und Einsichtigeren ließen sich ihn als eine Nothwendigkeit gefallen. Ward doch schon die Meinung laut, der Friede Preußens mit Frankreich genüge nicht einmal; ein enges Bündniß mit der fränkischen Republik sei die natürliche Politik Preußens."

Was an der „leidenden" Stellung Preußens in diesem von preußischer Seite heraufbeschworenen Federkrieg Wahres ist, darüber haben wir das diese vorgefaßte Anschauung Berichtigende bereits unumwunden ausgesprochen. Diese sogenannte „leidende Stellung" war von vorneherein angreifend, wie man sich dessen, durch eine eingehende und unparteiische Prüfung der preußischen Flugschriften selbst überzeugen kann. Man lese und prüfe z. B. folgende Druckschriften: „Europa's politische Lage und Staats-Interesse" „Bülow's Geschichte und Verfassung des gegenwärtigen Reichstages"; — Bülow's „Betrachtungen über die kaiserliche Wahlkapitulation vom Jahre 1791"; — Die „Fragmente in Bezie-

Ironie, was in ähnlichen Fällen das Beste ist. Durch ihren beißenden Witz vernichteten sie allerdings die beabsichtigte Wirkungen der preußischen Pamphlete, — die Frucht des Baseler Friedens aber blieb. *)

hung auf die königl. preußische Erklärung" ꝛc.; — „Fernere Beiträge zur Beleuchtung des Baseler Friedensschlusses"; — „An Teutschlands Reichs-Stände. Ein Wort zu seiner Zeit"; — „Rescript des Herrn Herzogs von *** an seinen Comitial-Gesandten"; — „Der Kongreß zu Bopfingen"; ferner alle Häberlin'schen und Bülow'schen und noch viele andere im gleichen Sinne geschriebenen Flugschriften, Bücher und Werke jener Zeit. — — Ein, Ende December 1795 erschienenes preußisches Pamphlet: „Europa in seinen politischen und Finanz-Verhältnissen;" (Felisch in Berlin), beurtheilt Hügel in einem vertraulichen Schreiben an Kolbielski wie folgt: „Das wichtigste neue literarische Produkt ist unstreitig die zu Berlin herausgekommene periodische Schrift: „Europa in seinen politischen und Finanz-Verhältnissen" und die in dem 8. Stück eingerückte Abhandlung über die politische Lage und das Staats-Interesse von Deutschland. So arg hat es noch kein politischer Schriftsteller gemacht wie dieser, auch wird er gewiß weder ohne Widerlegung noch ohne verdiente Züchtigung bleiben. Vor der Hand wünschte ich nur, daß Deutschland so schnell als möglich von der Existenz dieser Schrift und von ihrem höchst merkwürdigen Inhalt unterrichtet würde...... Mir ist am baldigen Unterricht des Publikums gelegen, damit es wisse, welches Loos Deutschland zubereitet war, und welches wieder sein Loos werden könne, wenn ein so leicht möglicher Wechsel des Kriegs-Glücks eintritt." — d. d. Regensburg 24. Jänner 1796. (St. A.)

*) Kolbielski läßt z. B. in seiner gegen das „Preußische Staats-Interesse" gerichteten Satyre seinen preußischen Bürger Bauchwitz sagen: „Es ist ein schöner Satz des Bürger Anonymus, daß ein Bundesgenosse, der nichts nützt, zu verlassen ist; — wir (Preußen) haben diesen Satz völlig gegen Polen bewiesen. Nur ist es schade, daß wir durch diese Maxime alle Consideration in Europa verloren haben."

Mit Bezug auf Preußens Stellung in Deutschland sagt Kolbielski eben so sarkastisch als treffend: „Hier waren wir beim Absterben Friedrich's in der glänzendsten Lage. Es müssen in Deutschland zwei Partheien seyn, nicht eben um der österreichischen Vergrößerungssucht zu widerstehen, mit der hat es guten Rath, sondern um die minder mächtigen Stände gegen Unterdrückung der mächtigern zu schützen. Seit un-

Den überaus thätigen preußischen Schriftstellern gleiche Thätigkeit entgegenzusetzen, das gesunkene kaiserliche Ansehen

— —

ſerm Machtanwachse, der uns zwingt, unruhig zu sein und immer mehr zu wollen, waren wir mehr ein Gegenstand des Mißtrauens als Oesterreich; — und Sachsen und Hannover waren die eigentlichen Chefs der deutschen Opposition, ob wir gleich der Religion halber, die einen Vorwand derselben macht, nie ganz davon ausgeschlossen werden konnten. Allein Friedrich II. und unser braver Bürger Herzberg hatten alles Mißtrauen Deutschlands überwunden, hatten sich durch die uneigennützige Verhinderung der Vereinigung Baierns mit Oesterreich die allgemeine Bewunderung von Deutschland erworben und gleich darauf das Meisterstück preußischer und deutscher Politik, den berühmten Fürstenbund, gestiftet."

„Mit allen diesen glänzenden Aussichten", folgert Kolbielski, indem er seinen preußischen Bürger weiter sprechen läßt, „ist es nun vorbei. Wir zeigten Deutschland in der Lütticher Sache, daß uns seine Verfassung gleichgültig ist: wir riefen Revolutions-Schwindel von den Wolken herab nach Lüttich und Brüssel, ehe noch von französischem Schwindel die Rede war; wir unterstanden uns, statt einem Executionsbefehle reichsconstitutionsmäßig zu gehorchen, das Urtheil, das wir executiren sollten, unbefugt, eigenmächtig zu meistern, unsere Berlinische Vernunft zur höheren Instanz über Wetzlarisches Reichsrecht zu machen; wir suchten für unseres Königs brave Söhne Pfaffenröcke und Churhüte; wir schlugen vor, in Deutschland Papiergeld in Umlauf zu bringen und es auf die geistlichen Staaten zu hypotheciren, deren Unverletzlichkeit das Fundament der deutschen Constitution ist; wir schlossen mit Oesterreich ein Bündniß, wofür ganz Deutschland zitterte, das unsern so schön ersonnenen herrlichen Fürstenbund in Vergessenheit brachte und unnütz machte; ein Bündniß, das uns wie Oesterreich nöthigte, Deutschland durch öffentliche feierliche Erklärungen zu beruhigen; wir thaten in dem gegenwärtigen Kriege, wie wir selbst gestehen müssen, weit weniger für Deutschland, als Oesterreich that, wir thaten sogar verhältnißmäßig weit weniger als der Landgraf von Hessen-Kassel; für das Wenige, was wir thaten, machten wir aber ungeheuere Kostenrechnungen, ohne zu rechnen, was uns zwei oder drei Mächte dafür bezahlt hatten; wir erneuerten zu einer Zeit, wo Deutschland ganz die Last des Krieges fühlte, alte mehr denn hundertjährige Forderungen an das Reich und negocirten zu eben der Zeit in Rom, daß der Pabst die geistlichen Bisthümer deshalb, weil sie der französischen Revolutionspest empfänglicher wären, säcularisiren möge. Wir haben in Polen, in Sach-

wieder zu heben, das verkommene Nationalgefühl der Deutschen anzuregen und alle treuen Reichsländer unter das kaiserliche Banner zu rufen, das also war das Ziel, welches Kolbielski, von der kaiserlichen Regierung und Oesterreich nicht unterstützt und nur von wenigen trefflichen Männern gekannt, mit rastlosem Eifer von 1795 an bis zum vollständigen Zusammensturz des deutschen Reiches ununterbrochen verfolgte. *)

---

sen, in England, in Brabant, in Lüttich, in Constantinopel, in Schweden und wo nicht weiter, seit wenig Jahren nur bewiesen, daß wir eine neue, bisher unbekannte politische Macht erfunden haben, in welche wir unsere ausschließliche Stärke setzen, die der Verachtung unserer Versprechen und unserer Verträge."

*) Man gewinnt einen Einblick in die Thätigkeit dieses merkwürdigen Schriftstellers wenn man auch nur die unserer Forschung bekannt gewordenen zahlreichen Schriften und Bücher betrachtet, die er im Laufe zweier Jahre herausgegeben hat. Die unter dem Pseudonym „Karl Graf von Strengschwerdt" herausgegebenen Schriften datiren alle aus Regensburg und heißen:

1. „Beurtheilung des Hessen-Kasselischen Separat-Friedens mit Frankreich." Regensburg 1795.
2. „Beurtheilung der Note, welche der kurbrandenburgische Komitial-Gesandte Graf von Görz den 15. September 1795 dem Reichstage zu Regensburg übergeben hatte." Regensburg, 30. Sept. 1795.
3. „Rechtliches Gutachten, die Uebergabe der Festung Mannheim an den Reichsfeind betreffend." (Pütter und Martens gewidmet.) Regensburg, den 21. October 1795.
4. „Kommentar und Beurtheilung der Erklärung, welche Seine Majestät der König in Preußen den 2. October 1795 dem fränkischen Kreise hat machen lassen." Regensburg, 24. October 1795.
5. „Beurtheilung des Schreibens, welches der regierende Herr Herzog von Braunschweig-Lüneburg den 30. September 1795 an den Herrn Grafen von Westphalen zu Fürstenberg erlassen hat." Regensburg, 14. November 1795.
6. „Endliche Aburtheilung des preußischen Separat-Friedens." (1796.)

Flugschriften, welche unsere Forschung gleichfalls als Kolbielski'sche Schriften sichergestellt hat, und die in den Jahren 1795 und 1796 erschienen sind, hießen:

Von einer ganz hervorragenden politischen Bedeutung war Kolbielski's Schrift: „Sendschreiben des alten Weltbürgers Syrach an Frankreichs Nationalconvent." *)

---

7. „Sendschreiben des Weltbürgers Syrach an Frankreichs National-Konvent ꝛc." 1795.
8. „Fernere Beleuchtung des zu Basel geschlossenen Friedens und der damit verbundenen Handlungen." 1795.
9. „Zugabe zu dem ersten Hefte des Archivs zur Aufklärung staatsrechtlicher Gegenstände des Herrn von Almendingen." 1795.
10. „Deutschland und Polen, eine Rhapsodie." 1795.
11. „Erklärung im Namen Sr. k. Majestät von Preußen u. s. w. in Betreff des zu Basel abgeschlossenen Friedens, mit einigen Anmerkungen." 1795.
12. „Die Uebereilungen." 1795.
13. „Versuch über die Thorheit des Nicolaus Macchiavelli" ꝛc. „Aus dem Italienischen des Paters Joh. Laur. Lucchesini" u. s. w.
14. „Fama an's teutsche Publikum." Regensburg, 5. April 1795.
15. „Epistel an den jungen Mann, der an Teutschlands Reichsstände ein Wort zu seiner Zeit verfasset hat. — Ihr sind beigefügt Hardenberg'sche Briefe" ꝛc. Regensburg, August 1795.
16. „Sturmglocke, gezogen wegen der Gefahren, welche Teutschland von Preußen gedroht werden." 1796.
17. „Germania." 1796.
18. „An eine von der Reichstagspolizei hochverordnete Kommission zu Ausmittelung des Verfassers der Germania." Regensb. 2. Mai 1796.
19. „An alle österreichischen Patrioten." Regensburg, 12. April 1796.

Ferner die bereits gelegentlich erwähnten drei Flugschriften

20. „Berichtigungen" u. s. w.
21. „Ueber die politische Lage und das Staatsinteresse Preußens, vom preußischen Bürger Bauchwitz." Mai 1795; — und endlich
22. „Bülows ämtliche Berichte über den Friedens-Kongreß zu Basel" u. s. w. Frankfurt und Leipzig 1796.

Im Reichs-Anzeiger 1795—1796 und in der „Deutschen National-Zeitung" zu Gotha sind die mit der Nr. 448, mit Br. Mondenfels und Schlippelius unterzeichneten Artikel sowie alle an den Kaufmann Jonas gerichteten Briefe von Kolbielski.

*) „.... enthaltend eine Prüfung der Rede, welche Boissy d'Anglas in der Conventsitzung vom 30. Jänner 1795 über das wahre In-

27*

Dieser „Vater Syrach" ist vielleicht eine der merkwürdigsten politischen Schriften, welche in jener Zeit geschrieben wurden. Es liegen uns Berichte von fast allen kaiserlichen Ministern und Agenten (Hügel, Lehrbach, Dietrichstein eingeschlossen) vor, und alle sprechen sich über den Werth dieses Buchs anerkennend aus und preisen die mit klarer Vernunft gezogenen politischen Schlüsse. Deßhalb dürfen wir in den nachfolgenden Blättern unseren Lesern Auszüge aus diesem gänzlich verschollenen Buche um so weniger vorenthalten, als dasselbe im vollsten Sinne des Wortes ein Lehrbuch für jeden deutschen Staatsmann noch immer abgeben könnte. Die nöthigen Betrachtungen über den Werth der Sprüche des „Weltbürgers Syrach", — dessen im Jahre 1795 kurz vor Abschluß des Baseler Friedens ausgesprochene Worte zur Zeit des Wiener Congresses ebenso große Berücksichtigung verdient hätten, wie sie es noch heut zu Tage verdienen, — werden sich jedem Unbefangenen von selbst aufdrängen.

In den Hauptzügen des Buches wird dem deutschen Reiche das Beispiel Polens vorgehalten, und dem Deutschland der Ver-

---

teresse der koalisirten Mächte und über die Grundlinien eines dauerhaften Friedens gehalten hat. — Aus dem Französischen übersetzt. — Sarmatien 1795."

Hügel urtheilt über diese Schrift in einem Bericht an Colloredo (d. d. Regensburg 1. Mai 1795) wie folgt: „Außer der Druckschrift: „Erklärung im Namen Sr. k. Majestät von Preußen u. s. w., mit einigen Anmerkungen", welche ich ihres merkwürdigen Inhalts und vortrefflichen Ausarbeitung bei der Möglichkeit, daß sie E. hffstl. G. noch nicht zugekommen wäre, hier anlege, circulirt dahier in deutscher und französischer Sprache das . . . anliegende „Sendschreiben des alten Weltbürgers Syrach an Frankreichs National-Convent" &c., welches das allgemein bekannte bedauerliche Schicksal von Polen und dessen Ursachen und Veranlassungen in eine auffallende Analogie und Uebereinstimmung mit der Lage von Deutschland setzet." (St. A.)

gangenheit das Deutschland unserer Gegenwart folgerichtig prophezeit. Die politischen Systeme der großen Staaten Europa's werden eingehend geprüft, vor der Einmischung Rußlands in Deutschlands Angelegenheiten dringend gewarnt und eine dauernde Allianz Oesterreichs mit Frankreich zur ewigen Beruhigung Europa's den österreichischen und französischen Staatsmännern aller Zeiten anempfohlen.

Tief beklagt Syrach die deutsche Anarchie, welche sich vornehmlich darin gründet, daß „nächst der polnischen Staatsverfassung keine elendere als die deutsche gedacht werden kann." *) — „Statt daß Deutschland, dieses größere und volkreichere und fruchtbarere Reich als Frankreich, wenn es unter Einem einzigen Souverain wäre vereinigt gewesen, schon Jahrhunderte lang Ruhe und Ansehen und Selbstständigkeit genossen hätte, ist's anhaltend ein Gegenstand der fremden Verlachung, von einer Sklaverey unterdrückt, die in Brandenburg ihre Form vom Corporalstock, in Bayern von der Mönchskutte nimmt, und in Hessen sogar den Fürsten ermächtigt, seine Unterthanen für Geld zu verkaufen. Statt Deutschland, wenn es nur Einen Staat ausmachte, nur Ein Kriegsheer unterhalten dürfte und nur Eine äußere Grenze zu vertheidigen hätte, — muß es jetzt vierzehn verschiedene stehende Heere von ungleicher Größe unterhalten, nicht blos seine äußere Grenze vertheidigen, sondern es müssen auch in seinem Innern die Gränzen von 200 Staaten unter und gegen einander beschützet werden. Statt Deutschland, wenn es Ein Reich wäre, in seinem Innern sich als ein großer, mächtiger Staat eine Ruhe von Jahrhunderten versprechen könnte, ist es immerfort der Schauplatz unglücklicher Kriege, deren ewiger Zunder die natürlichen Veränderungen so vieler Fürsten-

*) Seite 21.

häuser sind. Statt Deutschlands Handlung blühen würde, wenn es Ein Staat und Ein Reich wäre, ist sie jetzt durch seine vielen gegen einander arbeitenden Staaten erdrückt. Mehr denn 50 Zölle drücken die Rheinfahrt. Hamburg, Hannover, Brandenburg und Sachsen machen nicht mehr Einen Staatskörper aus, wenn von der Schifffahrt die Rede ist. Wer kann in Deutschland an große Canäle und Handlungsheerstraßen denken? Und wie kann deutsche Nationalehre in Europa sich gründen, wenn der Sachse den Schwaben, der Holsteiner den Meklenburger, der Pfälzer den Bayern belacht, und alle den als Preußen insolent gewordenen Brandenburger hassen? Sind die Landeigenthümer der 30 größeren deutschen Wahl- und Erbreiche weniger, oder nicht vielmehr stärker geschätzt und gedruckt als die in den österreichischen Erbländern? Und unter den Fürsten dieser Staaten, die alle zur Erhaltung der deutschen Anarchie mächtig genug sind, ist wohl Einer hinreichend mächtig, sich zu vertheidigen? — Und Wer kann dem deutschen Reiche von heute ab noch zehn Jahre Untheilbarkeit verbürgen, wenn es bei der gänzlichen Vertheilung Polens bleibt, und der große Coloß des Nordens an die deutschen Gränzen rückt? Wenn heute Rußland, um seine Eroberungen in Polen zu sichern, von Osten her einfiele, während die Franzosen von Nordwesten her eindringen, wäre alsdann nicht Oesterreichs letzte Rettung, sich mit Rußland zu einigen, und wenn Rußland dann die Unterjochung aller deutschen Fürsten und die völlige Zertheilung dieses ungeformten Reiches forderte und sich wie bisher mit Preußen im Voraus verstände, könnte Oesterreich alle diese Staatentheilungen hindern?" *)

*) An anderen Stellen heißt es über die deutsche Verfassung: „Die deutschen Professoren und Regensburger Comitialkanzleyen mögen darüber

Und Wen mahnen diese Worte nicht an Alles, was wirklich später geschehen ist: an die russischen Intriguen in Deutschland

---

sagen, was sie wollen, sie ist weniger als unvollkommen, sie ist absurd, auch heute am völligen Ende ihrer Dauer." — (S. 142.) „In den deutschen Staaten, deren Fürsten ein Privilegium de non appellando haben, hat die Nation keinen Theil mehr am deutschen Reiche, ist die Verbindung mit demselben nur noch eine Personalverbindung des Regenten. Die ganz unmächtigen Stände sind durch öftere Unterdrückung der größern dazu vorbereitet, ihnen ganz einverleibt zu werden." — (S. 143.) „Die Unterdrückung Deutschlands datirt vom westphälischen Frieden. Denn da war es, wo die Freyheit von 20 Millionen Menschen der von 24 Familien aufgeopfert ward. Da war es, wo das herrlichste Vorrecht jeder Krone, den Unmächtigen und Schwachen zu schützen, den Kaisern entwunden ward. . . . Seit diesem Frieden haben die deutschen Fürsten auch das absurde Recht, außerhalb Deutschlands ohne Erlaubniß des Reichs Bündnisse zu machen. . . . Dieser westphälische Friede, durch den Frankreich Deutschland aus der Reihe respektabler europäischer Staaten ausstrich und der den Fürsten so viel werth ist, weil er ihren Despotismus begründete, ist von Frankreich und Schweden garantirt. Schwedens Garantie ist seit Karl's XII. zwecklosen Tollkühnheiten unbedeutend und durch die zwischen Schweden und Deutschland aufgewachsene preußische Macht völlig null geworden; und Frankreichs Garantie werden die deutschen Fürsten aus Mißtrauen in republikanische Grundsätze nicht weiter begehren. Das macht sie so verlegen, daß der Landgraf von Hessen-Cassel bereits in seinem Fürstenkonvente zu Wilhelmsbad darauf antragen wollte, die russische Kaiserin um Uebernahme dieser Garantie anzurufen." — (S. 149.) „Deutschland hat aber ohne die preußischen und österreichischen Provinzen eine Größe von 6800 □Meilen und eine Bevölkerung von 19 Millionen Menschen. . . . Es fehlt also dem deutschen Reiche nicht an Kraft, sich selbst zu beschützen und zu vertheidigen, aber an Gemeingeist und guter Verfassung. Die elende Verfassung Deutschlands verbannt den Gemeingeist, denn sie läßt den größeren Ständen die Wahl, ob sie es mit dem deutschen Reiche oder mit Frankreich, England, Preußen halten wollen. Schlafende Fürsten! was tragen Garantien zu euerer Sicherheit bey? . . . Ihr waret für Frankreich Werkzeuge gegen euer Vaterland, . . . Frankreichs Eifersucht gegen Deutschland verbarg sich unter der Eifersucht gegen Oesterreich. Diese Eifersucht auf einer, und Frankreichs Unvermögen, sich ohne Oesterreichs Einwilligung den Rhein zur Grenze zu geben, auf der andern Seite, das waren die eigentlichen Bürgen euerer

bis zum Rastädter Congreß, an die Oesterreich immer zugesagte und nie zur rechten Zeit eingetroffene Hülfe, an des russischen Czaaren Paul unheilvolle politische Schwenkung im Jahre 1799 als das Kriegsglück die österreichischen Waffen endlich so entschieden begünstigte? — Wen mahnen diese Worte nicht an den von Rußland gebilligten und geförderten Rheinbund, an den Congreß von Erfurt und an die ganze spätere feindselige Politik, welche Rußland gegen das Neuerstehen des deutschen Reiches thatsächlich befolgt hat?*)

Verfassung." — (S. 150.) „Wie aber, wenn man endlich das Haus Oesterreich, das allein der Kaiserwürde Glanz geben kann, diese ihm unnütze und kostbare Krone so verekelte, daß es sich mit allen seinen Staaten von dem deutschen Reiche trennte, würde das ganze heilige deutsche Reich wohl Oesterreich zwingen können, bey ihm zu bleiben?"

*) Kolbielski warnte daher durchaus nicht grundlos und im verblendeten Parteihaß die deutschen Fürsten gleichmäßig vor dem mit Preußen verbundenen Rußland. In seiner drastischen Weise prophezeit er im Sprach, falls Deutschland einst Rußland zur Garantie seiner Verfassung aufrufen würde: „da werden in wenig Jahren neue Fürstenbunde erscheinen, und Städte vereine, und Religionsgarantien, und neue Kreisdirektionsformen, und neue Churhüte, und Conföderationen der niedern Stände gegen die Churfürsten . . . und Anmahnungen, die Kaiserkrone dem österreichischen Hause zu entziehen und Brandenburg zu geben, und unaufhörliche Betheuerungen des größten Eifers für Deutschlands Glückseligkeit und Freiheit! Und wenn das Alles noch nicht hinreichen sollte, Deutschland zu verwirren, so wird man unter den Cadets der deutschen Fürstenhäuser einige mauvais sujets suchen; drey bis vier sind genug, die wird man in der russischen Armee anstellen, sie da erheben, bezahlen, und dann nach Jever schicken, eine architeutonische Conföderation unter russischem Schutze zu machen. Da mögt ihr deutschen Fürsten dann alle euere 7000 Büchermacher in Thätigkeit setzen, ich wette, sie werden doch nicht im Stande sein zu beweisen, daß etwas anders als die Conföderation von Jever der aufgeklärteste, gesundeste und größte Theil deutscher Nation sey. — Und wozu sollte Rußland die Garantie Deutschlands anders anwenden? Da es gegen die Vergrößerung keiner Macht eifersüchtig ist, wenn man ihm nur erlaubt, das Meiste zu nehmen?" — (S. 153 und 154.) „Sollten es Deutsch-

Von Rußland auf dessen „Trabanten" Preußen übergehend, unterzog Syrach die ganze preußische Politik in den ersten Kriegsjahren gegen Frankreich, Deutschland und Polen einer einschneidenden und vernichtenden Kritik:

„Preußen", so sagt er, „ist unleugbar eine der eigentlichen und vornehmsten kriegführenden Mächte gegen Frankreich, ja wenn man die Broschüren liest, mit deren Verfassung sich die preußischen Offiziere aus Langweile die Zeit vertreiben, so sind nur sie allein es, die in diesem Kriege Thaten, und den Franzosen Schaden gethan haben, und alle ihre Siege über die Franzosen sind durch die Oesterreicher vereitelt. Wie viel Dank wären also die Franzosen nicht den Oesterreichern schuldig?" *)

„Aber Preußen hat seine eigene Art in Allianz und im Kriege zu seyn, eine Art, die es nützlicher macht, Preußen zum Feinde, als selbiges zum Freunde zu haben. Wenn Preußen

---

lands Fürsten noch gar nicht wissen, daß Rußland seit einigen Monaten um die Verbreitung französischer Grundsätze in Deutschland wie in Polen zu verhindern, vorschlägt, Deutschland in drey Theile zu theilen: in Süddeutschland, das sie Oesterreich geben will, in Norddeutschland, das sie an Preußen für einige neue zu leistende Dienste schenkt und in einen Barrièrestreifen, den Sachsen und Hessen vor der Hand noch ausmachen soll. Was möchte eine deutsche Provinz da lieber sein, ein Theil des Königreichs Nord- oder Süddeutschland, oder der sich vor beyden beugenden Barrière?" (S. 154.) „Um diesem vorzubeugen, ist es des deutschen Reichs erstes dringendstes Interesse, sich dankbar für seinen Kaiser aufzuopfern, wie dieser sich für Deutschland aufgeopfert hat, sich fest an ihn zu schließen, um den verwüstenden nordischen Theilungsentwürfen ein Ende zu machen." (S. 155.) „Wenn Deutschland seine jetzige große Gefahr noch einmal vorüberziehen sieht, dann untersuche es seine innere Verfassung und lerne es einsehen, daß alle aus Berlin kommenden Fürsten-Conföderationen nur listig angelegte Vorbereitungen einer künftigen Theilung Deutschlands sind, wie die Conföderation von Targowice der von Polen vorherging." (S. 156.)

*) Seite 75.

Bündnisse schließt, Freundschaft und Hülfe verspricht, da will es verrathen, angreifen und berauben. Wo es aber Krieg erklärt, da will es eben so nur zum Scheine den Feind machen, um dem Alliirten und nicht dem Feinde zu schaden. Der Alliirte Preußens kann sich nie auf dessen Wort verlassen, muß vielmehr gegen selbiges auf seiner Hut sein, daß er nicht von ihm überfallen und beraubt werde. Der Feind Preußens dagegen, der nicht Hülfe von ihm erwartet, also keiner Verrätherey ausgesetzt ist, kann sicher sein, daß Preußen täglich bereit ist, zu ihm überzugehen, seine Bundesgenossen öffentlich zu verlassen, oder gar im Einverständnisse mit dem Feinde heimlich gegen sie zu wirken. Schon Churfürst Friedrich Wilhelm, den die Preußen den Großen nennen, half sich dadurch fort, daß er von einem Theile zum andern überging, und was er dem Einen zu verdanken hatte, vergaß, sobald er vom Andern gewinnen konnte. Preußen wollte durch den gegenwärtigen Krieg die Allianz Frankreichs und Oesterreichs zerreissen und dann lauern, wo es sich würde nöthig und bezahlt machen können, — liegt es doch zwischen Deutschland und Polen, wo an beyden Seiten zu theilen war. Friedrich II. war auch betrüglich, aber so weit war nie das Berliner Cabinet in Treulosigkeit gesunken, als in den letzten acht Jahren." *)

Syrach beleuchtet nun in scharfen Zügen alle ihm nach Aktenstücken bekannt gewordenen preußischen Treulosigkeiten. Von der Unterdrückung der Holländer an bis zu den Emissären, welche Preußen „nach Galizien und Ungarn schickte, um auch da Empörungen zu stiften"; auf die Stellung Preußens zu Polen wirft er eigenthümliche Streiflichter: „während aller der Schritte, wodurch das Bündniß zwischen dem Könige von Preußen und

*) Seite 77.

der Republik Polen herbeigeführt wurde, sucht sein Gesandter Lucchesini die Abtretung von Danzig und Thorn zu bewirken und bot zuletzt der Republik nach einer Menge von lügenhaften Anerbietungen an, Galizien dem Hause Oesterreich abzunehmen und es an Polen für Danzig und Thorn zurückzugeben." *)

In Polen ist es so weit gekommen, sagt Syrach, daß „preußisches Bündniß ein Synonym von preußischer Treue geworden ist, — so weit ist es gekommen, daß der Name Preussen's jetzt in Polen schwärzer ist, als der des Robespierre in Frankreich." **)

Und wieder an einer andern Stelle wendet er sich mit Wehmuth gegen sein Vaterland Polen: „Alter, ehrwürdiger Staat, den jeder Schriftsteller der Politik mit Unklugheit zum Muster alles Unsinnes aufstellt, ohne die fremde Gewalt, die allein seit einem Jahrhundert die Quelle alles deines moralischen und politischen Verderbens ist, für die wahre und einzige Ursache desselben anerkennen zu wollen, — alte Schutzwehr Europas gegen die Moskowiter, du wirst wieder aufstehen vom Tode! Du hast noch Freunde, die dich nicht verlassen werden. Uebereile dich nicht wieder in deinem gerechten, heiligen Aufstand!" ***)

„Aber wenn der Tag kommt, da du gerufen wirst, dann mahle in deine Fahnen all den Mord, den Rußland und Preußen an dir verübten, alle die treulosen Verträge, die Preußen von Wehlau ab, bis zum 29. März 1790 mit dir machte. Vergiß nie des Galgens von Inowraclaw. Praga und Lucchesini! seyen deine Losungsworte! Sie entheben dich von allen Regeln des Völkerrechtes: jede Barbarey ist dir gegen diese Feinde durch

*) Seite 87.
**) Seite 92.
***) Seite 164.

diese zwei Worte erlaubt. Ja ich bin Pole und rechne mir noch heute diesen Namen eines freien Mannes zur Ehre. Mein graues Haupt wird vielleicht den Tag unsrer heiligen Rache nicht erleben. Aber ich habe Söhne und Enkel und habe sie an die Ufer der Weichsel geführt, die Praga und Inowraclaw bespület; da haben sie Schutz dem Vaterlande und seiner heiligen Religion, und ewige Rache den Mördern geschworen; da haben sie mir geschworen, nie, nie mit einem Russen und Preußen Frieden zu machen, und so lange sie einen Arm, Waffen und Gift haben, diese Barbaren von der Erde zu vertilgen. Wer werth ist, ein Pole zu heißen, der gehe hin und thue desgleichen! Und wenn du einst, mein himmlisches, paradiesisches Vaterland! den schweren blutigen Kampf vollendet hast, den du nothwendig bestehen mußt, dann siehe um dich nach einem guten, tapfern und weisen Fürsten aus einem mächtigen Hause, das ihn und dich beschützen könne, und bringe ihm deine erbliche Krone! Siehe dich hernach unter seiner Leitung nach Bündnissen um, gegen Rußland und Preußen! Sey nur erst selbst Etwas, so wirst du sie leicht finden. Der Geist Sobieski's wird für dich in Wien sprechen, und eigene Sicherheit in Stockholm und Copenhagen."

Die „Resultate und Grundsätze", welche Syrach schließlich in 45 Punkten zusammenfaßt, sind ebenso scharfsinnig als treffend. Wir entnehmen seinen Ansichten — über das „Allgemeine Interesse von Europa": daß dieser Welttheil „durch eine Menge von Bündnissen, welche Staaten mit Staaten verbünden, eigentlich eine stillschweigende Staatenrepublik ausmacht." *)

Das „Allgemeine Interesse der Christenheit" des Mittelalters wurde von der „unsicheren, unverläßlichen, unzuläng-

*) Seite 97.

lichen und falschen Politik des europäischen Gleichgewichtes verdrängt. Europa muß jedoch vor Allem sein geistiges und materielles Uebergewicht über alle fremden Welttheile behalten, da unzweifelhaft einst ein Tag kommen wird, wo alle europäischen Seemächte, wie Ein Mann, mit amerikanischen und afrikanischen Seemächten sich werden schlagen müssen für die Freiheit Europas! — In Rußland und der Pforte, in diesen beyden asiatischen Staaten, liegen jedoch unentwickelte Keime von einer dem ganzen Europa den Umsturz drohenden Macht. Europens allgemeines Interesse ist, diese Gefahr nie aus den Augen zu verlieren, alle seine inneren Händel bey Seite zu setzen und gemeinschaftliche Sache zu machen, sobald diese seine asiatischen Nachbarn sich die geringste Gewalt gegen die östlichen Gränzen Europens erlauben. Europa verdient Sklaverey und alles erdenkliche Elend, wenn es diese große Wahrheit auch nur Einen Tag vergißt." *)

„Gegen die unbegrenzten Entwürfe Rußlands kann aber nichts Europa beruhigen, als die Wiederherstellung Polens und hauptsächlich ein Machtzustand Oesterreich's der jedem neuen Einfalle der Türken zu widerstehen im Stande sey, eine völlige Ausgleichung aller Streitpunkte zwischen Oesterreich und der Pforte, eine Amalgamirung ihres ganzen Staatsinteresses." **)

„In der bürgerlichen Gesellschaft" so folgert Syrach weiter, „ist es durch Gesetze und Richter dahin gebracht, daß der Räuber eine Ausnahme ist. In der großen europäischen Staatengesellschaft ist das Gegentheil; Ungerechtigkeit ist die Regel, Gerechtigkeit ist die Ausnahme, und diese traurige Erfahrung war es,

*) Seite 117.
**) Seite 120.

die das obenbetrachtete ungeschickte Gleichgewichtsgesetz hervorbrachte." *)

„Große Kriege, — Kriege zwischen den ersten Mächten Europens sind auf eine doppelte Art Gelegenheiten, die innere Sicherheit Europens zu befördern. Einmal, weil sie die Forderungen, die geheimen Wünsche der einzelnen Staaten, ihre Kabinetsentwürfe an den Tag bringen, ohne deren Kenntniß an ihre Ausgleichung nicht gedacht werden kann. Zweitens, weil sie die politische Lage der Staaten aus ihrer Ruhe bringen, mithin zu großen Unterhandlungen Anlaß geben, welche, wenn sie von Menschenfreunden und einsichtsvollen Männern geleitet werden, die Weltrepublik Europa jedesmal einen Schritt weiter zu ihrem großen Zwecke, einem immerwährenden Frieden bringen können." **)

Die verschiedenen und allgemeinen Staatsverfassungen Europa's erschienen Sprach als „ein Chaos, ein gegenseitiger stillschweigender Vertrag, dessen Dauer von dem Fortschritt Europens in Kultur und Humanität, der reiner Zufall ist, abhängt — und von den betrüglichen Intriguen der Kabinete. Deshalb blieb auch das Europäische Völkerrecht unkräftig gegen die Vernichtung der pragmatischen Sanktion, gegen die Zertrümmerung Polens, gegen die Gewaltthaten Frankreichs." ***)

Das erste Gesetz einer allgemeinen europäischen Constitution wäre aber, daß „kein Staat gegen den andern Gewalt üben darf, und wer sie übt, alles Schutzes des europäischen Weltbundes verlustig wird. Ein Gesetz, welches Regenten, die die Treue ihrer Verträge brechen, unfähig erklärte, ihr Lebenlang

*) Seite 122.

**) Seite 123.

***) Seite 123.

Verträge zu machen, und welches alle mit ihnen bestehenden Verträge bei ihrer ersten Treulosigkeit für nichtig erklärte." *)

„Die Prätensionen der heutigen europäischen Staaten sind unendlich und stoßen sich überall untereinander. Ich übergehe Rußland, das noch nicht genug menschenleere Länder hat. Ich übergehe es, weil ich's nicht mehr zu den europäischen Staaten rechne. Schweden wünscht Rußland von seinen Grenzen zu entfernen, die ihm entrissenen Länder zurück zu haben. Polen fordert schreiend seine Freiheit, seine Unabhängigkeit, seine Staaten vom Dniepr bis an die Ostsee zurück. Preußen kann deduciren, daß Kurland, Semgallen, Liefland und Estland zu Preußen gehörten, daß Po-russia An-Rußland heißt, und daß zur Zeit jenes italienischen Kaufmanns, — der, durch Schiffbruch dahin verschlagen, Preußens erster König ward, weil er ihnen Feuer anschlagen lehrte, — Preußen sich über die Weichsel bis Kiow erstreckte, wie auch, daß Nord-Deutschland von Wollin bis Emden oder wohl gar bis Rotterdam einst Pomerze d. i. Am-Meere hieß und zu Pommern gehörte. Oesterreich wünscht die Niederlande gegen eine ihm besser gelegene Provinz zu vertauschen, wünscht Seehäfen, die nicht so entfernt als Ostende vom Kerne seiner Staaten sind. Frankreich will sich Savoyen einverleiben und die Länder bis zum Rhein. England, nicht weniger bescheiden, will allein alle Colonien und Reiche in beyden Indien besitzen. So hat jeder große und kleine Staat seine Wünsche, bis zum Landgrafen von Hessen-Kassel, der seine Ansprüche auf die Grafschaft Schaumburg, 40.000 hessische Bauern und zwey Millionen vollwichtige Thaler für den 9ten Churhut geben möchte und ihn bis in Petersburg sucht." **)

*) Seite 124.

**) Seite 129.

„Ungerechte Prätensionen werden jedoch von Staaten vor ihrer Ausführung nicht ausgesprochen. Sie sind die eigentlichen Cabinets-Geheimnisse. Das Berliner Cabinet — leider gibt es uns sehr oft Beispiele zum Erweise unserer Sätze — dieß Cabinet erklärt offen, daß es nie etwas von Deutschland verlange, und unterhandelt zu gleicher Zeit in Rom, daß der Pabst solche deutsche Bisthümer, die den schädlichen französischen Meynungen zu nahe lägen und der allgemeinen Ruhe gefährlich werden könnten, säcularisiren möge. Ein Jahr vor der zweiten Theilung Polens schrieb der König von Preußen, daß man seinen persönlichen Charakter beleidige, wenn man ausstreue, daß er das geringste Opfer von Polen verlange. Auch werden die Deduktionen von dem, was Po-russia und Po-merze eigentlich bedeutet, vor dem nächsten Türkenkriege nicht ausgegeben werden." *)

„Zu große Staaten können ohne Despotismus nicht regiert werden, das zeigen Rußland, China, die Türkey, das lehrt die Theorie ihrer Verwaltung. Kleine ohnmächtige Staaten müssen ihre gerechtesten Forderungen bis zu einem gelegenen Zeitpunkte verschweigen, aus Furcht, bey mächtigern damit anzustoßen und sich deren Rache zuzuziehen."

„Kleine Staaten sind in der innern Anordnung des europäischen Weltbundes eine große Beschwerde. Sie suchen ihre Sicherheit wie das wehrlose Frauenzimmer, das durch Koketterie die Diskretion des stärkern Geschlechts zu gewinnen sucht. Die Krüppel, Lahme und Blinde gehören nicht in die Gesellschaft streitbarer Männer. Wer sich nicht selbst vertheidigen kann, bedarf einen Schutzherrn. Nach der Vernunft muß dieser Schutz als eine Beschwerde vergolten werden; bisher bezahlte man ihn oft durch das Gewäsche von Gleichgewicht, und die mächtigern

*) Seite 130.

Staaten trugen die Last des Schutzes schwächerer als eine gerechte Strafe ihrer Eifersucht und der Vernachlässigung aller Prinzipe.“*)

„Wenn alle großen Staaten gut regiert seyn werden, wird es sich von selbst daraus folgern, daß die kleinern sich ihnen anbieten werden, um an der größern Sicherheit großer Staaten Theil zu nehmen. Als vor einem Jahre preußischer Despotismus die ersten Versuche machte, sich in Hamburg zu wurzeln, hörte man gute Hamburger Bürger äußern, daß sie lieber sich Dänemark einverleiben, als sich fernerer preußischer Willkühr aussetzen wollten. Das war ein Erfolg des Zutrauens in die jetzige gute Verwaltung Dänemarks.“ ... „Ueberhaupt ist es vortheilhafter, Schutzherr als Schutzgenosse zu seyn. Es ist vortheilhafter, sich einem gut regierten Staate einzuverleiben, als von ihm Schutz zu suchen. Es erhebt auch das Herz des Menschen, wenn er einer großen Nation angehört.“**)

„Eine jede bürgerliche Gesellschaft ist eine ewige Gesellschaft. Der große europäische Weltbund muß auch ein ewiger Bund seyn. Diese Betrachtung entgeht gänzlich den Diplomatikern unsers Jahrhunderts. Sie handeln wie jene Archangel'schen Narren, die, um nach China zu handeln, eine Gesellschaft auf sechs Monate errichteten. Das Leben eines Menschen währet siebenzig bis achtzig Jahre, aber das eines Staates tausend bis fünfzehnhundert. Wenn bisher wenige Staaten so alt wurden, so lag das darin, daß sie sich durch üble Diät selbst ermordeten, oder von verrückten Aerzten morden ließen: stirbt doch die Hälfte des Menschengeschlechts, ohne das siebenzehnte Jahr zu erreichen. Und wie können

*) Seite 130.

**) Seite 132.

Staaten bestehen, wenn ihre Führer nicht Systeme zu erfinden wissen, die, wenn sie auch Jahrhunderte zur Ausführung brauchen, dagegen Jahrtausende fest und richtig bleiben. Wie können Staaten bestehen, wenn alle zehn Jahre ihr System verändert wird? Wenn England sich heute mit Oesterreich gegen Preußen und morgen mit Preußen gegen Oesterreich verbündet, wenn es einen Tag es nützlich für sich hält, daß Oesterreich die Niederlande besitze, einen andern Tag den König von Preußen in Empörung derselben unterstützt, wenn es bald in Gemeinschaft mit Preußen die Pforte gegen Rußland aufhetzt, bald wieder sich mit Rußland verbindet? Wie können Staaten bestehen, wo Raub, Zerstörung aller Principe den Grund ihres Systems macht? Den einzelnen Menschen, der alle Jahr Freundschaften wechselt und stets seinen Freund von heute gegen einen Freund von gestern aufhetzt, würde jeder ehrliche Mann als einen Händelmacher meiden. Dem, der mit ihm oder einem Räuber Umgang hätte, würde jedermann zurufen: cognoscitur ex socio, qui non cognoscitur ex ipso." *)

„Die Festsetzung eines lange dauernden Staatssystems beruhet für einzelne Staaten auf Kenntniß ihrer Zwecke, auf Simplificirung und auf Gerechtigkeit derselben, zuletzt auf Standhaftigkeit in den Zwecken. Es gibt Staaten, die sogar in ihren Zwecken nicht zehn Jahre beständig bleiben! Es gibt Staaten, die ihre Zwecke weit über ihre Mittel dehnen. — Fast alle Staaten fehlen in der Gerechtigkeit der Zwecke und Mittel. Beispiele aller dieser Fehler gibt Preußen seit acht Jahren. Immer Preußen!" **)

*) Seite 133.

**) Seite 134.

„Die Ewigkeit eines Staatssystems wird nicht für alle Widerwärtigkeiten sichern. Welcher vernünftige Mann wollte frey von Unfällen seyn? Sie sind der Seele, was kalte Bäder dem Körper. Aber die unglücklichste Wirkung einer Widerwärtigkeit würde allemal das Wanken im Staatssysteme seyn. Feste unwandelbare Standhaftigkeit führt am Ende allemal zum Zwecke.“ ... „Die Projecte von Völkercongressen oder vom allgemeinen Frieden gehören weder unter die eitelen noch unter die zu frühzeitigen Träume. Es wäre aber eine unendlich schädliche Uebereilung, wenn der große europäische Weltbund so ohne Plan und ohne Ueberlegung geformet würde, wie die einzelnen Staaten entstanden sind. Er muß nicht wie diese ein Werk der Noth seyn, sondern das — allgemeiner Cultur und Reife.“ *)

„Die Ausführung dieses großen, für die Menschheit, wie für Europa wichtigsten Geschäftes gehört für die Diplomatie. Nicht für die, welche wir bis heute hatten, welche mit bouffons und aimables roués und mit Herrchen gefüllt wurde, die nirgends anders placirt werden konnten, denen man das Interesse der ganzen Nation übergab, weil man ihnen nicht die Verwaltung eines Dorfes anvertrauen konnte. — Der europäische Weltbund arbeitet an einer ewigen Gesellschaft. Er kann seine Regeln nur auf ewige Wahrheiten bauen, und der künftige Diplomatiker, dessen Beruf der Höchste in der Welt ist, muß tief denken, das Reich der höheren Wahrheiten mit vorurtheilfreyem Blicke überschauen und scharf in die vor ihm liegenden Jahrhunderte sehen können.“ **)

*) Seite 135.

**) Seite 135.

28*

„Das Geschäfte dieser Wissenschaft ist ein Interesse jedes selbstständigen Mannes. Wenn es zur Gerechtigkeit umgeschaffen seyn wird, kann es kein Geheimniß mehr enthalten. Publicität aller politischen Verhandlungen wird wie von jeder andern Handlung der beste Gewährsmann ihrer Weisheit und Gerechtigkeit seyn." *)

„Ehe nicht wenigstens zwei große Staaten Europens völlig befriedigt sind und also ohne Eigennutz an die Revision und Promulgation des Völkerrechts gehen können, ist es unmöglich, daß Europens Friede dauerhaft sey." **)

„Europens großes Interesse ist: aus seinem bis jetzt schwankenden Völkerrechte sein künftiges Grundgesetz, seine allgemeine Constitution, wenn auch nur für's erste provisorisch mit Sicherstellung künftiger Verbesserung entstehen zu sehen; Europens Interesse ist: im Osten Polen und Oesterreich, seine Gränzbewahrer gegen asiatische Einfälle, im Wehr-, Vertheidigungs- und Schutzherrenstand zu sehen; Europens Interesse ist: da Polen durch Europens bisherige Unvernunft so geschwächt ist, daß es fünfzig Jahre Zeit der Erholung bedarf, um Europens Forderungen zu erfüllen, Oesterreich, die jetzige einzige und letzte Schutzwehr seiner Sicherheit, sogleich schutzfertig zu wissen." ***)

„Europens Interesse ist: die beyden Mächte, die mehr asiatische als europäische Mächte sind, nach gleichen Grundsätzen zu behandeln, sie beyde aus seiner Republik, d. h. von aller Einmischung in die europäischen Angelegenheiten auszuschließen, aber auch beyde zu bewachen, Rußland nie von der Pforte, und die Pforte nie von Rußland unterdrücken zu lassen. Euro-

*) Seite 136.
**) Seite 137.
***) Seite 139.

pens größtes Interesse ist: durch den nächsten großen Frieden zwey Mächte zu erhalten, die beyde gleichmächtig werden, beyde keinen unbefriedigten Wunsch behalten, beyde aller kleinlichen Eifersucht entsagen, nie mehr aus ihren Staatsverhandlungen ein Geheimniß machen, die mit Offenherzigkeit und Großmuth Europens Constitution entwerfen, öffentlich kund machen, die sich fest verbinden, ihre durch ihr neues Einverständniß erworbene Uebermacht zur Bekämpfung aller willkührlichen Gewalt, und den Weg der öffentlichen Negociation zum allgemeinen Anerkenntniß dieser Constitution zu verwenden."

„Europa hat in dem österreichischen Staate einen Grundpfeiler seiner Sicherheit, den es nicht wanken lassen kann, ohne sich durch Rußlands und Preußens Raubsucht in Jahrhunderte von Elend gestürzt zu sehen. Europens großes Interesse ist: daß Frankreich der zweite Grundpfeiler seiner Ruhe werde. Oesterreich, Europens Schutzwehr und Hoffnung, mit den Feinden des allgemeinen europäischen Interesses in Bündniß zu sehen, Oesterreich von diesen treulosen Mächten im Kriege gegen Frankreich festgehalten zu sehen, um es unthätig für Europens Ruhe und Freiheit zu machen, muß jeden Weltbürger schmerzen." *)

Frankreich, so sagt endlich Syrach, hat erklärt, durch sichere Gränzen, durch große Flüsse, Gebirge und den Ocean sich auf Jahrhunderte hinaus sicher vor feindlichem Einfall stellen zu wollen: „Dieselben Worte kann aber jeder Staat und muß insonderheit Oesterreich reciprociren. Dieß hat eben so Recht und Pflicht zu sagen: Unsere vergangenen Verluste, der Verlust Flanderns, Lothringens, Elsaß, Schlesiens, der Niederlande ohne an den des ganzen Spaniens zu denken; unsere große Pflicht, die von unserem Reiche ungerecht abgerissenen Provinzen zu

*) Seite 140.

demselben zurückzubringen; die Nothwendigkeit, mehrere Verluste unmöglich zu machen; das Beispiel der Treulosigkeit, womit die von ganz Europa genehmigte pragmatische Sanction gebrochen ward, welches die Verwüstung ins Herz von unseren Staaten brachte und uns einen Theil derselben entriß; die Pflicht, unsere Völker für ihre Aufopferungen zu entschädigen; der aufrichtige Wunsch, den Frieden dauerhaft und gründlich zu machen; Alles das verpflichtet uns, unsere Gränzen zu erweitern, uns große Flüsse, Gebirge und den Ocean zu Gränzen zu setzen und uns so zum Voraus für eine lange Reihe von Jahrhunderten gegen jeden Angriff und jeden Anfall sicher zu stellen. Für diesen Preis kann Frankreich auf einen unverletzlichen Frieden mit Oesterreich, und Europa auf einen mächtigen und muthvollen Beschützer seines allgemeinen Friedens rechnen." *)

„Wie kann aber Frankreich auf einen aufrichtigen Frieden rechnen, wenn es in dem Herzen derer, mit denen es Frieden macht, den Schmerz eines Verlustes verewigt? Friedrich II., so lange er regierte, hat keinen einzigen gerechten Staatenerwerb gemacht, alle waren Ursurpationen. Kann ein Usurpator, der zuerst Verträge, Bündnisse und Völkerrechte verletzt, wähnen, daß die Verträge und Bündnisse, die er nachher zur Genehmigung seiner Usurpationen abdringt, fester seyn werden, als die waren, welche er durch seine Usurpationen brach? Setzte sich also Friedrich hierdurch nicht selbst in die Lage, auf föderative Sicherheit nicht zu rechnen und die seinige blos in dem allezeit fertigen Kriegszustande eines die Kräfte seiner Staaten übersteigenden Heeres zu suchen? Diese innere Ueberzeugung Preußens, wenn es auf seine Besitzungen umher schaut, daß Cleve, Ostfriesland, Schlesien, Vorpommern, West- und Südpreußen, Alles

*) Seite 169.

gewaltthätig geraubte Besitzungen sind, — ist sie nicht die Quelle des ewigen Mißtrauens und zugleich der Versatilität seiner Politik?" *)

„Will das jetzt so geschwächte Frankreich sich durch beneidete Eroberungen in eben diese unglückliche Lage eines Tag und Nacht seinen Raub bewachenden Räubers setzen? Und kann sich Frankreich einen Augenblick einbilden, daß es ohne Oesterreichs Einstimmung und Mitwirkung etwas Wirksames für Europens Wohlfahrt thun könne."

„Und", also frägt Syrach im Jahre 1795, die ganze Zukunft Europas fast prophetisch durchschauend: „gesetzt Europa könnte einwilligen, daß Frankreich sich große Flüsse, Oceane und Meere auf anderer Staaten Unkosten zu Gränzen setze — denn bis an die Rhone und Saone zurückweichen, will doch Frankreich nicht; gesetzt also, Europa wollte in eine so große Vergrößerung Frankreichs willigen, wie kann Europa sicher sein, daß Frankreich nicht von einer Republik wieder in die Monarchie übergeht? — Alsdann wird der Uebergang von Monarchie zum Despotismus um so schneller seyn, als Frankreichs Umfang größer seyn wird. Und dann denke man sich einen tollkühnen Carl XII. auf dem Throne von Paris, so ist Europa von neuem mit Elend und Blutvergießen überzogen. Alle euere feyerlichen Schwüre gegen das Königthum, Männer vom Nationalconvente! sind Nichts gegen diese Besorgniß. Das Leben eines Staates, habe ich euch schon oben gesagt, währet tausend Jahre, und wenns hoch kommt, fünfzehnhundert. Soweit in die Zukunft muß Europa blicken, wenn es euch so wichtige Opfer machen soll." **)

*) Seite 170.
**) Seite 171.

„Europa hat Frankreich von jeher, wenn ihm Ludwig XIV. nicht eine gegenseitige Meynung abdrang, für einen Pfeiler seiner Freiheit gehalten. Aber ich habe euch oben bewiesen, Europa bedarf eben so sehr des zweiten Pfeilers, der Oesterreich ist, und ihr wißt aus der Baukunst, wenn zwey Grundpfeiler nicht gleich fest und sicher stehen, so drückt das Gebäude auf den schwächern allein, zerdrückt ihn und fällt selbst ein. Alle euere Versprechen aber sind Nichts, ... so lange ihr nicht sicher seid, Oesterreich aus der Verlegenheit gezogen zu haben, die es jetzt zwingt, am allgemeinen Wohl Europens unthätig zu sein. Ihr könnt noch unzählige Verwirrungen in Europa anrichten, wenn ihr euch eurem und Europens Interesse zuwider mit Preußen verbündet. Ihr werdet gar nichts Gutes, nicht das geringste Gute ohne Oesterreichs Beystand ausrichten.“ *)

In dieser prophetischen Weise läßt Kolbielski den „Weltbürger Syrach“ zu Frankreichs National-Convent und zu Deutschland sprechen! Vielleicht konnte man ihn im Jahre 1795 für einem falschen Propheten halten, aber die eingetretenen Ereignisse der nächstfolgenden zwanzig Jahre haben seine Philosophie und seine „Theorie der Politik“ thatsächlich auf das Glänzendste gerechtfertigt. Dennoch verhallte das „Sendschreiben des Weltbürgers Syrach“, obgeich es die Grundlage war von vielen übereinstimmenden und gleichgesinnten Produkten, welche die deutsche Nation und deren verblendete Regentenstämme an festes Zusammenhalten mit Kaiser und Reich ermahnten und bestrebt waren, die Ehre und das Nationalgefühl der Deutschen zu erwecken. **) Dagegen erregte aber in Deutschland die

*) Seite 172.

**) Mit Berufung auf „Syrach“ erschienen folgende Flugschriften: „Des alten Weltbürgers Syrach christliches Kirchengebet, welches in allen

Sprache jener Schriften, welche Kolbielski unter dem Pseudonym Karl Graf von Strengschwerdt Ende 1795 und Anfang 1796 der Oeffentlichkeit übergab, — vorübergehend ein großes und allgemeines Aufsehen, weil diese Schriften mächtig in die Baseler Friedensfehde eingriffen und man unter dem Verfasser einen österreichischen Grafen oder Minister vermuthete!

Als Verfechter der kaiserlichen Rechte entwickelte Strengschwerdt allerdings eine bisher im deutschen Reiche gänzlich unbekannte Art von publicistischer Thätigkeit. — Wenn wir die Ansichten unserer Gegenwart mit jenen vergleichen, welche Strengschwerdt in einer Zeit nationaler Erschlaffung sondergleichen, zu Anfang der vollkommenen Auflösung des alten Reiches aussprach; so ist es wirklich ein eigenthümlich trauriges Gefühl, welches den deutschen Patrioten beschleicht, wenn er bedenkt, daß Strengschwerdt damals Rathschläge ertheilt hat, deren rechtzeitige Befolgung das große nationale und politische Unglück, den Zusammensturz des deutschen Reiches, vielleicht abgewendet, wenn nicht verhindert hätte. — Dieser Strengschwerdt stand mit seinen Anschauungen über die Wohlfahrt der deutschen Nation schon im vergangenen Jahrhundert dort, wo wir erst jetzt —

Kirchen des deutschen Reiches feierlich verlesen werden sollte. Germania 1795." — „Weltbürger Sprach der Sohn, an Deutschlands Reichsversammlung. Aus dem Französischen. Sarmatien 1795." — „Die preußische Mitverwendung für den Reichsfrieden. Ulm 1795." — „Stimme eines Einzelnen über die Art der Beiwirkung des Reiches zu dem gewünschten Frieden mit Frankreich. Im Junius 1795." — „Reichs-Integrität, erster Grundzug des Reichsfriedens; ein dringendes Wort an das deutsche Vaterland. Im Anfang September 1795" — „Ueber den Frieden zwischen der französischen Frankenrepublik und Seiner Majestät des Königs in Preußen." — „Wichtige Frage über das dermalige Krieg- und Friedensgeschäft mit Frankreich von Waremund a Reginuo 1795."

und nach welcher Vergangenheit! — mit unseren Begriffen von Größe und Machtentfaltung Deutschlands angelangt sind. Er wies der deutschen Kaiserpolitik den rechten Weg an zu einer Zeit, wo Häberlin, Martens, Pütter, Posselt und andere berühmte Männer, welche sich selbst damals für die Koryphäen deutscher Gelehrsamkeit hielten, noch von autonomen Reichen im Reiche träumten; das Heil der Nation in unabhängigen, von kleinen Despoten souverän beherrschten deutschen Staaten im deutschen Staatskörper erblickten, und noch vielen ähnlichen politischen Utopien nachhingen, über welche dann später Napoleon, als Rächer des deutschen Kaiserthums, mit Deutschland in's Gericht ging. — Ja der Pole Kolbielski begriff weit mehr von deutscher Staatskunst und Politik als Alle seine mit Gelehrsamkeit geharnischten Gegner, welche an den deutschen Universitäten jene von uns gekennzeichnete traurige Rolle spielten, um die sie kein echter deutscher Patriot zu beneiden braucht. Er, der Pole, suchte schon im Jahre 1795 Anderen begreiflich zu machen, was erst nach den bittersten Erfahrungen in Deutschland allmälig begriffen wurde, und von den besten deutschen Patrioten der Jetztzeit mit Begeisterung ersehnt wird. Durch sein edles und ernstes Streben hat dieser Pole es um unser Vaterland verdient, daß ihm das heutige Deutschland die so lange versagte Anerkennung ertheile und ihm, dem Fremden, in der Geschichte jener Zeit den ehrenvollen Platz einräume, der ihm vor allen andern deutschen Publicisten jener Zeit thatsächlich gebührt.

Freilich enthalten die verschollenen merkwürdigen Flugblätter Ansichten, die Jene ganz außer Fassung bringen mußten, welche wie seine politischen Gegner Häberlin und Genossen für die Demüthigung Oesterreichs, für das Festhalten an dem veralteten morschen Plunder deutscher Staatsrechts-Lehre, für die

Unabhängigkeit und Unverantwortlichkeit der Glieder des Reiches gegenüber Kaiser und Reichsverband, — mithin nur für die particularistischen Tendenzen jener Reichsglieder schwärmten, die eigentlich nie mehr als die untergebenen Vasallen des deutschen Reichsoberhauptes hätten sein sollen.

Um den in den Schriften Strengschwerdt's wehenden Geist in seiner alleinstehenden Besonderheit noch mehr zu kennzeichnen und die Richtung anzudeuten, in welcher schließlich die mächtig erregten Wogen der literarischen Baseler Friedensfehde verliefen, wird es genügen, wenn wir in den nachfolgenden Blättern unsern Lesern einige Stellen aus dem Häberlin'schen „Staatsarchiv" vorführen. Nach ihnen läßt sich auch endlich eine richtige Parallele ziehen, zwischen den national-politischen Ansichten des „kaiserlichen Revolutionär's des Palais royal" *) und dem durch seine Rechts- und historische Gelehrsamkeit in Deutschland zu einer gewissen Berühmtheit gelangten ehemaligen braunschweigischen Beamten und Professor Häberlin aus Helmstedt, der damals mit vollem Recht als das Haupt der preußischen Literaten-Partei und der deutschen Territorial-Publicisten-Zunft betrachtet wurde.

„Auf Teutsche!" — also ruft Strengschwerdt in einer seiner Schriften an die deutsche Nation aus, — **) „zu unserem Kaiser! zu diesem unserem gesetzlichen Vereinigungspunkte, zu Franz, der unbeweglich fest stehet und für Teutschlands Integrität und Rettung fortkämpft! Auf zu unserem Kaiser! Laßt

*) Häberlin nennt in seinem „Staats-Archiv" den pseudonymen Autor Strengschwerdt so.

**) „Beurtheilung des Schreibens, welches der regierende Herr Herzog von Braunschweig an den Herrn Gf. v. Westphalen, kais. Gesandten beim niederrheinischen Kreise, erlassen hat. Von Karl Gf. v. Strengschwerdt. Regensburg den 14. Nov. 1795."

uns Ihn bitten, Ihn beschwören, daß er uns ein Unterhaus gebe, wo der Eigenthümer und Staatsbürger sich selbst repräsentiren könne, und dann wollen wir sehen, wo Teutschlands Ehre und Ansehen besser sollen verfochten werden, im Unterhause teutscher angesessener Bürger, oder im Oberhause der Reichsfürsten! Dann wollen wir sehen, ob Teutschlands Lage je so bedenklich werden soll, als sie der Herr Herzog von Braunschweig angiebt; dann wollen wir sehen, ob Teutschlands Gränzen und innere Ruhe je wieder gestört werden können!" — Und nun sich gegen die Separat-Frieden der Reichsfürsten wendend, sagt Strengschwerdt: „Kann der Kaiser diese Uebertretungen des Grundvertrages des teutschen Reichs, diese Neutralitäten bei Verheerung und Verderbung des halben Deutschlands verzeihlich finden? Der Herr Herzog sagt: Ja! Wir teutsche Bürger aber sagen: Nein! bei Gott und beim Vaterlande Nein! Der Kaiser kann es, darf es nicht verzeihen, wenn er ferner unser Kaiser und Vater heißen will! Er schwor uns, als er unsere Krone übernahm, vor dem Altare Gottes, daß er unsere Gränzen bewahren und ergänzen, daß er unsere Verfassung erhalten wolle. Er ist los seines Schwurs gegen die Fürsten, denn sie brachen zuerst den mit ihm geschlossenen Bund. Aber er ist nicht los des Schwurs gegen die Nation, die Ihn da, wo sie von Fürsten nicht gezwungen ward, weder verließ, noch verrieth. — Er zeige uns heute, daß Bürgerglück ihm mehr am Herzen liegt als Fürstengeiz und Fürstenstolz, und wir wollen mit ihm leben, siegen oder sterben." *)

Wie armselig klingen nun hiegegen Häberlins Commentare, der über diese edle Sprache in scheinbar sittlicher Ent-

*) Seite 45—46 der vorerwähnten Schrift.

rüstung seinerseits ausruft: *) „Die teutsche Constitution ist mir ein ehrwürdiges Gebäude, das um des Himmelswillen nicht eingerissen werden darf“; und indem er sich zu dem großartigen Gedanken eines deutschen National-Parlamentes gar nicht zu erheben vermag, ruft er kleinlich in seinen hämischen Jeremiaden darüber, daß im heiligen römischen Reich Solches, und zwar trotz der Belehrungen seines „Staatsarchives“ geschrieben werden konnte, aus: „Ecce iterum Crispinum! Der Pferdefuß wird doch immer wieder sichtbar, und die Rathgeber des kaiserlichen Hofes bleiben sich stets gleich. Also auch hier wieder der Plan, das Beispiel der ehemaligen Könige von Frankreich nachzuahmen und wie dort die Macht der Pairs, so hier das Ansehen der Fürsten zu stürzen, sie zu Gutsbesitzern herabzuwürdigen und ihnen eine Theaterrolle zu lassen.“ **)

Strengschwerdt geräth in patriotischen Zorn über die verrätherische und feige Mannheimer Capitulation, und den Zusatzartikel (daß die pfälzischen Truppen sich überall zurückziehen sollten, wo sich der Reichsfeind sehen läßt) und ruft aus: ***) „O Teutsche! so tief seid Ihr gesunken, daß Ihr nicht mehr zu fühlen Kraft habt, daß es mehr Ehre sei, der großen einigen deutschen Nation, als den kleinen Völkern der Pfälzer, Hessen, Hannoveraner, Brandenburger u. s. w. anzugehören, und daß

*) Häberlin's Staatsarchiv B. I. S. 4.

**) Häberlin, St. A. B. I. S. 250—251.

***) „Rechtliches Gutachten, die Uebergabe der Festung Mannheim an den Reichsfeind betreffend. Den Göttingen'schen Professoren Hr. Geheim. Justizrath Pütter und Hr. Hofrath von Martens zu öffentlicher Prüfung gewidmet von Karl Grafen von Strengschwerdt. Regensburg den 21. October 1795.“

Welch' großes Aufsehen die Schriften Strengschwerdt's damals in Deutschland hervorbrachten, beweisen hinlänglich die vielen zornent-

die Pfälzer sogar versprechen, vor dem Reichsfeinde davon zu laufen!" Dagegen ruft nun Häberlin natürlicher Weise aus:

---

flammten Entgegnungen, die seine einzige Schrift: Rechtliches Gutachten ꝛc. erfuhr. Diese Gegenschriften heißen:

1) Ho ho ꝛc.

2) Unpartheiische Prüfung ꝛc.

3) Freimüthige Staatsrechtliche Prüfung des sogenannten rechtlichen Gutachtens, die Uebergabe der Festung Mannheim an den Reichsfeind betreffend 1796.

4) Die Uebergabe der Festung Mannheim an die Franzosen nach Grundsätzen des natürlichen Gesellschaftsrechtes zur Beleuchtung des rechtlichen Gutachtens des Gf. Karl v. Strengschwerdt. 1796.

5) Beiträge zur Erörterung der Fragen: in wie weit ist die Gerichtsbarkeit des Kaisers über reichsständische Unterthanen und besonders ihre Beamten gegründet? Bei Gelegenheit neuerlicher Vorfälle. Audiatur et altera pars! 1795.

6) Flüchtige Bemerkungen über das rechtliche Gutachten ꝛc. Regensburg den 1. December 1795.

7) Beiträge zur richtigen Beurtheilung der Kapitulation von Mannheim 1796.

8) Häberlin's Staatsarchiv. 1. Heft 1796.

9) Bemerkungen eines Cosmopoliten über die interessantesten Gegenstände der Zeitgeschichte u. a. m. — — Im „Reichs-Anzeiger" zu Regensburg (Nr. 62, am 13. März 1796) erschien sogar eine Anzeige an das deutsche Publikum, die eine Vereinigung vieler Gelehrten ankündigte, welche „den gemeinschaftlichen Vorsatz gefaßt haben, alle Schriftsteller zu widerlegen, welche unter wahren oder erborgten, gräflichen oder bürgerlichen Namen versuchen werden, die Rechte der deutschen Fürsten und Stände anzugreifen oder die Meinung des großen Haufens der Halbgelehrten durch glänzende Trugschlüsse irre zu leiten, so daß der Herr Gf. v. Strengschwerdt sich vorzugsweise einer wenigstens vierfachen Widerlegung auf jedes eine Produkt seiner furchtbaren Feder versehen kann." Eine Drohung, die Kolbielski damit erwiederte, daß er im selben Journal (d. d. 24. März 1796) folgende Gegenerklärung „an die ehrwürdige teutsche Nation" einrücken ließ: „Den Kampf über die Sache, und nicht über niedrige Personalitäten, die Fehde über wichtige Punkte deutscher Grundverfassung nehme ich hier öffentlich in diesem Nationalblatt vor den Augen der Nation an, und ich gelobe diesen Kampf nie aufzugeben und ihn mit der Würde zu führen, die mir die Güte, die

„In diesem rechtlichen Gutachten sind Grundsätze aufgestellt, welche der teutschen Constitution vollends zuwider sind.“ *)

Freilich an dieser „deutschen Constitution“, oder „Verfassung“, oder sogenannten „deutschen Freiheit“, an der durfte natürlich der Kaiser nicht rütteln, denn sie war ja, wie schon Puffendorff vor Zeiten so richtig bemerkt hatte, eine von den Reichsständen „von Oben herab mit Absicht gepflegte Verwirrung“ (confusio divinitus conservata). Deßhalb beurtheilt auch der gelehrte Häberlin in seiner politischen Weisheit die von Strengschwerdt vorhergesagte Auflösung des Reiches mit den absprechenden Worten: „Die sogenannte Auflösung des Reichs, wie Strengschwerdt sie nennt, ist weiter nichts als höchstens eine temporelle Trennung in Hinsicht auf den Krieg.“ **)

Ja fürwahr, der gelehrte spätere preußische Kronjurist hatte Recht: es war weiter Nichts Anderes; — nur dauert leider diese „temporelle Trennung“ von damals bis auf heute fort.

Wenn Strengschwerdt dann wieder auf die Gefahren hinwies, denen Deutschland durch die Separatfrieden der Reichsfürsten entgegen ging, — durch Separatfrieden, welche Nichts als eine Demüthigung des ganzen deutschen Reiches zur Folge haben würden, so weis der berühmte Rechtsgelehrte aus Helmstedt mit dem Argument zu erwidern: „Teutschland ist einmal

Wichtigkeit und die Gerechtigkeit der Sache, für die ich arbeite, eingeben, und zu welcher mich die Aufmerksamkeit einer großen und ehrwürdigen Nation erhebet! . . . und wenn man mir drohet, auf jede meiner Schriften vier Gegenschriften zu machen, so habe ich darauf Nichts zu erwidern, als daß zwanzig mir lieber als vier seyn werden, und daß ich bitte, sie alle mit Ueberlegung zu machen.“

*) Häberlin's Staatsarchiv Bd. I. S. 246.

**) Häb. St. A. B. I. S. 249.

selbst nach seiner Constitution unfähig, einen Krieg mit glücklichem Erfolg zu führen." *)

Dennoch bekennt er sich: „Trotz mancher Mängel und Fehler, welche die teutsche Constitution vorzüglich in der Praxis hat", als einen warmen Verehrer derselben. **)

Während Strengschwerdt Recht, Ehre und Größe Deutschlands auf Ein Jahrhundert hinaus bedroht sieht, wenn sich die übermüthigen und verblendeten Reichsstände der kaiserlichen Autorität nicht mehr fügen; wenn Strengschwerdt der deutschen Zukunft eine unabsehbare Reihenfolge blutiger Kriege weissagt; da sehen wir freilich gleichfalls Häberlin für Recht, Ehre und Größe Deutschlands erglühen; nach seiner Art hofft er aber: „daß die in seinem Staatsarchiv aufgestellten Grundsätze ebenfalls das Ihrige beitragen werden, daß das teutsche Reich sich nie wieder in einen Krieg verwickeln lassen wird, und also der gegenwärtige Reichskrieg der letzte sein werde." ***) — Und darin hatte er wieder Recht, denn nach dem Baseler Frieden gab es kein Reich, demnach auch keinen Reichskrieg mehr, und Häberlin hatte volle Muße, sich in späteren Zeiten seiner im Staats-Archiv aufgestellten Grundsätze zu erfreuen!

Wenn nun endlich Strengschwerdt zum Besten Deutschlands in dem damaligen letzten Reichskrieg „die Befehle aller Landesherrn" den Befehlen des vom Kaiser ernannten Reichsoberfeldherrn unterworfen wünscht, „weil der Reichsoberfeldherr in der Kriegführung die Souveränetät des gesammten teutschen Reichs repräsentirt, vor welcher alle Landeshoheitsrechte ver-

*) Häb. St. A. B. I., S. 224.

**) Häb. St. A. B. I., S. 495.

***) Häb. St. A. B. I., S. 132.

schwinden, und welcher der Reichsfürst so sehr wie der ärmste Bauer unterworfen ist;" wenn dann Strengschwerdt das offene Geheimniß der reichsständischen Politik mit den Worten brandmarkt: „Wer diese Grundsätze bezweifelt, der will Zwecke ohne Mittel, der will Krieg ohne Einheit der Operationsplane, ohne Einheit seiner Leitung; er will einen Staat, der kein Staat ist; er will etwas Widersinniges!"*) — da weiß dann freilich Häberlin in seiner gelehrten Armseligkeit weiter Nichts mehr zu erwidern, als: „daß doch die österreichischen Schriftsteller so gerne den Kaiser nennen, wo nur von dem Könige von Ungarn und Böhmen, oder dem Erzherzoge von Oesterreich die Rede ist, und daß sie stets so geneigt sind, Alles für aufrührerisch zu halten, was ihren Wünschen, den Kaiser zum unumschränkten Souverän von Teutschland zu machen und dadurch die bisherige glückliche Verfassung umzustoßen, zuwider ist!"**)

Wir schließen mit diesen Häberlin'schen Worten die Aufzeichnung der Gegensätze zwischen jenen beiden gleich merkwürdigen Publicisten. Für beide fiel die Beantwortung ihrer Wünsche in einem und demselben Jahre im negativen Sinne aus: ungehört verhallten ihre Wünsche, und ihre Bestrebungen wurden gleichmäßig und fast gleichzeitig zu Nichte. Denn wenn auch Kolbielski im Jahre 1806 die alte Kaiserwürde, zu deren Kämpen er sich muthvoll erklärte — wenn er auch das ehrwürdige römische Reich deutscher Nation ganz wie das alte Polenreich zu Grabe tragen sah, so hatte er vielleicht die einzige traurige Genugthuung, daß sein publicistischer Gegner in demselben Jahre noch Jena und Auerstädt und die politische Vernichtung des verblendeten und hochmüthigen Staates erlebte, zu dessen

*) Rechtl. Gutachten S. 19.

**) Häb. St. A. B. I. S. 498.

Herold sich durch eine Reihe von Jahren sein „Staats-Archiv" auf Kosten des deutschen Kaiserthums gemacht hatte!

Uns aber will es fast bedünken, als ob die Tobsucht des Häberlin'schen „Staats-Archives" gegen die Strengschwerdt'schen Ideen einen weit tiefer liegenden Grund hatte, als das Festhalten an den veralteten Artikeln des Westphälischen Friedens. — Gerade dieser Rechtsgelehrte und seine politischen Gesinnungsgenossen waren es ja, die an der Reichs-Institution und Wahlkapitulation des Reichsoberhauptes nur dann festhielten, wenn es ihren Zwecken eben bequem schien; insbesondere da es ihnen in erster und letzter Linie jederzeit nur um die Unabhängigkeit und Unverantwortlichkeit der Reichsstände gegen den Kaiser, sowie um die Vergrößerung Preußens, oder anderer Herrn Länder auf Kosten des deutschen Reiches zu thun war. Diesem Häberlin und seinen gelehrten Gesinnungsgenossen, die nicht einen Funken deutscher Vaterlandsliebe besaßen, war es nur um die Demüthigung und den Sturz des Hauses Oesterreich zu thun, in welchem sie ganz richtig den einzigen, ihren Plänen noch gefährlichen Repräsentanten der deutschen Einheit erkannten.

Daß mit Oesterreich das deutsche Reich zu Falle gebracht würde, daß mit Oesterreich das Einheitsbanner der deutschen Nation zu Grabe gehen werde, das konnte Männern von ihrem Wissen und ihrem Geiste unmöglich verborgen bleiben. Und da diese Gelehrten, bei dem schmachvollen Treiben der deutschen Stände und jener Bruchtheile deutschen Volkes, welche eben durch diese Stände zur Unehre und Schande verleitet wurden, ungerührt blieben, — da diese Sorte von Gelehrten ohne Theilnahme, ohne Erbarmen und ohne Schmerz das ehrwürdige Reich ihrer Voreltern in Trümmer gehen sah, so ist hinlänglich erwiesen, daß nicht dem Hause Habsburg, wohl aber den deutschen Geschichtslehrern der Häberlin'schen Schule das Wohl des ganzen deutschen Reichs, trotz all' ihrer heuchlerischen Betheuerungen des Gegentheils, stets nur Nebensache geblieben ist. Ihre Schwärmerei für die sogenannte „deutsche Freiheit“ und deutsche Verfassung ging aber nach Bequemlichkeit über in eine kriechende Verhimmelung der beschränkten Politik ihrer sogenannten „Territorial-Fürsten“, die den armseligen Fleck deutschen Bodens beherrschten, auf welchem eben die großen deutschen Gelehrten jener Zeit „deutsches Staatsrecht“ oder „deutsche Reichsgeschichte“ lehrten!

Nicht das Haus Habsburg oder Oesterreich, — sondern die vielgelehrten Herren Professoren Häberlin, Garve und deren politische Gesinnungsgenossen, die Schaar ihrer früheren, späteren und gegenwärtigen An- und Nachbeter, haben durch die Verfühkung der deutschen Jugend redlich das Ihre dazu beigetragen, daß das zersplitterte Deutschland dahin gebracht wurde, wo es leider gegenwärtig steht! — Sie haben die deutsche Nation systematisch zu jener tief beklagenswerthen politischen Ohnmacht hingeführt, in der sie noch immer festgebannt liegt, und aus welcher sie sich nimmermehr erheben kann, solange in Hannover die Georgia Augusta dafür gepriesen wird, weil sie in reichsverrätherischer Gesinnung „der Vorkämpfer war des Kampfes gegen den deutschen Cäsarismus“, — solange in München oder Bonn dem Reichsländer gelehrt wird, daß „das deutsche Kaiserthum das Grab seiner Nationalwohlfahrt war;“ — solange in Heidelberg dem deutschen Bürger mit Vorbedacht erzählt wird, „daß alle Schmach und Schande, welche sich je über Deutschland ergoß, aus Oesterreich geflossen kam“; solange man in Oesterreich nicht versteht, aus den Lehren einer glorreichen deutschen

Vergangenheit politischen Nutzen für Gegenwart und Zukunft zu ziehen; solange man sich endlich in Preußen nicht dazu herbeilassen will, der deutschen Jugend auf den Hochschulen des Landes zu lehren: statt „preußisch mit preußischer Treue" — „deutsch zu handeln mit deutscher Treue"!

Aus dem vertraulichen Briefwechsel Kolbielski's mit dem kaiserlichen Concommissär und dem wackeren Reichsreferendär Frank *) ergibt sich der durch und durch rechtliche Standpunkt, welchen die Spitzen der kaiserlichen Regierung in dieser auf die öffentliche Meinung so kräftig einwirkenden literarischen Baseler-Friedensfehde eingenommen haben.

„E. Exc. überaus geneigte Zuschrift vom 19. November," also schreibt Kolbielski an Hügel bei Uebersendung einiger seiner Flugblätter, „hat mich auf eine seltene Weise gerührt; sie erhebt

*) Peter Anton Frank, Reichsfreiherr, geboren zu Aschaffenburg 1746, gestorben zu Wien 1818, k. k. Reichsreferendar und Hofrath, studirte die Rechtswissenschaft zu Göttingen und erhielt zu Mainz die jur. doct. Würde. Er war ein berühmter Gelehrter, Professor des Staats-Rechtes und der Geschichte zu Trier, später der Reichs-Geschichte zu Mainz. Kaiser Leopold II. ernannte ihn 1791 zum Reichs-Freiherrn, und 1792 wurde er Reichs-Referendar und die rechte Hand des Reichs-Vize-Kanzlers. Frank entwarf die im edelsten Sinn gedachten kaiserlichen Dekrete an die Reichs-Versammlung. Er blieb bis zur vollständigen Auflösung des deutschen Reiches 1806 in seiner einflußreichen Stellung der letzte kaiserliche Reichs-Referendar. Frank war ein durch und durch edler, ehrenwerther und biederer deutscher Charakter von der Gattung eines Sachsen-Teschen, Wurmser, Stein, Scharnhorst, Hügel rc. ein Charakter, wie sie gerade das vergangene Jahrhundert hervorgebracht hat, um der Nachwelt wenigstens in einzelnen erhebenden patriotischen Gestalten Trost zu bieten für die allgemeine Erbärmlichkeit.

meinen Eifer für unsers Allergnädigsten Kaisers Rechte und Teutschlands Wohlfahrt zur Begeisterung. Was kann mir erfreulicher seyn, als daß der Minister, dessen hohen Einsichten und großem Muthe die Bewahrung der kaiserlichen Rechte und die Erhaltung der teutschen Verfassung öffentlich anvertraut ist, meine Bitte um Prüfung meiner Schriften hat Statt finden lassen, und daß dieser erhabene Minister sie in seinen mächtigen Schutz zu nehmen geruht."*)

Und in einem andern seiner Briefe heißt es: „E. E. kennen nun mein System: mein Zweck gehet dahin, alle Uebertretungen der Constitution so lange als Privatschriftsteller zu geißeln, bis der glückliche Zeitpunkt kommt, wo der Kaiser sie officiellement rügen und strafen kann."**)

---

*) Kolbielski an Hügel, d. d. Wien den 28. November 1795 (St. A.).

**) Kolbielski an Hügel, d. d. Regensburg den 19. December 1795. (St. A.) — — In einem anderen Schreiben an den kais. Concommissär spricht er davon, dem Häberlin'schen „Staats-Archiv" eine Zeitschrift unter dem Namen „Reichs-Archiv" entgegen zu setzen. „Mein Hauptzweck ist der fortwährender, ganz auf das kaiserliche Interesse gerichteter Kritik aller Schritte der teutschen Reichsstände und aller Schriften in teutschen Staatssachen. Ich intendire aber damit keine bloße Sammlung, sondern eine Sammlung mit Raisonnemens. Durch diese eingeschalteten Kritiken dienen wir eigentlich dem kaiserlichen Interesse, denn durch sie leiten wir die öffentliche Meinung, und wir leiten sie auf eine perennirende Weise, weil eine solche starke Sammlung nicht zweimal aufgelegt werden kann, mithin ein immerwährendes Subsidium aller künftigen Publizisten wird, die sodann gezwungen sind, im Nachschlagen dieses Werks, jederzeit unsere Meinungen, Einkleidungen, und allmälig unser System mitzunehmen. Ich möchte gerne dieß Werk unter dem Namen Strengschwerdt unternehmen, weil verschiedene Nachrichten mich belehren, daß dieser Namen in der teutschen Publizisten-Welt nun schon Sensation macht und den Fürstenianern eine gewisse Scheu abgedrungen hat." — d. d. Augsburg 18. Jänner 1796. — (St. A) „Aber", so schreibt er an Hügel in einer späteren Zeit, „alles Schreiben hilft Nichts, wenn man nicht zu schlagen versteht. Strengschwerdt muß durch eine siegreiche Armee unterstützt

Dagegen antwortete der kaiserliche Concommissär in seiner rücksichtsvollen Weise:

„Das mir bemerkte System, alle Uebertretungen der Constitution als Privat-Schriftsteller so lange zu rügen, bis das Reichsoberhaupt den Zeitpunkt gekommen zu sein erachten wird, sie officiellement zu ahnden, verdient meinen vollkommensten Beifall; inzwischen wird doch dieses System auch in seiner Privat-Veranstaltung seine Grenzen haben, und es wird immer den Regeln der Klugheit unterworfen bleiben, in welchem Maße und wie herbe, oder wie gelind die Züchtigung in einzelnen Fällen geschehen soll. Meines Orts halte ich jene des Herzogs von Braunschweig über das an den kaiserlichen Minister Herrn Grafen von Westphalen erlassene Schreiben für zu stark, da verschiedene Ausdrücke nothwendig erbittern, statt den Weg zur Rückkehr offen zu halten und zu erleichtern, die noch immer

---

werden." — d. d. 19. Juli 1796, „Günzburg, auf der Flucht vor dem Reichsfeind." (St. A.) — In Wien dachte man über die Leitung der öffentlichen Meinung sehr gleichgültig; und das Project kam nie zu Stande. Kolbielski klagt hierüber wiederholt dem kaiserlichen Concommissär: „Hier ist man über die Direction der öffentlichen Meinung sehr gleichgültig. Ich sollte aber denken, draußen kann man es nicht so seyn, wo die Posselische, Häberlinsche und Fränksche Journale periodisch gegen das kaiserliche Interesse arbeiten und wirken." — d. d. Wien 26. Oktober 1797. (St. A) — Ein anderes Mal bat er Hügel dringend, den Erzherzog Carl aufzufordern, daß er daran arbeite, ihn weiter für die Leitung der öffentlichen Meinung zu gebrauchen: „Denn wenn er das an den Kaiser oder Thugut mit einigem Empressement schriebe, so würde es gewiß Effekt haben. E. E. würden ihm gewiß Motive genug geben können, z. B. das Häberlinsche Staats-Archiv, die Staats Zeitung, die Tübingsche allgemeine Juristen-Bibliothek, Europäische Annalen rc. und so viele andere, die gerade gegen unseren Hof arbeiten, sogar Armeen schmähen, Niemand antworten und großen Schaden überall thun. — Alles liegt also an Thuguts Gleichgültigkeit gegen öffentliche Meinung!" — d. d. Wien 7. August 1797. (St. A.)

nach der nun von dem Herrn Herzog erklärten Bereitwilligkeit von 100 neuen Römermonaten vielleicht möglich ist." *)

---

*) Es handelte sich hier um die Strengschwerdt'sche „Beurtheilung des Braunschweig'schen Briefes an den Gs. Westphalen."

Ueber diesen Brief hätte man sich kaiserlicher Seits kaum so arg verwundert, denn die Gefühllosigkeit dieses deutschen Reichsfürsten für Kaiser und Reich war der kaiserlichen Regierung hinlänglich bekannt; aber der traurige Sieger aus der Champagne fand es für zweckmäßig, sein Schreiben an den kaiserlichen Gesandten, in welchem er sich offen von Kaiser und Reich „lossagte," durch den Druck zu veröffentlichen und nach Berlin einzuschicken, und nun wurde sein Brief natürlicher Weise allen öffentlichen Blättern einverleibt. Bei dem Glanz, der damals noch an dem Namen dieses Feldherrn haftete, mußte eben so natürlich aber auch die öffentliche Meinung durch eine solche Sprache verblendet werden. Von diesem Standpunkte aus betrachtet und in Erwägung der Zeit, in welcher der Braunschweig'sche Brief geschrieben und verbreitet wurde (Ende September und Anfang Oktober 1795: — Verrätherische Uebergabe Mannheims, — Abzug der Sachsen von der Reichsarmee, — Uebergang der Franzosen über den Rhein auf preußisches Gebiet;) — scheint es von dem Herzog nicht gar so unschuldig gemeint gewesen zu sein, wie Häusser's Deutsche Geschichte B. II. S. 26 es zu glauben Willens ist. Dort heißt es nämlich wörtlich: „Nach solchen Vorgängen mußte einem Jeden das „„Rette sich wer kann"" als die natürliche Politik erscheinen. Das sprach auch der Herzog von Braunschweig in einem Schreiben an den kaiserlichen Gesandten beim westphälischen Kreise unverhohlen aus...... Dieses Schreiben eines angesehenen Fürsten sprach nur das ehrlich aus, was die Mehrzahl dachte; die Hülflosigkeit der Einzelnen und Schwachen war ja offenkundig genug, um jene Politik der Resignation zu erklären. Aber im österreichischen Lager ward der Brief zu heftigen publicistischen Erörterungen ausgebeutet. (!!) Ein pseudonymer Autor, der sich Graf Strengschwerdt nannte und durch seine herben, einschneidenden Brochüren damals eine gewisse Celebrität erlangte, unterwarf den Brief einer Kritik, in welcher die bestehenden Ordnungen (!?) des Reiches viel schonungsloser verdammt wurden, als es das Schreiben des Herzogs gethan." (!) — „Man kann sich denken", so urtheilt die Deutsche Geschichte auf Seite 26 weiter, „welch' einen Sturm diese Aeußerungen im landesfürstlichen Lager hervorriefen. Mit den jakobinischen Rednern des Palais-Royal ward der kaiserliche Publicist verglichen und das ganze Register alter Sünden der österreichischen Hauspolitik, gegen Deutschland hervorgezogen, um darzuthun, daß es nicht die

„Aus diesem Grunde bitte ich ergebenst, von letzterer Schrift keine Exemplarien anher zu schicken, sondern diese auswärts verkaufen zu lassen. Wie leicht zu errathen ist, wird die Verbreitung dadurch noch eher befördert, als verhindert, mir aber wird die Unannehmlichkeit erspart, von Polizei-Amts wegen zu einem Verbot Ihrer letzteren Schrift zu schreiten, die einen mächtigen Reichsstand bitter behandelt und die alle hiesigen Reichstags-Gesandten ohne Unterschied in eine Klasse gefühlloser, unthätiger Menschen setzet, da doch auch einige edel und gut denkende Männer darunter sind, die nur allein nicht wider den Strom schwimmen können. — Zwar kann ich an der Billigung des Herrn Reichs-Hof-Vize-Kanzlers Hfftl. Gnaden nicht zweifeln, erlaube mir aber doch die Bitte hinzuzufügen, Ihre ferneren literarischen Arbeiten zwar

---

Reichsfürsten allein gewesen, die Deutschland in den Stunden der Gefahr preisgaben. Allerdings" meint Hr. Häusser schließlich, „hatte kein Theil dem andern viel vorzuwerfen." Um dieser beschwichtigenden Bemerkung eine eigenthümliche Weihe zu verleihen, folgt nun auf derselben Seite die überraschende Mittheilung: „Während die österreichische Diplomatie (!?) einen so verwegenen Ton anschlug, tauchte immer von Neuem das Gerücht auf, daß die Politik des Wiener Hofes fortwährend nur von dem einen Gedanken beherrscht sei, sich durch den Erwerb von Baiern zu arrondiren u. s. w." Wie hängt nur diese Mittheilung mit dem Brief des Herzogs von Braunschweig zusammen??

Kolbielski urtheilt unserer Meinung nach über Braunschweig weit richtiger als die Deutsche Geschichte L. Häusser's, wenn er in seiner mehr erwähnten Schrift S. 8. sagt: „Die Meinung eines so weisen, so berühmten und so verehrten Fürsten muß unausbleiblich auf sehr viele seiner an der Gesetzgebung theilnehmenden Mitstände Einfluß haben. Sie muß noch mächtiger wirken auf die öffentliche Meinung über die Maßregeln, die dem Kaiser und Reiche bei dem unkonstitutionellen Betragen anderer Fürsten obliegen! Denn die deutsche Nation ist aufgeklärt genug um zu fühlen, daß der preußische und hessenkasselische Separat-Frieden wahre Nationalverbrechen sind!"

mit dem gleichen unverbesserlichen Ernst und Nachdruck, jedoch mit so weniger persönlicher Bitterkeit als möglich zu verfassen, um sich bei der größten Klasse Ihrer Leser das nöthige Vertrauen auf Ihre Unparteilichkeit und auf die Reinheit Ihres Patriotismus zu erhalten." *)

Auf diese eine seltene Mäßigung des kaiserlichen Ministers bekundende Bemerkung Hügels antwortete wieder Kolbielski eben so kräftig als staatsklug: „Ich weis, daß ich die Schrift gegen den Herzog von Braunschweig in einem heiligen Eifer und in einer Begeisterung gleich der der Propheten des alten Testaments geschrieben habe, und ich muß gestehen, daß ich die Absicht hatte, durch selbige etwas zu erschrecken. Es ist unleugbar, daß es in der Reichs-Versammlung edle Männer giebt, die nur nicht, wie E. E. zu bemerken geruhen, wider den Strom schwimmen können. Allein wenn ich gegen E. E. so ganz offenherzig reden darf, — und warum sollte ich bei der Reinheit meiner Gesinnungen gegen einen so edlen und erleuchteten Minister mit meinen Gedanken zurückhalten? — es giebt ein Mittel, welches bei allen andern Reichstagen und National-Versammlungen angewandt wird, wodurch ein in der Minorität befindlicher National-Repräsentant sich von allem Tadel befreien kann, der auf die Beschlüsse der Majorität fällt, — ein Mittel, das meines Wissens beym teutschen Reichstage nicht angewandt wird: das einer öffentlichen Niederlegung einer motivirten Protestation in einer am Orte der National-Versammlung befindlichen Gerichtskanzlei. So lange in Polen noch Reichstage waren, machten Landboten in wichtigen Fällen, wo Gewalt ihnen Beschlüsse gegen Vaterlandswohl abdrang, um sich bei der Nachwelt zu

*) Hügel an Kolbielski, d. d. Regensburg 24. December 1796. (St. A.)

justificiren, daß sie nicht freiwillig diesen Beschlüssen beigetreten waren, Manifestationen in den Gerichts-Akten. In England machen die Parlamentsglieder der Opposition dasselbe unter den Namen von Protestation. Die Girondisten, die vielleicht von allen Faktionen in der französischen Revolution die schätzbarste waren, machten eine ähnliche Protestation vor ihrer Verhaftung. Solche Protestationen ändern freilich die verbindende Kraft des Beschlusses der Mehrheit nicht; aber sie verkündigen das persönliche Verdienst des überstimmten Repräsentanten. Wenn man eine öffentliche Versammlung censirt, wonach kann man sie richten als nach ihren Beschlüssen? Tadelt man diese, so giebt man den weisern Mitgliedern, die gegen die Beschlüsse stimmten, Waffen zur stärkeren Opposition. Daß der Regensburger Reichstag von allen Reichstagen und National-Versammlungen der unvollkommenste ist und seyn muß, weil seine Mitglieder nur Repräsentanten der eigentlichen National-Repräsentanten sind, werden E. E. auch mit mir einig seyn. Daß über ihn täglich in Druckschriften stärkere Dinge gesagt werden, als in meiner Schrift gegen den Herzog von Braunschweig, ist eben so bekannt als unwirksam, und so lange die teutsche Constitution nicht verbessert und die executive Gewalt in den Händen des Kaisers nicht vermehrt wird, muß Alles was man darüber wünschen und sagen kann, ohne Wirkung bleiben. E. E. würden es gewiß dem Herzoge von Braunschweig höher angerechnet haben, wenn er seine Bereitwilligkeit zu 100 neuen Römermonaten vor dem 12. Oktober erkärt hätte. Ein Souverain, wie ein Privatmann, erkennt seine wahren Freunde nur in Widerwärtigkeiten. Die Freunde, die sich im Ungewitter verbergen und beym Sonnenschein herbeifliegen, sind so zu gebrauchen, wie die Zitronen und Pomeranzen; sie verdienen nicht mehr."

„Ein Fürst wie der Herzog von Braunschweig ist für den Kaiser ein ganz unerhebliches Wesen, dem der Kaiser, so lange er sich redlich und ehrerbietig gegen den Kaiser aufführt, Gnade und Schutz beweisen kann, der aber tiefe kaiserliche Verachtung verdient, sobald er sich irgend einen unehrerbietigen Schritt herausnimmt."

„Was die Persönlichkeiten in meinen Schriften anlangt, so erlauben E. E. mir darüber noch einige Erklärungen. Es giebt zweierlei Arten von Persönlichkeiten: öffentliche und private Persönlichkeiten. Diese Distinction ist neu, und es fehlt mir daher der wahre Terminus, sie auszudrücken. Aber ich will mich gleich erklären. Wenn ein Mann in öffentlichem Amte Handlungen vornimmt, die auf seine Amts- und Staatspflichten Bezug haben, so kann die Kritik dieselben unmöglich, wenigstens selten, und alsdann mit weniger Wirkung rügen, ohne ihn zu nennen. Nathan's Strafpredigt erhielt ihre hohe Kraft nur durch das Schlußwort: „Du bist der Mann — des Todes." Ich konnte das in Deutschland so viel gelesene und zweimal nachgedruckte Büchlein über Mannheim nicht interessant und wirksam machen, ohne Oberndorff zu nennen. Um den teutschen Fürsten ein für allemal zu zeigen, wie lächerlich ihre Ausreden sind, wie die Schwäche derselben in Wien gefühlt wird, mußte ich mich an einen der Klügsten (Braunschweig) unter ihnen machen und ihn zu öffentlicher Schau ausstellen. Wenn Herr von Albini in seinem famosen Briefe an die Zwanziger-Excellenz, worüber ich die Strafpredigt nach den Feiertagen aus der Presse bekomme, von einem Krame redet, worin ein Reichsgutachten taugt;*) wenn der Bischof von Worms niedrige Be-

*) Der Brief findet sich unter der Note VIII. vor.

rathschlagungspunkte macht; so muß die Kritik den Herrn von Albini ꝛc. geradehin als einen Undankbaren blosstellen. Alle diese Persönlichkeiten nenne ich öffentliche. Ihre Entblößung vor den Augen der ganzen Welt hat für den Kaiser den großen Nutzen, daß die beschämten Intriguanten beym Grafen Clerfayt durch Dosen, wie der Kurfürst von Maynz, bei E. E. durch Betteleien in Schriften wie die: Flüchtigen Bemerkungen über meine Schrift von Mannheim, durch ungewaschene Entschuldigungen, kurz überall kriechend durch schaamvolle Schritte der Entschuldigung oder stillschweigende Besserung um Wiederaufnahme in kaiserliche Gnade werben müssen; und alsdann ist der Kaiser Herr und Meister, Bedingungen seiner Verzeihung zu diktiren, oder sie so lange stillschweigend zu versagen, bis der suchende Theil ungefordert hinreichende Sühnopfer gebracht hat."

„Die andere Art von Persönlichkeiten, die ich private Persönlichkeiten nannte, und die sich darum bekümmern, ob ein Staatsmann verliebt oder impotent ist, schielt oder hustet, kurz die Umstände hervorzieht, die Nichts mit Staatsbetragen zu thun haben, werden E. E. nie in meinen Schriften finden. Und in jenen, die ich nützlich halte zu rügen, werde ich mich fernerhin enthalten, im ersten Feuer meines Unwillens zu schreiben." *)

Wir haben aus dem Vorausgesandten die Grundsätze dieses Schriftstellers kennen gelernt und wahrgenommen, wie sich der kaiserliche Minister, dem die Bewahrung der kaiserlichen Rechte und jener der deutschen Verfassung auf dem Reichstage zu Regensburg öffentlich anvertraut war, zu diesen neuen Grundsätzen, für welche ihn Kolbielski mit seinem Feuereifer umzustimmen hoffte, thatsächlich verhielt. Es ist aber nicht minder

*) Kolbielski an Hügel, d. d. Wien 27. December 1795. (St. A.)

wichtig für die Erkenntniß jener Zeit, das Urtheil der einflußreichsten Persönlichkeit aus der so arg verschrieenen „Reichskanzlei" über das vorentwickelte deutsche Staatssystem zu hören, da ja dieses System im Falle des Gelingens jedenfalls nur ganz allein zu Gunsten des Reichsoberhauptes, also des deutschen Kaisers, ausgebeutet worden wäre und insbesondere in der deutschen Reichsverfassung eine Reform in einem kaiserfreundlichen Sinne erzielt hätte.

Hatte ja doch die kaiserliche Regierung, — so lauten gerade nicht die allerschwersten der gegen Oesterreich geschleuderten Anklagen — diese Reichs-Verfassung nur dann geschützt, wenn es im „österreichischen Interesse" lag, sie zu schützen; sollte ja doch nur die deutsche Kaiserwürde, wie uns so oft mit Vorbedacht gelehrt wird, angeblich nur ein Mittel abgegeben haben für die Erreichung der dynastischen Zwecke des Hauses Habsburg.*)

Einer so habsüchtigen, perfiden Politik müßte ja unseres Erachtens zur Zeit des Baseler Friedens ein so unermüdlich thätiger und ausgezeichneter politischer Schriftsteller, wie Kolbielski, zur unschätzbarsten Waffe geworden sein! Waren ja Archenholz und Garve bei weitem weniger geistreich als dieser Kolbielski, und gar nicht deutsch patrotisch gesinnt, und wie wußte Friedrich II. ihre Talente gegen Deutschland zu verwerthen?

Als Waffe für Gegenwart und Zukunft wollte sich der Reichsreferendär allerdings dieses für die kaiserliche Sache wirkenden Publicisten bedienen, aber hören wir von ihm selbst, — in welcher Weise.

„Sie werden die Gelegenheit finden," so schreibt er an Hügel, „den Grafen Strengschwerdt zu versichern, daß ich mich

*) v. Sybels Geschichte der Revolutionszeit, B. I., S. 122, siehe auch L. Häusser's D. G. B. I. S. 14—32 und an geeigneten Stellen.

gegen Sie schon zu verschiedenen Malen als einen warmen Schätzer seiner ausgezeichneten Talente, seiner Wahrheitsliebe und ausgezeichneten schriftstellerischen Eigenschaften erklärt habe. Die Reichskanzlei, wenn Sie den Referendär darunter verstehen, ist also allerdings mit dem Grafen v. Strengschwerdt sehr zufrieden."*) Aber in einer anderen an Hügel gerichteten vertraulichen Mittheilung, ergänzt der wackere Frank den Ausdruck seiner Zufriedenheit durch die Worte: „Kein philosophischer Staatsmann, kein uneingenommener Staatenbeobachter kann dem Grafen Strengschwerdt den Satz abstreiten, daß wir noch gar kein teutsches eigentliches Staatsrecht (weder in der Theorie, noch weniger aber in der Anwendung) haben. Auch würde ich mit vollkommenster Ueberzeugung von dem seltenen Talente des Grafen demselben einen Sitz bey einem konstituirenden Ausschuße der teutschen National-Repräsentanten einräumen; aber bey den teutschen Publicisten, die aus den bestehenden Grundgesetzen über die vorkommenden Staatsfragen entscheiden müssen, wird er keine Sekte stiften, und ebenso wenig kann sich das kaiserliche Kabinet erlauben, unter dem Schilde: **salus populi suprema lex esto**, von der klaren Vorschrift der Gesetze einseitig abzuweichen, weil in der eingeschränkten Staatsverfassung in den durch die Grundgesetze regulirten oder an der National-Repräsentanten-Mitwirkung bedungenen Fällen das Urtheil über die Volkswohlfahrt dem Regenten nicht überlassen, im Gegentheile die Sorge für das gemeine Beste nur nach Maßgabe der Staatsgrundverfassung übertragen ist, eine jede Abweichung aber von diesem konstitutionellen Wege alsbald als ein despotischer Eingriff in die Rechte der Verfassung von allen dabey Interessirten und ihren Anhängern geschildert wird. Die

*) Frank an Hügel, d. d. Wien 7. Jänner 1796. (St. A.)

Interessenten in Teutschland, wer sind sie? Stände, die Armeen auf den Beinen haben, die ein Souveränitätsschwindel beherrschet, die in ihrer Begeisterung für wahre oder eingebildete Freyheit schon Ströme Bürgerblut vergossen haben! Nie werde ich zu eigenmächtigen Maximen die Hände bieten, da auch ohne Rücksicht auf die Moralität der Handlung die Geschichte der vergangenen Zeit laut gegen jede rasche und eigenmächtige Unternehmung warnt, und das politische Gegengewicht auf der Seite der teutschen sogenannten Volksrepräsentanten ist."

„Mäßiget übrigens Graf Strengschwerdt sein Feuer und seinen Plan, spricht er mit der ihm eigenen Darstellungskraft, mit Wahrheit und Ueberzeugung nur von den großen Gebrechen der teutschen Staatsverfassung, dem größten aller Gebrechen, dem Mangel des teutschen Gemeingeistes, u. s. w. bearbeitet er nur mit beharrlicher Standhaftigkeit das beynahe noch ganz unbearbeitete Feld der teutschen Staatsklugheit als Mensch, Bürger, Philosoph und Staatsmann, ohne seine Resultate dem teutschen Publicisten, dem auf die Gesetze verpflichteten kaiserlichen und andern Ministern in der Anwendung auf einzelne Fälle aufzudrängen, so wird er doch reichlich nützen und der Stifter einer Sekte, aber nicht einer juristischen, sondern einer politischen werden können, die vielleicht für die Folge ein neues Staatsrecht gründen kann. In Strengschwerdt's wirklich außerordentlichen Talenten finde ich den Mann, der einst große Werke als Schriftsteller vorbereiten kann. Eröffnen Sie ihm diese Laufbahn, auf der er sich unsterblichen Ruhm erwerben kann, wo er hingegen mit seinem jetzt entworfenen Plane, der Stifter einer neuen publicistischen Sekte zu werden, am Ende unter den schweren Lasten der Grundgesetze und Reichsabschiede gegen seine Feinde, die gelehrten Vielschreiber und Territorial-Publicisten unterliegen wird. ..... Weit entfernt bin ich hiedurch zu behaupten, daß die Hypothesen der Anticonstitutionisten mit Gründen der wirklichen Verfassung nicht lebhaft sollten bestritten werden. Strengschwerdt wird auch auf diesem gelehrten Streitfelde eine Lanze brechen können, und ich gebe zu, daß er selbst Püttern in der Analyse der Begriffe weit überlegen ist; aber nach meinem Erachten kann Strengschwerdt bey dem Gefühle seiner Stärke und seinem Feuerkopf nicht genug gewarnt werden, die Grenze des wirklichen Staatsrechts und der teutschen Politik: civitatis Germaniae jam constitutae et in posterum melius constituendae, nicht zu verrücken, wenn er nicht selbst seinem großen Zwecke entgegen arbeiten will." *)

Damals, kurz vor diesem Briefe, hatte auch Kolbielski gerade seine Flugschrift „Germania", die gleichfalls großes Aufsehen in dem Oesterreich feindlich gesinnten Lager hervorbrachte, herausgegeben. Ueber dieses Büchlein urtheilte nun Frank wie folgt: ... „Für den Verfasser der „Germania" halte ich den Grafen Strengschwerdt; seine Manier zu denken, zu analysiren, seine Schreibart und Ausdrucksweise, seine feurige Einbildungskraft, seine Vernunftkraft im richtigen Syllogismus und seine tiefe Welt- und Menschenkenntniß kündigt mir ihn als den Verfasser an. Die Schrift wird übrigens gute und schlimme Wirkung haben. Die Herren mögen jetzt ihre Unvorsichtigkeit bereuen, als angreifender Theil in bittere Anzüglichkeiten gegen den kaiserlichen Hof und dessen Minister übergegangen zu seyn. Der politische Federkrieg entschuldigt wenigstens Repressalien dieser Art, wenn diese vielleicht nur das einzige Mittel sind, einen unbändigen und ungerechten Gegner in die Schranken der

*) Frank an Hügel, d. d. Wien 9. April 1796 (St. A.)

Billigkeit zurückzuweisen, obgleich ich mir selbst dieses Vertheidigungsmittel nie erlauben würde." *)

In diesem würdigen und ehrenwerthen Tone sprach sich also die maßgebendste Person der Reichskanzlei, der rechtsgelehrte Reichsreferendar Freiherr v. Frank über die Bestrebungen Kolbielski's aus, lange bevor er diesen Mann persönlich kannte. Zwar documentirte er hiedurch die geringe materielle Hilfe, dagegen aber den großen sittlichen Werth des Einflusses, der von Wien aus auf die Baseler Friedensliteratur genommen wurde.

Einer neuen geschichtlichen Auffassung allein blieb es daher vorbehalten, in dieser edlen Gesinnung „den verwegenen Ton"

---

*) Frank an Hügel, d. d. Wien den 9. April 1795 (St. A.) — — Häusser's Deutsche Geschichte urtheilt freilich auch über die „Germania" ganz anders als der Reichsreferendar Frank. Auch die „Germania" wird im B. II. der Deutschen Geschichte S. 11 unter die Kategorie der Schmähliteratur registrirt, gegen welche sich Preußen in „leidender Stellung" verhielt! Wie aber die Deutsche Geschichte dazu kommt, auf derselben Seite selbstbewußt auszurufen: „Preußen hätte sich unstreitig viel wirksamer vertheidigen können, wenn es die Geschichte des Krieges und der Diplomatie seit Ende 1792 actenmäßig der Welt vorlegte, oder wenn es auch nur die Frage aufwarf, mit welchem Rechte sich denn die Politik Thuguts eines größeren Patriotismus berühme als Preußen ...?" Das klingt wahrlich ganz unglaublich! Für die erste Behauptung finden wir die Antwort darin, daß der Verfasser der Deutschen Geschichte diese actenmäßige Geschichte des Krieges und der Diplomatie seit Ende 1792 demnach nicht zu kennen scheint, da er sich sonst gewiß hüten würde, irgend Jemanden in Deutschland ernstlich zu rathen, über diese Geschichte nachzudenken. — Was die zweite Behauptung betrifft, so entheben uns eben die oben angeführten Stellen aus den Briefen des ehrenwerthen Freiherrn von Frank (der seiner Zeit auch deutscher Geschichtsprofessor war) an Hügel und die Thugut'schen Rescripte einer entsprechenden Antwort, wenn eine solche noch nach der wahrheitsgetreuen Darstellung der Genesis des Baseler Friedens nothwendig wäre

zu entdecken, den damals die österreichische Diplomatie gegen Preußen erhoben haben soll. *)

Man kann nun vielleicht allerdings im Interesse der kaiserlichen Regierung tief bedauern, daß der Reichsreferendar in einer Zeit, wo sich gar Niemand im Reich mehr an Recht und Gesetz hielt, eben dieses verhöhnte Recht und Gesetz noch immer als Basis jeder Veränderung in der teutschen Staatsverfassung betrachtete; aber der unläugbar redliche Ton der vertraulichen Mittheilungen dieses kaiserlichen Ministers liefert der Nachwelt gewiß den untrüglichsten Beweis für die Moralität jener kaiserlichen Regierung, über die sich deutsche Publicisten der Vergangenheit und Gegenwart in so schweren und ungegründeten Anklagen und Verleumdungen sebstgefällig ergangen haben!

Wir haben im Vorangeführten die rechtliche Gesinnung des Reichsreferendars kennen gelernt und ersehen, daß er davor zurückschreckte, den preußischen „ähnliche" Mittel zu gebrauchen, und sich selbst „nie" erlauben wollte, die preußische Politik mit denselben Waffen zu bekämpfen, mit welchen diese die kaiserliche Regierung in so ungerechter Weise thatsächlich angriff. Nach diesem Bekenntniß gewinnen aber seine vertraulichen Mittheilungen unendlich an Werth, und so ist es eine ganz niederschmetternde Anklage, wenn selbst Frank so weit gebracht wurde, gegen die damalige preußische Politik auszurufen: „Wahrlich, die ganze ehrbare Welt sollte sich gegen die Politik dieses heuchlerischen und ruchlosen Hofes vereinigen!" **)

---

*) Häusser's Deutsche Geschichte II. Band Seite 26.

**) Eine actenmäßig begründete politische Abhandlung zur Benützung für ein Reichs-Journal oder für Kolbielski, an Hügel übersendend, schreibt Frank an den kais. Concommissär in vertraulicher Weise:

Bevor wir diesen Abschnitt über die „öffentliche Meinung zur Zeit des Baseler Friedens" schließen, möge hier noch einiger charakteristischer Worte Kolbieski's gedacht werden, die er kurze Zeit nach dem unglücklichen Friedens-Abschuß von Campo Formio, also fast drei Jahre nach der heftigen literarischen Fehde, als deren Hauptkämpen wir ihn mit vollem Rechte betrachten können, an Hügel schrieb. *)

„Wer kann", so sagt er, „nun nach all dem, was in der Vergangenheit wider das Kaiserthum geschehen ist, eine längere Dauer des Reichstags und der Reichsstädte oder der geistlichen Stände heute garantiren?"

„Die beygeschlossene Abhandlung ist von Malchus, welche derselbe unter meiner Direkzion verfertigt hat. Ich ersuche Sie aber, mich dem Strengschwerdt nicht zu nennen, vielleicht errathet er den Uebersender, und vielleicht erhält er die Erlaubniß, auch gegen mich sein Inkognito abzulegen, wodurch mir die Gelegenheit verschafft würde, auf denselben in mancher Rücksicht zum Besten der gemeinsamen Sache zu wirken. Es ist ein trauriges Loos für den wohldenkenden Geschäftsmann, wenn man erst durch solche Umwege trachten muß, nützlich zu werden . . . Im P. S. meines Schreibens an Herrn Graf von Strengschwerdt machte ich denselben auf das 3. Heft: „„Europa in seinen politischen und Finanzverhältnissen"" aufmerksam. Sollte Ihnen dieses 3. Heft noch nicht zu Gesicht gekommen seyn, o, so eilen Sie desselben habhaft zu werden. Darinnen finden Sie den Kommentar zu dem Separatartikel der Préponderance, welchen sich Preußen von Frankreich stipulirt hat. Es darf dabey nicht vergessen werden, daß dieses 3. Heft zum Vorschein kam, als der von Preußen begünstigte Uebergang der französischen Armee über den Rhein geschehen war, und als Preußen sich seines Projektes schon sicher hielt. Dasselbe ist nun freilich durch die unerwarteten Siege der kaiserlichen Waffen gehemmt; aber wer kann uns verbürgen, daß es für immer aufgegeben sey? Wer steht für die Wendung des Kriegsglückes? Wahrlich, die ganze ehrbare Welt sollte sich gegen die Politik dieses heuchlerischen und ruchlosen Hofes vereinigen!" d. d. Wien 7. Jänner 1796. (St. A.)

*) Kolbielski an Hügel, d. d. Wien 16. November 1797. (St. A.)

30*

„Wer, wie ich, einen mächtigeren Staat, als das teutsche Reich war, hat zertrümmern gesehen, — wer, wie ich, durch solche Zertrümmerung selbst Vaterland, Regierung, Gesetze, Freiheiten, Rechte vertauscht hat, der findet die Verwunderung der Teutschen über die Auflösung eines viel weniger einigen, viel weniger zusammenhängenden, viel weniger mächtigen und sicheren Reichs sehr eitel. — Und wenn man in den teutschen politischen Schriften mit utopischer Weisheit entscheidet, daß die Polen es wegen ihrer inneren Uneinigkeit, schlechten Verfassung, wegen ihres Zurückbleibens in Kriegsstand und im politischen Systeme nicht besser verdient haben, so weiß ich mit mehrerem Rechte zu antworten, daß die von den Teutschen so lange bewunderten Grundsätze des Pölten von Stein, und späterhin des Pütter, daß ihre thörichte Scission in zwei Religionssekten, daß die unglücklichen und doch so bewunderten Freiheiten des westphälischen Friedens, daß das alberne jus eundi in partes, daß ihre vielgestalteten Particular-Conföderationen, ohnerachtet der schön klingenden Namen von Kreisvereinen, Kur- und Fürstenvereinen, Grafenvereinen, Fürstenbünden, die alle Nichts als Principe der Auflösung waren, — daß ihre unsinnigen Wahlkapitulationen, daß ihre thörichte Eifersucht gegen das Haus Oesterreich, das allein sie beschützen konnte und ohne Wahnsinn sie nur mit dem Bedinge der Beherrschung schützen konnte, kurz, daß tausend und tausend teutsche Thorheiten, nicht besser in Ursache und Wirkung als die polnischen Albernheiten, nothwendig Teutschland in seine jetzige Lage gebracht haben und bringen mußten, und daß die Teutschen gar kein politisches Bedauern verdienen. Ich rede nur von Fürsten und Ständen, nicht von Bürgern, — nur von der Mehrheit, nicht von Ausnahmen. E. E. werden mich vielleicht nach diesen Aeußerungen einen enragé von Royalisten oder Caesarianer nennen. Vielleicht bin ich's. Aber gewiß nicht aus Neigung, sondern aus einer Sammlung trauriger Erfahrungen und Ueberzeugungen."

In den vorstehenden Blättern haben wir wahrheitsgetreu zu schildern versucht, wie zur Zeit des Baseler Friedens für und wider das kaiserliche Interesse auf die öffentliche Meinung thätig eingewirkt wurde. Wir haben versucht, actenmäßig zu beweisen, in welcher Weise im Reiche die öffentliche Meinung für gewisse Zwecke bearbeitet wurde, — bis sie zu jenen Grad von Verblendung und Verderbtheit gelangt ist, bei welchem sie in Deutschland heute noch steht.

Daß der angestrebte Zweck der Erkenntniß erreicht ist, vermögen wir kaum zu hoffen, aber getrost kann der Geschichtschreiber es dem unbefangenen Urtheile der Gegenwart und der Zukunft zur Entscheidung überlassen, auf welcher Seite zur Zeit des Baseler Friedens Billigkeit, Recht, Vaterlandsliebe, Ehre und Wahrheit standen! — Gestützt auf die Erfahrung der Vergangenheit und auf das Resultat der vorliegenden Forschung, kann aber der Geschichtschreiber fernerhin auch den Wunsch nicht unterdrücken, daß Oesterreich endlich für immer mit dem Systeme des „auf Andere Rücksicht Nehmens" — ein Grundsatz, den Oesterreich gegenüber gar Niemand je befolgt hat, noch je befolgen wird, — mit dem Systeme jener unseligen Passivität für immer brechen möge, die fast ein Jahrhundert darüber vergehen läßt, um der Welt dasjenige zu verkünden, was rechtzeitig offenbart, vielleicht große politische Fehler der eigenen österreichischen Staatsmänner verhindert, jedenfalls aber die unwiderlegbare Lauterkeit der reichstreuen und reichsväterlichen Gesinnung der Regierung des letzten deutschen Kaisers aus dem Hause Habsburg-Lothringen unläugbar bewiesen hätte; wodurch es schließlich auch ganz zur Unmöglichkeit geworden wäre, daß Generationen in einem verderblichen Irrthume befangen emporwachsend, Unrecht für Recht, Laster für Tugend, Betrug für Klugheit, Lüge für Wahrheit hielten und ohne sich selbst dessen bewußt zu sein, leider voraussichtlich noch lange halten werden!

IX. Abschnitt.

Das österreichische Ehrenjahr 1795 und die nachfolgenden Ereignisse.

Heroische Stimmung der kaiserlichen Regierung und ihrer Organe. — Die reichstreuen Stände. — Luxemburg geräth in Feindes Hände. — Das Reichs-Friedens-Gutachten. — Das städtische Collegium weigert sich, den preußischen König in seiner Vermittlerrolle anzuerkennen. — Hardenberg unterhandelt in Basel für das Reich. — Auch der Landgraf von Hessen-Kassel schließt seinen Baseler Frieden. — Die Reichsversammlung verweigert ein Gutachten über die Separatfrieden der Stände; — sendet einen Friedensunterhändler nach Basel. — Frankreich will keinen Frieden mit dem Reich; — trägt jedoch Oesterreich gegen einen Separatfrieden Baiern an. — Clerfayt's Unthätigkeit. — Seine Armee wird getheilt. — Der Verrath von Mannheim und Düsseldorff. — Vorrückung der Franzosen. — Allgemeine Muthlosigkeit und feiger Verrath: — Früchte der Baseler Friedens-Politik. — Stimmung in Regensburg. — Stimmung in Wetzlar. — Wurmser entscheidet die günstige Wendung des Kriegsglückes. — Die Oesterreicher dringen überall siegend vor. — Mainz entsetzt. — Mannheim erobert. — Wiedereroberung des linken Rheinufers. — Die Oesterreicher in Kaiserslautern. — Die Franzosen erbitten sich Waffenstillstand. — Erbärmliche Stimmung der Reichs-Versammlung nach den österreichischen Siegen. — Die Oesterreicher werden im Rheinthal vom deutschen Volk als Befreier gefeiert. — Schluß der Baseler Friedens-Tragödie. — Betrachtungen und Folgerungen. — Schlußwort.

Die Ereignisse der nächstfolgenden Jahre und insbesondere jene, welche uns die Geschichte des Jahres 1795 zu verzeichnen gestattet sind für das fallende deutsche Kaiserthum und für Oesterreich — erhebend groß und schön. Stolzer und höher, als vielleicht niemals vorher und nachher, hielt Oesterreich allein das deutsche Reichsbanner empor und ermüdete nicht im Versuche, durch namenlose Opfer, durch zähe Ausdauer und Heldenmuth das deutsche Reich von seinem Untergange zu erretten. Und fürwahr! nicht eitel Wortgepränge darf es genannt werden, wenn der Reichs-Schirmherr fast in jedem kaiserlichen Decret an die Reichsstände immer und immer wieder die mahnenden Worte erließ, daß Oesterreich um den höchsten Preis kämpfe, für den Menschen je gefochten haben: „für die Unverletzlichkeit der in der Vergangenheit ohnehin theuer erkauften Friedensschlüsse, für Religion, Eigenthum, bürgerliche Ordnung und Staatsverfassung, für Selbstrettung und Erhaltung des deutschen Staatskörpers, für Ehre, Würde, Souverainität und Freiheit des deutschen Vaterlandes!“

Mit diesen edlen Worten im vollkommensten Einklang stehen sämmtliche Berichte der kaiserlichen Minister, die in ihrer heldenmüthig erregten Stimmung unwillkürlich an ein heroisches Zeitalter gemahnen. In solcher Stimmung schrieb der treffliche Graf Dietrichstein an Thugut: „Und wenn alle Reichsfürsten uns verlassen, und wenn England uns ungenügend unterstützt, und wenn Spanien Frieden schließt, und wenn Rußland sich für uns in diesem Augenblick als eine allzu schwache Stütze erwiese, so könnten wir dennoch mit den inneren Hilfsquellen unseres Vaterlandes immer noch allein den Sieg erringen.“ *)

*) Dietrichstein an Thugut, d. d. Francfort, ce 20 Mai 1795. — Votre Exc. verra sans peine, que je suis désolé, désespéré, anéanti

In solcher Stimmung schrieb der wackere Lehrbach an Thugut: „Da der preußische Hof gegen Oesterreich Alles bittere und verfolgende, besonders auch allhier durch die Görzischen Negociationen, selbst durch Aufhetzungen der Stände eintreten läßt; so dürfte es auch nicht zu umgehen sein, österreichischer Seits nachdrücklichst fürzugehen, um dem deutschen Reiche, auch selbst Europa zu zeigen, daß man durch die preußische Perfidie doch noch nicht so tief, als sie es alle glauben, oder wenigstens wünschen und bezielen, gebeugt sey."

„In den desparatesten Umständen, in welchen sich das gutherzige Haus Oesterreich schon öfters als jetzt befunden hat, ist nur desto größere Standhaftigkeit nöthig. Die Kaiserin Königin Theresia hat dieses nach dem Todesfall Kaisers Karl VI. mit Erfolg gezeigt."

„Wenn am kaiserlichen Hofe alle Stellen und Diener der Monarchie, wie es ihre Schuldigkeit und Pflicht ist, . . . zum allgemeinen Endzweck zu arbeiten fortfahren, so kann noch zum Endzwecke der Rettung der Monarchie gelangt werden. Dazu gehört aber nicht das Losungswort aufzustellen „nur Friede," ohne zu wissen oder an Hand zu geben, wie ist er zu machen, ohne die Schande oder den Nachtheil der Monarchie zu unterzeichnen." *)

In solch' gehobener Stimmung schrieb endlich auch der letzte kais. Concommissär mit Bezug auf das kais. Hofdekret vom

de tout cela, cependant je ne cesse de penser que quand-même les Princes d'Empire nous abandonneraient, quand-même l'Angleterre nous seconderait mal, quand-même l'Espagne ferait la paix, quand-même la Russie ne se montrerait pas fortement pour nous dans ce moment, nous pourrions encore triompher, si nous voulions montrer le nerf dont nos ressources intérieures devraient nous rendre susceptibles. (St. A.)

*) Lehrbach an Thugut, d. d. Regensburg 17. Junius 1795. (St. A.)

30. Juli an den Reichs-Minister: „Mit gerührtem Herzen habe ich in E. Hfstl. G. verehrlichen Weisung den Ausdruck des Allerhöchsten Beifalles über mein Benehmen in dieser ganzen Sache und der Allergnädigsten Zufriedenheit Ihrer kaiserlichen Majestät über den Grad von Nachdruck und Klugheit, den ich in ihrem Verlaufe entwickelte, gelesen. Sie nie minder zu verdienen, wird stets mein ernstliches Bestreben, sie ferner zu erhalten der angenehmste Lohn meiner Bemühungen sein; und je mehr sich die Verhältnisse verwickeln und die mannigfaltigsten Gefahren und Beschwernisse vervielfältigen mögen, desto angestrengter wird mein Eifer sein, immer unter der Leitung eines unwandelbaren Vertrauens auf die gerechtesten und billigsten Gesinnungen Ihrer kaiserlichen Majestät, als eines erhabenen großen Monarchen, auf der Bahn einer ehrlichen Politik fortzuwandeln und in dem Zirkel meines Berufes Allerhöchst Denenselben die so sehr verdiente dankbare Anerkenntniß Ihrer großmüthigen Handlungsweise und gleichverdientes Vertrauen zu verschaffen." *)

Diesem Ausdrucke muthvoller Gesinnung der kaiserlichen Minister wollen wir noch die bedeutungsvollen Worte eines unabhängigen Reichsfürsten und unparteiischen Zeitgenossen beifügen: „Mir waren", also äußerte sich der greise Fürst Erzbischof v. Salzburg, „Anhänglichkeit an das gesetzmäßige Reichsoberhaupt und grenzenlose Verehrung für das durchlauchtigste Haus Oesterreich immer gleich heilige Pflichten. So bedenklich auch dieser Augenblick für das gemeinsame Vaterland ist, so viele Stärke und Muth zur Beharrlichkeit wird jedem von Vaterlandsliebe durchdrungenen deutschen Reichsstande das uneigennützige großmüthige Beyspiel des Allerhöchsten Reichsoberhauptes

*) Hügel an den Fürsten Colloredo, d. d. Regensburg den 3. August 1795. (St. A.)

einflößen, und standhaftes Zusammenhalten zwischen dem Haupte und seinen treuen Gliedern alle Gefahr, wenn sie auch noch so drohend ist, glücklich abwenden." *)

Dieser standhafte, beharrliche Kampf war eines besseren Erfolges werth! — Wie viel des Guten hätten die Reichs-Stände noch immer in dieser zwölften und letzten Stunde zu erreichen vermocht, wenn sie das Beispiel dieses ehrwürdigen und redlich gesinnten Kirchenfürsten nachgeahmt hätten! — Die Schuld, daß die zahllosen Opfer, welche Oesterreich der deutschen Sache auch jetzt noch darbrachte, abermals unnütz vergeudet wurden, — trugen aber die treulosen Reichs-Stände ganz allein! — Denn vergebens schauen wir aus nach der Schaar treuer Reichsglieder, deren heiligste Pflicht es gewesen wäre, in dieser Stunde höchster Gefahr das kaiserliche Banner schützend zu umringen! — Umsonst schauen wir aus nach der Schaar treuer Fürsten und treuer deutscher Völker, die den bedrängten und bedrohten Thron des deutschen Kaiserthums, schützend zu umgeben verpflichtet waren! — Von den Völkern des deutschen Reiches sehen wir nur die österreichischen Erblande, insbesondere die Treuesten unter allen Treuen, die „deutschen" Völkerschaften der österreichischen Monarchie und das kleine Erzbisthum Salzburg um die Freiheit und Wohlfahrt Deutschlands standhaft ringen!

Von den zahllosen Ständen und Fürsten des deutschen Reichs aber hielt nur die kleine Zahl der Folgenden treu zu Kaiser

*) Der Fürsterzbischof Hieronymus von Salzburg an den Fürsten Colloredo, d. d. Salzburg 8. May 1796. In einem, diesem Schreiben beigelegten fürstlich Salzburg'schen Rescript an den Comitialgesandten Freiherrn v. Zillerberg, hieß es: „Stets treu gegen den Kaiser allein hast Du Dich auf Deiner Stelle mündlich und schriftlich in Sprache und Stimmen unnachsichtlich zu halten und wie ein biederer Deutscher ohne Erschütterung darauf vestzustehen." (St. A.)

und Reich: Der Kurfürst von Trier (ein sächsischer Herzog), die Fürstbischöfe von Salzburg, Würzburg, Regensburg-Freisingen, Brixen und Trient, der treffliche Landgraf von Hessen-Darmstadt, der Fürst von Nassau-Usingen, die Herzöge von Sachsen, (Sachsen-Weimar ausgenommen), der Fürst von Anhalt-Köthen, die Fürsten von Reuß, der Graf von der Lippe, der Bischof von Chur (Rudolf Freiherr von Buol-Schauenstein) und etliche kleine minder bedeutende Prälaten und Aebte (größtentheils aus den schwäbisch-österreichischen Besitzungen), der größere Theil der freien deutschen Ritterschaft und Standesherrn, dagegen alle freien Reichsstädte, ohne Ausnahme, von letzteren insbesondere Regensburg und Augsburg; endlich die in der deutschen Geschichtschreibung unserer Tage in absichtlich böswilliger Weise so viel verrufene „österreichische Clientel“: Liechtenstein, Auersberg, Thurn und Taxis, Schwarzenberg, Ahremberg und Dietrichstein. Fügen wir noch dieser kleinen Schaar in sehr schüchterner Weise den Kurfürsten von Sachsen hinzu, weil er wenigstens von 1792 bis Oktober 1795 sein vollzähliges Reichscontingent wirklich gestellt hat, so haben wir, zur Zeit des Zusammensturzes des deutschen Reiches, die kleine Zahl jener wackeren deutschen Reichsstände getreulich verzeichnet, welchen untern allen übrigen allein das Recht gebührt, in einer „deutschen Geschichte“ als ehrenwerthe und reichspatriotische Stände der Nachwelt genannt zu werden. — So sah es im Reiche nach dem Baseler Frieden um den kaiserlichen Aar aus, — so einsam war es um diesen Adler geworden, — um dieses heilige Symbol deutscher Ehre, Macht, Freiheit und Integrität!

Und trotz des allseitigen Verrathes, trotz der allseitigen gewaltsamen Hemmung der Thätigkeit der kaiserlichen Regierung, — trotz all' den unbeschreiblichen Hindernissen, die es zu überwinden galt, stand dennoch Oesterreich im Jahre 1795 riesengroß da, und die Geschichte aller Zeiten wird und muß das für unser deutsches Vaterland unheilvolle Jahr des Baseler Friedens, als eines der ruhmwürdigsten und glorreichsten der Geschichte Oesterreichs und seiner tapferen Heerschaaren verzeichnen. — Mögen Andere und Jene, die dessen bedürftig sind, einen Schleier über diese Vergangenheit ziehen; das deutsche Kaiserthum und Oesterreich bedarf dessen wahrlich nicht!*) —

Die Aufzeichnung dieser denkwürdigen Zeit und ihrer unvergeßlichen Kämpfe, welche wir in den nachfolgenden Blättern nur flüchtig zu zeichnen im Stande sind, erfordert ein eigenes in sich selbst abgeschlossenes Heldenbuch, — ein Heldenbuch, in welchem vor Allem hervorgehoben werden müßten die glänzenden Leistungen einer in ihren Strebezielen würdigen, großen und gerechten kaiserlichen Politik, ferner aber auch alle noch immer nicht genug gewürdigten Siege der sogenannten Haustruppen des deutschen Kaisers, — die Heldenthaten der österreichischen Armeen, denen

*) Schlosser's Weltgeschichte sagt B. 17 S. 390. „Wir übergehen die einzelnen Ereignisse und Unterhandlungen, welche mit dem Abfalle Preußens und Nord-Deutschlands von der Sache des gemeinschaftlichen Vaterlandes endigten, um nicht Blößen der Fürsten zu enthüllen, welche besser verhüllt bleiben.“ Mit diesen Worten in Uebereinstimmung steht fast Alles, was die deutsche Geschichtschreibung bisher über jene, für Oesterreich glorreiche Zeit zu berichten wußte. — Was die nachfolgende Darstellung betrifft so gründet sie sich gleichfalls wie die vorhergegangenen Blätter vollständig auf Akten aus dem Staats- und Kriegs-Archiv zu Wien. Der Verfasser betrachtet sie jedoch nur als eine in großen Zügen entworfene geschichtliche Skizze der zweiten Hälfte des Jahres 1795 und jener denkwürdigen Kriegsereignisse, die in jedem Anbetracht eine Spezial-Darstellung verdienen würden. Aus diesen Gründen entfällt, mit ersichtlich nothwendigen Ausnahmen, das weitere, spezielle Namhaftmachen jener Aktenstücke, welche dem Entwurf als Grundlage gedient haben.

sich nur unfreiwillig und mit Widerstreben winzige Bruchtheile deutscher Reichscontingente anschlossen, unter denen jedoch die wenigen übrig gebliebenen des Trier'schen Contingents, die Hessen-Darmstädter, Salzburger, und jene aus dem Münsterlande hohes Lob und Ehre verdienen, sonach auch in der allgemeinen deutschen Erbärmlichkeit eine rühmenswerthe Ausnahme bilden.

Am 7. Juni 1795 fiel endlich nach achtmonatlicher heldenmüthiger Vertheidigung die Veste Luxemburg in Feindeshände. Sie war der einzige Ueberrest des schönen und reichen burgundischen Kreises, der österreichischen Niederlande. Vom 7. Juni 1795 an war also diese wichtige deutsche Vormauer, in Folge des Baseler Friedens, nicht für Oesterreich allein, sondern auch für Deutschland auf immer verloren.*)

Feldmarschall Bender, ein siebzigjähriger Greis, hatte diese Veste bis an die äußerste Grenze der Möglichkeit vertheidigt.

---

*) L. Häusser's Deutsche Geschichte B. II., S. 29 meint: „Es galt als ausgemacht, daß auch dieß hätte gehindert werden können, wenn der Hofkriegsrath Clerfayts Rath befolgt und ihm die Ermächtigung (!!) ertheilt hätte, den Platz zu entsetzen. Aber die Niederlande wurden als aufgegebenes Gebiet betrachtet, und die österreichische Politik hatte andere Erwerbungen im Auge." (!?) — — Welche Erwerbungen? Etwa Hannover? Münster? Erfurt? Frankfurt? Bamberg? Nürnberg? oder Warschau? — Das ist eben wieder eine der gewöhnlichen Verdächtigungen, die sich fast auf jeder Seite dieser preußischen Geschichte vorfinden. Im December 1794 sollte durch die Erhaltung der Rheinschanze und durch eine offensive Vorrückung der Entsatz Luxemburgs für das Frühjahr vorbereitet werden. Wen die Schuld trifft, daß dieß nicht geschah und daß schließlich die Rheinschanze verloren ging, wissen wir aus dem Abschnitt, der sich in dem vorliegenden Werke mit dem Verlust der Mannheimer Rheinschanze beschäftigt. Als im April 1795 abermals ein Offensivstoß von Clerfayt (der unbeschränkte Vollmacht besaß, zu thun, was er für gut fände) zum Entsatz Luxemburgs vorbereitet wurde, — kamen die Demarcations-Linie und der Baseler-Friede dazwischen. Clerfayt, durch die Demarcations-Linie allenthalben gehemmt, glaubte

Erst zwei Monate nach dem Abschlusse des Baseler-Friedens, — zwei Monate nach Zurückkunft des Advokaten Leurs von Wien, — erst als ihm österreichischerseits keinerlei Hilfe mehr gebracht werden konnte, kein Entsatz mehr anzuhoffen war, da bezwang diesen tapferen deutschen Helden nicht die Macht der Franzosen, sondern die Macht des Hungers! Und unbesiegt verließen Bender und seine wackeren Oesterreicher Luxemburg, und der Reichsfeind mußte jenen, die er nimmermehr zu besiegen vermeinte, freien Abzug mit fliegenden Fahnen, klingendem Spiele und allem Feldgeschütz gewähren.*)

Mittlerweile hatte sich die große Coalition vollständig aufgelöst; Spanien schloß gleichfalls Frieden mit Frankreich, und die Zersetzung des deutschen Reiches eilte bereits unaufhaltsam

---

sich auch noch durch das in Frankfurt stehende preußische Corps im Rücken bedroht und hielt es für angemessen, seine Armee in concentrirter Aufstellung zu behalten, um den voraussichtlichen Rheinübergang der Franzosen mit voller Kraft abzuwehren.

Es war gerade eine der vollkommen berechtigten Klagen gegen die Kriegführung Clerfayt's, daß man ihm in Wien vorwarf, keinen Versuch zum Entsatze Luxemburgs mehr gewagt zu haben. Es geht daher durchaus nicht an, so ohne weiters den Sündenbüßer der Deutschen Geschichte, den Hofkriegsrath, — der übrigens, so lange Thugut Minister war, nur eine sehr untergeordnete Rolle spielte, — am allerwenigsten aber, den anderen Sündenbüßer der D. Geschichte die österreichische Politik für den Fall der wichtigen Festung Luxemburg verantwortlich zu machen. Soll jemand Anderer die Schuld tragen, so wissen wir eben wieder aus den Enthüllungen der vorliegenden Geschichte, Wen sie mit vollem Rechte trifft.

*) Die sachgetreue Darstellung dieses fast Ein Jahr lang heldenmüthig und ehrenvoll vertheidigten Reichsbollwerkes, hat leider bisher in der österreichischen Kriegsgeschichte noch keine eingehende und entsprechende Bearbeitung gefunden, obgleich sie deren in vieler Hinsicht würdig wäre. Deßgleichen vermissen wir in der österreichischen Kriegsgeschichte die Darstellung der gleich denkwürdigen, an Opfer und zahllosen Kämpfen reichen dreijährigen Vertheidigung von Mainz und Ehrenbreitstein.

ihrem verderblichen Ziele entgegen. In Regensburg bewilligten die Stände im April bereits keine ausgiebigen Römermonate mehr und Preußen erklärte höhnisch seinen Theil, an den bewußten „Mainzer Belagerungs-Kosten-Forderungen“ abzuziehen. Die gedruckte Erklärung des preußischen Königs in Betreff des Baseler-Friedens fand dagegen schon am 19. Mai ihre entsprechende Beantwortung, durch ein der Reichsversammlung bekannt gegebenes kaiserliches Hofdecret, welches nach all' den preußischen Unbilden dem kaiserlichen Tadel über das Benehmen Preußens in staunenswerther Mäßigung sehr gelinden Ausdruck gab, und zur Erreichung des „so sehnlichst gewünschten, billigen, gerechten anständigen und annehmlichen Reichsfriedens“ die Reichsstände „bei der Liebe zum deutschen Vaterlande“ dringend ermahnte und beschwor, ihren Pflichten gegen Kaiser und Reich treu zu verbleiben und standhaft am Kampfplatz auszuharren. Der Kaiser hatte mittlerweile auch dem allgemeinen Wunsch der Stände nachgegeben und sich durch die Vermittlung Dänemarks an Frankreich um Unterhandlungen zur Friedenseinleitung für das deutsche Reich gewendet; deßhalb ermächtigte er gleichzeitig die Stände, eine Reichsdeputation zu ernennen, um das Friedenswerk von „Reichswegen“ nach erfolgter Rückantwort selbst in die Hand nehmen zu können. Zur selben Zeit sandte der Kaiser den zum Direktor der Staats-Kanzlei ernannten Grafen Konrad Ludwig Lehrbach nach Regensburg und an die reichsständischen Höfe Süd-Deutschlands, um wenigstens diese in ihren guten Gesinnungen und im Festhalten an der Sache des Kaisers und des Reiches zu bestärken.

„So lange ich die Reichsgeschäfte kenne“, berichtet Lehrbach nach seiner Rundreise im Reich, „habe ich das Verderbniß und die Abneigung gegen Oesterreich in diesem Grade nicht wahrgenommen. — — Ich muß aufrichtig gestehen, daß ich dagegen nach meiner geringen Einsicht kein besseres und wirkendes Mittel weiß, als Standhaftigkeit und Nachdruck dagegen eintreten zu lassen. Dadurch hat sich Preußen Furcht und Ehrfurcht verschafft, ob es gleich zu rechter Zeit wieder nachzugeben weiß. Die Reichsstände aber sind durch Oesterreichs Güte, und jetzt sogar der geistliche Stand verwöhnt; ich sehe dabei wohl ein, daß auch der Zeitpunkt zur Einhaltung dieser Grundsätze geeignet seyn muß." *)

Ueber den Reichstag sagt Lehrbach: „Die hiesigen Gesandten sind, wie ich schon bemerkt habe, gegen das Haus Oesterreich, was man in Frankreich gegen die Königswürde Enragés nennt, und so sind es auch unbegreiflich die meisten deutschen Reichshöfe. — Man verläßt sich auf die Langmuth und Nachgiebigkeit des k. k. Hofes. Ich überzeuge mich übrigens, daß jetzo der Zeitpunkt nicht ist, angemessene ernstliche Maßregeln zu ergreifen, um das Ganze nicht zu verderben und ruhige Zeiten herbeizuführen. Wenn dieses aber Einmal geschehen ist, so wird die Oesterreichische Politik gegen das Reich angemessen zu handeln nicht umhin können." **)

Der mittlerweile über das kaiserliche Decret gefaßte neue Reichsschluß vom 6. Juli enthielt dennoch, Dank den rastlosen Bemühungen der kaiserlichen Minister, ganz andere Dinge, als sich Preußen nach seinem reichsverrätherischen Vorgehen erwartet hatte. — Statt unbeschränkter Annahme und neuer Erbettlung der preußischen Mitverwendung von Seite des gesammten Reiches — statt der Annahme der preußischen Neu-

*) Lehrbach an Thugut, d. d. Regensburg am 19. Junius 1795. (St. A.)

**) Lehrbach an Thugut, d. d. Regensburg 16. Junius 1795. (St. A.)

tralitäts-Linie und Vermittlerrolle, hatten Lehrbach und Hügel sogar am Reichstag die Betonung der „vollen Reichs-Integrität“ also mit Inbegriff des burgundischen Kreises, gegen die von der preußischen Partei gewünschte Umschreibung in „möglichste“ Reichs-Integrität durchgesetzt. Die nach den allgemeinen Wünschen unvermeidlich gewordene Mitwirkung des preußischen Königs aber wurde im Reichsgutachten so vielfach und wortreich verklausulirt, daß die Comitialgesandten sich insgesammt dahin äußerten, daß man durch das Reichsgutachten nicht erhalte, was man zu erhalten gewünscht habe. Bei Abfassung dieses Reichsgutachtens hatte sich das reichsstädtische Collegium in deutsch-patriotischer Weise besonders hervorgethan und in ehrenwerther Treue gegen des Kaisers Majestät vollkommen abgelehnt, im Gutachten auch nur den Namen des, nach dem Urtheile des reichsstädtischen Collegiums vom deutschen Vaterlande in treuloser und verrätherischer Weise abgefallenen preußischen Königs vorübergehend zu erwähnen. Diese Treue beschleunigte später ihre Einverleibung in die vom Reich abgefallenen, ständischen Gebiete, wo sich wieder insbesondere Kurbrandenburg hervorthat, welches diese vermeintliche Unbill den Reichsstädten nie vergaß.

Hiedurch erhielt aber vorläufig der Reichsbeschluß die sehr bemerkenswerthe Bedeutung, daß er ohne Uebereinstimmung der drei Reichscollegien abgefaßt war, ihm somit nach den bestehenden Gesetzen die kaiserliche Ratification verweigert werden konnte. Dennoch wurde auch diesem Reichsbeschluß schon am 29. Juli die kaiserliche Bestätigung ertheilt. Das neue kaiserliche Hofdecret zeichnete sich ganz so wie das vorausgegangene durch eine gleich edle versöhnliche Sprache und Mäßigung aus. Es betonte, daß der Kaiser noch immer selbst die preußische Mitverwendung beim Frieden „nicht ausschließe", wenn der König in Preußen bei einem Reichs-Frieden, welcher „der Integrität und Verfassung des Reiches Sicherheit gewähre," von nun an redlich mitzuwirken gedenke. Wie weit aber der König in Preußen von diesem Ziele entfernt war, bewies die neue Verletzung der Verfassung, die er gerade damals durch Hardenberg vornehmen ließ. Dieser Minister unterhandelte nämlich mit Barthélémy schon am 24. Juli, also fünf Tage vor der in Wien erfolgten kaiserlichen Ratification, in der vorgefaßten Meinung, daß diese letztere nicht erfolgen werde, im Auftrage seines Königs um einen Waffenstillstand für das Reich. Mit Bezug auf ein unratificirtes Reichsgutachten unterhandelte also ein preußischer Minister zu Basel mit dem Reichsfeind, angeblich als Bevollmächtigter des deutschen Reiches, — in Wirklichkeit aber, ohne zu dieser Unterhandlung weder vom Reich, noch weniger aber vom Kaiser betraut zu sein! Frankreich aber wollte damals keinen Frieden und wies den zudringlichen Friedensvermittler um so barscher ab, als inzwischen auch die drei Monate der im Baseler Vertrag gegebenen Frist abgelaufen waren, und Dank der ernsten Sprache der kaiserlichen Minister im Reiche, sich noch immer keiner der Reichsstände endgültig für Preußen entschieden hatte.

Das also war die erste große Beschämung, welche der Baseler Friede dem preußischen „Friedens-Vermittler und Erretter" Friedrich Wilhelm II. beim Reichsfeind eintrug.

Kaum aber waren das Reichsgutachten, welches die Reichs-Integrität betonte, und die kaiserlichen Decrete, welche die Separat-Frieden der Stände mißbilligten und sie dagegen zum standhaften Zusammenhalten aufforderten, allgemein bekannt geworden, als sich auch schon ein weiteres Zeichen der Auflö-

31*

sung des Reiches dadurch bemerkbar machte, daß die Stände selbst nach Recht und Gesetzkraft bestehende, kaum erst durch die Majorität der Reichsversammlung beschlossene Reichsschlüsse gar nicht mehr als für sie rechtlich verbindend beachteten. Der Landgraf von Hessen-Kassel war der Erste, welcher der preußischen Politik auf dieser gesetzlosen und Verderben bringenden Bahn der offenen Empörung und der Zertrümmerung des deutschen Reiches folgte. — Durch Hardenberg hiezu förmlich und in ähnlicher Weise, wie der Kurfürst von Mainz, aufgehetzt, schloß er am 28. August einen Separat-Frieden, der in gar keinem Einklang mit dem soeben erst in Regensburg beschlossenen Reichsgutachten und den kaiserlichen Hof- und Commissions-Decreten zu bringen war. Auf diesem Weg hoffte sich dieser deutsche Reichsfürst eine deutsche Kurwürde oder gar das Königreich Austrasien zu erringen, und legte so den Keim zum französischen Königreich Westphalen. Hatte die kaiserliche Regierung nun zwar aus höheren politischen Rücksichten und durch die Umstände gezwungen, davon Umgang nehmen müssen Kurbrandenburg in Folge des Baseler Friedens in die Reichsacht zu erklären; so trat dagegen bei dieser im Angesicht kaum erst gefaßter bindender Reichsschlüsse dem kaiserlichen Ansehen und dem Reiche zugefügten frevelhaften Unbill, jede fernere Rücksicht in den Hintergrund. Der Kaiser durfte Hessen-Kassel gegenüber nicht stillschweigen, ohne selbst die einreißende Anarchie zu billigen; deßhalb verlangte er am 18. September in einem Hofdecret das Gutachten des Reiches über diesen nach den jüngsten Vorgängen am Reichstag doppelt verfassungswidrigen und strafbaren Schritt.

Die Mehrheit der Reichsversammlung, die aber, wie bekannt, mittlerweile selbst den einfältigen Agenten Bülow zur

Anknüpfung von Unterhandlungen mit dem Reichsfeind nach Basel abgesandt hatte, wagte es jedoch nicht, über diesen Gegenstand ihre Stimme tadelnd zu erheben; sonach vereinigten sich die Stände stillschweigend dahin, „in keine Deliberation über reichsständische Separatfrieden mehr einzutreten" und das mahnende kaiserliche Hofdecret unbeantwortet „ad acta" zu legen.

Die Ereignisse, welche während dieser Zeit am Kriegsschauplatze vor sich gingen, unterstützten ganz trefflich diese offenbare Verhöhnung der kaiserlichen Autorität. Denn während die Franzosen den vom Kaiser in Folge des Reichsfriedens-Gebettels durch den Umweg über Dänemark angetragenen Waffenstillstand in verletzender Weise abgelehnt hatten, sandten sie insgeheim einen ihrer Emissäre, einen ehemaligen preußischen Legationsrath Namens Theremin, nach Basel und trugen dem deutschen Kaiser als Beherrscher der österreichischen Monarchie einen Separat-Frieden an. Nach dem Muster des Baseler Vertrages sollte die österreichische Monarchie die Segnungen des Friedens genießen, wenn der Kaiser seine Truppen vom Rhein zurückziehen, das deutsche Reich seinem Schicksale überlassen und auf die Wiedereroberung des linken Rheinufers und der Niederlande gegen die ihm durch den Unterhändler angetragene Besitzergreifung des ganzen baierischen Kreises endgültig verzichten würde.*)

Zu derselben Zeit aber, als Thugut diese verführerischen Anträge, auf welchen der nicht ungegründete Verdacht ruht, daß

*) Nach den geheimen Berichten des Freiherrn v. Degelmann an Thugut; d. d. Basel, 25. September 30. September, 10. und 23. October, 3. November. Thuguts ablehnende Antworten datirten vom 11. und 31. October 1795. (St. A.)

sie gleichfalls ein Werk der in ihren Zielen gleichmäßig vorschreitenden französisch-preußischen Politik waren, von sich wies, schienen plötzlich für Oesterreich auf dem Kriegsschauplatze die Dinge eine entscheidende und verhängnißvolle Wendung zu nehmen.

An der Spitze einer Armee von mehr als 200.000 Mann hatte sich nämlich Clerfayt seit dem Frühjahr, trotz aller Gegenvorstellungen aus Wien und trotz aller kaiserlichen Befehle, unthätig verhalten. Schon seit Jahresfrist fühlte er sich krank und viel zu schwach, die schwere Bürde und Verantwortung zu tragen, welche durch die Vereinigung der beiden österreichischen Armeen und der Reichs-Armee auf seine Schultern gelegt war. In ganz kleinmüthiger Stimmung bat er allmonatlich zweimal um seine Enthebung von dem Commando einer Armee, die von Sieg zu Sieg zu führen einen Prinzen Eugen oder einen Loudon stolz gemacht haben würde. Dennoch hielt man in Wien aus politischen Rücksichten einen neuen Wechsel des Oberbefehles für unzulässig.

Als aber Clerfayt den wiederholten und strengsten kaiserlichen Befehlen, die Offensive nachdrücklichst zu ergreifen, aus ihm vorschwebenden politisch-militärischen Gründen mit seiner mächtigen und starken Armee keine Folge geben zu müssen vermeinte; — als er sich selbst zur Zeit der englischen Expedition nach Quiberon (27. Juni) unthätig verhielt und hiedurch das Mißglücken des Aufstandes in der Vendée theilweise mit verschuldete; da fand endlich die kaiserliche Regierung gerathen, die große Armee neuerdings in eine Reichs- und österreichische Armee abzutheilen und einen unternehmenderen Führer an die Spitze der zum offensiven Vorgehen bestimmten Oesterreicher zu stellen. Mit voller Berechtigung fiel die Wahl auf den trefflichen G. d. C. Grafen v. Wurmser, der bekanntlich Ende 1793 den preußischen Intriguen zum Opfer gefallen war.

Wurmser eilte allsogleich nach Freiburg in das Breisgau, um die ihm untergeordneten Truppen unverzüglich aus den österreichischen Vorlanden auf französisches Gebiet in das Elsaß hinüber zu führen.

Die abermalige Zersplitterung der vereinten militärischen Kraft war in jedem Anbetracht ein großer militärischer Fehler, den Thugut veranlaßt hatte, aber sie brachte in diesem Falle durch die Gunst der Umstände, durch den unermüdlichen Eifer der alten Heldenseele Wurmser und den in seinem Ehrgeiz aufgestachelten Clerfayt andere Wirkungen, als die bei einer solchen Zertheilung vom militärischen Standpunkt aus zu befürchtenden hervor. Denn kaum hatte Wurmser seine Armee im Breisgau gesammelt, als auch schon die Franzosen, durch Verrath geleitet, an zwei Punkten in der Nacht vom 5. auf den 6. September den Rhein überschritten, den rechten Flügel der Oesterreicher umgingen und die preußische Demarcations-Linie, auf welche das exponirte österreichische Corps mit Sicherheit baute, mit Wissen und Willen der Preußen, bei Eichelskamp, verletzten. *) Gleichzeitig nahmen sie die zwei wichtigsten Stützpunkte

*) Der Graf Westphalen berichtet hierüber an den Fürsten Colloredo: (d. d. Münster 7. September 1795) „Der preußischen meineidigen Politik hat man dieses widrige Schicksal abermals zu verdanken.“ (St. A.) — Der genaue Sachverhalt bei dieser Verletzung der Demarcations-Linie und die Feststellung der Thatsache der preußischen Billigung dieses Gewaltschrittes, ist aus den uns vorliegenden Correspondenzen des Fürsten Colloredo mit Hügel, des Fürsten Reuß und Grafen Dietrichstein mit Thugut, und des FZM. Clerfayt mit dem Hofkriegsrath unwiderlegbar zu entnehmen. — — Dagegen erzählt die „Deutsche Geschichte“ L. Häussers B. II. S. 30: „Auf preußischer Seite war man vollkommen überzeugt, die französische Loyalität werde die

der österreichischen Heere, die Festungen Düsseldorff und Mannheim (erstere am 6., letztere am 21. September) in Besitz, da diese beiden Festungen von den Pfalz-Baiern in ebenso feiger als schändlicher Weise mit allen Geschützen (Düsseldorff hatte deren 353, Mannheim über 400) dem heranrückenden Reichs-Feind übergeben wurden. Nach der Capitulation von Düsseldorff zog sich der schwache rechte Flügel der Oesterreicher unter Commando des FML. Gf. Erbach, in guter Ordnung gegen Ehrenbreitstein zurück. Aehnlich wie in Düsseldorff erging es den Oesterreichern vor Mannheim. Dort wiesen die Pfälzer die noch vor den Franzosen zur Unterstützung rechtzeitig angerückten österr. Bataillone von den Thoren Mannheims zurück, und die pfälzischen Gewalthaber waren niederträchtig genug, auf den Wällen die Kanonen, zu welchen sie Artilleristen mit brennenden Lunten stellten, in demselben Augenblick gegen die anrückenden Oesterreicher zu richten, in welchem sie den Franzosen die Schiffbrücke zum Uebersetzen über den Strom auf das linke Rheinufer hinübersandten. *) Mit Mannheim aber wurde nicht die Festung

---

Demarcations-Linie achten ... Vergebens erhoben die preußischen Officiere Protest gegen die Verletzung der Demarcations-Linie; dreist erklärten nun die Franzosen, Eichelskamp gehöre nicht dazu." Aus den Reuß'schen Depeschen und jenen des Grafen Westphalen ist zu ersehen, daß Haugwitz die Franzosen nicht nur in Schutz nahm und dem einzigen preußischen Officier, der wirklich protestirte, dem Major Borstel, einen Verweis wegen seines Protestes zukommen ließ, — (obgleich die Franzosen eine preußische Schildwache niedergehauen hatten) — sondern auch unverschämt genug war, dem österreichischen Gesandten zu erklären, nicht die Franzosen, sondern die Oesterreicher hätten die Demarcations-Linie **zuerst** verletzt. In ähnlicher Weise wie Haugwitz benahm sich der preußische General Romberg gegen den Grafen Westphalen schon am 9. September zu Münster.

*) Sehr lehrreich ist da wieder in L. Häussers „Deutscher Geschichte" B. II. S. 33—34 zu lesen, was in diesem Falle wieder Alles

Mannheim allein verrathen, sondern auch alle Vorräthe der Oesterreicher, die zwei Stunden von dort, im Vertrauen auf die pfälzische Festung, in Heidelberg aufgespeichert lagen.

Das war das Ende der seiner Zeit ausführlich mitgetheilten Verhandlungen der kaiserlichen Regierung mit Kurpfalz über die Vertheidigung der pfalz-baierischen Reichsfestung Mannheim; das also war der Lohn, den der Kurfürst von der Pfalz den Oesterreichern für die muthvolle Vertheidigung seiner eigenen Festung ertheilen ließ. — Unter preußischem Schutze und preußischer Vermittlung gingen zur selben Zeit (am 20. September) Pfalz, Braunschweig, Baden und Württemberg nach dem Beispiele von Hessen-Kassel einen heimlichen Separatfrieden mit Frankreich ein. — Der Kurfürst von Köln verlangte, „um Münster zu vertheidigen," den ihm von Clerfayt nicht gewährten Abzug seines Reichscontingents aus Mainz und Ehrenbreitstein; — jener von Sachsen befahl am 28. September seinen Truppen, „um Sachsen zu vertheidigen," den Marsch in ihre Heimat. Und so verließen am 2. Oktober „bei Nacht und Nebel" 15.000 Mann der besten Reichstruppen, bevor noch die auf den kommenden Tag bestimmte Schlacht geschlagen war,

über Thugut und die österr. Politik berichtet wird. Nach Häusser war es Thugut bei der Verhaftnahme der an dem Mannheimer Verrath Schuldtragenden mehr um den hiedurch vereitelten Lieblingsplan (Austausch Baierns), als um die „Preisgebung der Reichsfestung" zu thun, weßhalb er denn auch im „despotischen Groll" einer „gewaltthätigen Politik" die vor Rastatt eine „traurige Berühmtheit ablegte," im mehr „türkischen als deutschen Verfahren" in „echter Thugut'scher Polizeigewaltthätigkeit" die Hauptverbrecher einkerkern ließ. Wie schön liest sich das in einer „Deutschen Geschichte"!? Nebenbei wollen wir noch bemerken, daß L. Häusser in seinem früheren Werke, Geschichte der Rhein-Pfalz, an geeigneter Stelle den Sachverhalt weit glimpflicher aufgefaßt hat, als ihm später in seiner D. Geschichte beliebte.

in verrätherischer Weise die unter Clerfayt kämpfende sogenannte „Reichs-Armee". — Mittlerweile unterhandelte in Frankfurt der Kurfürst von Mainz durch Albini und Hohenlohe mit Frankreich um einen Separatfrieden für Kur-Mainz, dessen Preis die Uebergabe der Reichsfestung und kurfürstlichen Residenz Mainz an den Reichsfeind, nach dem Beispiele von Mannheim und Düsseldorff, werden sollte. Die in jener Festung liegenden kurmainzischen Truppen erhielten die geheime Weisung, die Oesterreicher in der Vertheidigung dieser Festung nicht mehr zu unterstützen und bei geeigneter Zeit sich zur Vertheidigung von Mainz „nicht mehr gebrauchen zu lassen." *)

Zur selben Zeit hatte der preußische General-Lieutenant Hohenlohe die Frechheit, nun erst, nach der Vorrückung der Franzosen, die Hessen-Darmstädt'schen Lande — gegen den feierlichen Protest des gut kaiserlich gesinnten Landgrafen — in die preußische Demarcations-Linie einzubeziehen, — als neutrales Gebiet zu erklären und den Oesterreichern die allsogleiche Räumung dieses Reichslandes anzumuthen. — Und dringender als je, und in stürmischen Sitzungen, bei welchen die beiden Comitialgesandten von Kur-Böhmen und Oesterreich wiederholt überschrieen und gar nicht mehr zum Wort zugelassen wurden, verlangte der Reichstag „von Reichswegen Frieden um jeden Preis!"

„Das Vordringen der Franzosen," also berichtet der Graf Lehrbach, „verbreitet immer weiter Furcht und Schrecken. Wer den hiesigen Ort und den Geist der hiesigen Geschäftsmänner kennt, stellt sich leicht vor, wie übertrieben diese Dinge allhier dargestellt werden. — Das Unangenehmste dabei ist, daß man sich alles Mögliche auf die unanständigste Art gegen das Erz-

*) Siehe den Brief des Hofkanzlers Albini an den Gf. Hatzfeld d. d. Frankfurt 24. September 1795. In der Note VIII.

haus und besonders gegen die k. k. Armee erlaubt. — Ich bin dabei so tief gekränkt, daß ich fast allen Umgang vermeide, da ich ansonsten nach meiner Denkungsart in Erwiderungen ausbrechen müßte, die meinem Herzen Luft machen und die Wahrheit der Begebenheiten ziemlich ausdrücken würden." *)

In diesen Zuständen des heiligen römischen Reiches deutscher Nation, gipfelte so ziemlich der Höhepunkt der Baseler Friedenspolitik!

Und in dieser verzweifelten Lage hatte die Politik des kaiserlichen Cabinets nicht Einmal gewankt, und der Gf. Lehrbach konnte noch immer aus Regensburg mit Selbstgefühl berichten: **)

„Ich habe hier ohne Rückhalt gesprochen und gefragt, wer denn eigentlich dem Erzhaus Oesterreich die Verbindlichkeit auflegen könne, die ganze Welt zu vertheidigen, welches noch dazu auch bei seinem besten Willen und größter Aufopferung selbst in dieser Vertheidigung unverantwortlich gekreuzet und behindert würde? (im Grunde wäre zu sagen, hintergangen, belogen und betrogen würde.)"

„Warum denn die Reichsstände blos Oesterreich, ohne die geringste Ursache tadlen, oder gegen dasselbe sprechen wollten, wo sie doch ganz ruhig zusähen, daß der Kurfürst von Brandenburg kein Contingent gestellet, Mainzer Belagerungskosten fordere, einen Separatfrieden geschlossen, folglich aus dem Reichsverband getreten, eine Neutralitätslinie im Reiche und anderer Stände Lande bezeichnet, allda Truppen halte, dieselben nach Willkür im Reich verlege, in anderer Reichsstände Lande versende?"

---

*) Lehrbach an Thugut, d. d. 19. September 1795. (St. A.)

**) Lehrbach an Thugut, d. d. Regensburg am 22 September 1795. (St. A.)

„Wenn der Kaiser auch als Reichsoberhaupt nur einen Korporal mit 10 Mann ohne Requisition durchziehen lasse, so werfe man seinem Oberhaupte es als eine kapitulationswidrige Handlung vor!"

„Preußen habe Mediation versprochen; blind habe man darauf alle Hoffnung gesetzet, diese sei vereitelt. Oesterreich bleibe allein der Verfassung getreu, handle dafür mit aller Macht; — und doch Tadel und Undank. — Zu spät werde man es einsehen und auch einst bereuen."

„Ich übergehe der Kürze halber alle weiteren Betrachtungen, die sich wie ein Meer darstellen, und schließe nur, daß ich weder Furcht noch Muthlosigkeit habe; daß man es aber auch, bei wirklich eintretender Ursache, am wenigsten müsse merken lassen. . . . . . Alles lamentirt hier und will sich zum großen Verdienst machen, keinen Separat-Frieden geschlossen zu haben, der vielleicht nicht so oder so gestaltet worden wäre, daß alles in feindlichen Händen sich Befindende bis zur allgemeinen Reichs-Pacification darin verbleibe."

In dieser Weise wurde am Reichstag bei den Berathungen über die Reichsdeputation fort und fort gegen Oesterreich und das deutsche Kaiserthum gewüthet, während das Erzhaus Oesterreich das Einzige war, welches seine Reichspflicht erfüllend für Deutschland noch in Waffen stand!

„Der Herr von Strauß", also heißt es in einem anderen Bericht des Grafen Lehrbach, „möchte gern sowohl quod ad materiale pacis als in dem modo tractandi Wendungen anbringen, die in der Folge zu Allem die Thüre offen lassen und besonders auf den burgundischen Kreis angewendet werden könnten, maßen man im Reiche leider fast allgemein denket: Was bekümmert uns Oesterreich, wenn wir nur das Unsrige zurück erhalten."

„Dafür hatte aber auch die österreichische Monarchie die Ehre, sich zu erschöpfen und Alles aufzuopfern; über Alles dieses noch Undank und selbst Tadel.“

„Ich kann hiebei mich berufen, daß ich es zu Prag bei der Krönung Kaiser Leopolds gerade heraus vorausgesagt habe, als man so heftig darauf bestand, man müßte sich der elenden deutschen Fürsten wegen Elsaß und Lothringen annehmen. Ich eiferte damals gegen den zu Prag anwesenden preußischen Gen. Lt. Prinzen Hohenlohe, der geschickt war, um das Feuer noch mehr anzublasen, — und ich nannte ihn einen Windbeutel. Vielleicht ein kecker, ungewöhnlicher Ausdruck, aber ihm kömmt er gewiß zu. Man antwortete mir aber damals: Preußen beträgt sich recht, mit Courage und Würde; machen wir es auch so! Als ein geringer Subaltern schwieg ich hierauf ganz still und wünschte mir viel Glück, an diesen Veranlassungen von Reichenberg und Pillnitz keinen Theil zu haben.“ *)

Und gleichzeitig berichtet ein anderer treuer Anhänger der kaiserlichen Sache, aus dem glücklichen poetischen Eldorado der in die Demarcations-Linie einbezogenen Reichsstadt Wetzlar:

„Unbegreiflich ist es, wie sehr beinahe Jeder gegen den Kaiser und seine Armee gestimmt ist; welche unbillige und unehrerbietige Urtheile und Ausfälle man sich erlaubt. Ich kann kaum sagen, ... wie weh mir dieß in der Seele thut. Der Kaiser soll Frieden machen, die Niederlande bekommt er doch nicht wieder. Er soll Deutschland dem Interesse seines Hauses nicht aufopfern; seine schlecht angeführten und dadurch muthlosen Truppen können uns nicht vertheidigen, fliehen überall vor den Franzosen! ... Kein Tag vergeht, ich komme in keine Gesellschaft, ohne mich zu ärgern; ich sage freilich manchmal

*) Lehrbach an Thugut, d. d. Regensburg 4. Oktober 1795. (St. A.)

derb die Wahrheit, wovon ich aber doch nichts als Aergerniß habe. Ich bin doch wahrlich so sehr als sonsten Jemand hier bei der Herstellung der Ruhe interessirt; wie gerne wollte ich aber die Hälfte meines Vermögens hingeben, wenn unserem Kaiser Genugthuung und Ersatz geschafft, und er an denen gerächt würde, die so treulos an ihm handeln. Gott hat das Haus Oesterreich noch nie — in weit verzweifelteren Lagen — verlassen, er wird es auch dießmal aufrecht erhalten! Wie gerne wäre ich ... von hier fort! ich scheue mich auszugehen und diese Leute zu sehen, denn gewiß urtheilen die meisten Franzosen billiger, als die Deutschen." *)

Und immer einsamer und einsamer wurde es um den kaiserlichen Adler! Der Untergang des deutschen Kaiserthums und jener der Oesterreicher schien gekommen, und Alles flüchtete hinter die segenverheißende preußische Demarcations-Linie! **)

---

*) Privatschreiben des kaiserlichen Kammergerichts-Assessors von Riedesel an den k. k. Directorial-Gesandten von Fahnenberg, d. d. Wetzlar 23. September 1795. (St. A.)

**) Die Zusammenstellung dieser Kette von folgenschweren Ereignissen findet sich in L. Häussers „Deutscher Geschichte" theilweise bunt durcheinander gewürfelt, zum Theil ist auch Wichtiges ganz vergessen, dafür aber nicht der große Augenblick, von dem es in dieser Geschichte B. II. S. 35 heißt: „Wie dankbar (!) flüchtete man jetzt hinter den preußischen Adler, der die Neutralitätslinie bezeichnete! Der Erbprinz von Hohenlohe, der den Cordon befehligte und sein Hauptquartier in Frankfurt hatte, ward nach dem Ausdrucke eines zeitgenössischen Berichtes wie ein schützender Genius (!) betrachtet." (!?) — Schade, daß uns die Deutsche Geschichte nicht den zeitgenössischen Berichterstatter beim Namen nennt. Wir glauben uns zwar zu erinnern, einen ähnlichen Ausdruck irgendwo im Häberlin'schen „Staatsarchiv" gelesen zu haben; aber es wäre gewiß nicht unwichtig, auch den andern geistreichen Berichterstatter zu kennen, dem Hohenlohe, als er mit Jourdan und Albini um die Uebergabe der Reichsfestung Mainz und die Knechtschaft Deutschlands unterhandelte, wie ein Deutschland „schützender Genius" erschien!

Schon verbreitete die mißgünstig gesinnte reichsverrätherische Partei in Deutschland die frohe Botschaft der bis an die Donau erfolgten Flucht der Kaiserlichen, — schon freute man sich in Regensburg aller dieser schmachvollen politischen Schelmenstreiche, ob denen selbst die späteste deutsche Nachwelt — wenn in ihr noch irgend ein Funke deutschen Sinnes glimmt — vor Zorn und Scham erbleichen und erröthen wird; schon war Alles, was kaiserlich gesinnt war oder österreichisch hieß, dem Hohn, dem Verderben und dem Spotte preisgegeben; — da wurden plötzlich Aller Erwartungen auf das Vollkommenste getäuscht.

Diese sich überstürzenden verhängnißvollen Ereignisse bewirkten nämlich die Zusammenrückung der beiden getrennten österreichischen Armeen. Als dem General Wurmser die gefährliche Lage der Dinge klar wurde, gab er ohne Zögern seinen Elsasserplan auf und eilte in Riesenmärschen gegen Mannheim zur Unterstützung der bereits bis nach Aschaffenburg zurückgedrängten Reichsarmee Clerfayts.

In der Ebene, die sich von der Bergstraße nächst Heidelberg bis nach dem blühenden Mannheim dahinzieht, bezwang am 24. September seine im erschöpfenden Marsch kaum erst auf der Bergstraße angelangte Vorhut unter dem FML. Freiherrn von Quosdanovich und dem Obersten Grafen Klenau, in einem zwölfstündigen blutigen Treffen mit 4.000 Mann die gegen Heidelberg vorrückenden 15.000 Mann starken Franzosen!

Auf das Haupt geschlagen zerstob dieses Armeecorps, welches, von Merlin de Thionville und Pichegru, dem mächtigen Kriegshelden und Eroberer Hollands angeführt, soeben erst Mannheim, die wohlbewehrte Festung in Besitz genommen hatte und nun plündernd und mordend in das Herz von Schwaben vorzudringen im Begriffe stand. Nach einem Zeitraum von drei

Jahren war dieß wieder der erste entscheidende Sieg der österreichischen Waffen, der bei Bauern und Bürgern im Rheinland mit unbeschreiblichen Jubel begrüßt wurde. — Von dieser Seite durch Wurmsers Truppen befreit und verstärkt, konnte sich Clerfayt gegen den durch seine Uebermacht und durch die Leichtigkeit seiner bisherigen Erfolge allzu kühn gemachten Jourdan wenden und schlug ihn bei Weilmünster, Höchst, Bergen und an der Nidda (3., 5., 11., 16. und 20. Oktober) in mehreren ebenso blutigen als für die Oesterreicher ruhmvollen Treffen auf das Haupt.

Oesterreichs siegreiche Fahnen jagten nun plötzlich Jourdan wieder bei Neuwied über den Rhein, und die Kaiserlichen, welche Ehrenbreitstein entsetzt hatten, eilten wieder nach Mainz zurück, um dort endlich die schon im Mai 1795 dem Feldmarschall Clerfayt anbefohlene Erstürmung der feindlichen Contravallationslinien zu vollbringen.

Vor den Mauern dieser Reichsfestung, die in den letzten Jahren Zeuge so vieler deutschen Schmach und Schande war, erfolgte also der Hauptschlag und die Ehrenrettung der deutschen Waffen und nach einem mörderischen Kampfe weniger Stunden flatterte am 29. Oktober das kaiserliche Banner auf allen Verschanzungen der Franzosen vor Mainz, und auf deren für „unüberwindlich" gehaltenen Contravallationslinien.

Die Oesterreicher erbeuteten bei dieser glänzenden Waffenthat nach den eigenen Berichten der Franzosen ungefähr 150 Kanonen, fast alle Magazine der französischen Rhein-Armee, Kriegsvorräthe aller Art und 2.000 Gefangene. Ueber 3.000 gefallene Franzosen deckten die Wahlstatt.

Was also ein Jahr zuvor durch Möllendorffs Kriegführung, unseligen Angedenkens, mit nahezu 100.000 Mann verbündeter

Truppen nicht erreicht werden konnte, geschah sonach durch eine verhältnißmäßig kleine öster. Armee von kaum 40.000 Mann. — Mittlerweile hatte auch Wurmser neuerdings aus freiem Antriebe über die Hälfte seiner Armee zur Vervollständigung der Erfolge Clerfayt's diesem zugesendet. Er befahl unverzüglich dem Feldmarschall-Lieutenant Grafen La Tour nächst Worms den Rhein zu übersetzen, und dieser General traf mit seinem Corps in Frankenthal rechtzeitig ein, um dort am 13. und 14. November den von Mannheim aus seinem vor Mainz zertrümmerten Heere zu Hilfe eilenden Pichegru abermals auf das Haupt zu schlagen.*)

Ueberall besiegt, aufgelöst und vernichtet verließen die Franzosen in wilder Flucht einen Theil des linken Rheinufers und die Pfalz, welche ihnen der Baseler Friede schon längst freiwillig abgetreten hatte!

So wurde Mainz und die Mannheimer Rheinschanze vom Reichsfeind befreit, und alles Land zwischen dem Rhein und der Mosel kam hiedurch neuerdings in die Hände der Oesterreicher, deren Vorhut abermals bis nach Trier und in das Luxemburgische streifte. — Ein großes Unrecht, welches die Geschichte bisher begangen hat, indem sie Clerfayt zum Nachtheil Wurmsers

*) Es ist ganz unwahr, daß die damaligen vielen Niederlagen der Pichegru'schen Armee schon seinem keimenden Verrath zu verdanken sind. Die französischen Geschichtschreiber, St. Cyr u. a. haben diese Angaben erfunden, um dadurch den Werth der österreichischen Siege und ihre eigenen großen Niederlagen möglichst zu verhüllen. – Die französischen Geschichtschreiber lassen aber ebenso wenig aufkommen, daß sie ihre meisten Erfolge in den Jahren 1792, 1793 und 1794 dem preußischen Verrathe zu verdanken haben. Die deutsche Geschichtschreibung dagegen schmälert aber bisher gleichfalls das Verdienst der Oesterreicher und hält den Irrthum des schon damals angeblich vollzogenen Pichegru'schen Verrathes eben so fest, wie sie bisher der Braunschweig-Möllendorff'schen Kriegführung jene Wirkungen nicht beimaß, welche dieselbe in Wirklichkeit ausgeübt hat und ausüben mußte!

allzuviel Lobeserhebungen spendet, haben wir an dem Letzteren gut zu machen; denn die Seele aller dieser Erfolge und der unermüdlichen Offensive, die er neuerdings bis in das Elsaß ausdehnen wollte, war der wackere General Wurmser allein, der Tapferste unter den tapferen österreichischen Generälen jener Zeit. Dieser schlichte Heldengreis war die Thatkraft, welche in das zagende System Clerfayts erfolgreich eingegriffen hatte; und seltsamer Weise war von diesen zwei Feldherrn gerade der die unermüdliche Triebfeder aller großen Resultate, welcher, vor der Festung Mannheim kämpfend, bei Erreichung dieser Erfolge fast unbetheiligt scheint.

Wurmser selbst hatte mittlerweile in mehreren ruhmvollen Treffen (17., 18. Oktober, 12., 15., 20. November) die vor Mannheim unter ihren wackeren Generälen Desaix, Montaigu, Oudinot, Bertrand hartnäckig kämpfenden Franzosen besiegt. Am 22. November, nachdem 21.105 Projectile aller Art in das unglückliche Mannheim geschleudert worden und diese Stadt zu zwei Drittheilen in Asche gelegt war, capitulirte endlich auch diese zuletzt von dem Franzosen Montaigu heldenmüthig vertheidigte Festung — ein trauriges Wahrzeichen der tief gesunkenen deutschen Nationalehre! Die Oesterreicher erbeuteten dort neuerdings 380 Kanonen, große Artillerievorräthe, 50.000 Flinten. Bei den Franzosen soll sich nicht Ein Stück Brot mehr vorgefunden haben, ein charakteristisches Merkmal für die Art und Weise, in welcher diese seit Jahr und Tag bedrohte Festung von der pfalz-bairischen Regierung verproviantirt worden war. — Durch die 10.000 Republikaner, welche nun vor Mannheim in österreichische Kriegsgefangenschaft geriethen, rächte sich aber Wurmser an den Reichsfeind für den erzwungenen Abzug der 15.000 Oesterreicher aus Luxemburg. *)

*) Auch Montaigu erscheint den Franzosen ganz im selben Lichte, wie Pichegru, nämlich als Verräther. Siehe hierüber St. Cyr B. II.

Die Eroberung der rauchenden Trümmer der Stadt Mannheim, deren verrätherische Uebergabe allein die Schuld trug, daß bei Anbeginn des Winters die siegreichen Fortschritte der vereinten kaiserlichen Armee nicht noch weiter geführt werden konnten, als bis nach Kaiserslautern, war die letzte Waffenthat dieses eben so kurzen als denkwürdigen und für die Oesterreicher durchweg ehrenvollen Feldzuges. — Vernichtet und überall geschlagen, erbaten nun die Franzosen von den siegreichen Oesterreichern jenen Waffenstillstand, welchen sie dem preußischen König, dem „General-Pacificator“ und „großen Vermittler des Reichs,“ ja selbst der den deutschen Staatskörper repräsentirenden Reichsversammlung in verächtlicher Weise abgeschlagen hatten. — Nach einem Baseler Frieden sind diese Resultate gewiß überaus glorreich zu nennen, und sie wurden zu einer Beantwortung dieses Friedens, an die Niemand im Reiche mehr, nur Oesterreich allein, gedacht hatte!

Ganz Deutschland staunte, und ein Rest von Ehr- und Schamgefühl zwang die Reichsstände, das Reichsoberhaupt für die Siege der kaiserlichen Waffen mit Glückwünschen zu überhäufen. Pfalz-Baiern, Württemberg, Baden und Kur-Mainz waren die ersten! Der Reichstag aber, der auf Andringen des kaiserlichen Concommissärs dem Beispiele dieser Phraseologen folgte, war noch immer so erbärmlich gesinnt wie früher,

---

S. 320. — Montaigu übergab aber die Festung erst, als die Stadt durch das äußerst heftige Bombardement bereits ganz in Asche gelegt war, und die Garnison gar keine Lebensmittel mehr zu verzehren hatte. Die zweimonatliche hartnäckige Vertheidigung durch Montaigu, welche die vollkommene Vereinigung der beiden österreichischen Armeen und deren weitere Fortschritte hinderte, nennt St. Cyr eine ganz ungenügende Vertheidigung der Festung. (La forteresse n'a, pour ainsi dire, pas été défendue) und so wird der wackere Montaigu kurzweg zum Verräther — weil er Unglück hatte.

und ließ sogar gegen den Willen der kaiserlichen Minister aus seiner Danksagung und seinem Glückwunsch die Worte: „Erhaltung der Reichs-Integrität“ mit Vorbedacht aus.

Wie schmählich die Stimmung der deutschen Reichstags-Gesandten selbst nach den österreichischen Siegen noch beschaffen war, darüber klärt uns Lehrbach auf. Er berichtet nämlich hierüber an Thugut: *)

„Unbegreiflich ist es, wie wenig — wenigstens allhier — an denen glücklichen Kriegs-Ereignissen ein freudiger Antheil genommen und gezeiget wird; — es zeiget dieses an, wie tief man in Deutschland, und besonders an dem allhier corrumpirten Ort gesunken ist, und daß dieses auch in Deutschland ein Revolutionsvorbot sein dürfte.“

„Ein Hauptbeweggrund dieser Denkungsart ist der unmäßige, unüberdachte Friedenshang. — Man glaubet, durch die jüngsten Siege der kaiserlichen Armee wird der Friede noch mehr entfernt, und man betäubet sich, nicht zu denken, daß ohne dieselben vielleicht schon ganz Deutschland vom Feinde überschwemmt wäre. Selbst die grausamste Behandlung der Orte, über welche die Franzosen geflüchtet sind, machen allhier nicht denjenigen, gefühlvollen Menschen machen sollenden Eindruck.“

„Ich muß gestehen, daß ich Augenblicke habe zu wünschen, Regensburg möchte, wenn es ohne Schaden des Ganzen seyn könnte, nur einige Tage französische Militärbesuche haben, um das hiesige hochgelehrte Corps Diplomatique fühlen zu machen, was sie bei Andern gleichgültig ansehen. — Der preußische Einfluß aber ist davon die Haupttriebfeder; dieses Hofes Politik wollte die Franzosen an die Donau bringen, um das Haus Oesterreich ganz zu demüthigen und dabei alles Uebrige aufzuopfern.“

*) Lehrbach an Thugut, d. d. Regensb. am 4. November 1795. (St. A.)

Nach den Siegen der Oesterreicher durchzog ein unendlicher Jubel jene deutschen Gauen, allwo der Reichsländer noch die Siege seines Kaisers, seines eigenen deutschen Vaterlandes und seiner eigenen Ehre feiern durfte. Man träumte von nichts weniger als der Zurückgewinnung aller verlorenen Reichslande. — Während das preußische Demarcationscorps, vom Volk mit Spott und Hohn beladen, nun plötzlich von Frankfurt nach den fränkischen Herzogthümern in der Stille aufbrach, „weil die Demarcationslinie von den Armeen der kriegführenden Mächte“ mißachtet wurde, begrüßte das Volk überall mit Kränzen, Blumen und Gedichten „die österreichischen Weißröcke“. Aus dem Ehrenbreitstein-Thal zogen Deputationen der Bevölkerung in feierlicher Weise zu den Kaiserlichen in die Festung hinauf, und manchem wackern Oesterreicher wurde gewiß wunderlich zu Muthe, als er sich von einer fröhlichen Schaar weißgekleideter blühender Jungfrauen umringt und nach Herzenslust abgeküßt sah. *)

*) Als die Festung, welche die Franzosen spottweise „Zuckerhut“ und „petit chateau“ nannten, entsetzt war, strömten aus dem ganzen Thal Bürgerschaft und Bauern, groß und klein in feierlicher Procession zum österreichischen Commandanten der Festung, Oberstlieutenant Freiherrn von Sechtern. Weißgekleidete Jungfrauen, welche im Taumel dankbarer Freude die österreichischen Krieger umhalsten, überbrachten dem Festungs-Commandanten einen Lorbeerkranz und ein Gedicht, welches wir hier deßhalb abdrucken, weil Deutschland gerade damals patriotische Gedichte kaum noch kannte, ja selbst die Koryphäen deutscher Dichtkunst sich in jener Zeit mit Aehnlichem noch immer nicht befaßten.

Der Werth des Gedichtes ist nicht groß, der Dichter ist uns unbekannt geblieben. Aber jedes Wort darin scheint redlich, wahr gemeint und warm empfunden. Zum Volkslied wurde es damals im wahrsten Sinne des Wortes im Ehrenbreitstein-Thal, und war von dem befreiten Volke den österreichischen Befreiern gewidmet.

Ob dieses gute Volk damals daran gedacht hat, daß dereinst die Ehrenbreitstein-Kindeskinder den preußischen Adler auf jener Felsenfeste flattern sehen würden, die von den Oesterreichern und den im öster-

Da wurde es freilich im Reich auf Einmal wieder vorübergehend zu einer Ehre, „österreichisch-kaiserlich gesinnt“ zu heißen!

---

reichischen, Sold stehenden kurtrierischen Milizen bis zum Jahre 1797 heldenmüthigst vertheidigt wurde? — Die vorerwähnte Episode und das Gedicht sind einem bei den Lehrbach'schen Berichten im St. A. vorgefundenen Privatschreiben eines trier'schen Fouriers Namens Felix Bach, an den kaiserlichen Kammer-Gerichtsassessor Steigentesch (in Wetzlar) entnommen.

„Danksagung der Bürgerschaft des Thals Ehrenbreitstein an die redlichen Oesterreicher und deutschen Krieger, die diese Festung unter dem österreichischen Oberstlieutenant Freiherrn v. Sechtern vertheidigt haben.“
Wir sind befreit, wir freuen uns, von Raub- und Todgefahren!
Wir sind erlöst, — welch' Glück für uns! — von wilden Räuber-Schaaren.
Wir sahn sie, vier Wochen sind's, sie kamen stolz und kühn,
Die Wölfe drohten Mord und Tod, umsonst war ihr Bemühn!
Nur Gottesspott und Menschenqual war ihre Art zu kriegen,
Sie wollten in dem stolzen Muth die ganze Welt besiegen.
Sie dachte nicht, die Bubenrott', daß hier noch Männer sind,
Bei denen kein Geprahl, kein Stolz, kein Drohen Glauben find't.
Ja Männer waren es, — nein, Helden muß man sagen,
Die, so wie Niemand dacht', sich in Gefahren wagen.
Sie stritten beispiellos für unser Hab und Gut
Und zeigten unverzagt den Räubern teutschen Muth.
Die Räuber glaubten, daß der teutsche Muth verschwunden,
Weil sie ein ganzes Jahr kein' Widerstand gefunden.
Hier brach ihr dummer Stolz, hier floß der Franken Blut,
Hier liefen sie zurück vor einem „Zuckerhut“!
Halt sie nur Niemand auf, laßt sie nur immer laufen!
Der Rhein ist groß genug, sie alle zu ersaufen.
Viertausend liegen hier, für dießmal ist's genug!
Wer aber ist der Held, der diese Räuber schlug?
Wir haben jetzt das Glück die Helden hier zu grüßen,
Wir legen mit dem Kranz den Dank zu Euren Füßen!
Oesterreich ist der Held, der uns die Ruh' geschafft.
Ihm dankt durch unsern Mund der Thäler Bürgerschaft.
Nehmt an, Ihr Heldensöhn', den Dank, den wir Euch geben,
Ihr strittet stark für uns, für unser Gut und Leben.
Oesterreich sei ewig groß, sein Ruhm der Welt bekannt:
Dir dankt mit wahrer Lieb das teutsche Vaterland.“ (St. A.)

Nur Eine Partei hatte ihren Groll und ihren Haß nicht vergessen! Dieselbe Partei, die im Jahre 1793 die Niederlagen Wurmsers mit Schadenfreude begrüßte, — dieselbe Partei, welche die österreichischen Niederlande und das linke Rheinufer erbarmungslos verloren gehen ließ, ohne zu helfen; — die preussische Partei vermochte es nicht über sich zu bringen, in den allgemeinen Jubel über den Sieg der deutschen Waffen einzustimmen. Das große begangene Unrecht zwang sie zum Verstummen. — Zu Berlin und im Preußenland konnte man kaum den Aerger über „das Glück der Oesterreicher" verbergen. Haugwitz, Görz und Hardenberg riethen den kaiserlichen Ministern mit Affectation, die Franzosen ja nicht auf dem linken Rheinufer weiter zu verfolgen. — In Berlin nahm man sogar jetzt erst die Miene an, der Demarcationslinie vor den Oesterreichern Respect verschaffen zu wollen; und als die kaiserliche Regierung diese Frechheit gebührend zurückwies, da erst zog der „Deutschland schützende Genius" mit seinem Corps von Frankfurt grollend weg, nach Ansbach-Baireuth, gegen die böhmische Grenze!

Mittlerweile bemühten sich die preußischen Agenten insgesammt, die Siege der österreichischen Waffen möglichst zu verkleinern. So wie man seiner Zeit in Preußen die heldenmüthige Erstürmung der Weißenburger Linien geringschätzend einen „Wurmser'schen Husarenstreich", den Feldzug im Elsaß einen „Wurmser'schen Separatkrieg" gegen eben diese Linien genannt hatte, und dagegen die „fière contenance" der Braunschweig'schen Concentrirungen „nach Rückwärts" in der Pfalz über Alles pries; so las man nun in allen preußischen Zeitungen statt der von den Oesterreichern thatsächlich eroberten 800—1000 Kanonen, 80—100; — und die Siege der vereinten österreichischen Armeen mißgünstig betrachtend, wußte man sie durch die officielle preußische Presse weit unter die großen Siege eines Möllendorff und Braunschweig vor Kaiserslautern herab zu setzen!

Oesterreichs Siege und Erfolge im Spätjahr 1795 bilden gewissermaßen den Abschluß des zweiten Actes der großen Tragödie, welche der Baseler Friede in Deutschland eingeleitet hat. — Wurde eben erwähnt, daß Niemand im deutschen Reich über Oesterreichs Erfolge so außer sich gerieth als Preußen, so müssen wir dieser Thatsache nun auch hinzufügen, daß Niemand nach dem ersten vorübergegangenen Freudentaumel Deutschlands Volk und Fürsten neuerdings so zu bethören wußte — als Preußen. Niemand wußte besser als Preußen, dem Erzhaus Oesterreich die Siegespalme aus der Hand zu winden, — und als durch politische und militärische Fehler die im Jahre 1795 so siegreichen österreichischen Heere neuerdings zersplittert und besiegt wurden; — als gegen Ende des Jahres 1797 für Oesterreich wieder Alles verloren gegangen war, was in den vorhergegangenen Jahren mit den theuersten Opfern erkauft worden, da zeugte der Baseler Friede die Friedenspräliminarien von Leoben (18. April 1797), und diese kann man eigentlich als den Triumph der reichsfeindlich gesinnten preußischen Baseler-Friedens-Politik über die reichsfreundlich gesinnte österreichische Politik betrachten.

Indessen hatte sich seit dem Baseler Frieden auch das in allen seinen Grundfesten erschütterte und zusammenbrechende deutsche Reich durch die Schuld der Reichsfürsten immer weiter und weiter von dem Pfade der Ehre und des Rechtes verirrt. — Jede Bemühung Oesterreichs, das trostlose Gewirre zu entwirren und den vollkommenen Zerfall und die politische Auflösung unseres deutschen Vaterlandes zu hindern, blieb umsonst, weil Preußen und seine deutschen Bundesgenossen selbst jede bessere Entwicklung der Dinge gewaltsam hemmten; und so wurde auch der Rastätter Congreß (1798), dessen tragisches Ende den mittlerweile abgeschlossenen Vertrag von Campo Formio vollständig zerriß,*) — nur die Grundlage zu neuen Verwirrungen.

Und wieder sollte das Schwert entscheiden; und wieder blieb sich die preußische Politik und jene der deutschen Reichsstände gleich; — und wieder blutete Oesterreich allein für die Freiheit, Ehre und Integrität des deutschen Staatskörpers und unterlag nach beispiellos großen Siegen und furchtbaren Niederlagen.

Und Wer hat nun den Muth, nach Allem dem, was gegen Oesterreich und das deutsche Kaiserthum damals thatsächlich gesündigt worden ist, Oesterreich anzuklagen, daß es zu Leoben, Campo Formio oder Lüneville (1801) die Reichs-Integrität endlich aufgeben mußte, dieselbe Reichs-Integrität, welche Preußen im Baseler Frieden preisgegeben hatte; — dieselbe Reichs-Integrität, welche die Reichsstände nach den glorreichen Siegen der Oesterreicher im Jahre 1795 in ihren Glückwünschen nicht mehr zu betonen wagten und nach dem Rastätter-Congreß wieder zu erringen, abermals zu schlecht und zu feig waren?

*) 17. October 1797. Einen Monat nach diesem Frieden am 16. November 1797, starb der „Baseler-Friedens-König" Friedrich Wilhelm II.

Welcher Deutsche hat denn nun, nach all' den vorliegenden Aufhellungen den Muth, dem nach zahllosen Kämpfen tief erschöpften Oesterreich daraus ein Verbrechen zu machen, daß es i. J. 1797 vornehmlich um die Ueberreste seiner Militärmacht zu sammeln, die Reichsfestungen endlich ihrem Schicksal und den eigenen Reichsständischen-Contingenten zur Vertheidigung überließ, dieselben Festungen, welche von ihren undankbaren Territorial-Fürsten bereits im Jahre 1795, von Preußen aber schon im Jahre 1794 preisgegeben waren? — Wer hat denn den Muth, Oesterreich deßhalb anzuklagen, weil dieser Staat i. J. 1801 nicht mehr den vollständigen Untergang des deutschen Reiches hinderte, den zu verhindern nur die vereinte deutsche Kraft vermocht hätte? Welcher Deutsche fühlt sich denn berechtigt Oesterreich daraus ein Verbrechen zu machen, daß es, lange zögernd, endlich nur auf seinen eigenen Vortheil bedacht blieb, nachdem es sich selbst bereits fruchtlos für das deutsche Reich aufgeopfert hatte, ohne von diesem auch nur den Schatten eines Dankes zu erndten? — ja ohne in den weiten Gebieten unseres deutschen Vaterlandes auch nur die leiseste Spur einer nutzbringenden Wirkung, der eigenen ehrlich gemeinten und wahrhaft großartigen, reichsfreundlichen Bemühungen wahrzunehmen? — Was liegt überhaupt so Wunderbares und Himmelschreiendes darin, daß auch endlich Alles wirklich so kam, wie es später thatsächlich gekommen ist?

In eben dem Augenblick, als die Perle der kaiserlichen Generalität, der schwergeprüfte Wurmser, seine militärische Laufbahn beschloß, in eben diesem Augenblick begann überdieß noch „Napoleon Bonaparte“ seine glänzende Laufbahn in Italien. — Hatte früher der Baseler Friede zur Zeit ungebrochener Kräfte, großer Bündnisse und stattlicher Heere den politischen

Sieg der neuen französischen Diplomatie über die alte Diplomaten-Schule der Deutschen begründet, so kann es nun unmöglich noch irgend eine Verwunderung erregen, daß auf jenem von den preußischen Staatsmännern gebahnten Weg fortgewandelt werden mußte, und daß endlich, nachdem kein Ausweg mehr zu finden war, — nachdem Bonaparte wiederholt die vollständigste Ueberlegenheit der neuen Kriegskunst gegen die heldenmüthige Tapferkeit der alten siegreich zur Geltung gebracht hatte — Leoben, Campo Formio, Lüneville, Preßburg, Schönbrunn, und alle anderen unglücklichen Friedensschlüsse erfolgten!

Oder galt etwa die Reichs-Integrität des Jahres 1797, oder die von 1801 oder 1805 mehr, als jene vom Jahre 1795? War das deutsche Reich vielleicht in den Jahren 1797, 1801, 1805, oder in noch späteren Jahren mehr, als jener trostlose Begriff, den schon längst der Baseler Friede zu Grabe getragen hatte? — Gewiß nicht; denn das deutsche Reich vom Jahre 1795 war womöglich noch schlechter, mindestens aber schon eben so schlecht, als jenes von 1805, zur Zeit des wenigstens offen eingestandenen Rheinbundes!

Freilich! Zur Vertheidigung des eigenen Landes, der eigenen Familien und des eigenen Heerdes, für deutsches Interesse! da hatten die deutschen Reichsstände in den ersten Kämpfen gegen Frankreich kein Geld, keinen Muth, keinen Willen und keine Soldaten! — Für das „österreichische Haus-Interesse," für die Bereicherung Oesterreichs auf Kosten des Reiches, so hieß es damals, wie immer, wenn schwere Zeiten an Oesterreich herantraten, da wolle man keinen deutschen Blutstropfen mehr aufopfern! — Den dringendsten Vorstellungen ihres Reichsoberhauptes gleichsam zum Hohn, hatte die Mehrzahl der Reichsfürsten jeden Beitrag an Römermonaten unwillig geleistet oder ganz verwehrt! War es nicht im Jahre 1794, daß der Fürstbischof von Speier „das Uebertünchen von Lokalitäten“ der Festung Philippsburg aus der Reichs-Operations-Cassa in ungestümer Weise abforderte? Haben wir nicht eine Fülle ähnlicher Ungeheuerlichkeiten in dem vorliegenden Geschichtsabschnitt wahrgenommen? — Und doch waren es ganz dieselben Stände, denen schon im Jahre 1796 kein Preis zu hoch schien, um die Beschwichtigung des Zornes fränkischer Eroberer durch namenlose Geldopfer zu erkaufen!*)

Der Kaiser, als Reichsoberhaupt, war diesen elenden deutschen Reichsfürsten noch in seiner geringen reichsväterlichen Gewalt eine viel zu schwere Last, und sie hatten nach und nach seine Ehren-Würde zu einem werthlosen Schatten-Kaiserthum herabgewürdigt. — Die kleinen Stände des Reiches aber und die Bruchtheile deutscher Völker, über welche sich diese Reichsfürsten souveräne Oberherrschaft anzumaßen wußten, die wurden von denselben deutschen Höfen, die sich später mit Napoleon gegen Oesterreich und die deutsche Freiheit verbanden, auf eine Weise gedrückt, mißhandelt und gepreßt, wie es unter dem lockeren Reichsverbande niemals möglich gewesen wäre!

---

*) Speier, Württemberg, Baden, alle schwäbischen Prälaten und Stände (die vorder-österreichischen ausgenommen) erkauften schon im Juli 1796 von Moreau einen Waffenstillstand um zwanzig Millionen an Geld und unberechenbare Naturallieferungen. Württemberg und Baden traten schon damals insgeheim nach dem von Preußen zu Basel gegebenen Beispiel ihre Besitzungen am linken Rheinufer, und alle Rheininseln an Frankreich ab. Pfalz-Baiern zahlte zehn Millionen Gulden für die Kriegsbedürfnisse der Franzosen und 20 Gemälde. Auch zahlten die Franzosen in Pfalz-Baiern, unseres Wissens, keine Wegmauth und Pferdegelder, wie dieß von den österreichischen Truppen als Reichsvertheidigern seiner Zeit von der pfalzbaierischen Regierung gefordert und richtig bezahlt wurde.

Die Mehrzahl der geistlichen Stände hatte sich gescheut, ihren Kaiser — ihre einzige natürliche Stütze in Deutschland, — im Kampfe für die großen Prinzipien der deutschen Freiheit und der katholischen Religion nachdrücklichst zu unterstützen! Im harten Kampf allein gelassen, unterlag der Kaiser, ihr einziger Beschützer; und sie büßten ihre politische Kurzsichtigkeit durch die Säcularisations-Zeit, welche sie nun von ihren eigenen Thronen und aus ihren eigenen Ländern trieb! — Aus souveränen Herren wurden sie nun zu Knechten Fremder! Oder hätte sich etwa der Kaiser zu Rastatt oder in Lüneville für die Nicht-Säcularisation der Kurfürsten von Mainz, von Köln, oder gar für jene des Bischofs August von Speier besonders begeistern sollen?

Unmöglich schien es in den Jahren 1794 und 1795, die Stellung der Reichscontingente im Reiche zu bewirken; vergeblich waren alle begründeten Vorstellungen des Kaisers, alle Bitten des Reichs-Feldmarschalls; vergebens ihre strengsten Befehle und ernstesten Mahn- und Warnungsrufe! Wir sahen die Pfalz-Baiern, Schwaben, Hessen-Kasseler, Sachsen, Brandenburger nicht nur nicht kämpfen, sondern sich der Vertheidigung der Reichsgrenzen in ehrloser Weise entziehen, den Oesterreichern den beschwerlichsten Theil der Vertheidigung überall aufbürden, den Befehlen ihres gesetz- und verfassungsmäßig ernannten Reichs-Feldmarschalls keine Folge geben. — Aber mit Zuchtruthen trieb eben diese Truppen Napoleon Bonaparte zum Kampf gegen ihren Kaiser und ihr rechtmäßiges Oberhaupt! gegen ihr eigen Volk — gegen ihr eigen Vaterland! — Nach Rußland, Italien und Spanien zogen nun die Schwaben, die dem Befehl des Reichs-Feldmarschalls, Kehl zu verlassen und nach Mainz zu ziehen, einst Hohn gesprochen hatten! Für französisches Interesse nach Rußland, Spanien und Tirol zogen die Pfalz-Baiern, die Mannheim und Düsseldorff zur eigenen Rettung einst nicht vertheidigen durften oder wollten!

Welche Verhältnisse, welche menschlichen Verirrungen brachten es dahin, daß diese deutschen Brudermörder, welche die seit 1792 gegen Frankreich kämpfende deutsche Ostmark ohne Unterstützung ließen, nun gegen ihren rechtmäßigen Kaiser zu Felde ziehen mußten, um die glorreichen, periodisch wiederkehrenden Erhebungen des sich nach und nach gänzlich verblutenden Oesterreichs in den Jahren 1805 und 1809 mitzubekämpfen und niederzuschmettern? — Welche Fügung der richtenden Vorsehung, welch' strafendes Verhängniß brachte es dahin, daß es schließlich pfälzische, kurmainzische und kursächsische Truppen sein mußten, die im Bunde mit den Erbfeinden des Reiches und den Henkern Deutschlands, Preußen im Jahre 1806 zermalmten und denselben preußischen Adler mit seinem selbstbewußten „Suum cuique“ bis in den Staub erniedrigten, — denselben preußischen Adler, unter dessen schützenden Fittigen sie einst das kaiserliche Ansehen so freventlich verhöhnt hatten!

Es wurde also den Fürsten allen, denen das lose Band welches sie an des deutschen Kaisers Majestät und an das deutsche Vaterland knüpfte, noch lange nicht lose genug schien, — jenen Großen allen, die das Reich und dessen Oberhaupt mitten in der Gefahr verrathen und verlassen hatten, ihre Herrlichkeit zu keinem Segen! Sie Alle hatten bei der Zertrümmerung ihres ehrwürdigen Vaterlandes, bei dem Sturze des deutschen Kaiserthums nach Kräften mitgeholfen, und jeder von ihnen hatte sich insgeheim bereits im Jahre 1795 einen Strich deutschen Landes, eine Handvoll deutschen Volkes vom Reichsfeind ausbedungen, um ganz unabhängige Souveräne und Souveränchen zu spielen; — vorerst unter preußischer Vermittlung, dann aber unter französischem Protectorate.

Die „Vorsehung“ — mit Berechtigung werde hier das Wort abermals ausgesprochen — ereilte sie in ihren beiden Beschützern! — Der Sturz der Hohenzollern brachte sie um den ersten, und der zweite weit mächtigere hauchte auf St. Helena seinen gewaltigen Geist aus und ließ den neugeschaffenen souveränen Throninhabern Nichts, als eine unsichere Zukunft, — einen schwankenden, auf namenlosem Unrecht erbauten Thron, — ihren Geschlechtern und Nachkommen aber sein eigenes Beispiel tief gefallener Größe!

So rächte sich die Schattenwürde des deutschen Reichsoberhauptes an allen Jenen, welche dieses Schatten-Kaiserthum herbeigeführt hatten. — Konnte wohl dem eitlen und undeutschen Dalberg das für ihn von seinem fränkischen Gebieter geschaffene Rheinbund-Primat, einen Ersatz bieten für die uralte Mainzer Kur? für die Ehrenwürde eines Erzkanzlers des heiligen römischen Reiches deutscher Nation?

Und so wären wir denn bei dem Schlusse unserer Darstellung angelangt. — Der Zeitabschnitt, der offen vor uns daliegt, ist ein vielbedeutender, — wir glauben nicht zu viel zu sagen, wenn wir ihn den wichtigsten der ganzen neueren und neuesten Geschichte Deutschlands nennen. Für Jene, welche aus diesem düsteren aber treuen Bild deutscher Vergangenheit für die Geschichte unserer Tage eine Lehre ziehen wollen, wird dieser treue Spiegel der Vergangenheit noch Nutzen bringen! — Mögen unsere zukünftigen Geschlechter, unser National-Unglück und dessen Ursachen nie vergessen! — dann allein werden die strengen aber leider allzu wahren Worte, die der Geschichtschreiber im vollsten Bewußtsein ihrer den deutschen Patrioten tief darniederdrückenden Wucht in diesem Buche verzeichnet hat, — nicht ohne Wirkung ausgesprochen bleiben!

---

24 Schlüsse. — Betrachten wir nun endlich noch die geschichtlichen Resultate, zu welchen uns der offene Einblick in die Geschichte der Jahre 1794 und 1795 führt, so ergibt die Summe der nach urkundlichen Belegen wahrheitsgetreu dargestellten Thatsachen eine Reihe von Schlußfolgerungen, welche so ziemlich alle bisher in die Geschichtschreibung jener Zeit eingelaufenen Irrthümer und offenbaren Unwahrheiten aufhellen, berichtigen oder vernichten.

Vor jeder weiteren Erörterung sei uns jedoch die fragende Bemerkung erlaubt: Wenn in einem so kleinen, noch ziemlich naheliegenden und verhältnißmäßig kurzen Zeitabschnitt so große, zahlreiche und folgenschwere Irrthümer sich einzuwurzeln vermochten, wie sieht es dann mit unserer „deutschen Geschichte" im Allgemeinen aus? Mit dieser „deutschen Geschichte", die unsere kommende Geschlechter mit Wahrheit und Klarheit über die Fehler und Tugenden ihrer eigenen Vergangenheit belehren soll, um sie dereinst reif zu machen für eine schöne und glorreiche Zukunft?

Berühren wir, ohne bei weitem alle Schlüsse zu erschöpfen, die aus unserer Darstellung gezogen werden könnten, nur beispielsweise einige der bisher festgehaltenen Hauptirrthümer, die sich auf jenen Geschichtsabschnitt beziehen, welchen wir wahrheitsgetreu zu schildern unternommen haben, so stellt sich:

I. als vollkommen unwahr heraus, daß bei Anbeginn der Kriege gegen Frankreich mit dem Eintritt des Freiherrn von Thugut in das österreichische Cabinet die Hyder der Zwietracht, der diplomatischen Arglist und Treulosigkeit ihren Sitz in Wien nahm. Dieser vorgefaßten Anschauung ganz entgegen, glauben wir nicht nur mehr als hinlänglich die Langmuth, die seltene, einer edlen und großen Politik würdige Mäßigung der kaiserlichen Regierung bewiesen, sondern auch dafür die untrüglichsten Beweise geliefert zu haben, daß die Quelle des ewigen deutschen Haders unerschöpflich in Berlin floß, und daß damals in Europa der Geist der Verneinung seinen Hauptwohnsitz in Preußen aufgeschlagen hatte. — Diese Thatsache festgestellt, gelangen wir

II. zur Erkenntniß, daß von dem Augenblick an, in welchem der Uebermuth der französischen Machthaber das Reich und Oesterreich, als dessen vornehmsten Vertheidiger und Beschützer, in den sogenannten Revolutionskrieg gestürzt hat, die Politik der kaiserlichen Regierung bis zum Unterliegen der österreichischen Macht nur das große Ziel der Besiegung Frankreichs, und mit dieser der gleichzeitigen Kräftigung des Reiches und der kaiserliche Autorität in Deutschland unablässig verfolgte. — „„Um Religion, Eigenthum, bürgerliche Ordnung, Staatsverträge, zur Behauptung der Ehre, Würde und Souveränität des deutschen Reiches, zum Schutze und zur künftigen Sicherung seiner Rechte und Grenzen, zur Erlangung einer gebührenden vollständigen Genugthuung für das deutsche Vaterland;"" das war ein Kampfpreis, dessen Erreichung jede Sonderbestrebung von selbst vollkommen in den Hintergrund drängte, — das war aber auch ein hoher Kampfpreis, welcher der Anstrengungen Oesterreichs vollkommen würdig war. — Und das also war der vornehmste Preis, der Oesterreich bewog, auf dem Kampfplatze auszudauern, und der auch mit den Opfern, die das fallende deutsche Kaiserthum unserem deutschen Vaterlande thatsächlich gebracht hat, in weit besseren Einklang zu bringen ist, als die in eben so undankbarer als herzlos verdächtigender Weise bisher festgehaltene historische Anschauung, daß in jener Zeit das englische Geld, Extra-Eroberungen und allerlei unklare Sonder-Interessen und Bestrebungen Oesterreich bewogen, länger als alle Anderen am Kampfplatze auszudauern. — Wurde aus der Frage der kommenden Entschädigungen von den am Krieg betheiligten coalisirten Mächten eine Frage des Festhaltens am Kampfe gemacht, so war es sonach

III. abermals nicht Oesterreich, das an diese Frage zuerst gedacht hat und nur nach deren günstiger Beantwortung den Maßstab an die zu bringenden Opfer zu legen sich gewillt zeigte, sondern vor allen anderen Mächten war es Preußen. Als nämlich die preußische Politik sich plötzlich davon überzeugt zu haben glaubte, daß mit einer Rückeroberung des Elsasses und Lothringens für das Reich, und insbesondere bei der Besiegung des Reichsfeindes hauptsächlich nur das Reichsoberhaupt und durch dieses wieder Oesterreich gewinnen könnte, da war freilich keines Bleibens mehr bei der Allianz, welche Oesterreich soeben erst durch die Rückgabe eroberter Gebiete an die Türkei theuer genug erkauft hatte. Damals schon faßte man in Berlin den frevelhaften Gedanken, trotz der soeben erst mit Oesterreich abgeschlossenen Verträge Frieden zu schließen, um vor Allem Oesterreich und das deutsche Kaiserthum unheilbar zu schädigen, während des Kampfes aber sich entweder in Polen hinter Oesterreichs Rücken auszubreiten, oder wenn Oesterreich die Niederlande gänzlich verloren haben würde, mit dem Reichsfeind einseitigen Frieden abzuschliessen, um hiedurch Oesterreichs Verluste ganz uneinbringlich zu machen. Und dieses Ziel also war im Gegensatz zu den österreichischen Bestrebungen der wohlüberlegte und consequent durchgeführte Plan der preußischen

Baseler-Friedens-Politik, vielleicht schon zur Zeit des Reichenbacher-Vertrages und des Pillnitzer-Tractates, jedenfalls aber thatsächlich zur Zeit des Haager-Tractates und kurz nach Abschluß desselben. — In diesem Plane liegt

IV. das Räthsel, daß in den ersten Feldzügen dieses „französischen Revolutionskrieges" die mächtige Coalition selbst nach rühmlichen Kämpfen Nichts als Mißerfolge aufzuweisen hat. Hierin allein liegt der Schlüssel, daß im J. 1792 kein Haltens mehr in der Champagne, ja selbst kein Haltens im Luxemburg'schen oder Trier'schen war, und dann im J. 1793 nur die nothgedrungene, überlangsam betriebene Belagerung von Mainz gegen die bewußte „Belagerungs-Kosten-Rechnung" möglich wurde, statt der nachdrücklichsten Unterstützung der Wurmser'schen, Coburg'schen, Bender'schen, Clerfayt'schen „Hußarenstreiche", oder gar jener des Jahres 1794 unter dem Herzog Albrecht von Sachsen-Teschen. — Und um jede, auch die allervernünftigste und einfachste Bewegung der tapferen österreichischen Feldherrn nach „Vorwärts" unmöglich zu machen, erfanden die preußischen Feldherrn ihre, ihnen immer als taktisch wundervolle Meisterstücke vorschwebenden Manövers und Concentrirungen nach „Rückwärts". — Diese Kriegführung ganz allein war es, welche

V. den Verlust der in den Jahren 1792 und 1793 von den Oesterreichern mit unzähligen Opfern zurückgewonnenen Niederlande, im Jahre 1794 abermals nach sich zog; diese Kriegführung war es, welche die von der gesammten Coalition gewünschte Abrückung preußischer Streitkräfte „nach Flandern" nicht zuließ, dafür aber das verrätherische Aufgeben des für die Verbindung mit den Niederlanden und für die Erhaltung der Festung Luxemburg so äußerst wichtigen Postens von Trier her-

33*

beiführte. — Das freiwillige Verlassen des für die Erhaltung des linken Rheinufers so hochwichtigen Hundsrück, das Preisgeben der fast wehrlosen Reichsfestung Mainz (trotz der Kostenrechnung), vervollständigt also nur ein schmachvoll arglistiges Treiben, welches im Jahre 1794 die Unfälle der Oesterreicher in den Niederlanden plötzlich verzehnfachte, vorerst deren Räumung herbeiführte, später aber die Wiedereroberung des burgundischen Kreises ganz unmöglich machte. — Diesen Manövern nach „Rückwärts" allein, und nicht den schlechten ungenügenden Rüstungen und der Zerfahrenheit der anderen Verbündeten im Allgemeinen, sind alle Mißerfolge der ersten Feldzüge gegen Frankreich, so weit unsere Forschung bis zum Jahre 1795 reicht, zu verdanken. — Dieser höheren Kriegführung der preußischen Generalität in jener Zeit entspringen aber auch

VI. insbesondere alle großen Unglücksfälle der österreichischen und der Reichs-Armee, die beide von ihren mächtigsten Bundesgenossen nirgends nachdrücklich oder im entscheidenden Augenblick unterstützt, durch alle Tapferkeit ihrer Feldherrn, durch allen Heldenmuth ihrer gerade damals ausgezeichnet wacker kämpfenden Truppen, durch alle beispiellosen Aufopferungen der österreichischen Monarchie eben aus dem Grunde nie zu verbessern waren, weil diese heillose Kriegführung eine Kette von Verrath bildet, von dem mehr berührten Rückzuge des Jahres 1792 aus der Champagne, bis zu jenem Möllendorff's über den Rhein, bis zum Verluste Hollands und der Rheinschanze vor Mannheim, und dem noch weit größeren und folgenschwereren des ganzen linken Rheinufers. — Sonach fiel es aber damals auch

VII. den maßgebenden Lenkern der kaiserlichen Politik nie ein, am allerwenigsten aber nie dem klug berechnenden und mit weiser Voraussicht begabten, genialen österreichischen Staatsmann Thugut, mit den österreichischen Niederlanden ein so thörichtes Spiel, als es ihm bis nun in der Geschichte zugemuthet wird, zu spielen. — Daß die niederländischen Provinzen für Oesterreich wirklich eher eine Last als ein Nutzen waren, ist schon aus ihrer geringen Mithilfe zur eigenen Vertheidigung klar zu ersehen. Mag somit auch Thugut, wie dieß in einem Erlasse an Pelser geschieht, von den Niederlanden als von „provinces onéreuses“ gesprochen haben, mag er irgend wo und gegen irgend Jemanden dieser — nach der soeben erst bewältigten niederländischen Revolution — sich unwillkürlich aufdrängenden Wahrnehmung gesprächsweise Ausdruck gegeben haben, so ist das doch wahrlich noch immer kein Befehl zu einer „perfiden, opferlosen Räumung“ dieser für Oesterreich und Deutschland gleich wichtigen Lande. — Von einem vielleicht im Momente der Leidenschaft hingeworfenen Worte bis zu der Tollheit, mit unsäglichen Blutströmen vertheidigte erbländische Provinzen im guten Glauben daran aufzugeben, daß sich Preußen — trotz der allbekannten Theilnahme dieses Staates an der Empörung der Niederländer gegen Josef II., — vielleicht später einmal gelegenheitlich die Mühe nehmen werde, sie für Oesterreich zurückzuerobern, weil Burgund geographisch näher an Preußen als an Oesterreich lag, ist doch ein weiter Weg, und wäre mehr als politischer Wahnsinn. — Uebrigens werden ja alle diese ungegründeten Vermuthungen und „angeblichen“ historischen Thatsachen durch die von Thugut selbst entworfenen kaiserlichen Erlässe an Coburg, Waldeck, Clerfayt und Pelser vollständigst entkräftet; wogegen

VIII. die Behauptung nicht entkräftet werden kann, daß an den verschiedensten Orten preußische Minister oder Agenten, wie Dönhoff, Dohm, Lucchesini, Hardenberg, Haugwitz, Görz und Keller es waren, welche diesen Verdacht auf die kaiserliche Regierung zu wälzen bemüht blieben und diese der Ehre Oesterreichs damals so verhängnißvollen Verläumdungen durch alle möglichen Zeitungen und Flugblätter recht absichtlich verbreiteten. Vielleicht aus angelernter Bosheit, vielleicht aber, und dieß dünkt uns wahrscheinlicher, um Zwietracht und Mißtrauen zwischen Oesterreich und England zu stiften und die öffentliche Meinung zu bethören; jedenfalls aber, um im deutschen Reich das allgemeine Vertrauen zu Oesterreich und dem deutschen Kaiser unheilbar zu schädigen. — Aus eben diesem Gesichtspunkt ist auch

IX. das dem österr. Cabinet damals unterschobene Projekt der Einverleibung des baierischen Herzogthums als Austauschobjekt für den angeblich dem Reichsfeind preisgegebenen burgundischen Kreis zu betrachten. Diese Einverleibung Baierns in Oesterreich war und blieb bis zu den Präliminarien von Leoben und noch später eine künstliche Handhabe der preußischen Politik, mit welcher sie die öffentliche Meinung in Deuschland bethörte. Das offenkundige Ziel dabei war aber jenes, einerseits zwischen Oesterreich und Pfalz-Baiern, anderseits zwischen Oesterreich und Zweibrücken eine fortwährende Zwietracht rege zu halten, und diese Zwietracht je nach den preußischen Wünschen entweder gegen Oesterreich, oder gegen das im Süden Deutschlands an Ansbach und Baireuth grenzende mächtige Baiern, oder endlich auch gegen die tief in Preußens Schuld stehende Zweibrückner Herzogslinie zu mißbrauchen. — Schon die ernste politische Lage Oesterreichs zur Zeit des Krieges gegen Frankreich hätte gewiß selbst einen minder geistig hervorragenden österreichischen Staatsmann, als Thugut wirklich war, davon zurückgehalten, so weittragende Projekte zu verwirklichen. Doch auch das uns bekannte Hauptziel, welches Oesterreich im damaligen Reichskrieg entschieden verfolgte, steht mit diesen leeren, ebenfalls nirgends bewiesenen, aber bisher in jeder deutschen Geschichte für Wahrheit ausgegebenen Verdächtigungen im schreiendsten Widerspruche. — Ganz im Gegensatze zu diesen Angaben standen dagegen

X. die wechselseitigen Beziehungen Oesterreichs zu Kur-Pfalz-Baiern, Dank den unermüdlichen preußischen Einflüsterungen gerade in jener Zeit schlechter als jemals zuvor. Ganz entgegen den heut zu Tage berichteten wunderbaren Dingen über die Ergebenheit des pfalz-baierischen Hofes für Oesterreich stellt sich nach den uns vorliegenden Aktenstücken eine geradezu feindselige Haltung Pfalz-Baierns gegen Oesterreich während des ganzen Reichskrieges heraus. Und gerade diese offenbar verrätherische Gesinnung des pfälzischen Kur-Staates gegen Kaiser und Reich kann wieder nur als der einzig große Hebel angesehen werden, welcher es endlich dahin brachte, daß die österreichische Politik zur Zeit von Campo Formio und Leoben Pfalz-Baiern mit gleicher Rücksichtslosigkeit bezahlte und nur mehr auf den eigenen östereichischen Vortheil ohne weitere Rücksicht auf die Kur-Pfalz, bedacht blieb. Bis es aber dahin kam, vergingen wieder mehrere Jahre. In der Zeit, von welcher wir sprechen, in den Jahren 1793, 1794 und 1795, wäre es gewiß nicht nur mehr als eine wunderliche österreichische Politik, sondern gleichfalls nur ein sinnloser politischer Wahnsinn gewesen, wenn das von allen Seiten bedrohte Oesterreich auch noch an die Einverleibung des feindselig gesinnten Baierns gedacht hätte, nachdem die kaiserliche Regierung kaum zwanzig Jahre früher im Jahre 1778 in weit günstigeren Zeitverhältnissen, trotz der selbsteigenen Zustimmung des kur-pfälzischen Hofes und eines großen Theils des baierischen Volkes, trotz der Zustimmung von Frankreich und Rußland und noch mehrerer anderer Mächte, den weittragenden Plan, aus Scheu vor Blutvergießen aufgegeben hatte. — Eben so wenig wie dieses, angeblich von Oesterreich gehegte Projekt begründet ist, eben so wenig begründet sind aber auch

XI. die in der Geschichte gleichfalls nur nach zweifelhaften Angaben in diesen und den vorausgegangenen Jahren, den österreichischen Staatsmännern zugeschriebenen geheimen Friedensunterhandlungen mit Frankreich. Wenn man auch da allenfalls nicht wieder staatsmännische Aeußerungen der maßgebenden Regierungskreise, wie beispielsweise jene, daß „Oesterreich den Frieden eben so ernstlich wie Frankreich wolle und wünsche", als Begründung für eine mit Robespierre oder anderen französischen Gewalthabern geführte geheime, folgenschwere Unterhandlung gelten lassen will, so ergibt sich: daß nicht die allergeringste Spur von diesen Unterhandlungen, weder zu Paris, noch zu Wien, weder durch Carletti, noch durch einen andern ähnlichen Canal zu finden ist, sondern daß diese Unterhandlungen sogar ganz unvereinbar sind mit dem klar vor uns liegenden Hauptziel der österreichischen Politik. — Demnach kann man wohl auch

XII. fernerhin nicht mit einem Anschein von Ernst und Wahrheit und bei reiflicher Erwägung der in diesem Buche niedergelegten Thatsachen, Oesterreich für die Preisgabe des linken Rheinufers, der Reichs-Integrität und der Rheinfestungen zur Zeit des Friedens von Campo Formio verantwortlich machen, oder gar, wie dieß heut zu Tage noch in der Geschichte gebräuchlich ist, hierüber Vorwürfe und Verdächtigungen gegen Oesterreich nach rückwärts schleudern; — da es ja

XIII. wieder festgestellt bleibt, daß der Kurfürst von der Pfalz Düsseldorff und Mannheim im Jahre 1795 dem Reichsfeind in verrätherischer Weise übergeben ließ, und jener von Mainz im selben Jahre im entschieden reichsfeindlichen Sinne seine eigene Residenz, die Reichsfestung Mainz, den Franzosen abzutreten Willens war; — nachdem es endlich festgestellt ist, daß Preußen, ja fast alle bei dieser Abtretung mittelbar oder unmittelbar betheiligten Reichsstände das linke Rheinufer zur Zeit des Baseler Friedens, welchem die Mehrzahl der Reichsstände, wie es die spätere Zeit noch deutlicher beweist, offen oder insgeheim zuzustimmen sich bewogen fanden, bereits zwei Jahre vorher preisgegeben hatten. — Somit ist es aber auch

XIV. eine ganz unwahre Behauptung, wenn man sich heut zu Tage in historischen Deductionen zu beweisen abmüht, daß Oesterreich in den späteren Jahren, welche dieser von uns dargestellten entscheidenden Zeitepoche — diesem Wendepunkt der Geschicke Deutschlands — folgen, das deutsche Reich aufgegeben und verlassen hat, sondern ganz im Gegentheile: Preußen und das deutsche Reich, letzteres jedoch vornehmlich durch das preußische Beispiel hiezu verführt, haben Oesterreich und den letzten deutschen Kaiser schon zur Zeit des Baseler Friedens in den Jahren 1794 und 1795 aufgegeben und verlassen, und das gemeinsame Band unseres Vaterlandes freventlich zerrissen. — Alles Vorhergegangene muß doch nach den Gesetzen der Natur erst das Kommende erzeugen. Der vorurtheilsfrei Urtheilende wird unmöglich in der späteren Bahn, in welche die österreichische Politik, und zwar ersichtlicher Weise ohne eigenes Verschulden, gedrängt wurde, einen Treubruch oder österreichischen Verrath an Deutschland entdecken können. Jene Saat zur üppig emporwuchernden deutschen Schande und Schmach, die im letzten Jahrzehent des verwichenen Jahrhunderts und zu Anfang des gegenwärtigen in den weiten Gauen unseres deutschen Vaterlandes überall ausgestreut worden ist, liegt daher durchaus nicht in Leoben, nicht im Frieden von Campo Formio, nicht im Rastätter Congreß, nicht in Lüneville, Schönbrunn oder Preßburg — sondern ganz allein im Baseler Frieden! — Sonach ist aber auch

XV. die neueste historische Behauptung „kleindeutscher Geschichtsbaumeister": daß „Alt-Oesterreich" und die „deutsche Kaiserpolitik" in aller Vergangenheit das Grab unserer deutschen National-Wohlfahrt geworden sind, nur der Gipfelpunkt eines auf die systematische Corruption der öffentlichen Meinung in Deutschland berechneten geschichtlichen Treibens. — Die deutsche Bundes-Präsidialmacht Oesterreich hat gegenwärtig in Deutschland ohnehin nicht viel mehr zu verlieren, als ihre ehrwürdige und große Vergangenheit. Gelingt es jemals, aus dem Gedächtniß der deutschen Nation diese ehrenvolle Vergangenheit auszulöschen, so ist für Oesterreich der letzte Rest von Anhänglichkeit der Nachkommen jener Völker verschwunden, deren Väter in den schwersten Prüfungsstunden, die je unser deutsches Vaterland überkamen, ganz allein in Oesterreich den Hort und den Schild der deutschen Nation erkennen zu lernen gezwungen waren. Es liegt also ein wohldurchdachtes und gut berechnetes System darin, Oesterreichs Zukunft in Deutschland unmöglich zu machen; — dieses Ziel möglichst rasch zu erreichen, liegt im Bestreben der am historischen Felde rastlos thätigen und unablässig rührigen sogenannten „Gothaer-Professoren- oder deutschen National-Vereins-Partei." Die Mittel aber, welche gebraucht werden, um dieses dunkle Ziel zu erreichen, liegen in diesem Buche offen vor den Augen der billig und gerecht urtheilenden deutschen Nation! — Die Nachkommen jener Deutschen, an welchen dieses Baseler Friedens „National-Verbrechen" begangen wurde, mögen wählen zwischen der von uns vertretenen Sache und derjenigen unserer namenlos unbilligen historischen und politischen Gegner! Diese Letzteren als Angreifer haben uns allerdings den Kampf der Vertheidigung leichter gemacht, als sie vermeinten. In der von uns beschriebenen Vergangenheit lag nämlich nur auf der deutsch-kaiserlichen Seite Recht, Wahrheit und Ehre! Das vergaßen oder versuchten die „kleindeutschen Geschichtsbaumeister" einfach der deutschen Nation vergessen zu machen, nebenbei vergaßen sie aber selbst, daß die österreichische Geschichte mit jener des alten Reiches und seines Staatsoberhauptes so eng verwoben ist, daß die in ihren geschichtlichen Werken zu Tage tretenden Versuche, Oesterreich aus der Gruppe deutscher Staaten nach und nach auszuschließen, daß diese künstlich hervorgerufene Trennung der gemeinsamen Erlebnisse, zum wenigsten für unsere ganze tausendjährige deutsche Vergangenheit vollkommen undenkbar bleiben wird und muß! Die fanatischen Gegner Oesterreichs haben aber ferner auch noch vergessen, daß für jeden wahren deutschen Patrioten der Anfangs- und Endpunkt der nicht durch Oesterreichs Schuld zerrissenen ehemaligen Reichseinheit thatsächlich nur im deutschen Kaiserthum, und zwar nur durch Oesterreich, als dessen Repräsentanten, vertreten gefunden werden kann. — Nur bei der Außerachtlassung dieses einzig richtigen Grundpfeilers, auf welchem eine deutsche Reichsgeschichte ganz allein mit Wahrheit aufgebaut werden kann, wurde es den rührigen geschichtlichen Aposteln des kleindeutschen Dogma's möglich, statt realer „deutscher Geschichte" — ideale „kurbrandenburgische Geschichte" zu schreiben. — Der österreichischen Gegenwart aber, die in Deutschland von der Gegenwart Nichts, von der Zukunft Alles erwartet, können

XVI. die von der österreichischen Vergangenheit wirklich dargebrachten Opfer durchaus nicht so gleichgültig sein, als jenen Deutschen, deren Vergangenheit eben keinen Opfermuth für das gemeinsame deutsche Vaterland aufzuweisen hat. Deßhalb kann und darf Oesterreich auch nie und nimmermehr gewillt sein, mit der „neuen und neuesten deutschen Geschichtsforschung“ Alles, was Oesterreich in der Vergangenheit an Geld, Gut und Blut zur Rettung des deutschen Vaterlandes dahingegeben hat, zu vergessen, zu unterschätzen oder etwa gar zu einer Fruchtbringung nach einigen Jahrhunderten ad acta zu legen. Umsonst fragt der österreichische Reichsländer den außerösterreichischen: Wo sind denn die deutschen Truppen, welche damals, in der wichtigsten Epoche der deutschen Geschichte, Deutschland vertheidigt haben? Sind es die Pfälzer, Schwaben, Mainzer, Brandenburger oder Sachsen gewesen? Von allen diesen Truppen sahen wir ja keine fechten! Oesterreicher allein sind es, die wir im burgundischen Kreis, in Holland, in Italien und am Rhein standhaft am Kampfplatz ausharrend finden, — und nur diese österreichischen Truppen allein sehen wir überall thatkräftig und in Wahrheit auf der Wahlstatt kämpfen! — Bedenkt man sonach die unermeßlichen Verluste an Hab, Gut und Menschenleben, welche Oesterreich damals in Folge der sich immer wieder potenzirenden unglücklichen Feldzüge erlitt; *) summirt man z. B.

*) Das treffliche „Handbuch der vergleichenden Statistik der Völkerzustands- und Staatenkunde“ von G. Fr. Kolb. (Leipzig bei Felix 1865) hat uns z. B. über die Staatsschuldengeschichte Oesterreichs folgende Zahlen aufbewahrt, welche gar keines weiteren Commentares bedürfen. (S. 152.): „Schon 1790 stieg der Schuldbetrag auf fast 372 Mill., 1793 auf 245, 1795 auf 496. Im nächsten Jahre 1796 sind 564, 1799 633, 1802—680 Mill. aufgezeichnet; dann 1810 — 727, 1811 — 812 Mill.“ Im selben Verhältniß stieg die Fabrikation des Papiergeldes, um den Kriegsbedürfnissen zu entsprechen. — (S. 153.): „Im Jahre 1781 beschränkte sich dasselbe noch auf 7³/₄ Mill. Gulden, 1788 waren es über 20, 1794 — 32, 1796 — 47, 1797 — 74, 1798 — 92, 1799 — 141, 1800 — 201; 1801 — 262, 1802 — 337, 1806 — 450, 1808 — 519, 1809 — 730 Millionen.“ Im Jahre 1811 trat bekanntlich der Staats-

nur die in dem einzigen Jahre 1794 dargebrachten Opfer an Geld, Gut und Menschen, so wird man wohl, wenn auch etwas spät, vielleicht aber doch immer noch nicht all zu spät, zur Erkenntniß gelangen können: daß

XVII. Oesterreich nie und in keiner Art mehr jene Opferwilligkeit, welche es dem deutschen Reiche bewiesen hat, von Deutschland in entferntester Weise zurück erstattet erhielt. Ja gewiß stünde Deutschland noch tief in Oesterreichs Schuld, hätte dieses nicht zur Zeit des 1815er Congresses auf alle dargebrachten Opfer der Vergangenheit großmüthig Verzicht geleistet, und wäre diese „wirkliche", nicht etwa ideale Großmuth Oesterreichs von damals und später nicht eben so groß gewesen, als der Opfermuth des fallenden deutschen Kaiserthums für Deutschland, in jedem Anbetracht „groß" genannt werden kann. — Auf diese Wahrnehmung glaubt der Verfasser dieses Buches, ein „Deutsch-Oesterreicher", wohl mit vollem Recht die Aufmerksamkeit der billig denkenden deutschen Nachwelt lenken zu dürfen. — Diese Thatsache festgestellt, kann aber auch

XVIII. das ganze große Unglück, welches über Oesterreich und das deutsche Reich hereinbrach, nur dann einer gerechten Beurtheilung unterzogen werden, wenn man nicht, — wie dieß so häufig noch immer zu geschehen pflegt, — Ereignissen späterer Jahre einen bestimmenden Einfluß auf früher Geschehenes zuschreibt und, die Vergangenheit durch die Zukunft erklärend, Wirkung und Ursache in einseitiger und unlogischer Weise verkettet. So können einerseits die Ereignisse der Jahre 1796 und 1797 gewiß nicht als bedingend für jene der Jahre 1794 und 1795

bankerut ein, und abermals verschlangen die neuen Kriege von 1813 bis 1815 namhafte Summen, so daß beim Friedensschluß 1815 die neue Schuldziffer wieder 828 Mill. betrug.

gelten, wie denn auch anderseits der richtige Standpunkt für die Beurtheilung der nachfolgenden Zeiten bis zum Jahre 1815 und darüber nur durch die genaue Kenntniß von Ursache und Wirkung, von Genesis und Folgen des Baseler Friedens erworben werden kann. — Auf dieser Stufenleiter der Erkenntniß emporklimmend, wird man sonach

XIX. bald innewerden, daß eine Regierung, welche treue, redliche und verständige Leute mit den höchsten Staatsstellen betraut, gewiß weder den Willen hat noch die Werkzeuge besitzt, unehrlich oder schlecht zu handeln; und nie wird man ihr mit Grund den Vorwurf machen können, daß sie mit der Wohlfahrt des eigenen Staates und jener des deutschen Reiches freventlich gespielt hat. Man wird aber gleichzeitig zur Einsicht gelangen, daß eine Regierung, welche biedere, treue und die Wahrheit über jede Hofgunst liebende Ehrenmänner an ihre höchsten Stellen berief, wohl nach einem etwas anderen Maßstab zu messen ist, als jene Regierung, die ihr Vertrauen den bekannten Trägern preußischer Staatskunst, den Hrn. Haugwitz, Lucchesini, Lombard, Möllendorff, Kalkreuth u. s. w. schenkte und diese Männer mit der Verwaltung der eigenen höchsten Staatswürden betraute, demzufolge entweder die höchsten Staatswürden durch die unwürdigsten Werkzeuge verwalten ließ, oder selbst ein System befolgte, zu dessen würdiger Vertretung sie eben niemand Anderen als die genannten fand. — Soll aber

XX. die deutsche Nachwelt, wie es noch gegenwärtig geschieht, das schreiende Trug-Gewebe dieser von uns geschilderten, über alle Maßen traurigen Vergangenheit weiter spinnen? Soll sie etwa die wackeren deutschen Männer Bender, Wurmser, Clerfayt, Albrecht von Sachsen-Teschen u. a. m. in die Kategorie der preußischen Würdenträger stellen? Soll sie den letzten deutschen

Kaiser Franz II. in derselben Weise beurtheilen und verurtheilen, wie einen Friedrich Wilhelm II.? — Nein! das soll die deutsche Nachwelt gewiß nicht! Und wenn die Weltgeschichte mit Recht „das Weltgericht“ genannt, zornentflammt jenen traurigen geschichtlichen Gestalten, welche so verderblich in die preußische Politik eingriffen, ihre vollste Verachtung zuwendet, so wird und muß sie gleichzeitig der Jugendregierung Franz II. Gerechtigkeit widerfahren lassen, da er sie ja selbst jederzeit geübt hat, (justitia regnorum fundamentum), so weit Menschen sie üben können. Mit Dankbarkeit und Verehrung wird aber auch die späteste deutsche Nachwelt noch jener echt deutschen Heldengestalten gedenken, die den wankenden Thron des letzten deutschen Kaisers furchtlos umgaben und in einer Zeit deutscher Schmach sonder Gleichen das Reichspanier hoch emporhielten und zur Bekämpfung des Reichsfeindes mit redlichem Sinne alle Mittel angewendet haben, die sie nur immerhin anzuwenden vermochten!

Die deutsche Geschichte, insoferne sie deutsch ist, muß aber fernerhin den Trägern der damaligen kaiserlichen Politik ihr anerkennendes dankbares Mitgefühl zuerkennen; — Männern, die, wie der letzte Reichs-Vicekanzler der greise Fürst Colloredo-Mannsfeld, wie der letzte kaiserliche Concommissär und des deutschen Reiches Frei- und Bannerherr der wackere Aloisius von Hügel, wie der letzte Reichs-Referendar der biedere Peter Anton v. Frank, — die Seele waren einer Regierung, die es damals gewiß gut und redlich mit Deutschland gemeint hat, und die für all das nachherige Unglück, das Deutschland traf, für das spätere Elend, in welches sie selbst mitgerissen wurde, nie und nimmermehr verantwortlich gemacht werden kann. Denn diese Männer allein sind es, deren leuchtendes Vorbild die einzige Befriedigung bietet, welche deutsche Herzen aus dieser jammerreichen Vergangenheit ziehen können, sie allein sind es vor allen Anderen, die am allerwenigsten dazu geeignet scheinen, daß sie von Deutschland fernerhin ungewürdigt und vergessen bleiben. — Und die Größe ihrer unserem Vaterlande damals geleisteten Dienste berechtigt uns dazu, von der Nachwelt zu fordern, daß keine „deutsche Geschichte" ihre Leistungen mehr mit Stillschweigen übergehe, und daß keine wahrhaft große That der kaiserlichen Regierung fernerhin verborgen bleibe unter dem Schutte jener Trümmer, unter denen das ehrwürdige Reich unserer Voreltern noch gegenwärtig begraben liegt! — Sonach drängt es uns aber auch endlich noch

XXI. für jene Staatsmänner von dem aufgeklärten und leidenschaftslosen Urtheil der Nachwelt Gerechtigkeit zu fordern, auf die man bisher versucht hat, in erster Linie und in sehr unverdienter Weise das Unglück jener Zeit, das man entweder nicht verstehen wollte, oder nicht verstehen konnte, zurückzuführen. Nie ist es uns in den Sinn gekommen, eine restitutio ad integrum der Politik des Freiherrn von Thugut zu unternehmen. Aber hier handelt es sich um eine restitutio pro parte jener österreichischen Politik, welche Thugut in dem uns vorliegenden Zeitabschnitte der Geschichte des beginnenden Reichszerfalles eingehalten hat. — In der Zeichnung eines geschichtlichen Charakters kann der Darsteller eines begrenzten geschichtlichen Zeitraumes nur das in denselben fallende Bild desselben wiedergeben. Was spätere Verhältnisse und Zeiten an dem Bilde ändern, kann und darf er manchesmal berühren, nie aber daraus prophetische Rückschlüsse zu Gunsten oder zu Ungunsten der Vergangenheit ziehen. Insbesondere die „neudeutschen Geschichtskünstler" waren nicht ohne Grund so über eifrigst bemüht, die Thugut'sche Politik immer schwärzer und schwärzer auszumalen. Schon den preuſsischen Zeitgenossen und Kollegen des Freiherrn von Thugut war es ja, wie wir gesehen haben, um dasselbe Ziel zu thun. Sie suchten und fanden eben in Thugut einen Sündenbüßer für ihre eigene Schlechtigkeit. Und als später das Glück diesem unternehmenden und genialen österreichischen Staatsmann abhold blieb, als die in Folge des Baseler Friedens eingetretene tiefe Erschöpfung Oesterreichs diesen hochbegabten Minister zur Unterzeichnung der Präliminarien von Leoben und des Friedens von Campo Formio gewaltsam drängte, ihn endlich zu thun zwang, was alle Andern bereits vor ihm schon lange gethan hatten, da glaubte man rasch alles Unglück und Unheil der vergangenen Jahre auf Thugut und seine Politik wälzen zu können, um dagegen den preußischen König Friedrich Wilhelm II. und möglichst viele seiner unwürdigen Staatsmänner, in das ideale Lichtkleid rührender Unschuld einzuhüllen!

Da wurden nun freilich spezifisch-österreichische Charaktere, wie der Freiherr von Thugut und der furchtlose, die Wahrheit und Oesterreich über Alles liebende Graf Conrad Ludwig Lehrbach immer schwärzer und schwärzer gezeichnet und schließlich zu den allergewissenlosesten und schlechtesten Diplomaten ihrer Zeit aus demselben Grund gestempelt, aus welchem man dem jugendlichen Kaiser Franz II. die Schuld der Mißerfolge zuzuschreiben sich bemüht und seine damalige, höchst ehrenvolle Regierungsperiode habsüchtig, unfähig und schlecht schildert, um dagegen die Regierung des traurigsten aller preußischen Könige, — jene des „Baseler-Friedens-Königs" zu übertünchen oder gar, wie dieß in verschiedenen historischen Werken geschieht, als redlich, uneigennützig, ritterlich, reichspatriotisch und großmüthig preisen zu können.

So wurde das durch die preußische Politik freventlich herbeigeführte Unheil in sehr geschickter Weise in erster Linie auf die damaligen Staatslenker des österreichischen Cabinets abgeleitet. Lehrbach und Thugut in Oesterreich unmöglich zu machen, war der Lieblingsgedanke der preußischen Politik, weil die preussischen Machthaber jene Männer, die allein das ganze Truggewebe zu durchschauen und zu zerreißen fähig schienen, gerne durch unfähige Nachfolger von beschränktem Verstand, mit denen Preußen leichteres Spiel gehabt haben würde, ersetzt wünschte. — Das ist die eigentliche Ursache des großen preussischen Hasses von damals gegen Thugut, jenes Hasses, welcher aus einer schmutzigen Literatur in die „kleindeutsche" Geschichtschreibung ungemildert übergegangen ist. Deßhalb jener übergroße Haß, — ein Haß des Preußenthums gegen fähige österreichische Minister, der gegen jeden treuen und eifrigen österreichischen Staatsmann von jener Partei stets genährt wurde, so lange sich die Richtung der preußischen Politik jener Zeit treu geblieben ist, — ein Haß, den bis heute der Oesterreicher nachzubeten unwillkührlich gezwungen wurde, — ein Haß, der übrigens, wie der Graf Lehrbach sehr bedeutungsvoll sagt, „jedem kaiserlichen Minister lieber sein sollte, als all das zuckersüße preußische Lob!" *)

Die Seele der österreichischen Politik jener Zeit war also der schon dazumal viel befehdete, heut zu Tage aber in der öffentlichen Meinung Deutschlands zu einem wahren politischen Scheusal gebrandmarkte Franz Freiherr von Thugut, der Sohn eines Schiffers von der Linzer Donaulände. — Um so höhere Beachtung verdient es daher, wenn wir

XXII. die Aufmerksamkeit unserer Leser wiederholt darauf lenken, daß alle an die verschiedenen österreichischen Generäle

---

*) Lehrbach an Thugut, d. d. Regensburg 30. Juli 1795. (St. A.)

und österreichischen Minister abgesandten kaiserlichen Briefe, daß alle entscheidenden Befehle zu Operationen, deren bündige Klarheit und redliche Sprache wir in der vorliegenden Geschichte oftmals zu bewundern Gelegenheit fanden, daß sie alle insgesammt das Werk seines Geistes sind. Mit welcher Sicherheit, Energie, Kraft, Vaterlandsliebe und Staatsklugheit aber das österreichische Staatsschiff in jener Zeit namenloser Gefahr und Verwirrung von diesem Manne gelenkt wurde, — diese Frage stellen wir mit vollster Beruhigung unseren vorurtheilsfreien Lesern zur Beantwortung anheim. *)

*) Ueber Thugut siehe das „Große Conversations-Lexicon" von Meyer (Hildburghausen 1861). Alles was in anderen Büchern (Häusser, Sybel rc.) über Thugut geschrieben steht, ist zumeist nach Hormayr oder Vehse gebildet, leeres unwahres Gewäsch, — ein historischer Roman. Der geniale österreichische Staatsmann hat leider noch immer keinen, ihn und seine politischen Handlungen billig beurtheilenden Biographen gefunden. Wir entnehmen daher auch die folgende durch unsere Forschung theilweise ergänzte Skizze zum größeren Theil dem vorerwähnten Meyer'schen Lexicon und behalten uns für die Zukunft vor, unsere Zeitgenossen mit den Verdiensten dieses ausgezeichneten Staatsmannes um Deutschland und Oesterreich bekannt zu machen.

Franz Maria Freiherr von Thugut, von 1794 bis 1800 mit geringen Unterbrechungen allmächtiger österreichischer Minister der auswärtigen Angelegenheiten, war 1734 zu Linz in Oberösterreich geboren, allwo sein Vater, ein armer Schiffsmeister, lebte, und hieß eigentlich Tunicotto, d. h. Thunichtgut, welchen welsch-tyrol. Namen die Kaiserin Maria Theresia in Thugut umänderte. 1752 trat der fähige Jüngling in die orientalische Akademie ein, und schon 1754 wurde er seiner raschen Fortschritte wegen als Dolmetschgehülfe mit einer Gesandtschaft nach Konstantinopel geschickt, hierauf 1757 zum wirklichen Dollmetsch, 1769 zum Geschäftsträger bei der Pforte, 1770 zum Residenten und schon 1771 zum kaiserlichen Hofrath und wirklichen Internuntius daselbst ernannt. In dem damaligen Kriege zwischen der Türkei und Rußland zeigte sich Thugut, dessen Stellung eine sehr schwierige war, als ein gewandter Staatsmann. 1772 auf dem Friedenscongresse von Fockschani entwickelte er als österreichischer Botschafter eine so äußerst umsichtige Thätigkeit

34*

Den von uns veröffentlichten Urkunden nach blieben XXIII. unter Thuguts Leitung die wahrhaft großen und würdigen Strebeziele der österreichischen Politik unablässig darauf gerichtet, in Europa den Sieg des österreichischen Einflusses über jenen von Frankreich's standhaft zu erkämpfen. Mit der Erreichung dieses Sieges in innigster Verbindung stand aber

---

und seine Diplomatie, daß ihn Maria Theresia aus Anerkennung in den Freiherrnstand erhob. 1776 bewirkte er von der Pforte durch eine Convention die Abtretung der Provinz Bukowina an Oesterreich, und dadurch die in militärischer und administrativer Hinsicht äußerst wichtige Verbindung zwischen Siebenbürgen und dem von Polen neuerworbenen Galizien. Es ist das erste und einzige Beispiel in der Geschichte, daß ein österreichischer Diplomat einen für Oesterreich so günstigen Ländererwerb ohne sichtbare äußere Veranlassung, ohne kriegerische Vorfallenheiten zu erwerben wußte, und dieß allein beweist wohl am Besten, wie überlegenen Geistes in jeder Beziehung der österreichische Diplomat den Fremden gewesen. Maria Theresia lohnte seine großen Verdienste mit dem Kommandeurkreuz des Stephansordens, einer Auszeichnung, welcher sich damals nur sehr Wenige rühmen konnten.

1777 von Konstantinopel abberufen, erhielt er diplomatische Missionen an die Höfe von Neapel und Versailles und ward 1778 von der friedliebenden Kaiserin ohne Vorwissen Josefs II. nach Berlin gesandt, um die baierische Erbschaftsangelegenheit gütlich beizulegen. Er leitete die Friedensunterhandlungen zu Braunau, ging dann im Auftrag Josef's II. als Gesandter nach Warschau, 1787 in derselben Eigenschaft nach Neapel, 1788 als bevollmächtigter Hofcommissär in die Moldau und Walachei. 1790 bei den Friedensunterhandlungen zu Szistowa thätig, rief ihn die Leitung wichtiger diplomatischer Unterhandlungen nach Paris. Er schuf aus dem Gf. Mirabeau, der als eifriger Feind der Königin Maria Antoinette bekannt war, dem französischen Königthum einen treuen Freund. 1792 Armeeminister bei dem Heere des Prinzen Coburg in den Niederlanden, wurde Thugut im Jahre 1793 zum „Generaldirektor der Staatskanzlei" ernannt, ward schon damals der eigentliche Leiter der österreichischen Diplomatie und im Jahre 1794, nach des Fürsten von Kaunitz Tod, zum Minister der auswärtigen Angelegenheiten erhoben. Niemand war dieser hohen und wichtigen Stelle würdiger, als Thugut. Ein politisches Genie erster Größe, leitete er mit starker und sicherer Hand die Geschicke der durch den verrätherischen Baseler Frieden und durch

1. die feste Begründung der Größe und Machtstellung des deutschen Reiches gleichwie der österreichischen Monarchie. 2. Das Zurückdämmen des preußischen Einflusses in Deutschland in das Bett, aus welchem sich dieser Einfluß nur zum Schaden unseres deutschen Vaterlandes heraus gedrängt hat. 3. Das Fernehalten des russischen Einflusses von jeder zu mächtigen

---

die Feigheit aller deutschen Bundesgenossen, gegen Frankreich im Kampfe allein gelassenen österreichischen Monarchie. Er war ein heftiger Gegner eines schmählichen und übereilten Friedens mit Frankreich, selbst noch im Jahre 1797. Durch das Unglück der österreichischen Waffen unterstützt, brach aber eine politisch beschränkte Hofpartei in Wien den Einfluß dieses Mannes, dessen Geist sie nicht zu verstehen vermochte, und führte gegen die innere Ueberzeugung Thuguts die Früchte des Vertrages von Leoben und des Friedens von Campo Formio herbei. Thugut schied nun aus dem Ministerium, um als bevollmächtigter Minister in die neuerworbenen italienischen und Küstenprovinzen abzugehen. 1798 versuchte er in Berlin die dortigen Staatsmänner zur Ueberzeugung zu bringen, daß der Rastätter Congreß und die deutsche Frage noch immer, aber nur im zusammenwirkenden einträchtigen Benehmen Oesterreichs mit Preußen für Deutschland glücklich gelöst werden könne. Er predigte an diesem Platz, wie alle seine Vorgänger, nur tauben Ohren. 1799 rief ihn die gefahrvolle Lage der Dinge abermals zur Leitung des auswärtigen Amtes nach Wien, und abermals entschied das Glück der Gegner und das Unglück der österreichischen Heerführer, deren hervorragendster, der Erzh. Karl, von derselben obenbezeichneten Partei (und nicht wie dieß irthümlich behauptet wird von Thugut) befehdet wurde, gegen seine Pläne.

Im December 1800 trat Thugut, von allen Seiten angefeindet, aus dem Staatsdienst. Die Einen haßten ihn als Genie und als eingedrungenen Parvenü, die Andern, wie der gesinnungslose, von Eigenliebe, Parteilichkeit und Dünkel verblendete Hormayr, als die „Ursache des weltverheerenden Krieges," den er eben nur mit Beharrlichkeit und Energie fortgesetzt wünschte, um die Machtstellung Oesterreichs und des deutschen Reiches in Europa zu behaupten und zu erhalten. Wenige seiner Zeitgenossen haben diesen Staatsmann erkannt und begriffen. Alle aber, die mit ihm in näherer Beziehung und im dienstlichen Verkehr standen, haben ihn hoch verehrt. Die uns vorliegenden Berichte des Prinzen Waldeck, der Grafen Lehrbach und Dietrichstein und der meisten österreichischen Minister und Agenten (Peiser, Degelmann, Reuß 2c.), bezeugen eine seltene und beide Theile ehrende Zu-

Einwirkung auf die Politik der mitteleuropäischen Staatengruppe. 4. Die Erhaltung Polens als Bollwerk Deutschlands gegen russisch-preußische Vergrößerungsgelüste. — Und in diesen vier politischen Lebensfragen des deutschen Reiches ist die österreichische Politik im Jahre 1795 durch den Baseler Frieden erlegen, — erlegen nach einem aufreibenden Kampf gegen starke Feinde, gegen zweideutige Freunde, gegen die Erbärmlichkeit der deutschen Zustände, gegen den Stumpfsinn der deutschen Nation! — Da aber die ganze neue und neueste Geschichtschreibung von diesen großen und würdigen traditionellen Zielen der kaiserlichen Politik, — die sich Thugut schwerlich selbst erfinden konnte, die vielmehr von Thuguts Vorgängern auf ihn übergingen, — so viel als Nichts zu berichten weiß, so wird uns daher schließlich

XXIV. wohl die Frage erlaubt sein: Wohin diese, in Deutschland seit einer Reihe von Jahren aufwuchernde klein- oder neudeutsche Geschichtschreibung das Urtheil unserer Gegenwart über jene große, ehrenvolle und würdige Vergangenheit gebracht hat? — Dahin offenbar, daß jener Theil, oder vielmehr jene strebsam rührige Partei der deutschen Nation, welche

---

neigung und Bewunderung des überlegenen Geistes, dem sie mit Liebe und Eifer zu dienen nie ermüdeten. Nach seinem Rücktritt lebte Thugut bis zu seinem Tode (1818) in Wien der Kunst und Wissenschaft und wenigen treuen Freunden, unter denen insbesondere der treffliche und charaktervolle Fürst, damals Graf Franz Josef von Dietrichstein († 1854) ehrende Erwähnung verdient. Dietrichstein, eine der herrlichsten und seltensten Zierden der österreichischen Aristokratie, ein hochsinniger und edler Fürst, — (über ihn und sein Geschlecht, siehe: die Oesterr. Revue 1866, 2. Heft. „Das fürstliche und gräfliche Haus Dietrichstein“ von Dr. v. Hoffinger) — hat es der Ueberreste seiner Ahnen nicht unwürdig gehalten, die sterbliche Hülle des großen und geliebten Todten in seiner eigenen fürstlichen Familiengruft zu Nikolsburg (in Mähren) beizusetzen.

sich unter allen Gliedern unseres Volkes für allein aufgeklärt hält, die damalige wahrhaft nationale Politik des deutschen Kaiserthums und seiner Leiter rücksichtslos verdammt; und daß dagegen zur Zeit der würdigen hundertjährigen Feier des Hubertsburger Friedens von eben derselben Partei der gegenwärtig seiner Ausführung harrende Beschluß gefaßt wurde, einem Hardenberg ein würdiges Monument in Berlin zu errichten! — Eine Ehrensäule einem Hardenberg in einer deutschen Stadt! Eine Ehrensäule einem Staatsmanne, der mitgeholfen hat, das Reich unserer Voreltern zu zertrümmern, einem Manne, welcher die in unserer Gegenwart so schmerzlich gefühlte Zerrissenheit der deutschen Nation vielleicht auf immer unheilbar zu gestalten wußte, — dem Werkzeuge einer Politik, die sich rühmen konnte, den Grundstein gelegt zu haben zum nationalen und politischen Unglück der Deutschen — zum „Grabe unserer deutschen National-Wohlfahrt“, — zum Baseler Frieden!

Schlußwort.

Wie jede That von großer und weltgeschichtlicher Bedeutung, so hatte auch der Baseler Frieden seine weltgeschichtlichen und weittragenden Folgen, die während der kurzen Spanne Zeit in welcher nach diesem unseligen Vertrag unser Vaterland noch den Namen „deutsches Reich“ trug, Jahr aus, Jahr ein immer verhängnißvoller und greifbarer hervortraten.

Deßhalb halten wir es auch für ganz unmöglich, die Geschichte des Baseler Friedens in Ein Buch oder in Einen Zeitraum weniger Jahre zusammenzudrängen; denn die unheilvollen Wirkungen dieses unseligen Friedens reichen weit hinaus bis in die Jahre 1796, 1797, 1798, 1799, 1800, 1801, 1802, 1803, 1804, 1805, 1806, 1809; sie reichen aber auch ebenso in die deutschen Erhebungsjahre 1813, 1814, wie sie sich am Wiener-Congreß, — der die staatliche Neugestalt Europa's auf Jahrhunderte hinaus zu begründen hatte und weit hinter seiner Aufgabe zurückgeblieben ist, — bemerkbar machten und noch in der Gegenwart und unserer nächsten Zukunft fühlbar sind und sein werden.

Ja, der unheimliche Wiederschein den die gewitterschwangere, blutgeröthete Baseler-Friedens-Sonne um sich ergoß, ist beim Frieden von Preßburg, Tilsit und Schönbrunn ebenso wahrzunehmen, als in der Zeit, in welcher es den preußischen Staatsmännern wieder gelang, die neue Bewegung der Geister in Deutschland ihren Zwecken dienstbar zu machen und aus den letzten Kriegen, die man urplötzlich mit dem Ehrentitel: „deutsche Befreiungskriege" bedachte, ein weiteres Capital für preussische Vergrößerungsgelüste heraus zu schlagen, — ein Capital, das im Jahre 1815 mit der Einverleibung jener deutschen Landstriche in Preußen endete, die Preußen im Jahre 1795 dem Reichsfeind frevelhaft preisgegeben hatte, — ein Capital, das endlich mit dem Wunsche der Vernichtung, thatsächlich aber mit der Beraubung Sachsens schloß, obgleich es gerade Sachsen zum eigenen Verderben war, welches seiner Zeit vom Berliner Cabinet in die unselige Politik des Baseler Friedens gewaltsam mitgerissen und in derselben widerwillig festgehalten wurde.

Wie wunderbar ist die Kette der Ereignisse! Dasselbe Sachsen, welches, den gewaltthätigen Drohungen Preußens nachgebend, mitten im Kampfe um des Reiches Interessen Oesterreich i. J. 1795 verließ, die preußische Demarcations-Schutzlinie annahm und vom Berliner Cabinet bis zum J. 1806 in reichsfeindliche Unthätigkeit festgebannt wurde, — auf dasselbe Sachsen entlud sich i. J. 1815 vornehmlich der preußische Zorn, und dieses nämliche Sachsen büßte mit dem Verluste blühender Provinzen die ehemalige Abhängigkeit von Preußen und das blinde Vertrauen, welches man in Dresden auf die Consequenzen des Baseler Friedens und der ererbten Politik Friedrichs II. gesetzt hatte.*)

*) Es ist da z. B. wieder sehr interessant, in L. Häusser's „Deutscher Geschichte" B. IV., S. 89, 113, 114, 115 und später an geeigneten Stel-

Das Blut von Großbeeren, so hieß es damals, als die Einverleibung Sachsens in Preußen den preußischen Staatsmännern möglich schien, fordert Rache! Warum gerade nur dieses Blut allein? Hätte nicht auch das Blut der wackeren Tiroler, welches Deroy — derselbe Deroy, der Mannheim 1795 dem Reichsfeind überliefern half — mit seinen Baiern vergoß, Rache fordern können? Hatte sich etwa Baiern weniger an Oesterreich versündigt, als Sachsen an Preußen? War die baierische oder württembergische oder badische Rheinbund-Politik gegen Oesterreich etwa viel besser, als wie jene von Sachsen gegen Preußen?

Gewiß nicht! Aber in dieser entscheidenden Stunde warf die österreichische Politik über die schwere Schuld dieser Vergangenheit großmüthig den Schleier des Vergessens! Preußen allein, welches dieses Schleiers am allermeisten bedurft hätte, that dieß nicht; und dieß ist gewiß der Gipfelpunkt der schönen, großen und deutschnationalen Politik, die uns heut zu Tage so hoch angerühmt wird!

len nachzulesen, wie schwer Sachsen und der sächsische König sich dadurch versündigt haben sollen, im Frühjahr 1813 nicht über Hals und Kopf an Preußen (das etwa so viel Vertrauen verdiente?) sich angeschlossen zu haben. So groß aber auch der gerechte Unwille ist, welchen diese Geschichte darüber ausspricht, daß fast alle Mächte, Oesterreich nicht ausgenommen, nur mit Mißtrauen auf Preußen und die Erhebung des preußischen Volkes sahen, so ist unserer Ansicht nach dabei eben nicht zu vergessen, daß nach all' den Antecedentien der preußischen Politik dieses Mißtrauen nur allzu gerechtfertigt war.

„Wenn daher Deutschland" (?), so wie es dort Seite 91 heißt, „auch in diesem erhabensten (?) Augenblick seiner Geschichte der überlieferte Jammer nicht erspart wurde, in 2 Lager getheilt, den großen Kampf auszufechten," so kann man wieder unmöglich dem Rheinbund oder Oesterreich die Schuld an dieser Zweitheilung geben, sondern nur den vergangenen Zeiten und jener preußischen Politik, die so viel und schwer an Deutschland gesündigt hatte.

Denn groß bleibt es wohl immer, wenn man mithilft, dem Reichsfeind im Verzweiflungskampfe die Gebiete des Vaterlandes abzuringen, — dieselben Gebiete, die man ihm aus Thorheit und Eigennutz vierzehn Jahre lang verrätherisch und nutzlos abgetreten und preisgegeben hat; nach neuester geschichtlicher Auffassung bleibt es aber noch ungleich größer, noch viel „deutsch-nationaler," wenn man den Freund, den man selbst in das Unglück mitgerissen hat, bei der Wendung der Dinge seiner Länder beraubt.

So weit hat es allerdings Oesterreich nie gebracht, und das ist wieder eine unläugbare historisch Thatsache. Passau, Chur, Berchtesgaden, österreichisch Schwaben, Würzburg, Regensburg, die Grafschaft Falkenstein, Lindau, Constanz, das zu wiederholten Malen blutig eroberte Mannheim, Mainz, Ehrenbreitstein, Kehl, Freiburg, Luxemburg, Antwerpen, Brüssel und die gegenwärtige geographische Gestalt von Baiern, Württemberg und Baden auf der einen Seite, — Saarbrück, Trier, Koblenz, Kreuznach, Bonn, Köln, Aachen, Münster, Düsseldorff, Wetzlar, Erfurt, Wittenberg, Merseburg, Stralsund und zeitweise auch Hannover, Bremen, Hildesheim, Osnabrück, Schleswig, Rendsburg, Kiel auf der anderen Seite, liefern dem denkenden Forscher geographisch-geschichtliche Vergleiche!

Diese Vergleiche aber führen uns unwillkührlich auf die vielen und folgeschweren politischen Fehler der vergangenen deutsch-österreichischen Staatskunst. Ja, viele, große und schwer gut zu machende Fehler sind geschehen, und erst dann geschehen, als kein Colloredo, kein Thugut, kein Lehrbach, kein Cobenzl, kein Stadion mehr das österreichische Staatsruder lenkte.

Es war im unglücklichen aber glorreichen Jahre 1809, als der letzte Versuch der reichsfreundlich gesinnten österreichischen

Staatsmänner, die in Folge des Baseler Friedens verloren gegangene politische Bedeutung Oesterreichs in Europa und Deutschland wieder herzustellen, — abermals scheiterte an dem allgemeinen Stumpfsinn der Deutschen und an dem Widerstand des mit Napoleon verbündeten Rheinbundes. Und erst mit dieser ruhmreichen letzten Erhebung Oesterreichs im Jahre 1809 wurde die deutsche Kaiserwürde mit allen ihren großen Erinnerungen und erhebenden Gedanken würdig zu Grabe getragen. Das vollständigste österreichische Partikular-Interesse trat nun endlich (leider muß der Geschichtschreiber beifügen: wohlberechtigt) in den Vordergrund; zu spät aber, um zu gewinnen, was der beharrliche Gegner Preußen bereits früher gewonnen hatte, — zu früh aber, um auch noch dem neuerstandenen Preußen den scheinbaren Triumph gönnen zu müssen, als habe es in Einem Jahr (1813) für Deutschland mehr geleistet, als Oesterreich in vergangenen glorreichen Decennien.

Von da an, mit dem Rücktritt des edlen Grafen Stadion, geschahen in Oesterreich große politische Fehler; die größten derselben, die das vom Reichsfeind endlich befreite Deutschland mittrafen, sind aber noch immer kein Baseler Friede, kein Rheinbund, — sie sind hauptsächlich Unterlassungssünden, die sich auf Oesterreich allein beziehen; Sünden der Verschleppung, der Langsamkeit, der Vorsichtigkeit, der falschen Langmuth und Gutmüthigkeit, der Rücksichten nach allen Seiten, und auch damals, wie so oft in früheren und späteren Zeiten, stand dem österreichischen Rechte nicht auch die rasche und glückliche Ausführung zur Seite; auch wußte man in Oesterreich nicht den eigenen Vortheil ebenso klug und rasch wie Preußen zu ergreifen. Die politischen Fehler aber, die sich auf Deutschland beziehen, hat Oesterreich nicht allein begangen, sondern die ganze preussische und deutsche Diplomatie beging sie mit!

Sie Alle haben es ja versäumt, aus den Lehren der Geschichte Nutzen zu ziehen. — Insbesondere aber zur Zeit der beiden Friedensschlüsse von Paris und des Wiener Congresses hat die gesammte deutsche Staatskunst es nach ruhmwürdigen Siegen versäumt, den Reichs- und Erbfeind gründlich zu demüthigen und ihn auf immer unschädlich zu machen, um auf alle kommenden Zeiten Deutschland von fränkischer Fremdherrschaft und der unseligen Einflußnahme Frankreichs auf dessen Geschick vollkommen zu befreien. Bei diesem Versäumnisse trifft alle deutschen Mächte gleiche Schuld, nicht etwa Oesterreich allein, welches, vor der Zeit ermüdend, es aufgab, nach dem endlich erfochtenen Sieg die große Politik des Jahres 1794 durchzuführen und die vom Reiche abgerissenen Gebiete wieder mit Deutschland zu vereinen.

Nicht genug aber damit, hat das siegende Deutschland auch noch versäumt, in den Gebieten des alten Reiches die deutsche Kaiserkrone neu aufzurichten. Und sonach blieb es versäumt, das einzige Einheits-Panier aufzustellen, welches der Nachwelt des einst so gewaltigen deutschen Reichs zur Zeit neuer Gefahr, schutzgewährend und von ihr selbst geschützt, zum unbesiegbaren Palladium geworden wäre!

Wahrlich! Wer vermag es zu billigen, daß die Staatsmänner des letzten deutschen Kaisers ihn dazu vermochten, dem durch Jahrhunderte geweihten historischen Recht der reichsväterlichen Gewalt, dem Heiligthum des deutschen Thrones zu entsagen! Aber findet nicht auch dieser folgenschwere politische Fehler eine mächtige und menschliche Entschuldigung durch das von uns geschilderte Betragen des deutschen Reiches in den Kriegen gegen Frankreich, zur Zeit der französischen Revolution?

Erst am 6. August 1806, — vierzehn Jahre nach seiner Krönung zu Frankfurt, verzichtete der letzte deutsche Kaiser auf die deutsche Kaiserkrone. Er hätte ihr schon am 5. April 1795 entsagen können, denn seit dem Baseler Frieden hatte diese Krone ihre ganze Bedeutung verloren!

Dennoch trug er sie noch 12 Jahre nach diesem Frieden, in Zeiten des bittersten Elendes, der schmachvollsten Entwürdigung des deutschen Namens, der tiefsten politischen Entsittlichung der deutschen Fürsten und der ganzen deutschen Nation. Eine solche Dornenkrone noch 12 lange Jahre nach dem von uns dargestellten Wendepunkt in den Geschicken Deutschlands getragen zu haben, will viel — sehr viel bedeuten!

Wer kann den Jammer dieser folgenden Jahre ermessen? Wer vermag ihn der Nachwelt treu und wahrhaft zu schildern? Muthlos entsinkt uns die Feder, und wir fragen: Welcher Deutsche will den Oesterreicher deßhalb tadeln, weil er dem Beherrscher der österreichischen Monarchie zur Entsagung auf die Jammerkrone deutscher Majestät gerathen hat? — Zum Ekel wurden dem letzten deutschen Kaiser die Reichsverhältnisse! Und Wer kann es überhaupt ihm und seinen Staatsmännern verargen, daß sie nach 14 Jahren Einmal muthlos wurden? — nachdem sie 14 Jahre hindurch ihre Pflicht gegen Deutschland, so weit es in ihrer Macht und ihren Kräften stand, redlich und treu erfüllt hatten! Was konnte ihnen also näher liegen, als endlich auch Jene von sich zu weisen, die sich vom gemeinsamen Vaterland in schmachvollster Weise losgerissen hatten, Jene, die Oesterreich 14 Jahre hindurch in den schwersten Zeiten, die je das deutsche Reich und das deutsche Kaiserthum zu bestehen hatten, verläugneten, verriethen und verkauften.

Und wiederum fühlen wir uns gedrungen auszurufen: Wie wunderbar ist die Verkettung der Ereignisse! Welche mächtige Fügung der Vorsehung liegt darin, daß die Entsagung des letzten deutschen Kaisers auf die deutsche Kaiserkrone und der Sturz, die Zertrümmerung der preußischen Monarchie in dasselbe Jahr zusammenfallen mußten! *)

Dort in Preußen standen 1806 noch dieselben Staatskünstler am Ruder, die ihr politisches Meisterstück mit dem Baseler Frieden vollbracht hatten. Welcher Jubel begleitete dort jeden Schlag, der den gefürchteten und mächtigen Nebenbuhler, das alte habsburgische Oesterreich traf. — Das fallende deutsche Kaiserthum fand dort keine Theilnahme, kein Mitleid! — Und im Jahre 1806 war endlich das Ziel der Baseler-Friedens-Politik vollständig erreicht. — Mit der Erreichung dieses Zieles aber hatten sich gleichzeitig die Geschicke Preußens erfüllt. — Denn dort hatte Friedrich Wilhelm II., im preußischen Lande ein XVer Ludwig von Frankreich, seinem Nachfolger mehr als ein Schaffot, d. i. Schmach, Schande und die tiefste sittliche Erniedrigung bereitet. Eine Erniedrigung, die in Preußen um so schmerzlicher gefühlt wurde, je übermüthiger und vermessener der preußische Staat mit den welken Lorbeeren seines Schlachtenkönigs Friedrich geprunkt hatte.

Das stolze Haus der Hohenzollern, im Kampfe um seine Existenz durch eigene Schuld allein gelassen, fiel, und fiel weit

*) Schon Rotteck sagt in seiner „Geschichte der neuesten Zeit" (B. IX. S. 444.) über das Unglück von Jena: „In Letzterm erkannten fromme Gemüther die Hand der ewigen Gerechtigkeit, welche keinen Frevel ungestraft lasse; Politiker den unwiderruflichen Entscheid über die Schöpfung Friedrichs II. -- Diese war vernichtet und ohne Bedauern zu erregen, ging die Kunde davon durch Teutschland. Denn durch das Verlassen der teutschen Sache hatte Preußen die Achtung des deutschen Volkes verscherzt."

tiefer und unrühmlicher, als Oesterreich je gefallen war. Diese Erniederung aber wäre diesem fürstlichen Hause sicherlich geblieben, wenn nicht das von Preußen verrathene, schwergeprüfte, müdgehetzte deutsche Volk endlich selbst die Kette des fränkischen Eroberers zerrissen hätte; wenn nicht das in einem siebenzehnjährigen Kampfe allein gelassene, verkaufte, erschöpfte und mittlerweile noch bankerut gewordene Oesterreich im Jahre 1813, alle Vergangenheit großmüthig vergessend, noch Einmal und zwar im entscheidenden und letzten Augenblicke eingetreten wäre in den Kampf um deutsche Freiheit, Ehre und Integrität!

Nach den traurigen Erfahrungen aber, die Oesterreich seit 1792 gemacht hatte, wäre sicherlich kein glücklicher Ausgang der letzten Befreiungskriege möglich gewesen, hätte Kaiser Franz nicht damals vergessen, daß Friedrich II. keinen Augenblick gezögert hatte, seinen Voreltern Schlesien zu rauben, in einer Zeit, in welcher die größte deutsche Frau mit halb Europa im Kampfe stand!

Ja, das letzte deutsche Reichsoberhaupt Franz II. und Oesterreich hatten damals gar viel zu vergessen. Denn all' das Unglück, welches das Kaiserhaus und die österreichischen Völker getroffen, und den Verlust des Kleinodes — der deutschen Kaiserkrone — verdankte Franz, als Oesterreichs Kaiser der I. und der Gerechte, in erster und letzter Linie nur dem preußischen Königshause ganz allein. Der letzte deutsche Kaiser aus dem Hause Habsburg-Lothringen vergaß alle dem deutschen Kaiserthum von Preußen angethane Schmach, er dachte großmüthig genug, um zu vergessen, daß selbst unter dem gepriesenen Friedrich Wilhelm III. in den Jahren 1799—1800, 1805 und 1809 die preußische Politik noch ganz dieselbe geblieben war, wie zur Zeit des traurigen „Baseler-Friedens-Königs!“

Sicherlich aber gehörte mehr als Großmuth dazu, um nach all' dem, was Oesterreich damals erlebt und an sich selbst erfahren hatte, für die Befreiung Preußens und Deutschlands von der französischen Fremdherrschaft auch nur eine Handvoll Oesterreicher gegen Napoleon marschiren zu lassen.

Daran denkt freilich die ganze Legion jener historischen Schriftsteller nicht, welche Preußen allein im Jahre 1813 zu „Deutschlands rettendem Genius" erhoben wünscht, und allzu leicht wird vergessen, daß Napoleon seinem Schwiegervater als Preis der Bundesgenossenschaft die Rückerstattung Schlesiens und noch weit mehr zugestanden hätte, wenn dieser in dem vorläufig rein preußisch-russisch-französischen Kampfe auf die Seite Frankreichs getreten oder wenigstens neutral geblieben wäre.

Und Wer hätte Oesterreich verargen können, damals an die Seite Frankreichs zu treten oder wenigstens neutral zu bleiben? Waren es ja gerade wieder nur Rußland und Preußen, die Oesterreich in den eigenen Kriegen gegen Frankreich seit dem Jahre 1792 bis zum Jahre 1809 abwechselnd und fast immer im entscheidenden Augenblick in der schmählichsten Weise verlassen hatten! Und dennoch gab es keinen Augenblick, in welchem in Wien auch nur der Schatten des Gedankens aufgetaucht wäre, mit Frankreich nun auch einen Baseler Frieden zu schließen! Oesterreich schwankte nicht allzu lange, es entschied sich gegen den Reichsfeind; — und erst durch Oesterreichs endgiltige Theilnahme entstand der deutsche Nationalkampf und der letzte deutsche Freiheitskrieg!

Durch Oesterreichs Theilnahme allein wurden nun die folgenden großen Resultate erreicht, und die Vertreibung der Franken vom deutschen Boden ermöglicht. Erst als Oesterreich sich endgiltig für die deutsche Sache erklärte, da erst und nicht früher, entwickelte sich der Hauch der Größe vergangener Zeiten, welcher die deutsche Nation damals vorübergehend berührte. Nun erst wurde Deutschland zum Feldlager, und schneller als sie gekommen, trieb die vereinte deutsche Kraft die länder- und beutegierige fremde Söldnerschaar vom heimatlichen Boden weg, weit weg bis nach Paris!

Und groß in jedem Anbetracht waren diese späteren Freiheitskämpfe. Aber wir fragen: Waren die vergangenen 17 Kriegsjahre, die Oesterreich mit geringer Unterbrechung von 1792 bis 1809 fast allein zu tragen hatte, waren diese 17 Kriegsjahre nicht auch ein deutscher Befreiungskampf? Ist es etwa größer, für Freiheit und für Recht zu kämpfen, wenn man durch den Druck der Zeit und durch die Bewegung des endlich erwachten Volksgeistes, vollkommen willenlos in die Zeitströmung mitgerissen wird?*) — oder ist es größer, für Freiheit und Recht zu kämpfen, wenn man von allen Seiten verlassen und verrathen ist, — allein zu kämpfen fast bis zum eigenen Untergange bis zur Erschöpfung seiner ganzen Kraft, bis das Schwert des aus zahllosen Wunden blutenden Kämpfers ihm in der Hand zu Stücken zerbricht?

Und als endlich das große Werk der Befreiung der Deutschen von fremder Gewaltherrschaft mit Einigkeit vollbracht war, da hinkte hintenher die traditionelle Uneinigkeit der deutschen Fürsten und Stämme. Von Opfermuth war nach vorüberge-

*) Wer kennt nicht die für alle Zeiten berühmte Convention des preußischen Generals York mit dem Russen Diebitsch (30. Dezember 1812) und den gleichfalls für alle Zeiten denkwürdigen Zorn und Schrecken, den Friedrich Wilhelm III. über diese deutsche Heldenthat empfand. „Da möchte einem ja der Schlag rühren!“ rief er aus, und verläugnete und verwarf ohne langes Besinnen die Convention, erklärte York und Massenbach für abgesetzt, übertrug den Oberbefehl an Kleist und stellte das preußische Armee-Corps Murat zur Verfügung.

gangener Gefahr bei keinem eine Rede mehr. Die usurpirte Gewalt mußte behauptet werden? Noch immer spukte nur der Souveränitätsschwindel in allen fürstlichen Köpfen, der krasseste Servilismus und Egoismus in jenen der deutschen Diplomaten! Wo hätte je Baden auf Freiburg, wo Preußen auf Sachsen, wo Württemberg auf Oesterreich-Schwaben verzichtet? Wollte ja Baiern nicht Einmal an Oesterreich mehr Lindau, Passau oder Berchtesgaden zurückerstatten! Wehrten sich ja Preußen und Hannover am allermeisten gegen die Wiederherstellung der deutschen Kaiserkrone! Diese Dornenkrone mit den beschränkten Rechten des Jahres 1794 wieder herzustellen, hätte im Jahre 1815 einen neuen deutschen Bürgerkrieg gekostet! So kam es denn, daß die österreichischen Staatsmänner, die sich seit dem Jahre 1806 Oesterreicher genannt hatten, nun auch lieber Oesterreicher bleiben wollten, nachdem es seit dem Baseler Frieden kein Deutschland mehr gab, sich bis zur Heldenthat des wackeren Preußen York, gar Niemand mehr deutsch nennen wollte, und selbst 1815 jeder deutsche Duodezstaat von Oesterreich nur neue Opfer begehrte, ohne selbst jedoch ein Opfer an Oesterreich, am allerwenigsten aber eines der deutschen Gesammtheit darzubringen.

Freilich hätten die österreichischen Staatsmänner allerdings schon im J. 1806 (wir sagen es, um die eigenen Worte der Feinde Oesterreichs umgekehrt zu gebrauchen), den Schwerpunkt von Deutschland, so weit dieses Land damals noch so heißen konnte, mit dem leeren deutschen Kaisertitel nach Pest-Ofen verlegen können! Es schien ihnen jedoch würdiger, einem Titel zu entsagen, dessen Nennung allein die klaffenden Wunden nur immer schmerzlicher machen mußte; und sie hatten sich aus einer Art von Dankbarkeitsgefühl nach jener Ländergruppe benannt, die dem Reichsoberhaupte willig gefolgt war in zahllosen Kämpfen und mit Aufopferung ihrer selbst für den deutschen Kaiser und sein bedrohtes heiliges Recht dahin gegeben hatte ihr Hab und Gut und das theuerste Blut ihrer besten Söhne!

Schien ja doch gerade im August des Jahres 1806 für Oesterreich Alles auf immer verloren. In Deutschland herrschten Franzosen und Preußen; wozu sollte Oesterreich der deutsche Kaisertitel frommen? Oder waren die österreichischen Staatsmänner etwa im August 1806 schon im Stand zu ahnen, daß im Oktober desselben Jahres die preußische Monarchie zertrümmert werden — wie Spreu im Wind zerstieben würde, und daß aber auch der fränkische Riese in einem Zeitraum von kaum sechs Jahren aus zwecklosem Hochmuth sich selbst von seiner schwindelnden Höhe in einen Abgrund stürzen werde?

Dieß konnten sie gewiß nicht. — Und leider besaßen sie nicht die staatsmännische Begabung eines Hardenberg, der, obschon all' das Kommende im Jahre 1796 „prophetisch ahnend" (!?) dennoch kurz vor seiner Ahnung den Basler Frieden schloß.*)

So kam es denn, daß man nach der endlichen Besiegung des Reichsfeindes im Jahre 1815 zu Wien viel nüchterner geworden war und ganz anders dachte, als in den Jahren 1794 und 1795. Die Schuld davon lag wieder nicht in Wien allein. — Den alten Staatsmännern fehlte die Begeisterung der vergangenen Jahre, sie waren gegen sich selbst, gegen ihre eigenen Fähigkeiten und ihren Einfluß mißtrauisch geworden; sie wünschten nur einen dauerhaften Frieden für Oesterreich zu erstreben, der die Wunden des tief erschöpften Vaterlandes endlich zu heilen fähig wäre. Den jungen Staatsmännern mangelte dage-

*) Siehe hierüber L. Häusser's Deutsche Geschichte, B. II., Vorwort und S. 46, 47, 48 desselben Bandes.

gen die Erfahrung und der Ernst der alten, und sie begnügten sich mit den bereits gewonnenen Resultaten. Der Gedanke, noch mehr gewinnen zu wollen, oder noch mehr zu wagen, lag ihnen fern.

Dennoch zögern wir keinen Augenblick, diese rein menschliche Schwäche als einen großen politischen Fehler zu bezeichnen und zu tadeln; — insbesondere, da er noch folgenschwerer wurde durch den gleichzeitigen Verzicht auf den hervorragenden Einfluß in Deutschland, auf die österreichischen Niederlande, auf Schwaben, Breisgau, Falkenstein und auf alle die andern deutschen Reichsstädte und herrenlosen deutschen Länder, auf welche Oesterreich ganz allein als Erbe des deutschen Kaiserthumes unbezweifelte Rechte und Anwartschaft besaß. Gewiß war es ein folgenschwerer politischer Fehler, sich in sich selbst zurückzuziehen und einen formlosen und nahezu entwicklungsunfähigen deutschen Staatskörper zu schaffen, in welchem man nicht einmal mehr den allerbeschränktesten Einfluß des alten deutschen Kaiserthums neu aufzurichten vermochte.

Die Consequenz dieser politischen Fehler zog jenen nach sich, in den folgenden 30 Jahren die deutsch österreichischen Erbländer von Deutschland abzuscheiden, ohne dem deutschen Volke auch nur das „Warum" des Räthsels zu erklären.

Aber die Wurzeln dieser Fehler, wo liegen sie? Die Wurzeln schlagen weiter zurück, als es die gegenwärtig in Deutschland lebende Generation glaubt und ahnt; sie führen uns zurück bis in die theilweise von uns beschriebenen ersten Kriege gegen die französische Revolution. — Wahrlich! nach der erfolgten tiefsten Erschöpfung und finanziellen Zerrüttung Oesterreichs ist es zu begreifen, daß dieser Staat mehr als 30 Jahre bedurfte, um die ihm geschlagenen Wunden vernarben zu lassen; um überhaupt zu vergessen, was geschehen war, vor Allem zu vergessen, was die Mitstände des Reiches an Oesterreich gesündigt hatten!

Selbst das Mißtrauen, welches der letzte deutsche Kaiser in späteren Zeiten auf die Entwicklung der deutschen Zustände im Allgemeinen warf, läßt sich dieses nicht auch aus der Vergangenheit erklären, ja selbst theilweise rechtfertigen? Konnte denn dieser Kaiser etwa mit einem anderen Gefühl als mit jenem des Mißtrauens und der Bitterkeit den endlichen Aufschwung des deutschen National-Bewußtseins betrachten, nachdem ihn eben dieses National-Bewußtsein in der gerechtesten und heiligsten Sache der Nation fast 20 Jahre lang hintergangen hatte?

Noch als Greis konnte Kaiser Franz keinen rechten Glauben mehr an deutsche Vaterlandsliebe gewinnen, denn er hatte den Glauben an dieses deutsche Vaterland während der opferreichen Herrschaft seiner Jugend verloren. Dem Reiche war und blieb bis heute die Regierung seiner Jugend mit all' ihrer Begeisterung und Aufopferung für die deutsche Sache fremd; — was liegt denn gar so Wunderbares darin, daß dem letzten deutschen Kaiser auch das Reich mit der plötzlich aufgetauchten Begeisterung, mit dem endlich erwachten National-Bewußtsein und Einheitsdrang fremd blieb?

Hätte ja doch Niemand diesem Kaiser verargen können, wenn er sich den bittersten Empfindungen hingegeben hätte, daran denkend, daß diese deutsche Begeisterung, die er schon im Jahre 1794 durch die Volksbewaffnung zu wecken Willens war, — daß diese Begeisterung, statt im J. 1813 loszubrechen, durch ihn geleitet und vollbracht, vor 20 Jahren all' das Unglück der kommenden Zeiten von Deutschland und Oesterreich abzuwenden fähig gewesen wäre.

Ja! psychologisch finden wir es sogar ganz erklärlich, wenn der letzte deutsche Kaiser nach so großen und erschütternden Kämpfen, ohne alles Bedauern nach der Leidenskrone deutscher Herrlichkeit zurückzublicken vermochte; — wir finden es ganz begreiflich, daß des „heiligen römischen Reichs deutscher Nation" letztes Reichsoberhaupt, daß dieser volksthümliche Kaiser, der zu wiederholten Malen dem Glücke seiner Völker selbst den Ruhm und den Stolz seiner eigenen Familie zum Opfer gebracht hat, daß dieser Kaiser im gereiften Alter, statt Deutschlands Kaiser — lieber jener von Oesterreich blieb, da ja in seiner Jugend das deutsche Reich Alles dazu beigetragen hatte, ihm die deutsche Kaiserkrone gründlich zu verleiden.

So erklären wir uns aus der Geschichte der Vergangenheit die große politische Unterlassungssünde der österreichischen Staatsmänner, die sich auf die Nichtwiederherstellung des deutschen Kaiserthrones durch Kaiser Franz bezieht, und somit ist für uns die ganze Richtung seiner späteren Regierungsperiode, das Fernebleiben Oesterreichs von der handelspolitischen Einigung der deutschen Nation im Zollverein, das Mißtrauen, welches man in Wien auf die Ehrlichkeit der deutschen Höfe im Allgemeinen warf, — wenn nicht ganz zu entschuldigen, so doch ein nur allzu leicht lösbares Räthsel.

Was aber bewog die anderen deutschen Fürsten und vor allen wieder Preußen dazu, am Wiener Congreß so sehr gegen die Wiederherstellung des deutschen Kaiserthrones zu eifern und zu intriguiren? Was bewog denn gerade Diese dazu, in späteren Zeiten die Kluft, welche Oesterreich von Deutschland schied, immer weiter zu zerklüften? die von ihnen herbeigeführte Trennung der österreichischen von den deutschen Interessen zu einer für die deutsche Nation fast unheilbaren Wunde zu gestalten?

Was bewog denn gerade diese einst abtrünnigen Theile des alten Reiches dazu, sogar eine Ausscheidung Oesterreichs aus Deutschland anzustreben? sonach den Frevel des Baseler Friedens zu vervollständigen und für die Zukunft den Untergang Deutschlands und ihr eigenes Verderben vorzubereiten? — Wir wollen hier abbrechen und weitere Vergleiche allen Jenen überlassen, die nicht vom blinden Parteihaß und von fanatischen Vorurtheilen befangen sind und noch Wahrheit von Lüge, Unrecht von Recht, Klugheit von Betrug zu unterscheiden wissen.

Aber gestützt auf die Lehren, welche man aus der vorliegenden Geschichte ziehen kann, wenden wir uns an das Urtheil unserer unbefangenen Zeitgenossen mit der Frage: Ob Oesterreich durch die seinen Staatsmännern thatsächlich abgedrungene Entsagung auf die deutsche Kaiserwürde, nach all' seiner Vergangenheit, kein weiteres Recht an Deutschland gewonnen habe, als nur immer der Riese zu sein, an dem sich in der Stunde der eigenen Gefahr die deutschen Staaten wie Bleigewichte anhängen, um wie in der Vergangenheit, so auch in der Gegenwart jede wahrhaft große und deutsch-nationale That der kaiserlichen Politik zu hemmen? — Läßt sich etwa der mit Blut gedüngte Vertrag der letzten 20jährigen, österreichisch-deutschen Freiheitskriege vielleicht ebenfalls so leicht ausstreichen und wegfegen aus den Annalen des deutschen Reiches, wie der nächstbeliebige handelspolitische Vertrag? — Lassen sich etwa die Gebeine von hunderttausenden treuer Oesterreicher, welche vom burgundischen Kreis an bis zum ehemaligen italienischen Reichslande der Lombardie, vom „Deutschen Meere" bis an die Adria die zahllosen Schlachtfelder Deutschlands bedecken, — lassen sich diese Gebeine zur Zeit einer kommenden deutschen Gefahr vielleicht mit eben der Leichtigkeit wieder zum Leben erwecken, mit welcher man in unserer Gegenwart die Bagatelle von 10 Millionen Deutschen und 36 Millionen Oesterreicher aus dem deutschen Reichsverband hinaus zu schreien, und durch historische Deduktionen hinaus zu drängen vermeint? — Wir unsererseits glauben nein! und glauben wirklich, daß die ganze österreichische Monarchie durch ihre Vergangenheit ein groses, — ein wohlbegründetes, — ein historisches Recht an Deutschland gewonnen und dieses Recht mit dem besten Herzblut seiner Völker, mit den theuersten Opfern seiner Unterthanen und mit der Gefahr des eigenen Unterganges mehr als zu hundert Malen erkaufte. Dieses Recht ist auf allen Schlachtfeldern Europa's verbrieft und verschrieben, und redlichen Sinnes wünscht der Verfasser dieses Buches, daß auch der vorliegende Geschichtsabschnitt dazu beitragen möge, dieses nur mit dem Untergange Oesterreichs erlöschende Recht vor der unserer Gegenwart so eigenthümlichen „Vergeßlichkeit" bei Schließung von Verträgen zu bewahren. Denn diese „Vergeßlichkeit" sie ist eine der hervorragendsten Eigenthümlichkeit unseres fortgeschrittenen Jahrhunderts — und sie dehnt sich sogar auf die ganze deutsche Vergangenheit aus. Wäre es sonst möglich, daß verschiedene Gaue des alten Reiches bei schlechter Laune öfters gewillt scheinen, Oesterreich sogar das deutsche Bundes-Präsidium zu mißgönnen, diesen kargen Ausfluß deutscher Dankbarkeit für die in der Vergangenheit von der österreichischen Monarchie am Altar des deutschen Vaterlandes dargebrachten heroischen Opfer.

Und dennoch ist es so weit gekommen, daß die nächstbeliebige mit patriotischem Schein übertünchte Politik irgend eines Kleinstaates, der vielleicht sogar seine ganze Existenz dereinst österreichischer Großmuth zu verdanken hatte, es wagen darf, sich offen gegen eine Verbesserung der deutschen Zustände, z. B.

gegen eine von Oesterreich ausgehende Bundes-Reform oder gegen eine Zolleinigung mit Oesterreich aufzulehnen; und es vielleicht selbst wagen dürfte, am jetzigen Bundestag (diesem würdigen Ersatz der alten deutschen Reichsversammlung) das Alternat des Bundespräsidiums, ja sogar die Trennung Deutschlands von Oesterreich zu fordern, um sich so als Pionnier einer reichsfeindlich gesinnten Politik mißbrauchen zu lassen.

Und doch ist dieses machtlose, überall gehemmte Bundespräsidium die einzige Ehre, die Oesterreich aus einem 20jährigen Kampfe aus den Revolutionskriegen in Deutschland zu retten vermochte; denn im Jahre 1794 war Oesterreich mit den Niederlanden, mit Luxemburg, Vorder-Oesterreich, Schwaben und der Lombardie (ein Blick auf unsere kleine Karte genügt, um dieß zu beweisen) an deutschem Lande mächtiger und reicher, als es Dank seinen kampfesmüden Staatsmännern und erschöpften Staatskräften aus dem großen Weltkampf im Jahre 1815 endlich hervorgegangen ist. — Um Oesterreich zu ehren, wurde also am Wiener Congreß das Bundespräsidium erfunden, und Oesterreich ging sonach aus dem deutschen Kampfe hervor zwar reich an Ehren, — an deutschem Volk, Land und Kraft aber ärmer als früher, und weit ärmer als des heiligen, römisch-deutschen Reiches böser Dämon, der sich bei gelegener Zeit mit den schmucken Federn kurtrierischer, kurkölnischer, kurmainzischer und kursächsischer Erbschaft zu schmücken wußte!

War es Unfähigkeit der österreichischen Staatsmänner, daß es schließlich so weit kam? — War es Gleichgiltigkeit? — falsche Berechnung? — Waren sie allein die Schuldigen? — Oder waren sie vielleicht wieder das Opfer ihres blinden Vertrauens und einer thörichten Großmuth? Die kommende Zeit wird uns diese Räthsel lösen; bisher aber ist noch Niemand im Stand gewesen, an die Lösung dieser Fragen mit Ruhe, Nüchternheit und Wahrheit zu gehen!

Was aber die von uns geschilderten neunziger Jahre betrifft, so werden gleich unseren Voreltern, auch die kommenden Geschlechter Deutschlands derselben nur mit Trauer, Bitterkeit und Scham gedenken. — Vornehmlich für diese **kommenden deutschen Geschlechter** haben wir dieses Buch geschrieben, welches wir mit der Frage an sie schließen: Ob unsere deutsche Nachwelt vielleicht aus diesen bitteren geschichtlichen Wahrheiten, für Deutschlands Wohl und Bestes mehr Nutzen zu ziehen vermag, als jene von uns bezeichnete deutsche Gegenwart, die mit dem Ausschluß Oesterreichs aus Deutschland ein „großes politisches Kunststück" zu vollbringen vermeint?

In ihren gerechten Händen wird noch die späteste deutsche Nachwelt die Wage halten und rücksichtslos die Schuld Denjenigen zumessen, welche das National-Unglück Deutschlands herbeigeführt haben. Vielleicht wird aber auch schon ein Theil unserer Gegenwart dem verläumbeten Oesterreich mehr Gerechtigkeit widerfahren lassen als die deutsche Vergangenheit; keinesfalls wird es aber diese Gegenwart wehren können, wenn die Nachkommenschaft Alt-Oesterreichs mit Selbstgefühl ausruft: Schwer, viel schwerer als alle Unterlassungssünden, die Oesterreich je an Deutschland und sich selbst begangen hat, wiegen jene Sünden, welche jedes deutsche Fürstenhaus und jeder deutsche Stamm an Oesterreich und an dem eigenen deutschen Mutterlande begangen haben!

Und dieses Oesterreich also, welches selbstbewußt und stolz diesen Ausspruch zu thun berechtigt ist, dieses große, gewaltige Oesterreich wollen Deutsche aus Deutschland ausschließen? — Dieses Oesterreich? mit Jahrbüchern einer Geschichte, die aller

Ehren voll ist, und welche nur jene verläugnen können, die sehend und hörend eben nicht sehen und nicht hören wollen!

So möge denn auch dieses Blatt seiner ruhmvollen Vergangenheit Oesterreich bestärken in seiner Treue, in seiner Heldengröße, in seiner opfermuthigen und gerechten Politik, vor Allem aber bestärken in dem stolzen Bewußtsein unantastbarer Ehre!

Möge das Oesterreich unserer Gegenwart ausharren auf der Bahn, die es Jahrhunderte hindurch ehrenvoll betreten hat; möge das Oesterreich unserer Zukunft nicht müde werden, jenen Verblendeten, welche es von Deutschland auszuschließen vermeinen, mit Opfermuth und liebevollem Entgegenkommen ihren thörichten Haß zu vergelten! Möge endlich das Oesterreich unserer Gegenwart und Zukunft nie müde werden, Hort und Schild Deutschlands zu bleiben, wie Alt-Oesterreich Hort und Schild war des heiligen römischen Reiches deutscher Nation!

Denn dieß war und ist Oesterreichs großer Beruf, welchen dieser Monarchie nach den Lehren der Geschichte die „Vorsehung“ beschieden hat zum gemeinsamen Vortheil, zum Wachsthum, zum Gedeihen Deutschlands und der eigenen vielgegliederten, treuen österreichischen Völkerschaften, welch' letztere das österreichische Banner allein davor bewahrt, im Nord, Ost, Süd und West die Beute zu werden einer ländergierigen, treulosen und gefährlichen Nachbarschaft.

Und wie sich in Frankreich und Preußen einst von Staatsmann auf Staatsmann die Ideen der Schwächung und Zertrümmerung dieser durch Einigkeit und durch „vereinte Kraft“ starkgewordenen österreichischen Monarchie vererbten, so möge sich auch der glorreiche und ehrenvolle Beruf Oesterreichs von Staatsmann zu Staatsmann vererben, — ebenso vererben wie die uralten österreichischen Tugenden, die da sind: Beharrlichkeit,

Treue, Muth, Wahrheit und Ehre! — Dann wird auch dereinst die Zeit wiederkommen, wo durch Deutschlands weite Gauen der alte deutsch-österreichische Doppelaar im mächtigen Fluge dahinzieht, um mit einem Schlag jene unseligen Netze an deren künstlicher Verstrickung Deutschlands Feinde Jahrhunderte lang gesponnen haben, — gleich Spinnengeweben — zu zerreißen!

Das Morgenroth wahrer deutscher Freiheit und eines schöneren und besseren Jahrhunderts wird aber an jenem Tage aufgehen, an welchem sich am deutschen Kaiserthrone das deutsche Scepter, der deutsche Kaiserpurpur und die Krone Karls des Großen wiederfinden, die gegenwärtig aufbewahrt sind in der Schatzkammer zu Wien!

Wenn man aber in Deutschland nicht die zweite Auflage eines neuen Baseler Friedens erleben will und im frevelvollen Muth des Zerstörers die Form zerbricht, bevor noch ein Ersatz für dieselbe gefunden ist, so bedarf es zur Erreichung dieses einzig großen Zieles deutscher Nationaleinheit vor Allem der Zeit.

Die Zeit allein kann versöhnen, was in der Nation verfeindet ist; sie allein kann und wird die unseligen Gegensätze vernichten und heilen, deren Ursprung in einem verkommenen Jahrhundert lag und in einem herz- und ehrlosen Verkennen deutscher Größe, Macht und Ehre. — Die Zeit allein kann den neuen Aufbau eines großen, gewaltigen Deutschlands herbeiführen; vor Allem, wenn sie den Keim innerer Zwietracht zerstört, jenen unseligen Keim eigenen Verderbens, den Deutschlands Fürsten und Völker in der Vergangenheit stets in sich selbst herumtrugen. — Die Zeit allein kann Söhne und Enkel belehren, daß es an ihnen ist, sich zu bestreben gut zu machen, was die Väter verschuldet, und daß ohne dieses Bestreben sie selbst einen Theil der großen Schuld ihrer Väter auf sich nehmen. — Die Zeit allein kann fortan in Söhnen und Enkeln das Gefühl wach erhalten, daß „der Bund, den unsere Väter schlossen," um nicht so wie alles Menschliche veraltend zu vergehen, einer neuen Umgestaltung, einer gründlichen „Bundesreform" bedarf; — sie allein kann bei der deutschen Jugend jene ehrliche Begeisterung erziehen, durch welche der Zerfall des auf morschem Fundamente aufgebauten deutschen Bundes verhindert werden kann; — sie allein kann die vereinten deutschen Kräfte dazu bringen, an dem Ausbau des nur halb Vollendeten mit wahrer Vaterlandsliebe, mit Gemeingeist, Selbstverläugnung und Opfermuth rastlos fortzuarbeiten. — Die Zeit allein kann die preußische Staatskunst von dem traurigen Wahn befreien, sich nur dann mit Oesterreich zu verbünden, wenn sie diesen Staat als Mittel zu benützen vermeint, um zur Erreichung der eigenen Sonderzwecke urpreußischer Interessenpolitik zu gelangen. Die Zeit allein kann endlich auch das specifische Preußenthum zur reumüthigen Erkenntniß bringen, wie namenloses Unheil die consequente Durchführung einer rein preußischen Politik über Deutschland gebracht hat, und zur Einsicht endlich, daß das Ziel preußischer Staatsmänner, Oesterreich als das Piedestal zu benützen, auf welches für alle Zeiten die neupreußische Großmachts-Statue in Deutschland gestellt werden soll, nur zu einem Bruderkampf führen kann, der Deutschland — gleich Polen — zum Theilungsobjekt für alte und neue Reichsfeinde machen müßte.

Alles dieses kann nur die Zeit vollbringen, und nur durch Zeit und Geduld, — nicht aber durch frevelhaftes und unüberlegtes Zerstören der Grundfesten, auf denen heut zu Tage Deutschlands Wohlfahrt und Sicherheit beruht, kann schließlich jene Einigkeit erzielt werden, die Deutschlands Völkerschaften und Fürsten aus Ueberzeugung dazu verbindet, bei jedem politischen Gedanken, statt, wie in der trostlosen deutschen Vergangenheit, Utopien nachzujagen, Familien und deutsche Kirchthurm-Politik zu befolgen, — ohne Familien- und Nebenrücksichten an die noch immer erreichbare Verwirklichung eines einigen, großen, Europa aber den Segen des Friedens bringenden deutschen Vaterlandes zu denken.

So lange sich aber in der deutschen Nation selbst die heilsame Wirkung einer solchen allein wahren „Nationalpolitik“ nicht allgemeine Bahn gebrochen hat, bleibe es auch dem Oesterreicher erlaubt, — auf die Gefahr hin (wie jener treffliche letzte kaiserliche Concommissär des deutschen Regensburger Reichstages), ein „Rufer in der Wüste“ zu sein, — offen hinauszurufen in die vielverzweigten Bestandtheile des alten deutschen Reiches: In den schwersten und trübsten Tagen, in der Zeit der tiefsten Entmuthigung, in der Zeit des größten Unglückes, das je über Deutschland hereinbrach, hat Oesterreich im vollsten Sinne des Wortes gegen Deutschland seine Pflicht erfüllt! Mögen die kommenden deutschen Geschlechter diese Vergangenheit nie vergessen! Und treten dereinst wieder ernste Tage an Oesterreich heran, dann möge Deutschland sich gegenwärtig halten, daß in aller Vergangenheit Oesterreich allein, Deutschlands Hort und Schild war gegen Norden, Osten, Süden und Westen; dann wolle Deutschland jenen Schuldschein einlösen, der in diesem Buche verzeichnet ist, und Oesterreich gegenüber seine Pflichten besser erfüllen, als in den vergangenen Zeiten! Dann möge die in Deutschland lebende Generation sich dessen erinnern, daß unsere Voreltern Zeiten erlebten, in welchen nur derjenige Deutsche stolz sein konnte, deutsch zu heißen, der sich offen zum treuen Anhänger des deutschen Kaiserthums und des Erzhauses Oesterreich bekannte! — Wenn die hier vorliegende auf unumstößliche Urkunden gestützte Darstellung zur Erfüllung dieses Wunsches etwas beiträgt, dann ist all' das deutsche Elend, welches in diesem Buche geschildert ist, wenigstens nicht umsonst verzeichnet worden, und die vergangenen Thaten werden nicht nur Oesterreich und dem ehemaligen deutschen Kaiserthum zur Ehrensäule sondern vielleicht auch Deutschland selbst zum bleibenden Mahn- und Warnungszeichen dienen für alle kommenden Zeiten!

Noten, Urkunden und kritische Beiträge

zur richtigen Würdigung der

„kleindeutschen Geschichtsbaukunst.“

Note VIII. (Zu Seite 188.)

1. Hardenberg an Albini. *)

d. d. Basel, 8. April 1795.

Euer Exzellenz

theile ich im Vertrauen durch die sichere Gelegenheit eines Couriers eine Abschrift des geschlossenen Friedens-Tractats mit Frankreich mit. Wenn nicht alles darin enthalten ist, was mein deutscher Patriotismus und meine Anhänglichkeit an Ihren gnädigsten Kurfürsten, dem ich meine tiefste Verehrung bezeuge, gewünscht hätten, so hoffe ich, wird das Uebrige, das bey der ganzen Lage der Sache nicht zu erhalten war, um desto sicherer nachfolgen, da der König große Schritte zur Pacification des Reichs gemacht hat und nun nach geschlossenem eigenen Frieden desto wirksamer als Vermittler auftreten kann.

Der nördliche Theil von Deutschland und darunter der bey weitem größere der Maynzischen Staaten diesseits des Rheins wird gleich einer vollkommenen Neutralität genießen, Aschaffenburg eingeschlossen. Für alle Stände auf beyden

*) Original, Mainzer A. im St. A.

36*

Rheinufern treten des Königs bona officia ein, und die übrigen auf dem rechten Rheinufer sind vorerst, insofern sich der König für sie interessirt, sicher — eigentlich einen dreymonathlichen Waffenstillstand zu haben.

Für Maynz war itzt nichts zu thun. Auf solche Bedingungen zu bestehen, würde die Grundlage, auf die wir nun fortbauen wollen, gar nicht zugelassen haben.

Geben Sie mir doch Nachricht, wie es Ihnen zu Bamberg geht? Daß ich herzlich wünsche, daß die Sache zu Stande komme, glauben sie hoffentlich ohne meiner Versicherung.

Uebrigens machen Sie nur, daß Maynz sich halte, dann glaube ich aus vielen Gründen, daß die Franzosen den Plan auf das linke Rheinufer bald aufgeben werden.

Ich empfehle mich Euer Exzellenz mit der bekannten Verehrung und Ergebenheit 2c.

---

2. Albini an Hardenberg.*)

Maynz, 15. April 1795.

Euer Exzellenz danke ich verbindlichst für den mir sehr schmeichelhaften Beweis ministeriellen Vertrauens, welchen hochdieselbe mir durch die äußerst interessante Mittheilung vom 8. dieses zu geben belieben. Daß nicht nur vorzüglich mein gnädigster Kurfürst, sondern das ganze deutsche Reich auf Euer Exzellenz persönliche Gesinnungen das vollkommenste Vertrauen setzen, daß des Königs Majestät unmöglich eine glücklichere Auswahl für das große Friedensgeschäft treffen konnten, daß endlich kein Andrer mehr erhalten haben würde, als was

*) Expedirtes Concept. M. A. im St. A.

Euer Exzellenz von den Franzosen einsweil wirklich erhalten haben, das ist alles sehr gewiß; desto größer ist aber unser Unglück, daß Hochdieselbe einen Frieden schließen mußten, ohne die eigenen königlichen Lande auf dem linken Rheinufer wirklich zurück zu erhalten, und ohne den Feind auch nur von dem empörend stolzen Grundsatz abzubringen, daß der Rhein die Grenze der neuen Republik werden solle. Ich bitte Euer Exzellenz inständigst, ich beschwöre Sie als einen deutschen Ritter, auf dessen Talente und Tugenden ganz Deutschland rechnet: was sollen nun wir übrige Deutsche thun, die wir den Frieden eben so sehnlich wünschen, die wir aber so viel und alles auf der linken Rheinseite zu verlieren haben? Für uns kann kein Friede sein, so lange wir nicht wissen, daß Frankreich von der Rheingrenze abgeht; wir müssen uns, und wenn uns niemand mehr helfen wollte, als Verzweifelte schlagen; wir haben nichts übrig, als vincere aut mori. Dem Kurfürsten von Maynz gilt es um seine politische und den übrigen 3 rheinischen Kurfürsten um wirkliche Existenz, dem ganzen Reiche um sein halbes Kurkollegium, um den Umsturz seiner Verfassung. Die Franzosen miskennen ihr eigenes Interesse, wenn sie den Rhein zur Grenze haben wollen und den Reichsständen ihre ausgesaugte deutsche Lande nicht wieder zurückgeben.

Sie wollen keinen Frieden, sondern eine weitere Campagne; Mainz soll, kann und wird sich halten. Die Franzosen werden noch viele Millionen und viele Tausend Menschen gegen uns aufopfern, und man darf zuversichtlich hoffen, daß sie nichts gegen uns ausrichten werden.

Euer Exzellenz wissen, daß ich nichts weniger als Prahler bin, lieber aber soll mich selbst eine Kugel von dem Walle ins Grab werfen, als daß ich uns nach so ungeheueren Aufopferungen Maynz nehmen lasse; ich werde ausharren, siegen oder sterben, für mich ist keine andere Wahl. — Ich sollte denken, der innere Zustand Frankreichs, der aufrichtige Wunsch des Volkes Frieden zu haben, müsse die Konvention auf mäßigere Gedanken bringen; der Friede mit dem Reich setzt voraus, daß Frankreich auf Maynz verzichtet. Euer Exzellenz ist vorbehalten, dieses noch zu erwirken, und jeder redliche Deutsche, unsere Kinderskinder werden Sie dafür segnen.

Daß zu Bamberg ein Capitular, der Regierungspräsident Freiherr von Busek, von der Würzburgischen Parthie ganz allein durch die Kurf. Em.-Parthie zum Fürsten netto parte majore erwählt worden ist, werden Euer Exzellenz inmittelst schon erfahren haben.

Nochmals wünsche ich nichts sehnlicher, als daß Euer Exzellenz glücken möge, auch uns die Möglichkeit eines Friedens zu verschaffen. rc.

---

3. Hardenberg an Albini. *)

d. d. Basel, 27. April 1795.

Euer Exzellenz

freundschaftliches Schreiben vom 15. d. habe ich bis heute unbeantwortet gelassen, weil ich erst noch einige Aufschlüsse erwartete.

Ich bitte vor allen Dingen, nicht zu vergessen, daß, wenn der gleich öffentlich bekannt gewordene Tractat nicht alles enthalten konnte, was der König theils für das Reich und einzelne Stände zu thun im Stande gewesen ist und noch seyn wird;

*) Original, M. A. im St. A.

dennoch itzt weyt mehr Hoffnung sey, die Integrität des deutschen Reichs zu bewirken und auf dem eingeschlagenen Wege der Vermittelung zu erhalten, als durch den mislichen Weg der Waffen und Aufopferung noch mehreren Menschenbluts — denn leyder hat unser deutsches aut vincere aut mori bisher wenig gefruchtet.

Für Ihr Maynz läßt sich auch etwas thun, ohne daß Euer Exzellenz nöthig hätten, selbst diesen Wahlspruch in Anwendung zu bringen.

Der Graf Goerz wird itzt den nunmehr ratificirten Frieden dem Reichstage anzeigen, und dann machen Sie, daß das Reich in Corpore, und da dieses lange dauert, unterdessen einzelne Kreise oder Stände, die Widmungen des 11. Artikels reklamiren und sich an den König wenden. Will Ihr gnädigster Kurfürst, dem ich mich zu Füßen zu legen bitte, Maynz und das ganze Land zwischen dem Mayn und der See vorerst gleich neutral haben, so habe ich große Hoffnung dazu, wenn Sie auswirken können, daß die Oesterreichischen Truppen jene Vestung und jenen Theil Deutschlands verlassen, und daß blos Reichstruppen darin bleiben. Versteht sich, daß dieses Verlassen der Oesterreicher nicht eher stattfinden müsse, als bis Frankreich unterschrieben hätte. Eilen Sie dieses einzuleiten und es in Gefolg des oben erwähnten 11. Artikels hier in Antrag zu bringen; am besten durch einen eigenen Abgeordneten.

Binnen kurzer Zeit werde ich Ihnen vermuthlich noch nähere Auskunft wegen der in Gefolg des 7. Artikels getroffenen Verabredungen geben können. Einstweilen bitte ich Euer Exzellenz, dem Gedanken wegen der Neutralität von Maynz nachzudenken und zu überlegen, daß jeder Augenblick kostbar ist. Aber der erste Schritt muß vom Kurfürsten geschehen. Noch einmal aber, vergessen Sie nicht, daß wir nur Stuffenweise am besten zum Ziele gelangen können. Mit den Menschen in Frankreich ist nicht so zu tractiren, als mit einem andern Cabinet. Man muß die Umstände und die Fortschritte der Opinion beobachten und nutzen.

Ich empfehle mich Euer Exzellenz mit bekannter treuer Freundschaft und Verehrung ꝛc

4. Albini an Hardenberg. *)

Maynz, 1. Mai 1795.

Euer Exzellenz danke ich abermals verbindlichst für die weitern höchst interessanten Aufschlüsse, welche ich in Hochdero Schreiben vom 27. April finde.

Euer Exzellenz werden gewiß selbst überzeugt sein, daß wir Ursache haben, schüchtern zu sein, so bald selbst Merlin de Thionville (einer der jezigen ersten Meneurs, und der an die Rheinarmee abgegangen ist) noch nach verkündetem königlich preußischen Frieden in der öffentlichen Sitzung der Convention nationale die Rheingränze behauptet. Indessen hoffe ich, der gestrige Tag solle ihn überführt haben, daß es mit dem linken Rheinufer so leicht eben nicht ist, und daß überhaupt Friede und Rheingränze zwei Dinge sind, die gar nicht neben einander bestehen können.

Es war gestern ein mörderischer Tag. Die unsrigen griffen mit Tagesanbruch die Franzosen auf dem Hartberg an, den ganzen Tag hat das Gefecht fortgewährt, der Erfolg davon war, daß die Feinde aus den Verschanzungen geworfen, eine

*) Expedirtes Concept. M. A. im St. A.

große Anzahl getödet, mehrere Gefangene gemacht, ihnen einige Kanonen abgenommen und nun unserer Seits Verschanzungen auf dem Hartberge angelegt worden sind. Jedoch haben auch wir, sonderlich das k. k. Regiment Klebeck und die maynzischen Grenadier-Kompagnien, nicht unbeträchtlich gelitten. Sehr gut ist es, daß Herr Graf Görz nunmehr angewiesen ist, den ratificirten Frieden dem Reichstage anzuzeigen. Der kurfürstliche Reichstagsdirektorialis hat schon die eventuelle Instruktion, die Sache, es mag von dem Kaiserlichen Hofe ein Commissions-Decret, oder sonst irgend eine Aeußerung kommen oder nicht, alsbald in Proposition zu stellen und sich angelegen sein zu lassen, so schleunig als möglich eine Reichstägliche Entschließung zu erwirken. Der Kurfürst, mein gnädigster Herr, bleiben dabei, daß des Kaisers und des Königs in Preußen Majestäten ersucht werden sollen, den Antrag zum Frieden zu machen; da nun aber dieser nicht zu hoffen sey, so lang der Feind noch nicht einmal nachgegeben habe, daß von Festungen, welche wirklich noch nicht erobert sind, hiebei keine Frage sein solle, so wären Allerhöchst gedachte Ihre Majestäten ferner zu ersuchen, sich dafür zu verwenden, daß der Feind sich zuvörderst bestimmt erkläre, nichts in Anspruch zu nehmen, was er wirklich nicht erobert habe; sobald nun von J. Majestäten oder von des Königs in Preußen Majestät allein diese beruhigende Deklaration ausgewirkt, und auf solche Art Hoffnung sein werde, daß mit glücklichem Erfolge Friedensunterhandlungen angegangen werden könnten, so seye alsbald nach dem Reichsherkommen dazu zu schreiten, und der Kurfürst, mein gnädigster Herr, würde nicht säumen, jemanden nach Basel abzuordnen. Ich darf mir von Euer Exzellenz erleuchteten Einsichten versprechen, daß, wenn Hochdieselbe unsere ganze jetzige Lage betrachten, sie gewis finden werden, daß S. Kurfürstlichen Gnaden alles thuen, was nur von Höchst-Ihnen zu erwarten ist. Schon lange haben ja die Franzosen ihre Limites decretiren wollen; sie brauchen dieses nicht, sie sollen einstweilen nur decretiren, daß sie bei dem Frieden über nichts handeln wollten, was sie nicht schon besitzen, oder noch deutlicher, daß sie nicht noch gar durch den Frieden Eroberungen machen wollen. Dieses scheint mir ist doch wenig verlangt. Die Franzosen müssen doch in jedem Falle sagen, was sie wollen, denn das Reich will nichts von ihnen.

Wollen sie auch nichts vom Reiche, so ist der Frieden auf dem Statu quo schon durch einen Reichsschluß festgesetzt; wollen sie aber etwas, so müssen sie sagen was? und darüber muß traktirt werden. Es ist aber nicht möglich, Ministres zum Friedenskongreß zu instruiren, bevor man nicht weiß, was der Gegentheil will. Es würde gar kein Anfangen und kein Fertigwerden sein. Wenn ich den unglaublich erbärmlichen innern Zustand von Frankreich und Paris selbst ansehe, wenn ich denke, daß die Convention von keinem Tage zum anderen ihrer Existenz gesichert ist, so sollte ich denken, daß diese Convention weitmehr noch Ursache als wir hätte, mit Menschen Frieden zu machen, die Frieden haben wollen, aber sich nur nicht geradezu Gesetze vorschreiben lassen können. Es ist gewiß eine eitle Hoffnung, wenn Merlin simulirt, zu glauben, er wolle noch Maynz erobern; und will er dieses, so muß er nicht von Frieden, sondern von einer neuen blutigen Campagne sprechen. Ohne einen allgemeinen Reichsfrieden ist den Franzosen selbst nicht geholfen, ohne diesen gibt es keine Ruhe, und mir scheint, wenn das Werk eifrig angegriffen wird, so bringen wir eher einen allgemeinen Reichsfrieden zusammen, als wir mit den vielen einzelnen Ständen fertig werden. — Sehr dankbar bin ich Euer Exzellenz für die

Hoffnung, welche Hochdieselbe uns allenfalls für Erhaltung einer Neutralität geben; ich werde gewiß darüber tief nachdenken und solche seiner Kurfürstlichen Gnaden zur Höchsten Erwägung vorlegen. Indessen scheint mir, daß wir eine Neutralität, wenn wir auch noch so gerne wollten, ohne Consentement der Kaiserlichen gar nicht beobachten könnten, und daß wir es geschwinder zu einem allgemeinen Reichsfrieden als zu einzelnen Neutralitäten bringen werden.

Machen Euer Exzellenz nur, daß die Franzosen, welche jedoch schon durch unsern Reichsschluß wissen, daß das Reich Frieden will, nur einmal vernünftig sagen, was sie wollen, so bin ich versichert, daß alsdann Jedermann geschwind seine Partie ergreifen wird. Das Beispiel von Holland ist zu neu als daß man so einem Feinde trauen könnte. Mir deucht: die Franzosen, wenn sie wirkliche Freunde von Preußen sein wollen, haben keine Ursache Euer Exzellenz zu verheimlichen, was sie wollen, und wie können des Königs Majestät Ihre Allerhöchste Mediation interponiren, ohne zu wissen, was jeder Theil verlangt, und ob die Wünsche so billig sind, daß Allerhöchst Sie solche dem anderen Theile communiciren können? Ich hoffe noch immer, und es ist mir nicht bange dafür, daß Euer Exzellenz glücklich vollenden, was Sie angefangen haben. In dieser tröstlichen Zuversicht bin ich &c.

5. Hardenberg an Albini. *)

Euer Excellenz

verehrliches Schreiben vom 1. d. beantworte ich erst heute, weil ich von einem Tage zum andern darauf gewartet habe, Ihnen

*) Dieses Schreiben ist ohne Datum und vermuthlich zwischen dem 10. und 15. Mai geschrieben worden. — M. A. im St. A.

etwas Bestimmtes wegen einer anderweit zwischen dem König meinem g. Herrn und Frankreich geschlossenen Convention und wegen einiger anderer Puncte sagen zu können.

Mittlerweile werden Sie die Erklärung des Königs an das Reich und den Inhalt seiner Convention, so wie sie zwischen dem französischen Gesandten und mir verabredet worden, wohl mitgetheilt erhalten haben. Zum Ueberfluß lege ich aber ein paar Exemplare von letzterer hinbey und bemerke nur: daß zwar die Convention selbst noch nicht vollzogen sey, daß sie aber im Wesentlichen gewiß so bleiben und vielleicht nur noch einige Abänderung in der Form oder Nebendingen stattfinden mögte. Euer Exzellenz werden finden, daß ein großer Theil der Churmaynzischen Staaten bereits in der Neutralitäts-Linie mit begriffen sey; — wegen der Zurückziehung der Contingente ist das ultra posse nemo obligatur anwendbar. Schritt vor Schritt werden wir immer weiter gehen; ich sehe itzt die Zurückgabe des linken Rheinufers mit Königl. völliger Genehmigung als den Hauptgegenstand meiner Unterhandlungen an, und werde solche eifrigst angehen. Zu dem Ende wünsche ich, daß nur erst viele Fürsten, die dort Besitzungen haben, mit Beziehung auf die erste Abtheilung des XI. Artikels, die Königl. Vermittelung ausdrücklich reclamiren und sich zu dem Ende, da ich autorisirt bin, solche Reclamationen aufzunehmen, gerade an mich wenden. Helfen Euer Excellenz mir, den Wahn mit vertilgen, den blos Uebelgesinnte verbreiten können, als wolle der König sich für die Integrität des Reichs, die Herausgabe des linken Rheinufers nicht interessiren; wir glauben nur, daß beydes besser durch Unterhandlung als durch den mislichen Weg der Waffen zu erlangen stehe, und ich habe noch immer gute Hoffnung, daß man in Paris selbst seinen wahren Vortheil einsehen und den Statum quo, wenigstens der Hauptsache nach, anerkennen werde. Ich fahre auch fort, wegen der Neutralisation von Maynz und des ganzen Landes zwischen dem Mayn und der See zu wirken, und gebe auch in diesem Betracht die Hoffnung nicht auf. In Wien wird von Berlin aus darauf negocirt, daß auf den Fall, daß die Franzosen die Hände dazu bieten, die österreichischen Truppen das rechte Mayn-Ufer und Maynz verlassen. Bey den großen Vortheilen, die dieses selbst für die Oesterreicher in Absicht auf die Concentrirung ihrer Armee haben müsse, sollte man sich einen günstigen Erfolg versprechen, vorausgesetzt, daß man in Wien, wie ich gewiß glaube, die Absicht nicht habe, die Niederlande und Luxemburg durch Gewalt der Waffen wieder zu erobern und zu entsetzen.

Machen Euer Exzellenz nur, daß das gesammte Reich des Königs Verwendung nach dem Art. XI reclamire; mittlerweile müssen einzelne Kreise und Stände vorangehen. Auf die Weise wird das Spectrum horrendum einer Trennung oder Scission im Reich am besten abgewendet werden können. Frankfurt würde sich zum Congreßort am besten schicken. Basel gar nicht. Die Franzosen sind auch sehr geneigt, Frankfurt zu wählen. Die Stadt selbst ist in der Neutralitätslinie, aber auch darum würde es gut seyn, das ganze rechte Mayn-Ufer neutral zu haben.

Ich bitte Euer Excellenz, mich mit Ihren erleuchteten Ideen zu beehren und mit den Absichten Ihres gnädigsten Herrn, dem ich mich zu Füßen lege, bekannt zu machen. Der König hat befohlen, daß ich mich über die Friedens-Angelegenheit von hier aus directe mit dem Grafen von Goerz in Correspondenz setzen soll, und daß dieser nur die Resultate nach Berlin melde, — wodurch die Sache abgekürzt wird. Mir ist aber nun desto mehr daran gelegen, bald und genau unterrichtet zu sein.

Der Wunsch des Reichs, Frieden mit Frankreich zu haben, liegt zwar in dem letzten Reichsgutachten, aber nirgend ist er officiell an Frankreich gebracht, weil die Rücksprache zwischen dem Kayser und dem König nicht zu Stande gebracht worden und der König vom Reich eigentlich gar nicht bevollmächtigt war, Friedensunterhandlungen für solches anzugehen. Daß er dieses thun könne, dahin muß man es also vor allen Dingen bringen; dann wird Frankreich gewiß die Negotiation angehn, dann kann erst die Rede von der Integrität des Reichs, vom linken Rheinufer im Ganzen seyn. Bis dahin wird Frankreich schwerlich bestimmte Declarationen geben, ohnerachtet ich alles anwenden werde es zu bewirken und die Sache wenigstens vorzubereiten.

Es war nie meine Meynung, daß die Neutralität von Maynz ohne Einwilligung der Kayserlichen bestehen oder behauptet werden könne, — aber ich habe es oben schon gesagt, daß ich seine Einwilligung dem eigenen Vortheil des Wiener Hofs gemäs halte.

Ich beharre mit aufrichtigster Verehrung ꝛc.

---

6. Albini an Hardenberg.*)

Maynz, 18. Mai 1795.

E. E. bin ich für die sehr tröstliche Nachrichten (wobei Hochdieselbe in der Eile das Datum vergessen haben, die mir jedoch nicht weniger richtig von dem Herrn Erbprinzen v. Hohenlohe zugekommen sind) unendlich verbunden. Es ist mir diese verehrliche Zuschrift ein äußerst beruhigender Beweis, wie gerecht unsre Erwartungen waren, daß E. E. sich gewiß mit allem Eifer für das Reich verwenden würden. Ich schicke augenblick-

*) Expedirtes Concept, M. A. im St. A.

lich meinem Gnädigsten Kurfürsten diese vorgängliche Depesche, und Hochdieselbe werden darin vollkommen E. E. wohlmeinende Gesinnungen danknehmigst erkennen.

Es wird sicher nicht den mindesten Anstand haben, daß des Königs Majest. vom gesammten Reiche um Allerhöchstihre kräftige Verwendung für den Frieden werden ersucht werden; es wird dieses am Reichstag in pleno corpore viel geschwinder, als durch einzelne Kreise oder Stände gehen. Es macht diese allgemeine ehrenvolle Ersuchung E. E. weniger zu schaffen, als alle einzelne Desiderien; alle Trakasserien, Mistrauen rc. rc. werden dadurch beseitigt, und Se. Majest. werden den Ruhm davon tragen, dem ganzen Reiche den Frieden gebracht zu haben, wo doch sonst nichts ganzes, nichts solides zu machen sein würde! Noch diese Woche wird der Kurf. Direktorialgesandte Freiherr v. Strauß (es mag ein Kais. Kommissionsdekret kommen oder nicht) diesen wichtigen Gegenstand unfehlbar in Proposition stellen, und schon den 1. Juni das Protokoll ad votandum öffnen. Hoffentlich wird bis in die Mitte des Juni schon ein Reichsgutachten, und die Imploration die Kaiserliche Majest. ersuchen, sich für diesen Frieden mit des Königs Majest. zu verwenden, und es werden einige Stände pro interesse Imperii dazu deputirt werden. — Die Vorläufige Neutralität für Maynz kann niemand mehr, als mein gnädigster Kurfürst, wünschen, und auch der Ort Frankfurt zu den wirklichen Friedensnegotiationen ist uns erwünscht. — Ich verstehe nicht recht, was E. E. eigentlich für Lande unter der Neutralität vom rechten Maynufer bis an die See begreifen wollen; ich bitte also inständigst, mir dieses noch gütigst aufzuklären. Jeder Schritt, welchen die Franzosen jetzt schon thun können, der näher zum Status quo führt, wird den Frieden ungemein erleichtern.

Ich weiß nicht, ob der Kaiserliche Hof die Niederlande wieder haben will; mir scheint aber, die Franzosen sowohl, als wir alle, seyen auf alle Art interessirt dabei, daß er solche wieder bekomme; und resolviren sich die Franzosen hierzu, können wir dem Kaiser sagen, es hänge nur von ihm ab, diese Niederlande wieder zu haben, so hindert uns nichts mehr, das Friedensgeschäft zu konsumiren. — Der Himmel segne indessen ferner E. E. wichtige Bemühungen! Nichts sollte mir angenehmer sein, als wenn ich bald wieder mündlich Hochdieselbe der vorzüglichsten Verehrung versichern könnte, womit ich stets bin ꝛc.

---

7. Hardenberg an Albini.*)

d. d. Basel, 18. Mai 1795.

Euer Excellenz

habe ich nunmehr die Ehre, die wirklich gestern vollzogene Convention particulière mitzutheilen. Da die Ratification keinem Zweifel unterworfen ist, so hat auch seinerseits das Com. de Salut die öffentliche und officielle Bekanntmachung an die Generale und Volksrepräsentanten bereits verfügt. Ich beziehe mich auf mein letztes Schreiben und beharre mit vorzüglichster bekannter Freundschaft und Hochachtung ꝛc.

---

8. Hardenberg an Albini.**)

d. d. Basel, 20. Mai 1795.

Ich werde den 24ten, Sonntag Mittags, in Frankfurt auf meiner Reise nach Berlin eintreffen, wünsche recht sehr Euer

*) Original, M. A. im St. A.

**) Original, M. A. im St. A.

Excellenz wegen wichtiger Angelegenheiten zu sprechen, und da ich mich nicht lange genug aufhalten darf, um nach Maynz zu gehen, daß es Ihnen gefällig seyn möge nach Frankfurt zu kommen. Den 24ten Abends werde ich gleich weiter reisen.

Mit bekanntер Verehrung und Ergebenheit ꝛc.

---

9. Hardenberg an Albini.*)

d. d. Mannheim, 22. Mai 1795. Freytag Abends.

Euer Excellenz

habe ich in einem aus Basel abgefertigten Schreiben aus Irrthum den 24ten, Sonntag, als den Tag genannt, wo ich angelegentlich wünsche, Sie auf ein paar Stunden in Frankfurt bey meiner Durchreise nach Berlin zu sehen, um mich über einige höchst wichtige Gegenstände, die diese Reise veranlassen, mit Ihnen zu unterreden. Ich bin aber schon morgen Mittag unfehlbar in Frankfurt und muß nothwendig übermorgen Sonntag früh schon wieder fort. Euer Excellenz sende ich also dieses durch einen eigenen Courier und ersuche Sie nochmals, mir morgen Abends das Vergnügen zu schenken, Ihnen mündlich die Versicherung meiner treuen Verehrung und Ergebenheit zu wiederholen.

---

10. Der Kurmainzische Gesandte Freiherr v. Walter an Albini.**)

Wien am 26. April 1795.

Euer Exzellenz können sich die unangenehme Lage, in welcher ich mich seit ungefähr drei Wochen hier befinde, nicht vorstellen; wo man mich auf den Straßen, oder in einem Haus nur er-

*) Original, M. A. im St. A.

**) Original, M. A. im St. A.

blickt, werde ich angerufen; man schändet und schmähet über die hohen Reichsstände, über das ganze Reich, vorzüglich über Kur-Maynz, spricht von größtem Undank, von schändlichster Unredlichkeit und von abscheulichem Benehmen überhaupt, und dieses Schänden erstrecket sich hier von den ersten Ministern bis auf mindere Kanzley- und auch bürgerliche Personen, sogar die Reichskanzley davon nicht ausgenommen; annoch gestern befand mich in dem Fall, daß mich aus der Gesellschaft in einem angesehenen privat Haus wegbegab, weilen nicht mehr möglich war auszuhalten, was ein paar sonst ganz brave Männer, und die Euer Excellenz ehemals selbst in dieser guten Eigenschaft kannten, recht insultant daher schwazten und ihre Spöttereyen alle gerade an mich addresirten.

Da man mir nun dermalen fast überall auf diese Art begegnet, und ein fataler Augenblick zu verdrüssigen Weitwendigkeit für meinen höchsten Hof Anlaß geben könnte, so werde mich außer meiner Amtsverrichtung hier in der Stadt in solange sehr wenig sehen lassen, bis das gegenwärtige Donnerwetter vorüber ist, wie mir dann auch wohlmeinende Freunde solches zu thun anrathen. —

Auch spricht man von einem Schreiben, welches Euer Exzellenz ad circulandum nach Regensburg erlassen hätten, und in welchem man sich entschuldige, daß der Maynzer Hof an dem preußischen Frieden keinen Theil, nicht einmal Wissenschaft davon gehabt habe; „dergleichen Vorstellungen und Spiegelfechtereien mehr," — so drückte man sich gegen mich aus; ferner sagte man mir, in terminis, es seye doch abscheulich, daß Emmus. kein Wort an den Kaiser geschrieben, — Euer Exzellenz excusirten sich jederzeit mit den vielen Geschäften, — was dann dermalen unter allen Geschäften möglicher Weis nothwendiger sein könne, als daß Emmus. einen Brief an den Kaiser schickten, ihn von dem, was Höchstsie wollten und für das Reich räthlich glaubten, unterrichteten; an Kaiser Leopold hätten Emmus. so viele Billets geschrieben und von ihm wiederum empfangen, und dermalen sehe man von Höchstselben keinen einzigen Buchstaben; man glaube nicht, daß Kaiser Franz dieses Betragen verdiene, der doch gewiß als Kaiser alles thuen und genehmigen würde, was Emmus. zum Besten des Reiches wünscheten.

Weiter gab man mir zu verstehen, daß Euer Excellenz ganz von (Frau von Coudenhoven, die wieder alles in Aschaffenburg regiere, geleitet würden, ohne daß Sie es selbst wollen und merkten.) *)

Die Frau von Frank liegt schon seit 7 bis 8 Wochen auf den Tod, man sagt an Brustgeschwüren, im Grund an der Lungensucht; ihr Herr Gemahl soll sich haben verlauten lassen, daß, wann sie stürbe, er quittiren und in Ruh für sich leben würde, zu welcher Ruh ihm gewiß die ganze Reichskanzlei, der Reichshofrath und der Herr Fürst Colloredo, vorzüglich das Taxamt allen Segen wünschen.

---

11. Albini an Walter. **)

Maynz, 4. Mai 1795.

Ich habe Ihre Berichte vom 25. März, 4ten, 25ten und 26ten pass. erhalten. Ueber den lezten habe ich nicht gewußt, ob ich lachen oder mich ärgern solle? Währenddem die Kais. Reichstagsminister Emmi. Patriotismus erheben, währenddem ich mit den kais. Generälen in vertrauter Freundschaft stehe,

*) Die eingeklammerten Worte in Chiffern.

**) Expedirtes Concept, M. A. im St. A.

37*

währenddem sich unsre brave Kurf. Truppen mit gleicher Tapferkeit an der Seite der Oesterreicher schlagen, schreiben Sie mir, daß alles in Wien, Notabene vom ersten Minister an, auf mich und Emmum. Höchstselbst schimpfe. Wenn ich Ihnen von dem Preuß. Frieden bisher nicht geschrieben habe, so war es, weil diese Sache an den Reichstag gehört, weil solche eine große suivirte Instruktion erfordert, weil zum Negozianten in dieser Sache große Vorkenntnisse gehören, weil halbe Instruktionen mehr verderben, als gut machen, weil Emmus. an den Höfen in dieser Sache nichts zu negoziirren haben und zu negoziiren unklug finden.

Sie sollen und mußten also non instructus sein, bis es Zeit ist. Noch jezt ist die Sache dazu nicht reif. Sie hatten bisher nichts zu sagen, als daß Sie zwar nicht instruirt seien, dieses aber seine gute Ursache haben müsse, inzwischen jedoch von Emmi. bekannter Gesinnung nichts verfängliches, nichts inkonstitutionelles zu erwarten sey. Dieses war zu antworten, wenn Sie gefragt wurden. Nur dumme Menschen konnten denken, daß Emmus. Höchstwelche als Reichs-Erzkanzler das Reichsinteresse zu bewahren haben, mit der Thür in die Stube fallen und da, wo Höchstsie an den König von Preußen nicht schreiben wollen, dagegen geradezu an Kais. Majst. schreiben würden; und zu einer Korrespondenz gehören auch Antworten, und Emmus. haben schon einigemal an Kaiser Franz geschrieben, haben aber keine Antwort erhalten. Indessen haben sich Emmus. den ersten Augenblick, und lange vor dem Kais. Hof laut über den Preuß. Frieden am Reichstag, wo der Ort ist, prononcirt, nicht aber durch mich Entschuldigungen machen lassen; denn das ist unter Ihrer Würde. — Was aber die beleidigenden Diskurse und Ungezogenheiten betrifft, die man sich in Ihrer Gegenwart gegen mich und sogar gegen Emmum. Höchstselbst erlaubt hat, so müssen Sie sich dergleichen Diskurse, von wem sie immer kommen, auf der Stelle verbitten, und falls sie nicht unterbleiben, Ihren Hut nehmen und davon gehen, alsdann aber nicht vague berichten, sondern mit Namen die Leute nennen, welche verwegen genug sind, sonderlich Emminentissimum anzugreifen. Hauptsächlich ist mir nöthig, die Leute en place zu kennen, welche so schön von mir denken; denn andre Schwäzer verachte ich zu sehr, als daß ich ihre Namen wissen mögte.

---

12. Albini an Walter.*)

d. d. Maynz den 15. Juni 1795.

Euer Wohlgeboren finde ich nöthig, auf Ihren Bericht vom 6ten in den Stand zu setzen, zweckmäßig antworten zu können, wenn Ihnen von dem Aufenthalte des Vivrestransportes zu den Armeen und von Implorirung preußischer Verwendung zu den Friedensnegociationen gesprochen werden sollte.

Niemand ist bei den Vivrestransporten mehr interessirt als wir, weil gerad dieser schreckliche Mangel, welchen die Armeen leiden, schuld ist, daß diese Armeen bis jezt in die Mitte Juni still gelegen, nichts gethan haben und Luxemburg, ohne allen Versuch zu helfen, haben fallen lassen, weil ferner eben dieser Mangel schuld ist, daß wir, welche das Unglück haben, 8 Monate diese Armeen auf dem Halse zu haben, vollkommen aufgefressen und ruinirt werden, und weil endlich dieser Zustand, wo weder Ernst zum Frieden noch zum Krieg gezeigt wird, jedem Landesherrn die Pflicht auflegt, sich auch solche

*) Expedirtes Concept, M. A. im St. A.

Mittel zum Frieden zu gelangen gefallen zu lassen, deren er gern entübrigt sein mögte.

Nicht nur an Vivres, sondern hauptsächlich auch an Gelde fehlt es der kais. Armee; die Lieferanten werden nicht bezahlt, gehen zu Grunde, niemand will mehr eine kaiserliche Lieferung übernehmen. Man wird sicher nicht klagen können, daß nicht in den kurfstl. Landen allenthalben mit der äußersten Anstrengung die Fuhren gestellt werden; allein wenn die armen ausfouragirten Bauern da, wo sie laden sollen, oft nichts finden und leer wieder nach Hause fahren müssen, wenn in Franken, wie ich nicht widersprechen will, es mit den Fuhren nicht so eifrig geht, so ist dieses unsre Schuld nicht.

Daß der kaiserliche Hof dem Krieg große Opfer bringt, läßt sich nicht miskennen; daß aber die meisten Reichsstände verhältnißmäßig eben so viel thun, ist eben so gewiß.

Ich sage verhältnißmäßig, denn man muß von einem Fürsten von Fulda nicht so viel, als von dem Erzherzoge in Oesterreich fodern.

Die preußische Mitverwendung, um dem Reiche den Frieden zu verschaffen (nicht Mediation), müssen Emmus. bei der fatalen Lage der Dinge (wofür Höchstsie nichts können) verlangen; auch der Herr Kurfürst von Köln (der doch wohl kein Feind des Hauses Oesterreich ist) mußte es thun.

Der kais. Hof und der Graf Lehrbach hatten nichts dagegen*); jetzt erst, wo die Gesandten längst instruirt sind, wo sie abvotiren sollen, will der Kaiser diese Verwendung nicht. Instruktionen, die einmal zu Regensburg eingetroffen und bekannt sind, lassen sich mit Ehren und ohne förmliche Beleidi-

*) Lehrbach hatte sich laut eines seiner Berichte an Thugut, schon auf seiner Durchreise zu Aschaffenburg vollkommen dagegen erklärt.

gung nicht widerrufen. Um den König von Preußen zu beleidigen, sind Mindermächtige zu schwach; genug, daß sie dessen Separatfrieden mit Worten und eignen Handlungen mißbilligen.

Mehr fodern wollen, würde unbillig sein, zumal der Kaiser selbst nur als Kaiser, nicht aber als König Frieden machen will, und solang seine Armeen auch nichts thun. Wer kann vernünftig glauben, daß sich die Franzosen in Friedensnegociationen mit jemand allein einlassen werden, der nur in einer Eigenschaft*) Frieden machen will, wo er keinen Soldaten hat, der zu diesem Geschäft einen Reichs-Hofraths-Vicepräsidenten**) und keinen Menschen aus seiner Staatskanzlei schickt? wenn das Reich sich dem kaiserlichen Hofe ganz allein in die Arme werfen soll, so muß man ihm, wenigstens einem Kurfürsten von Mainz und Sachsen, die es wohl verdienen, aufrichtig sagen, was man will, was man vor hat.

Solang dieses nicht geschieht, muß man sehr natürlich finden, daß diese Höfe blos solche Anträge bei dem Reichstage machen, wie sie das Reich noch salviren zu können glauben.

---

13. Albini an den Grafen Hatzfeld (kurmainzischen Gesandten in Berlin.)***)

Frankfurt den 24. September 1795.

Euer Hochgeb. habe ich bereits durch den Kurfürstl. Herrn Geheimen Rath Gracher vorläufig Nachricht geben lassen, in welche äußerst mißliche Lage Sr. Kurfürstliche Gnaden nun

*) Als Reichsoberhaupt.

**) Freiherr v. Bartenstein wurde schon im Juni, um den guten Willen des Kaisers ersichtlich zu machen, zum kais. Commissär bei der Reichsdeputation, über welche das Reich bis im September berieth, ernannt.

***) Expedirtes Concept. M. A. im St. A.

abermal dadurch gekommen sind, daß die Kaiserlichen Armeen nirgends mehr gegen die Feindliche halten, und gleichwohl der Kaiserliche Hof die so nöthige Friedensnegotiation auf alle Art verzögert. Gewiß würde es nun nicht mehr Patriotismus, sondern blinder Gehorsam für die schädliche Politik des kaiserlichen Hofes seyn, wenn Emmús. in der verzweifelten Lage, worin Höchstdieselbe sich und Ihre Lande nach so ungeheuern Aufopferungen, nach so rastlosen Anstrengungen, nach so vielen wohlmeinenden Warnungen durch fremde Schuld sehen müssen, noch einen Augenblick sich besinnen wollten, jede nur irgend annehmliche Hilfe zu suchen, ehe noch auch Ihr Obererzstift ausgeplündert ist, und alle Hilfe zu spät kömmt.

Ohnehin haben Höchstihro zwey Rheinische Mitkurfürsten Cölln und Pfalz schon einzeln für sich gethan, was sie konnten, und Cölln hat selbst aus Mainz sein Contingent zurückberufen.

Emmus. sind, leider, in einer doppelt üblen Lage, weil Ihro Residenzstadt auf der linken Rheinseite liegt, und weil es Höchst Ihnen unendlich schmerzhaft seyn müßte, nicht anderst als mit derer Abtretung zur Ruhe und Frieden gelangen zu können. Auch ist dieses dato nicht in Ihrer Macht, indem die Kaiserlichen diese Festung besezt, und das Gouvernement darinn haben. Gleichwohl hätten Emmus., um auch nur Ihre übrige Lande zu salviren und von der königl. preuß. Demarcationslinie profitiren zu können, Ihre Truppen eigentlich aus Maynz abrufen und alle Feindseligkeiten einstellen sollen. Ich verließ Maynz nicht eher, als bis schon einige Gefahr war, nach Frankfurt zu kommen; mein erster Gedanken war hier, so schleunig als möglich die Kurfürstl. Dicasterien zu Aschaffenburg und überhaupt die Kurfstl. Lande hinter der Demarcationslinie einsweilen zu sichern, und wendete mich deswegen sogleich an den

Herrn Erbprinzen Hohenlohe, der mich mit zuvorkommender Bereitwilligkeit empfing; etwas mußte ich thun, um wenigstens einsweilen von der gedachten Demarcationslinie Vortheil zu ziehen. Ich gab daher dem Prinzen von Hohenlohe die hier abschriftlich beikommende Note, damit er den Franzosen wenigstens den Willen Emmi., auch allenfalls einen einsweiligen Separatfrieden unter Preußischer Vermittlung einzugehen, documentiren könne. Da nun aber dieses nicht blos Praetext, sondern die wirkliche Intention Emmi. ist, so belieben Euer Hochgeboren schleunigst alles anzuwenden, um das Königliche Ministerium und des Königs Majt. selbst zu unverweilten zweckmäßigen Instruktionen an den Herrn Minister von Hardenberg sowohl, als den Herrn Prinzen von Hohenlohe zu vermögen. Ich wünschte, daß wir eine Neutralität für Mainz und alle kurfürstliche Lande des linken Rheinufers, so wie Hessen, erhalten könnten, wenn wir auch gleich die Lande der linken Rheinseite bis zur Pacification générale in feindlichen Händen lassen müßten. Von diesen ganz ruinirten letztern Landen werden ohnehin bis zur Pacification générale keine Einkünften zu ziehen seyn; sollten jedoch auch von den Franzosen diese Revenüen erhalten werden können, so wie dem Vernehmen nach solche dem pfälzischen Hofe bei der Kapitulation von Mannheim auf beiden Rheinseiten zugesagt sind, so würde dieses ein großer Schritt zur Pacification générale selbst seyn, und dadurch die Hoffnung wachsen, daß die Franzosen auf den teutschen Landen der linken Rheinseite nicht zu bestehen gedächten. Die Franzosen werden hoffentlich nicht fordern, daß ihnen Maynz abgetreten werden solle, denn, da sich diese Festung ganz sicher lange halten kann und wird, mithin dem Feinde nothwendig noch viele Menschen kosten muß, so gewinnt er dadurch schon genung, wenn die Kaiserliche solche mit ihrem Geschütze und Munition verlassen, dergestalt, daß sie nicht mehr im Vertheidigungsstande seyn würde, wenn der Feind bei der Pacification générale auf deren Abtretung bestehen sollte. Der Winter ist vor der Thüre, und die Belagerung wird den Franzosen schwer werden; selbst schon die Bloquade wird sie viele Menschen kosten, da ich nicht sehe, wo sie jetzt noch auf der linken Rheinseite das Holz hernehmen wollen. Ohnehin wünschen auch die Franzosen Frieden, und auf solche Art würde dieser Frieden bis gegen Freiburg hin einsweilen hergestellt seyn. Wäre es des Königs Majt. möglich, die Franzosen dahin zu bewegen, so zweifle ich beinahe nicht, daß auch des Kaisers Majt., um Ihre Truppen, Artillerie, Munition und Magazine zu retten, consentiren würden. Die Kurfürstliche Truppen machen ungefähr den dritten Theil der Garnison aus: wenn man nun diesen den Befehl zubringen könnte, sich nicht ferner brauchen zu lassen, so würden sich die Kaiserliche um so mehr fügen müssen, als auch schon das in Maynz liegende Münsterische Bataillon den Befehl zum Abzuge hat, und alle weitren darinn liegenden Reichstruppen sich sogleich anschließen würden. Ich bin hier, und es wäre vielleicht möglich, daß mit dem französischen Generale und Volksrepräsentanten ein accommodement getroffen werden könne. Ich habe heute frühe wirklich den adjutant général und Chef de l'état major des kommandirenden Generalen Hadry bei dem Herrn Prinzen von Hohenlohe gesprochen; ich habe ihm gesagt, daß es an dem Kurfürsten, meinem Herrn, bisher nicht gelegen habe, daß es noch nicht zum Frieden gekommen seye; Seine Kurfürstliche Gnaden seyen dazu bereit, ich sey von Ihnen als Minister darzu ernannt, und ich wolle ihm einsweilen die

Kurfürstliche Lande, sonderlich das Rheingau, zu einer nachsichtlichen Behandlung und Schonung empfehlen. Er konnte diesen meinen Antrag natürlich nur mit einer höflichen Antwort ad referendum nehmen, doch sezte er hinzu, daß, soviel die Lande in der Demarcationslinie betreffe, es bei diesen Kurfürstlichen Gesinnungen keinen Anstand haben werde. Wenn des Königs Majt. erwägen, wie sehr Emmus. immer für den Frieden waren, wie viel das Beispiel des Reichs-Erzkanzlers zu der so gewünschten Pacification générale beitragen wird, so sollte ich denken, daß Ihro Majt. gerne alles pro Emmo. thun würden.

Der Prinz von Hohenlohe, an dessen guten Willen es nicht fehlt, und für dessen Verwendung Euer Hochgeborn jezt schon nicht genug danken können, darf nur authorisirt werden, so darf ich mir die beste Hoffnungen des guten Erfolgs machen. Euer Hochgeborn muß ich also dieses höchst wichtige Geschäft angelegenst empfehlen, und ich sehe darüber Ihren gefälligen Nachrichten begierig entgegen ꝛc.

---

14. „Copia Schreibens des Kurmainzischen Herrn Kanzlers, Freiherrn von Albiny Excellenz, an den Fränkischen Kreisgesandten der Fränkischen Reichsgrafen, Herrn von Zwanziger, Excellenz. *)

d. d. Frankfurt den 12. October 1795.

P. P.

Euer ꝛc. gebe ich nunmehro die Nachricht, was ich mit dem Schreiben des Fränkischen Kreises gemacht habe.

*) Dieses Schreiben mit den nachfolgenden drei Anmerkungen erschien Ende Oktober, also kurz nach den ersten Siegen der Oesterreicher, in tausenden von Exemplaren zu Regensburg im Druck. Hügel bekräftigt in einem Bericht an Colloredo die Echtheit desselben, weßhalb wir das Schreiben hier wortgetreu zur Vervollständigung des Ganzen aufnehmen.

Das Schreiben an meinen Herrn habe ich demselben zugeschickt, und ich warte mit der Antwort, bis ich es bei Oberrhein zu einem Schluß gebracht habe; sie macht sich aldann um so leichter.

Bei Kur- und Oberrhein habe ich schon gestern die Schreiben ad Dictaturam geben lassen, und auf heute einen Bespruch bei Oberrhein inter legatos veranstaltet, damit alle wissen mögen, was sie berichten sollen.

Weil nun niemand als Worms und Königstein instruiret ist, so werden diese sprechen, und ihren Kollegen mittheilen, was die Anlage enthält.*)

Ich denke vollkommen Euer rc. und des fränkischen Kreises Intention getroffen zu haben, und bin bereit auf diese Art zu reisen. Wir haben gestern einen Courier vom Herrn Minister von Hardenberg gehabt. Er schreibt mir, vollkommen mit meinen Ideen einverstanden zu seyn.

Barthélémy habe noch keine Instruktion; wenn ich aber etwas allgemeines machen könnte, so hätte ich nicht nöthig, darauf zu warten, sondern dürfe gleich kommen.

Den 26. dieses soll die neue Assemblée législative, und den 1. November das Pouvoir exécutif eintretten; bis dahin mußte ich suchen, mit den Franzosen in Unterhandlungen tretten zu können. Das neue — in unseren Kram taugende Reichsgutachten ist Euer rc. bekannt.**)

Bei des Herrn Erbprinzen Hohenlohe Durchlaucht,***) mit Hochwelchem unsere Sachen unverbesserlich gehen, habe ich

*) „Es ist heute frühe geschehen, und allgemeine Abschrift davon genommen worden. Zugleich ward eine Vorantwort an den Fränkischen Kreis beschlossen."

**) „Straus, Tom. 1. Cap. 2. Abhängigkeit."

***) „Königlich Preußischer General-Lieutenant und Commandant der zwischen Preußen und Frankreich im deutschen Reich verabredeten, von

mich ihres Auftrags entlediget; Er hat alles sehr approbiret, weis aber jezt nicht, wie Er nur allenthalben wehren solle; denn die Demarcationslinie ist auf allen Seiten gebrochen, und beide Armeen stehen so nahe gegen einander, daß jedermann glaubt, es müßte heute noch zu einer großen entscheidenden Affaire kommen. Gott gebe den Kaiserlichen Glück, sonst siehet es schlimm aus. Vor Abgang der Post werde ich wohl noch nähere Nachricht beifügen können. Daß des Königs Majestät zu Berlin mit vieler Bereitwilligkeit den Herrn Minister von Hardenberg angewiesen haben, meine Unterhandlungen kräftigst zu unterstützen, hätte ich schier zu sagen vergessen.

Albiny.

N. S. Muthvoll und mächtig ruhet in diesem Augenblick die Clairfaitische Armee vor unserer Stadt bei Bergen, um morgen oder übermorgen, wie wir hoffen, entscheidende Siege zu erfechten, wozu sich schon alles günstig vorbereitet."

---

den Franzosen aber nicht respectirten — vielmehr nach dem Schluß des Heilausschusses feindlich zu behandelnden Neutralitäts- oder Demarcationslinie."

Note IX (zu Seite 292).

Die „kleindeutschen Geschichtsbaumeister“ und die apokryphen Briefe des Prinzen v. Coburg.

In L. Häusser's „Deutscher Geschichte“ (3. Aufl.) B. I S. 569 und in v. Sybels „Geschichte der Revolutionszeit“ B. III S. 169 wird einem „Entlassungsgesuch des Prinzen v. Coburg an den Kaiser“ eine hervorragende Bedeutung beigelegt, was gewiß um so merkwürdiger ist, weil das fragliche Entlassungsgesuch in der von den Herren Geschichtsprofessoren Häusser und von Sybel angeführten Weise, gar nicht existirt. Die Biographie des „Prinzen Friedrich Josias von Coburg“ rc. von Witzleben (Berlin 1859), welche dasselbe Entlassungsgesuch reproducirt, aber durchaus nicht die Echtheit desselben verbürgt, äußert sich auf Seite 425 dahin, daß: „Die Nachforschungen in den Berliner und Wiener Archiven nach den Originalien ohne Erfolg geblieben seien. In Berlin war der Brief an den König, und im Wiener Archiv das fragliche Abschiedsgesuch nicht vorhanden.“ Durch die kleindeutsche Geschichtsanschauung sichtbar verführt, konnte sich Herr v. Witzleben aber leider nicht enthalten, den Kraftstellen des Pamphletes durch Wiederabdruck derselben eine größere Beachtung zuzuwenden, als diese Briefe thatsächlich verdienen. Dagegen wird die schwere Anklage, welche in den, dem Prinzen von Coburg zugeschriebenen Briefen liegt, leichtfertig genug sowohl in der „Geschichte der Revolutionszeit“ des Hr. v. Sybel, als auch in der „Deutschen Geschichte“ des Hr. Häusser „nach handschriftlicher Copie“ erhoben und in den neuesten Auflagen dieser Werke trotz Witzlebens gegründetem Zweifel festgehalten.

Sonach wird es aber auch demjenigen, der die Wahrheit ergründen will, zur Pflicht, eingehend zu untersuchen, zu welchem Zweck in den vorerwähnten kleindeutschen Geschichtswerken an diesem beispiellosen Irrthum und an den aus unechten Briefen gezogenen Schlußfolgerungen, festgehalten wird. Dem Verfasser des vorliegenden Werkes erging es nämlich ganz so, wie dem Herrn von Witzleben. Trotz der eifrigsten und gründlichsten Forschung fand sich weder im Wiener Staatsarchiv noch im Kriegsarchiv ein Original des fraglichen Entlassungsgesuches vor. Dagegen fand sich im Staatsarchiv allerdings auch eine „handschriftliche Copie“ ohne Datum vor, (vermuthlich eine ähnliche, wie sie dem Hrn. Häusser vorlag). Diese letztere hatte aber der Graf Dietrichstein selbst geschrieben und an Thugut eingeschickt, da das gedruckte Original-Pamphlet, welches ihm ein „preußischer höherer Offizier“ auf einige Zeit lieh, sich damals in österreichischen Händen noch nicht befand.

Also das Original-Document des fraglichen Entlassungsgesuches ist in der Eigenschaft, wie dasselbe von den Herrn Häusser und v. Sybel ausgebeutet wird, nirgends zu finden. Das Allersonderbarste bleibt aber, daß, obgleich das Werk Witzlebens in der dritten Auflage der „Deutschen Geschichte“, B. I, S. 553, an geeigneter Stelle zweckentsprechend benützt ist, die großen Irrthümer der ersten Auflage über die Räumung von Belgien und über die fraglichen apokryphen Coburg'schen Schreiben in dieser

„Deutschen Geschichte“ dennoch festgehalten werden. Hören wir aber auch, wie sich der Herr Geschichtsprofessor Häusser über den Inhalt dieser, dem von dieser Geschichte verfolgten Zweck so außerordentlich wohlthuenden Coburg'schen Briefe vernehmen läßt, und welcher Werth ihnen in dieser „Deutschen Geschichte“ beigelegt wird.

Band I, S. 653, 654, 655—657 der 1. Ausgabe, und B. I, von S. 556—569 der 3. Auflage, entwickelt die „Deutsche Geschichte“ die Idee der „freiwilligen opferlosen Räumung der Niederlande“ von Seite Oesterreichs, nach Berichten und Depeschen der Hrn. Hardenberg, Lucchesini und des bekanntlich der Spionage dringend verdächtigen Grafen von Dönhoff. — Band I, Seite 569 (3. Ausgabe) heißt es wörtlich: „Damit [mit dem geheimen Befehl zum Verlassen der Niederlande] stimmt die Haltung des Prinzen von Coburg zusammen. Nachdem der Rückzug unaufhaltsam fortgesetzt, Landrecis, Lequesnoy, Valenciennes, Condé von den Franzosen wieder genommen waren, forderte der Prinz seinen Abschied, und die Gründe, womit er das Gesuch motivirte, zeigten von noch tieferem Unmuth, als ihn zu Anfang des Jahres der Herzog von Braunschweig bei seinem Rücktritt ausgesprochen: Ein General von Kopf und Herz, sagt der Prinz, könne unmöglich seinen Wünschen gemäß handeln, wo eine Art von cabaleuser Desorganisation die Oberhand gewinne.“ — Nachdem Hr. Häusser, um seine schweren Anklagen zu begründen, den Prinzen also vorerst nach einem von ihm nie geschriebenen Brief sprechen läßt, setzt er nun seinerseits begütigend hinzu: „Er [Coburg] klagt dann die Art der österreichischen Kriegsführung in herbem Tone an; sein Sündenregister reicht bis zu dem Augenblick zurück, wo Oesterreich in der Champagne (!) die Preußen zu schwach (!)

unterstützte." [Wir erinnern hier an die Kalkreuth'schen Bekenntnisse B. II, Abth. I. S. 505 des vorliegenden Werkes.] „Ja er wirft die Hauptschuld des Mißlingens von 1793 auf Wurmser und seine Gönner," [was, nebenbei gesagt, ganz vortrefflich gut zur Darstellung Häusser's über den Feldzug am Rhein des Jahres 1793 paßt]. „In einer solchen Lage bleibe einem treuen Manne nichts übrig, als den Stab niederzulegen, den er gerne mit Lorbeeren umwunden dem Kaiser überreicht hätte."

„Während", — so heißt es nun in der „Deutschen Geschichte", die ersichtlicher Weise dem apokryphen Entlassungsgesuch unbedingten Glauben schenkt, — „der kaiserliche Oberfeldherr selbst die bitterste Anklage gegen die Thugut'sche Politik erhob, als deren Opfer er sich ansah, hörte Dohm während seines Aufenthaltes in Brüssel nur Klagen gegen Preußen. — Das Ausbleiben Möllendorffs und die laue Stimmung der Brabanter — so lautete wie verabredet", [Wer hat sich denn da verabredet?] „dort das Urtheil — seien die einzigen Ursachen der Unfälle in den Niederlanden."

Man sieht, mit welcher historischen Unbefangenheit die „Deutsche Geschichte" L. Häusser's Klippen zu umschiffen weiß. Nur Schade, daß es keineswegs das Original des Coburg'schen Entlassungsgesuches, sondern eben nur die „handschriftliche Copie ohne Datum" ist, welche der „Deutschen Geschichte" als Quelle dieser schweren Anklagen über das österreichische „Sündenregister" und die österreichische „Verabredung", welche Dohm gehört haben soll, dient.

Was die „Geschichte der Revolutionszeit" von Sybel betrifft, so wurde deren III. Band, wie wir bereits öfters anzudeuten Gelegenheit fanden, in so ferne er Oesterreich und das deutsche Kaiserthum berührt, zum größten Theil auf das Mährchen der „opferlosen freiwilligen Räumung der Niederlande" durch die „Thugut'sche Intriguen-Politik" aufgebaut.

Man braucht bei dem historischen Werk des Herrn von Sybel nicht einmal das Buch selbst zu lesen, denn das Inhaltsverzeichniß allein genügt schon, um einen klaren Begriff von der Art und Weise dieser „gegen Oesterreich gerichteten Geschichtsforschung" zu bekommen. Da findet sich z. B. im Inhaltsverzeichniß: S. 44 „Lage der Dinge in Wien", — S. 54 „England versucht die Coalition gegen Frankreich zu befestigen", — S. 57 „Thugut zieht einen türkischen Krieg dem französischen vor", — S. 64 „Kaiser Franz geht nach Belgien", — S. 111 „Thugut hindert weitere Offensive", — S. 134 „Treffen bei Tournay", — S. 138 „Thugut und Waldeck wollen das Heer nach Deutschland zurückziehen." — Das „Zurückziehen" wird im Text bekräftigt durch den Erzfeind in Gestalt Lucchesini's, (der Alles vom Hofkriegsraths-Präsidenten Graf Wallis ausspionirt zu haben vorgab!) und durch Dönhoff und Caesar's Berichte nach Mittheilungen von Thuguts Bureauchef Jenisch, der bestochen gewesen sein soll. Von Seite 139—171 geht dieses 5. Capitel nun treu dem Inhaltsverzeichniß fort und endigt mit der Schilderung der angeblichen Friedensliebe in Wien und der merkwürdigen Mittheilung, „daß Thuguts freundliche Gesinnungen" sich nicht zu Pitt, aber „zu Robespierre neigten."

Herr v. Sybel und seine Leser betrachten nun die Schuld Möllendorff's, der mittlerweile selbst thatsächlich mit Robespierre Unterhandlungen begann, natürlich viel milder, denn wo sich „Thugut's freundliche Gesinnung hinneigt", da kann doch dem preuß. General-F.-M. kein Verbrechen daraus gemacht werden, in

Wirklichkeit insgeheim unterhandelt zu haben!! — Hinlänglich hiezu vorbereitet erfährt nun der staunende Leser auf S. 169 vom Herrn Geschichtsprofessor von Sybel, daß der Prinz von Coburg selbst „bald nachher dem Kaiser erklärte, daß ein General von Kopf und Herz unmöglich seinen Wünschen gemäß handeln könne, wo eine Art von cabaleuser Desorganisation die Oberhand gewinne. Er erinnerte, daß Oesterreich schon (!) 1792 die Preußen in der Champagne (!) zu schwach unterstützt, daß es 1793 das Mißlingen des Rheinfeldzuges (!) verschuldet habe; in einer solchen Lage bleibe einem treuen Manne nichts anders übrig, als den Stab niederzulegen, den er gerne mit Lorbeeren umwunden dem Kaiser überreicht hätte."

Man wäre versucht zu glauben, daß der Herr v. Sybel sich hier auf unumstößliche Aktenstücke bezieht, denn sonst würde er schwerlich seinem Herrn Collegen Häusser eine so colossale Unwahrheit nachbeten. Diese Aktenstücke sind, nach der Angabe des Herrn v. Sybel wörtlich: „Bericht des Hauptquartieres an den Kaiser, 15. Juli, Coburgs Papiere."

Wann hat je ein ganzes Hauptquartier einen Bericht gemacht? Wer also von den handelnden Personen des Hauptquartiers ist der Berichterstatter? Doch Herr von Sybel beruft sich auch gleichzeitig auf Häusser's „Deutsche Geschichte," B. I, S. 659 (der älteren Ausgabe) und fügt seinerseits die kleine schelmische Bemerkung hinzu: „Welche Umstände den Prinzen von Coburg zu diesem Abschiedsgesuch nöthigten," [man sieht, Herr von Sybel zweifelt mit seinem Herrn Collegen keinen Augenblick an der Echtheit des Abschiedsgesuches] „werden wir unten, Buch X, Capitel 1 sehen."

Soweit der Herr von Sybel, der also auch kein Original-Document, welches die Echtheit der mehrerwähnten Coburg'schen

38*

Briefe verbürgen könnte, aufzuweisen hat, dagegen aber auf seine späteren Enthüllungen vertröstet und durch diese Vertröstung die Worte des Herrn Häusser zu den seinen macht, ja dieselben unaufgefordert noch überdieß seinerseits zu begründen verspricht. Was sagt aber das ominöse Buch X, auf welches sich Herr von Sybel hier beruft, und auf dessen Inhalt seine Leser so bedeutungsvoll verwiesen werden? —

Dieses Buch X, bespricht die dritte Theilung Polens und den Baseler Frieden! — Durch den Wirrsal aller erdenkbaren Klagen gegen Oesterreich kommt H. v. Sybel in diesem Buche wie wir uns dessen erinnern schließlich dazu, auf Seite 429 zu beweisen, „daß die Haltung des Wiener Cabinets das preußische zum Baseler-Frieden um jeden Preis drängte.“ Eine schwere Anklage, die, wenn sie nicht von Seite eines Geschichtsprofessors so verteufelt ernst gemeint wäre, wahrlich selbst den in der Geschichte minder bewanderten Laien zum mitleidigen Lächeln reizen könnte!

Wir wollen vorläufig wieder einiges aus dem Inhalts-Verzeichniß des Buches X vorführen, um unsere Leser in Stand zu setzen sich vorerst besser zu orientiren.

Da heißt es z. B. im Inhalt: — S. 242. „Preußens Aufgabe (!) in Polen.“ — Der Verfasser des vorliegenden Werkes hat gleichwohl mit Widerstreben es über sich gebracht, von diesen polnischen Zuständen, — von der, nach H. v. Sybels Ausdruck sogenannten „Aufgabe“ Preußens in Polen, lieber vollkommen zu schweigen. Wahrlich! nur über Alles das, was H. v. Sybel über polnische Zustände zu berichten weiß, müßte sonst ein neues Buch von Entgegnungen geschrieben werden. Die Zeit aber ist nicht mehr allzu ferne, wo auch über dieses polnische Unglück sowohl die deutsche, als auch die polnische Nation die betreffenden Aufklärungen erhalten werden! Die Zeit ist nicht mehr ferne, wo endlich der unumstößliche Beweis für immer hergestellt werden wird, daß die polnische Nation ihren Untergang der Habsucht Friedrich's II. und Friedrich Wilhelm's II. zu verdanken gehabt hat. Die preußische Politik war das Grab der polnischen National-Wohlfahrt, so wie sie durch den Baseler Frieden das „Grab der deutschen National-Wohlfahrt" geworden ist. — Nur Eines werde hier vorübergehend bemerkt: Herr v. Sybel war so glücklich, herauszufinden, daß „der gegenseitige Haß" [aus der von Sybel'schen Deduction ist nicht ganz klar zu ersehen, ob zwischen der deutschen Nation und der polnischen, oder zwischen der letzteren und der „nation Prussienne"] „hier seit vier Jahrhunderten in den Seelen lag; es war ein Unheil für Polen und kein Glück für Deutschland; aber es war so, und Preußen konnte nicht zurück."

Ein vier Jahrhunderte langer und in den Seelen liegender Haß der „nation Prussienne" gegen Polen wäre schwer zu vertreten, da bekanntlich erst Friedrich II. diese „nation Prussienne" erfunden hat. Folglich dürfte sich trotz aller Ungeheuerlichkeit des Gedankens, dieser „vier Jahrhunderte lange Haß" auf die deutsche und polnische Nation beziehen. — Was aber hatte denn Deutschland in Polen zu hassen? Etwa den Retter des deutschen Reiches vor türkischer Ueberfluthung? oder gar die Vormauer Deutschlands gegen Rußland und den Panslavismus? — Doch da wir hier nur nach dem handschriftlichen Entlassungsgesuch des Prinzen Coburg fahnden, so schweigen wir lieber von Polen, denn sonst wüßten wir ganz merkwürdige Dinge von einem zu jener Zeit, von welcher Herr von Sybel spricht, kaum fünfzigjährigen und durch den preußischen Schlachtenkönig Friedrich II. herbeigeführten Haß zu erzählen. Sonst müßten wir vom Jahre

1792 und den Warschauer Intriguen eines gewissen Marquis Lucchesini oder von einem gewissen polnischen Insurgentenchef Madalinski erzählen, dem, weil er so zur rechten Zeit Ende 1793 in Preußen eingefallen war, um ein preußisches Zollhaus zu plündern und den Anlaß zur letzten preußischen Intervention in Polen zu geben, schon im Jahre 1795 von der preußischen Regierung eine lebenslängliche Pension in Thalern preußisch Courant zugewiesen wurde. *)

Schweigen wir also von Polen, und kehren wir zum Entlassungsgesuch des Prinzen von Coburg und zum v. Sybel'schen Inhaltsverzeichnisse über Oesterreich zurück. Dort liest man: — S. 279. „Thugut befiehlt einstweilige Behauptung der Maaslinie." — S. 281. „Die Unterhandlung mit Spencer und Grenville hat kein Ergebniß." — S. 287. „Der Prinz von Coburg weicht über den Rhein zurück." [Man sieht hier förmlich schon aus dem Inhaltsverzeichniß, wie trefflich Thugut die Engländer zu behandeln weiß! Nun werden Spencer und Granville sogleich bessere Bedingungen stellen, wenn der Prinz Coburg über den Rhein „weicht", weil die Unterhandlung mit den englischen Unterhändlern für Oesterreich „kein Ergebniß" hat.] — S. 293. „England kündigt Preußen den Haager Vertrag." Sollte heißen: England kündigt den „von Preußen seit sieben Monaten nicht eingehaltenen Haager Traktat." — S. 413. „Frankreich und Deutschland haben gleiches Friedensbedürfniß." — Was ist also natürlicher, als daß S. 421 „der Wohlfahrts-Ausschuß die Abtretung des linken Rheinufers fordert," — dagegen aber S. 428 „Haugwitz die Grenzfrage dem künftigen

*) Wir behalten uns die Aufklärungen dieser Thatsachen, die wir Lehrbachs Berichten an Thugut im Wiener Staatsarchiv entnehmen, für die Zukunft vor.

Reichsfrieden überweisen will", Hardenberg jedoch — nachdem er auf S. 436 „in Basel einige Zugeständnisse erringt" — den Baseler Frieden abschließt, umsomehr, da nach S. 439 „die gemäßigte Partei in Paris Hoffnung gibt auf die Erhaltung der Integrität Deutschlands." (sic.!!)

Wir hätten nun allerdings schon mit diesem Inhaltsverzeichniß des Buches X genug! — Aber wir fahnden ja nach der Begründung des apokryphen Coburg'schen Entlassungsgesuches, und da müssen wir schon, so sehr wir auch die darauf verwandte Zeit von Herzen bedauern, das Buch X noch in einigen seiner Einzelnheiten verfolgen.

Wir gelangen auf S. 271 des Buches X zum Fall Triers. Wie sich Herr von Sybel über diesen vernehmen läßt, haben wir im B. I. S. 154 des vorliegenden Werkes bereits wahrzunehmen die Gelegenheit gehabt. Nach den historischen Anschauungen des Herrn v. Sybel wissen wir also, daß der Biedermann Möllendorff, geärgert durch viele von Oesterreich herbeigeführte Mißverständnisse, erbittert durch das Gezänk, zu welchem der von den Oesterreichern verschuldete Fall von Trier Anlaß bot, in seiner strategisch imposanten Aufstellung mit der preußischen Armee unbeweglich stehen blieb, und zwar so, „daß der Aufhetzer Malmesbury" bestimmter als je nach London meldete, es stehe zweifellos fest, daß Preußen böswilliger Weise unthätig sei und England um die schweren Subsidien gewissenlos prelle. —

„In denselben Tagen", so erzählt Herr von Sybel weiter, „schrieb Möllendorff an Lucchesini, daß seine Lage zwischen den österreichischen und englischen Anforderungen schlechthin unerträglich sei, daß Oesterreich kein anderes Augenmerk habe, als Frieden mit Frankreich (!) und Ausbreitung in Polen (!), daß nach seiner Ansicht Preußen eben auch keinen besseren Weg erwählen könne, als welchen andere verfolgen, den Weg zum Frieden mit Frankreich, um in Polen mit voller Kraft auftreten zu können."

So weit ein Theil des Buches X. Zu welchem Schlusse gelangt aber schon nach diesen Aufzeichnungen der hiezu von Herrn von Sybel hinlänglich vorbereitete denkende Leser? — Zu jenem: daß Malmesbury lügt, hetzt und übertreibt und ihm gar nicht zu glauben sei, und daß Thugut, die österreichischen Heerführer und der deutsche Kaiser die Coalition und das deutsche Reich gleichmäßig verrathen. — Gänzlich vorenthalten bleibt dagegen dem Leser, daß Lucchesini ein Subjekt der allerschlechtesten Gattung, ein Ränkeschmied, ein durchaus niedrig denkender, unmoralischer, lügenhafter Diplomat war, dem man, — wenn man schon, wie Herr v. Sybel an Malmesbury's Wahrhaftigkeit zweifelt, — am allerwenigsten auch nur bedingten Glauben schenken darf; vorenthalten bleibt, daß der Feldmarschall Möllendorff, Haugwitz und Genossen so ziemlich denselben Charakter wie dieser Lucchesini besaßen; daß die Preußen gar Nichts, die Oesterreicher Alles für das Reich thaten, u. s. f. Der gläubige Leser der „Geschichte der Revolutionszeit" ergibt sich daher in die fable convenue, welche ihm Herr v. Sybel erzählt, und vergißt glaubensselig nebenbei die heldenmüthige Vertheidigung der Niederlande von Seite der Oesterreicher, und die systematische Unthätigkeit der Preußen; er vergißt, daß der Herzog Albrecht von Sachsen-Teschen, viel zu edel, um dem schwerbedrängten Staat durch unnöthiges „Gezänk" weitere Zerwürfnisse zu bereiten, gar kein Gezänk über den Verlust von Trier heraufbeschwor, obgleich er es zu seiner und der Seinen Rechtfertigung in überzeugender und für Preußen vernichtender Weise gekonnt hätte; der Leser vergißt nebenbei, daß Kalkreuth kaum 2 Meilen, Möllendorff kaum 2 Tagemärsche von Trier stand; daß damals Trier die Verbindung der österreichischen Armee mit den Niederlanden abgab, daß Trier der einzige Weg war, um die schon von einer Seite angegriffene und unverpflegte Festung Luxemburg mit den nothwendigsten Lebensmitteln zu versorgen; daß mit einem Worte Trier der Schlüssel zur ganzen Position von Luxemburg, d. i. der Verbindung Deutschlands mit den Niederlanden war, und daß, so lange Trier im Besitze der Verbündeten stand, gar kein Vordringen des Feindes nach Mannheim, Mainz und Koblenz und gar keine Räumung des linken Rheinufers durch Clerfayt möglich gewesen wäre, da die Stellung bei Trier jeden gegen Köln vordringenden Feind in Rücken und Flanke bedrohte.

Alle diese wichtigen Thatsachen vergißt der aufmerksame Leser und muß sie vergessen, weil sie der Verfasser der „Geschichte der Revolutionszeit" unerwähnt gelassen, sonach ganz einfach selbst vergessen zu haben scheint. –

Und das Coburg'sche Entlassungsgesuch? Die Begründung der Coburg'schen Entlassung im Buche X? Hat sie der geneigte Leser noch nicht entdeckt? — Der Verfasser des vorliegenden kritischen Aufsatzes auch nicht, obgleich er sich eifrigst bemühte, die versprochene Begründung zu finden, und ihm während der ganzen Durchlesung des Buches X. die Worte des Herrn v. Sybel in den Ohren gellten, „welche Umstände den Prinzen v. Coburg zu diesem Abschiedsgesuch nöthigten, werden wir unten (Buch X. Capitel I.) sehn." Und dennoch schließt das erste Capitel des Buches X, und wir finden keine „Umstände", welche den Prinzen v. Coburg zu dem ihm von Herrn v. Sybel zugeschriebenen Abschiedsgesuch „genöthigt" haben könnten!

Betrachten wir daher noch einige andere Capitel des Buches X. — Der Herr Geschichtsprofessor v. Sybel beginnt das zweite Capitel dieses Buches (B. III., S. 279) wie folgt: „Es geschah nämlich, daß Oesterreich den im Juli unterbrochenen Rückzug aus Belgien fortsetzte und das deutsche Rheinland sich damit in seinem ganzen Umfange von einer feindlichen Ueberschwemmung bedroht sah.“ [Für den Herrn v. Sybel ist nämlich das deutsche Rheinland nur dort vorhanden, wo die Oesterreicher bei Köln über den Rhein ziehen. Die kleine(!) Strecke von Bregenz oder von Basel bis Koblenz, allwo die Oesterreicher noch immer kämpfend und schlagfertig stehen, kommt bei dieser Bedrohung des deutschen Rheinlandes „in seinem ganzen Umfang“ nicht in Betracht.] „Thugut hatte, wie wir (?) uns erinnern, in seiner Hinneigung zu den französischen Machthabern inne gehalten, als Robespierre zu wanken begann, und von England her die Bothschaft Spencer's und Granville's angemeldet wurde, welche möglicherweise ganz überwältigende Beweggründe für Erneuerung des Krieges mitbringen mochte.“ [Wir erlauben uns hier die Frage: War denn der Krieg oder dieser Feldzug schon von österreichischer Seite vollends unterbrochen, daß es „überwältigender Beweggründe“ für eine „Erneuerung“ desselben bedurfte? Unseres Wissens war er es noch nicht, sondern der Feldzug hatte ja erst recht eigentlich begonnen.] „Der Prinz von Coburg wurde also angewiesen, die Linie der Maas, so weit sie nicht bereits in den Händen der Franzosen war, fürs Erste nach Kräften zu behaupten.“

So weit Herr v. Sybel; der kleine Widerspruch zwischen der Behauptung der Maas und der „opferlosen freiwilligen Räumung der ganzen Niederlande“ hat da nicht so viel zu bedeuten; denn wir sind an solche kleine Widersprüche bei der eleganten historischen Darstellungsart und den geistreichen Sinn- und Wortverdrehungen „kleindeutscher Geschichtsbaumeister" hinreichend gewöhnt. Ganz gleichgiltig gestimmt für das Schicksal der Oesterreicher durch die „Hinneigung Thugut's zu Robespierre" und durch die „überwältigenden Beweggründe" Spencers und Granvilles, hat der Leser im zweiten Capitel des Buches X wieder das, was ihm eben nicht gesagt wird, nicht gefunden und findet es daher mit Herrn v. Sybel ganz begreiflich, daß sich Möllendorff trotz all des Unglückes der niederländischen Armee nicht von der Stelle rührt und Nichts Anderes thut, als die vom besten Willen des Reichs-Feldmarschalls zeugenden Anstalten zur Vertheidigung des „deutschen Rheinlandes in seinem ganzen Umfang" zu hemmen und zu durchkreuzen. — Aber ist nicht eben hiedurch ganz allein dieser Möllendorff und die preußische Kriegführung, nicht aber der Prinz Coburg und die Oesterreicher, die Ursache der feindlichen Ueberschwemmung des deutschen Rheinlandes geworden?

Nach der versprochenen Begründung des Coburg'schen Entlassungsgesuches suchen wir auch in diesem Capitel wieder ganz vergebens!

Was die Darstellung der denkwürdigen Kriegsereignisse betrifft, so werden diese von dem Herrn Geschichtsprofessor v. Sybel auf Seite 278—281 ganz in derselben frivolen Weise fortgeführt wie früher. Die Aenderung im Oberbefehl des österreichischen Heeres wird zwischen Oesterreich und England wie ein Schacher untergeordneter Bedeutung oder gar wie ein Sklavenhandel abgemacht. — — Gib mir Coburg, so sagt Granville, so gebe ich dir 100,000 Pfd. St.! — Wenn du mir 200,000 Pfd. St. gibst, also antwortet Thugut, so gebe ich noch den Prinzen Waldeck dazu! — — Ungefähr in ähnlicher

Weise stellt sich Herr v. Sybel diesen Handel vor, denn er sagt wörtlich: „Thugut bewilligte Coburgs Entfernung mit großer Bereitwilligkeit und hatte dann auch nichts einzuwenden, daß Waldeck aus dem ohnmächtigen Hauptquartier in die persönliche Umgebung des Kaisers zurückberufen wurde. — Etwas schwieriger zeigte er sich, als es sich um Coburgs Nachfolger handelte, u. s. w."

Wer sich nun die Mühe nimmt in der „Geschichte der Revolutionszeit" weiter nachzublättern, der liest auf den folgenden Seiten 282—283—284 ganz erstaunliche Dinge über Thugut, Clerfayt, über den Kaiser, die Engländer, Lord Spencer und Granville. Auf Seite 288 heißt es dann: „Da nun die übrigen Heerestheile, eine Masse von 60,000 Mann, völlig unversehrt waren, so konnte von einer ernstlichen Gefahr noch keine Rede sein." [Herr v. Sybel geräth nämlich bei dieser Gelegenheit abermals ganz in das Fahrwasser des Hrn. Häusser, der, wie man in der D. G. an betreffenden Stellen z. B. B. I. S. 528 nachlesen kann, im Jahre 1793 auch die „ernstliche" Gefahr erst einige Monate später eintreten läßt, als sie nach der Lage der Dinge thatsächlich eintrat.] „Clerfayt aber, von der in Wien herrschenden Stimmung genugsam unterrichtet, befahl ohne Aufenthalt den allgemeinen Rückzug hinter die Roer." — Und abermals hat Herr v. Sybel vergessen, daß er kaum erst auf Seite 279 selbst davon erzählt hat, daß dem Prinzen v. Coburg die „Behauptung der Maas" vom Kaiser ausdrücklich anbefohlen wurde; folglich nur wieder die leidige Sucht, die österreichischen Feldherrn, ob Coburg, ob Clerfayt mit Namen, in Verruf zu bringen oder zu verdächtigen, den Herrn Geschichtsprofessor mit seiner „herrschenden Strömung in Wien" einen neuen Widerspruch begehen läßt.

S. 289, enthält die bekannte Verdächtigung der österreichischen officiellen Verlust-Listen bei dem Rheinübergang Clerfayt's. (Siehe hierüber B. II. Abth. I. S. 308 des vorliegenden Werkes.) Nach allen diesen Vorbereitungen entwickelt Herr v. Sybel auf S. 290—291—292 die Verhältnisse im Sinne seiner vorgefaßten Anschauungen und leitet den Bruch des Haager Traktates mit folgenden, sehr beherzigenswerthen Worten ein: „An diesem neuen Mißgeschick" [Herr v. Sybel meint damit keineswegs die fast gleichzeitig eingetretene Räumung des linken Rheinufers durch Möllendorff, sondern den Rückzug Clerfayt's über den Rhein] „ging zuerst das lange hinsiechende Haager Bündniß zwischen Preußen und England zu Grund. — Die „Aufhetzungen Malmesbury's" [Herr Häusser bedient sich B. I. S. 530 und 537, 540, 561 fast ähnlicher Ausdrücke] „hatten immerhin einigen Eindruck in London gemacht; es waren dazu die österreichischen Andeutungen über die Uebertragung (!) der Subsidien (!) an den Kaiser gekommen."

Umsonst suchen wir auch im zweiten und in den nächstfolgenden Capiteln noch immer nach der Begründung des Coburg'schen Entlassungsgesuches. Wir finden Nichts und müssen endlich des Grübelns und Forschens müde unser unfruchtbares Suchen einstellen.

In dieser zum Mindesten gesagt „leichtfertigen Weise" urtheilt der Herr Geschichtsprofessor v. Sybel über Oesterreich und das deutsche Kaiserthum. Und doch ist nicht Eine seiner politischen Ansichten, die sich auf Oesterreich und das deutsche Kaiserthum beziehen, wahr; — ja es ist, wie wir wiederholt wahrzunehmen Gelegenheit fanden, sogar nicht Einer der mit Bezug auf Oesterreich gezogenen Schlüsse logisch! Denn sonderbarer Weise sind es zwei historische Falsa namenloser Art, um die sich beinahe Alles dreht, was Herr v. Sybel aus der damaligen Zeit über Oesterreich und das deutsche Kaiserthum zu berichten weiß. Und diese zwei Irrthümer, die den II. und III. B. der „Geschichte der Revolutionszeit" vollständig anfüllen, sind: 1. die angebliche opferlose, freiwillige Räumung der österreichischen Niederlande, und 2. der mit dieser in Verbindung gebrachte, angebliche baierische Tausch.

Noch mehr! Von S. 239 des II. B. an ist Alles, was über die österreichische Politik gesagt wird, Nichts als eine Sybel'sche Fiction. Auf S. 327 drängt z. B. „Thugut das Geschick Europa's in neue, völlig ungeahnte Bahnen, welche den ganzen Welttheil einer des Rechts und der Freiheit beraubten Zukunft entgegen führen mußten!" Das wären freilich sehr wahre Worte, wenn sie sich auf die Baseler Friedens-Männer und auf die Meinthat dieses Friedens beziehen würden. Auf Thugut bezogen, entbehren sie jedoch aller Begründung; eben so aber auch die auf S. 282 mit zermalmendem Pathos ausgesprochene, wahrhaft frivole Bemerkung, daß der Freiherr v. Thugut der Mann war, „dem Frankreich den Sieg im Revolutionskriege und Oesterreich seine heutige Weltlage verdankt!"

Herr v. Sybel entlehnt eben in Allem dem, was er über Thugut urtheilt, seinen giftgetränkten Griffel der Hand des Freiherrn v. Hormayr! („Lebensbilder aus dem Befreiungskriegen.")

Wer aber zu wissen wünscht, wem Frankreich den Sieg im Revolutionskrieg, und nicht nur Oesterreich, sondern ganz Deutschland seine heutige Weltlage verdankt, dem empfehlen wir das reifliche Studium der Geschichte des Baseler Friedens und der nächstfolgenden Zeit. — Auf S. 328 sagt Herr v. Sybel: „Als Thugut den Kaiser aus Belgien hinwegführte, hoffte er auf eine baldige Abkunft mit Robespierre." Thugut hoffte auf eine baldige Abkunft mit Robespierre! Vermuthlich dem Feldmarschall Möllendorff zu Lieb' und um diesem den Rang abzulaufen!! — Bei der Darstellungsgabe des Herrn v. Sybel möchte man schier verleitet werden, den deutschen Kaiser Franz II. als ein that- und willenloses Werkzeug zu betrachten, das je nach Laune des Freiherrn v. Thugut von diesem zur Producirung von Wien nach Brüssel und wieder retour, hin und hergeführt wurde! — Und doch ist es durchaus kein historisches Geheimniß, daß gerade die Reise des Kaisers Franz nach Belgien in jener Zeit ein Akt selbsteigensten Willens war, wie es denn auch leicht zu begreifen ist, daß der Kaiser, als er in sich selbst keine hervorragende militärische Begabung wahrnahm, seine Rückreise antrat, um einerseits nicht dieselbe traurige Rolle bei der Armee zu spielen, die sein königlicher Vetter Friedrich Wilhelm II. an der Spitze seiner preußischen Armeen gespielt hat, anderseits um im Herzen der Monarchie die wichtigen Staatsgeschäfte besser, als dieß in einem Kriegslager möglich ist, zu leiten. Die Leser der „Geschichte der Revolutionszeit" werden übrigens selbst darüber zu urtheilen im Stande sein, ob Herr v. Sybel über seinen „ghibellinisch-reichspatriotisch" gesinnten Helden Friedrich Wilhelm II. je eine so herabwürdigende und entehrende Sprache führt, wie er dieß bei allen Gelegenheiten über Kaiser Franz II. oder andere Habsburger zu führen historisch nothwendig findet.

Auf Seite 329 läßt Herr v. Sybel wiederum „Thugut auf jene erneuerte Annäherung an Frankreich zurück kommen, in deren Folge wir" [Wer wir? der Herr v. Sybel allein, oder auch seine Leser?] „den Grafen Clerfayt das linke Rheinufer räumen sehen." — Nun erzählt Herr von Sybel auf Seite 330 und 331, um alle seine Verdächtigungen zu bekräftigen, die

Geschichte der ehelichen Verbindung des Kurfürsten von der Pfalz mit einer kaiserlichen Prinzessin, die wir im B. I. des vorliegenden Werkes auf Seite 253 bereits entsprechend beleuchtet und entkräftet haben, weßhalb wir denn auch im Allgemeinen darauf zurück verweisen.

Die Darstellung des Herrn v. Sybel geht nun bis zum Schlusse des III. B. ihren gewohnten, Oesterreich allein verdächtigenden Gang fort. Daß wir die Begründung des Coburg'schen Entlassungsgesuches, nach welcher suchend wir unsere Kreuz- und Querzüge durch die geistreichen historischen Irrfahrten der Sybel'schen Geschichtschreibung unternommen haben, nicht zu finden vermögend waren, bedarf keiner wiederholten Bekräftigung. — Freilich für unseren Zweck wissen wir aus den angeführten wenigen Citaten der „Geschichte der Revolutionszeit" genug — ganz genug, um zu ermessen, daß, wenn die „Geschichte der Revolutionszeit" Anspruch auf Wahrheit machen will, sie vom Anfang bis zum Ende in dem was sie über Oesterreich, Preußen, das deutsche Kaiserthum und Polen sagt, von Grund auf umgearbeitet werden müßte. „Seit dem Aufschwung von 1813," sagt ja der Herr von Sybel schon in seiner Vorrede zur zweiten Auflage „gab es in Preußen selbst nur Eine Stimme der Verwerfung über den Baseler Frieden und die damit vollzogene Absonderung Preußens von Oesterreich, und was gleichbedeutend schien," (dem Herrn von Sybel also, „scheint" das noch immer nur so!!) „von der deutschen Sache. Diese Auffassung kam natürlich dem Ruhme Oesterreichs im höchsten Maße zu Gute;" (weßhalb denn auch Herr v. Sybel sich die möglichste Mühe genommen hat, diesen Ruhm auf sein richtiges Maß zurückzuführen und Gegenwart und Nachwelt eines Besseren zu belehren!!) „es wurde völlig übersehen, daß gerade

Oesterreichs Feindseligkeit (!!) den König von Preußen zum Baseler Frieden gezwungen hatte."

„Als Häusser's Geschichte," fährt Herr v. Sybel nun fort, „in noch specielleren Eingehen als das vorliegende Buch dieß Verhältniß aus den Acten darlegte, nahm sich die Herstellung" [Wir würden das Wort „Verwirrung" in Vorschlag bringen] „der einfachen Thatsache (?!) gegenüber der gangbaren Ansicht fast wie eine Schutzschrift Preußens aus; in Wahrheit findet nichts Anderes Statt, als daß ein unberechtigter Schimmer (!), welchen die früheren Gerüchte (!) dritter (!) Hand verbreitet hatten, vor dem Licht der ächten (!?) Zeugnisse schwindet!" (!?) Und nun wünscht sich Herr v. Sybel das Erschliessen der österreichischen Archive, die zwar seiner Ansicht nach „die Gesammtansicht" schwerlich in ähnlicher Weise verwandeln würden, als dieß durch die preußischen und russischen Quellen geschehen ist, „wohl aber würde bei einer Reihe erheblicher Punkte dann erst der Zusammenhang erhellen, der Antheil der einzelnen Personen an den Ereignissen deutlich werden, die treibenden Motive der kaiserlichen Politik in klares Licht treten." —

Ob Herr v. Sybel nun sehr erbaut sein wird, daß durch die vorliegende Darstellung sein Wunsch so rasch in Erfüllung gegangen ist? Schwerlich dürfte er geahnt haben, was er eigentlich gewünscht hat. — Uebrigens hat unsere im Jahre 1863 dem deutschen Publikum vorgelegte Forschung ihren Weg noch nicht einmal bis in die alljährliche Literatur-Uebersicht der „historischen Zeitschrift" des Herrn Geschichtsprofessors von Sybel gefunden, und nicht weniger auffallend ist uns, daß Herr v. Sybel in der Vorrede der dritten Auflage der „Geschichte der Revolutionszeit" vom Jahre 1865 sich die Aeußerung erlauben konnte, daß „die in dem letzten Jahrzehnt erschienenen Schriften über den Revolutionskrieg" ihm die „Genugthuung" geben, „daß das weitere, hier publicirte actenmäßige Material" seine „Gesammtauffassung durchgängig bestätige," was doch wenigstens rücksichtlich unserer Publication durchaus nicht der Fall ist.

Herr v. Sybel ist eben nach jeder Richtung hin zu sehr in die Idee der österreichischen Schlechtigkeit und der preussischen Unschuld verrannt, und da kehrt natürlich vom Vorwort bis zum Schluß auf jeder Seite seiner Geschichte, wenn sie sich mit österreichischer Politik befaßt, dieselbe Beschuldigung gegen Oesterreich zurück, allerdings immer wieder unter einer anderen anmuthigen Gestalt und kleidsamen Form. — Wir haben die Darstellung des Herrn v. Sybel nur insoweit besprochen, als sie mit unserer eigenen Forschung in Widerspruch gerieth, wer sich des Weiteren über den historischen Werth derselben belehren will, den verweisen wir auf Onno Klopp's „Kleindeutsche Geschichtsbaumeister." (Freiburg 1863.) *)

*) Dr. Onno Klopp berichtet im Vorwort seiner „kleindeutschen Geschichtsbaumeister" eine Episode aus dem preußischen Abgeordnetenhaus, in welcher sich der Geschichtsprofessor Herr v. Sybel zu der Erklärung bemüßigt fand: daß der „große Unbekannte", der Kritiker seiner Werke „keine geringere Person ist, als der berühmte protestantische Gelehrte und k. hannoversche Staatshistoriker, der Mitarbeiter an den historisch-politischen Blättern, der kritische und peinliche Richter König Gustav Adolfs, der Vernichter Friedrichs II., Herr Onno Klopp." Hiezu fügte Herr v. Sybel noch die Worte: „Ich erkläre übrigens, daß ich mich durch die Rücksicht auf diese Schriften bei meinem Votum über den §. 2 Nr. 2., wo von Lumpen und sonstigen Abfällen zur Papierfabrikation die Rede ist, nicht influenciren lassen werde." — „Der stenographische Bericht fügte hinzu: „Große anhaltende Heiterkeit."

Welchen Werth die „kleindeutschen Geschichtsbaumeister" auf wohl begründete und mit der strengsten logischen Consequenz durchgeführte Entgegnungen legen, sobald sich diese frevelhaft erdreisten, Oesterreich vor schändlichen Verleumdungen und unwahren Anschuldigungen in Schutz zu nehmen, dafür liefert diese ganze Episode einen Beweis von über-

Was nun schließlich die apokryphen Briefe des Prinzen von Coburg betrifft, deren Begründung wir weder in dem ominösen Buche X. der v. Sybel'schen Geschichte und deren Fortsetzung, noch viel weniger aber bei Herrn L. Häusser zu finden vermochten, so werde denn hier erklärt, daß der Feldmarschall Prinz Josias von Sachsen Coburg ein viel zu guter Oesterreicher, ein viel zu biederer und ehrlicher deutscher Patriot war, um jemals über seinen Kaiser und Oesterreich eine so unwahre, ungegründete und entehrende Sprache bei einem Könige zu führen, den er als kaiserlicher Feldherr und als Reichsfürst Nichts weniger als hochachten konnte.

Der alte Feldmarschall Prinz Josias von Coburg war aber noch ferner ein viel zu guter österreichischer Soldat, um die österreichische Armee durch seine Aussprüche so zu entehren, wie sie in den ihm gleichzeitig unterschobenen Brief an den preussischen König thatsächlich beschimpft und entehrt wird. Fassen wir nun noch die Zeit in's Auge, in welcher das sogenannte „Coburg'sche Entlassungsgesuch" der Oeffentlichkeit übergeben wurde, so trifft sie vollends mit dem Abschlusse des Baseler Friedens zusammen. Die Verbreitung des Pamphletes fand in Preußen und den von Preußen besetzten deutschen Gebieten statt. Daher dünkt es uns auch, nicht nur wahrscheinlich,

---

zeugender Kraft. Freilich! Nur den preußischen „Hofhistorikern" ist es erlaubt, selbst die ruhmvollste österreichische Vergangenheit ungestraft zu schmähen und die Ehre Oesterreichs mit ihren Geifer zu besudeln. Oesterreichs Vertheidigung aber ist bereits heut zu Tage in Deutschland ein „Staatsverbrechen" geworden an der ganzen so äußerst ehrenvollen „kleindeutschen" Vergangenheit und der noch beseligenderen „kleindeutschen" Zukunft! — Unsere kommenden Generationen werden zwischen diesem neuen Rom und Karthago richten! Oesterreichs dringenste Pflicht aber ist es, vorläufig zu verhindern, daß es schon im gegenwärtigen Jahrhundert auf dem historischen Gebiet Karthago werde!

sondern der Verfasser der vorliegenden Darstellung ist dessen sogar vollkommen gewiß, daß diese Briefe, ganz wie die anderen Pamphlete gleichen Gelichters, von preußischer Seite als Scheinbegründung dieses Friedens, zur Verblendung der öffentlichen Meinung in Deutschland in die Welt geschleudert wurden.

Demnach gehört aber auch wirklich nur der fanatische Haß der preußischen „Hofhistoriker" gegen Oesterreich dazu, um mit solchen Waffen die ehrenvolle österreichische Vergangenheit zu bekämpfen!

In der Bundesgenossenschaft mit ähnlichen „handschriftlichen" Aktenstücken liegt aber auch das Ziel dieser „kleindeutschen Geschichtsbaumeister" klar vor uns offen, und dieses Ziel ist: Auf die österreichische Geschichte Schmach über Schmach zu häufen; die kaiserliche Regierung geheimer „Cabalen", „niedriger Umtriebe", „cabaleuser Desorganisation" zu beschuldigen, die österreichische Armee mit jener Schande und Schmach zu überschütten, welche die preußische Armee — und sie ganz allein — damals im reichsten Maße verdient hat; endlich alle die selbstsüchtigen Ziele der damaligen preußischen Regierung zu verbergen, das an diesen Freveln vollkommen unschuldige Oesterreich dagegen mit der niederdrückenden Wucht dieser an Deutschlands Vergangenheit begangenen ungesühnten Meinthaten zu beladen! Deßhalb hascht diese „kleindeutsche" Geschichtschreibung gierig, leichtsinnig und ohne Ueberlegung nach zweideutigen Aktenstücken, wie in dem vorliegenden Fall sogar nach apokryphen Briefen scandalösen Inhalts, um durch ähnliche Beweismittel das so leicht irre zu führende deutsche Volk mit folgender Logik zu bethören: Seht, was ein Reichsfürst, ein österreichischer Feldmarschall über Oesterreich und das deutsche Reichsoberhaupt aus dem Hause Oesterreich gesagt hat? War da nicht

Preußen berechtigt, den Baseler Frieden abzuschließen? War Preußen nicht berechtigt eine Macht, welche Deutschland und die Coalition durch das Preisgeben der Niederlande verrieth, zu verlassen? Preußen und sein großer Baseler-Friedens-König waren ja ohnehin nur ganz allein Diejenigen, die Deutschlands Interessen vertraten. Von Preußen allein hing Deutschlands Wohl und Wehe ab! Preußen schloß damals Frieden, um Deutschland vom Untergang zu retten, und die preußische Demarcations-Linie sollte dem deutschen Reich den Segen des Friedens geben! Wäre Oesterreich mit dem Kaiser zu Grunde gegangen, so hätte Preußen schon damals die deutsche Kaiserkrone an sich genommen und Deutschland zu einer Höhe von Macht und Ehre erhoben, gegen welche die Heldenzeiten der Ottone, der Salier, der Hohenstauffen und die schönsten Zeiten der Habsburger zu schattenhaften historischen Zwerggestalten zusammengeschrumpft wären! Und wessen Haupt hätte auch diese deutsche Kaiserkrone würdiger getragen als der Nachfolger „Friedrichs des Großen," der vielgeliebte, edle, humane, tugendhafte, ritterliche König Friedrich Wilhelm II.?! — Weil aber das böse Oesterreich nicht zu Grunde gegangen ist, so hat es schon damals in seiner frevelvollen Bosheit alle schönen Pläne Preußens durchkreuzt und zerstört. Die österreichische Zähigkeit von 1792 bis 1805 trägt daher auch ganz allein die Schuld, daß die nationale Schöpfung des Baseler Friedens für Deutschland nicht zur Reife gebracht werden konnte. Aus eitel Bosheit und Habsucht ließ dann wieder das erschöpfte, blutende Oesterreich gleich nach seiner Niederlage von 1805 das arme unschuldige Preußen im Jahre 1806 abermals und ganz so wie in den Jahren 1792—1795 im Stich, und verschuldete sonach auch das Mißgeschick von Jena und Tilsit. Und da endlich von October 1806 bis zum März 1809 nur zwei Jahre verflossen waren, so hatte Preußen natürlich noch im Jahre 1809 noch immer keine Zeit gefunden, sich mit Oesterreich zur Bekämpfung des Reichsfeindes in ehrlicher, bundestreuer Weise zu vereinen, und Wien wurde kein Moskau! — Was Preußen in seiner „Mission als leitende Großmacht Deutschlands“ Alles erreichen wollte, hat daher Oesterreich abermals im Jahre 1809 eigennützig gestört. Der Untergang des ehrwürdigen Reiches deutscher Nation, die Schmach und der Zerfall von Deutschland liegt der neupreußischen Geschichtsauslegung zu Folge somit natürlich nur an Oesterreich ganz allein, und Herr Häusser, der als deutscher Geschichtschreiber für das fallende deutsche Kaiserthum und für die von Preußen verrathene deutsche Nation zur Zeit des Baseler Friedens 1795 kein Erbarmen kennt, schließt den II. Band seiner „Deutschen Geschichte“ und die Katastrophe des Jahres 1806 mit den tönenden Worten: „Wo noch deutsche Scham und patriotische Emfindung lebte, fing man jetzt erst(?) an, das unermeßliche Elend des Vaterlandes zu überschauen. ..... Seit auch die Monarchie Friedrichs des Großen in Schmach untergegangen war, war das Bitterste (!?) für Deutschland (!?) erfüllt. Die Nation selber mußte jetzt zeigen, ob sie ihrer Fortdauer werth war.“ (!?) Also „jetzt erst“! elf Jahre nach dem Baseler Frieden? ein Jahr nach dem österreichischen Kampf von 1805? drei Monate nach dem Verzicht des letzten deutschen Kaisers auf die Kaiserkrone?! Erst Jena soll das Bitterste für Deutschland gewesen sein? Und was sagt v. Rotteck in seiner „Geschichte der neuesten Zeit“ Bd. IX, S. 444?

In dieser Weise urtheilen die großen Historiker „Neudeutschlands“ und also belehren sie die historische Schule, welcher sie heute als Reformatoren vorzustehen vermeinen! Die „kleindeutsche Geschichtsbaumeisterei,“ die mit ihrem ganzen dünkelvollen

Hochmuth und ihrer schamlosesten Frechheit in des Hrn. v. Treitschke historischen Schriften ihren herrlichsten Gipfelpunkt erreicht hat, datirt aber nicht etwa von dem Monopol der Geschichtschreibung, welches die Herren Häusser, v. Sybel und deren Anhänger gegenwärtig in Deutschland in Anspruch nehmen. O nein! dieses Monopol reicht weit zurück bis in die Zeiten Friedrichs II., und die Herren Geschichtsprofessoren Sybel und Häusser sind eigentlich nur die Nachkommen der Herrn Garve und Archenholz. Diese Nachkommen der Archenholz'schen Geschichtschreibung und der Garve'schen politischen Lehren aber, welche, durch Selbstüberhebung und vornehme Geringschätzung verblendet, der österreichischen Vergangenheit und Gegenwart den Fehdehandschuh hingeworfen haben, — betrachten wir unsererseits als die kühnsten, bittersten und gefährlichsten Ankläger und Gegner Oesterreichs. Denn ihre geiferspruhenden historischen Schriften sind ja fast insgesammt auf eine ungerechtfertigte und vermessene Herabwürdigung des deutschen Kaiserthums und Oesterreichs berechnet, auch vermöge ihres gelehrten und geistreichen Inhaltes zur wirklichen Verblendung der öffentlichen Meinung vollkommen geeignet.

Allerdings sind gar viele der Irrthümer, welche die Werke der Herren v. Sybel und Häusser zu den ihren machen, in vielen älteren, neuen und neuesten Werken enthalten, und werden von den vorgenannten preußischen „Hofhistorikern" nur je nach Bedürfniß benützt und mehr oder minder gehässiger ausgemalt. — An die Adresse der zwei Geschichtsprofessoren Häusser und v. Sybel aber richten sich hauptsächlich deßhalb diese Anklagen, weil wir in ihren Werken die leitenden Anschauungen der Häupter jener Partei erkennen müssen, zu welcher sie sich offen bekennen, — jener Partei, die frevelhaft kühn und verblendet genug ist, mit allen erdenkbaren Mitteln den Ausschluß Oesterreichs aus Deutschland anzustreben, folglich in Deutschland die zweite Auflage des Baseler Friedens einzuleiten. Häusser, Sybel und die Namen der Herren Bluntschli, Anton Springer, Droysen, Duncker und des allervorwitzigsten unter ihnen, des Herrn v. Treitschke, verleihen dieser rührigen Archenholz'schen Partei, die gegenwärtig in Deutschland die deutsche Geschichtschreibung in Pacht genommen zu haben scheint, eine Macht und einen Nimbus, den wir nimmermehr mit Erfolg zu bekämpfen vermögend wären, stünden nicht eben „Wahrheit und Recht" auf unserer Seite, — Mächte, die mit der Zeit noch immer gesiegt haben im Kampfe gegen eine verblendete Scholastik. — Die während der Drucklegung dieses Bandes erschienenen „Geheimnisse des sächsischen Cabinets" (Stuttgart, Cotta 1866) sind uns ein neuer Bürge des endlichen Sieges der Wahrheit über Lüge, Betrug und Verblendung. — In diesem Kampfe um die Wahrheit sind uns aber auch bereits hervorragende Geschichtsforscher, deren klangvolle Namen der deutschen Nation hinlänglich bekannt sind, Männer von echt deutscher Gesinnung vorangegangen. Im Vertrauen auf die Güte und Größe der Sache, welche diese vertreten, folgen wir der durch ihre Werke uns eröffneten Bahn mit der tief innersten Ueberzeugung, daß die von unseren historischen Gegnern so oft angerufene und den preußischen Zwecken dienstbar gemachte „Vorsehung," nicht minder aber auch die immer noch große Zahl wahrheitstreuer, echt deutsch patriotisch gesinnter Geschichtsforscher die deutsche Nation doch noch davor bewahren werden, die Erkenntniß ihrer eigenen Vergangenheit aus Geschichtswerken zu schöpfen, deren wesentlichste Grundlage lügenhafte Berichte reichsfeindlich gesinnter preußischer Diplomaten und Matadore bilden — aus Geschichtswerken, die mit „cynischer Unbefangenheit“ ihre Weisheit den reichsfeindlich gesinnten historischen Werken eines Chemnitz, Puffendorf, Archenholz, Garve, Häberlin, Hormayr und ähnlicher zweideutiger, zum Theil als erklärte Feinde unseres deutschen Vaterlandes bekannter Charaktere entlehnen; die ihr literarisches Ansehen dazu mißbrauchen, die schwersten Anklagen, die sich nur immer gegen eine Macht erheben ließen, auf apokryphe, einem österreichischen Feldmarschall unterschobene Pamphlete zu fußen, — aus Geschichtswerken endlich, die sich ohne Scheu und Scham dem Systeme der Thatsachen-Verfälschung hingeben und ganz dieselben dunklen Ziele verfolgen, welche die preußischen Broschürenhelden der neunziger Jahre des vergangenen Jahrhundertes in ihrem unheilvollen Eifer thatsächlich zu verfolgen bestrebt waren, und die schließlich auch die deutsche Nation über Basel zum Rheinbund, den Zukunftsgroßstaat Preußen aber nach Tilsit geführt haben, — ein Weg, der auch für die Zukunft noch immer offen steht.

Note X. (Zu Seite 327).

Die „kleindeutschen Geschichtsbaumeister“ und die Intrigue Carletti.

Das wesentlichste Fundament der „Geschichte der Revolutionszeit“ des Hrn. v. Sybel ist uns in dem, was sie über Oesterreich berichtet, hinlänglich bekannt geworden. Daß Carletti und die Ausbeutung seiner angeblich geheimen österreichischen Mission überhaupt nicht vergessen wird, ist nur ganz natürlich und consequent. Band 11, Seite 488 spricht Hr. v. Sybel selbst mit Bestimmtheit die Behauptung aus, daß Carletti's Sendung das „Werk Thuguts“ war, und daß der Kaiser auch schon vor dem Baseler Friedens-Abschluß den festen Entschluß gefaßt hatte, gegen Baiern das ganze „linke Rheinufer“ (sic!) den Franzosen abzutreten. An ähnliche schwere Anklagen gegen Oesterreich hat uns die v. Sybel'sche Geschichtschreibung bereits hinreichend gewöhnt, weßhalb wir sie denn auch ganz geduldig ertragen müssen. In diesem speciellen Falle ist aber die Begründung, mit welcher Herr von Sybel diese so schwer wiegende Thatsache angeblich feststellt, — zum mindesten neu und originell! Beweise liefert Herr v. Sybel höchst selten! Wer soll auch so glaubwürdige Autoritäten noch nach Beweisen fragen? Obzwar allerdings gerade Herr von Sybel es ist, der in seiner von ihm selbst redigirten „Historischen Zeitschrift“ sehr oft als unerbittliche Themis die Schreibtafel aus den Händen Klio's nimmt, um letztere arger Wahrheitsmängel zu beschuldigen. — Nun wäre dieß allerdings eine sehr verdienstliche Arbeit, aber die Abgeurtheilten haben sicherlich das Recht zu verlangen, daß ihr „strenger peinlicher Richter“ nicht offen oder insgeheim dieselben Fehler begeht, die er ihnen zum Verbrechen macht.

Allerdings ist es wahr, und das entschuldigt bei Herrn v. Sybel viel, daß diesem Geschichtsprofessor das Haus Oesterreich und das ganze deutsche Kaiserthum „historisch vogelfrei“ erscheinen; und da darf es auch Niemanden Wunder nehmen, wenn Kaiser Franz II. nach Hrn. von Sybel schon im Jahre 1795 das deutsche Reich betrügt und ganz insgeheim durch Carletti in Paris zu Gunsten Oesterreichs und zu Ungunsten des deutschen Reiches mit der französischen Republik in Unterhandlungen tritt.

Wir würden Niemand Anderem rathen, ohne überzeugendes Urkundenmaterial ähnliche Anklagen gegen Preußen, in was immer für einer Zeit, und wäre sie selbst jene Friedrichs II., zu erheben. Wie würde da die „Historische Zeitschrift“ des Herrn von Sybel dem Missethäter zu Leibe ziehen und mikroscopisch untersuchen, bekritteln und bemängeln, bis der betreffende Geschichtskompilator als historischer Verbrecher entlarvt wäre. Und Jedermann müßte allerdings zugeben, daß sich Herr von Sybel durch seine Untersuchung ein wahres Verdienst um unsere vaterländische Geschichtschreibung erworben haben würde.

Wir aber erlauben uns nun, an den „kritischen und peinlichen Richter“ des deutschen Kaiserthums die Frage zu stellen, wo sein eigenes „Urkundenmaterial“ zu finden ist, auf welches er seine schweren Anklagen gegen Oesterreich in der vorerwähnten Carletti'schen Geschichte zu gründen vermag?

Die ganze Begründung dieser frivolen Anklage findet sich nämlich bei Herrn von Sybel in einer kleinen unscheinbaren Anmerkung des B. II, auf S. 489. Dort heißt es wörtlich: „Es verdient Erwähnung, wie die Spuren dieser österreichischen Unterhandlungen an verschiedenen Orten verwischt sind“. [Die „Verwischung“ ist also auch eine geschichtliche Begründung!] „In Florenz hat Großherzog Ferdinand alle auf Carletti's Mission bezüglichen Depeschen im Jahre 1799 verbrannt“. [Das heißt doch nur: in Florenz war Nichts zu finden.] „Im Pariser Reichsarchiv, Acten des Wohlfahrtsausschusses, auswärtige Angelegenheiten, befand sich 1852 ein Dossier mit der Aufschrift Autriche, die Acten aber waren aus demselben entfernt worden“. [Das heißt: auch in Paris war Nichts zu finden!] „Im Münchener Staatsarchiv liegt ein Brief des Geschäftsträgers Reichlin, der den Beginn einer französisch-österreichischen Unterhandlung unter persönlicher Vermittlung Carl Theodors meldet; die folgenden darauf bezüglichen Briefe sind nicht mehr vorhanden“. — Also nach des Herrn von Sybel eigenen Angaben auch in München Nichts zu finden! Auch wir fanden in Wien Nichts! Also überall Nichts und wieder Nichts! und dennoch bleibt die geheime Unterhandlung Carletti's zu Gunsten Oesterreichs und zu Ungunsten des deutschen Reiches für den Herrn Geschichtsprofessor von Sybel eine ganz ausgemachte, auf unumstößliche Beweise von documentarischem Werth gegründete Thatsache!? — Und das ist doch unserer bescheidenen Meinung nach gewiß eine der absonderlichsten historischen Begründungen, die wir nur je irgendwo in einem historischen Werke wahrzunehmen vermochten. Gewiß verdient aber diese schöne Erfindung der „Spuren-Verwischung" ein preußisches Patent, oder wenigstens die Anwartschaft auf ein solches im „kleindeutschen" Zukunfts-Kaiserthum!

Doch gehen wir, bevor wir überhaupt in diese „Carletti'sche Intrigue" näher eingehen, von Castor zu Pollux über. L. Häusser's „Deutsche Geschichte" weiß im B. I. gleichfalls wiederholt über eingeleitete österreichische Friedens-Unterhandlungen zu berichten. Im B. II. Seite 13 belehrt uns Herr Häusser, wie wir uns dessen erinnern, daß Oesterreich im Jahre 1795 sein Verhältniß zur Coalition neugestellt hatte, durch den „in Form eines Anlehens" mit England abgeschlossenen Subsidien-Vertrag. Nach dieser Vorbereitung erzählt Herr Häusser auf S. 14: „In Wien nahm man die Miene (!) an, als glaube man an weitergehende geheime Verabredungen Preußens mit den Franzosen." [War vielleicht der Baseler-Vertrag dazu angethan, um diesen Argwohn zu zerstören?] „In Berlin zeigte man einen ähnlichen Verdacht gegen Oesterreich" [Ei!] „Wenn der Wiener Hof, hieß es in den diplomatischen Berichten aus jener Zeit" [begründet durch „preußische Noten vom 23. März und 12. April" — was für Noten? wenn wir fragen dürften?] „den toskanischen Frieden mißbilligt, so ist das jargon diplomatique; denn Oesterreich läßt durch Carletti das Terrain in Paris sondiren. Wir haben den positiven (!) Beweis (!) durch italienische Correspondenzen", [was für Correspondenzen? etwa jene der illustrissimi signori Albini und Lucchesini??] „daß man in Wien seit langer Zeit von der toskanischen Unterhandlung unterrichtet war und sie begünstigt (!) hat, um damit auch für sich (!) einen Canal nach Paris zu gewinnen. Dieser Argwohn," folgert Herr Häusser nun seinerseits weiter, „erhielt eben jetzt neue Nahrung. Am Tage nach dem Abschlusse über die Demarcations-Linie fand zu Hüningen ein Gastmahl statt, dem außer Hardenberg und dem französischen Unterhändler auch Merlin von Thionville und Pichegru beiwohnten. Merlin nahm nach Tisch Hardenberg bei Seite und machte ihm mit der Miene des Vertrauens und der ernstlichen Besorgtheit Eröffnungen über Carletti's Treiben in Paris."

Bevor wir hier dem Herrn Professor Häusser in seiner lichtvollen Darstellung weiter folgen, sei uns die Frage zu untersuchen erlaubt: Woher und von Wem er selbst die Thatsache des so gearteten Gespräches entlehnt hat, welches, wenn Merlin den Gfn. Hardenberg bei Seite nahm, doch nur zwei gehört haben können, nämlich Hardenberg und Merlin? — Vielleicht aus Hardenberg'schen Berichten? Herr Häusser erwähnt ihrer gerade in diesem speciellen Falle, wo es sich um eine schwere Anklage gegen Oesterreich handelt, nicht. — Also woher denn? Unseres Erachtens von dem Freiherrn von Hormayr und seinen „Lebensbildern aus dem Befreiungskriege."

Wir haben es in unserer Forschung auf das Aengstlichste vermieden, uns in irgend einer Hormayr'schen sogenannten „historischen" Aufzeichnung Raths zu erholen, obgleich wir auch für unseren Zweck mehrere ganz bequeme Stellen recht gut zu benützen vermocht hätten. Es ist gewiß überaus Schade, daß der geistreiche Hormayr, dem seine Stelle als kaiserlicher Archiv-Direktor zu Wien in den Augen der Welt das Gepräge eines gründlichen Forschers aufgedrückt hat, seine Gelehrsamkeit und das ihm geschenkte Vertrauen nur dazu benützte um Halbwahres und Halbfalsches in ein Ganzes zu verbinden, aus welchem heut zu Tage irgend ein Vernünftiger kaum mehr klug zu werden vermag. Namentlich in den „Lebensbildern" ist dieß der Fall; ihr einziges Verdienst, wenn man das so nennen könnte, ist die Originalität des geschichtlichen Untereinanders, ferner jene der Verfälschungskunst. Die gekränkte Eitelkeit des Verfassers findet ihren sprechendsten Ausdruck schon darin, daß diese sogenannten „Lebensbilder aus den Befreiungskriegen," mit Gothen, Hunnen, Alemanen, Friesen, Bajuvaren, Karl Martel und Irmensaul beginnen, um mit dem Grafen Münster, einer förmlichen Ehrabschneidung des wackeren Tirolers Andreas Hofer und mit der Selbstbewunderung Hormayr'scher Thaten aufzuhören! — Gleichwohl haben die Herren Geschichtsprofessoren Häusser und von Sybel sich an geeigneten Stellen Hormayr zu ihrem Lieblings-Führer auserkoren!

Diese Wahrnehmung fiel uns bei den Werken unserer historischen Dioskuren wiederholt auf. Man lese beispielsweise, was Hormayr über Thugut berichtet, und vergleiche das Urtheil der „Geschichte der Revolutionszeit" über diesen Staatsmann. Mit möglichst vielen Verschlechterungen und einigen originellen rhetorischen Wendungen findet man in dem Geschichtswerk des Herrn von Sybel die Aussprüche Hormayr's selbst bis auf einige Hormayr'sche Kraftausdrücke beibehalten; und da Herr von Sybel keinen Gewährsmann anzuführen für nöthig hält, muß er sich eben gefallen lassen, die Verantwortung für seine namenlosen und ganz unbegründeten Beschuldigungen Thuguts allein zu tragen. Herrn L. Häusser geht es eben nicht besser bei seiner geistvollen Beurtheilung dieser deutschen Vergangenheit und der gleichzeitigen verschämten Benützung der Hormayr'schen Lebensbilder. Möge der Leser selbst urtheilen.

Band III S. 143 in einer Anmerkung der „Lebensbilder" findet sich z. B. eine Stelle, welche sich auf das bewußte Gastmahl in Hüningen bezieht, über welches uns wieder

Herr Häusser oben belehrt hat. Hormayr sagt: „..... Der Anlaß war eine leichtfertige oder vielmehr sehr schlau ausholende Rede Hardenbergs, um den sich in Basel Alles sammelte, was sich von der deutschen Sache losreißen und seinen Separatfrieden machen wollte, namentlich die Minister von Hessen und Württemberg. An der Tafel des Obergenerals Pichegru in Hüningen .... unterhielt man sich viel über die Mittel einer allgemeinen Pacification, namentlich Oesterreichs, welche Hardenberg als: „sehr möglich und leicht" erklärte!? Wie überhaupt viel Anstand und Zurückhaltung an der Tafel herrschte, ließ man die Aeußerung ganz fallen; aber gleich nach Tisch nahm der erhitzte Merlin den in den deutschen Angelegenheiten wohl erfahrenen Bacher auf die Seite" [nach Häusser wörtlich: „Merlin nahm nach Tisch Hardenberg bei Seite"] „mit der Frage: „was denn Hardenberg's Aeußerungen zu bedeuten gehabt?? Laissez l'Autriche s'emparer de la Bavière, et vous aurez aussitôt la paix continentale. — Der ungestüme Merlin eilte spornstreichs mit der vermeintlichen wichtigen Entdeckung nach Paris. Der Baron Waitz von Eschen theilte eben so eifrig die große Neuigkeit nach Cassel mit. Hardenberg wußte sie an ... Salabert zu bringen, von wo sie blitzschnell pflichtmäßig an den Zweibrückner und Münchener Hof gedieh. Dahin hatte auch der in Polen und Ungarn, wie durch seine deutschen und italienischen Verbindungen in rastloser Bosheit thätige Lucchesini selbe mittelbar einzuschmuggeln und zu beglaubigen gefunden. Carl Theodor war durch diese fast im gleichen Augenblick aus Basel, Mannheim und Wien an ihn gelangende Nachricht ... um so schwerer getroffen, als der Wink beigefügt war: „der Abschluß eines Waffenstillstandes sei vor der Thüre. In Folge dessen würden die Oesterreicher sich vom Rhein zurückziehen ... und Baiern als eventuelles Entschädigungsobjekt für die Niederlande militärisch besetzen." Nun berichtet Hormayr die Verwahrung des R.-B.-Kanzlers und daß zum Schlusse Lucchesini noch die Unverschämtheit hatte, in Wien im Namen seiner Regierung zu erklären: „que sa cour avait été fort sensible d'apprendre qu'on attribuait à quelques-uns de ses ministres d'avoir répandu la nouvelle d'une négociation particulière entamée par la cour impériale avec la France et qui aurait principalement pour but l'échange de la Bavière; qu'à la verité cet avis était venu d'un représentant français; mais que S. M. n'ayant d'ailleurs aucune raison d'y ajouter foi, elle avait autorisé ses ministres dans l'Empire à contredire cette imputation". Soweit Hormayr, dem wir unsererseits weniger als die Hälfte glauben. Warum aber glaubt ihm Häusser's „Deutsche Geschichte" gerade in diesem Falle nicht ganz? während sie doch sonst so oft den Lebensbildern unbedingten Glauben schenkt? Warum erlaubt sie sich ganz zu verschweigen, woher sie diese Thatsache erfuhr, um hintenher durch einen historischen Hocuspocus aus Merlins eiliger Abreise nach Paris Hardenbergs eilige Abreise nach Berlin; um aus Bacher Hardenberg, — aus Hardenberg Bacher, — aus Hardenbergs Worten Merlin's Worte — und aus dem Ganzen ein wichtiges Gespräch „über Carletti's Treiben in Paris" zu schmieden?!

Den Grund, warum die „Deutsche Geschichte" sich diese kleine, unschuldige Abweichung vom richtigen Thatbestand erlaubt, werden wir ihrer eigenen weiteren Darstellung allsogleich entnehmen. — Wir müssen jedoch, bevor wir die „Deutsche Geschichte" weiter sprechen lassen, noch eine kleine Abschweifung zu den Einzelnheiten des Gastmahles in Hüningen (nach Degelmann in Blotzheim) erlauben, an welchem wieder nach Hormayr „viel

Anstand und Zurückhaltung" (?) geherrscht haben soll. Unser Gewährsmann, der kaiserliche Minister Freiherr von Degelmann, der, wie wir uns dessen zu überzeugen Gelegenheit fanden, nie Ein Wort zu viel und nur die lauterste Wahrheit berichtet, hat uns in einem seiner Berichte an Thugut (d. d. Basel 22. Mai 1795. St. A.) folgende Episode dieses anständigen (!) Zweckessens aufbewahrt: „Ein Augenzeuge erzählte mir von der Mahlzeit zu Blotzheim, wo Pichegru, Merlin, die Herren Hardenberg, Barthélémi ꝛc. zugegen waren, folgendes: **Après le repas Merlin qui était fort gai à son ordinaire par le vin — a approché Mr. de Hardenberg et en lui frappant sur le ventre lui a dit: „Eh bien Hardenberg — ton Roi a cependant été bien aise de faire la Paix avec nous?" Mr. de Hardenberg n'a pas répondu un mot et a paru fort embarassé.**" Soweit Degelmann.

Dieser Schlag auf den Bauch also und die nachfolgenden seltsam ehrerbietigen, zutraulichen Worte dürften so ziemlich der Moment der vertraulichen Eröffnungen Merlins an Hardenberg gewesen sein, über welche die „Deutsche Geschichte" L. Häusser's B. II, S. 15 nun Freund Merlin gegen seinen Dutzbruder Hardenberg weiter sprechen läßt: „Derselbe (Carletti!) setze Alles in Bewegung, um einen französisch-österreichischen Frieden herbeizuführen. Oesterreich wolle die Eroberungspläne der Franzosen auf dem linken Rheinufer (sic!) unterstützen (!), falls ihm die Republik zu dem bairischen Tausch verhelfe. Der Kaiser werde einen Separat-Frieden (sic!) mit Frankreich schließen, dessen geheime Artikel über das linke Rheinufer (sic!) und über Baiern (sic!) verfügten; dort würden dann die Franzosen, hier die Oesterreicher einrücken und den Tausch durchsetzen. Merlin berief sich auf eine Rede, die Pelet kurz vor dem Abschluß zu

Basel im Convent gehalten, und die von Carletti dictirt sei." — — Hiezu ertheilt Herr Häusser dem Leser in einer Anmerkung die freundliche Belehrung: „Die Rede steht im Moniteur S. 820 und klingt allerdings wie eine Thugut'sche Inspiration gegen Preußen."

Aber was enthält denn diese Pelet'sche Rede? wird der Leser fragen. Offenbar den Antrag Carletti's, mit Oesterreich Frieden zu schließen und den bairischen Tausch gegen das „linke Rheinufer" zu genehmigen. — Denn nur so hätte es allenfalls einen Sinn, wenn sich Merlin als Begründung seiner vertraulichen Mittheilung darauf beruft, und die „Deutsche Geschichte" L. Häussers ihrerseits diese Rede für eine „Thugut'sche Inspiration" erklärt. — Diese Fragen voraussehend, haben wir unserem Leser die Mühe erspart, in den Folianten des Moniteur selbst nachzublättern. — Wie früher der von Herrn Häusser nicht citirte Hormayr, so möge nun auch der von Herrn Professor Häusser citirte Pelet selbst sprechen. Dieser sagt nach S. 822, welche die Fortsetzung der auf S. 820 beginnenden Rede bildet, und die Herr Häusser nicht gelesen zu haben scheint:

„Colloredo et Thugut, les plus influens des ministres Autrichiens, manquent de force et de courage pour diriger vers une paix décisive les volontés de leur jeune empereur. Aussi est-il vraisemblable que l'Autriche continue la guerre, et que si elle paraîtrait vouloir se rapprocher de nous, ses démarches seront timides et peu sincères: tant que les deux puissances prépondérantes de l'Allemagne n'auront pas changé de système, l'empressement qu'elles affecteront pour venir au devant de la France sera suspect!" Sollte das etwa nach Thugut'scher Inspiration klingen. O nein! das meint die „Deutsche Geschichte" gewiß nicht; da ihr sonst der ganze Zusammenhang verloren gehen würde. Dem Herrn Geschichtsprofessor Häusser erscheint merkwürdiger Weise nur Eine Seite der Pelet'schen Rede im Moniteur und zwar nur jener Theil der Rede, in welchem die großen Wahrheiten enthalten sind, die Pelet über Preußens Politik auf S. 820 sagt, als „Thugut'sche Inspirationen". Auf dieser ominösen Seite 820, deren Beachtung wir unsererseits der „Deutschen Geschichte" L. Häussers verdanken, sagt aber Pelet in seiner meisterhaften Rede:

„On vit à la fin de la campagne de 93. la cour de Berlin, dont les armées avaient été battues, en prêtant un secour équivoque aux Autrichiens, les éloigner (!) du théatre de la guerre, montrer du dégout (!) pour cette entreprise désastreuse, et peu après n'en recevoir pas moins les subsides de l'Angleterre! Ces contradictions s'expliquent, quand on pense que le nouvel envahissement de la Pologne n'était pas consolidé. L'Autriche refusait (!) encore de garantir ce nouveau partâge. La Prusse devait donc réanimer plus que jamais, la guerre contre la France. Par-là l'Autriche épuisait sur les bords du Rhin son sang et ses trésors: et le cabinet de Berlin, recevant les guinées de Londres, sans trop exposer (!) ses troupes, trouvait le tems et les moyens de s'établir dans ses usurpations en Pologne. (!) Il est démontré aujourd'hui, que la cour de Vienne soutenait Kosciusko, qu'elle fit faire quelques mouvements à ses troupes en Galicie, et que la Prusse, obligée de se retirer honteusement (!) devant Varsovie, rompit (!) allors ses traités ... Si à cette époque la Prusse parut vouloir se rapprocher de la République, l'on peut soupçonner que ce fut pour se faire valoir aux yeux de la coalition! ..... Il est plus que probable, que la cour de Vienne, craignant allors les symptomes d'insurrection qui se manifestaient dans la Galicie, et que tout annonçait être fomentés par les intrigues (!) de la Prusse (!) et de la Russie, craignant aussi de se voir abandonnée, et d'avoir seule à soutenir tout l'effort des armes de la République, consentit au partâge proposé de la Pologne, à condition que la Prusse renoncerait à tout projet de négociation séparée avec la France. En supposant, comme rien n'est plus vraisemblable, (!) que l'unique but de la Prusse dans cette guerre soit de s'assurer à jamais sa part de la Pologne, l'on doit croire, quelle laissera tout en suspens du côté de la France, jusqu' à ce qu'un traité définitif entre les copartageants ait garanti et scellé cette oeuvre machiavélique!"

So weit Pelet. Also diese schweren Anklagen des Reichsfeindes, der bereits mit Preußen den Baseler Frieden abgeschlossen hatte, oder soeben abzuschließen im Begriffe stand, diese in Polen aufgedeckten preußischen Umtriebe, diese mit großer Bestimmtheit ausgesprochenen Anklagen gegen die preußische Kriegführung, welche der Wahrheit sehr nahe kommen, diese also sind es, welche der „Deutschen Geschichte" Häusser's nach „Thugut'scher Inspiration" klingen? — Eine weniger hell sehende Verstandeskraft als jene des Verfassers der „Deutschen Geschichte," wird vielleicht fragen: wie doch der Republikaner Pelet dazu käme, im National-Convent geheime Gedanken eines österreichischen Ministers des Aeußern auszuplaudern? Ein etwas weniger scharfsichtiger Beobachter, wird vielleicht wahrzunehmen Gelegenheit finden, daß in der ganzen Pelet'schen Rede auch nicht Ein Wort enthalten ist, welches sich auf Carletti und sein „Treiben in Paris“, das doch L. Häusser durch die Citirung des Moniteur begründen will, bezieht. Ein weniger aufgeklärter und in „kleindeutscher“ historischer Darstellungsart weniger fortgeschrittener Geschichtschreiber wird vielleicht muthmaßen, daß der Herr Häusser diese Pelet'sche Rede entweder gar nicht oder doch nur höchst oberflächlich gelesen hat, — da es ja bei genauerer Betrachtung derselben ganz undenkbar erschiene, sich in dem oben angedeuteten Sinne gerade auf diese Rede zu berufen! Jedermann aber, der die Rede liest, ob mit oder ohne erleuchteten Scharfsinn, ob mit oder ohne diplomatische Klugheit, ob mit oder ohne historische Kenntniß, wird uns zugeben, daß die Pelet'sche Rede und die „Carletti'sche Intrigue“ in gar keinem sichtbaren oder unsichtbaren Zusammenhange stehen. —

Dieß also vor Allem constatirt, kehren wir wieder zur Darstellung des Herrn Häusser B. II, S. 15 zurück, allwo es heißt: „Die Mittheilung (Merlin's) machte so tiefen Eindruck auf Hardenberg, daß er sich entschloß, selbst nach Berlin zu gehen und den Legationsrath Gervinus nach Paris zu senden.“ [Hr. Hormayr läßt dagegen, wie wir oben gesehen haben, Merlin nach Paris eilfertig abreisen]. „Eben darum blieb die Sache auch nicht lange Geheimniß. Von preußischer und Zweibrückner Seite an die Oeffentlichkeit gebracht, veranlaßte sie das kaiserliche Cabinet zu einer nachdrücklichen Abläugnung“ [Abläugnung!?] . . . Allein, die Eindrücke, welche der von Hardenberg nach Paris entsendete Diplomat aus Unterredungen mit den einflußreichsten Machthabern empfing, stimmten nicht ganz zu dieser Abläugnung;“ [Abläugnung? Was war denn da immer „abzuläugnen“? Berichtigung oder Erklärung dürfte doch für denjenigen, der Nichts abzuläugnen hat, bezeichnender sein!] — „im preußischen Lager verbarg man darum nicht, daß man die Erzählung Merlins für nicht völlig grundlos halte, auch wenn Carletti mehr in Thuguts Geist," [Inspiration etwa?] „als dessen unmittelbarem Auftrag gehandelt habe. — Unter solchen (!) Auspicien begann das deutsche Reich seine Verhandlungen über die Friedensvermittlung Preußens."

Ist es möglich, mehr Irrthümer über einen Gegenstand zusammenzufügen, als es die „Deutsche Geschichte" in den vorcitirten Sätzen thut? Selbst der allerletzte und kleinste Satz, so unschuldig er auch beim ersten Anblick erscheint, enthält namenlose Irrthümer. Da meldet z. B. der Graf Dietrichstein, einer unserer besten Gewährsmänner, an Thugut, und zwar schon am 10. Mai aus Frankfurt a. M.: „Mr. de Hardenberg écrit de Bâsle à Mr. Crawford (engl. Gsdt.) qu'il est sûr que nous traitons à Paris". (St. A.)

Wenn also der Herr v. Hardenberg seine Lüge, wie wir muthmaßen, ungefähr am 8. Mai nach Frankfurt auf Reisen geschickt hatte, so konnte er

1. nicht, wie Herr Häusser berichtet, erst nach Abschluß der Demarcationslinie, und zwar bei der Tafel Pichegru's am 22. Mai diese Entdeckung machen;

2. konnte er hierüber nicht in edler Entrüstung wie aus den Wolken gefallen sein;

3. mußten ihn zu seiner eilfertigen Reise nach Berlin ganz andere, als die ihm von Herrn Häusser unterschobenen Gründe bewegen;

4. galten ganz dieselben Gründe eben so für seinen Legationsrath Gervinus, den er nach Paris sandte;

5. scheint es weder Hardenberg noch Gervinus je darum zu thun gewesen zu sein, ihre vorgeblichen Entdeckungen geheim zu halten, wie Herr Häusser aus besonderem Edelmuth für die zwei preußischen Diplomaten vermuthet;

6. sei es uns erlaubt zu fragen, Was und Wen die „Deutsche Geschichte" hier unter „dem preußischen Lager", welches Merlins Erzählung für „nicht grundlos" hielt, eigentlich meint, — denn dürften wir

7. Herrn Hormayr glauben, so erklärte ja Lucchesini in Wien im Namen seiner Regierung, daß Niemand im „preuß. Lager" an die Carletti'schen Unterhandlungen glaube. Hr. Häusser gebraucht aber sogar wiederholt fast dieselben Worte, welche Hr. v. Hormayr gebraucht hat; nur ist, wie wir sehen, unter der kundigen Hand des Hrn. Häusser die ganze Geschichte plötzlich umgedreht worden, denn er sagt, wie wir bereits oben angeführt haben: „im preuß. Lager verbarg man darum nicht, daß man die Erzählung Merlins für nicht völlig grundlos halte" ꝛc.;

8. meint endlich die „Deutsche Geschichte", daß unter „solchen" Auspicien, also im L. Häusser'schen Sinne, unter den Auspicien „der Intrigue Carletti", d. h. der angeblichen österr. geheimen Unterhandlungen auf Kosten des deutschen Reiches „die Verhandlung über die preuß. Friedensvermittlung begann." — Wir aber meinen doch

9. daß, so schlau auch diese ganze Intrigue von Hardenberg angelegt war, sie doch nicht als ein „Auspicium" zu den Verhandlungen des deutschen Reichstages dienen kann, sondern, daß es da eher, um die politischen Zustände richtig zu charakterisiren, vielleicht heißen müßte: Unter den Auspicien des Baseler Friedens und des Demarcationsvertrages begann das deutsche Reich seine Verhandlungen über die Friedensvermittlung Preußens.

Aber der Herr Geschichtsprofessor Häusser hat eben seine eigenen Gründe, die deutschen Reichsverhandlungen gerade „unter den Auspicien" der Intrigue Carletti beginnen zu lassen, umsomehr, da er sonst im B. II auf Seite 20 nicht wieder auf die „Carletti'sche Affaire" zurückkommen könnte, um sie dann auf Seite 26 neuerdings mit Vorliebe zu berühren, und zwar dort mit dem, nach v. Sybel'scher „Spuren-Verwischungs-Begründung" schmeckenden Argument: „Es wird immer schwer bleiben, das Detail solcher ganz im Dunkeln und Geheimen betriebener Verhandlungen genau zu ermitteln . . . . daß aber die Sache wieder lebhaft von Thugut betrieben ward, darüber scheint uns, kann sowohl nach diesen zusammenstimmenden Zeugnissen" [In welcher Weise stimmen denn diese Zeugnisse zusammen? und wo sind denn die Zeugnisse überhaupt?] „als nach dem, was vorausgegangen (?) und nachgefolgt ist, billiger (!) Weise nicht gezweifelt werden." [Ja! mit der Billigkeit des Wolfs in der Fabel!] „Agenten der zweideutigsten Art wurden als die Unterhändler zwischen Wien (!) und Paris namhaft gemacht", [Wer machte sie namhaft? Wie hießen die Agenten? Etwa Schmerz? Ephraim? Gervinus? Meyerink? oder wie sonst?] — „die im Namen Oesterreichs (!) die Abtretung des linken Rheinufers (sic!) angeboten hätten, wenn Oesterreich den Lech (sic!) als Grenze erhalte." Hiezu liefert die „Deutsche Geschichte" als Anmerkung wörtlich: „Anklagen, die Bonaparte im Jahre 1802" [Ein Bischen spät allerdings!?] „gegen Oesterreich erhob." Mit der dem Hrn. Häusser eigenthümlichen Gabe unparteiischer Unbefangenheit setzt er hinzu: „Die österreichische Erwiederung wies zwar diesen Vorwurf zurück, allein in einer Weise, die nicht dazu angethan war, ihn vollständig zu beseitigen."

Was nun schließlich den Grafen Carletti betrifft, so berührte er Ende December 1795 nach seiner Ausweisung aus Paris Basel, und hatte dort eine Unterredung mit dem kaiserlichen Minister von Degelmann. Er sprach sich über die Verhältnisse in Frankreich sehr abträglich aus. Von den ihm durch die preußischen Agenten und durch französisch-preussische Zeitungen zugeschriebenen geheimen Verhandlungen zu Gunsten Oesterreichs wußte er selbst am Allerwenigsten — nämlich: Nichts.

„Uebrigens“, so berichtet Degelmann an Thugut (d. d. Basel 28. December 1795 St. A.) „hat Graf Carletti, da er des von Seite des französischen Gouvernements auf ihn geworfenen Verdachtes erwähnte — als hätte er heimliche Aufträge von wegen des k. k. Hofes zu besorgen gehabt — ausdrücklich und unaufgefordert versichert, er wäre nie mit den Befehlen Seiner Majestät beehrt worden.“

Sollte daher etwa gar ganz zufälliger Weise, und zum Schaden der „Deutschen Geschichte“, dem ehrlichen Bonaparte, der doch die Gemüthlichkeit, Treue und Aufrichtigkeit selbst war, der nie (!?) etwas Anderes sprach und schrieb, als was er dachte, — dennoch vielleicht im Jahre 1802 eine kleine boshafte Unwahrheit gegen Oesterreich entschlüpft sein? Vielleicht gar um Baiern zu ködern? — Nach den uns vorliegenden Degelmann'schen Berichten an Thugut aus Basel vom October, November und December 1795 käme uns das doch nicht allzu unwahrscheinlich vor, umsoweniger, da auch der bekannte, gut unterrichtete und wahrheitsliebende französische Historiker, der Graf v. Garden, in seiner Histoire Générale des traités de paix B. V, S. 293, gerade über die Jahre 1794 und 1795 mit Bestimmtheit versichert, daß Oesterreich mit Frankreich in keiner wie immer gearteten Friedensunterhandlung gestanden habe.

Wahrlich! so weit ist es also gekommen, daß die Franzosen billiger über die Geschichte unseres deutschen Kaiserthums und über Oesterreich denken als die Deutschen, und daß im Munde der sogenannten deutschen „National-Historiker“ der „kleindeutschen“ Schule die große Vergangenheit unseres Vaterlandes zu Nichts anderem geworden ist, als zu einem politischen Pamphlet — gegen Oesterreich!

Druck von Adolf Holzhausen in Wien
k. k. Universitäts-Buchdruckerei.

Berichtigungen zur 1. Abtheil. des 2. Bandes.

S. 78, 3. Z. v. u. statt: dieser rechtlich gesinnte aber ziemlich barsche lies: diesem rechtlich gesinnten aber ziemlich barschen.
S. 103, 11. Zeile v. o. statt: sonach lies: aber.
S. 104, 6. Z. v. o. statt: könnte lies: konnte.
S. 195, 1. Z. erstes Wort statt: kräfitgere lies: kräftigere.
S. 257, 7. Z. v. u. ist das Anführungszeichen zu tilgen.
S. 397, Anmerkung 7. Z. v. u. statt: Freiburg lies: Leipzig.
S. 436, 14. Z. v. u. statt: der Raub der lies: der Raub des.
S. 494, 6. Zeile v. o. statt: hinfür lies: hiefür.
S. 539, 7. Z. v. o. statt: mußte lies: mußten.
S. 545, 12. Z. v. o. statt: jene lies: jenen.
S. 548, 7. Z. v. u. statt: am Rhein halten lies: am Rhein zu halten.
S. 587, 1. Z. statt: fruchtbarer lies: furchtbarer.

Berichtigungen zur 2. Abtheil. des 2. Bandes.

S. 35, 15. Z. v. u. statt: keinen lies: keiner.
S. 76, 7. Z. v. u. statt: dem Minister lies: den Minister.
S. 80, Anmerkung. 9. Z. v. o. statt: mettat lies: mettait.
S. 80, Anmerkung. 16. Z. v. o. statt: ser viteur du roi mon mâitre lies: serviteur du roi mon maître.
S. 89, 1. Z. v. o. statt: Goltz lies: Golz.
S. 89, 3. Z. v. o. statt: Zeit lies: Ziel.
S. 100, 4. Z. v. u. nach allein fällt der Beistrich weg.
S. 182, Anmerkung. 2. Z. v. u. statt: Ratisbona lies: Ratisbonne.
S. 212, Anmerkung. 2. Z. v. u. statt: schon lies: schon.
S. 226, Anmerkung. 9. Z. v. u. statt: On. lies: Ofn.
S. 256, Anmerkung. 12. Z. v. o. nach Ausdrucke setze eine Schlußklammer.
S. 266, Anmerkung. 12. Z. v. o. statt: Hern lies: Herrn.
S. 280, Anmerkung. 2. Z. fällt die Klammer weg.
S. 281, Anmerkung. statt: politischer lies: politischer und nationalökonomischer.
S. 353, Text 1. Z. v. o. statt: Recht kann lies: gleichem Recht kann.
S. 357, Anmerkung. 3. Z. v. u. statt: Europäischen lies: Europäische.
S. 384, Anmerkung. 3. Z. v. u. statt: eines lies: eine.
S. 384, Anmerkung. 2. Z. v. u. statt: Pamphleten lies: Pamphlete.
S. 502, Anmerkung. 1. Z. vor Sold fällt der Beistrich weg.
S. 532, 5. Z. v. o. das Wort: von zu tilgen.
S. 534, Anmerkung. 5. Z. v. u. nach Heft lies: S. 33.

Correctur der Demarcations-Linie.

Sie läuft von Bocholt längs dem Canal, der von Wesel aus den Rhein mit der Yssel verbindet, bis nach Arnheim abwärts und längs dem rechten Rheinufer bis nach Emmerich aufwärts, — ferner muß die Linie zwischen Bonn und Ehrenbreitstein am rechten Rheinufer den Weg eben so offen lassen, wie dieß zwischen Mainz und Mannheim am rechten Rheinufer ersichtlich ist; endlich darf die Linie zwischen Eberbach und Heilbronn das rechte Neckarufer nicht überschreiten.

Hamburg
Bremen
Hannover
Cassel
Fulda
Darmstadt
Stuttgart
Mailand
Alessandria

Zeitfracht Medien GmbH
Ferdinand-Jühlke-Straße 7
99095 Erfurt, Deutschland
produktsicherheit@kolibri360.de